BRETAGNE

interconnections

BRETAGNE

interconnections

Georg Beckmann

Impressum

interconnections Reiseführer
Bretagne & Loire Atlantique

Philippe Gloaguen, Le Guide du Routard
copyright Hachette, Paris
Bearbeitung: Sigrid Gaede, Nathalie Waehlisch
Umschlagentwurf Anja Semling, Oberrotweil
interconnections, 7800 Freiburg 1992, 1993

ISBN 3-86040-006-1

ALLGEMEINES

Einführung

»Die Bretagne ist das resistente Element Frankreichs.« So dachte der Historiker Michelet und er hatte nicht unrecht: seit Jahrhunderten trotzen Mensch und Boden dem furchtbaren Ansturm der Natur, dem Auf und Ab der Geschichte. Dieser einzigartige Dreizack, zerschnitten und zerklüftet wie keine andere Gegend Frankreichs, dieses windgepeitschte Kap aus Schiefer und Granit, zermürbt durch den Sprühregen, bedroht von Unwettern, ist die Bretagne – das »Alte Land«, wie es mancher Bretone noch heute nennt.

Wer sich das Armorikanische Massiv in einem Atlas ansieht, findet es von drei Meeren umgeben: dem Atlantik, dem Ärmelkanal und ... von beiden gemeinsam.

»Hier hat vor langer Zeit ein unermeßlicher Dialog zwischen Meer und Erde begonnen, der die Menschen zutiefst prägte« schreibt Michel le Bris, Schriftsteller, fasziniert von dieser zum Träumen anregenden und dennoch realen Bretagne.

Das Meer verleiht ihr dieses wenig konventionelle Profil. Hier Klippen aus rosa Sandstein wie am Kap Frehel, bedeckt mit Stechginster und Heidekraut. Dort, Richtung Ploumanac'h, rosa Granitfelsen, surrealistische Steinhaufen bildend. Im äußersten Westen sind es die Felswände Crozons, hinter denen sich weite feinsandige Strände verbergen.

Erde und Meer durchdringen sich überall auf eigenartige Weise. So auch in den bretonischen Fjords – ertrunkene Flußtäler, hier »aber« genannt – in denen die Flut zweimal am Tage aufsteigt, so z.b.: Lannilis, Aber-Ildut; aber auch im Pays Bigouden und im Golf du Morbihan, bei den ungewöhnlichen sandigen Landzungen von Mousterlin (Fouesnant), den tiefen Furchen Talberts (Pleubian) und Quibérons. Nicht zu vergessen die Inseln: Sein, Bréhat, Groix, Ouessant usw., wo nur Leuchtturm und Boje das Verstreichen der Zeit anzeigen.

Fruchtbare Erde und inspirierende Landschaften

Seit 25 Jahren verändert sich das Landschaftsbild in der Bretagne: durch intentsiven Zwiebel-, Blumenkohl-, Mais-, Artischocken- und Kartoffelanbau, als Folge der Zwänge für die Landwirtschaft und der Verfehlungen bei der ländlichen Flurbereinigung. Hecken und Bewuchs an Böschungen wurden niedergemäht, was ein ökologisches Ungleichgewicht bewirkte. Ergebnis: in manchen Gegenden hat das Land jegliche Anziehungskraft auf Reisende verloren. Aber keine Bange: andere Landstriche, vom Massentourismus verschont, blieben in ihrer Eigenheit erhalten. Darunter das Pays Pourlet (Morbihan), die Haute Cornouaille, die Côtes-d'Armor und die Monts d'Arrée (Finistère). An diesen Orten mit ihren kahlen Hügeln und bizarren Felsen erreicht die Bretagne ihre höchsten Erhebungen: den Mont St. Michel-de-Brasparts (380 m), den Roc'h Trevezel (382 m) und den Tuchenn Glador (384 m).

Im Inneren Argoats erwecken die Landschaften einen noch wilderen Eindruck. Die Gegend wirkt menschenverlassen; manche von der Außenwelt isolierte Dörfer zählen nur noch ein paar, meist alte, Bewohner. Doch gerade in dieser ärmlichen, abgelegenen Bretagne, noch ohne Zukunft, findet man die sympathischsten Sträßchen. Pfade schlängeln sich über Berg und Tal und durch die Felder. Man trifft auf ausgefallene Cafés, besonders nette Gasthäuser und freundliche, mitteilsame Menschen.

Abseits der ausgetretenen Pfade, auf der Suche nach den entlegensten Orten, bietet die Bretagne sicherlich eine der besten Möglichkeiten für Entdeckungsfreudige: von Faouët nach Quintin, von Moncontour nach Josselin und, in der Haute Bretagne, von Fougères bis Châteaubriant.

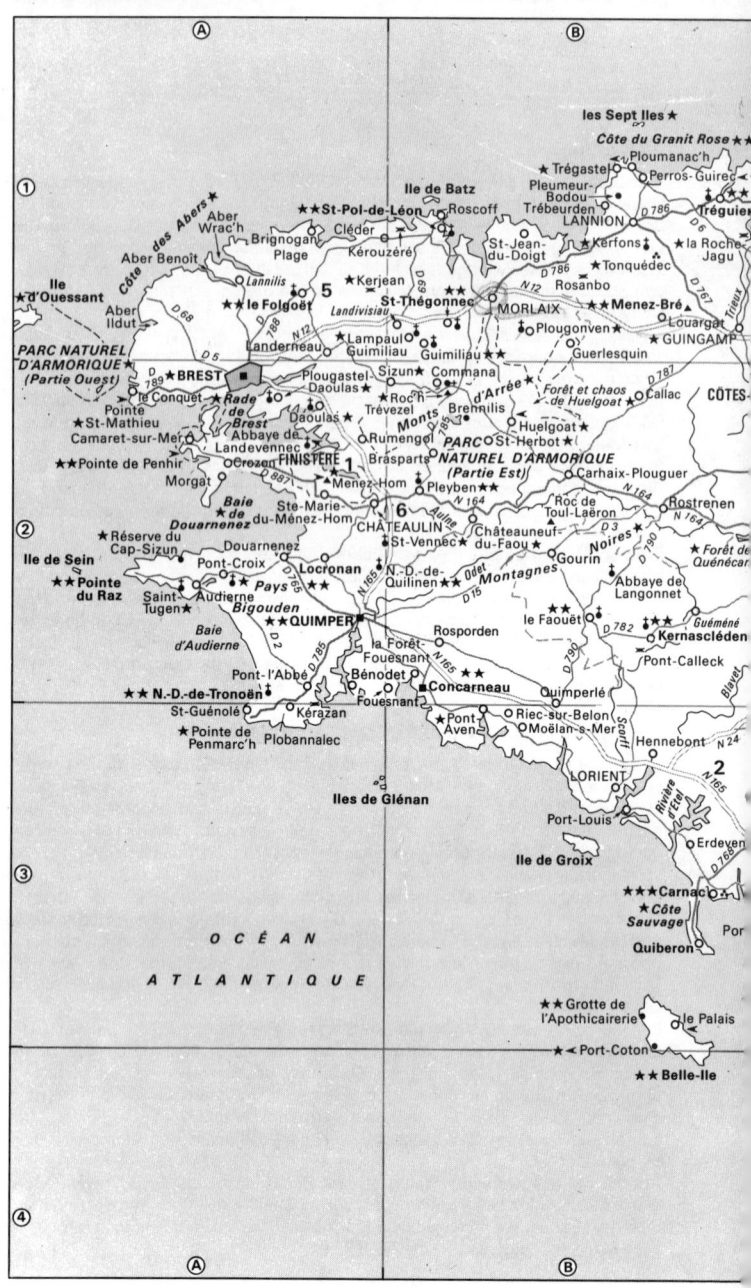

Echelle
0 5 10 15 20 km
N

942
Seite 214

NORMANDIE ①

Île de Bréhat ★
Paimpol ◄
Ab. de Beauport
Lanleff
Kermaria-en-Iskuit ★
St-Quay-Portrieux
Granville
Villedieu-les-P.
N 175

Cap Fréhel ← ★★★
Fort La Latte ★★
St-Cast ◄★
St-Lunaire ★★★
Dinard ★★
Côte d'Émeraude ★★★
Bienassis
Erquy
le Val-André ★
Ponts-Neufs
Plancoët
Pointe du Grouin ★
Cancale
Baie du Mont-St-Michel
Avranches
Mont St-Michel

ST-MALO ★★★
Usine marémotrice

ST-BRIEUC
DU – NORD
Quintin
Lamballe
4
Estuaire de la Rance
la Hunaudaie ★
Dol-de-Bretagne ★
Pontorson
N 176
N 155
Forêt de Fougères

D 6
N 12
D 790
Forêt de Lorge
Moncontour
la Touche-Trébry
Abbaye de Boquen ★
DINAN ★★
Caradeuc ★
Combourg
la Bourbansais
Bécherel
Montmuran ★
FOUGÈRES ★
N 12

Lac de Guerlédan ★
Mur-de-Bretagne
Loudéac
Forêt de Loudéac
Forêt de la Hardouinais
Merdrignac
Montfort
Liffré
Forêt de Rennes
D 178
D 796

PONTIVY
St-Nicodème
Forêt de Lanouée
Josselin
Ploërmel
Forêt de Paimpont
Paimpont
★★ **RENNES** ●
ILLE-ET-VILAINE
N 157
★ Vitré
★ les Rochers
A 81

Baud
Locminé
Guéhenno ★
MORBIHAN
de
Largoêt
Lanvaux
Malestroit
Bain-de-Bretagne
la Guerche-de-Bretagne
la Roche-aux-Fées ★
Retiers
MAINE-ANJOU
N 171

Ste-Anne-d'Auray
Auray
Locmariaquer ★★
Gavrinis ★★
Golfe du Morbihan ★★★
Presqu'île de Rhuys
Navalo
St-Gildas-de-Rhuys
Suscino ★
Questembert
Muzillac
Rochefort-en-Terre ★
VANNES ★★
la Roche-Bernard
REDON
Vilaine
le Grand-Fougeray
CHÂTEAUBRIANT
la Motte-Glain
7
Nozay
la Meilleraye-de-Bretagne
③

★ le Croisic
la Baule ★
Guérande ★
ST-NAZAIRE
Paimbœuf
St-Brévin
PARC NATUREL DE BRIÈRE ★★
Pontchâteau
Blain
LOIRE-ATLANTIQUE
ANCENIS
A 11
Erdre

Pornic
D 751
Lac de Grand-Lieu
St-Philbert-de-Grand-Lieu ★
NANTES ★★★
Goulaine
Clisson ★
Sèvre Nantaise
④
VENDÉE-POITOU-CHARENTES

Ⓒ   Ⓓ

Auf der Suche nach Menschen und Legenden

Die Bretonen stehen mit beiden Füßen fest auf dem Boden, haben aber den Kopf in den Wolken. Gezeichnet durch Religion und Armut, zählen sie zur Kategorie der Tapferen und Verträumten. Nichts braucht die Bevölkerung in der Bretagne nötiger als eine Zukunft. Weltmarkt und europäische Öffnung sind auch hier die Schlüsselwörter. Und die Bretagne von morgen ist bereits da. Die Jugendlichen glauben wieder an eine Zukunft, die es ihnen ermöglicht, in ihrem Land zu leben und zu arbeiten.

Wer in der Bretagne Legenden sucht und Gespenster, wird bald fündig.

Es ist ein Gebiet, das sich zu behaupten wußte, stolz auf seine Eigenart, welches die Traditionen groß schreibt, und wo Bekanntschaften einfach zu schließen sind – entgegen aller Vorurteile.

Die eigenartige Verwaltungsgliederung

Die heutige Verwaltungseinteilung der Bretagne durch Behörden und Zentralrgierung zeugt eher von einem schlechten Surrealismus als von Vernunft. Der Beweis: Nantes und die Loire Atlantique wurden dem Pays de Loire zugesprochen, einer eher künstlich geschaffenen Verwaltungsregion. Das Schloß der Herzöge der Bretagne, Symbol des bretonischen Reiches vor der Angliederung an Frankreich, liegt demnach *außerhalb* der Bretagne. Ebenso St. Nazaire, obwohl dreiviertel der Werftarbeiter dort Bretonen sind. Zu guter Letzt noch Le Croisic, trotz des urtypischen Namens, La Turballe, die prächtige Festungsstadt Guérande, die Sümpfe der Grande Brière und, zum Süden hin, Clisson.

Die Loire Atlantique außerhalb der Bretagne zu plazieren, heißt, die entscheidende Rolle der Loire – Drehscheibe der Kultur und von den Franzosen oft dazu benutzt, Nantes zu erreichen – außer acht zu lassen. Diese ungeheuerliche verwaltungstechnische Zerstückelung, Ausgeburt technokratischer Verirrungen, verletzt und verleugnet Geschichte und Kultur eines Landes, das im Laufe der Jahrzehnte immer wieder um seiner Grenzen willen zu den Waffen gegriffen hat.

Wir haben peinlich darauf geachtet, daß die Bretagne in diesem Reiseführer ganz dargestellt wird und nicht etwa in ihrer verstümmelten Form.

Wichtige historische Daten

– Rund 2200 v.Chr.: Jungsteinzeit; das bis heute noch weitgehend unerforschte Volk der Meghalithbauer errichtet Menhire, Dolmen, Alignements und Cromlechs; Artefaktfunde.

– 2000–500 v.Chr.: Kupfer- und Bronzezeit (Keramik, Schmuck, Waffen).

– 4. bis 1. Jh. v.Chr.: Beginn der Eisenzeit. Verbreitung der Kelten in Armorika (Bezeichnung für das Gebiet der heutigen Bretagne vor dem siebten Jahrhundert). Das Land wird von mehreren Stämmen besiedelt, im Norden von Osismen und Curisoliten, im Süden von Veneter, Redonen und Namneten.

– 56 v.Chr.: Julius Cäsar und seine Soldaten schlagen die Veneter, besetzen Armorika. Gallien wird romanisiert.

● *Aus Armorika wird die Bretagne*

– Etwa 400 n.Chr.: vertrieben durch die Angelsachsen, flüchten keltische Briten über den Ärmelkanal nach »Klein-Britannien«, siedeln sich dort an und bringen Sprache und Christianisierung ins Land. Bis ins siebte Jahrhundert dauert die Einwanderungswelle an.

– 799: Karl der »Große« reißt sich die gesamte Bretagne unter den Nagel. Die Anführungstriche deshalb, weil wir ihn wegen seiner Kungelei mit dem Papst – dieser drückt ihm die Kaiserkrone aufs Haupt, wofür Karl die Sachsen massakriert (pardon: heidnische Sachsenkinder mit ein wenig Zwang der Kirche zuführt) keineswegs für groß halten.

● *Die Bretagne wird unabhängig*

- 831: Wido, Graf von Vannes, wird abgesetzt. An seine Stelle tritt Nominoë.
- 846: Gründung der bretonischen Monarchie. Karl der Kahle erkennt die Unabhängigkeit der Bretagne und Nominoë als deren unabhängigen Herrscher an.
- 939: Stopp des Normanneneinfalls durch Alain Barbe-Torte.
- 1341-1365: der Erbfolgekrieg zwischen Charles de Blois und Jean de Montfort verwüstet die Bretagne und endet schließlich mit der Thronbesteigung eines Montforts: Jean IV.
- 1406: Geburt des »Blaubartes« Gilles de Rais in Machecoul, berüchtigt für seine grausamen Freveltaten.
- 1399-1442: Regentschaft des Herzogs Jean V., Inbegriff des goldenen Zeitalters der Bretagne. In Rennes gekrönt, leitet er die Geschicke des Landes von seinem prächtigen Schloß in Nantes. Er schlägt Münzen, ernennt Botschafter beim Papst, gründet seine eigene Armee und ermöglicht seinem Land einen großartigen Aufschwung. Seine Sommerresidenz ist die herrliche Festung von Suscinio im Morbihan. Es folgen François I, Pierre II, Arthur III, Richmond.
- 1488: die bretonische Armee verzeichnet eine klägliche Niederlage in St. Aubin-du-Cormier (Ille-de-Vilaine). Unterzeichnung des folgenschweren Abkommens von Verger *(Traité du Verger)*, das die Bretagne unter die Knute seines östlichen Nachbarn zwingt. Der Hundertjährige Krieg hat die Kräfte Frankreichs indes vollkommen aufgezehrt.

● *Die autonome Bretagne*

- 1491: Anne de Bretagne heiratet König Karl VIII. und wird so Königin von Frankreich.
- 1498: als letzterer stirbt, heiratet sie Ludwig XII.
- 1514: die Tochter von Anne, Claude de France, ehelicht den späteren François I., zum damaligen Zeitpunkt erst Graf von Angoulème und Herzog von Valois.
- 1532: ein schicksalhaftes Datum für die Bretagne. Im August unterzeichnen in Vannes die bretonischen Stände ein Abkommen, welches die Angliederung der Bretagne an Frankreich vorsieht. Die Bretagne soll dennoch auf juristischem, fiskalischem und militärischem Gebiet unabhängig bleiben. Frankreich sichert dies zwar zu, hält sein Versprechen jedoch oftmals nicht ein.
- 1675: Revolte der »Bonnets Rouges« (Rotmützen) gegen den Erlaß des Finanzfachmannes Colbert, alle Rechtsgeschäfte nur noch auf zu versteuerndem Stempelpapier *(Papier timbré)* anfertigen zu dürfen. Brutale Niederschlagung durch den Herzog von Chaulnes, Gouverneur der Provinz.
- 16., 17. und 18. Jh.: Höhepunkt der religiösen und volkstümlichen Kunst. Unzählige Kirchen, Kapellen, Kalvarienberge, Beinhäuser, Kreuze, Banner und Brunnen aus Granit werden errichtet.
- 1718: der Marquis von Pontcallec nimmt an der Verschwörung für die »Verteidigung der bretonischen Freiheit« teil. 1720 wird er dafür enthauptet.
- 1768: Geburt des Schriftstellers, Diplomaten und Ministers Chateaubriand in Saint-Malo.

● *Die Bretagne wird französisch*

- 1789: Die französische Revolution begeistert auch die Bretonen. Ihre Abgesandten gründen den *Club breton*, der später zum *Club des Jacobins* wird.
- 1793-1799: die Bewegung der Chouans (Chouannerie) – konterrevolutionäre königstreue Partisanen – entwickelt sich um seine historischen Führer Cadoudal, La Rouërie, du Boisguy. Die dramatische Erhebung der königstreuen Vendée gegen die revolutionären Republikaner endet mit dem Massaker von Savenay, nahe Pontchâteau.
- 1828: Geburt Jules Vernes in Nantes.
- 1919-1939: Wiedergeburt der bretonischen Nationalistenbewegung mit der Gründung der Zeitung *Breiz Atao*. 1927 wird die Partei der bretonischen Autonomisten ins Leben gerufen sowie 1932 die Partei der bretonischen Nationalisten. Erste autonomistische Attentate der Geheimorganisation Gwenn ha Du.

- 1940-1945: etwa hundertfünfzig Männer von der Ile de Sein folgen dem Ruf General de Gaulles vom 18. Juni zu den französischen Widerstandstruppen und erreichen London an Bord ihrer Fischerboote. Als die deutschen Besatzer auf der Insel eintreffen, finden sie nur noch Frauen, Kinder, Greise, den Bürgermeister und den Pastor vor. Die *Résistance* kämpft im Untergrund gegen die deutschen Truppen. Nach der Befreiung *(Libération)* liegen die Häfen St. Nazaire, Lorient und Brest in Schutt und Asche.
- 1950: bretonische Kultur und Sprache werden wiederbelebt.
- 1957: *Mouvement pour l'Organisation de la Bretagne (MOB)*.
- 1966-69: Attentate der bretonischen Befreiungsfront (FLB) in St. Brieuc und Paris.
- 1970-1980: kulturelle und wirtschaftliche Renaissance dank der bretonischen Autonomiebewegung CELIB. Alan Stivell und Per-Jakez Helias machen weltweit Furore.
- 1972: umstrittene Angliederung der Loire-Atlantique an die künstlich geschaffene Region »Pays de Loire«.
- 1978: Ölpest nach der Havarie der »Amoco Cadiz« vor Portsall.
- 7. Mai 1989: Explosion des *Hôtel de la Région* in Nantes.

Die Druiden

Tradition und Geschichte – Mirakulix unter einer Eiche, an einen Hinkelstein gelehnt. Das Bild entlockt uns ein Schmunzeln, könnte jedoch zu falschen Schlüssen verführen. Daher zunächst einige Klarstellungen.
In Gallien, auf der Insel Anglesey, ehemals Mona, hielt sich der Heilige der Heiligen des antiken Druidentums auf. Julius Cäsar sprach davon schon in seinem – geplagten Lateinschülern bestens bekannten – »Gallischen Krieg«, was ihn nicht daran hinderte, die dort ansässigen Druiden zu massakrieren. Druiden, Barden und Seher fand man in allen gälisch- und keltischsprachigen Ländern: in Irland, Devon, auf der Insel Man, in Schottland, Cornwall und natürlich in unserer geliebten Bretagne. Die Druiden rangierten in der sozialen Skala ganz oben, noch vor dem König. Sie füllten gleichzeitig die Ämter des Priesters, Richters und des Lehrers aus. Daher auch die Herkunft ihrer »Berufsbezeichnung«: *Druwi-des* bedeutet »die Sehenden«, »die Weisen«. Sie legten den Willen der Götter aus und opferten diesen. Esus, Teutates, Taramis, Belenus – der Gott der Sonne, daher auch die häufig vorkommenden Bel-Airs auf der Landkarte – waren die wichtigsten Gottheiten im Pantheon der Druiden.
Im Herzen der dunklen Wälder oder auf der Spitze der Hügel fanden grausame Opferzeremonien statt. Menschen wurden an einem Ast aufgehängt und bei lebendigem Leib aufgeschlitzt. Andere steckte man in ausgehöhlte Baumstämme und verbrannte sie. Noch ein paar Unschuldige ließen ihr Leben in Kesseln mit brodelnd heißem Wasser. Nicht gerade zimperlich, diese Druiden. Da brauchte die Inquisition sich nichts Neues mehr einfallen zu lassen.
Sie sprachen der Natur, den Pflanzen und Bäumen Zauberkräfte zu. Aus der Eberesche wurde so ein magischer Baum und der Weißdorn in Irland zur heiligen Pflanze. Dornengestrüpp verkörperte gleichsam übernatürliche Barrieren.
Die Eiche, Königin unter den Bäumen, wurde von den Druiden als keltische Verkörperung des Zeus verehrt. Mit einer goldenen Sichel bewaffnet, in ein weißes Leinentuch gekleidet, kletterte der Druide auf den Baum, pflückte Misteln und sammelte sie in einem großen Tuch ein. Alles geschah stets äußerst zeremoniell und streng nach Kalender:
Imbolc: symbolisches Frühlingsfest am 1. Februar; *Beltaine:* man feiert die neuen Feuer des Sommers, am 1. Mai; *Lugnasard:* Königsfest am 1. August; schließlich und endlich *Samain*, die Totenfeier – unser Allerheiligen – am 1. November. Im Kreis der Druiden lebten Barden und Dichter. Sie waren damit beauftragt – vergleichbar unserem heutigen Regierungssprecher – die Heldentaten der Häuptlinge sowie Brauchtum und bretonische Geschichte zu besingen. Alle miteinander glaubten sie an die Seelenwanderung (Metempsychose) und, Voraussetzung dafür, an die Unsterblichkeit der Seele.

Lange Zeit nahm man an, die Druiden hätten die Menhire und Dolmen errichtet. Irrtum! Diese Megalithen standen schon vor Ankunft der Kelten da. Die Druiden benutzten sie lediglich für ihre Rituale, wenn überhaupt.

Den Druiden von heute begegnet man nicht so einfach. Sie arbeiten höchst diskret und wünschen nicht gestört zu werden. Dennoch existieren sie. Eine Million soll es in Großbritannien geben, sechzigtausend immerhin in Frankreich. In diesen Zahlen sind natürlich alle Tendenzen und Gruppierungen mit eingeschlossen: zahlreiche glaubensabtrünnige Zirkel, sektiererische Gruppen sowie irgendwelche Fanatiker. Da gibt es noch den Zweig der traditionellen *Gorsedd Breton*, einem Kollegium der Druiden, Barden, und Ovaten – in der druidischen Hierarchie zwischen Druiden und Barden angesiedelte Priester – in der Bretagne. Dieses Gorsedd Breton, im September 1900 von Intellektuellen gegründet, soll eine Art spirituelle Filiale des gallischen Landes sein, der historischen Wiege des Druidentums. Man trifft sich einmal im Jahr, allerdings ausschließlich in Friedenszeiten. Weiß gekleidete Druiden ziehen vorbei, gefolgt von Barden in Blau und den Ovaten (Weißsagern), Priestern, die zwischen Druiden und Barden stehen. Die etwa fünfzigköpfige Gruppe formt einen Kreis (Sonnenrund), der um keinen Preis gestört werden darf! Die stets gleichbleibende Zeremonie verwendet sonderbare Symbole: Wiederherstellung des zerbrochenen Schwertes der Kelten, Nominierung eines neuen Barden, Liste der Toten des Jahres, bretonische Hymnen, Verteilung von Buchsbaum an Besucher ... Um die Ecke gebracht wird niemand, Gott sei's gedankt! Gäste verlassen reichlich verwirrt die geweihte Lichtung, *nemeton* genannt. Neben dieser echten Folklore tun unsere Druiden noch einiges: sie schreiben, veröffentlichen, singen und sprechen im Radio, fliegen in Boeings, fahren Auto wie jeder andere auch. Dabei ist es ihr Ziel, die zweitausend Jahre während Überlieferung aufrechtzuerhalten.

Welche Voraussetzungen man als Druide braucht: von der Pike auf dienen und fließend Bretonisch sprechen.

Nur einem bereitet das Treiben Kopfzerbrechen: der katholischen Kirche, die mit ihrem Latein nichts gegen das »heidnische Treiben« auszurichten vermag, was uns nun wieder irgendwie freut.

»Pardons«: Prozessionen auf bretonisch

In keinem Land Europas hielten sich derart viele religiöse Relikte wie in der Bretagne. Lange Zeit trübte kein Wölkchen das Verhältnis zwischen Gott und den Bretonen. Kirchen wurden errichtet, deren Glockentürme wahre Meisterwerke bilden. Kalvarienberge und Kreuze in Unmengen wurden geschnitzt und gemeißelt. Oh heiliges bretonisches Land, Wohnstatt von Göttern und Geistern ... Die Religion rumorte immer schon stark in den Köpfen der Bretonen, was sie manches Mal plagte und quälte. Von diesem jahrhundertealten geistigen und religiösen Hintergrund rühren die vielen Gebete und Bittgaben her. Jährlich ehren die Menschen gemeinsam ihre Götter. Die Bretagne huldigt hunderten von Heiligen: jedem Einwohner seinen Heiligen, oder zumindest fast. Und jedem Dörfchen seinen lokalen Schutzpatron, Schaltstelle zwischen Menschen und Transzendenz. Die religiösen Feste zu Ehren der Heiligen sind reich an der Zahl und vielgestaltig. Üblicherweise finden sie im Sommer statt. Kreuze und Banner werden herausgekramt, es wird zur Messe gegangen, auf bretonisch gesungen und nachher gefeiert: um die Kirche herum, in einer Art Kirmes, Überbleibsel aus heidnischer Zeit. Ob krächzende Hobbybarden immer noch geknebelt werden, entzieht sich unserer Kenntnis.

Übersicht über die großen religiösen Feste der Bretagne

Aus der Menge der bretonischen *pardons* sind die hier – in ihrer zeitlichen Reihenfolge – aufgelisteten wegen ihres typischen Verlaufes, der gezeigten Originalität, des beim Feiern zu Tage tretenden Glaubenseifers oder einfach durch die jahrhundertealte Überlieferung in besonderem Maße sehens- und erlebenswert.

– *Gründonnerstag:* Notre-Dame-de-Délivrance, Quintin (22).
– *Dritter Sonntag im Mai:* »Pardon des Chevaux«, Saint-Herbot (29); »Grand Pardon (international) de la Fête de Saint Yves«, Tréguier (22).
– *Ostersonntag und Ostermontag:* Saint-Mathurin, Moncontour (22).

- *Ostermontag:* »Fête des Oiseaux de la Forêt de Toulfouën«, Quimperlé (29).
- *Sonntag Trinitatis:* Notre-Dame-de-Callot, Carantec (29); Notre-Dame-de-Tout-Remède, Remungol (29).
- *Letzter Junisonntag:* »Pardon de Saint-Pierre-Saint-Paul«, Plouguerneau (29).
- *am ersten Sonntag im Juli:* Sainte-Barbe, »Pardon du Feu«, »Fête des Pompiers«, Le Faouet (56).
- *am zweiten Sonntag im Juli:* Notre-Dame-de-Bon-Secours, Guingamp (22); Pétite Troménie, Locronan (29).
- *am dritten Sonntag im Juli:* Saint-Carantec, Carantec (29).
- *am 26. Juli:* »Grand Pardon de Sainte-Anne«, Sainte-Anne-d'Auray (56).
- *Am vierten Sonntag im Juli:* »Pardon islamo-chrétien«, Le Vieux-Marché (22).
- *am ersten Sonntag im August:* Notre-Dame-de-Penety, Persquen (56).
- *am 15. August:* Notre-Dame-de-la-Clarté, Perros-Guirec (22); »Pardon de la Madone des Motards«, Porcaro (56); Notre-Dame-du-Roncier, Rostrenen (22); Notre-Dame-de-Quelven, Guern (56); Notre-Dame-de-Roscudon, Pont-Croix (29).
- *am Sonntag nach dem 15. August:* Notre-Dame-de-Crénénan, Ploërdut (56).
- *am letzten Augustsonntag:* »Pardon de Sainte-Anne-la-Palud« (29).
- *am ersten Sonntag im September:* Notre-Dame-de-Rocamadour, »Bénédiction de la Mer à Camaret« (29); Notre-Dame-de-Penhors, die bekannteste Feierlichkeit im Bigoudenland, Saint-Guénolé-Pouldreuzic (29); »Grand Pardon du Folgoat« (29) – fällt dieser Sonntag auf den 8. September, verschiebt sich das Fest auf das darauf folgende Wochenende.
- *am dritten Sonntag im September:* Notre-Dame-du-Roncier, Josselin (56).
- *am letzten Septembersonntag:* »Pardon de la Saint-Michel«, Plouguerneau (29).

Kurzporträt der bretonischen Musik

Es ist schwierig, die bretonische Musik von der bretonischen Geschichte zu trennen. Je nachdem, welche Revolte gerade stattfand, ob es im jeweiligen Moment aufwärts ging oder abwärts, entstanden im Lauf der Jahrhunderte Lobeshymnen oder Klagelieder.

Um 1960, Comeback der *Festou-noz,* der traditionellen bretonischen Feste. Die Schwestern Goadec werden wiederentdeckt und die *Bagadou,* Musikformationen mit alten, herkömmlichen Instrumenten, machen sich in keltischen Kreisen breit. Die Tradition der Barden lebt auf mit Glenmor und anderen Sängern. Blutjunge Interpreten tauchen auf: Servat, Kirjuhel, Gweldaz ar fur. Zur gleichen Zeit betritt Alan Stivell die Bühne, nachdem er einige Zeit in Glasgow Dudelsackspielen gelernt hatte. Er gründet die »Bagad Bleimor«, begeistert sich ebenso für den Rock & Roll wie für den Folksong. Er nimmt ein paar Platten auf und gibt Konzerte;z.B. im *Olympia* und im mittlerweile abgerissenen traditionsträchtigen *Bobino* bei Montparnasse 1972. Die keltische Popmusik kommt groß raus.

Im August '72 steigt das erste Festival in Kertalg. Traditionelle wie auch ganz neue Gruppen traten auf, die sich zum Teil auf dem Festival selbst erst zusammenfinden: Diaouled ar Menez, Sonerien Du, An Triskell, Kerguiduff, Youen Gwernig.

Gleichzeitig diente die neue Musik zur Unterstützung verschiedenster sozialer Bewegungen, von Streiks, Revolten und Straßenkämpfen in den späten Sechzigern. Und natürlich der Verbreitung der bretonischen Sprache in einem Staat, der es sprachlichen Minderheiten nicht immer leicht machte. Die Lieder berichten von allem, was sich so im Lande abspielte.

Das eindrucksvollste Beispiel ist sicherlich die gewaltige Anti-Atomkraftdemonstration in Plogoff, wo sich über hunderttausend Menschen zu einem unvergeßlichen Pfingsttreffen einfanden.

Seit dieser Zeit erlernen immer mehr junge Bretonen die Handhabung »ihrer« Musikinstrumente, schreiben sich in den *Bagadou* ein oder gründen neue eigene Gruppen. Die Bretagne erlebt eine musikalische Blütezeit.

Gruppen wie Tamless, Gwenva, Bleizi Ruz, Kornog rufen wahre Begeisterungsstürme hervor. Stößt man unterwegs auf eine Gruppe von der Qualität der Gwerz, derzeit die beste Band, so raten wir, ruhig noch eine Weile in der Bretagne zu verweilen und sich weiter umzuschauen.

Nur vereinzelt haben bretonische Sänger Zugang zum internationalen Show-Biz gefunden. Eigentlich trägt außer Alan Stivell niemand die kulturelle Botschaft über die Grenzen der Bretagne hinaus. Die keltische Harfe erlebte mit ihm eine Wiedergeburt, volkstümliche Melodien wurden plötzlich wieder aktuell, die Massen tanzten dazu wie elektrisiert. Inzwischen flaut die Kreativität Stivells etwas ab.

Musikhören in der Bretagne

Während der großen Folkwelle Mitte der siebziger Jahre entstehen die Bistrofolks. Immer häufiger finden dort Sessions statt, wie in den irischen Pubs, oder angekündigte Konzerte. Auf immer mehr Festivals spielt man neben der bretonischen Musik auch die der keltischen Nachbarn. Das wohl bekannteste Festival steigt in Lorient in der ersten Augustwoche. In Mode gekommen sind auch die *Festou-noz* (Mehrzahl von »fest-noz«, Nachtfeste). Es sind nächtliche Ansammlungen, wo hunderte, ja gar tausende von Menschen zu Musik und Rhythmen der *Kan ha diskan*-Sänger tanzen. Eine günstige Gelegenheit, gemütlich ein Glas zu trinken, sind diese Feste natürlich auch. Es tut dem Reiz keinen Abbruch, wenn Alte und Junge Arm in Arm tanzen, im Gegenteil. Ein guter Fest-noz fängt am Abend an und hört erst im Morgengrauen auf. Die Tänze unterscheiden sich je nach Gegend. Am geläufigsten: *en dro, gavotte, plinn, kost ar hoat* und der *fisel*-Tanz. Noch ein anderes Festival, das zwar nicht nur typisch »bretonisch« ist, aber jedes Jahr regelmäßig in den ersten zwei Augustwochen in der Bretagne gefeiert wird, soll hier Beachtung finden: *»la fête du chant-marin«*. Drei Tage und drei Nächte lang treten Musikgruppen aus allen Landesteilen, besser gesagt, von allen Meeren der Welt, auf den überall aufgebauten Bühnen und den im Hafen vor Anker liegenden *Musikschiffen«* auf. Die Gelegenheit ist günstig, sich eine der vielen, der Segelschiffahrt gewidmeten, Ausstellungen oder Vorführungen anzusehen. Auskünfte im Büro der Zeitschrift *Chasse-Marée* in Douarnenez ab Januar. T. 93-92-66-33.
Also los und fleißig mittanzen, nur Chuzpe! Die Erfahreneren werden nichts dagegen haben, Ungeübten ein wenig Nachhilfe zu erteilen. Von Schuhen mit hohen Absätzen raten wir jedoch dringend ab!

Tanzen in der Bretagne

Ursprünglich tanzte man zu zweierlei Anlässen: bei einer Hochzeit oder einer Wallfahrt (Pardon). Dazu kamen noch die lokalen Feste und die Festou-noz. In den meisten Fällen gliedert sich der Tanz in drei Teile: einen Tanz, einen Ball und einen Reigen. Die Reigen werden geschlossen oder offen getanzt. Im letzten Fall führt eine Person die Tänzer an. Der Ball wird generell von mehreren Pärchen im Kreis getanzt. Die schon weiter oben erwähnten geläufigsten Tänze sind:
Gavotte: obere Cornouaille und Pays de Pontivy (Morbihan).
Laride, Endro: im Morbihan, im Süden Pontivys und Guéménés.
Fisel, Plinn: in der Mitte der Bretagne, rund um Carhaix, Callac und im Süden Guingamps.
Französischkundige, die mehr darüber wissen möchten, werden die Bibel aller Tänzer zu Rate ziehen: »La tradition populaire de danse en basse Bretagne« von J.M. Guilcher, Verlag Mouton.

Instrumente und Musiker

– *Biniou-koz:* das repräsentativste Instrument in der bretonischen Musik, bestehend aus einem Beutel mit zwei Schläuchen. Der eine dient zum Aufblasen, der andere hat sechs Löcher zum Spielen.
– *Biniou-braz:* dem schottischen Dudelsack sehr ähnlich, erst in den vierziger Jahren populär geworden.
– *Bombarde:* ein Vorfahr der Oboe mit sechs Löchern und mehreren Klappen. Recht anstrengend zu spielen, da man zugleich die Lippen zum Blasen und zum Festkneifen des Mundstückes braucht.
– *Trommeln und Pauken:* braucht man wohl kaum zu erklären; es sei nur gesagt, daß sie generell die *Bagadous* begleiten.

- Die *Geige:* nach langer Abwesenheit wieder in Mode.
- Die *keltische Harfe* feierte ihre Wiederkehr in den Siebzigern mit Alan Stivell.
- *Treujenn-gaol:* die Klarinette wird seit dem 18. Jh. in der Bretagne gespielt.
- Ein Bläserduo setzt sich gemeinhin zusammen aus einem Biniou-koz-Spieler und einem *Tabalarder,* der die Bombarde bläst. Bisweilen auch zwei Tabalarder.
- *Bagad* (Mehrzahl *Bagadou*): setzt sich aus Spielern der Bombarde, des Biniou-koz und aus Schlagzeugern zusammen.
- *Keltischer Kreis:* Tänzer, Sänger und Musiker gestalten ihn.
- *Kan-ha-diskan:* Gesang und Refrain. Drei Sänger singen abwechselnd die Strophen und gemeinsam den Refrain.
- Die *Orgel:* wird oft von einer Bombarde begleitet.

Die bretonische Sprache

Unseren Lesern zum Trost: selbst für Franzosen klingt sie völlig fremd, dank einer vollkommen anderen Syntax und Grammatik. Sie ist halt eine keltische Sprache, verwandt mit dem Gälischen, Irischen und Schottischen und – soweit noch vorhanden – mit den keltischen Diralekten in Cornwall und Devon. So kommt's, daß ein Bergarbeiter aus Cardiff in Wales einen Zwiebelverkäufer aus Roscoff versteht. Im fünften Jahrhundert flüchteten ganze Kolonien vor den Angelsachsen in England über den Kanal nach »Kleinbritannien«. In dieser Epoche entstanden die Orts- und Familiennamen, deren Originalität uns bis heute erhalten blieb: Le Goff, Morvan, Briand, Tanguy, Mevel, aber auch Gloagen, Jos, Picollec usw. Unzählige Ortsnamen fangen mit Loc-, Plou-, Tre-, Lab-, und vor allen Dingen Ker- an. In Rennes und Nantes wurde nie Bretonisch gesprochen. Eigenartig, wo sie doch die historischen Hauptstädte des Fürstentums waren. Im Lauf der Jahrhunderte wich die bretonische Sprache vor der französischen zurück. Nach und nach verschwand sie fast ganz, und im 19. Jh. wurde sie regelrecht ausgemerzt. Die Obrigkeit erklärte dem »vulgären Dialekt« den Krieg. »Es ist verboten, auf den Boden zu spucken und bretonisch zu sprechen«, hieß es zum Beispiel. Wehe dem Schüler, der einen Fehler beging! Er wurde schwer bestraft und vor seinen Mitschülern lächerlich gemacht. Genauso erging es übriges auch dem Deutschen im Elsaß, dem Flämischen im Pas de Calais, dem Baskischen usw. Die bretonische Sprache erholte sich erst nach zwei Jahrhunderten, in den siebziger Jahren, was mit dem kulturellen Erwachen der Bretagne einherging. Mittlerweile existieren zweisprachige Schulen, und eine Umfrage von Radio Bretagne-Ouest ergab, daß heute nahezu achthunderttausend Menschen bretonisch sprechen! Insbesondere westlich der in Nord-Süd-Richtung verlaufenden Linie Plouha (28 km von Saint-Brieuc) – Vannes (Morbihan). *Breizh atao!*

Für Hinweise, die wir in späteren Auflagen verwerten, bedanken wir uns mit einem Buch aus unserem Programm

● **Einige urbretonische Worte**

Aber:	Ästuar oder kleiner Fjord, der zweimal täglich in den Fluten des Atlantik versinkt;
Avel:	Wind
Bihan:	klein
Braz:	groß
Coat:	Wald
Coz:	alt
Enez:	Insel
Feunteun:	Springbrunnen
Gast!:	wörtlich »Hure« (weitverbreitetes Schimpfwort)
Hir:	lang (Menhir: langer Stein)
Huel:	hoch
Iliz:	Kirche
Izel:	niedrig
Ker:	Dorf, Häusergruppe, Weiler
Lan:	geweihter Ort, Einsiedelei, Abtei
Lann:	Heidekraut, Stechginster
Loc:	Einsiedelei, einsamer Ort
Men:	Stein, Fels
Menez:	abgerundeter Hügel
Meur:	groß, weit
Mor:	Meer
Nevez:	neu
Penn:	Kopf
Plou, pleu, plo, plu:	Pfarrei; nach Ker am weitesten verbreiteter Ortsname. Bezeichnet die kleinste territoriale Einheit umfaßt also mehrere, über das Land verstreute Weiler.
Roc'h:	Schiefer, Fels, Bergkamm
Taol, tol dol:	Tisch (Dolmen: Steintisch)
Tref, trev, tre:	Burgfried
Trez:	Sand
Ty, ti:	Eigenheim

● **Eigennamen:**

Briand:	bedeutet »Privileg«, »Erhöhung«; in der Bretagne weit verbreitet.
Le Gall:	von Gallus, Gallier; die französische Sprache heißt auf Bretonisch übrigens galleg.
Le Goff:	Schmied, Mann mit magischen Kräften
Morvan:	von Meur man, »Großer Geist«, »großer Gedanken«

● **Französische Ausdrücke bretonischen Ursprungs**

– Bande de ploucs: Idiotenbande, Deppenhaufen. Das Wort »plouc« kommt von »plou«, was soviel wie Pfarrei heißt und in unzähligen Ortsnamen auftaucht. Das Schimpfwort Plouc haben natürlich nicht die Bretonen ersonnen sondern die Franzosen, und es bedeutet soviel wie Dummkopf, Depp, Zurückgebliebener; also durch die Bank negative Attribute. Daher bitte keinen Bretonen mit Plouc beschimpfen! Lange genug haben sie den Sarkasmus und den Spott der Franzosen über sich ergehen lassen müssen. Paysan (Bauer) hören sie natürlich auch gar nicht gern.

– Baragouiner (zusammenfaseln, kauderwelschen): der Ausdruck stammt aus dem Ersten Weltkrieg, wo Soldaten aus der Bretagne zwar kein Französisch sprachen, aber dennoch immer Hunger und Durst hatten. Sie verlangten Bara! Gwin!, also Bara, Brot und Gwin, Wein, woraus die Franzosen dann schließlich das Verb baragouiner formten.

– Y voir que dalle: nix sehen, nicht durchblicken, nur Bahnhof verstehen. »Dall« bedeutet »blind« auf Bretonisch.

Einige namhafte bretonische Zeitgenossen

Zu diesem illustren Kreis gehören *Anne de Bretagne*, die berühmteste Bretonin aller Zeiten, *Dugay-Trouin, Surcouf, Lamennais, Chateaubriand, Broussais, Laënnec, Aristide Briand* uva. Der Amerikaner *Jack Kérouac*, Dichter und Schriftsteller der Beat-Generation in den fünfziger Jahren, war übrigens auch bretonischer Abstammung.

Unsere Liste erhebt natürlich keinerlei Anspruch auf Vollständigkeit, ist der Fairness halber alphabethisch geordnet und die Objektivität gerät, wie gewohnt, hoffnungslos ins Hintertreffen.

- **Gérard d'Aboville:** überquerte den Atlantik allein im Ruderboot. Wenn er nicht gerade dabei ist, andere Abenteuer zu bestehen, lebt er in Crac'h.
- **Alain Bellec**, alias **Barrière:** 1935 in La Trinité-sur-Mer geboren. Nach dem Erhalt des Ingenieursdiplom der Technischen Hochschule strebte er andere Würden an und wurde Sänger. Zu diesem Zweck verließ er Carnac und sein Theatercafé und ging nach Montreal.
- **Fulgence Bienvenüe:** hat in Uzel das Licht der Welt erblickt. Schöpfer und Planer der Métro. Übrigens ist er der Einzige, der miterleben durfte, daß eine Métrostation seinen Namen trägt – bei allen anderen erfolgte die Ehrung erst posthum.
- **Louison Bobet:** Jahrgang 1925, aus Saint-Méen. Bevor er in Quiberon und anschließend in Biarritz Zentren der Thalassotherapie aufmachte, hatte dieser Sportsmann dreimal in Folge die »Tour de France« gewonnen.
- **Yves Coppens:** vor knapp sechzig Jahren in Vannes zur Welt gekommen. Der Paläontologe, dem wir die Entdeckung von Lucies Gebeinen in der äthiopischen Wüste verdanken. Es handelt sich dabei um die allerältesten Funde von Hominidenresten, die auf der Erde bislang gemacht wurden.
- **Claire Brétécher:** 1943 in Nantes geboren. Die geniale Zeichnerin, in der ganzen Welt bekannt, nimmt vor allem die Männer-Frauen-Beziehungen aufs Korn.
- **Jaques Chazot:** aus Lcmiquélic. Der einzige Mann der Welt, der das Tanzen auf den Fußspitzen beherrscht.
- **Jean-Loup Chrétien:** 1938 geboren. Studium in Saint-Brieuc, um General im Flugwesen zu werden. Heute saust er mit den Russen durchs All.
- **Etienne Daho:** Der Student aus Rennes ist über Nacht ins Showgeschäft eingestiegen, soll aber, nach Ansicht seiner ehemaligen Kommilitonen, ganz »der Alte geblieben« sein.
- **Cardinal Jean Daniélou:** Mitglied der »Académie Française«. Dieser Jesuit aus dem Finistère hat die kirchenväterliche Theologie erneuert.
- **Patrick Dupond:** stammt aus Rennes, ist selbst Tänzer und für den Tanz zuständiger Direktor an der Pariser Oper.
- **Irène Frain:** aus Lorient, hat die Agrégation für das Fach Literatur abgelegt. Sie begann, Märchen zu schreiben, hat ihren ersten größeren Erfolg mit dem Werk *Le Nabab* im Jahre 1982, einer historischen Freske in Romanform. Die Autorin veröffentlicht heutzutage Romane im Stil von Balzac.
- **Glenmor:** der Name bedeutet »Erde-Meer«, der Mensch ist ein moderner Troubadour und das bereits seit dreißig Jahren. 1931 wurde Emile Le Scan in Maël-Carhaix geboren. Mutig folklorisierte er die bretonische Musik; in der Tat ist er auch einer der ersten *Folksänger* der Bretagne – im amerikanischen Sinne. Dieser diplomierte Philosoph, gebürtig aus Glomel, war erst ein »Mann Gottes«, bis er zur Politik wechselte. Immer aber blieb er ein Barde, der seine *patrie*, also sein Land, und seine Mutter besingt und fest an seine Freiheit glaubt. Gewiß hätte er an der Spitze der *Chouans* gefochten, wäre er nur ein paar Jährchen früher geboren worden!
- **Xavier Grall:** Dichter und Schriftsteller, 1930 in Landiviseau geboren, 1981 in Quimperlé gestorben. Journalist und Chefredakteur der Zeitung »*La Vie Catholique*«. Eine verrückte Lyrik und eine totale Ehrlichkeit waren seine Markenzeichen. Er schrieb unter anderem: »*La fête de la nuit*« (1972), »*Le cheval couché*« (1977), »*Rires et pleurs*« (1978) »*Solo et autre poèmes*« (1981). Vor seinem letzten Atemzug notierte er: »Redet nicht über mich, setzt mir einen weißen Stein auf den Kopf und sprecht von der Erde.« Er starb viel zu früh!

● **Jean-Edern Hallier:** ein gewisser literarischer Genius beflügelt den Geist dieses zeitlosen Bretonen. Romantischer Chaot, Provokateur, der sein letztes Wort noch nicht gesprochen hat. Er ist der Sohn eines Generals und sein Stammbaum reicht in graue Vorzeiten. Gute, aber auch weniger gute Bücher hat er veröffentlicht. Die Besten: *»La cause des peuples«*; *»Le premier qui dort réveille l'autre«* (Prix Bretagne); *»Fin de siècle«*. Hoffentlich rüttelt er mal seine müden Kollegen in der Académie Française auf! Angeblich wurde er Mitte der achtziger Jahre von irgendwelchen Banditen verschleppt. Nach drei Tagen seiner ominösen Entführung tauchte er plötzlich wieder auf. Viel Aufsehen in der Presse, aber die Sache wurde nie aufgeklärt. Wer ihn kennt, hat nur über den Publicitygag gelacht.

● **Per Jakez Hélias:** aus Pouldreuzic. Berühmt geworden durch sein Buch »Cheval d'Orgueil«. Diese Chronik der verschlafen-zurückgebliebenen Bretagne um die Jahrhundertwende fand über zwei Millionen Käufer.

● **Bernard Hinault:** die Bretagne bescherte Frankreich einige namhafte Radrennfahrer, darunter den schon genannten Louison Bobet, Jean Robic und eben Bernard Hinault, 1954 in Yffiniac geboren. In den siebziger Jahren, *der* Star im gelben Trikot! Und heute? Trotz seines Problemknies hat er das Pedaltreten noch erstaunlich gut drauf.

● **Max Jakob:** wie ein von Jean Cocteau gefertigtes Schild an seinem ehemaligen Wohnhaus in Quimper belegt, ist auch der Maler und Dichter bretonischer Herkunft (geb. 1876). Es zog ihn aber bald schon nach Paris, wo er mit den Künstlerfreunden vom *Bateau-Lavoir* das Leben von seinen guten Seiten genoß.

● **Alfred Jarry:** Schriftsteller und Schauspieler, der seine Jugend in Laval und Saint-Brieuc verbracht hat.

● **Louis Jouvet:** aus Crozon. Ein wahrhaft wackerer, humorvoller Mann! Schauspiellehrer von schon vielen Künstlergenerationen.

● **Dominique Lavanant:** aus Morlaix. Schauspielerin und Autorin, die fest an ihrer Heimat hängt.

● **Raymond Keruzoré:** kurz »Kéru« genannt. Der begnadetste Fußballspieler seiner Generation (mehrere Auswahlspiele in der französischen Elf) mit dem Fehler, nebenher noch Intellektueller zu sein. Als er dazu verdammt wurde, alleine zu trainieren, verließ er 1979 den FC Rennes. Als Trainer von Guingamp (Côtes-d'Amor) verhalf er der Mannschaft zu Höchstleistung. Die Brester, in Schwierigkeiten, holen ihn sich. Das Ergebnis läßt nicht lange auf sich warten: der FC Armorique nimmt den achten Platz in den Meisterschaften 1986 und 1987 ein. Der Präsident des Vereins muß wohl neidisch gewesen sein, da er Kéru die Trainerlizenz am Ende der Saison entzieht. Selber schuld: während die Brester sich jetzt um die untersten Plätze schlagen, kümmert sich Raymond um die Außerwählten von Rennes.

● **Auguste Le Breton:** er hat nichts gemeinsam mit Jean-Edern Hallier, es sei denn einen gewissen Antikonformismus im Stil. »Pionier des literarischen Argot«, den er vor allem in seinen Kriminalromanen einsetzt. Papst des »Verlan« noch vor Coluche, dem berühmten Komiker. »Verlan« ist die Umkehrung von »l'envers«, was »umgekehrt« heißt, und bezieht sich auf die bei den Franzosen so beliebten Wortspielereien, bei denen die Wörter verdreht werden. Beispiel: »laisse béton« statt »laisse tomber«.

1915 in Lesneven (Finistère) geboren, hütete er in seiner Jugend Kühe, kam in ein Waisenhaus und büchste mit elf von dort aus. Mit achtzehn tauchte er in Paris wieder auf, bzw. tauchte ab, in die Unterwelt der Gauner und Gaukler nämlich. Das Schreiben rettet ihn vor dem Untergang. Nahezu vierzig Bücher hat er fertiggestellt und die denkwürdige Krimiserie *Rififi* ins Leben gerufen. Einige seiner Bücher wurden zu berühmten Kinofilmen: die Gaunergeschichte *Le Clan des Siciliens* (Clan der Sizilianer), *Razzia sur la chnouf* (Razzia in Paris) im Milieu der Rauschgifthändler u.a. Ein Genie, ein König seines Genres.

● **Marcel Le Servot:** Der ehemalige Chefkoch aus dem Präsidentenpalast, wo er sich ums leibliche Wohl von Giscard und dessen Nachfolgern kümmerte, stammt aus Quimper.

● **Charles Manac'h:** einer der überragenden französischen Diplomaten. Als Sohn einer Bauernfamilie 1910 in Plouigneau (Finistère) geboren, studierte er Philosophie, wurde Professor, Delegierter des Freien Frankreichs in der Türkei

1941, bekleidete später hohe Posten am Quai d'Orsay, dem französischen Außenministerium, bis er schließlich bis 1975 Botschafter Frankreichs in Peking wurde. Er trug viel zur Annäherung der beiden Staaten bei. Als ausgewiesener Kenner der chinesischen Politik schrieb er drei Wälzer darüber und obendrein noch seine Memoiren, ganz in der Überlieferung der schreibenden Diplomaten.

● **Général Jacques Pâris de Bollardière**: stieß seinen ersten Schrei im Jahre 1907 in Châteaubriant aus. Seine Laufbahn führt ihn durch eine Kadettenanstalt, dann nach Saint-Cyr, wo er sich als hervorragender Fallschirmspringer ausweist. Auch im Algerienkrieg beweist er seine Stärke. Doch nun gibt es einen Bruch in der militärischen Laufbahn. Er verläßt die Truppe und setzt sich für ehrenvollere Ziele ein: gegen Foltermethoden anzugehen und sie der Öffentlichkeit bekannt zu machen, heißt seine neue Aufgabe.

● **Patrick Poivre d'Arvor**: genannt PPdA, der bekannte TV-Nachrichtensprecher mit seiner umwerfenden Ausstrahlung, der neuerdings auch die Literatursendung »Ex Libris« moderiert, welche zunächst der ebenfalls über Jahre äußerst populären Sendung »Apostrophe« von Bernard Pivot Konkurrenz machte. Man kann ihn während der Ferien beim Krabbenfang in Trégastel überraschen. Pivot leitet heute übrigens nur noch die Sendung »Bouillon de Culture«.

● **Nicolas Peyrac**: die Mutter schenkte dem Söhnchen in Saint-Brice-en-Cogles das Leben. Der Sohnemann mauserte sich zu einem braven und romantischen Sängerknaben.

● **Henri Queffélec**: 1910 in Brest geboren. Er schrieb den Roman »Un Recteur de l'île de Sein«, der unter dem Titel »Dieu a besoin des Hommes« verfilmt wurde. Sein Sohn erhielt den *Prix Goncourt* für »Noces Barbares« und seine Tochter ist auf dem besten Wege, eine gefeierte Konzertpianistin zu werden. Was für 'ne Familie!

● **Gilbert Renault**: alias Colonel Rémy. Der Schrifsteller und aktive Widerständler des Zweiten Weltkriegs ist aus Vannes gebürtig.

● **Alain Resnais**: ebenfalls aus Vannes. Weltberühmter Regisseur, der seine Heimat häufig zum Gegenstand seiner Filme macht.

Alain Robbe-Grillet, Vater des *Nouveau Roman*, 1922 in Brest geboren, brach radikal mit den traditionellen Formen des Romans.

● **Charles Vanel**: stammt aus Rennes und hat in über zweihundert Filmen, eher dem lustigen Genre, mitgespielt.

● **Alan Stivell**: es gibt zwar etliche andere, aber vor allem ist er es, Alan Cochevelou alias Stivell, in Langonnet (Morbihan) geboren, den wir hier vorstellen müssen. Die guten Feen legten ihm viel bei seiner Geburt in die Wiege: Musikalität, Stimme, Kreativität ... Sein Vater lehrte ihn die keltische Harfe, er brachte sich das Dudelsackspiel bei, machte bei den Bagad-blei-Mor als Pen Soner-Spieler mit, bis ihm der Gedanke kam, die bretonische Musik vor großem Publikum »explodieren« zu lassen. Die traditionelle Musik wurde mit anderen Musikrichtungen und Stilen gemixt. Olympia 1969: er inspiriert, treibt an, reißt mit! Dutzende neuer Gruppen entstehen. Aus einer Abfolge von Triumph und Durststrecken geht Stivell jedesmal mit einem neuen musikalischen Oeuvre hervor. Über seine »Keltische Symphonie« (*Symphonie celtique*) sagt er: »Auch wenn diese Symphonie weit über alles hinausgeht, was ich bisher komponiert habe, auch wenn ich jetzt seit zwanzig Jahren daran arbeite, so erwarte doch niemand ein perfektes Werk von mir! Wahrscheinlich bleiben mir noch einige Leben auf dieser Erde zu leben.«

● **Eric Tabarly**: 1931 in Nantes geboren. Findet sehr bald seinen Hafen in Trinitée-sur-Mer im Morbihan. Von dort aus unternimmt er seine waghalsigen, rekordträchtigen Meeresüberquerungen und Rennen an Bord der *Pen-Duick*. Ein Champion mit eisernem Willen, aus jenem Stoff, aus dem die Helden sind; Pionier der neuen Navigation, Vorbild und Meister im Segeln für eine ganze Generation. Kersauzon, Riguidel, Poupon: alles große Segler und ... so ein Zufall, Bretonen. Genau wie Loïc Caradec, der traurigerweise im Meer verscholl ...

Und die vielen anderen:

Louis Gilloux, gestorben 1980, proletarisches Gewissen der Nation, Autor des unvergeßlichen Romans »Sang Noir«; **Louis Le Pensec**, der erste Minister für Meeresangelegenheiten in der Fünften Republik, ernannt 1981 während der Linkskoalition PC/PS.; **Jean Picollec**, passionierter Verleger alles Keltischen:

Mythologie, Geschichte, Legenden, Dichtung, Übersetzungen irischer Bücher usw.; **Bourgeon, Petillon, Molor Louarn** sind die wichtigsten Vertreter der neuen Comics.

Im Geschäftemachen sind die Bretonen übrigens auch nicht gerade auf den Kopf gefallen:

● **Vincent Bolloré:** mit 29 Jahren war er schon Geschäftsführer eines hundertjährigen Zigarettenpapierunternehmens, das er für symbolische zwei Franken an Land zog. Östlich des Rheins wechseln ja bekanntermaßen gemeinnützige Wohnungsbauunternehmen auf diese Weise den Besitzer. Noch vor seinem vierzigsten Lebensjahr ist Bolloré der Kopf der *Bolloré Technologies*, an der Börse hoch im Kurs; mit über fünfzehntausend Menschen und hunderten von Gesellschaften, u.a. der SCAC, französische Nummer eins im Import-Export Geschäft. 1987 wird er zum Arbeitgeber des Jahres ernannt.

● **Edouard Leclerc:** in der Stadt Landerneau nahm 1949 seine Karriere ihren Anfang, und zwar in einem Schuppen. Heute wiegt der Pionier des französischen Großhandels über sechzig Milliarden Franken, regiert über fünfhundertzwanzig Geschäfte und zweiunddreißigtausend Angestellte, spielt immer wieder Preisbrecher bei Kosmetik, Brillen, Arzneien, Büchern, ja selbst bei Autos und Särgen. Erinnert an die Brüder Albrecht (Aldi), deren Mutter einst in Essen-Katernberg einen Kramladen führte.

● **Yves Rocher:** Doyen der pflanzlichen Kosmetikartikel. Sein Markenzeichen, eine stilisierte grüne Blume, ziert alle Erzeugnisse in weltweit über hundert Verkaufs- und Versandläden. Geboren wurde er in La Gacilly, einem Zweitausend-Seelen-Dorf im hintersten Morbihan. Eine alte Bäuerin aus der Gegend hat ihm wohl die geheimen Kräfte der Pflanzen anvertraut.

● **Alexis Gouvernec:** blaue Augen, trotzende Stirn, Stiernacken: Alexis Gouvernec, geboren in Léon. Sein Lebenslauf hat es in sich. 1961 stürmt er zusammen mit unzufriedenen Bauern die Unterpräfektur Quimpers, wird verhaftet; rein ins Gefängnis, raus aus dem Gefängnis. In den siebziger Jahren avanciert er zum bedeutendsten Schweinezüchter, erklimmt die Spitze des *Crédit Agricole*, der landwirtschaftlichen Genossenschaftsbank, gründet schließlich noch die *Brittany Ferries Company*, womit er stark am Nationalstolz der Engländer kratzt, die sich ihres Fährenmonopols zwischen Großbritannien und der Bretagne sicher wähnten. Sein Traum erfüllt sich: die Bretagne entwickelt sich zur Drehscheibe Westeuropas, wie in den goldenen Zeiten des 15. und 16. Jhs.

Bretonische Karikaturen

Asterix und Obelix: die halbe Welt lacht über diese Gallier, oder vielmehr Armorikaner, die dem Geist Goszinnys und dem Pinsel Uderzos entsprangen. Sie prügeln, feiern, vertilgen Wildschweine, trinken Cervesa (Bier), streiten andauernd und sind auf Römer gar nicht gut zu sprechen. Kurz, tapfere Krieger mit einer erklecklichen Portion Gemütlichkeit. Das kleine unbesiegbare Dorf ... wie wahr. Die Römer eroberten zwar die Bretagne, behielten das Land allerdings nie ganz unter der Fuchtel. Des Bretonen Wahlspruch: Freiheit, Widerstand und ein großes Maul.

Bécassine: die infamste Karikatur der Bretonen, das gemeinste Symbol, niederträchtig sogar. Caumery und Pichon gebaren sie 1905. In der Nähe Quimpers in einem fiktiven Dorf namens Clocher-les-Bécassine wohnt die Kleine mit dem Mondgesicht, den roten Bäckchen, den neugierigen Augen, der siegessicheren Miene und dem tolpatschigen, grotesken Gang. In den dreißiger und vierziger Jahren entzückte sie Millionen Abonnenten der »Semaine de Suzette«. Nun stellte sie aber eine völlig zurückgebliebene, unterentwickelte Bretagne dar. Paris nahm das ernst, bediente sich, holte sich von dort Zimmermädchen, Dienstboten, Nutten. Die erbitterten Bretonen beruhigten sich erst nach Ende des Zweiten Weltkriegs. Als der schimpfliche Comic auch noch verfilmt werden sollte, erhitzten sich die Gemüter wieder, verlangten das Verbot des Films, drohten mit Sprengung der Kinos, und einige Fanatiker bewarfen sogar die Filmemacher mit Steinen.

Die Bretonen vom Montparnasse

Montparnasse! Endstation! Alles aussteigen! Alle Bretonen, die nach Paris fuhren, warfen hier auch Anker und machten das Viertel zu dem ihren. Sie kamen Anfang des Jahrhunderts, arme Auswanderer auf Landflucht. Bald bildeten sie ihre Klans, eröffneten Cafés mit den Namen ihrer Heimatstadt, gründeten kulturelle und folkloristische Vereine, Verbände und Gesellschaften, wandten alles daran, ihr Brauchtum zu erhalten. Die Jugend suchte das große Abenteuer. Für viele junge Mädchen, in die Fänge von Zuhältern mit finsteren Blicken geraten, wurden es eher unheilvolle Erfahrungen.

Montparnasse: Endstation. Symbol für Ankunft und Abfahrt. Wie die Rue du Départ und die Rue de l'Arrivée, die sich an der Tour Montparnasse treffen. Der Wolkenkratzer ist für die Bretonen, die hauptsächlich das 14. und 15. Arrondissement bevölkern, ein regelrechter Leuchtturm. Die Métrostation darunter trägt gar den Namen eines Bretonen: Fulgence Bienvenüe, »Vater der Métro«. Doch das Treiben und Leben findet hauptsächlich an der Oberfläche statt, rund um den Bahnhof. Die Herkunft der Kelten im Exil errät man leicht an den Namen der Cafés: *A la ville de Brest, A la ville de St. Malo, A la ville de Guingamp, A la ville de Morlaix* und viele andere. Fröhliche Kumpanen, alte Nostalgiker, fidele Säufer und andere Stammgäste treffen auf ein Glas und schwärmen von ihrer Heimat.

Nach der Wiedergeburt der bretonischen Musik sind auch die Pariser ganz verrückt danach. Es ist sogar möglich, in Paris auf ein Fest-noz zu stoßen, wenn auch eher etwas außerhalb. Doch Einwanderer und Pariser marschieren meilenweit, um mal stilechten Plinn zu tanzen und/oder ein Coreff, die bretonische Biersorte, zu tanken.

Die größte und aktivste Vereinigung in Paris ist die Ti-Ar-Vretoned (ehemals: Mission Bretonne) 22, rue Delambre, 75014 Paris (U-Bahn: Montparnasse, Vavin oder Edgar Quinet). Sprach-, Tanz-, und Musikkurse werden geboten; Veranstaltungen wie Filme, Konzerte, Festou-deiz (Tagfeste) gibt es, und donnerstags treffen sich die Iren.

Unbedingt die Buchhandlung *Breiz* besuchen: 10, rue du Maine, 75014 Paris. Riesenauswahl an Büchern, Platten, Zeitungen, Zeitschriften aus und über die Bretagne, Irland und Schottland. Außerdem gibt's noch Postkarten und andere reizende Souvenirs. Empfangen wird man, das versteht sich von selbst, ausgesprochen nett.

Im Centre Commercial de Montparnasse befindet sich die *Maison de la Bretagne:* Auskünfte für Touristen und jährliche Vergabe des »Prix de Bretagne« an den besten bretonischen Schriftsteller. Dann gibt es noch eine ausgezeichnete Buchhandlung, 17, rue de l'Arrivée, 75015 Paris, T. 45-38-73-15. Die Besitzer sind närrische Liebhaber der Bretagne. Haufenweise seltene Werke, sonstwo unauffindbar, über vergessene Traditionen und Bräuche und stapelweise Bücher zum Thema Schiffahrt und Marine. Einen Verlag betreiben die Inhaber übrigens auch.

Auf Schusters Rappen durch die Bretagne

Die Bretagne besitzt ein 2500 km langes Wegenetz für Wanderer. Man unterscheidet zwischen drei Streckentypen:

– Der Zollweg *Sentier de Douanier:* ein Gesetz von 1791 wurde am 31.12.1976 wieder in Kraft gesetzt, das die Küsten- und Flußanwohner zwingt, drei Meter Abstand zwischen ihrem Besitz und dem Wasser zu halten. Von sechsundsechzig Gemeinden im Morbihan mit 800 km Küstenstreifen haben so zwanzig 180 km Küstenwanderwege ausgewiesen (s. Inseln, La Trinité-sur-Mer, Guidel, Quiberon, Carnac usw.).

– Ausflugs und Wanderstrecken, genannt *GR (Grandes Randonnées),* werden jährlich von mehreren tausend Franzosen genutzt. Rundwege, Waldspaziergänge, Trimmdichpfade, Treidelpfade – die Möglichkeiten sind schier unerschöpflich. Außerdem sind sie ausgezeichnet beschildert, so daß man sich gut zurechtfindet. Beispiele: die *Tour des Chouans* ab Vitré, die *Tour du pays gallo* rund um Loudéac, die *Tour des montagnes Noires* ab Gourin usw.

– Die *Treidelwege* begleiten die Kanäle von Nantes nach Brest, Ille, Rance, Blavet auf einer Länge von insgesamt 360 km.

In Kriegszeiten mußten die Treidelpfade den ungehinderten Durchgang für Pferde ermöglichen, welche Schlepper zur Versorgung der Marine zogen.

Der Staudamm von Guerlédan, 1930 fertiggestellt, setzte achtzehn Schleusen unter Wasser; das Aus für die wirtschaftliche Bedeutung des Kanals, der nurmehr von touristischem Reiz ist. Diese Wanderroute ist einfach wunderschön, besonders zwischen Malestroit und Châteaulin, genauso auch das Blavet-Tal. Die Treidelwege entlang zu reisen ist eine ungewöhnlich reizvolle Methode, um die Bretagne zu entdecken. Entlang der Wege locken hundertdreißig Rasthäuser zu einem gastronomischen Halt. Die *Association Bretonne* stellt Interessenten Fahrräder, Kutschen und Kähne zur Verfügung. Auskünfte bei:

– *ABRI,* 9, rue des Portes-Mordelaises, 35200 Rennes. T. 99-31-59-44.
– Für Wanderer außerdem von Bedeutung: die vom *Comité National des Sentiers de Grande Randonnée,* 8, Av. Marceau, F-75008 Paris, T. (1) 47-23-62-32, herausgegebenen »Topo-Guides«.

Für Reiter

Da es weder verboten noch in der Mehrzahl der Fälle unmöglich ist, dort entlangzureiten, wo andere Leute zu Fuß vordringen, sind im folgenden einige Adressen für Pferdefreunde aufgeführt.
– *Ligue Equestre de Bretagne:* rue Georges-Collier, 56100 Lorient.
– *Poney Club de Bretagne:* P. C. de Fenicat, 35170 Bruz. T. 99-57-16-30.
– *Ligue de Tourisme Equestre de Bretagne:* 8, rue de la Carrière, 56120 Josselin. T. 97-22-22-62.
– *Comité Breton d'Endurance Equestre:* Le Stang, 29112 Edern. T. 98-57-34-61.
– *Association des Cavaliers des Côtes d'Armor:* Saint Blaise, 22170 Plelo. T. 96-92-41-67.

Der Radwanderer

Die Bretagne eignet sich ausgezeichnet für Radtouren, sei es auf den normalen Verkehrswegen, sei es auf Cross- und Mountainbikegelände. Dem Radler helfen diese zwei Adressen sicherlich weiter:
– *Ligue de Bretagne de Cyclotourisme:* 5, lotissement Belle-Vue, 56250 Saint-Nolff. T. 97-45-42-54. Die Ansprechperson ist Jean-François Meaude.
– *Bretagne Vélo Tout-Terrain:* 2, square de Locminé, appt. 9836, 35700 Rennes. T. 99-63-73-71.
Beide Vereinigungen sind der FFCT (Fédération Française de Cyclotourisme) angeschlossen: 8, rue Jean-Marie-Jégo, 75013 Paris.

Das Klima

Das Wetter in der Bretagne ist berüchtigt für seine Unberechenbarkeit; vielleicht ist das bretonische Wort dafür, *an amzer,* deshalb weiblich? Nirgendwo sonst in Frankreich ändert sich das Wetter derart häufig und plötzlich wie in der Bretagne: grau und wolkig an einem Tag, strahlend blau am nächsten, diesig in den Morgenstunden, klar am Mittag, strahlend am Abend. Hier leuchtet der Himmel in den herrlichsten Farben. Das Wetter wechselt im Rhythmus von Ebbe und Flut und je nach Mondphase. »Es regnet doch immer in der Bretagne« heißt es. Als ob es anderswo nicht auch regnete? Alles nur dumme Vorurteile. Die Bretagne ist kein halb überschwemmtes Land. Kaum zu glauben: es regnet weniger in Rennes als in Toulouse, weniger in Carnac als in Nizza, weniger in Brest als in Biarritz. Aber: verschweigen wollen wir nicht, daß es einfach mehr Regentage gibt. Während andernorts die Niederschläge in ergiebigen Schauern fallen, kommen sie hier, wie auch in Westengland, häufig als Nieselregen runter, und genau das erweckt den Eindruck, daß es auch mengenmäßig mehr regne. Eingebettet zwischen Ärmelkanal und Atlantik, profitiert die Bretagne von einem ozeanisch ausgeglichenen Klima: mild und belebend, nie zu kalt oder zu heiß. Die Luft ist reich an Jod, allein das Atmen ist schon eine Gesundheitskur – wenn man vom radioaktiven Jod mal absieht. Die Bretagne besitzt die höchste Atomkraftwerksdichte Frankreichs. Wir empfehlen, Frankreichs Nordwestzipfel möglichst im Spätherbst zu besuchen. Zu dieser Jahreszeit herrscht oft wahres Bilderbuchwetter. Die heftigsten Stürme sausen im Winter über das Land.

- **Nordküste:** keine zwei Wochen Frost im Jahr. Der Wind weht hauptsächlich von Ost bis Nordost über die Küste Finistères. Einige windgeschützte Gebiete sind Roscoff und die Insel Batz, umspült vom warmen Golfstrom. Der begünstigt auch die Entstehung der Mikroklimata.
- **Südküste:** insgesamt sonniger, wärmer und trockener. In Carnac, im Morbihan, zählt man 128 Regentage und 2055 Stunden Sonne im Jahr. Zum Vergleich: Biarritz zählt 177 Regentage. Die Durchschnittstemperatur im Morbihan beträgt 18° Celsius im Sommer. Die Südküste Morbihans profitiert von den Vorzügen lokaler Mikroklimata, was insbesondere um Fouesnant und im Pays bigouden spürbar wird. In der Gegend um La Baule regnet es am wenigsten.

- ***Wetteransagedienste***

Diese Dienstleistung gilt immer noch als große Neuheit. Für jeden Ort im Département bekommt man eine Auskunft bezüglich des Wetters. Die Vorhersagungen für das Finistère erhält man unter T. 36-65-02-29, für den Morbihan unter T. 36-65-02-56 und für die Côtes-d 'Armor wählt man T. 36-65-02-22 usw. Jedes Département hat seine Telefonnummer. Fragen zum Wasserstand o.ä. können unter T. 36-65-08-08 gestellt werden, hier erfährt man auch, wie es sich mit Wetter und Wind im Bereich von bis zu zwanzig Meilen ab der Küste verhält.

Der »Schwarze 15. Oktober« der Bretonen

15.10.87, 0.30h: der Wind peitscht mit 180 km/h durch Ouessant. Die Bretagne erlebt den dramatischsten, verheerendsten Sturm seit vierzig Jahren. Zum Glück war er nicht auch noch mörderisch. Ein Wunder!
Der Orkan – das Wort ist kein bißchen übertrieben – entstand über den Azoren, am Mittwoch den 14. Oktober. Donnerstagmorgen kündigt der französische Wetterdienst mögliche starke Winde an. Die Engländer dachten ebenfalls, zu Unrecht, es würde ihnen schon nichts passieren. Vorsichtsmaßnahmen wurden getroffen, doch niemand konnte ahnen, mit welcher Wucht und Gewalt der Sturm auf das Land hereinbrechen würde.
Am nächsten Morgen entdeckte der Großteil der Bevölkerung, der den Schlaf der Gerechten genossen hatte, das Unheil: entwurzelte Bäume, abgedeckte Dächer, verwüstete Dörfer, verwüstete Häfen, verdorbene Ernten, abgeknickte Telefonmasten usw. Ein Jahr später stößt man noch immer auf alle möglichen Schäden. Die Dachdecker reparieren immer noch Dächer und die Fernsehantennenhändler sind auch nicht arbeitslos. Zu den größten Verlusten zählt jedoch ein guter Teil des bretonischen Waldes. Leider! Der Mont Frugi in Quimper: niedergemäht; die Wälder Quénécans, Cranous, Lanvauxs sehen aus wie Leopardenfelle; die bewaldeten Höhenzüge scheinen eben bombardiert worden zu sein. Erst muß gerodet werden, eine langwierige Arbeit; dann muß neu aufgeforstet werden. Die Natur wird schon wieder die Oberhand gewinnen. Einige Teile blieben unversehrt, wie der Golf von Morbihan. Jedenfalls kein Grund für Depressionen – der Reiz der Bretagne geht daran nicht zugrunde.
Einmal mehr haben die Bretonen in der Not zusammengehalten, haben sich gegenseitig unter die Arme gegriffen, unterstützt. Einmütige Solidarität herrschte zwischen Nachbarn, Dörfern, Regionen. Angestellte der Elektrizitätswerke, der Post, der Feuerwehr, Freiwillige aller Art halfen unentgeltlich.
Die Reaktion von Presse und Funk allerdings stand in einem schreienden Gegensatz zur Katastrophe. Sie berichteten zäh, oft um Tage verspätet oder gar nicht. Manche Zeitung verbreitete Schlagzeilen über den Sturm in England und einige Zeilen nur über den Orkan in der Bretagne. Nachrichtenmoderatoren, die Nase immer ganz vorn, geht es um die spektakulären Hurricane Christine, Jacqueline oder Anna, die mal wieder die texanische Küste heimsuchen, erwähnen die Schäden in der Bretagne mit keinem Wort. Nicht genug Tote habe es gegeben, antwortete ein Radiosender einer aufgebrachten Hörerin. Eine makabre Folge der grenzenlosen Sensationsberichterstattung und zugleich ein weiteres Beispiel für die unverständliche Benachteiligung bretonischer Belange in Frankreich. Schlug

hier vielleicht unterschwellig das schlechte Gewissen der Pariser Zentralbehörden durch, die per Flurbereinigung das Abholzen von Buschwerk, Gehölzen und Hecken – also die natürlichen Windbrecher – in weiten Teilen des Landes auf dem Gewissen haben?

Tang und Tangsammler

Erster Akt am Strand bei Ebbe: ein alter Holzkarren, voller glibbriger, klebriger, triefender Algen, gezogen von einem müden Klepper. An seiner Seite der Tangsammler mit der unumgänglichen Schirmmütze. Mit einer speziellen Astgabel lädt er alle Algen, ohne Ausnahmen, auf den Wagen. Es folgt ein mühsamer Weg über den nassen Strand, der Aufstieg auf die Dünen, wo der Tangsammler die Algen ausbreitet, trocknen läßt und aufhäuft. Ein typisches Bild an dem Küstenstrich zwischen Conquet und Roscoff.

Dieses alte Handwerk ist leider im Aussterben begriffen. Nur noch selten sieht man die alten Tangsammler. Dafür erschien eine neue Generation Algenaufleser auf der Bildfläche, die mit Traktor und Schleppkahn zu Werke gehen. An der Küste Léons, einer der felsenreichsten Gegenden, werden 80% der französischen »Ernte« eingebracht.

Der Tang selbst hat sich nicht verändert: er ist immer noch so glitschig und voller Bläschen, welche die kleinen Bengel/Mädels zwischen ihren Fingern platzen lassen. Er ist der Hauptdünger und somit auch das Wichtigste für eine satte Ernte. Die braune Meeralge (Laminaire) ist eine Algensorte, die bis zu fünf Metern lang wird. Aus dem Meer gezogen wird sie mit einer Art hydraulischen Zange, vergleichbar einem Kran an Bord eines Schiffes. Sechsundsechzigtausend Tonnen Algen wurden 1986 auf diese Weise geerntet. Die Erzeugung steigt. Der Beruf hat Zukunft und findet immer mehr Anhänger, von Pospoder nach Portsall, von Landéda bis Lampaul-Plouarzel.

Einst verbrannten die Tangsammler die Algen auf den Dünen, kompostierten die Asche und schlugen sie an die Industriellen zur Jodgewinnung los. Heute kümmern sich Fabriken um die Verbrennung, wodurch das Ganze vielleicht an Romantik verliert, aber an Rentabilität gewinnt. Man braucht hundert Tonnen Soda zur Herstellung einer Tonne Jod, und gewaltige Pflanzenmassen sind nötig. Die Fabrikdirektoren reiben sich die Hände angesichts der Zukunftsperspektiven. Jod macht Furore: hat nicht jeder inzwischen seine Jodtabletten im Nachttisch, für den Fall, daß einer unseren todsicheren Atommeiler durchschmort und »Fenster und Türen schließen« nix mehr hilft? Nachdem aus Algen Dünger und Algenbäder hergestellt wurden, sollen nun auch Lebensmittel daraus fabriziert werden. Sozusagen frisch aus europäischen Verklappungsgewässern. Daß das gewonnene Jod so einige radioaktive Isotope enthalten dürfte, erscheint uns mehr als wahrscheinlich, wird ja der Ärmelkanal doch fleißig durch die Wiederaufbereitungsanlage in La Hague verpestet, genauso wie die Irische See durch Sellafield, Ex-Windscale.

Wasser- und Gleitsport

Der Wind treibt kaum mehr die Windmühlen im Land an, außer in Erdeven, Ambon und einigen anderen abgelegenen Orten. Dafür lockt er haufenweise neuartige Vehikel aufs Wasser. Die weiten Strände bei Ebbe, die Bucht von St. Brieuc, der Golf Normand-Breton oder die kleinen Buchten, wo der Wind nicht mal die Zeit hat, Wellen zu schlagen, bieten einmalige Voraussetzungen für die neuen Wasser- und Gleitsportarten.

Segeln in Cherrueix oder St. Quiberon, Strandsegeln in Fort Bloqué (Ploëmeur). Das große Fest des Funboards findet in La Torche, einer Gemeinde Penmarc'hs, statt. Strandsegeln und Surfen ist auf Belle-Ile möglich. Die »Großvaterbretter« sieht man an allen geschützten Küsten und in Bénodet, wo sie 1975 zum erstenmal auftauchten.

– *Strandsegel- bzw. Sandjachtclub der Bretagne:* Ligue Régionale de Char à Voile, 26, rue Belle-Fontaine, F-56100 Lorient.

– *Clubs für Windsurfer:* La Ligue Haute-Bretagne, 1, rue des Fours in Chaux, F-35260 Cancale; La Ligue Armor, 2, cours de la Bôve, F-56100 Lorient; Fédération Bretonne des Clubs de Windsurfer, route de Bénodet, F-29000 Quimper.

- *Segelsportler* sollten die Liste der Segelschulen (Ecoles de Voiles) anfordern, die alljährlich vom Comité Régional du Tourisme, 3, rue d'Espagne, B.P. 4175, F-35041 Rennes Cedex herausgegeben wird. Segler erhalten ferner Auskünfte durch: La Ligue Haute-Bretagne (für das Gebiet von Ille-et-Vilaine und Côtes-du-Nord) 1, rue des Fours in Chaux, F-35260 Cancale; La Ligue Armor (für das Gebiet von Morbihan und Finistère) 2, cours de la Bôve, F-56100 Lorient.

Die bretonische Gastronomie

Ländlich-deftig, das war einmal. Inzwischen bietet die Küche für jeden Gaumen etwas. Die Küchenchefs vermehren sich, immer mehr Feinschmecker, Gourmets und Esser entdecken die schmackhafte kulinarische Vielfalt des Landes. Ein Universum an Meeresfrüchten, die Welt des Geflügels und des Fleisches im allgemeinen. Eine Weile wurde Zucker stark vernachlässigt. Als ihn die Bretonen wiederentdeckten, entstanden die köstlichsten Nachspeisen. Die Küche hat sich weiterentwickelt, während die Preise angemessen und erschwinglich blieben. In den Häfen bekommt man fangfrische Fische: vom Netz gleich in die Pfanne. Auf dem Land bieten zunehmend Bauerngasthäuser mitten im Grünen herzhafte Speisen.

● **Meeresfrüchte:** was geht über eine Platte frischer Meeresfrüchte, mit Krabben und Muscheln natürlich, Garnelen und Langusten von Guilvinec, Venusmuscheln von Locquémeau, Austern aus Bélon, Cancale, aus den *Aber* und dem Golf von Morbihan? Nicht zu vergessen die berühmten Jakobsmuscheln von Erquy, die Muscheln aus Vivier-sur-Mer oder die Seeohren (auris maris) aus der Bucht von Quiberon. Na, und der Hummer, König der Krustentiere und Krustentier der Könige.

● **Eclade und Mouclade:** Die Muschelaufzucht nimmt in der Bretagne den gleichen Stellenwert ein wie die Austernzucht. Es gibt verschiedene Zubereitungsarten, entweder »à la marinière« (im eigenen Saft mit Zwiebeln gekocht), »en éclade«, oder »en mouclade«. Unter ersterem versteht der Eingeweihte ein Sommergericht. Auf einer Schieferplatte werden die Muscheln mit dem »Bauch« nach unten eng nebeneinandergelegt. Anschließend bedeckt man sie mit Pinienzweigen, die angezündet werden. Sobald das Holz abgebrannt ist, pustet man die Asche beiseite und findet nun die köstlichen Muscheln, fertig zubereitet vor einem liegend. Das Moulade-Rezept ist da schon etwas komplizierter: hierbei köcheln die Muscheln auf kleiner Flamme in einem Sud aus trockenem Weißwein, Petersilie, Thymian und Lorbeerblättern, bis sie sich öffnen. Die Schalen werden entfernt, der beim Kochen entstandene Saft wird weiterverarbeitet zu einer Mehlschwitze mit einem Eigelb und einer Prise Curry – niemals Safran! Nun können die Muscheln serviert und mit der Sauce übergossen werden.

● **Fische:** von der Sardine zum Thunfisch über die Seebarbe, den Rochen, die Makrele, den Seeaal, ist alles vertreten, was der Gaumen begehrt.

● **Crêpes und Kuchen:** was dem Italiener die Pizzeria, ist dem Bretonen die allgegenwärtige Crêperie. Die Preise sind zwar gestiegen in den letzten Jahren, aber immer noch zivil, und die Crêpe ist auch weiterhin der ideale Rettungsanker für weniger gut gepolsterte Brieftaschen. Wenn man dazu die richtigen Adressen hat, unsere nämlich, wird nix mehr schiefgehen. Es gibt zwei Sorten bretonischer Pfannkuchen: die normalen Weizenmehlpfannkuchen und die dunklen Weizenmehlcrêpes. Den dunklen Weizen baute man früher in der Bretagne an, heute nur noch ganz vereinzelt; daher importiert man ihn aus Brasilien, China und der Türkei.

- *Rezept für dunkle Crêpes:*

Ein Pfund dunkles Weizenmehl und fünfzig Gramm helles Weizenmehl in einer Schüssel gut vermischen, vier Eier dazu und eine Prise Salz. Langsam und vorsichtig rühren, bis ein dicker sämiger Teig entstanden ist. Nach und nach etwas Wasser dazumengen (ca. zwei Tassen) bis der Teig wieder flüssig ist; natürlich darf er nicht zu wässrig werden. Nun braucht man nur noch ein *Bilig*, das ist die traditionelle runde Heizplatte der Bretonen. Eine Pfanne tut's im Notfall auch. Einen Klecks Butter darauf, eine hauchdünne Schicht Teig, und nach etwa einer

Minute wenden. Dazu verzehrt man Schinken, Käse, Eier oder sonstige Zutaten, je nach Lust und Laune, und trinkt Milch oder Cidre.

● **Der bretonische Pudding** (Far): in Léon (Nord-Finistère) wird er noch herge-stellt, der *Pouloudig*, ein dicker Kuchen aus dunklem Weizen, Butter, aromatisier-ter Milch. Diese Nachspeise besitzt die gleichen Eigenschaften wie der britische Plumpudding, ist außerdem der meistgegessene in der Bretagne und der sätti-gendste dazu. Es gibt ihn mit getrockneten Pflaumen, *prunadz farz*, Speck, *kig a farz* oder auch mit Blutwurst, *farz gwad* aus Ouessant. Als Krönung erscheint er bei Tisch in einer Gemüse- oder Fleischbrühe, in Kugelform zum Beispiel, als Beilage zu Speck und Kohl oder in Butter fritiert zum Apfelmus. Äußerst vielfältig also und Grundlage der bretonischen Hausmannsküche, die zu unserem Leidwe-sen immer mehr ins Hintertreffen zu geraten droht.

● **Die Wahrheit über den Hummer »à l'armoricaine«**

Auch wenn es noch so sehr den kulinarischen Stolz der Bretonen verletzen sollte: das bekannte Rezept schreibt vor, den Hummer zu tranchieren, in Olivenöl zu braten und mit einer pikanten Tomatensoße zu übergießen. 1860 kreierte der Pari-ser Pierre Fraise in seinem Restaurant *Le Peter's, 24, passage des Prince,* dieses sogenannte »bretonische« Rezept. Die Franzosen vermuten eben hinter jedem Gericht, das mit einer speziell gewürzten Tomatensoße gekocht worden ist, etwas Bretonisches. Nur weil einmal ein Apotheker aus Lorient eine Würzmischung, die *Curry gosse,* zusammenstellte, welche Tomaten, Peperoni, Chili, schwarzen Pfef-fer, Muskatnuß, Zimt, Koriander, Nelke, Ingwer, Kurkumama (Gelbwurzel) und Muraya koenigii, ein asiatisches Currygewürz, beinhaltet. Der Geschmack des Currys ändert sich je nach Dosierung der Gewürze. Apotheker Pison aus Lorient hütet die genaue Zusammensetzung wie seinen Augapfel – jedenfalls hat er nichtmal uns sein Geheimnis anvertraut.

● *Bretonische Spezialitäten und Erzeugnisse*

– *Fleisch, Geflügel:* Nantaiser Ente, Rosinenblutwurst aus Jugon, Schlackwurst aus Guéméné-sur-Scorff, Lamm aus Ouessant, Gänseleber von Mauron und Rieux, weiße Blutwurst aus Rennes, Masthühner aus Janzé.
– *Gemüse:* Frühgemüse aus Plouhinec, Iffiniac, Cancale, St. Pol-de-Léon, Blu-menkohl und Artischocken aus Roscoff.
– *Obst:* Kirschen aus Fouesnant, Erdbeeren aus Plougastel und Colpo, Melonen aus dem Pays Nantais und Marronis aus Redon.
– *Käse:* Schafskäse aus dem Morbihan, Bretonischer Trappistenkäse aus Cam-pénéac und Timadeuc, Curé nantais (kleiner milder Weichkäse), Crémet nantais (Frischkäse), Saint-Gildas-des-Bois.
– *Getränke:* Cidre aus Clohars-Carnoët, Fouesnant, Messac; Couchenn, bretoni-scher Met – ein alkoholisches Getränk aus Honig also – aus Rosporden, Likör aus Plougastel, Muscadet-Wein aus dem Pays Nantais, Cidre-Apfelschnaps und Branntwein aus Rhuys.
● **Lokale Spezialitäten:** *Côtriade* (Art Fischragout) von der Belle-Ile, aus Concar-neau und aus Gâvres: die bretonische Bouillabaisse; Butteraal *(Anguille au beurre)* serviert man in Lamballe, paniert am Spieß in Ploërmel, in Cidre gegart in La Roche-Bernard; Frischlingfrikassee *(Fricassée de marcassin)* in Paimpont; Kutteln *(Tripes)* in Saint-Malo; Miesmuschelsuppe in Saint-Jacut-de-la-Mer; Stock-fisch aus Paimpol und Cancale; *Kig a farz,* der Speckkuchen aus Carhaix.

Traditionelle bretonische Sportarten

– *Den schweren Stein werfen:* dieser wiegt 20 kg. Die Spieler nehmen einen Anlauf von 2,13 m – Überschreiten der Marke macht den Wurf ungültig – und werfen den Stein mit einer Hand oder beiden soweit wie möglich. Jeder Spieler hat drei Versuche.
– *Tauziehen:* das Tau hat eine Länge 25-32h m und ist im Durchmesser 45 mm dick. In der Mitte ein dreißig Zentimeter langer gelber Streifen. Je 3,50 m von die-ser Markierung die Mannschaften mit jeweils sechs Ziehern, einem Ersatzmann und einem Anfeurer. Letzterer darf das Seil während des Wettkampfes nicht

berühren und nicht als Ersatzmann fungieren. Die Zieher sind barfuß, dürfen nicht im Sitzen oder Liegen ziehen und keine Löcher in den Boden stampfen. Ferner darf sich der hinterste Spieler das Seil nicht um den Leib schlingen.

– *50 kg-Staffellauf:* jede Mannschaft besteht aus sechs Spielern; kein Ersatzmann. Hundertzwanzig Meter muß jeder mit dem Fünfzig-Sack zurücklegen, bevor er ihn weitergibt. Auf keinen Fall darf er den Sack werfen oder sich helfen lassen, wenn dieser zu Boden fällt! An der Zielmarke ist er aufrecht hinzustellen.

– *Wagenachsenheben:* eine Wagenachse mit einem Gewicht von 47 kg muß innerhalb von zwei Minuten so oft wie möglich über den Kopf gestemmt werden. Zwischen jedem Heben muß der Athlet das Gewicht absetzen.

Unsere Auswahl an Museen

Ein wenig Kultur nach diesen Hinweisen für Kraftprotze kann nicht schaden. Daher im folgenden eine Auswahl der besten bretonischen Museen:

– *Châtillon-sur-Seiche:* 35230 Saint-Erblon. Heimatmuseum über das Landleben, einfühlsam und poetisch gestaltet.

– *Rennes:* Museum der Bretagne (Musée de Bretagne). Früh- und Regionalgeschichte; echte Möbel, Kostüme und sonstige Gebrauchsgegenstände aus der damaligen Zeit. Alles andere als langweilig.

– *Montfort-sur-Meu:* ausgesprochen eklektisches Museum; von der Mineralogie bis zur Architektur bleibt keine Frage unbeantwortet.

– *Groix:* Heimatmuseum, ethnologische Geschichte der Halbinsel. Besonders lehrreich, wenn man die Siedlungsverhältnisse besser verstehen und kennenlernen will.

– *Carnac:* Vorgeschichtliches Museum (Musée Préhistorique) mit fünftausend Ausstellungsstücke von der Altsteinzeit bis zum Mittelalter. Modern und didaktisch sinnvoll eingerichtet.

– *Bignan:* Gemarkung Kerguehennec. Schloß aus dem 18. Jh. inmitten eines Parks von 170 Hektar, der zudem als Ausstellungsplatz für moderne Kunst dient.

- *Quintin:* zwei Schlösser in einem Park. Hier gehen Geschichte und Wirtschaft Hand in Hand.
- *Dinan:* Bergfried einer Burg. Der schöne Blick und das Mobiliar lohnen sich, ebenso die Begegnung mit der historischen Gestalt der Anne de Bretagne.
- *Lannion:* Technikmuseum im CNET (Centre National d'Etudes des Télécommunications). Für alle, die sich für die Radarkuppel von Ploëmeur-Bodou und für die Nachrichtenübermittlung ganz allgemein interessieren.
- *Douarnenez:* Schiffahrtsmuseum. Über hundert ausgestellte Exemplare in einer ehemaligen Konservenfabrik. Bald soll auch für »schwimmende« Ausstellungen ein großes Becken angelegt werden.
- *Quimper:* die Fayencen Henriot & Keraluc. Ein Stil, eine Tradition. Die Amerikaner sind ganz verrückt danach, unsere Leser auch?
- *Pont-l'Abbé:* ein Museum mit alten Perücken, Kostümen und vielen anderen Andenken aus vergangenen Zeiten.
- *Brest:* Océanopolis, ein beeindruckendes Aquarium und das Zentrum für Meeresforschung versprechen einen interessanten Aufenthalt.

Bedeutungsvolle Städte aus der Sicht von Kunst und Geschichte

Auray (Morbihan), Dinan (Côtes-d'Armor), Fougères (Ille-et-Villaine), Quimper (Kemper, Finistère), Rennes (Ille-et-Vilaine), Saint Malo (Ille-et-Vilaine), Vannes (Morbihan), Vitré (Ille-et-Vilaine).

Städtchen mit besonderem Charakter

Bechrel (Ille-et-Vilaine), Châteaugiron (Ille-et-Vilaine), Châtelaudren (Côtes-d'Armor), Combourg (Ille-et-Vilaine), Guerlesquin (Finistère), Josselin (Morbihan), Jugon-les-Lacs (Côtes-d'Armor), La Roche-Bernard (Morbihan), FE FAOU (Finistère), Lizio (Morbihan), Locronan (Finistère), Malestroit (Morbihan), Montcourt de Bretagne (Côtes-d'Armor), Pontrieux (Côtes-d'Armor), Quintin (Côtes-d'Armor), Rochefort-en-Terre (Morbihan), Roscoff (Finistère) und Tréguier (Côtes-d'Armor).
Für die Auswahl galten Kriterien verschiedenster Bereiche (Gästeempfang, Stadtbildgestaltung, Architektur, etc.).

Typische Dörfer

Folgende Dörfer wurden für ihre landschaftliche Schönheit, die Art der Besiedlung und die für sie typische Belebtheit ausgezeichnet: Saint-Juvat und Tonquédec (Côtes-d'Armor), Plouvin-les-Morlaix, Commana, Plougonven (im Finistère), Paimpont (Ille-et-Vilaine) sowie Ploërdut und Géhenno (im Morbihan).

Dies und das

Vorsicht bei Linksabbiegen: bis jetzt hat sich auch die noch aus Postkutschenzeiten stammende Art des Linksabbiegens erhalten – bei uns in den frühen Sechzigern durch die »amerikanische« Art abgelöst – bei der die Wagen nicht vor- sondern nacheinander abbiegen, sich also quasi umrunden. Stehen in jeder Richtung eine Reihe von Autos, so müssen sie sich am Drehpunkt blockieren. So schafft man wundervolle Staus. Herrlich irrational.
Disziplin und Ordnung, als deutsche Kardinaltugenden belächelt, werden in manchen Bereichen brutal erzwungen. Die Strafen für bestimmte Verkehrsvergehen sind maßlos. Das Überschreiten der Zeit an einer Parkuhr kann 360 F kosten. Touristen bleiben trotz eines »Knöllchens« unbelangt, da die Kosten der Beitreibung zu hoch wären. Nur ganz schlichte Gemüter würden aber auf die Politessen, die gerade die Daten ihres Autos notiert haben, zulaufen, um zu verhandeln. Dann wird gleich berappt! *Brûler un feu,* also eine rote Ampel zu überfahren, kommt auf mehrere tausend Franken. Einst wußte jeder, daß er bei Grün aufpassen mußte, weil ja die anderen von der Seite kamen, während er bei Rot fahren konnte, und es funktionierte gut. Nichts ist mehr wie früher; wir kommen völlig durcheinander!

Beim Parken auf einem Zebrastreifen mögen Verwegene mit einer schönen dicken Reifenklammer davonkommen. Alkohol ist an Autobahnraststätten nur mit einem Essen zu bekommen. Danke für die Bevormundung!
Sympathisch ist, daß französische Autofahrer einander vor Polizeikontrollen warnen. Blinkt ein entgegenkommender Wagen auf einer Nationalstraße auf, so werden irgendwo Polizisten lauern. Hierzulande herrscht leider eher die Einstellung: na ja, wenn der andere zu schnell fährt, soll er ruhig in die Falle laufen. Oder noch ärger: biegt man beispielsweise falsch ab, so hupt oder blinkt der Hintermann und schwingt sich selbst zum Polizisten auf. Ganz krasse, aber vorkommende Fälle: er erstattet Anzeige. Das treffende Wort dafür wäre im Französischen *délation*, Denunziation, das gibt's auch, aber so nun wieder nicht!
Unangenehm sind die Toiletten *à la turque* (türkische Toiletten) – ein Volk schiebt's halt auf das andere (auch bei uns bezeichnete man die Syphilis ja mal als französische und die Rachitis als englische Krankheit) – ein Loch im Boden mit Hervorhebungen für die Füße. Ein wahres Elend! Vielfach wurden sie bereits durch modernere Installationen ersetzt, finden sich aber wegen der leichteren Reinigung vermehrt an Stellen mit viel Publikumsverkehr, wie Autobahnparkplätzen u.ä. Es empfiehlt sich, sie möglichst ohne Mantel, Tasche usw. aufzusuchen, wenn nicht schon ganz zu meiden, weil meist keine Kleiderhaken vorhanden sind. Weiterhin wissenswert: in vielen Toiletten geht das Licht erst bei Abschließen der Tür von innen selbsttätig an.
Ferner wird Reisenden aufstoßen, daß die Preise um einiges steigen, sobald der Kaffee z.b. nicht an der Theke, dem *zinc*, sondern am Tisch oder – noch höher – *en terrasse*, also draußen eingenommen wird. In einigen Lokalen gelten nach 22 Uhr ebenfalls höhere Preise. Dies ist angeschlagen bzw. allgemein üblich. Man achte bei der Preisliste auf die Rubriken »c« (comptoir, Tresen), »s« (salle) und »t« (terrasse). Entgegen EG-Bestimmungen ist manchmal noch auf Speisekarten von Restaurants *TVA en sus* (taxe de valeur additionné, MWSt.), also zuzüglich Mehrwertsteuer zu finden. Häufig auch *boisson en sus*, Getränke zusätzlich.
Ein Milchkaffee heißt übrigens *un crème* und nicht *un café au lait*, wie's uns die Schulbücher weismachen. Bei Bestellung eines Bieres *un demi* ordern, ein »Halbes« also, das aber ein Viertel ist und *à la pression*, also gezapft, daherkommt. Schlitzohrige Kellner werden sonst die teuerste Buddel auffahren, vielleicht auch fragen: un Carlsberg, un Heineken? usw. Daß Heineken als Bier durchgeht, finden wir eh skandalös. Was soll's denn nach Ankunft unseres Rheinwassers dort anderes sein als ein Chemiecocktail? Schmecken tun uns u.a. das *Pelforth*, trotz seines englischen Namens aus Lille stammend. Man ordert: *une Pelforth brune* oder einfach *une brune*, ein braunes, »warmes«, malziges und starkes Bier. Ein anderes süffiges ist Adelscott, *un Adel, svp.!* – Betonung auf »d«. Das *1664* von Kronenbourg entspricht am ehesten einem heimischen Pils und das *Kanterbräu Gold* einem Export. Das ist aber auch das einzig trinkbare dieses Landes. Nie Mützig trinken, kriegt man nur Würmer von! Französische Biere werden häufig auch unter Verwendung von Mais, Reis u.a. unpassenden aber billigen Gewächsen gebraut, enthalten alle möglichen Zusätze und schmecken dementsprechend. Spezialitäten sind belgische Biere, die bis zu acht oder mehr Volumenprozent haben können und unter Fantasienamen wie *Mort Subite*, Plötzlicher Tod, oder *Dilirum Tremens* angeboten werden. Wesentlich billiger im Supermarkt. Zum Vergleich: ein Weißwein hat zehneinhalb Prozent, ein Rotwein zwölf. Auch belgische Biere sind beliebt, z.B. »Abbaye de Leffe« (une Leffe svp.!) oder »Kriek«, das – wenn wir uns recht entsinnen – Kirschsaft enthält und rötlich ist. Das Coreff ist ein bretonisches Bier, kennen wir nicht selbst. Ein Höhepunkt für Genießer: Fischer im elsässischen Schiltigheim braut ein aphrodisisches Bierchen unter Zusatz von zig Pflanzenauszügen, das ausschließlich kastenweise ab Brauerei oder über Minitel, dem französischen BTX, zu bestellen ist. Keine Werbung, nicht im Handel, reine Mundpropaganda. Läuft angeblich sagenhaft, vor allem in Afrika. Also los in die Post zum nächsten Minitel-Terminal! Code (u. Name des Gebräus zugleich): 3615 Pêcheur.
Übrigens: Bier hat ähnlich wie in Spanien sehr an Terrain gewonnen und besitzt ein eher junges, dynamisches, leichtes Image gegenüber dem doch etwas in den Kopf steigenden Wein, der der Elterngeneration zugeordnet wird.

Typisch französische Gerichte wochentags für die Computer- und Bürogeneration sind Steak und Pommes (ausgesprochen: stäck frit), ein Nizzasalat *(salade niçoise)* oder Muscheln mit einem Bier.

Sympathisch ist, daß alle in einer Runde ihr Gericht zur gleichen Zeit erhalten werden und nicht hintereinander, so daß der eine dem anderen in den Teller gucken muß. Salz, Pfeffer und Senf auf dem Tisch sind eine erfreuliche Selbstverständlichkeit. Ärgern wir uns hier doch immer wieder, daß wir die Gerichte, grad wie in der Küche ausgebrütet, hinnehmen sollen. Gewürze betreffend, bedeutet das ja immer den kleinsten gemeinsamen Nenner. Als seien wir krank oder auf Diät – eine Zumutung!

Sind mehrere in einer Runde, so zahlt gewöhnlich einer für alle, und die anderen werfen ihren Anteil immer grob aufgerundet in den gemeinsamen Topf. Kleinliches Abzählen und Ausrechnen gibt's nicht. Alle Geizigen hocken sich also besser an einen anderen Tisch. Verhungern sollen sie! Dem Kellner bleibt ein Trinkgeld, und ein darüber hinausgehender Rest wird unter der Gruppe verteilt. Will man's anders, so teile man das der Bedienung bei der Bestellung mit.

Das bei uns übliche Aufrunden für das Trinkgeld beim Zahlen versteht die Bedienung meist nicht. Beträgt die Zeche beispielsweise 18,50 F und der Fremde sagt »20 F«, so wird sie in der Regel dennoch eineinhalb Franken auf einem Tellerchen als Wechselgeld zurückbringen.

Niemand braucht auf die Bedienung zum Kassieren zu warten, wenn der geschuldete Betrag auf den Tisch gelegt wird. Man kann also grade aufstehen und das Lokal verlassen.

Noch etwas herrlich Irrationales: verwirrend ist die Zählung mit alten Franken oder Centimes, besonders wenn es um höhere Zahlen geht, so ab zwanzigtausend etwa. Man hat also immer zwei Nullen abzustreichen. Ist grad so, als würden wir ab DM 20.000 mit Pfennigen rechnen. Ergebnis: eindruckvolle Zahlenwerke, die wohl jeden (Kritiker u.a.) mundtot machen oder in Erstaunen setzen sollen. Der Witz ist zudem, daß die Mehrzahl der Franzosen nie alte Franken zu Gesicht bekommen hat, da in den Sechzigern abgeschafft. Sind die Franzosen besonders konservativ? Selbst in Großbritannien rechnete niemand drei Monate nach Einführung des Dezimalsystems in den siebziger Jahren noch in Schilling.

Entgegen der Behauptung böser Zungen können Franzosen sehr wohl bis drei zählen und auch noch viel weiter. Aber dann, bei 71 – qu'est-ce que c'est, oder: was ist das, was das ist? – da geraten sie wundervoll-irrational ins Stolpern. Siebenundneunzig heißt sage und schreibe: vier Zwanziger und siebzehn (quatrevingts-dix-sept). Und de Gaulle hat's seinerzeit im Schulsystem sanktioniert, während Belgier und Schweizer weiterhin *septante*, *octante* und *nonante* benutzen. Also, wir wollen nicht lange über den Verfall des Erziehungswesens im Besonderen und der Sitten im Allgemeinen lamentieren, aber so welchen ist doch nie ganz über den Weg zu trauen, oder? Nee, unsere Töchter kriegen sie nicht!

Wir üben dennoch ein wenig Nachsicht, denn nur sie können Filme wie »Delikatessen« drehen!

Geldwechseln kann manchmal zur Odyssee werden. Vielleicht nur jede dritte Bank wechselt überhaupt Devisen. Aufpassen, ob eine feste Wechselgebühr, unabhängig vom Kurs, erhoben wird.

Wörter wie Eleganz, Schick, Repräsentation, Etikette und Prestige gingen nicht umsonst als Fremdwörter ins Deutsche ein. Ein bekannter Mann, dessen Name uns leider entfallen ist, behauptete einmal boshaft, daß sich eigentlich nicht viel nach der Französischen Revolution geändert habe. Die Bourgeoisie habe zwar den König geköpft, sich aber sogleich in seine Kutsche gesetzt. Viel Wahres daran. Man muß mal darauf achten, in welcher Umgebung hohe staatliche Repräsentanten residieren, Interviews geben usw. Man glaubt es geradewegs zumindest mit den Haushofmeiern Ludwigs XIV. zu tun zu haben. Dazu Stimmführung und Wortwahl. Eindrucksvolle Beispiele sind Chirac oder Giscard, wobei letzterer noch nicht mal ein »echter« Adliger ist, da sein Großvater den Titel in den zwanziger Jahren gekauft hat, wie damals noch möglich. Wie blaß wirken dagegen doch unsere Politiker, wie fade und funktional ihre Büros. Ja, ja, Giscard ist wirklich kein Edelmann. Wie hätte er sonst über eine schnöde Diamantenaffaire stolpern können? Die Steinchen steckte ihm seinerzeit der Menschenfresser Bokassa zu (Giscard an Bokassa: »Mon cher frère«, Lieber Bruder), und Giscard ließ sie tatsächlich in die eigene Tasche gleiten, statt sie an die Staatsschatulle weiterzureichen.

Allgemein gilt: verglichen mit dem typischen Deutschen, wirkt der französische Bourgeois tatsächlich eher »aristokratisch«, keine Spur von Bierseligkeit und Schunkeln. Wer sich auskennt, wird beispielsweise deutliche Spuren in den gedrechselten Briefanfängen und -schlüssen entdecken. *Honneur* (Ehre) und *gloire* (Ruhm) als typisch feudale Werte nehmen zwar auch nicht den Stellenwert wie in Spanien ein, haben aber immer noch einen etwas anderen als bei uns. *Honneur* kommt beispielsweise noch häufig in der Juristerei vor. Dafür ist der Deutsche »bürgerlicher«, auch »demokratischer«. Leistung zählt, weniger Herkunft, Familie und bekannte Schulen. In Frankreich regiert dagegen eine Oligarchie, die sich immer wieder aus denselben Wurzeln rekrutiert, dieselben Gymnasien und *Grandes Ecoles* absolviert hat. Für die Unis wird seit 1968 kein Centime mehr als nötig ausgegeben. Normale französische Schulen gleichen von innen eher Schrotthaufen als sonstwas. Wir wissen's, denn wir waren Fremdsprachenassistenten. Herkömmlicher Frontalunterricht herrscht vor. Häufig wird der *prof* nur etwas an die Tafel schreiben, während die Schüler seine goldenen Worte abkritzeln. Das Mobiliar könnte vom Sperrmüll stammen; Sportmöglichkeiten existieren nur sehr beschränkt. Das Abitur, *le baccalauréat*, gibt's in mehreren Ausgaben. Wer reüssieren will, muß das *bac* »C« ablegen, also mit dem Schwerpunkt Mathematik, notfalls ein anderes naturwissenschaftliches. Das sind die »guten« Schüler. Die »dummen« werden beispielsweise ein »bac littéraire« ablegen. Folge dieser verbogenen Werte: auch wer Geschichte, Sprachen u.ä. studieren will, wird tunlichst ein »bac C« anstreben. Überall in Paris bieten Privatschulen Nachhilfe, Ferien- und Sommerkurse an. Auch eine Art, seine Kinder während der Ferien loszuwerden, wie man überhaupt den Eindruck gewinnt, daß sich viele Franzosen ihrer Gören gern per Ferienkolonien z.B. zeitweilig entledigen. Streß und Angst sind groß. Immer wieder ist zu hören, daß wichtige Bücher in den Bibliotheken zur Vorbereitung auf bestimmte Eignungstests mutwillig lange blockiert werden oder ganz verschwinden, damit sie die Mitbewerber nicht einsehen können.

Viele Kinder besuchen keine öffentlichen, sondern »freie«, sprich katholische, Schulen, darunter vor allem in der Normandie und der Bretagne zahlreiche Internate oder Teilinternate, und tragen eine Art Schuluniform. Dies zwar nicht wie in England, aber die Mädchen tragen in der Regel lange, blaue Röcke und weiße Blusen.

Gelobt werden müssen allgemein die literarischen Kenntnisse französischer Gymnasiasten. Sie kennen alle ihre Klassiker; bei uns nicht.

Generell ist die Erziehung autoritärer und strenger. Bei uns wird man kaum sehen, daß Kinder in der Öffentlichkeit geohrfeigt oder sonstwie hart zusammengestaucht werden. Französischen Eltern sitzt die Hand da doch lockerer. Gesellschaftlich gesehen ist die Erziehung im Elternhaus, der Schule und auch im Militär die Stelle, an der bestimmte erwünschte, gesellschaftlich notwendige (?) und belohnte Charakterstrukturen erzeugt werden.

Da Frankreich gegenüber Deutschland z.B. (wirtschaftlich) aufzuholen hat (hat es das wirklich oder ist das Wachstum nicht Grund allermöglichen Schwierigkeiten?), muß die Erziehung logischerweise repressiver ausfallen. Das, was wir an den Franzosen so lieben, Spontaneität, Beweglichkeit, *laissez-faire*, die Leichtigkeit des Seins usw. – woher stammt denn das nun wieder? – wird allmählich einem Charaktertyp weichen, der dem unseren gleicht, bzw. glich, denn hierzulande weichen schon viele Dinge wieder auf. Wer in Frankreich auf dem Markt »seine« Tomaten heraussuckt, also anfaßt, wird angefaucht und bekommt eine auf die Pfoten, während dies bei uns doch mittlerweile geduldet wird, ja man eher dazu noch ermuntert wird.

Kritik am Militär ist tabu. Bärte, Haarnetze für Soldaten, wie unter dem damaligen Verteidigungsminister Schmidt (»Ich kenne keine deutsche Armee mit kurzhaarigen Soldaten, die einen Krieg gewonnen hätte«) sind undenkbar. Über die psychoanalytische Seite wollen wir uns nicht weiter auslassen, aber schon die Franken werden unbewußt ihre Gründe dafür gehabt haben, daß sie selber langes offenes Haar trugen, aber die Schädel ihrer Sklaven rasierten, ähnlich wie die Franzosen auch die mit Deutschen liierten Frauen 1945 kahlschoren. Es ist klar,

daß kurze Haare immer ein Zeichen von Autorität bzw. Unterordnung und Ange-
paßtheit bedeuten.

Kriegsdienstverweigerung ist fast unmöglich. Ein Schlupfloch für ihre eigenen Kinder hat die herrschende Kaste natürlich eingebaut, indem sie sie zur *coopération*
schickt. Das beinhaltet häufig Unterrichten oder Aufpasserfunktionen in französischen Schulen in den Exkolonien, aber auch ganz schlicht ein *stage*, ein Prakti-
kum bei einer französischen Firma im Ausland. Besorgt sich ein Wehrpflichtiger
über Beziehungen – und das ist fast ausnahmlos der Fall – einen derartigen
Posten, so hat der Knabe gleich beste Beziehungen für eine spätere Anstellung
oder Weiterempfehlungen in der Tasche.

Auch im französischen Geschäftsleben wird Uniform getragen. Der *trois pièce*,
der Anzug mit Weste, ist ein gängiges Klischee, ebenso wie die Anzeigen: »jeune
cadre dynamique cherche emploi« etc. (junger, dynamischer leitender Angestell-
ter sucht Anstellung ...).

So etwas wie die hier bekannte »Szene« existiert in Frankreich überhaupt nicht.
Auf einer völlig anderen Ebene gibt's die *branchés*, noch an anderer Stelle erklärt.
Französische bürgerliche Jugendliche sind da ganz anders orientiert, karrierebe-
wußt etc. Wer Gespräche über Umwelt, Politik usw. beginnt, wird bald als Lang-
weiler verstummen. Es sei denn, die Geschichte ist entweder *rigolo*, lustig, oder
enthält einen guten Schuß Sarkasmus oder Zynismus.

Während hierzulande der Arzt das höchste Berufsprestige hat (s. Groschenro-
mane, Fernsehreihen usw.), ist das in Frankreich eher der – erfolgreiche –
Geschäftsmann (Bernard Tapie z.B.). Hohes Ansehen genießen daher allgemein
Hochschulen, die ein betriebswissenschaftliches Studium bieten.

Die großen Vermögen blieben in Frankreich weitgehend erhalten, während sie bei
uns in zwei Weltkriegen untergingen. Immer wieder werden Besucher erstaunt
sein, welch schöne alte Möbel in ganz normalen bürgerlichen Wohnungen ste-
hen. Die Familie – auch die im weiteren Sinne – spielt eine wesentlich wichtigere
Rolle als bei uns. Fast jeder Franzose hat ein Bein *à la campagne*, auf dem
Lande, entweder durch Verwandtschaft, ein Ferienhaus usw. oder einfach
dadurch, daß er gern seine Ferien dort verbringt. Die Pariser zieht's für ein
Wochenende überwiegend nach Westen, in die Normandie oder die Bretagne.
Der Osten gilt als unfreundlich, öde und rauh. Während bei uns das Elsaß – dem
Schwarzwald, Kaiserstuhl und Markgräflerland gegenübergelegen – Gedanken-
verbindungen mit Wärme, Sonne und Weinbau hervorbringt – gilt es aus französi-
scher Perspektive als unwirtlicher Nordosten.

Nationales Prestige spielt eine wichtige Rolle. Die Ariane-Rakete, der Ozonfresser
Concorde, der hochgelobte Hochgeschwindigkeitszug TGV *(train à grande
vitesse*; im Gegensatz zu seinem deutschen Gegenstück, dessen Strecken nachts
der Güterbeförderung dienen, ist die französische Version dazu untauglich, was
kein Franzose weiß), Militärgerät wie die Mirage, Atomenergie usw. können heikle
Themen sein. Dafür stammen so banale Dinge wie Küchengeräte, Kühlschränke,
Schuhe usw. selten aus heimischer Produktion. Viele Großunternehmen wie
Thompson oder Honeywell Bull fahren seit geraumer Zeit schwere Verluste ein.
Böse Zungen behaupten, die einzig zählenden Exportartikel, die wirklich Geld
bringen, seien die Atommafia mit ihrer Wiederaufbereitungsanlage im normanni-
schen Cap de la Hague sowie Rüstungsgüter.

Der Airbus, obwohl ein europäisches Gemeinschaftsunternehmen, wird durchaus
als nationes Prestigeobjekt betrachtet. Kritik verbooten! Nach dem ersten Crash
beim elsässischen Habsheim wurde dem zuständigen Richter die Untersuchung
entzogen. Der Tonbandaufzeichnung fehlen seitdem die entscheidenden Sekun-
den. Nach einem weiteren, von der Öffentlichkeit unbeachteten, Absturz in Indien
und dann dem bei Straßburg kam ans Licht, daß die Lufthansa dem Vogel schon
seit Monaten nicht mehr traute und bestimmte Anflugsweisen untersagte, ebenfalls die französischen Behörden, nachdem ein Flieger bei Lyon fast eine Bruch-
landung machte und bei anderen zeitweilig wesentliche Teile der Stromversor-
gung ausgefallen waren, bei einem sogar für kurze Zeit der gesamte Strom!
Herumkurven mit Geländewagen in offener Landschaft, Autorennen, Umweltschä-
den in den Alpen durch Retortenstädte wie Isola 2000 u.a. – man denke auch an
die in Albertville – sind keine Themen.

Was Umweltfragen betrifft, so liegt der Stand des Bewußtseins doch erheblich hinter den Diskussionen bei uns zurück. Man frage mal jemanden, was er über Asbest weiß. Kaum ein Franzose wie das word *l'amiante* kennen. Französischer Wein wird nach wie vor durch Asbestfilter gepreßt. Zwar setzten die Franzosen 1992 in der EG durch, weiterhin Rohmilchkäse in Verkehr bringen zu dürfen und nicht nur solchen aus pasteurisierter Milch, boten sich aber eilfertig an, diesen auch mit Kobalt zu bestrahlen, wie bei Gemüse weit verbreitet. Dies wollten wiederum die meisten anderen Länder (noch) nicht. Woraus soll denn Käse eigentlich bestehen dürfen, wenn nicht aus Rohmilch? Aller andere gehört verboten! Daß strengere hygienische Bedingungen bei der Erzeugung von Rohmilchkäse herrschen müssen als in anderen Fällen, leuchtet doch wohl jedem ein. Wer sich einmal daran gewöhnt hat, wird alle anderen als Surrogat abtun.

Wie N. Elias (s. Literatur Kapitelende) so eindrucksvoll zeigt, steht hinter den meisten Hygienevorschriften etwas ganz anderes als eine bloße Sorge um die Gesundheit, ein Wandel der Empfindsamkeit nämlich und damit ein Wandel der Menschen überhaupt. Beweis: Lesen bei schlechtem Licht oder Rauchen ist mit Gewißheit schädlich, aber wir haben keine Empfindungen oder Ekelgefühle, wenn wir jemanden dabei beobachten. Fast hätte dieser Wandel auch schon den Karnickeln auf dem Markt den letzten Fellzipfel gekostet. Die durften nämlich herkömmlicherweise mit Fell feilgeboten werden. Als ein Verbot ausgesprochen wurde, gab es einen Sturm der Entrüstung der Markthändler, so daß als Kompromiß nunmehr folgendes gilt: französische Kaninchen dürfen ihr Fell an den Läufen behalten, alle anderen nicht. Wie lange noch werden die Hühner ihre Füße und Köpfe behalten, wie lange noch wird ein Schweins- oder Kalbskopf, wunderschön mit Petersilie garniert, in der Auslage der Metzgereien zu sehen sein? Wann werden überhaupt die offenen Märkte abgeschafft sein? Wenn das Steak auf ein viereckiges Etwas wie bei uns geschrumpft sein wird, nicht mehr an ein totes Tier erinnert, werden auch die »Köpfe« der Franzosen den unseren gleichen. Frankreich wird einen Teil seines Reizes eingebüßt haben. Ja, die Zeiten ändern sich und damit, fast unmerklich, die Leute. Während die Metrowaggons aus den sechziger Jahren bis Mitte der Achtziger überall innen die Mahnung: »Interdiction de cracher«, Spucken verboten, zeigten, ist dies in den neuen nicht mehr der Fall, und in den alten wurde das Verbot überstrichen. Warum? Nun, weil das Verbot mittlerweile in den Köpfen herrscht. Was Teil der Persönlichkeit wurde, bedarf keiner offiziellen Regelung mehr.

Als die Tschernobylwolke seinerzeit durch Europa schwebte, machte sie an der französischen Grenze halt und umrundete das Land. So die Regierung damals und auch die – korrupten – Meteorologen beim Wetterbericht im Fernsehen – wir haben's gesehen! Da die Elsässer ja nun die deutschen Nachrichten guckten, glaubten sie nicht an derart wundersame Fügungen, und so sickerte die Wahrheit nach Tagen dann doch an die Öffentlichkeit. Die einzige Region, die tatsächlich von der Wolke verschont blieb, ist die Bretage. Als es dann um die Festlegung neuer »Grenzwerte« ging, sorgten die Franzosen bei Gemüse für eine kräftige Erhöhung auf tausend Becquerel. Kein Wunder – sind sie doch das Land mit der höchsten Dichte an Atomkraftwerken und dürfen sie folglich am ehesten mit einem Unfall rechnen. Unfall, sagt da einer Unfall? Gibt's doch gar nicht, seitdem die Atomlobby das Wort Störfall Ende der Siebziger aus Störung und Unfall kreißte (um letzteres zu vermeiden, natürlich), bis dahin nichtexistent und demzufolge auch in keinem Duden bis zu jener Zeit zu finden. Aber wem ist das denn noch bewußt? Noch nicht mal vielen Grünen.

Rhône-Poulenc, weltweit bedeutendster Phosphathersteller, strengte gegen Henkel einen Prozeß an, in dem der Firma untersagt wurde (!), weiterhin mit phosphatfreien Waschmitteln zu werben. Ob die henkelschen Ersatzstoffe nun umweltfreundlicher sind, sei dahingestellt. Rhône-Poulenc ist mit den Raffinerien bei Lyon der größte Verseucher des Mittelmeeres mit Blei, Cadmium, Quecksilber und anderen Chemikalien.

Wir erinnern uns noch sehr genau an alberne Zeitungsartikel Ende der Siebziger, als das Waldsterben vermehrt Raum in der Presse einnahm. In Frankreich, z.B. in Libération, diesem Blatt des mittlerweise verfetteten Alt-Achtundsechzigers Serge July, erschienen dazu Stimmen in der Art: ach ja, kennt man ja, die Deutschen,

Rotkäppchen, der böse Wolf und der überall gegenwärtige Wald, mythologisches Erbe, von dem sie sich nicht lösen können, u.a. Schwachsinn. Zwar sind die »Grünen« *(les écologistes)* politisch im Aufwind, dies aber wohl zu einem guten Teil wegen des generellen *ras-le-bol*, des die Schnauze-voll-Habens, von den etablierten Parteien, die sich in letzter Zeit durch zahlreiche Skandale gründlich diskreditiert hatten, u.a. dadurch, daß aus Gründen der Staatsraison eine Amnestie für Schmiergeldzahlungen an die Parteien erlassen wurde, was eine Reihe von Politikern und einflußreichen Leuten vor dem Kadi bewahrte, aber unbedeutenderen Helfershelfern Strafen eintrug. In der Umgangssprache heißen die Grünen auch *les écolos*, wobei derartige Endungen im Französischen immer abwertend sind, also ausdrücken, daß man sie nicht allzu ernst nimmt. Auch das äußerst rechte Spektrum mit Le Pens *Front National* legt zu. Während die französische Presse sich fast mit Wollust auf Hoyerswerda u.a. Meldungen dieser Art stürzte – die bösen Deutschen sind da ein dankbares Thema, da sie von eigenen Problemen ablenken – bekam die politische Nomenklatur die Quittung bei den letzten Wahlen. Unvergeßlich bleibt uns eine Fernsehsendung mit der Spitzenmoderatorin Christine Okerent, die bei einem Interview mit einem Leipziger Skinhead den Satz: ich hab' nichts gegen Schwarze ... etc. übersetzen ließ mit: »Je n'ai rien contre les nègres ...« So geht's nun auch nicht!

Mitbringsel? Na vielleicht ein paar Platten. Für Romantiker und Verliebte Jean-Louis Murat, *Cheyenne Autumn*, François Cabrel, *Sarbacane*, oder Patrick Bruel, Etienne Daho, Daniel Belavoine, rockiger: Higelin, der Schweizer Stephan Eicher (ausgesprochen: Äschär, Jesses, wirklich keine Hemmungen!), Rock Voisin, Renaud mit seinem unvergeßlichen Lied über sein HLM, seine Sozialwohnung, Téléphone, was wir anfangs für reinen pubertären Krach hielten, Rita Mitsouko, Bernard Lavillers, Art Mengo, Elmer Food Beat, Sheller, La Mano Negra, Niagara, MC Solaar. Dann die Halbfranzösin Patricia Kaas natürlich, die sich aber gelegentlich mal eine Deutschstunde antun sollte. Sagte sie doch bei einem Konzert in Freiburg über Lili Marlen: »das Lied hat mir meine Mutter gelernt.« Es sei ihr verziehen; sie hat uns dennoch in den Bann gezogen. Nicht übel auch die Négresses Vertes, La Mano Negra, Mylène Farmer. Ein paar Klassiker: Léo Ferré (Spitze!), Jean Ferrat; Georges Brassens, vielleicht noch Julien Clerc und Claude Nougaro und natürlich das *enfant terrible* Serge Gainsbourg mit seiner *sale geule de juif*, seiner »dreckigen Judenschnauze«, immer eine »clope« im Maul und Ende 1991 auch an Krebs gestorben. Zwar vom Namen vielen hier unbekannt, hat er aber mit seinem ewigen Slow-Ohrbandwurm »Je t'aime non plus« sicher allen mal heiße Momente in der Disco beschert. Die Platte war ursprünglich mit Brigitte Bardot aufgenommen worden, die dann aber absprang, als sie beider Lustgestöhn anhörte, so daß Jane Birkin einsprang. Ein Gewinn! Zuletzt: bretonischer Folk und mehr: Alain Stivell.

Da wir immer Hunger haben, bringen wir uns selbst natürlich französischen Senf mit, gibt immer eine gute Vinaigrette für den Salat. Neugierig aufs Rezept? Also: zwei Eßlöffel leichtes Öl (Sonnenblumen), einer mit Olivenöl, einer mit Weinessig, Salz, Pfeffer, ein halber Teelöffel bis ein ganzer mit Senf, eventuell ein Schuß Worchestersoße (vorne ausgespr. »wuster«, die echte von Lea Perrins natürlich). Varianten: Zitrone statt des Essigs, saure Sahne statt des Senfs. Weiter experimentieren kann man mit Schalotten, Knoblauch, Kräutern usw. Wer *alles* auf einmal zusammenrührt, ist selbst dran schuld.

Und dann natürlich Harissa du Cap Bon, eine tunesische Spezialität und somit nicht sehr französisch, aber überall im Supermarkt erhältlich. Da läuft uns grad immer das Wasser im Munde zusammen, sobald wir dran denken. Tun wir in die Haferflocken, benutzen's zur Verfeinerung des Puddings, schlucken wir als Medizin, bei Liebeskummer, auch um wieder nüchtern zu werden, zur Hebung der Stimmung, der Reinigung der Eingeweide oder kippen's ins Mensafutter, wenn's wieder so lasch ausfällt. Gelegentlich füllen wir's auch in kleine, hübsche Gläschen ab und schenken's mit harmlosem Gesichtsausdruck unseren Feinden als tolle »arabische Marmelade«.

Übrigens: für alle Geschenke, die nicht Harissa sind, bleiben wir unseren Lesern ewig dankbar.

Ergänzende Lektüre

Lothar Baier, Französische Zustände, Fischer Tb.
dito, Firma Frankreich – Eine Betriebsbesichtigung
Theodore Zeldin, Ich Liebe das Leben, und das Leben liebt mich, Rororo Tb,
Ulrich Wickert, Frankreich – Die Wunderbare Illusion, Heyne Tb,
Peter Scholl-Latour, Leben mit Frankreich, DVA
Françoise Hasenclever, Claus Leggewie, Frankreich, VSA,
Klaus-Peter Schmid, Gebrauchsanweisung für Frankreich, Piper Tb
C. Krahmer, J. Müller-Marein, 21mal Frankreich, Piper
Siegfried Pabst, Paris für Neugierige, Umschau-Verlag
J. Leenhardt, R. Picht, Esprit – Geist, Hundert Schlüsselbegriffe für Deutsche und
Franzosen, Piper Tb.

Ferner lesenswert: im weitesten Sinne zur europäischen Kulturgeschichte überhaupt: Norbert Elias, »Über den Prozeß der Zivilisation«, Suhrkamp Tb. Viele Bezüge zu Frankreich u.a. romanischen Ländern, Großbritannien, Deutschland. Wundervoll zu lesen, kein Soziologenchinesisch. Läßt die Wurzeln vieler Charakterzüge erkennen – damit auch des Nationalcharakters – und bringt letzten Endes auch eine Menge eigener Erkenntnisse. Elias wanderte als deutscher Jude unter dem Nationalsozialismus nach London aus, wo er, nachdem er in der National Library auf mittelalterliche »Benimm«-Bücher für den Adel gestoßen war, seine Theorien entwickelte. Obwohl er Medizin, Philosophie und Psychologie studiert hatte, und es doch mit Leichtigkeit hätte formulieren können, vermissen wir, daß er seine Aussagen mal auf den einen entschiedenen Punkt bringt: was er beschreibt, ist verkürzt gesagt, die allmähliche Wandlung des mittelalterlichen, hysterischen (katholischen) Menschen mit seinem weiten, impulsiven und spontanen Verhaltenspektrum zum beherrschten, steifen, kalkulierenden (und kalkulierbaren), »funktionierenden« (protestantisch), wie ihn die modernen Gesellschaften in Büro und Betrieb benötig(t)en, bis hin zum Zwangsneurotiker. Daß dieser aufgrund unterschiedlicher wirtschaftlicher und anderer gesellschaftlicher Umstände in jedem Land anders »ausfallen« mußte, ist einsichtig. Daß sich gerade in der Bretage, einer noch zumindest in den »Köpfen« weitgehend agrarisch strukturierten Gesellschaft im Zusammenprall mit modernen Entwicklungen fesselnde Beobachtungen machen lassen, versteht sich. Ende der Achtziger wurde ihm als fast Neunzigjährigem der Adorno-Preis verliehen.

Für Hinweise, die wir in späteren Auflagen verwerten,
bedanken wir uns mit einem Buch aus unserem Programm

ANREISEMÖGLICHKEITEN

Das französische Straßennetz ist mindestens so zentralisiert wie die Verwaltung. Alle Fäden laufen in Paris zusammen, einer Stadt also, die auch von Deutschland, Österreich und der Schweiz unschwer zu finden sein dürfte. Und so beginnen wir meist auch ab hier mit unseren Routentips.

Autobahn A 11 »l'Océane«

Ein treffender Name für die vierspurige Autobahn: sie stürzt sich schnurstracks 'gen Ozean. Von Paris nach Rennes rechnet man höchstens vier Stunden, auch mit der lahmsten Ente und lobenswerten Tempo-100-Vorsätzen. Die Autobahn zerschneidet wundervolle Landstriche: die Getreidefelder von La Beauce, die Hügel von Perche, die Pinienwälder rund um Le Mans und die Region Mayenne. Schließlich gelangt man zur unausweichlichen Mautstelle (Péage) und blecht für die eben zurückgelegten Kilometer. An sich ist die Mautstelle eher das Symbol für die Grenze der Bretagne: sie befindet sich genau da, wo einst das alte Fürstentum begann. Einige Separatisten sehen die Zahlstelle schon als Zollgrenze, falls die Bretagne doch noch mal unabhängig werden sollte. Und das, wo die EG doch so bemüht ist, die Grenzen abzuschaffen. Hat man die »Grenze« passiert, befindet man sich also auf bretonischem Boden. Die Autobahn nennt sich nun »Voie express«, immer noch vierspurig und im gesamten bretonischen Bereich kostenlos. Nun ist der direkte Weg nicht auch gleich der ersprießlichste, daher ...

Die ruhigen Schleichwege

● **Nordbretagne:** Mont-St. Michel – das Tragische ist, daß er noch in der Normandie liegt! – St. Malo, Dinard. Die N 12 ist eine gut ausgebaute, gemütliche Straße. Einst befuhren sie Kutschen, heute kutschieren dort Autos. Fahrt durch Verneuil, L'Aigle, Alençon, Domfront. Zeit für ein Päuschen! Hier schrieb Chrétien de Troyes seinen Romanzyklus über König Arthur, Lanzelot vom See und die übrigen Ritter der Tafelrunde. Sollte man gelesen haben, bevor man seine Füße auf bretonischen Boden setzt. Die Spitze des Mont-St. Michel zeichnet sich schon gegen den Horizont ab.

● **Obere Bretagne:** Ille-et-Vilaine, Pays Fougères. Von Paris kommend, verläßt man die Autobahn bei Laval und setzt auf die D (Départementale) 798, einem geschichtsträchtigen Sträßchen, das schon Victor Hugo und Honoré de Balzac im 19. Jh. benutzten, seinen Weg fort. Die Ereignisse der Chouannerie, einem royalistischen Aufstand, vergleichbar dem in der Vendée zur gleichen Zeit und aus denselben Gründen – wirtschaftliche Schwierigkeiten, antireligiöser Kampf der Pariser Revolutionäre, Zwangsrekrutierung von Soldaten – inspirierten die beiden französischen Literaturpäpste. Und so entstanden die Romane: »Quatrevingttreize« (Dreiundneunzig) und »Les Chouans«. Geschichtlicher Hintergrund: im November 1793 zogen zehntausende hungrige, von den Rebublikanern verfolgte und von Jean Chouan angeführte »Vendéens« – wie man die Aufständischen aus den Gebieten südlich der Loire unpassend nannte – durch das Land, u.a. auch durch Ernie im Norden Mayennes, um über den Ärmelkanal zu entkommen. Das war die berühmte dramatische »Virée de Galerne«, wo inmitten der Wälder dieser Region Jean Chouan und seine katholisch-royalistischen Mannen gegen die »Blauen«, die Republikaner, fochten. Die Kämpfe arteten später in einen richtigen Partisanenkrieg aus.

● **Nach Redon und ins Pays Gallo:** vor der Ankunft unbedingt einen Zwischenhalt in Anjou einlegen, wo man am deutlichsten den Kontrast zwischen den lieblichen hellen Dörfern im Einflußbereich der Loire und dem stolzen, harten Granit und Schieferfelsen der Bretagne spürt. Ein halb in Vergessenheit geratenes Landsträßchen führt über Guémené-Penfao nach Redon.

● **Über Vannes, Lorient, Quiberon, Carnac und die gesamte Südküste:** am einfachsten und schnellsten ist die Schnellstraße (Voie Express) Nantes-Quimper. Sie durchquert das gesamte Küstengebiet und ihre zahlreichen Seitenstraßen führen überall hin. Reizvoller ist die zentralbretonische Route ab Rennes über die Wälder von Brocéliande, die man sich unbedingt ansehen sollte, und Ploërmel.

● **Ins Finistère:** Eilige nehmen die *Voie Express* Rennes-Brest-St. Brieux. Wer lieber die Landschaft bewundert, rollt über die Landstraße: Loudéac, Murde-Bretagne, Huelgoat. Breit, zweispurig, ohne gefährliche Kurven; vor allen Dingen genießt man wundervolle Aussichten über das Argoat, Land der Wälder und Flüsse.

● **Nach Nantes und in die Region Loire-Atlantique:** Autobahn A 11 von Paris nach Le Mans, dann auf die N 23 zwischen Le Mans und Durtal, schließlich wieder auf die A 11 bis zur alten Hauptstadt der bretonischen Fürsten.
Eine andere, zweifellos attraktivere Möglichkeit, die Stadt der Anne de Bretagne zu erreichen, wäre es, die Ufer der Loire entlangfahren. Dazu sollte man bei Angers raus, durch Angevine, Chalonnes, Ingrandes, St. Florent-le-Vieil, Liré, dann über die D 751 durch Champtoceaux. Das beste und empfehlenswerteste wäre, die Loire wie die damaligen Fürsten per Schiff runterzuschippern.
– Fahr' mit, spar' Sprit! In zweiter, völlig überarbeiteter und erweiterter Auflage ist im Verlag interconnections, Freiburg, ein nützlicher Reisebegleiter für Selbstfahrer und für alle Mitfahrer erschienen: *Mitfahrzentralen Weltweit.* Darin eine detaillierte Beschreibung aller Mitfahrzentralen – auch in Frankreich, mit Angaben zur Arbeitsweise, den Öffnungszeiten, zum Versicherungsschutz, Vermittlungsbedingungen, Preisen etc. sowie mit Lageplänen und einer Auflistung günstiger Übernachtungsmöglichkeiten.
– *Anschriften der französischen Automobilclubs:* Automobile-Club de France, 8, place de la Concorde, F-75008 Paris, T. (1) 42-65-34-70; Association des Automobilistes, 9, Av. de la Forge, F-75017 Paris, T. (1) 42-27-82-00.

– *Verkehrs- und Automomobilclubs zu Hause:*
VCD, Kalkuhlstr. 24, 5300 Bonn 3, T. 02228/44-03-98, Fax: 44-42-90
ADAC, 63, av. de la Grande Armée, 75016 Paris, T. 45-00-42-95. Euronotruf von Frankreich aus: 0049/89-22-22-22
ÖAMTC, T. Wien 01/72-99-0 oder 01/92-22-45, Euronotruf 1943/1/711-99, Hauptverwaltung: Schubertring 1-3, 1010 Wien.
Touring Club der Schweiz, Tel. Hauptverwaltung Genf, 9, rue Pierre Fatio, 022 / 737-12-12, Notruf: 1941/22/736-44-44
Automobilclub der Schweiz, Wasserwerkgasse 39, CH- 3000 Bern 13, T. 031/22-47-22, oder 21.15.15 Straßenzustandsbericht und alle weiteren allgemeinen Auskünfte oder Notruf 1941/22/736-44-44

MIT DEM ZUG

Die ausgewanderten Bretonen benutzten ihn bis in die sechziger Jahre, um Paris zu erreichen und zu erobern. Heute nehmen die Pariser Bretonen den Zug, um ihre alte Heimat zu besuchen.
Die Reise beginnt am Bahnhof von Montparnasse. Fast glaubt man sich schon am Ziel: ein Buchhändler verkauft alle nötigen Bücher über die Bretagne, der Zeitungskiosk breitet ganz selbstverständlich alle 22 regionalen Zeitungen Westfrankreichs aus; ein Geschäft heißt *Dolmen* und bietet heiße Croissants feil. An manchen Tagen treten Biniou- (Dudelsack) und Bombardenspieler auf, beschuht mit *Boutou-coat*, das sind Holzschuhe, drapiert mit einem *Gwen-ha-du,* der bretonischen schwarzweißen Flagge.

Ab Paris

● **Paris-Rennes:** der TGV »Atlantique« fährt in zwei Stunden und vier Minuten von Paris nach Rennes.
● **Paris-Nantes:** von der Hauptstadt bis nach Nantes zwei Stunden.

- **Paris-Brest:** die klassische Strecke; sogar ein Gebäck (Windbeutel mit Cremefüllung und Mandelhäubchen) trägt diesen Namen. Allerdings gibt's auch eins mit dem Namen »réligieuse«, Nonne, und das schmeckt uns besser! Mit knappen sechs Stunden ist zu rechnen. Nicht um den Kuchen zu verdauen, sondern für die Reise. Der Klassiker der Eisenbahngeschichte rauscht durch Rennes, Lamballe, St. Brieuc, Guingamp, Plouaret-Trégor, Morlaix, Landivisiau, Landerneau. Endstation Brest, am Rand des Kontinents.
- **Paris-Quimper:** knappe sieben Stunden. Der Zug hält nur in Redon und Auray.
- **Paris-St. Malo:** schade, daß Chateaubriand nicht mehr unter uns weilt, um diese herrliche Reise zu kommentieren. Ohne Umsteigen über Rennes; Abfahrt mehrmals täglich. Etwa 4½ Stunden Fahrtdauer.
- **Paris-Le Croisic:** es ist soweit: mit dem TGV ist man nach drei Fahrtstunden am Meer! Mit dem Nachtzug ab Lyon: zwölf Stunden.
- **Paris-Quiberon:** nur im Sommer. Hält in Auray. Ungewöhnlich ist die Strecke über den schmalen, sandigen Streifen schon, der den Kontinent mit der Halbinsel verbindet. Das Stück Düne ist gerade so breit, um ein paar Schienen und eine Straße durchzulassen. Die Landenge mißt an einigen Stellen nur ein paar Meter.
- **Paris-Roscoff:** ohne umzusteigen bis Morlaix. Dort weiter in einem kleineren Zug Richtung Roscoff, wo auch die Fähren nach Irland (Cork) und England (Plymouth) ablegen.

Innerbretonische Bahnstrecken

Man wird sich verloren und fremd vorkommen, denn irgendwie ist hier alles anders. Quimper-Brest ist eine eingleisige Strecke, die das Finistère von Süd nach Nord durchquert und voller Überraschungen steckt: durch Berg und Tal, von Bahnhof zu Bahnhof.
- **Guingamp-Carhaix:** die charmanteste Einladung zu Reisen – und man sollte sie nutzen, bevor die SNCF diese alten, kleinen, wild überwucherten Linien dichtmacht.
- **St. Brieuc-Pontivy:** über Loudéac; durch Dörfer und Hügellandschaften, so richtig romantisch.
Bahn & Fahrrad, Bahn & Auto, Bahn & Bus: alle Kombinationen sind möglich. Auskunft in Paris am Bahnhof von Montparnasse, T. 45-82-50-50. Ungefähr fünfzehn Bahnhöfe in der Bretagne vermieten Fahrräder halb- oder ganztags. Nach der Bahnfahrt mit dem Auto weiter? Kein Problem, seit immer mehr große Autovermietungen ihre Dienste anbieten, wie z.B. Budget. Ein anderer Vorschlag: sein eigenes Auto per Bahn mitreisen lassen. Am besten besorgt man sich die aktuellen Informationen bei der SNCF-Generalvertretung, Rüsterstr. 11, D-6000 Frankfurt/M. 1, T. 069/72 84 44. Wer überall hin will, auch in die entlegensten Winkel, dem empfehlen wir, sich per Bus fortzubewegen.
Ermäßigungen: wer zwischen 12 und 26 Jahre alt ist, besorgt sich am besten die »Carte jeune«; Paare und Familien sind mit der »Carte Couple/Famille« bestens bedient, denn ab dem zweiten Begleiter gewährt die SNCF 50% Ermäßigung. »France Vacances Pass«: Netzkarte einschließlich Touristenkarte für die Pariser Verkehrsbetriebe. Gültig an vier innerhalb von fünfzehn Tagen oder an neun innerhalb eines Monats. Kostenpunkt: umgerechnet 204 DM für vier Tage, 350 DM für neun Tage. Ist doch ein netter Zug der SNCF! Daneben gibt's noch eine Reihe von Ermäßigungen innerhalb bestimmter verkehrsschwacher Zeiträume.
Der TGV Atlantique: alle waren schon ganz ungeduldig, aber seit 1989 ist es soweit. Diese »Rakete« rast in nur zwei Stunden und fünf Minuten – train à grande vitesse! – von Paris nach Rennes. Später soll die Linie bis nach Brest verlängert werden. 270 km/h Höchstgeschwindigkeit! Nicht übel, beim Teutates!

MIT DEM FLUGZEUG

● **Air Inter:** Abflug in Orly Ouest/Paris. Verschiedene Ziele: Brest (eine Stunde Flug), Quimper, Lorient, Nantes, Rennes. Verbilligte Tarife für Jugendliche von 12-25, für Studenten ab 25-27, zwischen dem 1. Juli und dem 6. September. Zum Beispiel: Paris-Brest einfach für 378 F (Vol blanc), oder 268F (Vol bleu). Auskünfte und Buchung: 14, av. de l'Opéra, 75002 Paris T. (1) 45-39-25-25

● **mit der TAT:** Flugverbindung von Paris nach St. Brieuc, Vannes und Lannion. Attraktive Sonderangebote für Hin- und Rückflüge, wenn der Aufenthalt mindestens zwei Wochentage dauert oder eine Übernachtung von Samstag auf Sonntag geplant ist. Die Dauer des Aufenthaltes darf einen Monat nicht überschreiten. Ansonsten bietet die Gesellschaft verbilligte Preise für junge Leute unter 27, für Frauen und für die ältere Generation ab 65 Jahren an. Auskünfte in Paris bekommt man unter T. (1) 42-79-05-05 und in Nantes unter folgender Nummer: 40-84-82-82.

● **Air Morbihan:** Flugzeuge und »Helikopter-Taxis« fliegen vom Flugplatz in Vannes ab. T. 97-60-67-67.

● **Brit Air:** stationiert am Flughafen von Morlaix. T. 98-62-10-22. Fliegt Großbritannien an (London, Plymouth), Irland (Cork), und einige französische Städte (Lyon, Caen, Le Havre).

● **Finist'Air:** eine noch recht junge, kleine Fluggesellschaft, die Kurs auf die bretonischen Inseln nimmt. Lorient-Belle-Ile, Auskünfte: 97-31-41-41, oder Brest-Ile d'Ouessant: 98-84-64-87. Sechssitzer-Maschinen, vernünftige Tarife. Ideal für gehetzte Medizinstudenten und chronisch unter Zeitmangel leidende Manager zur Erforschung der Küste.

NÜTZLICHE ADRESSEN UND TIPS

Französische Fremdenverkehrsämter

Sicher nützlich für eine erste Orientierung und zusätzliches – kostenloses! – Informationsmaterial. Hier die Anschriften:
– *Amtliche Französische Verkehrsbüros* in der BRD:
Westendstr. 47, D-6000 Frankfurt am Main, T. (069) 756 08 30/9, Fax 75 21 87; Berliner Allee 26, D-4000 Düsseldorf, T. (0211) 8-03-75.
– *Amtliches Französisches Verkehrsbüro* in Österreich: Hilton Center 259, Landstraßer Hauptstr. 2a, A-1033 Wien, T. (1) 75-70-62.
– *Amtliche Französische Verkehrsbüros* in der Schweiz: Bahnhofstr. 16, CH-8022 Zürich, T. (1) 2-11-30-85; 2, rue Thalberg, CH-1201 Genf, T. (22) 32-86-10.
– Hinweis: die bretonischen Fremdenverkehrsämter (Syndicats d'Initiatives) vor Ort sind unter den jeweiligen Ortschaften gesondert aufgeführt.

Diplomatische Vertretungen

Für den Fall, daß doch mal etwas schiefgehen sollte:
– *Honorarkonsulate der BRD*:
9, square du Commandant L'Herminier, F-29200 Brest, T. (98) 44-35-59;
49, quai de la Fosse und in F-44000 Nantes, T. (40) 73-29-46.
– *Österreichische Botschaft:* 6, rue Fabert, 75000 Paris, T. (1) 45-55-95-66.
Österreichisches Konsulat,
12, rue Edmont Valentin, 75007 Paris, T. 47-0527-17 oder 47-05-93-40
– *Botschaft und Konsulat der Schweiz:*
142, rue de Grenelle, 75000 Paris, T. (1) 45-50-34-46. Métro Invalides.

Appartements und Ferienhäuser

Ein buntes Sammelsurium von Reservierungszentralen und sonstigen Organisationen für alle, denen die »Rucksackmethode« zu mühsam ist und sich statt dessen lieber ein Basiscamp im Land schaffen möchten:

● *Gîtes de France* (Deutsche Buchungsszentrale): Sachsenhäuser Landwehrweg 108, D-6000 Frankfurt/M. 70, T. (069) 68-35-99. Vom schnuckeligen Landhaus bis zum modernen Bauernhofappartement – wer mindestens 650 F pro Woche locker machen kann und sich rechtzeitig vormerken läßt, hat die Qual der Wahl.

● Nach Départements geordnete Ferienhausverzeichnisse erhält man gegen eine entsprechende Gebühr bei:
- *Relais Départemental des Gîtes Ruraux:*
2, rue du Château, B.P. 318, F-56403 Auray Cedex; zuständig für das Morbihan.
- *Relais des Gîtes Ruraux des Côtes-du-Nord:* 5, rue Baratoux, B.P. 556, F-22010 Saint-Brieuc. Hier erhält man auch nähere Informationen über das vielfältige Ferienprogramm der *Gîtes* (Reiten, Camping, Segeln, Töpfern usf.)
- *Accueil Rural en Finistère:* Maison d'Agriculture, Stang Vihan-B.P. 504, F-29109 Quimper; zuständig für das Département Finistère.
- *Relais Départemental des Gîtes Ruraux:*
1, rue Martenot, F-35000 Rennes; betreut das Département Ille-et-Vilaine.
● Eine Auswahl privater Anbieter, bunt gemischt (Postkarte genügt):
- *Reiseagentur Lagrange:* Poststr. 36, D-7250 Leonberg;
- *Ursula Neukirchen GmbH:*
Ferienhäuser am Atlantik, Bökenkamp 5, D-4400 Münster;
- *Jean Jacq GmbH:* Honsellstr. 8, D-7640 Kehl am Rhein;
- *Sörensen Touristik GmbH:* Dorfstr. 36a, D-3012 Langenhagen 8;
- *interchalet:* Ferienhäuser und Ferienwohnungen,
Kaiser-Joseph-Str. 263, D-7800 Freiburg, T. (0761) 21-00-77;
- *Peter Lüthgen & Partner GmbH:* »Urlaub im Ferienhaus«,
Günterstalstr. 17, 7800 Freiburg, T. 0761/70870-0;
- *La maison:* Reinhard Vogt, Bächelhurst 1, D-7802 Merzhausen;
- *Jacques Vacances:* Ferienhäuservermittlung Jacques Parveau,
Oberstr. 25c, D-5210 Troisdorf, T. (0228) 45-33-96;
- *France Reisen:* Theresienstr. 19, D-8000 München 2, T. (089) 28-82-37;
- *Cherdo Armoric GmbH:*
Berliner Allee 47, D-4000 Düsseldorf 1, T. (0211) 32 80 93;
- *Voyages Sud-Soleil S.A.:*
Hauptstr. 11, CH-4102 Binningen-Basel, T. (0041) 061-479656;
- *Polar-Reisen:* Postfach 100, D-8345 Bad Birnbach, T. (08563) 15-30;
- *Agence Breiz-Armor:* H. Schneider-Erben, Marsopstr. 19, 8000 München 60.

Per Drahtesel oder »echten PS« unterwegs in der Bretagne

● Zunächst drei Adressen für furchtsame Radler, die nicht auf eigene Faust losziehen möchten:
- *STB Reisen GmbH:* Rossmarkt 12, D-6000 Frankfurt/M. 12;
- *Terranova:* Hirschsprung 8, D-6078 Zeppelinheim;
- *Rotalis-Reisen:* D-8011 Baldham bei München;
● Wer gar auf dem Rücken eines stolzen (bretonischen?) Pferdes durch die Lande zu ziehen gedenkt, wende sich an:
- *ARTEB (Association Régionale pour le Tourisme Equestre en Bretagne):*
1, rue Gambetta, F-56000 Pontivy;
- *UROSHR* (was sich hinter dieser Mammutabkürzung verbirgt, wissen wir auch nicht): 22, av. Janvier, 35000 Rennes.

DAS FINISTERE

Finis terrae – das Ende der Welt. Wie stolz wir sind, unsere Lateinkenntnisse mal wieder unter Beweis stellen zu können! Genauso heißt übrigens auch ein Kap im spanischen Galizien. Welches ist bloß das richtige? Zum Finistère zählt das Pays de Léon, die Cornouaille, die Monts d'Arrée und die Montagnes Noires. Dieses Stück Erde ist in der Lage, vor unseren Augen auf ein Paar dutzend Kilometer die vielgestaltigsten Landschaften auszubreiten. Tausend Kilometer zerrissene, zerklüftete Küste, entlang scheinbar unendlicher, flacher, kultivierter Flächen und Gehölze. Dichtbesiedelte Regionen neben quasi unbewohnten Zonen. Dieser Landstrich hat sich erfolgreich gegen die Betonierung gewehrt, bietet noch völlig jungfräuliche Gegenden an, was man aber bitte nicht als Einladung zur Entjungferung, sprich Hinterlassung seines Mülls usw., verstehen möge. Die Zeit scheint stillzustehen. Das Finistère wirkt bisweilen wie ein einziges Museum für alles Religiöse. Die schönsten Kalvarienberge reihen sich aneinander, bezaubernde Abteimauern und Pfarrbezirke, monumentale Kathedralen, imposante Beinhäuser.
Obwohl schon länger für den Fremdenverkehr erschlossen, bleibt noch immer reichlich zu entdecken. Städte und Dörfer scheinen noch nie einen Stau erlebt zu haben, geschweige denn unter Souvenirläden zusammenzubrechen.
Unsere Reise beginnt in Morlaix, an der Nordküste. Ebensogut hätten wir in Quimperlé starten können, aber irgendwo muß man ja anfangen. Bereut haben wir's jedenfalls nicht.

FINISTERISCHES TREGOR UND LEON

MORLAIX (29210)

Ein berückendes historisches Städtchen; mehr als nur ein kurzer Zwischenhalt. Originell die alten Häuschen, diesseits und jenseits des Flusses, den ein gewaltiges Viadukt überspannt. Heimatort des Dichters Tristan Corbière, von Fanch Gourvil, dem Spezialisten der bretonischen Sprache und von Albert Le Grand, einem vielgerühmten Schriftsteller.

Ein wenig Geschichte

Die Bürgerstadt Morlaix bereicherte sich in früheren Zeiten am Seehandel, war lange die größte Konkurrentin der Städte Nantes und St. Malo, bis dann Brest im 19. Jh. die Macht an sich riß.
Das 60 m lange Viadukt, welches völlig fehl am Platze zu sein scheint, wurde 1861 für die Eisenbahnlinie Paris-Brest konstruiert. Im letzten Weltkrieg bombardierten die Engländer erfolglos die Talbrücke, erwischten dafür aber zahlreiche umliegende Häuser. Schlimm genug, denn schon beim Bau des Viadukts wurden einige der schmucksten Häuser dem Erdboden gleichgemacht. Glücklicherweise sind der Nachwelt immer noch genügend Altbauten erhalten geblieben.

Nützliche Anschriften

– *Fremdenverkehrsamt:* place des Otages (Plan: A1-2), unter dem Viadukt, in der Innenstadt. T. 98-62-14-94. Vortrefflich ausgestattet, freundlicher Empfang. Die angebotenen Führungen (*Visites guidées théâtrales*, mittwochs von Juli bis August) sind eine originelle Methode, die Geschichte dieser 16 650 Einwohner-Stadt kennenzulernen.
– *Hauptpost:* rue de Brest. Hinter dem Rathaus (Hôtel de Ville).

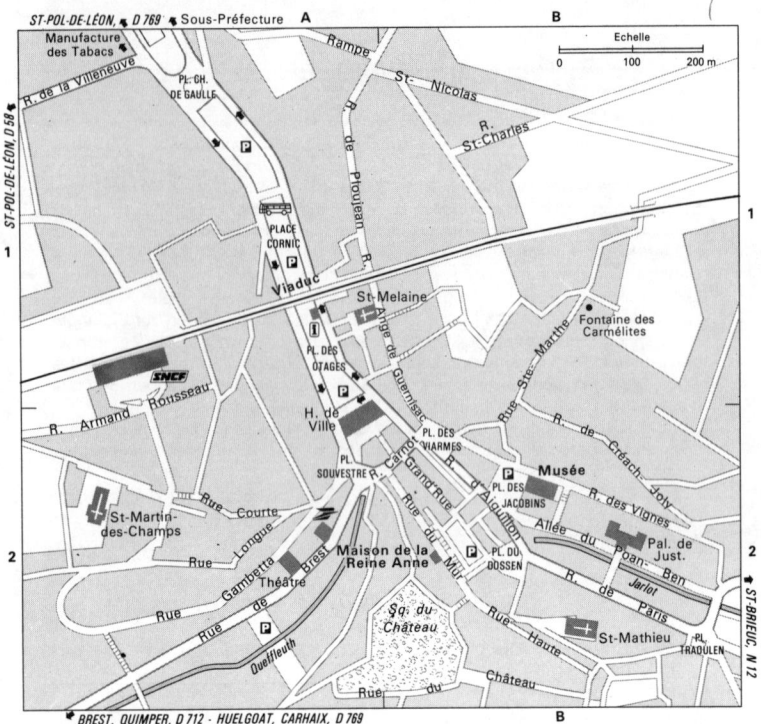

Morlaix

– *SNCF:* rue Armand Rousseau. Auskünfte: T. 98-88-08-88. Obwohl der Bahnhof aus dem Jahre 1864 stammt, verfügt er über das modernste Stellwerk Frankreichs. Die für die Umrüstung notwendige stolze Summe von 25 Millionen Francs schlägt sich allerdings auf die Fahrkartenpreise nieder.

– *Fahrradvermietung: Le Gall* 1, rue de Callac. T. 98-88-60-47.

– *Taxi:* T. 98-88-36-42

– *Buchhandlung: Kornog* 2, rue Haute. T. 98-63-25-40. Eine der bestsortierten Buchhandlungen im St. Matthieu-Viertel. Reiche Auswahl an Büchern und Platten über die Bretagne und das Keltentum.

Unterkunft

● *Preiswert*

– *Gästezimmer:* bei Mme Guegan, 4, av. Kerhuel, T. 98-88-23-11. Sie vermietet wunderschöne, stilvolle Zimmer zu 140 F, plus 20 F fürs Frühstück.

– *Jugendherberge:* 3, route de Paris, T. 98-88-13-63. Eine Bleibe zwischen Ostern und Oktober. 15-20 Minuten Fußmarsch vom Bahnhof.

– *Hôtel des Halles:* 23, rue du Mur (place Allende), T. 98-88-03-86. Sonntags geschlossen. Günstigst gelegen, nämlich unmittelbar in der Altstadt und neben dem Haus von Herzogin Anne. Angenehme Zimmer mit Dusche oder Waschbecken, um die 100 F. Im Restaurant zufriedenstellende Menüs für 45-60 F.

– *Hôtel St. Mélaine:* 75, rue Ange-de-Guernisac. T. 98-88-08-79. Am Fuße des Viadukts, auf der Hafenseite. Die Grande Vernelle benutzen, um dieses heimelige Hotel zu erreichen. Ruhige Straße, vernünftige Zimmer für 105-130 F, Frühstück für 22 F. Restaurant mit leckeren, reichhaltigen Menüs ab 50 F. Das Ganze wirkt etwas düster, der Besitzer ist aber freundlich.

– *Hotel-bar Au Roy d'Ys:* 8, place des Jacobins. T. 98-88-61-19. Doppelzimmer ab 75 F (ohne Frühstück). Einfaches, sehr sauberes Hotel.

● **Nobler**

– *Hôtel du Port:* 3, quai de Léon (links vom Yachthafen). T. 98-88-07-54. Zimmer mit Kochecke und Blick auf den Hafen. Für 200 F sind die Ruhe und der Komfort gesichert. Kein Restaurant. Das ganze Jahr über geöffnet.

Übernachtungsmöglichkeit in der Nähe

– *Gästezimmer Kérélisa:* in Saint-Martin-des Champs (3 km von Morlaix). T. 98-88-27-18. Das Ehepaar Aliven hat ein altes Herrenhaus vollständig renoviert. Alle Zimmer sind dabei mit Bad oder Dusche und WC ausgestattet worden. Einzelzimmer kosten um 130 F, ein Doppelzimmer mit Dusche ist für 150 F zu haben, 160 F mit Bad. Das Frühstück ist im Preis inbegriffen, der Garten steht den Gästen zur Verfügung.

Essen

● **Preiswert**

- *Ar Bilig:* 6, rue au Fil, einem Gäßchen zwischen der Place de Viarmes und der Place des Jacobins. T. 98-88-50-51. Mittags und abends bis 21.30h geöffnet. Sonntagmittags und montags Ruhetag. Eine der besten Crêperien am Ort. Die Mahlzeit kostet ungefähr 45 F.

– *El Marisco:* 15, rue Anges-de-Guernisac; T. 98-88-70-99. Essen kann man jeden Mittag und abends bis 22.30h, außer donnerstags. Im November geschlossen. Spanische Spezialitäten wie z.B. Merluza à la gallega (galizischer Seehecht), Parillada, Zarzuela, Paella, usw. Menü ab 60 F, Getränk und Bedienung inbegriffen.

– *Crêperie l'Hermine:* 35, rue Ange-de-Guernisac. T. 98-88-10-91. Typisch bretonisch und erfreulich preiswert.

● **Mittelklasse**

– *Le Passé simple:* 21 bis, place Charles de Gaulle; T. 98-88-71-02. Öffnungszeiten: 12.00-14.30h und 19.30-22.30h. Montags und samstags mittags geschlossen. Den Feinschmeckern der Stadt zufolge »köstliche Küche, herzliche Atmosphäre, verspielte Einrichtung«. Großzügige Meeresfrüchteplatte à 110 F, zwölf Austern für 48 F. Und dann die Spezialitäten: Trégorschmortopf, Lachsschnitzel in Wermutbutter, Kalbsbries und Kalbsnieren mit Morcheln, Räucherlachs, Parmaschinken und Melone; zwischendurch eine Pause, um einen Calvados genießen zu können; dann geht's weiter mit Entenfilet in kandierten Äpfeln usw. Käse und Nachspeise bilden wie üblich den letzten Gang vor dem Kaffee.

– *La Marée Bleue:* 3, rampe St. Mélaine; T. 98-63-24-21. Sträßchen an der Place des Otages, neben der Kirche. Abends bis 21.30h geöffnet, montags und sonntagabends nicht bewirtet, ebensowenig wie in den letzten zwei Novemberwochen und im Februar. Das Restaurant bietet Fisch- und Meeresfrüchtespezialitäten und genießt einen ausgezeichneten Ruf. Menü zu 66 F – Bedienung wie immer inbegriffen, Getränke zuzüglich – und je ein Menü zu 90 und 130 F, mit Meeresfrüchten, Lachsfilet mit Sauerampfer und Leckereien aus der hauseigenen Konditorei. Meeresmenü mit neun Austern und Glattbuttfilet in Weißwein.

● **Feiner**

– *Restaurant im Hôtel d'Europe:* 1, rue de l'Aiguillon; T. 98-62-11-99. Geöffnet mittags und abends bis 21.30h. Eines der besten Restaurants in punkto *nouvelle cuisine.* Der Chefkoch entwirft wie ein Besessener neue Rezepte; und die sind köstlich! Er bietet jeweils ein unschlagbares Menü zu 135 F – inkl. Bedienung, zuzüglich Getränke – gedämfte Scholle oder Glattbutt mit frischem Ziegenkäse, Rochenflossen mit Trauben und Muskatnuß, Käseplatte, Backwaren oder hausgemachtes Speiseeis als Nachtisch. Oder ein weithin unerreichtes Menü zu 215 F, z.B. mit Languste und Seezunge in grobem Salz. Auch à la carte reiche Auswahl für den Gaumenschmaus: geschmorte Seeteufel in Loire-Wein, Languste in Räucherlachs, Rotbarschbraten in Bauerncidre, Scampischmortopf mit Basilikum usw. Zum Hotelkomplex gehören 67 renovierte, etwas kitschige Zimmer zu Preisen zwischen 120 und 290 F.

– *Brocéliande:* 5, rue des Bouchers; T. 98-88-73-78. Dienstags Ruhetag, Feierabend ist um 22h. Unweit der malerischen Place des Halles. Liebenswürdige Aufnahme, behagliche, provinziell-althergebrachte Einrichtung, mit einem Wort: zum Wohlfühlen. Und die Küche ist gar nicht so teuer: mal die Quiche-Torte mit Scampifleischfüllung, den Seeteufel im Lauchbett für 62 F oder das »Magret auf Rosenblüten« zu 72 F probieren. Leckere Alternative für alle, die's gar nicht so exotisch wünschen: das Schnitzel nach Savoyer Art mit Karoffeln usw.

Essen im Umkreis

– *Auberge du vieux Chêne:* 12, place de la Liberté, in Locquénolé, 29231 Taule; T. 98-72-24-27. 7 km nördlich von Morlaix. Der D 73 in Richtung Carantec folgen, das Restaurant ist dann ausgeschildert. Mittwochs Ruhetag, mittags und abends bis 21.30h, am Wochenende bis 22h. Ein warmherziges Gasthaus an einem malerischen Platz vis-à-vis der Kirche. Liebenswerter Empfang, ruhiges, intimes Ambiente; überwiegend bourgoise Kundschaft, zum Glück nicht zu arg versnobt. Die Küche wird in der ganzen Region geschätzt; zahlreiche ausgezeichnete Menüs zu 59 oder 85 F stehen zur Wahl, mit Muscheln in Cremesoße, acht Austern, geschmorter Lachsforelle; zu 130 F zwei Vorspeisen, Räucheraal und -forelle auf Salat, Seeteufelspießchen in Zitrone; und zu 165 F: frischer Lachsstartar, Entenklein, Jakobsnüßchen in Orange usw. Es hat den Anschein, als habe das Niveau der Küche und die Freundlichkeit des Empfangs abgenommen, was aber zu überprüfen bleibt.

Mal ansehen

– *Streifzug durch die Gassen:* zuallererst ins Fremdenverkehrsbüro spazieren und sich erkundigen. Für die Eiligen, hier unsere Hitparade der sehenswertesten Straßen.

● Die *Place de Viarmes* und die *Rue Ange-de-Guernisac:* Schiefertafelhäuser aus dem 15. Jh., Kirche St. Mélaine im gotischen Flamboyantstil aus dem 16. Jh. Von hier aus besteht die Möglichkeit, durch die Venelle du Créon die Esplanade du Calvaire – neben dem Eisenbahnviadukt – zu erreichen und von dort den Blick auf beide Seiten der Stadt zu genießen.

● Am der Kirche St. Mélaine gegenüberliegenden Hang, von der Venelle de Laroche her kommend, erreicht man *Notre-Dame-des-Anges.* Bezaubernde Aussicht. Von hier aus weiter über die Rue Courte in die Rue Longue, wo es herrschaftliche Wohnhäuser aus dem 17. Jh. zu bewundern gilt.

● *Das Fachwerkhaus der Herzogin Anne:* in der malerischsten Straße Morlaixs, der Rue du Mur Nr. 33. Im Juli/August täglich zu besichtigen. Eines der letzten »Laternenhäuser« mit vorragenden Etagen, die von Konsolen in Form von geschnitzten Figuren gestützt werden. Eine einzigartige Architektur, die sich auf das 15. Jh. zurückdatieren läßt. Die Zimmer liegen um ein Atrium und sind durch die wunderschön skulptierte Wendeltreppe miteinander verbunden. Andere historische Bauten an der Place des Halles (Place Allende) und in der Grande-rue, der Hauptachse der Stadt. Dort stützt seit über dreihundert Jahren ein alter, erschöpfter Mann einen Erker.

● Nun zur malerischen *Rue Haute* und zur *Rue Basse* in Verlängerung der Rue du Mur. In der Rue Basse die *Kirche St. Mathieu,* deren Turm aus dem 16. Jh. das einzige Überbleibsel des ursprünglichen Baus ist. Im Inneren ein Kleinod: die »aufklappbare« Statue der Jungfrau Maria aus dem 15. Jh. Farbige Bildtafeln im Inneren.

– *Das Jakobinermuseum:* place des Jacobins. Öffnungszeiten 10-12h und 14-18h. Wer am Dienstag kommt, steht vor verschlossenen Pforten. Das Regionalmuseum ist in einer alten Kirche untergebracht und schwelgt in Erinnerungen an vergangene Zeiten auf dem Meer und an Land: alte Gravuren, alte Gemälde und Zeichnungen von Morlaix, bildhübsche Statuen aus den umliegenden Kapellen und, zu guter Letzt, Treppensäulen. Eine der schönsten unter ihnen aus dem Jahr 1557 mißt knapp elf Meter und ist aus einem Eichenstamm geschnitzt. Daneben findet man aber auch Dinge des Hausgebrauchs wie Truhen zum Aufbewahren des für den Verzehr der Familie bestimmten Getreides und die typisch bretonischen Schrankbetten mit Schiebetüren aus dem 17. Jh. Zu beachten auch die letzten »Löffelständer« ihrer Art aus Holz, die man über eine Rolle niederließ. Viele bäuerliche Gebrauchsgegenstände wie Buttermaschinen, Spinnräder, Hanfkämme und landwirtschaftliche Geräte befinden sich ebenfalls unter den Exponaten. Nicht unerwähnt lassen wollen wir einige Gemälde: eine Landschaft des Malers Hippolyte Lebas und, ganz wichtig, die Werke eines lokalen Künstlers namens Charles Penthar, der sich als Maler von Spelunken und Hafenkneipen hervortat. *Une porte s'ouvrit* (eine Tür öffnete sich) und *Silhouettes grouillant à travers la fumée* (wimmelnde Gestalten im Rauch) sind nur zwei Beispiele für seine bemerkenswerte Darstellungskunst.

– *Die Tabakmanufaktur:* Quai de Léon; T. 98-88-15-32. Besuchszeit Mittwochnachmittag, jedoch nur nach telefonischer Voranmeldung. Die Manufaktur hat das Erbe der ehemaligen Manufaktur der *Compagnie des Indes* (Indien-Handelsgesellschaft) angetreten. Die Handelsgesellschaften bildeten das Rückgrat der unter Richelieu angekurbelten kolonialen Expansion Frankreichs. Millionen Zigarren und einige hundert Tonnen Kautabak werden dort fabriziert. Im 19. Jh. schufteten hier bis zu eintausendachthundert Menschen; heute sind's noch fünfhundert.

– *Le Télégramme de Brest:* rue Anatole-le-Braz. T. 98-62-11-33. Das namhafte Pressehaus steht Besuchern morgens von montags bis freitags offen; telefonische Rücksprache erforderlich.

– *Das Viadukt:* ist eigentlich nicht zu übersehen. Erst seine gewaltigen Brückenpfeiler ermöglichten der Eisenbahn die Überquerung des Dossen in einer Höhe von 58 Metern. 292 m lang, wurde es 1863 fertiggestellt. Ein Stückchen weiter, talabwärts, wird die N 12 einen Kilometer lang vierspurig über den Fluß geleitet. Weniger elegant als die Bahnüberführung, aber trotzdem ein eindrucksvolles Werk.

● *Der Park im Zaubertal* (Le Parc de la vallée enchantée)*:* Moulin du Bréon, 29610 Plouigneau. T. 98-88-81-50. Fünf Minuten von Morlaix entfernt, Richtung Callac-Plougonven an der Straße nach Paris. Ein Vergnügungspark mit Spielflächen und einem ausgedehnten Spazier- und Erkundungsbereich. Vor allem für Familien mit Kindern gedacht, bietet die Anlage gleichwohl Attraktionen für alle Altersstufen. Besonders angenehm ist, daß einem die »Freude« nicht aufgedrängt wird. Man macht das, wozu man Lust hat, in aller Ruhe. In der Zeit vom 1. Mai bis zum 30. September steht dieser »magische Ort« den Besuchern 10.30-19h offen. Von Oktober bis April gelten eingeschränkte Öffnungszeiten: mittwochs, samstags, sonntags sowie an Feiertagen und während der Schulferien ist 10.30-18h was los.

Prost Coreff!

Im Jahre 1985 vollzog sich etwas ganz Unglaubliches, Außergewöhnliches, zumindest für die Biertrinkerfraktion in der Bretagne: die Geburt eines bretonischen Bieres. Wohlgemerkt: seit mindestens dreißig Jahren wurde in Frankreich kein neues Bier mehr kreiert und die Anzahl der Brauereien sank von dreitausendfünfhundert auf unter fünfzig!
Die beiden jungen Chefs, Christian Blanchard und Jean-François Malgorn, wollten *Real Ale*, ein echtes, ehrliches Bier herstellen; eines, das sich aus der Masse der zu stark kohlesäurehaltigen Biere der Großbrauereien heraushebt. Was in Großbritannien, welches seinerseits einen Kleinbrauereiboom erlebt, so gut läuft, kann der Bretagne auch nicht schaden:

Schließlich konsumieren die Bretonen seit Jahren schon begeistert Guiness, Smithwicks, Leffe, Jenlain und andere originelle Biersorten. Also, unsere zwei erlernen den Beruf des Brauers, klappern alle Banken nach Krediten ab und lassen sich in Morlaix nieder, weil es so schön malerisch und verkehrsgünstig zwischen Nordfinistère und Côtes-d'Armor liegt. Außerdem sind die Wasser der beiden Flüsse Jarlot und Queffleuth aus dem Quellgebiet der Monts d'Arrée besonders geeignet für ihr Gebräu, das sie auf den Namen *Coreff* taufen, das bretonische Pendant für Cervisia (Bier), bretonisch ausgesprochen »Kuruff«.

Das obergärige Coreff wird, im Gegensatz zur überwiegenden Mehrheit der französischen und deutschen Biere, wobei letztere wenigstens schmecken, ohne Kohlensäure gebraut. Es erkaltet und filtert sich von selbst, gärt lange wie das Guiness. Auch zum Zapfen bedarf es keines Zusatzes von Kohlensäure: die Saugwirkung der Handpumpe genügt. Die Zutaten werden sorgfältig ausgesucht, ebenso die Geräte, Maschinen und Herstellungstechniken der Brauereien. Die Chefs kontrollieren alles aufs Genaueste, auch Lager- und Zapfbedingungen bei den Wirten; sie wollen ihre Kunden, deren rasant ansteigende Zahl ihnen nicht zu Kopf gestiegen ist, nicht enttäuschen. Und deshalb widerstehen sie auch den

Verlockungen einer allzu raschen Expansion: im Finistère und der Region Côtes-d'Armor zählt man gerade eben einhundert »Zapfstellen«. Coreff ist eben keine Massenware, sondern das Ergebnis solider handwerklichen Braukunst! Die Bretonen identifizieren sich regelrecht mit diesem Bier. Es ist ihres. Aufwendige Werbeaktionen waren nicht nötig, um das Coreff bekannt zu machen. Daß es von bester Qualität ist, hat sich wie ein Lauffeuer herumgesprochen. Das letzte Wort überlassen wir einem Wirt, der es ja am besten wissen muß: »Noch dazu hat das Coreff – reich an Hopfen, somit beruhigend in der Wirkung – den Vorteil, daß die Konsumenten nicht mehr so aufgedreht und agressiv sind, sondern sanft wie Lämmer werden.«

Wir danken der Zeitschrift »Ar Men« für die detaillierten Informationen.

Brauerei, Gärung, Abfüllung usw. sind übrigens zu besichtigen. Anschließend Gratisausschank:

– *Brasserie des Deux-Rivières.* 1, place de la Madeleine; T. 98-63-41-92. Besuchszeiten: mittwochs und donnerstags. Zehn Personen sind für eine Führung nötig. Telefonische Voranmeldung erforderlich.

Wohin um ein Gläschen zu trinken, eine Kleinigkeit zu essen?

– *Ty Coz:* 10, venelle Au-Beurre, nah beim place des Halles (place Allende). Täglich Betrieb bis 1h nachts, außer donnerstags. Der Wirt im *Ty Coz*, der an Obelix erinnert, schenkte als erster das Coreff aus. Guiness gibt's auch, und im hinteren Teil der Kneipe vergnügen sich die Dartsüchtigen. Überwiegend Jugendliche verkehren hier, wenn auch die Bedienung nicht zu jedem freundlich ist.

– *Im St. Mathieu-Viertel* existieren einige Bistros und Discos, in denen mordsmässig was los ist, vor allem in der Rue des Brebis und auf der Place du Marchallach.

– *Pâtisserie le Faucheur:* 24, Grand-Rue. T.98-63-27-75. Ziemlich langweilige Einrichtung, dafür köstliche Kuchen; unter anderem der kremige *Kouing amann.* Montags geschlossen.

– *Au Four Saint-Mélaine:* 1, Venelle du Four. T. 98-88-10-22 Der gute Ruf gründet sich sicherlich nicht nur auf die ausgezeichneten bretonischen Kuchen.

– *Les Danseurs de Lune:* 29-31, rue Longue. T.98-88-54-79. Im Herzen der Altstadt. Nettes, von zwei Schwestern bewirtetes Café, lockere Stimmung. Täglich außer montags von 17h bis 1h geöffnet.

Weiterfahrt ab Morlaix

Morlaix stellt die wichtigste Drehscheibe für die Nordküste, die Region Roscoff und die Dörfer im Süden der Stadt dar. Fahrpläne für Busse und Bahnen ändern sich häufig. Am besten die verschiedenen Gesellschaften anrufen.

● *Mit dem Bus*

– *Nach Pleyber-Christ, La Feuillée, Brennilis, Locqueffret, Brasparts, Pleyben, Quimper:* täglich ein Bus der CAT, place Cornic. Auskunft: 98-62-16-72. Abfahrten am SNCF-Bahnhof und an der Place Cornic.

– *Nach Locquirec, Lannion:* ebenfalls mit der CAT.

– *Nach Plougonven:* Cars du Menhir, Le Kermeur, 29216 Plougonven, T. 98-78-64-59. Abfahrt an der Route de Plourin in Morlaix. Während der Schulzeit täglich, in den Ferien die zwei ersten Samstage im Juli und August.

– *Nach Locquénolé, Carentec:* Cars Kreisker, 2, rue Albert-de-Mun, 29250 St. Pol-de-Léon, T. 98-69-00-93 oder 98-67-00-42. Abfahrt in Morlaix, Place Cornic.

– *Nach Huelgoat, Carhaix* über Plougonven, Scrignac, Locmaria-Berrien: Busse der SNCF, Auskunft: 98-80-50-50. Ein bis zwei Verbindungen täglich.

– *Nach Roscoff, St. Pol-de-Léon:* Busgesellschaft CAT.

– *Nach Plouézoc'h-Dourduff, Plougasnou:* Cars Merer, 29252 Plouézoc'h. T. 98-67-27-07. Abfahrt an der Place Cornic.

– *Nach Guerlesquin:* Cars Rolland Désiré. T. 98-72-85-77. Abfahrt Place Cornic.

– *Nach Primel-Trégas:* Cars Breiz-Izel, place des Otages, T. 98-72-01-43. Abfahrt am SNCF-Bahnhof.

● *Mit dem Zug*
- *Nach St. Paul-de-Léon, Roscoff:* drei bis vier Verbindungen täglich.
- *Nach St. Brieuc (über Guingamp):* mehrmals täglich.
- *Nach St. Thégonnec, Guimiliau, Landivisiau, Landerneau, Brest:* mehrmals täglich.
- *Strecke Rennes-Paris:* ein Dutzend Züge täglich plus Sonderzüge.

VON MORLAIX NACH LOCQUIREC

● **Dourduff und Plouézoc'h:** nach 6 km. Zunächst die reizvolle Straße am Ostufer des Flusses von Morlaix entlang. In Dourduff erwartet uns ein reizvoller kleiner Hafen, in Plouézoc'h eine hübsche Aussicht auf den Flußlauf. Ansehnliche Kirche mit durchbrochenem Glockenturm und kleinen Türmchen. Anfang August Pardon (Wallfahrt) zu Ehren des heiligen Antonius.

● **Der große Cairn von Barnenez** hat über siebentausend Jahre auf dem Buckel und zählt zu den wichtigsten Megalithgräbern in Frankreich. Um ein Haar hätte er als Straßenbaumaterial geendet. In der Tat wurde dort ein Steinbruch betrieben, obwohl völlig intakte Mauern von großer archäologischer Bedeutung gefunden worden waren. Allein der Hartnäckigkeit einiger Journalisten und dem CNRS (Nationales Zentrum für wissenschaftliche Forschung) ist es zu verdanken, daß der Steinbruch dichtgemacht wurde. Die Freilegung und Wiederherstellung dauerte dreizehn Jahre. Es ist ein Witz, daß man ihm so wenig Beachtung schenkt. Ein Minister der Fünften Republik weigerte sich, der Eröffnung beizuwohnen, mit der Begründung, die Arbeiten hätten schon in der Vierten Republik begonnen. Politikerlogik ...

Auf seiner Anhöhe thront das keltische Hügelgrab wie ein griechisches Monument. Und tatsächlich wirkt es aus der Ferne derart harmonisch proportioniert, so ästhetisch, wie nur die Griechen seinerzeit zu bauen vermochten. Achtzig Meter lang, knapp zehn Meter hoch, ausschließlich aus Stein. Die Grabkammern bestehen aus Dolmen mit Gängen. Elf Stück sind es, wovon einige täglich von 9.30-12.00h und 14.00-18.30h, außer mittwochs, zugänglich sind. Für den Spaß verlangt man natürlich ein Eintrittsgeld.

● **Térénez:** Hafenort auf der anderen Seite von Barnenez. Die Sonnenuntergänge über der Bucht von Morlaix, den Inseln und dem Schloß Taureau (am Ortseingang) sind ohnegleichen. Dann folgt ein kleiner Hafen dem anderen. Zum Beispiel *Diben*, das man vor lauter Granitblocks und Felsen fast übersieht. Weiter Strand in *St. Samson*. Auch *Primel* wirkt mit seinen Aufhäufungen von rotem Sandstein überaus malerisch. Hübsche Kirche aus dem 16. Jh. in *Plougasnou*, mit Renaissanceportal und einem Turm, eigentlich vier kleine Glockentürmchen.
- *Fremdenverkehrsamt:* T. 98-67-31-88.

Es handelt sich um einen dünn besiedelten Landstrich mit zahlreichen Einzelgehöften, erschlossen durch ein Geflecht von Landsträßchen.

● **St. Jean-du-Doigt:** in einer kleinen Talmulde. Kirche mit idyllischem Friedhof: Beinhaus, monumentales spätgotisches Eingangstor, barocker Brunnen, Kalvarienberg und Kapelle aus dem 16. Jh. ergeben ein außergewöhnliches Ensemble. Sogar ein Finger des Heiligen wird hier seit dem 15. Jh. sicher verwahrt. Er soll Genesungen um einiges beschleunigen.

Am 24. Juni strömen die Massen zur großen Wallfahrt (Pardon) mit riesigen Freudenfeuern.

Gelegenheit zu einem 6 km langen Rundgang ab der Kirche: übers Land, an alten Mühlen vorbei. Auskünfte im Fremdenverkehrsamt oder im Rathaus, T. 98-67-34-07. Verlockende Küstenstraße von St. Jean-du-Doigt über Poul-Roudou nach Locquirec.

Zeltplätze in der Region

- *Camping de la baie de Ténérez:* bei Kernéléhen, direkt am Meeresrand. T. 98-67-26-80. Von Ende April bis Ende September finden Camper Aufnahme. Gemütlich und preisgünstig. Kleiner Tante-Emma-Laden, Restobar und Schwimmbad vorhanden. Wer gern zum Essen ausgeht, sollte die *Crêperie du Trégor,* »Chez

Laurette«, Place Gal.Leclerc in Plougasnou, T. 98-67-31-85, ausprobieren. Große Auswahl von Crêpes und Galettes, Tagesmenü zu 45 F mit zwei Vorspeisen, dem Hauptgericht und einem Nachtisch.
– *Drei Zeltplätze in Plougasnou: Le Trégor*, T. 98-67-37-64; *Milin Ar Mesqueau*, T. 98-67-37-45; *Primel-Trégastel*, T. 98-72-37-06.
– *Camping auf dem Bauernhof Croas Men*: in der Nähe von Garlan, 7 m westlich von Morlaix. Das ganze Jahr über geöffnet.

Nobel, aber nicht zu kostspielig zum Übernachten

– *Hôtel Menez*: bei St. Antoine, 500 m von Plouézoc'h und von der Küstenstraße D 76. Von Morlaix aus über die D 46 erreichbar. T. 98-67-28-85. Ganzjährig geöffnet bis auf den Mai und die Wochenenden außerhalb der Saison. Ein solider Granitbau, ganz im ansprechenden Stil des Landes. Riesengroßer grüner Garten drumherum. Herzliche Aufnahme, garantierte Ruhe. Doppelzimmer für 185-230 F.

LOCQUIREC (29241)

Beliebtes Seebad, kleiner Fischerei- und Jachthafen an den Côtes-d'Armor. Der homogene Ort streckt sich über ein felsiges Kap und bietet seinen Feriengästen insgesamt neun Badestrände. Da auf dieser winzigen Halbinsel die Strecken von Strand zu Strand recht kurz sind, kann man sich täglich woanders bräunen lassen. Mildes Klima und feinsandige, weiße Strände (Plages des Sables Blancs im Norden). Ein Zollweg ermöglicht den Rundgang um die Halbinsel. Zwischen St. Efflam und St. Michel-en-Grève tut sich bei Ebbe ein Paradies für Muschelsucher auf; nämlich ein 5 km langer Wattstrand, der im Finistère seinesgleichen sucht.
Kirche aus dem 17. Jh. mit Treppentürmchen als Kirchturm. Im Inneren Arkaden im spätgotischen Flamboyantstil; im Querschiff: prächtig ornamentierte Täfelungen von 1712. Einfach bewundernswert, dieses fröhliche, naive Talent des Künstlers, der die farbenprächtigen Figuren am Altarblatt des Hauptaltars herausgearbeitet hat.
– *Fremdenverkehrsamt:* am Hafen, T. 98-67-40-83.
– *Pardon* zu Ehren des heiligen Jakobus und Meeresfest (Fête de la mer) am letzten Sonntag im Juli.

Kost & Logis

– *Hôtel du Port:* besonders angenehmes Etablissement mit Sicht aufs Meer. T. 98-67-42-10. Efeubewachsene Fassade, kleine Balkons, sympathischer Empfang, tadellose Zimmer von 155-250 F und Menüs zu 68 F – mit Muscadetwein-Terrine, Petersfischfilet oder Ente auf Orangen plus Nachtisch (Bedienung inbegriffen, Getränke zusätzlich) – und 88 F: Scampiterrine, Seeteufelmedaillon mit zwei Kohlsorten usw. Von November bis März geschlossen.
– *Hôtel Pennenez:* ebenfalls sehr sympathisch. Schmuckes Gebäude, ruhig gelegen, nicht weit vom Meer. T. 98-67-42-21. Mit 115-165 F schlägt sich das Doppelzimmer zu Buche.
– *Camping municipal:* nach einem Kilometer an der Straße nach Plestin-les-Grèves. Gleich am Meer und preisgünstig.

● *Nobler*

– *Hôtel des Bains:* T. 98-67-41-02. Seit man dort 1977 den Film »Das Strandhotel« gedreht hat – wer mit wem, wann und wo an der bretonischen Urlaubsküste? – ist es schwer, noch ein Zimmer zu ergattern. Auf jeden Fall voranmelden.

DIE KÜSTE VON MORLAIX NACH ROSCOFF

● **Locquénolé:** nach 7 km in Richtung Carentec. Liebenswürdiges Dörfchen »am Busen der Natur«. Die Kirche mit ihrem durchbrochenen Glockenturm, der grünende *Enclos*, der Kalvarienberg, der kleine Platz, der Dorfbrunnen und das antiquierte Café bilden ein bezauberndes Ensemble. Ein Freiheitsbaum – Symbol für die administrative Unabhängigkeit der Gemeinde – steht auch noch dort. Prima Aussicht auf den Hafen von Dourduff. Den Karneval am Ostersonntag nicht verpassen und nicht versäumen, in der *Auberge du Vieux Chêne* zu speisen (s. Kapitel: Essen im Umkreis von Morlaix).

● **Carentec:** das touristischste Seebad weit und breit. Reichlich schick und hervorragend windgeschützt. Im Westen liegt nämlich die Pointe du Diben, im Osten die Landzunge von Roscoff. In der Mitte die Insel Callot. Kurz vor Erreichen des Städtchens stößt man auf das *Château du Taureau*, errichtet im 16. Jh. zum Schutz vor dem heimtückischen Intimfeind: dem »perfiden Albion«, wie die Engländer in Frankreich oft abschätzig tituliert werden. Später zu einem Gefängnis umfunktioniert. Der französische Revolutionär Auguste Blanqui saß dort ein. Führungen möglich; im Fremdenverkehrsamt erkundigen.

Für Wasserratten der prima Kelenn-Strand mit der berühmten »*Chaise du Curé*«, dem »Pfarrerstuhl«, einem Felsen, von dem man eine fabelhafte Aussicht hat. Die Priester der Pfarrei pflegten dort zu meditieren. Und noch eine Menge anderer Strände, die im Sommer ziemlich überlaufen sind.

Die Insel Callot ist bei Ebbe unschwer zu erreichen: man stapft einfach durchs Watt. Feinsandstrände und eine kleine Kapelle aus dem 16. Jh. Angenehmer Fußweg um die Insel und die grüne Pointe de Pen Al Lann.

– *Zeltplätze:* drei Stück an der Zahl.

– *Fremdenverkehrsamt:* rue Albert-Louppe; T. 98-67-00-43. Besetzt vom 1. April bis zum 15. September, 10-12h und 14.30-18.30h, außer sonn- und feiertags. Außerhalb der Saison nur dienstags und freitags. Massig verwertbare Wandertips.

SAINT-POL-DE-LEON (29250)

Gallische Emigranten fanden sich als erste in diesem sympathischen Landstrich ein; unter ihnen Pol Aurélien, der erste Bischof der Region. Heute ist Saint-Pol-de-Léon die Hauptstadt der Artischocken, die man bereits im 15. Jh. aus Italien einführte, und des Blumenkohls »Prince de Bretagne«. St.-Pol ist obendrein Gemüsemarkt Nummer eins im nördlichen Finistère und zentraler Spediteur aller Frühobst- und Frühgemüsesorten Frankreichs. Um 8h morgens öffnet der Markt. Genauere Auskünfte erteilt das:

– *Fremdenverkehrsamt:* T. 98-69-05-69.

Übernachtung und Verpflegung

– *Hôtel-Restaurant Les Routiers:* 28, rue Pen-ar-Pont. Nicht weit vom Bahnhof. T. 98-69-00-52. Schöne neue Doppelzimmer zu 160 F. Der Menüpreis liegt zwischen 50 und 120 F, ganzjährig geöffnet.

– *Zeltplatz von Plougoulin:* T. 98-29-81-82. Empfängt die internationalen Campingfreunde ab dem 15. Juni bis zum 15. September und bietet einen Blick aufs Meer.

– *Le Baladin:* 9, rue d'Armorique, in Cleder, zwischen Saint-Pol und Plouescat. T. 98-69-42-48. Die Speisekarte ist auf jeden Geldbeutel zugeschnitten; 62-225 F.

Sehenswertes

– *Die Kapelle Notre-Dame-du-Kreisker* aus dem 14. Jh.: wundervoller gotischer Glockenturm mit der höchsten Spitze in der Bretagne (78 m). Ein Lehrstück an Leichtigkeit und Ausgewogenheit. Märchenhafte Skulpturen, durchbrochene Ecktürme, Balustraden, Wasserspeier. Sehenswert auch das spätgotische Nordportal mit einer Vielfalt dekorativer Einzelheiten. Auf der westlichen Seite ein bewundernswertes Kirchenfenster mit Rundbogen und Rosette aus dem 14. Jh. Eichener Altaraufsatz aus dem 17. Jh.

– *Die Kathedrale:* die ursprüngliche Kirche im romanischen Stil wurde von den Dänen zerstört. Im zwölften Jahrhundert hat man dann auf deren Grundmauern die jetzige Kathedrale hochgezogen. Auffällig, ein 55 m hoher imposanter Glokkenturm. Altgotischer Chor mit sechzig wunderschön geschnitzten Chorstühlen aus dem 16. Jh. Darüber ein farbenprächtiger Altarhimmel.

– *Die Altstadt:* malerische Häuser aus dem 16. und 17. Jh. zuhauf, speziell in der Rue Général Leclerc (Nr. 9, 12, 30, 31), der Rue Rosière (Nr. 9, 6) und der Rue du Petit-Collège (Hôtel de Keroulas mit einem ansehnlichen gotischen Portal). Rathaus im alten bischöflichen Palast. Auf der Place du Petit-Cloître erhebt sich ein »Pfründehaus« aus dem 16. Jh.

In der Nähe

● Der kleine Hafen von *Mogueriec:* zur Gemeinde Sibiril gehörend, auf halber Strecke zwischen Saint-Pol und Roscoff. Dieser winzige Marktflecken ist Frankreichs bedeutendster Krabben-und Hummerhafen!
– *Hôtel-Restaurant La Marine:* direkt am Hafen, T. 98-29-99-52. Für 188 F kann man hier zu dritt ein Zimmer beziehen (ménage à trois?). Gute Küche, das Menü ab 75 F.

ROSCOFF (29211)

Die typische bretonische Hafenstadt, dynamisch und doch in ihrer Ursprünglichkeit erhalten. Der neue Hafen ist etwas außerhalb angelegt worden, um die Homogenität der Stadt nicht zu zerstören. Den Strand dominiert der ungewöhnliche barocke Glockenturm der Notre-Dame-de-Kroaz-Baz.
Ende des 19. Jh. ließ das milde, belebende Klima Roscoff zu einem der ersten Kurorte für Lungenkranke in der Bretagne werden.

Ein wenig Geschichte

Als ehemalige Piratenhochburg lag Roscoff lange im Clinch mit dem Erbfeind England. 1548 kam Mary Stuart, um im zarten Alter von sechs Jahren den Kronprinzen zu heiraten. A.D. 1746, nach Culloden, der entscheidenden Schlacht und Niederlage der Schotten gegenüber den Expansionsbestrebungen der Engländer, flüchtete der schottische Thronfolger »Bonnie Prince Charlie« nach Roscoff. Bis zur Französischen Revolution war Roscoff einer der florierendsten Häfen Frankreichs. Seit Anfang des 19. Jh. verkaufte man den Engländern die »Johnnies«, jene berühmten rosa Zwiebeln des Léon. Seither expandiert der Verkauf von Frühgemüse beträchtlich.
Alexis Gourvenec, ehemaliger Bauernführer, gründete eine Fährgesellschaft: die Brittany Ferries. In der Tat eine der spektakulärsten Karrieren in den letzten zwanzig Jahren.

Brauchbare Adressen

– *Fremdenverkehrsamt:* Chapelle Ste Anne, rue Gambetta. T. 98-69-70-70. Vis-à-vis vom alten Hafen.
– *Post:* in der Rue Gambetta.
– *Fahrradvermietung:* Desbordes, rue Brizeux; T. 98-69-72-44.

Ab in die Falle

● *Preiswert*

– *Jugendherberge:* auf der Insel Batz, in Creach ar Bolloc'h. Betrieb zwischen dem 1. April und dem 31. Oktober. In diesem Zeitraum werden auch Segelkurse angeboten. T. 98-61-77-69. Wunderschön postiert und dementsprechend gut besucht. Also: unbedingt vorausbuchen.
– *Hôtel des Arcades:* 15, rue de l'Amiral-Réveillère; T. 98-69-70-45. In der Mitte der Altstadt. Sympathisches, kleines Hotel mit korrekten Zimmern zu Preisen von 135-230 F. Das Preis-Leistungsverhältnis stimmt. Die junge Hotelleitung bürgt für eine lockere Atmosphäre. Im Erdgeschoß laufen Rock- und Popvideos. Muß das sein, verdammt? Restaurant mit Rundblick.

● *Mittelklasse*

– *Hôtel des Alizés:* quai d'Auxerre; T. 98-59-72-22. Schräg gegenüber vom Hafen. Einmalige Aussicht. Betrieb vom 1. April bis zum 30. September. Altertümlicher Reiz, komfortable Zimmer von 160-220 F.

– *Hôtel des Chardons Bleus:* 4, rue de l'Amiral-Réveillère; T. 98-69-72-03. Klassisches Provinzhotel, das seine Pforten im Dezember und Januar geschlossen hält. Nette Aufnahme, gemütliche Zimmer von 200-280 F. Erst recht die Küche kann sich sehen lassen. Menüs zu 65 und 115 F. Dasjenige zu 72 F soll hervorragend sein, mit Austern oder Salat, Lachs oder Ente und Käse oder einen Nachtisch.

– *Hôtel le Triton:* rue du Docteur-Bagot; T. 98-61-24-44. Ein kleines modernes Hotel, bestens geführt. Vom 15. Januar bis zum 15. November werden Gäste aufgenommen. Zimmer von 180-280 F.

– *Hôtel Bellevue:* rue Jeanne-d'Arc. T. 98-61-23-38. Von Mitte März bis Mitte November geöffnet. Behagliche Zimmer, die meisten mit Aussicht aufs Meer. Kostenpunkt: 120-300 F pro Doppelzimmer. Getafelt wird im Panoramarestaurant. Halbpension möglich: 200 F pro Tag/Person rechnen. Seine Spezialität: überbackener Kaisergranat, Seezungenfilet und Ente in Orangensauce.

● *Nobler*

– *Hôtel Talabardon:* place de l'Eglise; T. 98-61-24-95. Unübersehbares charaktervolles Granithaus. Tadellose Zimmer von 250-425 F in der Hochsaison. Restaurant ebenfalls vorhanden (Menü zu 99, 150 oder 240 F).

– *Hôtel Brittany:* bd Ste Barbe, gleich am Strand. T. 98-69-70-78. Von Ende März bis Anfang November geöffnet. Nagelneue Absteige mit Elementen eines alten Gebäudes aus dem 18. Jh., z.B. gotischen Arkaden. Elegante, aber mittelalterlich wirkende Einrichtung. Märchenhafte Doppelzimmer für 340 F. Hauseigenes Restaurant, Halbpension möglich. Mit Schwimmbad und Sauna!

● *Zeltplätze*

– *Camping municipal:* Richtung Santec, auf der Landzunge Perharidy. T. 98-69-70-86. Von Ostern bis Ende September bewirtschaftet.

– *Camping de Kerastat:* zwei Kilometer von der Innenstadt, an der Straße nach St. Pol-de-Léon. T. 98-69-71-92. Vom 10. Juni bis zum 10. September in Betrieb.

Hunger?

– *Crêperie de la Poste:* rue Gambetta; T. 98-69-72-81. Mittags und 16-22h kann man hier essen. Leckere, preiswerte Crêpes und allerlei Blätterteigkuchen: mit Champignons, Speck, Wurst, Meeresfrüchten, Jakobsmuscheln und andere Leckereien.

– *Les Chardons Bleus:* 4, rue de l'Amiral-Réveillère; T. 98-69-72-03. Sympathische Atmosphäre und in ganz Roscoff unerreichtes Preis-/Leistungsverhältnis. Menü zu 70 F mit gemischten Salat und Kohlfischragout. Wer 120 F erübrigen kann, erhält sechs Austern, rohen Schinken als Aufschnitt, einen warmen Schollensalat, Geflügelfleisch usw. Und dann steht ja noch ein enormer Meeresfrüchteteller zu 150 F auf der Karte. Ein Gedicht!

● *Sehr nobel*

– *Le Gulf Stream:* südlich des Meeresinstituts. T. 98-69-73-19. März bis Oktober offen. Eine breite Glasfront gibt die Sicht auf Garten und Meer frei. Kreative Küche, vorwiegend auf Meeresfrüchtebasis. Menüs ab 130 F, à la Carte ab 250 F. Wunderschöne Zimmer zu 360 F.

Sehenswertes

– *Notre-Dame-de-Kroaz-Baz:* im spätgotischen Stil des 16. Jhs erbaut. Der erstaunliche Glockenturm mit durchbrochener Kuppel aus der Renaissance erinnert an Disneyworlds Märchenschlösser. Bemerkenswerte äußerliche Proportionen. Im eingefriedeten Pfarrbezirk gleich zwei Beinhäuser, deren Gemäuer durch Meerestiere und Schiffsreliefs optisch auflockert werden. Die Decke der Kirche

besitzt die Form eines umgedrehten Schiffkiels, wie so oft bei den Kirchen in Küstennähe. Meisterhafte Schnitzbalken. Prachtvoller Altaraufsatz im barocken Stil mit Tabernakeln, Karyatiden, Altarhimmel und einer Taufkapelle aus dem 17. Jh. Im Sommer ruhig an einer Führung teilnehmen.
Gegenüber der Apsis, auf dem Platz, Haus Nr. 23: ein prächtiges Gebäude mit geschweiften Fenstern.

- *Aquariummuseum:* place George-Teissier, T. 98-69-72-30. Zwei Schritte von der Kirche entfernt. Öffnungszeiten: 1.7. bis 7.9 von 9-12h und 14-19h; 15.5. bis 15.6. 10-12h und 14-18h; 15.4. bis 15.5. und 15.9. bis 15.10. nur nachmittags.
In über vierzig Aquarien tummeln sich unter anderem: Seepferdchen, Zitterrochen, Kraken, Tintenfische, Riesenmeeraale, Seeigel usw.
Eine lehrreiche thematische Ausstellung ergänzt das Gesehene.
- *Streifzug durch die Altstadt:* rund um die Kirche, in der Av. Albert-de-Mun, der Rue Armand-Rousseau – übrigens die älteste Gasse – und der Rue de l'Amiral-Réveillère erheben sich die prachtvollen Häuser der reichen Reeder mit Fassadendekor, gemeißelten Dachluken und Treppen. Vis-à-vis der Kapelle St. Ninien, Rue de l'Amiral-Réveillère, streiten sich zwei Häuser um den Namen »Haus der Maria Stuart«. In Wahrheit wurden beide Häuser erst nach ihrem dortigen Aufenthalt gebaut. Nebenan ein schmucker Wachturm, Relikt der ehemaligen Stadtmauer. Ganz am Ende des Hafens, Richtung Meerwasserbecken – in den *viviers* leben Lachse, Meeresforellen, Hummer und Krebse – die bescheidene Sainte-Barbe-Kapelle (Orientierungstafel!).
- *Armeemuseum* (Petit musée militaire de 39-45): über die Zeit von 1939-1945. Le Rhun, route du Car-Ferry. Ganzjährig Publikumsverkehr von 9-12h und 14-19h.
- *Der Feigenbaum von Roscoff:* Auszug aus dem ersten Reiseführer der Stadt (1908): »Auf dem schönen Grundstück eines ehemaligen Kapuzinerklosters erhebt sich ein gigantischer Feigenbaum, der, so sagt man, 1621 gepflanzt worden sei. Sechshundert Quadratmeter überdeckt die Krone dieses vielfach abgestützte Baumriesen. Was nun den Botanikern Rätsel aufgibt, ist sein mysteriöser Wuchs. Aus dem mächtigen Stamm trieben die Primäräste waagerecht aus, dicht am Boden, um urplötzlich wieder in die Erde zu versinken und Wurzeln zu schlagen, worauf sich erneut Stämme bildeten.«
Nach diesem ehrwürdigen Feigenbaum braucht niemand mehr zu suchen. Er wurde 1987 gefällt, um einem Gebäude Platz zu machen. Befragt man einen Einwohner, wird er höchst betreten seine Schuhspitzen anstarren und sich darauf berufen, daß es eine Unterschriftensammlung gegeben habe. Sie kam zwei Tage zu spät. Soweit unsere Rubrik »große Dummheiten«.
- *Pardon zu Ehren der Ste Barbe:* am dritten Montag im Juli.
- *Der Leuchtturm:* am alten Hafen. 25 Meter hoch, für Besucher offen; Telefonnummer des Wächters: 98-69-70-06.
- *Der exotische Garten:* zwanzig Gehminuten von der Innenstadt in Richtung der Autofähre. T. 98-69-70-45. Über fünfhundert Pflanzenarten aus aller Herren Länder blühen auf und um einen imposanten Felsen herum. Sagenhafte Farbspiele vor dem azurblauen Wasser, die von der Felsspitze bewundert werden können. Insgesamt nett gemacht!

Weiterfahrt ab Roscoff

Zahlreiche Busse und Triebwagen nach St. Pol-de-Léon und Morlaix.

● *Per Schiff*

Für Bretonen und Nachbarn der günstigste Hafen nach England und Irland.
- *Plymouth:* zwei bis drei Abfahrten täglich während der Hochsaison;
- *Cork (Irland):* zahlreiche attraktive Tarife. Ermäßigung für Studenten, Wochenendangebot, Spezialpreis für Autos; gar umsonst, wenn der Wagen vier Personen transportiert, ausgenommen während der Hochsaison. Von Mai bis September zwei Schiffe wöchentlich.
- *Brittany Ferries:* Gare Maritime, T. 98-61-22-11. Buchungen in der Bretagne: 98-69-76-22, in der Normandie: 31-69-80-80, in Paris: 42-96-63-25.

Buchungen am günstigsten über Reisebüros zu Hause.

DIE ILE DE BATZ (29253)

Liebenswertes Eiland gegenüber von Roscoff, in zwanzig Minuten per Schiff erreichbar. 4 km lang, 1,5 km breit, wenig Autos. Allerdings ersetzen vierzig Traktoren die Pferde auf den winzigen Ländereien. Ein traumhafter Tagesausflug zu Fuß oder per Rad, um sich mal wieder die Lungen mit Sauerstoff vollzupumpen. Knapp über siebenhundert Einwohner leben hier vom Blumenkohl-, Kartoffel-, Zwiebel- und Frühgemüseanbau sowie von der Tangernte, natürlich. Arg viele Bäume hat's nicht, dafür Unmengen kleiner weißer Sandstrände. Die Insel umrundet man in drei Stunden. Richtung Westen marschierend, erreicht man das *Fort de Beg Seac'h*, später den *Toul ar Zarpant* (Loch bzw. Ort der Schlangen), einen Steinbruch, wo einst St. Pol Aurélien einen Drachen ersäuft haben soll. Seitdem, sagt man, gibt das Meer unheimliche Geräusche von sich: ein unerklärliches Rollen; na sowas!

– *Le Grand Phare,* der große Leuchtturm, 1836 erbaut, lädt Besucher ein, 211 Stufen zu erklimmen, um aus 64 Meter Höhe eine grandiose Sicht auf die Küste zu genießen. Die Felsen von Roc'h ar Mor nebendran kokettieren mit eigenartigen fettblättrigen Pflanzen mit noch seltsameren Namen: Drachenbäume, Strauchpappeln usw.
Wegen eines Besichtigungstermins sich mit dem Wächter in Verbindung setzen, T. 98-61-75-37.
Im Westen der Insel erstreckt sich über achthundert Meter ein herrlicher weißer Strand aus feinsten Sand. Bitte auf die Brutplätze von Seeschwalben und Brachvögel Rücksicht nehmen!
Apropos, falls ein »Eingeborener« einen breit anlächelt, wird's höchste Zeit, ein wenig Bretonisch loszuwerden: *»Nag hi zo kaer, an enez!«* (Habt ihr aber eine schöne Insel!).
Am 14. Juli, dem französischen Nationalfeiertag, finden am Strand Pferderennen statt. Auf Schnelligkeitsrekorde sollte man nicht hoffen. Es handelt sich nämlich um die Pferde der Tangsammler. Als Trost gibt es vielleicht Rekorde bei den bretonischen Spielen.
Pardon zu Ehren St. Annas am letzten Sonntag im Juli; in den Dünen östlich der Insel. *»Fête de la mer«* (Meeresfest) Mitte August.

Wie kommt man hin? Wo übernachten?

– *Die »Vedettes blanches«:* im Sommer jede Stunde ein Schiff in beide Richtungen. Ab Roscoff von 7.30-20.00h, ab Batz von 6.30-20.00h. Bei Flut am Jachthafen, bei Ebbe am Hafendamm. Im Winter etwa alle zwei Stunden. Auskunft: T. 98-61-76-98 oder auch unter 98-61-79-66.
– *Jugendherberge auf der Insel:* s. »Unterkunft in Roscoff«.
– *Zeltplätze:* Auskunft: T. 98-61-77-76.
– *Hotels,* drei an der Zahl: *Roch ar Mor,* T. 98-61-78-28, *Ker Noël,* T. 98-61-79-98 und das *Grand-Hôtel,* T. 98-61-78-06.
– eine weitere nützliche Adresse: *Gesellschaft für die Entwicklung und Belebung der île de Batz* (wird »Bâ« ausgesprochen).

SÜDLICH VON MORLAIX

Eine Handvoll sehenswerter Dörfer. Einsame, eindrucksvolle Landschaft, deren wildes Relief schon die Monts d'Arrée ankündigt. Ideales Terrain für Wanderer. Für passionierte Autofahrer ein Tip: die gastronomischen Etappen im Umkreis von 25 km testen.

PLOUGONVEN (29216)

Dreitausend-Seelen-Dorf 12 km südöstlich von Morlaix mit einem eindrucksvollen Pfarrbezirk. Unverständlicherweise ziemlich unbekannt, aber das dürfte sich jetzt ja ändern.

Die spätgotische Kirche mit galeriegeschmücktem Glockenturm wurde in diesem Jahrhundert durch einen Brand stark in Mitleidenschaft gezogen. Ausgesprochen sehenswert die Wasserspeier: groteske, kichernde Figuren. Imposanter Kalvarienberg auf einer achteckigen Basis. Es heißt, er sei der älteste in der Bretagne und stamme aus dem Jahre 1554. Auf dem ersten Niveau erkennt man die klassischen Szenen aus dem Leben Christi vor der Kreuzigung. Auf dem zweiten Niveau die Geißelung, Dornenkrönung usw. Außer Christus und der Jungfrau tragen alle Personen bürgerliche Gewänder und Bauernkleider aus dem 16. Jh. Einer der Wächter schwenkt gar eine Armbrust. Schmucke dreigliedrige Fenster im Beinhaus.

In der Nähe: der *Jarlot*, ein Weg für Wanderer und Radfahrer. Originellerweise handelt es sich um die ehemalige Bahnstrecke Morlaix-Carhaix, die zu einem Wanderweg zweckentfremdet wurde. Wanderweg »Landes du Gragou«. Auskünfte bei der SEPNB (Service des parcs naturels de Bretagne), T. 98-99-67-67.

Unterkunft und Verpflegung

– *Camping municipal de Kervoazou:* T. 98-78-64-04.
– *Auberge de Kroajou-Mein:* La Croix-Saint Pierre. T. 98-72-52-55. Das Gasthaus liegt auf halbem Wege zwischen Morlaix und Plougonven. Mittags und abends bis 21.30h offen; mittwochs Ruhetag. Bezauberndes altes Gemäuer mit gemütlich rustikalem Speisesaal, sympathischem Empfang und ausgezeichneter Küche in allen Preislagen: Menüs zu 56, 86 und 120 F.
– *Bauerngasthaus (Ferme-auberge) Pen-an-Neach:* unweit von Ponthou in der Gemeinde Plouégat-Moysan (29248 Guerlesquin), 6 km nördlich von Plougonven. T. 98-79-20-15. Während der Hochsaison täglich außer dienstags geöffnet, ansonsten nur am Wochenende. Auf jeden Fall immer vorher reservieren. Ausgezeichnete Crêpes, Kuchen, bretonische Salate usw.

● *Nobler*

– *L'Orée du Temps:* an der Hauptstraße Plougonvens. T. 98-78-71-41. Mittags und abends bis 22.30h, Ruhetage sind der Dienstag und der Samstagmittag, Oktober Ruhemonat. Erst kürzlich eröffnet und genießt wohl wegen der kreativen Küche schon einen ausgezeichneten Ruf. Mittags, unter der Woche, gibt's ein reichliches »Buffet de l'Orée«, ein Tagesessen für nur 43 F. Weitere Menüs zu 90 F – mit doppelter Kompotterrine und Forelle auf Himbeeren – und ein Supermenü zum Preis von 120 F: Lachsteller, Jakobsmuscheln, Seeteufelgeschnetzeltes usw. Die Aufzählung setzt sich fort bis zu einem Preis von 245 F.

GUERLESQUIN (29248)

Gemeinde im regionalen Naturpark der Bretagne, dem *Parc naturel régional d'Armorique*. Ein bedeutender Marktflecken, etwas abseits der Zivilisation, einen Umweg wert. 24 km von Morlaix, 10 km von Plougonven entfernt, präsentiert sich Guerlesquin in einer außergewöhnlichen architektonischen Homogenität und vermittelt eine recht präzise Vorstellung davon, wie die hiesigen Dörfer in der Vergangenheit ausgesehen haben müssen. Der Ort besteht in der Hauptsache aus einer Hauptstraße, an der sich charaktervolle Häuser aneinanderreihen. Nach der Kirche kommt man zur Place Matray, dem »großen Garten«, den alten Hallen. Schließlich zum *Présidial*, einem ungewöhnlichen viereckigen Bau mit eleganten Ecktürmchen aus dem 17. Jh. Einst diente es als Gefängnis.
Die Wirtschaftsstruktur Guerlesquins ist bemerkenswert: Neunzig Prozent der Einwohner arbeiten in den Schlachthöfen *Tilly*, so ziemlich die einzige Einkommensquelle in der Gegend. Mehrere Hunderttausend Hühnchen lassen dort täglich ihr Leben, werden nach Osteuropa und Saudiarabien exportiert.
– *Lohnender kleiner Rundweg* von 8 km Länge; Auskunft: T. 98-72-84-20.
– *Ar Oastell:* Fest der Erntearbeiter mit viel Gesang; jeweils am Sonntag nach dem 15. August.

Kost & Logis

– *Hôtel des Monts d'Arée:* 14, rue du Docteur-Quéré, T. 98-72-80-44. Imposantes Granithaus an der Hauptstraße. Passable Zimmer von 140-230 F. Zu empfehlen auch das Restaurant mit Menüs zu 65 und 140 F. Sonntagabend geschlossen. Auf Wunsch Halbpension.

In der Nähe

– *Urlaub auf dem Bauernhof:* Kerviniou, 29610 Plouigneau. T. 98-79-20-58. Der Anfahrtsweg ist ab dem Verkehrsknoten Saint-Brieuc-Morlaix ausgeschildert, ab Morlaix sind etwa 12 km zu fahren. Drei gemütliche Zimmer mit Frühstück sind für 150 F zu mieten.

SCRIGNAC (29216) _____

Tor zu den Monts d'Arrée. Die Ortschaft liegt immerhin 210 Meter über dem Meeresspiegel und ist über ein nettes Sträßchen von Guerlesquin her zu erreichen. Einige Kilometer westlich die Felsen und das Heideland von Cragou: ideal für Wanderungen, ruhig und einsam; für Botaniker ganz besonders, da reich an Fauna. Wer noch über intakte Schuhsohlen verfügt, hat Gelegenheit, über einen charmanten Weg, 2 km nördlich von Scrignac, Plougonven zu erreichen (Wanderweg »Jarlot«).
Auskunft über mögliche Aktivitäten unter Nummer 98-78-10-15, im Rathaus.

Speis und Trank

– *Restaurant Henaff:* in der Hauptstraße. T. 98-78-20-08. Von Guerlesquin kommend auf der rechten Seite, kurz vor dem Hauptplatz. Kein richtiger Name, lediglich »Restaurant« ist auf einem weißen Gebäude mit blauen Fensterläden gepinselt. Täglich mittags geöffnet. Warmherzige Atmosphäre und ausgesprochen liebenswürdige Wirtin. Menüs gibt's nicht, dafür ein Tagesessen: zuerst eine aromatische, cremige Suppe, gefolgt von zwei weiteren Vorspeisen, einer Hauptmahlzeit – mit ein wenig Glück »Kutteln nach Art des Hauses« – einer Käseplatte, Nachtisch und zu guter Letzt einem Kaffee. Ach ja, eine Flasche Rotwein steht selbstverständlich auch auf dem Tisch. Der Preis? Sich festhalten: 40 F, kein Witz! Aber das Schönste ist und bleibt der herzliche Empfang. Uns wird ganz warm ums Herz und wir bereuen schon, diese selten gute Adresse preisgegeben zu haben.

DIE PFARRBEZIRKE

Die Gegend nördlich von den Monts d'Arrée, zwischen Landerneau und Morlaix, birgt die bedeutendsten religiösen architektonischen Meisterwerke der Bretagne. Von einer Einfriedung zur anderen wächst die Begeisterung, die Augen werden immer größer, der Mund immer offener.

Vom Ursprung der Pfarrbezirke

Im 16. und 17. Jh. erfreut sich die Bretagne größten Reichtums und ausgeprägter Religiosität. Und dieser Konstellation verdankt das Land denn auch die beachtliche Zahl an Pfarrbezirken *(enclos paroissiaux)*. Der Seehandel läuft auf Hochtouren. Im fernen Antwerpen, 1533 der größte Handelshafen, segeln achthundert von tausend registrierten Schiffen unter bretonischer Flagge. Die Bauern pflanzen Buchweizen, Roggen und Weizen an, der auch auf armen Böden gedeiht, und verdienen gut daran. Am meisten Profit schlägt die Bretagne aus der Herstellung ihrer hochgeschätzten, handgewebten Leinenwaren, vornehmlich nach England, Spanien und Portugal exportiert. Eine unmittelbare Folge war der Ausbau des Hafens von Morlaix. Weber, zugleich Handwerker und Bauern, steigen auf zur wohlhabenden Klasse. Auch Papierherstellung und -export tragen ihr Scherflein zum bretonischen Wirtschaftswunder bei: Zahlreiche Papiermühlen zwischen Léon und Trégor sind der Beweis.
Wie bereits angedeutet, gehen auch die Pfarreien keineswegs leer aus. Da sind einmal die Einnahmen aus kirchlichen Besitztümern und Höfen. Und dann wurde am Ende der Messe großzügig gespendet, auch in Form von Naturalien wie Stoffen und Tieren. Entgegengenommen und verwaltet wurden die weltlichen Güter der Gemeinde von alljährlich neu gewählten Adligen, den *fabriques* oder *marguilliers*, vergleichbar unseren heutigen Pfarrgemeinderäten. Auktionen wurden ebenfalls anschließend vor dem Kirchenportal abgehalten. Das allein brachte schon Unsummen von Geld ein. Obendrein spielte das Phänomen der Konkurrenz eine nicht zu unterschätzende Rolle. Jedes Dorf wollte den prachtvollsten, mächtigsten, eindrucksvollsten Pfarrbezirk sein eigen nennen. Das ärmste Bäuerlein war ebenso stolz darauf wie der reichste Händler. Letzterer spendete wohl mehr, um sich von der Sünde, reich zu sein, reinzuwaschen. Die Kirchen, Pfarreien, Klöster, Abteien und deren überschwenglich üppige, ja maßlose Einfriedungen standen und stehen auch heute noch im augenfälligen Kontrast zu den ärmlichen Dörfchen. Manche Pfarreien ahmten aus Neid und Eifersucht Jahre später den Glockenturm ihrer Nachbargemeinde nach – natürlich höher, imposanter, schöner.
Unter Ludwig XIV. hat dieser Spuk ein Ende. Die bretonische Kunst geht mit der wirtschaftlichen Prosperität den Bach hinunter. Um die nationale Stoffherstellung anzukurbeln, belegt Colbert die Erzeugnisse von der anderen Seite des Ärmelkanals mit horrenden Importabgaben. Woraufhin die Engländer als Vergeltung auf die Einfuhr bretonischer Stoffe verzichten und die Bretagne in arge wirtschaftliche Verlegenheit bringen. Es liegt auf der Hand, daß die Steuerpolitik des gewieften Finanzexperten Colbert nicht frei von politischen Hintergedanken konzipiert war: Ludwig XIV. und der französischen Metropole Paris kommt eine Schwächung der bretonischen Wirtschaftskraft sogar ganz gelegen. Und dann ersticken die endlosen Kriege gegen England jeden Aufschwung im Keim. Engländer, Spanier und Portugiesen hingegen erweitern ihre eigenen Industrien derart, daß die bretonischen Waren auch nach Anbruch des Friedens keinen Absatz mehr finden, was zu einem finanziellen Aderlaß der Bretagne führt. Als schließlich ein Edikt des Königs im Jahre 1695 den Bretonen untersagt, ohne königliche Billigung größere Gebäude zu errichten, ist es aus mit der weiteren Schaffung von Kalvarienbergen, Beinhäusern, Grabkapellen, Glockentürmen und dergleichen. Die Bretagne bringt keine nennenswerten Kunstwerke mehr hervor und Saint-Thégonnec wird zum Abgesang der bretonischen Kunst.
Nun, wie sieht so ein umfriedeter Pfarrbezirk eigentlich aus?
Im allgemeinen befindet sich innerhalb der Einfriedung eine Kirche, ein Kalvarienberg, ein Beinhaus, eine Sakristei und ein monumentaler Torbogen. Trotz aller Verschiedenartigkeit der einzelnen Gebäude strahlt der Pfarrbezirk eine schier

überwältigende ästhetische Harmonie aus. Das Tor trägt meist den Namen *porz a Maro*, Tor des Todes. Die Anwesenheit der seltsamen Person, einem Skelett mit Sense oder Pfeil und Bogen namens *l'An-Kou* – symbolhafte Verkörperung des Todes und des Leids – sowie des Beinhauses könnten zu dem Schluß verleiten, die Bretonen seien ein anormales, morbides Volk. Nichts dergleichen. Sie haben einfach nur einen natürlicheren Bezug zum Tod als wir heute, wo der Tod wie ja auch die Geburt zur Angelegenheit besonderer Institutionen geworden und der unmittelbaren Teilnahme selbst nächster Angehöriger weitgehend entzogen worden sind.

Die Einfriedung dient also vornehmlich als Begegnungstätte der Lebenden mit dem Tod, der nicht, wie heute üblich, tabuisiert wird. Im Gegenteil: die Menschen lernen, mit ihm zu leben, wobei ihr Verhältnis ganz offensichtlich von Wunderglauben, allegorischen Vorstellungen und Poesie geprägt ist.

SAINT-THEGONNEC (29223)

Vielleicht die imposanteste Einfriedung, im 17. Jh. auf dem Höhepunkt bretonischen Kunstschaffens im Renaissancestil errichtet. Erste Barockeinflüsse aus Italien machen sich bemerkbar. Zwei Jahrhunderte benötigte man zum Bau dieses Pfarrbezirks, von der Grundsteinlegung bis zum letzten Element des Altaraufsatzes. Der Name Thégonnec kommt von Walisisch *Connog* und bezeichnet einen der Mönche, die im fünften Jh. vor den heranrückenden Angeln und Schotten aus Wales nach Klein-Britannien flüchtete.

Die Besichtigung der Einfriedung beginnt man am zinnen- und kuppelgekrönten Triumphtor (1587), vor allem im oberen Teil weitgehend von der Renaissance inspiriert und von gedrungenen Laternen überragt.

– *Die Kirche* wirkt im Vergleich zum Beinhaus äußerlich recht schmucklos. Der Glockenturm zählt zu den ältesten Teilen (1565), die imposante Sakristei hingegen stammt aus dem Jahre 1690. Das Innere gibt sich erheblich feierlicher. Polychromer geschnitzter Chor, prächtige Kanzel, um uns daran zu erinnern, wie wichtig das gesprochene Wort im ausgehenden 17. Jh. war. Kein Wunder – belegte doch unsere Heilige Römische Kirche, die Einzige, die Wahre, bis zum Ende des letzten Jahrhunderts ihre Schäfchen mit einem strikten Bibelleseverbot. Sie wußte schon, warum. Im linken Querschiff ein barocker *Rosenkranzaltar*, der die Übergabe des Rosenkranzes an den heiligen Dominicus und die heilige Katharina von Siena thematisiert. Auf einer der Säulen, in einer mit Flügeln versehenen Nische, *Saint Thégonnec*. Im Schiff, rechts oberhalb des Eingangsportals, birgt eine weitere Nische mit Flügeln eine Darstellung *Marias* unter den ausladenden Ästen eines Jesse-Baumes. Diese Kirche ist der Schauplatz trauriger Treibens gewesen: während einer Typhus-Epidemie um 1742 herum wurden 750 Opfer der Krankheit unter den Steinplatten begraben.

– Weiter zum *Beinhaus:* vermutlich das schönste und monumentalste seiner Art in der Bretagne, zwischen 1676 und 1682 errichtet. Das sonst nur sparsam verzierte Knochenlager entwickelte sich hier zu einem wahren Totenpalast. Die Fassade reich, aber dennoch harmonisch dekoriert. Korinthische Säulen, muschelförmige Nischen usw. Im Inneren, unter der Krypta, eine *Grablegung* in Holz vom Bildhauer Lespaignol aus Morlaix, der auch den Rosenkranzaltar schuf.

– *Der Kalvarienberg:* einer der letzten großen Kalvarienberge, 1610 entstanden. Die Basis stellt neun Szenen aus der Passion dar. Stilistisch sehr schlicht, beinahe naiv; die Gesichter allerdings sind von solcher Feinheit und Ausdruckskraft, daß man nur staunen kann. Die Grablegung weist einige erwähnenswerte Einzelheiten auf: das Gesicht Jesu steht in großem Kontrast zu denen seiner Peiniger. Fratzenhafte Boshaftigkeit kennzeichnet sie. Einer von ihnen streckt seine Zunge wie ein Gestörter 'raus, während er Jesus auspeitscht; ein anderer drückt boshaft sein Knie gegen das Kreuz, so daß der Gepeinigte sich nicht erheben kann. Veronika, die dem zusammenbrechenden Heiland ihr Schweißtuch reicht, auf dem der Abdruck seines Antlitzes erhalten bleibt, zeigt ihr schmerzerfülltes Gesicht, ebenso die Frauen an ihrer Seite. Der Besuch dieser Stätte ist das ganze Jahr über von 8-19h möglich. Auskünfte: T. 98-79-61-06.

– *Wandertip:* das stille Bauerndorf St. Thégonnec liegt an der GR 380 von Lampaul-Guimiliau nach Morlaix.

Unterkunft und Verpflegung

– *Zeltplatz:* Es besteht die Möglichkeit, sein Zelt umsonst auf dem Parkplatz des Hauptplatzes aufzustellen, wo es auch einen Wasserhahn gibt. Auf dem Weg zur Toilette sollte man sich frühzeitig machen, sie befindet sich in der Dorfmitte.
– *Hôtel du Commerce:* 1, rue de Paris. T. 98-79-61-07. Samstags, sonntags und im August geschlossen. Bringt die Woche über mittags ein »Fernfahrermenü« auf den Tisch. Sympathische Aufnahme, vorzügliche, reichlich bemessene und preiswerte Gerichte. Beispiel: Suppe, Vorspeise, Hauptmahlzeit, Käse, Nachspeise, Getränk für sage und schreibe 45 F. Angenehmer Speisesaal aus unregelmäßig behauenen Steinen, stimmungsvolles Ambiente. Ein paar Zimmer, die Fernfahrern bevorzugt zur Verfügung gestellt werden.
– *Gästezimmer:* 20, av. Kerizella. T. 98-79-63-86 und 98-79-65-30. Mme Kergadallan, die ebenfalls Besitzerin des Läädchens *Anty Korn* (keltischer Schmuck und lokale Handwerkserzeugnisse) ist, hat noch drei Zimmer zu vermieten. Der Preis fürs Doppelzimmer beträgt 170 F, mit Frühstück. Bei ihr kann sich der Hungrige auch selbst eine kalte Mahlzeit zubereiten.
– *Crêperie Steredenn:* 6, rue de la Gare. T. 98-79-43-34. Während des Sommers, d.h. vom 15. Juni bis zum 1. September, 11.30-22h, laden Christine und Alain dazu ein, einige ihrer hundertfünfzig Crêpes zu kosten. Lecker und preiswert.

● *Nobler*

– *Auberge de St. Thégonnec:* 6, place de la Mairie. T. 98-76-61-18. Während der Hochsaison – außer sonntagabends und montags – geöffnet über Mittag und abends bis 21.15h. Unbedingt Tisch vorbestellen! Elegante, edle Einrichtung, dementsprechend die Kundschaft: Upperclass. Einwandfreie Bedienung. Essen à la Carte schlägt mindestens mit 180 F zu Buche. Chefkoch Alain le Coz hatte die ausgezeichnete Idee, einige köstliche Menüs für 99 F – marinierte Jakobsmuscheln mit grüner Zitrone, Kalbsleberragout mit mildem Knoblauch und Polenta, eine Runde bester Schafskäsesorten und eine Nachspeise – anzubieten. Mittags gibt's gar eins für 70 F. A la Carte ein reiches Angebot, z.B. Schmortopf mit Atlantikfischen, Blätterteigkuchen gefüllt mit Kalbsbries und Gänseleber in Portwein, Lammrücken, Jakobsmuscheln in Chikoreefondue usw. Kurz und gut, eine Adresse für Gourmets. Übernachten kann man selbstverständlich auch: in einem Dutzend schmucker Zimmer von 170-270 F.

GUIMILIAU (29230)

Einer der vier kunstgeschichtlich bedeutsamsten Pfarrbezirke im Finistère. Er verdankt seinen Namen dem Heiligen Miliau, einem Abkömmling des bretonischen Königshauses. Verströmt unserer Meinung nach mehr Zauber als St. Thégonnec. Die Umgebung ist auch offensichtlich weniger vom Fremdenverkehrsvirus befallen; außerdem hat man, von der Straße kommend, einen umfassenden Blick über den gesamten Bezirk: Triumphtor, Kirche, Kalvarienberg und Beinhaus.
Aus Richtung Morlaix dieselbe Zuglinie wie nach St. Thégonnec.

Mal anschauen

– Nach dem *Triumphbogen erhebt sich der Kalvarienberg:* Der im Zeitraum von 1581-1588 entstandene *Calvaire* bildet über zweihundert Personen ab. Viel Bewegung, zahllose Szenen, bewundernswert feinfühlig gearbeitet, man verliert sich fast: *Grablegungsszene,* wo eine wenig orthodox dargestellte Jungfrau Maria Kleidung und Frisur einer zeitgenössigen Adligen zur Schau trägt; pathetische, in Stil und Rhythmus modern anmutende *Kreuzabnahme* mit verrenktem Christus. Der mit fürchterlichen Zähnen bewehrte *Höllenrachen* lehrt unmoralische Zeitgenossen das Fürchten. Die ganze Symbolik der Hölle wird aufgefahren – auch Leviathan, ein menschenverschlingendes Monster – verbunden mit lokalen Episoden: Katell Gollet – die verdammte Katharina – deren Liebhaber in Wirklichkeit der leibhaftige Teufel war, schaut verzweifelt drein, die Schlinge um den Hals, bedroht von Krallen und Mistgabeln; ihre entblößten Brüste gemahnen uns an die Natur der Sünde. Also gefälligst erschauernd den Blick abwenden! Alles klar?

– *Die Kirche*, im spätgotischen Stil mit Anklängen an die Renaissance, besticht durch ihre reichdekorierten Fassaden, die prächtige Vorhalle, die beiden Rundbögen am Eingang mit dem Weihwasserbecken in der Mitte, umrahmt von einer Reihe von Aposteln unter einem Flamboyantbaldachin. Der heilige Petrus, leicht zu erkennen an seinen großen Schlüsseln, Jakob der Ältere, beinah völlig von Muscheln bedeckt (Jakobs-Muscheln) und Johannes, dem einzigen ohne Bart, u.v.m. Der exakte Faltenwurf ihrer Gewänder zeugt von großem kunsthandwerklichen Können.

Das Innere, ebenfalls reich an Ornamenten, bietet als prächtigstes Stück das Taufbecken. Es wurde 1675 aus Eiche im Barockstil geschnitzt. Acht gewendelte Säulen tragen einen eleganten Baldachin. Die Orgel, frisch restauriert, läßt die Herzen der Kirchenmusikliebhaber höher schlagen, während die wundervollen geschnitzten Reliefpanelen die Kunstbesessenen völlig einnehmen. Die Kanzel, aus der gleichen Epoche wie das Taufbecken, präsentiert sich mit dem vielfältigsten Skulpturenschmuck. Vergessen wir nicht die bewundernswerte Chorballustrade nebst Chorpult und, weiter links, den unbeschreiblichen Altaraufsatz. Beachtung verdienen sicher auch die goldbestickten Prozessionsfahnen aus dem 17. Jh., nebst den liebevoll ausgeschmückten Balken und Gewölben mit Szenen aus dem Landleben. Die 1677 von Thomas Dallan geschaffene *Orgel* hat nach dreijährigem Aufenthalt im Speicher des Rathauses -sie war so gut wie auseinandergefallen und dann gänzlich abmontiert- ihren alten Platz wiedereingenommen. Für die Wiederherstellungsarbeiten waren zwanzigtausend Francs und das große Geschick des Orgelbauers G. Guillemin aus Malaucène von Nöten. Nun hat sie ihren herrlichen Klang wieder, der in diesem Rahmen so fehlte.

– *Das Beinhaus:* ein kleines Meisterwerk des französischen Klassizismus (Zweihundert Jahre vor dem deutschen Klassizismus, den die Franzosen als Neoklassizismus bezeichnen), dient heute als Buch- und Schreibwarenhandlung. Gegenüber: große Sakristei in Apsisform aus dem 17. Jh., der Zeit der katholischen Gegenreform.

LAMPAUL-GUIMILIAU (29230)

Weit weniger spektakulär als St. Thégonnec oder Guimiliau. Gleichwohl verfügt auch dieser Pfarrbezirk über ein unverwechselbares Gepräge und seine Kirche bietet ein verschwenderisches Innendekor. Ansonsten alles wie gehabt: Tor, Kalvarienberg, Beinhaus, Kirche. 1809 traf der Blitz die 70 Meter hohe Turmspitze. Die Vorhalle im gotischen Stil gleicht der in Guimiliau fast aufs Haar, was so verwunderlich nicht ist, verbrachten die Architekten von einst doch ihre Zeit damit, die Kollegen zu kopieren und zu übertreffen. Um der Wahrheit die Ehre zu geben: die Vorhalle von Lampaul zählt siebzig Lenze mehr als jene von Guimiliau. Alle zwölf Apostel sind hier versammelt, beschattet von gotischen Baldachinen.

Die Kirche, eines der ältesten Gotteshäuser in der Bretagne (1553), gefällt sich in harmonischen Proportionen. Wir waren hingerissen. Im Innern, wenn man den Chorraum durchschritten hat, einer der farbenprächtigsten *Triumphbalken* des Finistère. *Kreuzigungsszene* in buntbemaltem Holz: die Jungfrau Maria links, die so bittend und verzweifelt blickt, daß man auf der Stelle alles für sie tun würde. Johannes dagegen schwelgt in Verzückung. Naivität und Ausdruckskraft beherrschen den Balkenfries. Außerordentlich dynamisch sind die Bewegungen des Flagellanten rechts.

Das farbige Taufbecken ist vielleicht nicht ganz so imposant wie das in Guimiliau – welches auch Jahrzehnte später geschaffen wurde, um wirklich alles Dagewesene zu übertreffen – besticht jedoch durch seine schlichte Schönheit, Reinheit und seinen Liebreiz.

Die Pietà von 1530, aus einem einzigen Eichenblock geschnitzt, ist in der linken Kirchenmitte zu sehen. Einige Schritte weiter lohnt eine in Stein gemeißelte *Grab-*

legung, näher in Augenschein genommen zu werden. Ebenso der hölzerne Baldachin des Baptisteriums von 1650 und ein ganz bemerkenswerter Passionsaltar aus Holz, insbesondere das linke Altarblatt. Detail: ein Soldat malträtiert Jesus mit Fußtritten. Auf einer anderen Tafel: *Christi Geburt*, bei der Maria ausnahmsweise im Bett liegt, na sowas! Diese Darstellung taucht in der Bretagne vielleicht zwölfmal auf.

Im Umkreis

● **Locmélar:** acht Kilometer südlich von Lampaul-Guimiliau. Der dortige *enclos paroissial* lohnt einen Abstecher. Wunderschönes Doppelbalkenkreuz auf dem Friedhof (16. Jh.), Glockenturm mit Ballustraden, im Inneren bezaubernde Altaraufsätze. Die Lehrer unter unseren Lesern werden die liebenswerten Rechtschreibbefehler auf dem Altarblatt St. Hervés verzeihen, sofern sie des Französischen mächtig sind. Der Heilige wird in Begleitung eines Wolfs dargestellt, den er gezähmt hat. Mehr als nur einen Blick sollte man auf die Banner und Prozessionsfahnen werfen. Auch die Kanzel und das Taufbecken verdienen eine genauere Untersuchung.

● **Landivisiau:** außer daß Xavier Grall (s. Kap.»Berühmte Bretonen«) hier geboren wurde, bietet das große Dorf nichts Außergewöhnliches. Die recht langweilige, im 19. Jh. wiedererrichtete Kirche präsentiert uns allerdings eine ganz besonders hübsche Vorhalle aus dem 16. Jh. Fein gearbeitete Einrahmung des Doppeltores. Am Kirchplatz führt die Rue de St. Thivisiau zu einem uralten Brunnen, den Flachreliefs aus dem 16. Jh. optisch auflockern. Ein der heiligen Anna geweihtes Beinhaus aus derselben Epoche wurde in voller Größe zum städtischen Friedhof verfrachtet.

Heutzutage wohnen genau 8253 Einwohner in diesem Ort, früher berühmt für die Zucht des bretonischen Pferdes, eines Kaltblüters, der an Masse kaum unserem Belgier, als Brauereipferd bekannt, nachsteht. Auch jetzt noch finden jedes Frühjahr und jeden Herbst Pferdeversteigerungen statt.

Unterkunft und Verpflegung

– *Hôtel de l'Enclos:* Lampaul-Guimiliau. T. 98-68-72-08. Von Landivisiau kommend, 300 m nach dem Pfarrbezirk; dann links abbiegen. Moderner, angenehmer Bau mit gemütlichen Zimmern mit Fernseher, um 230 F für zwei. Freundlicher Empfang, prima Restaurant vis-à-vis vom Pfarrbezirk mit Mahlzeiten ab 60 F.

– *Le Terminus:* 94, av. Foch, in Landivisiau. T. 98-68-02-00. Im August und am Wochenende, von Freitagabend bis Sonntagmorgen geschlossen. Mittags und abends bis 21.30h warme Küche. Eine der vielgerühmtesten Raststätten des Finistère. Überall erzählt man sich von den üppigen Menüs zu 58, 80 und 115 F und der köstlichen Meeresfrüchteplatte. Kategorie »besonders preiswert und lohnend«. Einige Zimmer vorhanden.

BODILIS (29230) _____

Ein winziges Dorf zwar, ein paar Kilometer nördlich von Landivisiau, doch die schmuckste Kirche des Léon steht dort, sagen zumindest die Bewohner. Unserer Meinung nach ist sie um einiges schöner als die in Guimiliau, und das will was heißen. Es fehlen uns regelrecht die Worte, sie zu beschreiben. Versuchen wir's trotzdem. Auffallend zuerst der enorme Glockenturm im Flamboyantstil, dessen Vorhalle auf drei Seiten offen ist. Faszinierend auch die auf der Südseite gelegene Renais-sancevorhalle: sie erinnert an jene in Commana und Guimiliau, übertrifft diese aber noch an Anmut.

Pluspunkt auch hier ist der verwendete Granit. Er leuchtet in den glanzvollsten Farben und spielt mit den ausdrucksvollsten Schattierungen. Zum Teil wurde Granit aus Kersanton benutzt, z.B. auf beiden Seiten des romanischen Portals für die heilige Jungfrau und den Erzengel Gabriel. Im Inneren des Portalvorbaus – wie sollte es anders sein – die zwölf Apostel unter ihren Baldachinen. Mannigfaltiger Reliefschmuck mischt Symbole, christliche und esoterische Zeichen. Genau beobachten: eine Masse verwirrender Details tut sich auf, wie etwa ein Mann und eine Frau, eng umschlungen, der untere Teil von einer Schlange umwunden. Umrundet man die Kirche, fallen einem noch mehr Kuriositäten auf: etwa die eigenartigen Wasserspeier und mysteriösen Rundbilder. Die entzückende Sakristei wurde übrigens im 17. Jh. hinzugefügt. Es handelt sich um das Werk jenes Architekten, der bereits die Sakristei in La Martyre schuf. Im Inneren Gewölbe in Form eines umgedrehten Schiffskiels. Zahlreiche Schnitzbalken, vorwiegend im rechten Kirchenschiff. Prächtige *Altarblätter* vom Künstler der Kanzel in St. Thégonnec, darunter auch das Retabel des Hauptaltars. Man beachte die *heilige Familie:* Jesus hält die Hände seiner Eltern, um ohne Schaden über die Straße zu kommen! Immer noch rechts, neben der Liste der Gefallenen von 1914/18, eine eindrucksvolle farbige *Grablegung*. Taufbecken aus »einheimischem« Stein.

LA ROCHE MAURICE (29220)

Ein wundervoller Landstrich. Als erstes begegnet man den Ruinen einer Burg aus dem zwölften Jahrhundert, einst Wachposten über dem Elorn-Tal, dann der Kirche St. Yves, einem architektonisch eher schlichten, aber nicht uninteressanten Bauwerk. Das Dach reicht bis zum Boden und scheint mit der Erde zu verschmelzen. Am Eingangsportal mischen sich erfolgreich Spätgotik und Renaissance. Setzt man seinen Fuß erst in die Kirche, so ist man erstaunt über das prächtige Innendekor. Ein holzgeschnitzter Renaissancelettner schließt den Chor vom Kirchenschiff ab. Bestimmte Lesungen fanden von der Empore herab statt. Gänzlich aus Eichenholz geschnitzt und bemalt, zählt der Lettner zu einem der prächtigsten im Finistère. Hübsch die dekorierten Arkaden auf korinthischen Kapitellen, die schmucken chorseitigen Täfelungen, die Kassettendecke. Über dem Lettner der gekreuzigte Heiland, die Gottesmutter und Johannes. An jeder Skulptur, an jedem Detail sollte man sich auslassen: es wimmelt nur so von Personen und Symbolen, von buntem Zierrat.
Wunderschön auch die Schnitzbalken und die Kanzel aus dem 17. Jh. In einer Nische St. Yves zwischen einem Reichen und einem Armen. Mal raten, welchem von beiden er den Vorzug gibt?
Das *Chorfenster* aus dem Jahre 1529 mit dem Wappen der Rohan stellt in herrlicher Glasmalerei ganze vierzehn Szenen der Passion dar. Unten links mit dem Lesen anfangen.
Das *Beinhaus* bietet den Augen des Betrachters seinerseits eine überaus gelungene Fassade in den harmonischsten Proportionen mit feinfühlig ausgeführten Skulpturen an. Oberhalb des Taufbeckens, noch vor dem ersten Fenster, droht der Tod *(Ankou)* mit seinen Pfeilen, ohne Rücksicht auf gesellschaftliche Stellungen: »Ich töte euch alle!«. Das spricht sein Blick und wir erschauern, brrr ...

LANDERNEAU (29220)

Große Handelsstadt mit vierzehntausend Einwohnern halb im Léon, halb in der Cornouaille. Ein lokales Sprichwort lautet sogar: »Die Einwohner Landerneaus haben ihre Nase im Léon und ihren Blinddarm in der Cornouaille.«
Schon während der Römerzeit bildete die Stadt eine wichtige Etappe und im 16./17. Jh. einen der bedeutendsten Häfen in der Bretagne. Während der Französischen Revolution war Landerneau Hauptort des Finistère.
Zu Anfang dieses Jahrhunderts überflügeln Landwirtschaft und Handel die Textilindustrie. Landerneau besitzt die größte landwirtschaftliche Kooperative Frankreichs. Ist es dann ein Wunder, daß Landerneau einen Sohn hervorgebracht hat, dem eine kometengleiche Laufbahn bevorstehen sollte? Nämlich den Supermarktkönig Edouard Leclerc (siehe »Berühmtheiten der Bretagne«). Was ein weiteres französisches Sprichwort, nämlich »Ça fera du bruit à Landerneau« (Das wird Lärm machen in Landerneau) angeht, so haben wir das einer Theatervorführung zu verdanken, die einen durchschlagenden Erfolg verzeichnete. Darin geht es um den Radau, den einige Freunde einer Witwe, die sich wiederverheiraten

wollte, veranstalteten. Sie fürchteten die Rückkehr der Seele des eifersüchtigen Verstorbenen.
Was die Herkunft der französischen Redewendung »der Mond von Landerneau« angeht, so stammt er wahrscheinlich von der Wetterfahne des Kirchturms von Saint-Houardon. Der darauf abgebildete Mond ist nämlich noch größer als derjenige des Versailler Schlosses. Ludwig der XIV. hatte sich damals die Sonne aus dem Wappen des Prinzen von Rohan, dem Lehnsherren des Léon, »ausgeliehen«. Aus Achtung vor dem König hatte der Prinz zugestimmt, doch seit diesem Vorfall verspottete das Volk den nachgiebigen Adligen, indem es behauptete: »Nun bleibt uns nur noch der Mond von Landerneau.«
– *Fremdenverkehrsbüro:* pont de Rohan. T. 98-85-13-09, ganzjährig geöffnet.

Wo stillt man seinen Hunger?

● *Preisgünstig*

– *Restaurant de la Mairie:* 9, rue de la Tour-d'Auvergne. T. 98-85-01-83. In einem modernisierten Speisesaal werden die klassischen regionalen Mahlzeiten in erfreulicher Qualität serviert. Zu empfehlen ist vor allem das vorzügliche 80-F-Menü, obwohl es auch schon eins zu 48 F gibt.

● *Nobel essen*

– *Le Clos du Pontic:* rue du Pontic. T. 98-21-50-91. An einer auf den Elorn zuführenden Straße, noch auf der Seite der Cornouaille; von Quimper kommend also rechterhand, von der anderen Seite kommend linkerhand! Verrückt, was? Eines der fünf Spitzenlokale im Finistère inmitten eines Parks, in einer prachvollen Luxusvilla. Die Tische verteilen sich auf mehrere, natürlich mächtig schick eingerichtete Säle. Überaus komfortabler Rahmen, wie geschaffen für einen gastronomischen Höhepunkt. Frische, kreative Küche, höflicher Empfang; zuvorkommende, aber schlappe Bedienung. Also kein Rendezvous für hinterher ausmachen. Samstagmittag, Sonntagabend und montags geschlossen. Will man freitags, Samstagabend oder Sonntagmittag hier tafeln, unbedingt zwei bis drei Tage vorher einen Tisch ordern. Auch für andere Tage zu empfehlen. Ausgezeichnetes Preis-Qualitäts-Verhältnis beim Menü zu 150 F (einschließlich Bedienung, ohne Getränke): Fischterrine mit Avocadopüree, Austern und überbackene Rochenflossen, Lammkeule, Salat. Zu guter Letzt werden verschiedene Nachspeisen auf einem Wagen an den Tisch gerollt. Eine wohlschmeckende Alternative ist das Menü zu 190 F: Entenleber in grünem Pfeffer, eine halbe Languste, Lammrücken in Estragon, Salat, Käse und Nachtisch. A la carte wird's selbstverständlich teurer. Zimmer von 240-270 F. Eine prima Adresse, um die wir unsere Leser schon jetzt beneiden.
– *L'Amadier:* 55, rue de Brest. T. 98-85-10-89. Obwohl diese Adresse von außen ganz unscheinbar wirkt, zeugt das im Inneren sich Abspielende von sehr gutem Geschmack. Das Menü zu 145 F z. B. beinhaltet Wachteleier in Seeigelschale, gebratene Taube mit Knoblauchpüree und weißen Rüben. Für die Leckermäuler kommt das Beste zuletzt: Nougat-Eis mit passierter Minze. Nach solchen Genüssen sind die acht komfortablen Zimmer zu Preisen zwischen 160-300 F genau das, was einem noch fehlte.

Sehenswertes

– *Die Pont Rohan:* Baujahr 1510. Neben der Ponte Vecchio in Florenz und der Krämerbrücke in Erfurt die einzige noch bewohnte Brücke in Europa. Um die fotogenste Seite zu verewigen, morgens anrücken, denn nachmittags blendet die Sonne, wenn vorhanden.
– *Historische Bauten* am Südufer: place Poul-Ar-Stang und Rue St. Thomas. Stattliche mittelalterliche Häuser; ein paar Schritte weiter, die Kirche St. Thomas aus dem 16. Jh. samt Beinhaus.
Am Nordufer: Place du Général de Gaulle, vormals *Place du Marché*, das prächtige Haus der Herzogin Anne aus dem Jahre 1664. Gibt's da nicht auch so'n Bier, das so heißt? Weitere glanzvolle Gebäude in der Rue Fontaine Blanche und der

Rue du Commerce. Der Supermarkt Monoprix ist gar in einem alten Bürgerhaus aus dem 18. Jh. untergebracht.

– *St. Houardon-Kirche:* ursprünglich aus dem 16. Jh., wiederaufgebaut 1860. Aus der Renaissance blieb nur die Vorhalle. Diente als Vorbild für etliche Sakralbauten in der Region.

– *Bootsfahrt auf dem Elorn:* mit den *Vedettes Armoricaines* bis zur Reede in Brest. Die zweieinhalbstündige Rückfahrt mit dem Bus ist natürlich weniger erquickend. Buchung: T. 98-44-44-04 und beim Fremdenverkehrsamt.

Im Umkreis

● **Pencran:** ein kleines Dorf zwar, aber mit einem großartigen Pfarrbezirk, 2 km südlich von Landerneau. Origineller *Kalvarienberg:* die beiden Schächer sind vom zentralen Kreuz getrennt und rahmen dafür den Eingang zum kleinen Platz mit seinen abgerundeten Steinen, die wir erst übersteigen müssen. *Beinhaus* und *Kirche* lassen sich auf das 16. Jh. zurückdatieren. Glockenturm mit zweifacher Galerie. Die zwölf Apostel (1552) unter ihren feingearbeiteten Baldachinen in der Vorhalle haben ihre Häupter, welche sie während der französischen Revolution einbüßten, inzwischen zurückerhalten. Das aus dem Jahre 1594 stammende *Beinhaus* hat in seiner Geschichte mehr als eine Wandlung durchgemacht: es diente als Schule, als Tabakwarengeschäft und als Wohnung. Heute wird es von der Familie Rosmorduc als Keller benutzt.

Auf dem nahen Friedhof hat man die Gelegenheit, ein echtes kambodschanisches Grab zu entdecken.

LA MARTYRE (29220)

Etwa 10 km von Landerneau entfernt. Wieder mal ein blumengeschmücktes Dörfchen, das in seinen Mauern einen himmlischen Pfarrbezirk versteckt, den ältesten im Léon und ein reines Kleinod obendrein. Woher der Name stammt, weiß kein Mensch. Der Marktflecken, im Mittelalter ein wichtiger Umschlagplatz für Leinen, zog Einkäufer aus Holland, England, Schottland und dem fernen Irland an. Der Holländer Fons de Kort, verliebt in La Martyre und seinen *enclos*, stöberte in der Geschichte herum und stieß durch Zufall in einem Shakespearschen Stück auf die Erwähnung eines *Daoulas*, eines renommierten Stoffs aus der Gegend von La Martyres. Und Shakespeares Vater war – was wohl? – genau: Stoffhändler und kam des öfteren zum Markt nach La Martyre.

Für die Bildung

– *Das Triumphtor* in Form einer dreifachen Arkade, über der sich eine Plattform mit spätgotischer Balustrade befindet. In deren Mitte eine rührende Pietà. Verkündigungsszene links und rechts der Zentralarkade. Zum Kalvarienberg, der zusammen mit dem Triumphtor eine architektonische Einheit bildet – dabei ist die Einfriedung so groß, daß er auch anderswo Platz gehabt hätte – führt eine Treppe zur Plattform hinauf. Ein gekreuzigter, blutender Jesus, ein richtender Jesus auf Wolken und ein auferstehender Gottessohn sind die jeweiligen Szenen des Kalvarienbergs. Gestützt wird dieser von greulich wild aussehenden, mit Knüppel bewaffneten Kreaturen.

– *Die Kirche:* bewundernswerte Vorhalle (15. Jh.) in Korbform. Eine der ehrwürdigsten im Finistère. Dank der Materialeigenschaften hat sie im Laufe der Zeit eine sanfte Patina, eine Fülle von Nuancen angenommen und erweckt den Eindruck, als ob sie sich leicht zur Seite neige. Das reiche Dekor des Giebelfelds zeigt unter anderem eine eigenwillige Darstellung der Geburt *Christi*. Seltenheitswert hat die im Bett liegende Maria. Léons Kinderkidnapper haben auch hier zugeschlagen: der kleine Jesus ist weg, samt den üppigen Brüsten der Jungfrau. Der allgegenwärtige *Ankou* am Weihwasserbecken scheint jemanden erdrosseln zu wollen.

Im Gesamteindruck wirkt die Kirche wie ein Trödelladen, so viel wurde im Laufe der Jahrhunderte umgebaut, hinzugefügt, erweitert und erneuert. Hinter der Kirche eine prächtige *Sakristei* aus dem 17. Jh. von demselben Architekten, der auch für die Sakristei in Bodilis verantwortlich war.

Linkerhand im Inneren des Kirchenschiffs sehenswerte Schnitzbalken, wie immer farbig bemalt. Herrliche Kirchenfenster aus dem 16. Jh., die für unzählige Kirchen im Finistère Modell standen. Übrigens wird angenommen, das deutsche Stiche als Vorlage dienten.

– *Das Beinhaus* von 1619: bemerkenswert, die dargestellte Tote in Karyatidenform, einbandagiert wie eine Mumie – die Reisekleidung fürs Jenseits? Die bretonische Inschrift lautet: *An, Maro, Han* (der Tod, der Richterspruch, die kalte Hölle. Wenn der Mensch daran denkt, muß er zittern vor Angst, und immer wird er daran erinnert, das derjenige verrückt ist, dessen Seele vergißt, das wir alle dahinscheiden werden.) Die Bretonen benutzen übrigens nicht die Metaphern »Flammen und Feuer« für die Hölle; vielmehr glauben sie an eisige Kälte, zugefrorene Meere, unheimliche Nebelseen, ganz nach keltischem Brauchtum.

– *Religiöses Fest (Pardon)* am zweiten Sonntag im Mai und im Juli.

Im Umkreis

● **Ploudiry:** die Kirche, im 19. Jh. wiedererbaut und von weniger Wert als jene in La Martyre, bietet als wirklich Sehenswertes nur Vorhalle und Beinhaus. Ansprechend skulptierte Wölbungen. Beinhaus aus dem Jahre 1635: Der Sensenmann schwingt bedrohlich einen riesenhaften Pfeil in Richtung der Reliefs über den Arkadenfenstern. Darauf abgebildet sind ein Bauer, ein Geistlicher, ein Adliger und ein Bürger, die Gleichheit vor dem Tod repräsentierend.

SIZUN (29237)

Steht auf unserer Hitliste der schönsten Pfarrbezirke ganz oben. Eigenartigerweise fehlt der Kalvarienberg. Stattdessen findet sich nur ein Kreuz auf dem Torbogen. Das friedliche Dorf ist das Tor zu den Monts d'Arrée.

Unterkunft und Verpflegung

– *Gemeindeeigener Zeltplatz:* am Ufer des Flusses, sauber und nicht teuer, mit Warmwasserduschen und den üblichen Sanitäranlagen.

– *Hôtel des Voyageurs:* 2, rue de l'Argoat. In unmittelbarer Nachbarschaft des Pfarrbezirks. T. 98-68-80-35. Typisches kleines Provinzhotel, einfach aber o.k. Zimmerpreise: 120-200 F. Zufriedenstellende Menüs im Restaurant zu 55 F, Tagesessen zu 48 F. Die Preise für Sonntagsmenüs bewegen sich zwischen 50 und 90 F. Täglich geöffnet, mittags und abends bis 22.45h.

– *Restaurant les Quatres Saisons:* 2, rue de Brest. T. 98-68-80-19. Günstige Zimmer mit Frühstück ab 95 F. Im Restaurant Menüs ab 64 F.

Sehenswertes

– *Den Pfarrbezirk* betritt man nach Durchschreiten eines der imposantesten Triumphtore des Finistère. 15 m lang, korinthische Halbsäulen, Plattform mit Laternen und Balustrade über den drei Bögen. Schade, daß das moderne Kriegerdenkmal die Harmonie dieses historischen Ortes stört!

– Gleich nebenan das *Beinhaus* (1585) im gleichen Stil: im Erdgeschoß Rundbogenfenster, geschmückt mit Spiralen und Karyatiden, und korinthische Säulen, in ihrer Art typisch für die bretonische Renaissance. Darüber in ihren Nischen die zwölf Apostel, die sich wundern, daß sie diesmal nicht unter dem Portalvorbau stehen, sondern von kannelierten Pfeilern getrennt werden.

Im Inneren nicht nur olle Knochen, sondern ein bescheidenes *ethnographisches Museum:* alte Statuen, regionaltypische Kostüme, ein bretonisches Bett, ein Geschirrschrank, hübsche Stickereien usw., die zum Teil auch zu erwerben sind. Um 19h schließen die Museumspforten.

– Pfeilartig aufragender *Glockenturm* mit Vorhalle (18. Jh.) nach dem Modell der *Notre-Dame-du-Kreisker* von *St. Pol-de-Léon*. Auch das Innere der Kirche ist reich ausgestattet mit Altaraufsätzen und geschnitztem Gebälk.

Im Umkreis

● **Milin Kerroch:** 1 km von Sizun; Familienfreizeitpark neben einem See. T. 98-68-81-56. Kulinarische Rettungsboje in einer alten renovierten Mühle: eine Bar-Crêperie-Grill. Tretbootvermietung und eine Fülle Kinderspiele lassen die Zeit wie im Flug vergehen.

● **Maison de la Rivière, de l'Eau, de la Pêche** (Haus des Flusses, des Wassers, des Angelns): in der Mühle von Vergraon. Publikumsverkehr vom 15.6. bis 15.10, T. 98-68-86-33. Didaktisch aufgebaute und lebendige Präsentation für Groß und Klein – Bilder, Modelle, Dokumente – von allem, was mit Wasser zu tun hat: Fische, Fischfang, Flora, wirtschaftliche Bedeutung, Naturschutz usw. Hinter einer Glasscheibe tummeln sich die Lachse des Elorn.

DIE MONTS D'ARREE

Der in Nordwestrichtung verlaufende Bergzug der Monts d'Arrée nimmt den überwiegenden Teil der Fläche des armorikanischen Naturparks ein und bildet ein weithin intaktes, wildes Stück Bretagne abseits der Touristenkarawanen. Jahrhundertelang ein Land der Geister und Dämonen. Weigerte sich die Seele eines Verstorbenen, ihr Haus zu verlassen, was sich in Geräuschen, wandernden Gegenständen und dergleichen Erscheinungen äußerte, so kam der Pfarrer, selbstverständlich zugleich Fachmann für Exorzismus, und verbannte die Seele in einen schwarzen Hund, welcher anschließend ersäuft wurde. Also ein mysteriöses Land, das jeden von uns unweigerlich in seinen Bann zieht.

Die Bezeichnung »Monts« (Berge) mag in Anbetracht der höchstens vierhundert Meter hohen »Gipfel« etwas übertrieben klingen. Sanfte Oberflächenformen und atemberaubende Aussichten machen das wieder wett. Die augenfälligsten Kontraste beherrschen das Bild: grünende Gehölze, Felder, Heide, entblößte Hügel aus ausgezacktem Schiefergestein *(roc'h)*, von der Erosion modellierte Sandsteinkuppen *(menez)* und Dorfruinen, lediglich bewohnt von einigen Greisen und hartnäckig an ihrer Scholle klebenden Bauern. Letztere erinnern uns daran, in welchem Ausmaß die Landflucht dieser Gegend zu schaffen macht. Richtige Wälder fehlen. Hier, weitab von Staus und Lärm, vom Streß der Städte, wird sich jeder prächtig erholen: nur hin und wieder ein Auto, stattdessen ein völlig veränderter Zeit- und Raumbegriff.

Der Armorikanische Naturpark

Der 1968 eröffnete Naturpark (*Parc naturel régional d'Armorique*) im zentralen Finistère erstreckt sich über 39 Gemeinden, fünfundneunzigtausend Hektar und wird von viertausend Menschen bewohnt. Gemeinschaftsunterkünfte in Commana, Mongau, St. Bloi und Banalec. Auskünfte beim *Siège de la maison du parc au Menez-Mur* in Hanvec, 29224 Daoulas. T. 98-68-81-71 (s. Karte der Monts d'Arrée). Man erfährt dort alles über die Naturlandschaft, über Landwirtschaft und Landestraditionen.

Auch ein Besuch der unten aufgeführten, über die Region verstreuten Ausstellungen lohnt:

– *Sizun:* Mühle von Vergraon am Fluß Elorn. Alles über den Lachsfang.

– *Ouessant:* Studienzentrum für die Inselwelt, Haus *Niou-Huella* und Mühle.

– *Commana:* Heimatmuseum über die Mühlen des Kérouat.

– *Trégarvan:* Dorfschulmuseum; überraschende Einsichten und ein ungutes Gefühl in der Magengrube.

– *Crozon:* Mineralienmuseum von St. Hernot an der Straße zum Cap de la Chèvre, bestückt von einem Gesteins- und Fossilienkundler, der auch Ausflüge durchführt: aufregende Entdeckungen sind garantiert. Alles, was wir schon immer über den Granit wissen wollten ...

– *St. Rivoal:*
Museum über bäuerliche Techniken und Traditionen im Musée Cornec.

– *Landevennec:*
archäologisches Museum. Alle Funde der Abtei sind hier versammelt.

– *Cleden-cap Sizun:* Reservat für Seevögel. Kommentierte Führungen durch die Spezialisten der SEPNB (Service des parcs naturels de Bretagne). Dazu die Musik von Neil Diamond.

– *Pleyben:* Museum für Kirchenarchitektur, und davon gibt's ja im Überfluß hier.

– *Brasparts:* Handwerkerhaus; allerlei geschmackvolle Kunsthandwerkobjekte.

– *Locronan:* Museumsdorf, Brennpunkt des Fremdenverkehrs in der Bretagne, das bald zu den Kommunen zählen wird, die dem PNRA angeschlossen sind, wie auch Hôpital Camfront und Telgruc.

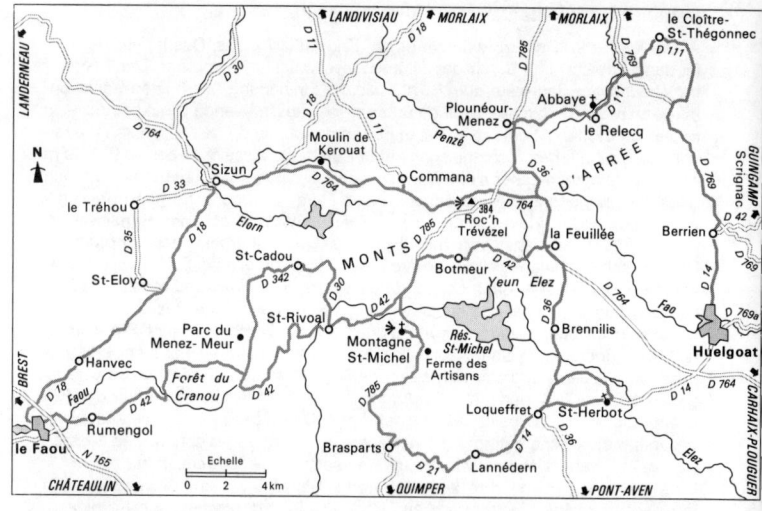

Rundfahrt in den Monts d'Arrée

Sonstiges Sehenswertes

Der See von Drennec, Yeun-elez, der Berg St. Michel, ein ehemaliger Vulkan, der Wald von Cranou und der Roc'h Trévezel, mit 384 Metern der höchste »Berg«. Der Fernsehturm obenauf versorgt die gesamte westliche Bretagne mit den Flimmerbildern. Man erinnere sich, daß sein Vorläufer in den siebziger Jahren von Kämpfern der *Front de Libération* in die Luft gesprengt wurde. Folge: die Betroffenen waren ganze sechs Monate ohne Fernsehunterhaltung. War ja kaum auszuhalten!

COMMANA (29237)

Romantisches Dorf auf einem Hügel, am Fuße des Roc'h Trévezel. Selbstverständlich ebenfalls Etappe auf jeder Rundreise zu den bretonischen Pfarrbezirken. Eingebettet in unzählige Haine und Hecken vor dem Hintergrund der braunen Masse der Monts d'Arrée.
Von Plounéour-Menez – auch hier ein kleiner *enclos* – oder Guimiliau kommend, nicht die Fernstraßen D 11 oder D 785 benutzen. Lieber den gemütlichen, sich zwischen Höfen – Musterbeispielen ländlicher Architektur – und Zwergeichenalleen hinschlängelnden Sträßchen folgen.

Schlafen und Ausruhen

– *Crêperie:* am Kirchplatz. Auf der Speisekarte bretonische Spezialitäten, z.B. *Kig ha farz,* Huhn in Cidre, ganz passabel.
– Es kommt vor, daß einige Hausbesitzer ihre *Gästezimmer* vermieten.
– *Campingplatz Milin Nevez:* T. 98-78-00-13. Am Flußufer schattig gelegen, locken seine fünfzig Stellplätze von Ende Juni bis Anfang September die Bretagne-Reisenden an. Durchaus zu empfehlen, mit vernüftigen Preisen.

Sehenswürdigkeiten

– *Die Kirche St. Derrien:* errichtet gegen Ende des 16. Jhs. Das Innere der Einfriedung erreicht man durch das laternengeschmückte Triumphtor. Der Friedhof hat ebensoviele Jahre auf dem Buckel wie die Einfriedung, die beiden Kalvarienberge und der 57 m hohe, Strenge und Kargheit ausstrahlende Glockenturm – in trauter Harmonie mit den zerklüfteten Felsen der Monts d'Arrée – dessen Wetterhahn sich rühmt, der höchstgelegene in der Bretagne zu sein, wobei die 261,99 m des Hügels mitgerechnet sind. Wundert sich da jemand sich über diese peinlich genaue Höhenangabe? Sie befindet sich am Fuße des Glockenturms eingraviert.

Zum wiederholten Male stehen wir vor einer umwerfend schönen Renaissancevorhalle (1645-53), jener von Saint-Houardon zu Landerneau nachempfunden. Harmonisch und ausgeglichen die Architektur. Die Vorhalle besticht durch ihr perspektivisches Relief – dank der schrägen Strebepfeiler links und rechts des Portals, von fein gearbeiteten, raffinierten Details überzogen. Eine Besonderheit: die ansonsten allgegenwärtigen zwölf Apostel in ihren Nischen fehlen! Sie wurden nicht von übereifrigen Sansculotten eliminiert, sondern waren gar nicht erst vorgesehen, da die Gemeinde sich durch den Bau der Kirche hoffnungslos verausgabt hatte, was uns wieder mal vor Augen führt, wie die Konkurrenz unter den Kirchenbauern die Gemeindekassen schröpfte. Daß die Gemeinde diesmal pleite war, ohne die Kirche fertiggestellt zu haben, wird man angesichts dieses Meisterwerkes, ein wahres Wunder wie die anderen auch, sicherlich verstehen.

Im Inneren warten mehrere kunsthistorische Sensationen auf Bewunderer: ein farbiges, prächtiges *Taufbecken* aus dem 17. Jh. mit grazilen, die Kardinaltugenden symbolisierenden Statuetten: Gerechtigkeit, Enthaltsamkeit, Güte, Glaube und Hoffnung. Who is who? Diese Frage überlassen wir unseren Lesern. Aber dann, links vom Altar: der Atem stockt, das Blut gefriert in den Adern ('tschuldigung, wir haben gestern mal wieder einen Krimi gesehen)! Aber dieser unerwartet üppige, barocke Altaraufsatz des *Sainte-Anne-Altars* in seiner ganzen verschwenderischen Pracht kann einen schon umhauen. Ein Ding der Unmöglichkeit, auf Einzelheiten eingehen zu wollen, in diesem Fall füllten wir ein Dutzend Seiten mit Lobeshymnen und Kommentaren. Ein historisches Detail sei dennoch erläutert, nämlich, wie um Himmels willen ein solcher Reichtum zustandekommen konnte: im Jahre 1675 große Erhebung gegen die Steuerpolitik des Sonnenkönigs Ludwig XIV. Die Bauern Commanas verdächtigten ihren Pfarrer der Kollaboration mit den Mächtigen und nahmen sich seiner an. Einige beziehungsvolle Auszüge des damaligen Zeugenprotokolls wollen wir unsern Lesern nicht vorenthalten: »Sie rissen ihn aus seinem Hause, traten und peinigten ihn, schlugen ihn unzählige Male, und sein entblößtes Haupt brannte die Sonne; drei, vier Mal sich am Rande des Todes wähnend, erbat er noch die letzte Ölung – vergeblich. Die einen wollten ihn steinigen, andere ihn an seinem Türrahmen aufknüpfen, wieder andere schlugen vor, ihn doch mit einem Stein um den Hals den Glockenturm hinabstürzen zu lassen.« Der Pfarrer nutzte wohl das Wirrwarr, um auf Händen und Füßen das Weite zu suchen. In Morlaix ließ er sich gesundpflegen. Wieder rehabilitiert, zog er die Anzeige gegen seine Peiniger zurück, die in reuevoller Zerknirschung ihr letztes Hemd zugunsten der Kirche spendeten. Heraus kam dabei der wunderschöne, der heiligen Anna geweihte Altaraufsatz (um 1682). Wir ziehen uns diskret zurück und lassen unsere Leser diese Verschwendung an Medaillons, Blumengirlanden, Engelchen usw. allein betrachten. Jede Tafel besticht durch ein anderes Dekor. Unserer Meinung nach möglicherweise der schmuckste Altaraufsatz in der ganzen Bretagne.

Bemerkenswertes *Retabel der fünf Wunden (des Cinq Plaies)* gleich daneben. Ein friedvoll dreinschauender Jesus zeigt uns seine Wundmale, während allerliebste Engel sein Haupt mit Blumen bekrönen. Prächtig skulptierte *Kanzel* im Stil der Bauerntruhen aus derselben Zeit. So, Schluß jetzt!

Das *Beinhaus* bietet eine kleine Besonderheit: an einer Seite sind alle Nahmen der Bauherren und Mäzenen eingemeißelt.

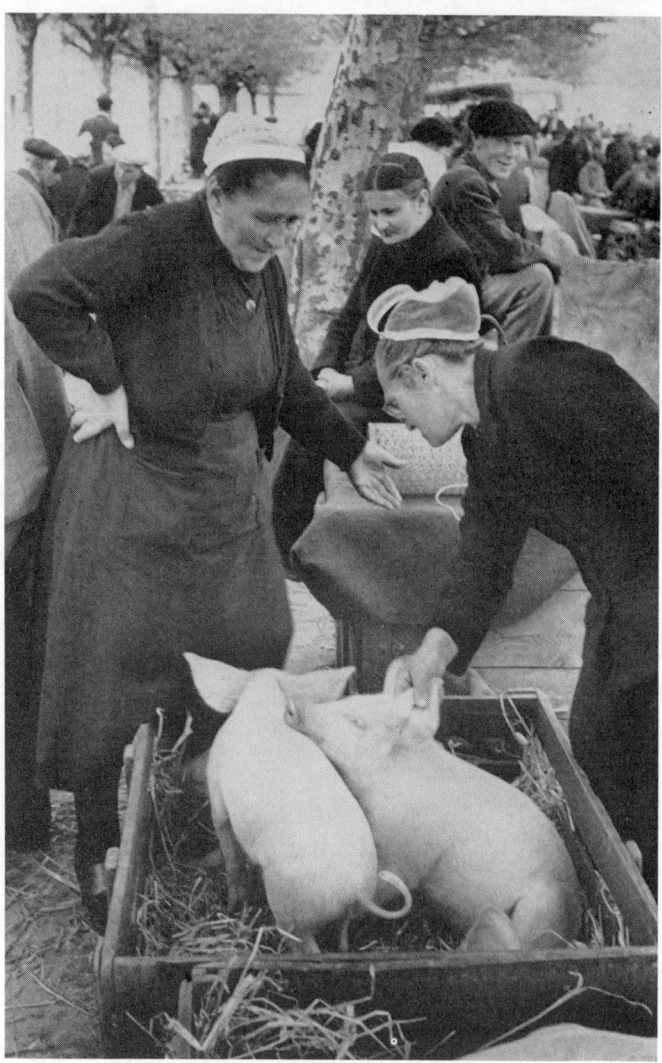

Im Umkreis

● **Al lia ven,** die Allée couverte von Mougau-Bihan: eines der erstrangigen megalithischen Bauwerke in der Region unweit eines kleinen Weilers, 2 km östlich von Commana, in herrlicher Umgebung. Die 14 m lange Grabstätte stammt aus dem Jahre 2500-3000 v.Chr. Im Inneren einige Felsgravuren. Die Gesellschaft zum Schutz des armorikanischen Nationalparks hat *eine gîte d'étapes* eingerichtet, in denen der Wanderer übernachten kann. T. 98-21-90-69.

● **Stausee von Drennec:** rund 3 km südwestlich von Commana. Reizvoller 7 km langer Rundweg. Zwischendurch einige malerische alte Häuser und reizvolle Ausblicke. Ein Zeltplatz ist vorhanden.

● **Die Mühlen von Kérouat:** 4 km östlich von Commana. Modernisiert, fungieren sie heute als Heimatmuseen und vermitteln einen umfangreichen Eindruck über Lebensweise und Brauchtum vergangener Zeiten. Zwei Mühlen, eine Scheune, ein Brotofen und die Wohnstatt mit typischer Möblierung gehören dazu.

● Alle eingefleischten Naturliebhaber und Eltern kleiner und großer Kinder haben Gelegenheit zum Besuch der Ausstellung *Art et Nature* (Kunst und Natur) im Dörfchen Kervelly, 2 km südlich der Mühlen von Kérouat. Publikumsverkehr Juli bis September 10-19h; sonntags 14-18h. T. 98-78-03-43. Verschiedengroße Tafeln erläutern das Leben der Vögel, der Eichhörnchen, der unterirdisch lebenden Tiere. Einige freilebende Viecher (Fasane, Pfaue) tummeln sich auf dem Gelände.

RICHTUNG SÜDEN

Eine zauberhafte Route. Die bretonischen Berge, zwar arg gebeutelt und verbraucht, sind stolz darauf, vor den Alpen geboren worden zu sein. Trotz seiner eher mickrigen 384 m bleibt der Roc'h Trévezel meist unsichtbar. Nebel und Dunst umschleiern ihn. Bei schönem Wetter genießt man ein märchenhaftes Panorama: bis zu 50 km weit reicht die Sicht. Wir erinnern uns: in den siebziger Jahren wurde der Fernsehturm auf dem Roc'h Trédudon von Anhängern der bretonischen *Front de Libération* weggeblasen. Mehrere Monate konnten die Bretonen nicht in die Glotze gucken und das Gemeinschaftsleben erlebte ein Comeback. Also sprengt, Leute, sprengt! Hoffentlich ziehen wir uns nicht den ollen Rebmann auf den Hals und werden final rettungserschossen.

Über die D 785 erreicht man zunächst den Mont St. Michel-de-Brasparts. Von seinen stolzen 380 m Seehöhe ebenfalls Sicht bis zu 50 km in die Runde. Kleine Kapelle.

Weiter Richtung Brasparts die *Ferme St. Michel.* Künstler und Handwerker bieten regionale Erzeugnisse feil, darunter Schnitzereien, Lederwaren, Keramik, Webereien, Schmiedeeisernes, Schmuck usw. Täglich Einlaß vom 15.6. bis zum 15.9. In der Nebensaison dienstags geschlossen. Auskunft: T. 98-81-41-13.

SAINT-RIVOAL (29190)

An einem schönen Spätnachmittag in diesem reizenden Fleckchen Erde anzukommen erweist sich als unvergeßliche Erfahrung des Friedens und der Geborgenheit. Die durch eine sanft gewellte Landschaft führenden Sträßchen (D 42 und D 30) werden jeden verzaubern. Man spürt sofort: an manchen Plätzen ist die Zeit einfach stehengeblieben. Sie hat es sich gemütlich gemacht zwischen Schieferfelsen und Hecken. An der Straße nach Rivoal liegt *St. Cadou,* ebenfalls ganz besinnlich, beinahe ausgestorben. Trotzdem erzählt man sich, daß ein Mädchen aus St. Cadou nie ein Mannsbild aus St. Rivoal heiraten würde!

Sehenswertes

– *Maison des Techniques et Traditions Rurales* (Haus der ländlichen Techniken und Traditionen): eine Art Heimatmuseum in einem ländlichen Gebäude (Maison Cornec) aus dem 18. Jh. Öffnungszeiten vom 15.6. bis zum 15.9. 13-19h. T. 98-68-87-76. Zu beachten die Steintreppe und der *apothéis*, diesen vorgezogenen Gebäudeflügel, den man so oft in den Monts d'Arrée antrifft.

– *Penn ar favot* (über dem Nivot-Tal), *Penn ar guer* (über dem Vallée des Moulins), *Montagne St. Michel* (einige Touristikprospekte beheimaten diesen Berg in Brasparts, wo doch gar kein Zweifel besteht, wo dieser Hügel zuhause ist, nämlich in der Gemeinde von St. Rivoal) sind drei Aussichtshügel, ideale Ziele oder Ausgangspunkte für Ausflüge.

– *Kleiner Tierpark* in Menez-Meur: täglich 10.30-19h in den Monaten Juni bis September. Ansonsten mittwochs, sonn- und feiertags und während der Schulferien zugänglich.

BRASPARTS (29190)

Ein bretonisches Sprichwort besagt: *Tri dra zo dic'hallus da Zoue: Kompezan Brasparz!* »Drei Dinge sind unserem Gott wichtig. Das erste ist die Einebnung Brasparts.« Kommt davon, wenn man mit seinen »Bergen« aus der Rolle fällt. Die anderen darf jeder selbst erraten ...
Hügelketten, Wälder, Torfmoor, fette Weiden. Entdecken wir den Zauber dieses Landstrichs, den der bretonische Poet Max Jacob (geb. 1876, gest. 1944 im Konzentrationslager Drancy) in einem Gedicht verewigte. Im Pfarrbezirk eine Renaissancevorhalle und ein Beinhaus von hohem künstlerischen Wert. Die *Librairie Celtique*, vom Mont-Saint-Michel her kommend rechts am Dorfanfang, nicht auslassen. Die Buchhandlung gehört übrigens einem passionierten Gelehrten.
– *Fremdenverkehrsverein:* Juli bis August, T. 98-81-47-06. Ansonsten im Rathaus nachfragen, T. 98-81-41-25.

Unterkunft und Verpflegung

– *Le Touchennou:* T. 98-81-43-02, 1 km vom Dorf. Drei einladende Zimmer bei Jean Toutous. Zelten (Camping à la ferme) in dieser Bilderbuchgegend inmitten von Feldern und waldigen Tälern möglich.
– *Zehn Ferienhäuser*, die weggehen wie warme Semmeln, daher unbedingt rechtzeitig buchen. 1000-1400 F die Woche im Juli/August, 900 F in der Vor- oder Nachsaison. Auskunft im Rathaus oder im Verkehrsamt.
– *Mme Boulouard* vermietet einige ordentliche preiswerte Zimmer mitten im Dorf: 5, place des Halles, T. 98-81-41-61. Liebenswürdige Aufnahme.
– *Auberge de Meilh Skiriou:* nach wenigen Kilometern auf der D 21. T. 98-81-12-29. Das Gasthaus, ein ehemaliges Bauernhaus, idyllisch gelegen, hat angenehme Zimmer mit oder ohne Dusche (148 F) zu bieten. Restaurant mit ausgezeichneten Crêpes; Menü zu 72 F unter der Woche, sonst 80 und 82 F. Während der Hochsaison täglich außer montags und Dienstag mittags Betrieb. Von Mitte November bis Mitte Februar geschlossen. Im Park: Spiel und Spaß für Kinder. Erholung garantiert. Vier bis fünf Tage vorher reservieren.
– *Auberge chez Maurice:* im der Innenstadt Brasparts. T. 98-81-41-55. Täglich außer sonntags geöffnet, abends bis 21h. Ruhemonate: Oktober und November. Ein typisches Dorfrestaurant zum Verlieben. Großzügig portionierte, schmackhafte Mahlzeiten zwischen 55 und 80 F.

Kultur, Kultur ...

Der Pfarrbezirk in beherrschender Lage über dem Tal bietet sehenswerte und originelle Details. Abends, wenn das Sonnenlicht die Landschaft nicht mehr überflutet, leuchtet er in den unglaublichsten Grünnuancen.
– *Der Kalvarienberg,* Anfang des 16. Jhs angelegt, ist es wert, genau inspiziert zu werden. Engel fangen das Blut Christi auf; eine mögliche Verbindung zum *Graal,* dieser berühmten Quelle der keltischen Legenden, kann nicht ausgeschlossen werden. Der böse Schächer am Kreuz, welcher dem Zahn der Zeit erfolgreich getrotzt hat, ist in der Mitte regelrecht umgeknickt, und das auch noch nach hinten. Darüber bezwingt St. Michael den Drachen. Das Bemerkenswerteste jedoch bleibt die Pietà: drei stehende Frauen (seltene Position), mit harten Gesichtszügen, die Augen geschlossen oder ins Nichts blickend. Man lenke sein Augenmerk auf die wallende Harmonie der Gewänderfalten, die Beine und Hände Christi, im Kontrast zur steifen Pose der Gestalten. Ein Meisterwerk.
– *Die Kirche* bietet einen Portalvorbau, mit drei Laternen und schräg angebrachten Strebepfeilern.

– *Das Beinhaus* im spätgotischen Stil weist unter anderem gleich zwei Darstellungen des furchterregenden *Ankou* auf: einen mit der Sense, den anderen mit Pfeil und Bogen.

– *La galerie de Bretagne:* 43, rue St. Michel. T. 98-81-43-03. Auf Esoterik und Keltentum spezialisierte Buchhandlung. Dienstags bleiben die Pforten geschlossen. Im Juli kleine Esoterikbuchmesse und Ausstellungen.

– Dreitägiges *Dorffest* ab 15. August. Jeden ersten Montag im Monat *Markt.*

Im Umkreis

● **Lannédern:** kompletter Pfarrbezirk mit Friedhof, Beinhaus, Kalvarienberg und Kirche. Zwischen beiden letzteren erhebt sich in der Ferne der Menez Mikael. Auf der Fassade des Beinhauses mehrere Totenköpfe mit gekreuzten Schienbeinen; und der Ankou darf natürlich auch nicht fehlen: er droht mit seinem Pfeil am Fenster, linkerhand von der Vorhalle. Auf dem Kalvarienberg reitet St. Edern auf einem Hirsch.

● **Loqueffret:** Kirche aus dem 16. Jh. mit typisch niedriger Decke. 1576 errichteter Kalvarienberg, hübsche Fenster und witzige Wasserspeier.

– *Maison des Pilhaouerien:* 29126 Loqueffret. T. 98-26-40-32. Im ehemaligen Pfarrhaus versucht man, die Geschichte der Lumpensammler aus den Monts d'Arrée nachzuzeichnen. Es handelte sich um arme, umherziehende Kleinbauern, die Stoffe, Metalle und Tierhäute sammelten und mal hier, mal dort kleine Diebstähle begangen. Eine Unmenge der bretonischen Volkslieder erzählt von ihren »Heldentaten«, um den Kindern Angst einzujagen.

● **Brennilis:** vornehmlich bekannt durch sein Atomkraftwerk. Vor dreißig Jahren konstruiert, inzwischen stillgelegt wegen Unrentabilität, dient es heute als Wurst- und Schinkenfabrik (doch, doch)! Unterhalb des Dorfes der unheimliche Moorsee *Yeun-Elez* – keltische Sagen sehen in ihm den Eingang zur Hölle. Natürlich fehlt auch in Brennilis nicht der Pfarrbezirk. Kirche mit hübschem, durchbrochenem Glockenturm. Am Hauptaltar eine bemalte Schnitzpaneele. Der Kalvarienberg mit der Pietà ist schmucklos und düster, aber gerade deshalb recht eindrucksvoll.

– *Campingplatz* Brennilis: erst kürzlich an der Staumauer des kleinen Sees, welcher zur Stromerzeugung genutzt wird, eröffnet; idyllischer geht's kaum.

– *das Museum Expo Youndig* (oder: *der Traum an den Toren zur Hölle):* Kerguevenet. T. 98-99-62-36. Das ganze Jahr über täglich geöffnet, trotzdem: wenn möglich, vorher telefonieren. In der früheren Werkstatt ihres Mannes hat Annick Le Lann ein Dorf der Monts d'Arrée im Detail auf vierzig Quadratmetern als Modell nachgebaut. Um die Farbe des Landes um *Yeun Elez* (Diminutiv: *Youdig*) naturgetreu wiedergeben zu können, hat sie im Schieferbruch von Maël-Carhaix tausende winziger Schieferstückchen zusammengesucht. Ihre Figuren sind aus Wolle und Eisendraht gemacht. Die Künstlerin gibt selbst Erklärungen zu ihrem mit viel Geduld und Fingerfertigkeit erstellten Werk. Ein Vergnügen, ihr zuzuhören!

SAINT-HERBOT (29126) _____

Der humoristische französische Schriftsteller Alphonse Allais träumte einst davon, daß die Städte, der guten Luft wegen, doch auf dem Land errichtet werden sollten. Im Mittelalter träumte man nicht, sondern schuf ohne zu zögern Minikathedralen mitten in die freie Natur. St. Herbot ist so eine. Errichtet zwischen dem 14. und 16. Jh., im spätgotischen Stil. Die »Kapelle«, 6 km von Huelgoat entfernt, ist eines der architektonischen Schmuckkästchen im Finistère: typisch bretonische Spätgotik und Renaissance. Überrascht wird man zuerst vom 30 m hohen, quadratischen Glockenturm, welcher aus einer Talmulde herausragt. Als Vorbild diente der Turm von Quimper. Lange Arkaden vermitteln den Eindruck von Leichtigkeit und Ausgeglichenheit. An der Spitze eine Steinbalustrade im flammenden Stil. Am Fuße das Eingangsportal, ein Wunderwerk, das uns in Verzückung schwelgen läßt. Großer gotischer Bogen mit gemeißeltem Blattwerk und Doppeltor nach Korbhenkelart, geteilt durch eine gewendelte Säule. Obenauf die Statue von St. Herbot, eskortiert von zwei Engeln. Zur Straße hin eine elegante Treppe in

Hufeisenform. Die Partie gegenüber des Kalvarienbergs präsentiert einen ansehnlichen Portalvorbau, eingefaßt von fein behauenen Skulpturen. Im Inneren, zu beiden Seiten, die klassische Apostelriege, die Reihen fest geschlossen. Der *Kalvarienberg* wurde 1571 errichtet und setzt sich aus in Kersanton-Granit gemeißelten Gestalten zusammen. Die kompakt wirkende Gruppe trägt etliche originelle Züge; genaues Hinschauen ist allerdings erforderlich. Besonders beachtenswert die Antlitze Christi und der Schächer, die fast schon an Karikatur grenzen: schwere Lider, aufgedunsene Gesichtszüge. Ein erstaunliches bildhauerisches Ergebnis, beinahe modern im Stil. Hier nahm sich jemand ein gerütteltes Maß künstlerischer Freiheit, nahe an Verhöhnung, das in der Cornouaille Einmaligkeitswert besitzt.

Prachtvoll ausgestattet das Kircheninnere: *Kanzel* aus geschnitztem Holz (16. Jh.), fein gearbeitetes *Chorgestühl* aus derselben Zeit, überdacht von Baldachinen mit den dazugehörigen Evangelisten, Propheten usw. ...

Wenden wir unsere Aufmerksamkeit nun der bunten Pietà zu: das Jesuskind macht sich in den Armen seiner Mutter geradezu zwergenhaft klein. Das Bild strotzt vor menschlicher Symbolik.

Auf den beiden Steintischen neben dem Lettner legten früher die Bauern einige Schwanzhaare ihrer Rinder nieder, zu Ehren St. Herbots, dem Schutzheiligen des Hornviehs. Ein plastisches Abbild des toten Heiligen findet sich neben der Kanzel. An der Chorhaube leuchtet uns ein herrliches *Passionsfenster* aus dem 16. Jh. entgegen.

Sich atzen

– *Le Relais de St. Herbot:* 100 m von der Kirche, am Rande der Straße von Huelgoat nach Loqueffret. T. 98-99-90-31. Warme Küche mittags und abends bis 21h, Mittwochabends Ruhetag, von Allerheiligen bis zum 15. April geschlossen. Gepflegtes Restaurant, sympathischer Empfang und lobenswerte Kochkünste. Menüs zu 75 und 98 F. Spezialitäten: Petersfischpastete in Dill, Lamm mit Auberginen usw. Schmackhafte Fischgerichte.

Durst auf ein Glas Coreff?

– *Ty Élise:* in Plouyé, einem winzigen Dörfchen zum Liebhaben, 7 km von St. Herbot entfernt. Ausgerechnet hier, quasi im Niemandsland, befindet sich eine unserer besten Bistroadressen. Byn, der Wirt, ein urwüchsiger, geschwätziger Gallier, hat dem Dorf erst seinen heutigen Charakter verliehen. Täglich bis Mitternacht oder länger wird geschwoft (zwischen Juni und September bis 1.00h). Die Einrichtung ist wohl seit der Revolution nicht mehr verändert worden. Traditioneller Kaminofen, Holztheke, uralte Zapfhähne; die verschiedenen Biersorten – die belgischen Sorten Kriek, Abbaye de Leffe sowie Coreff und das irische Guiness – sind natürlich schankfrisch.

HUELGOAT (29218)

Einzigartiges Zusammenspiel von Wald, Felshalden und Vegetation. Huelgoat ist selbstredend Teil des armorikanischen Naturparks und bietet seinen Besuchern traumhafte Wanderwege durch Wälder und Felsen, vorbei an im Sonnenlicht badenden Pflanzen.

Der letzte Sturm fegte den halben Wald weg, doch die zuständigen Stellen geben sich die allergrößte Mühe, neu aufzuforsten und die Wege zu erneuern. Das Dorf erstreckt sich an der Längsseite eines Sees. In der Hochsaison wird der Ort stark von einfallenden Touristenschwärmen heimgesucht. Eine Anekdote erklärt die merkwürdigen Steine und Felsansammlungen: die Bewohner von Plouyé und Berrien sollen sich so gehaßt haben, daß sie sich am laufenden Band mit Steinen bewarfen. Mit dem Haß wurden auch die Steine immer größer und landeten, physikalischen Gesetzmäßigkeiten gehorchend, in der Mitte, auf Huelgoat!

– *Fremdenverkehrsverein:* Juni bis September, T. 98-99-72-32.

Und wo essen, wo sich betten?

– *Hôtel du Lac:* rue du Général-de Gaulle, T. 98-99-71-14: zentral gelegene Unterkunft in Gestalt eines kleinen Provinzhotels. Sympathische Aufnahme und preiswerte Zimmer mit Seeblick; wirklich piccobello. Doppelzimmer mit Dusche ab 110-200 F. Das Restaurant hat – nur nicht im November und Dezember – täglich geöffnet, außer bisweilen Freitag abends. Das Menü zu rund 55 F gestaltet sich folgendermaßen: Monts d'Arrée-Salat, Huhn in Cidre, eine Art Bratwurst mit Kräutern usw. Zu 90 F: Scampis in Mayonnaise, Meeresfilet in Estragonsauße und Nachtisch; und zu 120 F: Räucherlachs auf Toast, eingemachte Ente usw. Eine prima Adresse, nicht wahr?

– *Hôtel de Bretagne:* 13, rue A. Briand. T. 98-99-71-13. Zwei Schritte vom See an einem ganz und gar charmanten Platz. Vernünftige Zimmer mit Dusche oder Waschbecken von 120-200 F. Hoteleigenes Restaurant, Halbpension möglich.

– *Camping du Lac:* 700 m von der Stadtmitte. Ein »Luxuszeltplatz« mit allem erdenklichen Komfort und Swimmingpool. Bewirtschaftet vom 1.6. bis 30.9. T. 98-99-78-80. Ach ja, Leser beschweren sich über mitleiderregendes Gequieke und Blöcken ab 6.30h vom Schlachhof nebenan.

– *Camping la Riviere d'Argent:* sowohl am Rand des Gemeindewaldes wie auch am Ufer des Flusses gelegen. Der Zeltplatz befindet sich an der Schnittstelle der großen Wanderwege (GR 37 Guérlédan-Douarnenez und GR 380 Plouegat-Moysan-Douarnenez). Mit seinen achtzig Stellplätzen angenehm überschaubar.

– *Crêperie des Myrtilles:* place Principale. T. 98-99-72-66. Gewöhnlich im November und Dezember sowie immer montags geschlossen. Leckere Crêpes und Menüs zu 32 und 52 F. Läßt die Witterung es zu, so tafelt man auf der Terrasse.

– *Crêperie de l'Argoat:* unmittelbar am See. T. 98-99-71-72. Deliziöse, preisgünstige Crêpes, warmherziger Empfang; bis spät in die Nacht Betrieb (außer dienstags und im Oktober).

Sehenswertes

Das Fremdenverkehrsbüro verteilt detaillierte Broschüren über alle möglichen Aktivitäten. Sozusagen Urlaub à la carte mit Zeitangaben und Kilometerzahl. Angebote unbedingt nutzen. Vor dem Abmarsch sollte man aber unbedingt Erkundigungen einziehen, ob die gewählte Strecke wegen der Aufforstungen noch landschaftlich reizvoll ist.

Für Eilige hier die wichtigsten Ausflugsziele: ein paar hundert Meter nördlich vom Dorf einige leicht zu erreichende, fast durchweg in der Nähe des Flusses Argent gelegene Sehenswürdigkeiten. Zuerst das *Chaos du Moulin*, ein Felsenmeer, gefolgt von der *Grotte du Diable* (Höhle des Teufels) und schließlich ein Freilufttheater. Jetzt nach rechts, meine Damen und Herren, Richtung Fluß und schon stoßen wir auf den *Roche Tremblante*, den »wackligen Felsen«. Dieses einige Tausend Tonnen schwere Kieselsteinchen bewegt sich, drückt man ihn an einer ganz bestimmten Stelle. *Le Ménage de la Vierge*, ein keineswegs häßliches Geröllfeld, schließt sich an. Der »Chemin Violette«, immer am Fluß entlang, führt zur Straße nach Carhaix.

Gute drei Stunden braucht man für diesen Rundgang, bei dem auch noch andere ungewöhnliche Sehenswürdigkeiten auftauchen: der *Saut du Gouffre*, ein ansehnlicher Wasserfall, oder die *Promenade du Fer a Cheval* (Hufeisenpromenade), der *Mare aux Sangliers* (Morast der Wildschweine) und die *Grotte d'Artus* (Höhle, wo König Artus sich auszuruhen pflegte). Am Anfang des Weges, der zur *Roche Tremblante* (dem zitternden Felsen) führt, kann der Hobby-Imker ein Bienenhaus bestaunen und unter Umständen sogar den köstlichen Honig probieren!

Im Umkreis

- **Kerguévarec:** an der Straße nach Plouyé. Kleine Gruppe von über zweihundert Jahre alten Bauernhäusern mit ansehnlichen Brunnen.
- **Locmaria-Berrien:** winziges, verschlafenes Dorf in einer gewellten Landschaft. Charaktervolle Häuser, einige vernagelt oder halbe Ruinen, zeugen von der Landflucht.
Goldige Kirche mit ganz niedrigem Dach, davor drei fette Bäume mit durchlöcherten Stämmen. Gelegenheit, mit dem Pferdeplanwagen umherzukutschieren, sei es übers Wochenende, unter der Woche (fünf Tage außer im Juli/August) oder aber während einer ganzen Woche (in der Vor-, Haupt- und Nachsaison). Wer will, kann aber noch länger durch die Landschaft zockeln. Abfahrt am alten Bahnhof von Locmaria-Berrien. Auskunft: *Roulottes de Bretagne*, T. 98-99-73-28.

Übernachtung und Verpflegung

– *Auberge de la Truite:* am Bahnhof von Locmaria. T. 98-99-73-05. Während der Hochsaison täglich mittags und abends bis 21h offen. Außerhalb der Saison Sonntagabend und montags, wie auch im Januar und Februar, geschlossen. Großer, neuer Speisesaal mit Sicht auf den Garten. Angenehm, aber fast schon zu »clean«. Der Vorraum ist leider den prächtigen rustikalen Möbeln vorbehalten. Keine Riesenauswahl, dafür exzellente Küche. Die köstliche Terrine steht auf dem Tisch. Ruhig mal die gemästeten Wachteln kosten, die zarten Fleischsorten oder vielleicht lieber die Forelle nach Art des Hauses. Menüs zu 115, 165 und 300 F. Einige Zimmer zu 98 und 165 F. Etwa hundert Meter weiter ein anderes Restaurant. Es soll billiger sein, wir haben es aber mangels Hungers nicht mehr getestet.
- **Pouallouen:** an der reizvollen Touristikstraße Huelgoat-Carhaix (D 769). Bekannt für seine silberhaltigen Bleibergwerke, die seit Anfang des Jahrhunderts nicht mehr ausbeutet werden, sowie seiner fantastischen Fest-noz-Tänzer und -Sänger wegen. So stammen die *Soeurs Goadec,* jene vier alten Damen, die ihr Comeback dank Alan Stivell in den siebziger Jahren feierten, aus Pouallouen.
Am oberen Ende des Dorfes erhebt sich eine hübsche Renaissancekirche. Originelle Fassade mit eleganten, großen Steinschnörkeln an den Seiten. Übereinanderlagernde Säulen und eine hübsche Balustrade über dem Portalvorbau.
- **Berrien:** ebenfalls an der Strecke Huelgoat-Carhaix. Rundherum eine wild anmutende, unberührte Natur. Ein Stück tiefste Bretagne. Hauptstadt des bretonischen »Unabhängigkeitskampfes« im Finistère. Insbesondere Feministinnen und Agnostiker dürfte diese Ecke anziehen. In der Tat muckten die hiesigen Frauen vor Zeiten ganz fürchterlich gegen die Kopfwäsche durch christliche Priester auf, beschuldigten diese, für die sexuelle Unlust der Männer verantwortlich zu sein und zahlten es ihnen regelmäßig mit Steinwürfen heim. Ob sie auch mit Menhiren geschmissen haben, wissen wir nicht.
Die Kirche samt Renaissancevorbau aus dem 16./17. Jh. ist noch intakt. Rundherum befinden sich gar einige Überreste aus megalithischer Zeit, auch Tumuli. Jährliches Fest am ersten Sonntag im Juli. Näheres im Rathaus: T. 98-99-72-01.
- **Trédudon:** am südlichen Abhang der Monts d'Arrée, verloren zwischen Heideland und Hecken, kauert eines unserer Lieblingsdörfer. Hübsche, typisch ländliche Architektur. Im letzten Weltkrieg war Trédudon das erste Dorf im Widerstand gegen die deutsche Besatzungsmacht. Doch die Erde nährt nicht alle; die Winter sind rauh und hart, die Zeit ist stehengeblieben. Viele Einwohner kehrten daher ihrer Heimat den Rücken und die stattlichen Granitbehausungen bröckeln vor sich hin. Nur noch einige wenige Jungbauern und fatalistische ältere Leute sind übriggeblieben.

Unterkunft und Verpflegung

– *Ferme-Auberge de Trédudon:* in der Ortsmitte von Trédudon. T. 98-99-61-65 oder 98-99-65-71. Yves und Herveline Berthou, ein junges Bauernpärchen mit einer Menge Mut und Fantasie, eröffneten dieses Bauerngasthaus mit fünf herzigen Zimmern. Ideal für Erholungsbedürftige. 120-200 F fürs Doppelzimmer, Frühstück eingeschlossen. Vortrefflich mundende Hausmannskost zwischen 60 und

100 F, u.a.: hausgemachte Schinken und Wurstwaren, Lamm und Zicklein aus eigener Haltung, selbstgemachter Käse und Desserts, serviert in einem reizvollen Speisesaal. Tischvorbestellung ist unbedingt erforderlich. Unter der Woche mittags geschlossen.

● **La Feuillée:** eine weitere idyllische Gemeinde in den Monts d'Arrée. Einst bedeutender Viehmarkt im Finistère. Einige Überreste der *Commanderie* der Tempelritter sind der Nachwelt erhalten geblieben. Heute ist La Feuillé ein schlichtes Dorf ohne Geschichte von nüchternem Reiz, aber mitreißenden Festou-Noz. Touristische Auskünfte im Rathaus unter T. 98-99-61-52.

– *Zeltplatz, Reitzentrum* (Centre équestre) der Monts d'Arrée. T. 98-99-61-60.

– Ein *Hotel,* das einzige, verbreitet bretonische Einfachheit in Reinkultur; preiswert und rustikal.

– Der einzigen *Crêperie* am Ort gebührt ein Pflichtbesuch. Absoluter Gaumenschmaus in einem bildhübschen Haus. An milden Sommerabenden urige bretonische Atmosphäre.

● **Botmeur:** bislang völlig vom Fremdenverkehr übergangen. Dennoch, oder eben drum, ein reizender Flecken an der Straße La Feuillée-Saint Rivoal, den für allerlei Legenden verantwortlichen Yeun Elez-Sumpf überragend. An den Wasserläufen der Region – Elez, Roudouhir und Roudoudour – bemüht man sich, den Biber wieder heimisch zu machen.

– *Camping municipal:* T. 98-99-63-06. Öffnungsperiode: 1.7. bis 31.8.

DIE MONTAGNES NOIRES (Schwarzen Berge)

Geographisch handelt es sich um die natürliche Verlängerung der Monts d'Arrée. Ebenso unberührt und mysteriös, kaum vom Massentourismus befallen, wie andere Landstriche der *Bretagne profonde.* Ihren Namen verdanken die »Schwarzen Berge« höchstwahrscheinlich ihren ehemals dichten Wäldern. Ihre Erhebungen sind niedriger, abgerundeter als jene der Monts d'Arrée. In der Mitte das *Aulne-Tal.* Auch die Schwarzen Berge nährten den Strom der Auswanderer. Ende des 19. Jhs wanderten über fünftausend Bretonen nach Amerika aus. In New York existiert eine kleine bretonische Gemeinde; man sieht sie im Central Park Boule spielen.

CARHAIX-PLOUGUER (29270)

Handelsstadt – sieben Römerstraßen trafen hier einst aufeinander. Kristallisationsort der Revolte der »Bonnets rouges« (Rotmützen) gegen die Steuerpolitik Ludwigs XIV. Nahezu dreißigtausend Bauern rotteten sich zu einer richtigen Armee zusammen.

Die Einwohner stehen zu ihrer keltischen Abstammung: nicht nur die *Rue Bobby Sands* – ein im Mai 1981 nach sechsundsechzig Tagen Hungerstreik in Belfast gestorbener IRA-Häftling – zeugt davon. Beschilderungen sind zweisprachig bretonisch/französisch, es gibt ein bretonisches Kulturzentrum, der Schulunterricht findet nicht nur auf französisch statt ... Carhaix-Plouguer ist auch Heimatstadt von La Tour d'Auvergne, dem namhaften Soldaten und Spezialisten der bretonischen Sprache und Grammatik. Er wurde von Bonaparte höchstpersönlich wegen seines Mutes und seiner Wohltätigkeit zum »Ersten Grenadier Frankreichs« ernannt. Dieser Freudentag wird am letzten Sonntag im Juni alle Jahre wieder gefeiert. Auch der Dichter und Sänger Glenmor ist unweit von Carhaix geboren, nämlich in Maël-Carhaix, ebenso Alan Stivell aus Langonnet bei Gourin. Hier feierte die bretonische Musik schon in den fünfziger Jahren ihr Comeback. In Carhaix-Plouger erlebt man die bretonische Lebensart am authentischsten – finden wir.

Carhaix besitzt zwar keine besonders wichtigen Monumente (außer dem ersten und auch einzigen Krematorium der Bretagne), dafür aber einige mittelalterliche Bauwerke. Zum Beispiel die prächtige *Maison Renaissance,* heute Fremdenverkehrsbüro, und die Kirche *St. Trémeur:* wurde im 19. Jh. wiederaufgebaut, behielt jedoch ihren Glockenturm aus dem 16. Jh. nach dem Vorbild von St. Herbot. Bemerkenswert der Spitzbogen, auf dem die Statue St. Trémeurs thront, den

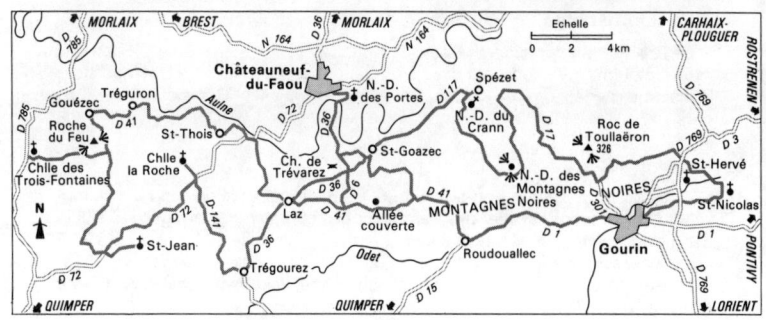

Rundfahrt durch die Montagnes Noires

müden Kopf in die Hand gestützt. Gefährlich wurde es während eines Oktober-sturms, als bis zu 60 kg schwere Steinblöcke herabprasselten. Heute steht wieder alles an seinem Platz, also kein Grund zur Beunruhigung. Sehenswert auch die Kirche von *Plouguer,* im romanischen Stil. 500 m weiter, der Weiler namens *Petit-Carhaix* mit Handwerkerhäusern aus dem 17. und 18. Jh.
– *Fremdenverkehrsamt:* 3, rue Brizeux. T. 98-93-04-42.

Weiterfahrt

● *Mit dem Zug*

– *Nach St. Brieuc:* über Guingamp. Täglich um 17.30h.

● *Mit dem Bus*

– *Nach St. Brieuc:* über Rostrenen, St. Nicolas-Pelem und Quintin. Täglich um 7.00h, außer sonn- und feiertags. Mit der CAT, T. 98-33-36-60.
– *Nach Châteaulin:* über St. Hernin, Spézet, Château-Neuf-du-Faou und Pleyben. Zwei bis drei Busse täglich.
– *Nach Loudéac:* über Rostrenen, Gouarec, Mur-de-Bretagne.
– *Nach Morlaix:* über Poullaouen, Locmaria-Berrien, Huelgoat, Berrien, Scrignac, Plougonven. Annähernd anderthalb Stunden Fahrt. Zwei bis drei Busse täglich.

Im Umkreis

● Ehrwürdige *gallische Brücke* und *Chapelle Sainte-Catherine* in Plounévézel, einige Kilometer nordöstlich von Carhaix.
● **Pont de Carhaix:** 6 km von Carhaix entfernt. Hier kreuzen sich die Straße und der Kanal Nantes-Brest. Der Kanal wurde von 1811-1836 gegraben. Die Idee einer Verbindung zwischen Brest und Nantes kam den Bretonen, als die Engländer Brest während der Revolution blockierten. Viel transportiert wurde zwar nicht; der allgemeinen wirtschaftlichen Entwicklung kam er dennoch zugute. Bei Kriegsaus-bruch 1914 wurden alle Schleppkähne beschlagnahmt und wurden nie wieder gesehen. Heute kann man sich auf umgebauten Kähnen, den »péniches«, eine gemütliche Bootsfahrt mit der *Ster-Aon* von Port-de-Carhaix nach Pont-Coblant südlich von Pleyben gönnen.
Zuständig für Auskünfte jeder Art ist das Fremdenverkehrsamt von Carhaix, T. 98-93-04-42, oder die Agentur *Argoat Plaisance* beim Segelhafen, Postfach 41, 29520 Châteauneuf-du-Faou, T. 98-81-72-11.

Zum Übernachten

– *Le Gradlon:* an der früheren Route de Brest, bei der Kirche. T. 98-93-15-22. Das neue Hotel (mit Fahrstuhl) lädt das ganze Jahr über dazu ein, eine Übernachtung in einem seiner 45 Zimmer für ungefähr 250 F einzuplanen. Günstigstes Menü zu etwa 70 F.

Nobel essen

– *Auberge du Poher:* in Port-de-Carhaix. T. 98-99-51-18. Einrichtung und Atmosphäre etwas schnieke, aber das Restaurant genießt einen hervorragenden Ruf in der gesamten Region. Montags und im Februar geschlossen. Menüs zu 68, 90 F (Spanferkelschenkel und Lachsfilet), zu 120 F mit doppelter Vorspeise, zu 155 F mit Käse und einem Nachtisch (Meeresfrüchteplatte, Jakobsmuscheln). A la Carte Klassiker wie Grillhähnchen, eingemachte Apfelente uvm.

Für den abendlichen Ausgang

– *Tan-Dehy:* Crêperie-Bar, route de Brest. DER Treffpunkt bretonischer Musiker, garantiert keltische Atmosphäre. Abwechslungsreiche, manchmal sogar poetische Darbietungen.

SAINT-HERNIN (29270)

Ein winziges Nest an der Straße nach Spézet. Sehenswerter Pfarrbezirk, Kirche im typischen Cornouaillestil: niedriges, breites Dach mit Balustraden am Glokkenturm. Nische mit zwei ansehnlichen Statuen. Weder Beinhaus noch Kalvarienberg fehlen. Auf letzterem ähneln die drei Marias jenen in Brasparts. Obenauf ringt St. Michael mit dem Drachen. Man beachte die qualvoll sich windenden Schächer an ihren Kreuzen. Die Physiognomie des Bösen zeigt übrigens noch mehr Pein.

Im Umkreis

● **Der Kalvarienberg von Kerbreudeur:** 1 km vor St. Hernin diese ungewöhnlich archaische Erscheinung am Straßenrand. Der endgültig älteste seiner Art in der Bretagne. Tatsächlich noch um ein paar Jahre älter als der von Trédudon. Sie scheinen auch aus demselben Atelier zu stammen. Die gemeißelten Szenen sind zwar zumeist verstümmelt, die Einzelheiten schlecht zu erkennen; gleichwohl erahnt man einige von ihnen, so z.B. den Kreuzweg – die beiden Schächer tragen dicke Seilschlingen um den Hals – und wie Johannes die Heilige Jungfrau stützt. Die Vertreibung aus dem Paradies ist noch schlechter zu erkennen. Bei der Anbetung der Heiligen Drei Könige tragen diese Kostüme aus der Zeit Karls VII. Im Inneren die Taufe Christi usw. Der Kalvarienberg von Kerbreudeur besticht allein schon durch seine melancholische Einsamkeit.

CLEDEN-POHER (29270)

Auch hier wartet ein eher bescheiden anmutender Fleck mit einem der sehenswertesten Pfarrbezirke auf. Also, sollte man sich eh schon in dieser Ecke aufhalten, hinfahren und sich umsehen. Eine friedvolle, grünende Umgebung, an schönen Tagen in flutendes Licht getaucht, empfängt den Besucher. Niedliche *Kirche* samt elegantem Glockenturm. An dessen Fuß eine Sakristei in der traditionellen Form eines umgedrehten Schiffskiels, welche wie in vielen anderen Pfarrbezirken erst im 17. Jh. angefügt wurde. *Beinhaus* mit bildhübscher Tür im Gotik-Renaissancestil, und, in einer Dachecke, ein furchterregender Sensenmann. Im Inneren das Originalgebälk mit von grotesken und schauerlichen Gestalten ausgeschmückten Zierbalken. Bemerkenswerter Kalvarienberg, weniger spektakulär als jene in Pleyben oder Guimiliau, doch, was Ausgewogenheit und Symmetrie betrifft, einer der reizendsten unter den kleinen Kalvarienbergen. Ausgesprochen schlichte Pietà.

SPEZET (29135)

Es liegt etwas in der Luft, hier im Herzen der Montagnes Noires, dem Symbol der wahren, unverfälschten Bretagne. Etwas Unerklärliches, Schönes. Wer uns für zurückgebliebene Romantiker hält, wird schon sehen. Wahrscheinlich rühren diese positiven Schwingungen der Luft von der Ruhe und Erhabenheit des Flusses Aulnes und den mysteriösen Bergen her. Eine Menge Überraschungen warten an den Wegen auf alle, die mit offenen Augen durchs Leben gehen: Hinkelsteine, Steinkistengräber *(allées couvertes)*, Wegkreuze, Felsvorsprünge, gallische Brücken, Brunnen, Kapellen, Heideland, Bäche, Torfgruben, Haine ... alles ist möglich. Vielleicht begegnet man gar einem Geist oder wenigstens einem netten Druiden.

Der Fremdenverkehrsverein hält Broschüren über alle möglichen Freizeitaktivitäten parat. Bestens markierte Wanderwege erleichtern Expeditionen auf Schusters Rappen.

Nützliche Anschriften

– *Syndicat d'initiative* (Fremdenverkehrsverein): in der Maison Bleue, neben der Kapelle Notre-Dame-du-Krann. 10-13h und 14-18h besetzt.

– *Skanu e Droad:* 2, rue du Krann, T. 98-93-91-95. Dieser Verein organisiert Ausflüge zu Fuß und Führungen von Juni bis September. Fünfstündiger Fußmarsch entlang des Kanals oder durch die Berge. An Vollmondnächten auch Nachtwanderungen. Schreiben oder telefonieren, um Tage und Abfahrtszeiten in Erfahrung zu bringen.

Unterkunft und Verpflegung

– *Hôtel-restaurant de l'Argoat:* route de Châteauneuf. T. 98-93-80-23. Unweit der Kapelle Notre-Dame-du-Crann. Sympathisches Hotel, einladende Zimmer (140-180 F), Menüs zu 55 und 135 F (sechs Austern, Lachsterrine, Hauptmahlzeit, Salat, Käse und Nachtisch). Gut zu wissen: der Inhaber holt seine Gäste sogar vom Bahnhof ab. Außerhalb der Saison organisiert er manchmal altmodische Schwofabende im Festsaal von Laz und bietet dazu das Abendessen und die Übernachtung zu einem Festpreis an.

– *Ty Coz:* route de Châteauneuf. Renommiertes nettes Bistro mit ausgezeichneten Bieren im Ausschank; stimmungsvolle, besonders abends recht lebhafte Stimmung; diverse Spiele. Ab und zu Musiksessions.

– *Gästezimmer und Zelten auf dem Bauernhof:* bei Jean und Annick Lollier in Pendreigne. T. 98-93-80-32. Zwei Zimmer zu 130 F und ein Ferienhäuschen, ebenfalls mit zwei Zimmern. Ganzjährig geöffnet. Zeltplatz nur von Juni bis September in Betrieb.

Sehenswertes

– *Kirche* aus dem 18. Jh. mit Taufbecken samt Baldachin und drei Altaraufsätzen aus derselben Epoche; Beinhaus aus Renaissancezeiten.

– *Chapelle Notre-Dame-du-Crann:* versteckt unter Bäumen, knapp 1 km vom Dorf. Auf den ersten Blick wirkt die Kapelle streng, weist jedoch vielerlei bemerkenswerte architektonische Einzelheiten auf, z.B. einen eleganten Renaissanceglockenturm mit Steintreppe längs des Dachs. Im Inneren spektakuläre Kirchenfenster aus dem 16. Jh. Meisterhaft und in den leuchtendsten Farben, das Hauptfenster, die Passion in zwölf Feldern darstellend, mit einer Fülle von Kostümen. Italienische oder deutsche Einflüsse, die Stiche Albrecht Dürers beispielsweise, können nicht ausgeschlossen werden. Farbige Dreifaltigkeitsretabel mit Personendarstellungen. Unweit ein Brunnen.

– Folgen wir anschließend der Straße nach Roudouallec, durch wilde Landschaften und vorbei an Torfgruben, zur *Notre-Dame-des-Montagnes-Noires.* Dann sollte man sich nicht davor scheuen, den *Felsvorsprung von Kudel* zu erklimmen. Etwas weiter, an der Straße nach Spézét-Gourin, kraxeln wir dann noch auf den *Roc'h Toullaeron,* allein um des Panoramas willen.

Festivitäten

– *Pardon zu Ehren der Notre-Dame-du-Crann:* pittoresker Brauch am Sonntag nach Pfingsten. Frauen, jeweils ein Dorfviertel repräsentierend (Dorf, Wasser, Hügel), sammeln Geld für einen Riesenbatzen Butter, in den anschließend religiöse Motive modelliert werden. Vor Zeiten, als die Butter noch eigenhändig gestampft wurde, holte man sie unmittelbar in den Häusern ab, um 80 kg schwere Batzen pro Dorfviertel zu fabrizieren.

– *Fête de Kerlaviou:* einige Kilometer östlich von Spézet. Steigt am letzten Sonntag im August. Traditionelle bretonische Spiele.

Drumherum

● **Roudouallec:** sehenswert die *Kirche* aus dem 16. Jh. Am Ausgang des Dorfs, Richtung Laz nach etwa 1 km, stößt man auf ein Steinkistengrab *(allée couverte)*, eine altertümliche Grabstätte aus der Bronzezeit. Meldet sich der Hunger? Dann nichts wie hin ins nahegelegene *Bienvenue* (näheres dazu unter »Le Scorff« im Kapitel über den Morbihan).

● **St. Goazec:** mehrere *Kreuze* lohnen, näher betrachtet zu werden. Eins davon im Dorf, mit Jungfrau und Kind. Ein anderes in Richtung Laz bietet eine Pietà. Die Gesichtszüge sind zwar eher rudimentär ausgeformt, aber dafür sooo rührend. Der Körper Christis scheint seltsamerweise in der Luft zu schweben.

● **Laz:** am Fuße des Kalvarienbergs eine bemerkenswerte *Pietà*. 100 m von der Kirche ein Friedhof mit weitestgehend stilisierten Steinfiguren, die gleichwohl lebendig wirken. Maria Magdalena blickt tragisch und abwesend, der heilige Johannes hat sich in Schale geworfen wie ein Honoratior. Einen besonders würdevollen Eindruck hinterläßt die heilige Jungfrau. Und wie wundervoll das Gesicht Christi hervorsticht, fast erhaben und ausgeruht.

Unterschlupf auf dem flachen Land bieten die drei Gästezimmer bei Mme Barré, T. 98-26-84-73, nach 2,5 km an der Straße nach Briec. Sympathischer Empfang, Zimmer für zwei zu 100 F.

● **Das Schloß von Trévarez** aus dem ausgehenden 19. Jh. liegt an der Straße nach Châteauneuf-du-Faou. T. 98-26-82-79. Aufgrund seiner Ziegelsteine hat es den Spitznamen: *le Château rose* (das Rosa Schloß). Im Juli/August täglich 11-19h zu besichtigen. In den Monaten April, Mai, Juni und September täglich außer dienstags 13-19h. Sonst samstags und sonn- und feiertags 14-18h. Blühende weitläufige (75 ha) Gartenanlage, eine der üppigsten (vierhundert verschiedene Rhododendron-Arten, dreihundertsechzig Azaleen- und einhundertfünfundzwanzig Kamelienarten, ein japanischer Garten, ein kleiner Zoo, etc.) in der Bretagne, in der auch stets etwas geboten wird: Theateraufführungen, Ausstellungen usw. und ein Café. Das Eigentum des Conseil général weist noch Beschädigungen aus dem zweiten Weltkrieg auf, als es wegen der sich hier erholenden deutschen Soldaten bombardiert wurde.

CHATEAUNEUF-DU-FAOU (29119)

Recht beachtlicher Flecken, abgekürzt »Lefou«, der sich terrassenförmig über einen Hügel ausbreitet. Unten fließt die Aulne durch friedvolle, grüne Gefilde. Ein wichtiger Wirtschaftsfaktor ist die Flußfischerei. In der *Kirche* gestaltete Paul Sérusier aus der Schule von Pont-Aven die Taufbecken.

– *Fremdenverkehrsverein:* rue de la Mairie. T. 98-81-83-90.

Ein Kopfkissen und etwas für den Gaumen

– *Le Relais de la Cornouaille:* 9, rue Paul-Sérurier. T. 98-81-75-36. Samstags, sonntags und im Oktober geschlossen. Beliebtes Restaurant in der Gegend, immer voll, immer lustig. Menü zu 90 F mit acht Austern oder *Terrine du Chef* mit Portwein, mit Kräutern überbackenen Muscheln oder Lachspastete, einem weiteren Gericht und einem Nachtisch. Eine Alternative dazu das Menü zu 120 F: wahlweise Krabben in Mayonnaise, Jakobsmuscheln oder Seeteufelspießchen, junges Perlhuhn baskisch oder gegrillter Fisch. Wer 160 F anlegt, zieht das große Los: Meeresfrüchteplatte, Jakobsmuschelspießchen, Wachteln mit Trauben oder Kalbsschnitzel in Sahnesoße, Salat, Käse und Nachtisch. Wie unschwer herauszuhören sein sollte, eine empfehlenswerte Adresse. Zwanzig Doppelzimmer um die 170 F.

– *Ferienzentrum Penn-ar-Pont:* touristischer Komplex samt Ferienhäuschen, komfortablem Zeltplatz, Tennisplatz, Swimmingpool, Fahrrad- und Tretbootvermietung an einer Schlinge des Kanals. Auskunft: 98-81-81-25.
– *Manoir de Huelgars:* in Coray, T. 98-59-17-88. In einer Entfernung von 16 km von Châteauneuf, an der D 36 in Richtung Trégourez, erwartet den Reisenden ein schönes, von einem Park umgebenes Herrenhaus. Vier komfortable Zimmer (das Doppelzimmer zu 120 F) können gemietet werden, zwei Zimmer mit Kochecke stehen zur wochenweisen Vermietung (700 F) bereit.

SCAER (29390)

In einer das Auge erfreuenden Landschaft stoßen Frankreichfreunde hier auf eine kleine Gemeinde mit reichem architektonischen Erbe.
– *Fremdenverkehrsamt:* T. 98-59-42-10

Unterbringung

– *Hôtel-Restaurant Brizeux:* 56, rue Jean-Jaurès. T. 98-59-40-59. Ganzjährig geöffnet, Zimmerpreise zwischen 120 und 220 F. Klassische, fast familiäre Küche. Idealer Ausgangspunkt für Erkundungsfahrten ins Hinterland.

Sehenswertes

– *die Kapelle von Cascadec:* ihr erster Standort war Scringnac, von wo aus sie 1932 Stein für Stein wegtransportiert wurde, um hier wieder aufgebaut und aufgearbeitet zu werden.
– *die Kapelle Saint-Adrien:* eine Figur stellt uns den Heiligen mit offenem Bauchraum vor; vielleicht, weil er innere Krankheiten heilt?
– *die Kapelle von Penver:* aus dem 15. Jh., und die *Kapelle Coadry,* beides Hochburgen der mittelalterlichen Geschichte.
– in *Ker Glanchard* wohnt und arbeitet einer der fünfzehn letzten Holzkohlenhändler Frankreichs. Der Kohlenmeiler besteht aus Eichen und Buchen – von denen die letzteren besser brennen – und ist mit Erde und Kohle bedeckt. In seiner Mitte lodern die Flammen aus einem Kamin. Sechs Raummeter des verfeuerten Holzes ergeben nach vierundzwanzigstündiger Verbrennung tausendfünfhundert bis zweitausend Liter hervorragender Holzkohle.

Für Hinweise, die wir in späteren Auflagen verwerten,
bedanken wir uns mit einem Buch aus unserem Programm

BREST UND DIE ABER-REGION

BREST (29200)

Die ausgezeichnete geographische Lage war schon immer Voraussetzung für Brests Berufung zur Seefahrt. Im Zweiten Weltkrieg verwandelten die Deutschen es in eine U-Boot-Basis, woraufhin 1944 die alliierte Luftwaffe die ganze Stadt unter einem Bombenteppich begrub. Heute präsentiert sie sich streng geometrisch, ohne Anmut, bedingt durch den schnellstmöglichen Wiederaufbau. Das Stadtbild geht zurück auf amerikanische Entwürfe aus den Jahren 1918/20 und wurde von dem Architekten J.-B. Mathon ausgearbeitet. Brest versprüht daher alles andere als überbordenden Charme. Ein Weilchen sollten wir dennoch hier verweilen, sei es wegen der Museen, der Reede, oder um mal wieder ein wenig Nachtleben mitzubekommen. Eine beliebte feststehende Redewendung der Franzosen, *le Tonnerre de Brest* (der Donner von Brest), findet hier flugs ihre Erklärung: jedesmal, wenn ein zu Zwangsarbeit verurteilter Sträfling aus der Strafkolonie entfloh, wurden Kanonenschüsse abgegeben, um Alarm zu schlagen und die Brester Bürger zu warnen. Ein wahrhaft lautes Völkchen, diese Bretonen: nach dem *Bruit de Landerneau* nun auch noch der *Tonnerre de Brest!* Die Brester bekamen den Spitznamen »Ptits zefs«, nach dem ständig in »Brest mêm« (ein weiterer lokaler Ausdruck) wehenden Lüftchen.

Ein Streifzug durch die Geschichte

Schon die Römern begehrten diesen sympathischen und leicht zu verteidigenden Naturhafen. Spuren ihres Castrums finden sich in der Ummauerung des Schlosses. Bereits Plinius der Ältere pilgerte hierher, sozusagen als Prototyp aller späteren Touristen. Im Mittelalter nicht weniger anziehend, wechselte Brest abwechselnd in die begierigen Hände der Briten, Franzosen und Bretonen. Unter Richelieu stieg Brest schließlich zum wichtigsten französischen Kriegshafen auf. Der berühmte Festungsingenieur Vauban kümmerte sich selbstverständlich um die Befestigung. Im Jahr 1750 wird die Strafkolonie *(Bagne)* eingerichtet. Die zweitausend Sträflinge wurden alle mit einem »TF« für *Travaux Forcés* (Zwangsarbeit) in Rot gebrandmarkt. Jeweils zwei Unglückliche wurden aneinandergekettet – na dann prost Mahlzeit, wenn man zwanzig Jahre einen Grieskram ertragen mußte! Die »Arbeit« war in »weniger« und »stärker« ermüdende eingeteilt, wobei die härtesten Tätigkeiten aufsässigen Außenseitern vorbehalten waren. Freizeit und Spaß, zu der Zeit ein Fremdwort. Nur die Nachtwachen ums Lagerfeuer, die *»veillées rouges«,* wo die Verurteilten in den schillerndsten Farben ihre Lebensgeschichten ausmalten, versprachen ein wenig Abwechslung. Ein Jahrhundert später schloß das Lager für – hoffentlich – immer. Napoleon III. ließ den *Port de commerce,* den Handelshafen, anlegen. 1944 mußte die Stadt über hunderfünfzig Bombardements über sich ergehen lassen, gefolgt von einer dreiundvierzigtägigen Belagerung. Die Amerikaner stürmten denn auch ein Ruinenfeld, befreiten eine zerbombte Stadt.

Heute lebt Brest zum Großteil von der Marine. Über achttausend Menschen, Soldaten und Zivilisten sind wirtschaftlich vom Kriegshafen abhängig, wo zur Zeit der Atomflugzeugträger *Charles-de-Gaulle* entwickelt wird.

Im Handelshafen werden Rohstoffe zur Tierfütterung, Hölzer und verschiedene andere Materialien umgeschlagen. Was die Größe der Werften angeht, die für die Reparaturen von Riesen-Öltanker vorgesehen sind, so kann man ohne Zögern von einer wirtschaftlichen Fehlplanung sprechen. Die gewaltigen Trockendocks sind nurmehr klaffende Löcher!

Brauchbare Adressen

– *Fremdenverkehrsamt:* place de la Liberté (Plan B1). T. 98-44-24-96. Dicht neben dem Rathaus. Gut mit Material versehen, ganzjährig – aber nicht immer mit der gleichen Höflichkeit – dienstbereit.

– *Segelverband des Départements:*
am Segelhafen von Moulin-Blanc. T. 98-41-50-03.
– *Bahnhof SNCF:* T. 98-80-50-50. Für die Buchung des TGV über Saint-Brieuc
und Rennes nach Paris.
– *Kultur- und Kongreßzentrum:* av. Clemenceau. T. 98-84-10-10. »Der Quartz«
genannt, zwischen Bahnhof und Fremdenverkehrsamt. Hochmodern, höchst
abwechslungsreicher Veranstaltungskalender.
– *Flughafen von Guipavas:*
Air Inter, T. 98-84-73-33. Finist-Air, T. 98-84-64-87, für die Flüge nach Ouessant.
– *Hauptpost:* place Général Leclerc.
– *Taxis:* 98-44-30-79, 98-44-47-81 und 98-80-43-43.
– *Honorarkonsulat der BRD:* 9, Square Commandant l'Herminier,
F-29200 Brest, T. 98 44 35 59; zuständig für das Département Finistère.

Wo seine Glieder strecken?

● *Preiswert*

– *Jugendherberge: Moulin Blanc,* rue de Kerbriant. T. 98-41-90-41. 2 km vom
Bahnhof entfernt. In einem großflächigen Park unweit des Strandes von Moulin
Blanc gelegen. Busse ab Bahnhof, Haltestelle:»Moulin Blanc«. Zwischen 18 und
20h anrücken.
– *Siam Hôtel:* 8, rue du Couédic, Ecke Rue de Siam (Plan A2). T. 98-44-44-94.
Freundliche Aufnahme. Zimmer von 100-130 F und damit bestes Preis-/Lei-
stungsverhältnis aller Brester Unterkünfte.
– *Hôtel Bellevue:* 53, rue Victor Hugo. T. 98-80-51-78. Ruhige Straße in der In-
nenstadt. Saubere und bequeme Zimmer; zwischen 110 und 190 F für die Dop-
pelunterkunft.
– *Zeltplatz:* obwohl es einen solchen im Stadtgebiet gibt, geben wir nicht mal die
Adresse an: der harte Boden (Beton oder Schotter) macht selbst den stabilsten
Heringen den Garaus, und die vorbeiratternden Züge wiegen einen auch nicht
gerade in den Schlaf.

● *Nobler*

– *Hôtel des Voyageurs:* 15, av. Georges-Clémenceau (Plan B1). T. 98-80-25-73.
Modern und etwas unpersönlich, dafür fabelhaft gelegen, nämlich in Reichweite
von Bahnhof, Restaurants, Läden und sympathischen Vierteln. Gemütliche Doppelzimmer um die 250 F. Renommiertestes Restaurant von Brest, recht teuer,
doch auch für die schmaleren Portemonnaies gibt's was, z.B. schon ab 50 F.

Festes und Flüssiges

Drei »Gastronomiezonen« sorgen für das leibliche Wohl:
– die *Place Guérin* samt Seitenstraßen.
– das Amüsierviertel *Quartier de Recouvrance* am anderen Ufer des Flusses, mit
seinen einschlägigen Etablissements. Der Rue Armorique oder der Rue Borda
folgen, um zu Ihrem Glück zu gelangen. Zumindest am Wochenende ist hier der
Bär los, während es unter der Woche oft recht öde zugeht.
3. die *Rue St. Marc* bietet ein Vielzahl von Restaurants, einige bis spät nachts
offen. Auf halbem Weg zwischen dem Hôtel de Ville und der Place de Strasbourg
mündet die Rue St. Marc in die Rue Jean-Jaurès.

● *Preiswert*

– *Crêperie Moderne:* 34, rue Algésiras. T. 98-44-44-36. Ganz schlichte Gaststube,
die sich aber sowohl durch die Güte und den geringen Preis der Crêpes als auch
die freundliche Bedienung auszeichnet.
– *Le Goéland:* am Bahnhofsplatz (Gare SNCF und Busbahnhof). T. 98-44-44-22.
Am Montagabend und dienstags geschlossen, sonst ausgezeichnet geeignet, um
vor der Abfahrt noch eine kleine Stärkung zu sich zu nehmen. Die fix zubereiteten
Gerichte sind denoch wohlschmeckend, vom Croque-Monsieur bis hin zum

Fischteller. Uns hat die ans Meer und die Seefahrt erinnernde Inneneinrichtung gut gefallen.
– *L'Écumoire:* 27, rue Danton; im St. Martin-Viertel. Montag Ruhetag. In diesem winzigen Restaurant wird schmackhaftes französisches und italienisches Essen in der Preisspanne 26-45h F gereicht; also auch was für schmale Geldbeutel.

● *Mittelklasse*

– *Le Tire-bouchon:* 20, rue de l'Observatoire. Zentral gelegen, neben dem Lycée de l'Harteloire. T. 98-44-15-18. Pforten geöffnet mittags und abends bis 22.45h. Samstagabend und sonntags geschlossen. Heimelige Atmosphäre, herzlicher Empfang. Für lumpige 100 F kommt man hier in den Genuß ausgesuchter kulinarischer Köstlichkeiten. Pluspunkte: Riesenauswahl, garantierte Qualität und Frische, üppige Portionen, unglaublich zartes Fleisch, und, um noch eins draufzusetzen, der köstliche Humor des Chefs namens Bernard. In dieser Preisklasse unsere Vorzugsadresse.
– *Le Ruffé:* 1, rue Yves-Collet. T. 98-46-07-70. Bis 23.30h wird man schnell bedient, was an sich schon eine Seltenheit ist. Angenehmer Rahmen, dazu noch – nah beim Quartz – günstig gelegen. Dies »Resto« wird noch von sich reden machen, da die junge Belegschaft mit viel Schwung bei der Sache ist. Der erste Menüpreis liegt bei 50 F, es lohnt sich allerdings, etwas mehr springen zu lassen.
– *La Brocherie:* 61, rue Louis-Pasteur. T. 98-44-07-69. Samstag- und Sonntagmittag nicht geöffnet. Bei den Saint-Louis-Markthallen. Die geschmackvolle Einrichtung läßt den Gast hohe Preise erwarten – in dieser Hinsicht gibt es aber eine erfreuliche Überraschung. Das Mittagsmenü ist für nur 45 F zu haben, abends kann man für rund 100 F andere Leckereien zu sich nehmen.

Im Umkreis

– *Crêperie Blé Noir:* einmal in der Talmulde von Stangalard, T. 98-41-84-66, einmal im Wald von Keroual, T. 98-07-57-40, stehen diese zwei entzückenden Häuschen. Beide Standorte sind von der nach Gouesnou führenden Straße aus leicht zu erreichen. Die gemäßigten Preise sprechen für das Vordringen der Gastronomie auch in auf den ersten Blick unwirtschaftliche Lagen.
– *Don Quichotte:* an der Straße von Conquet nach Locmaria-Plouzané, 13 km von Brest. T. 98-48-42-17. Mit einem großen Versammlungsraum, der oft für unterhaltsames Treiben genutzt wird. Neben einer guten Küche bietet dies Lokal noch ein Tanz-Kaberett-Abendprogramm. Lachen, Tanzen, Trinken ... zu einem Pauschalpreis von 160 F für den Abend.
– *Auberge du Douvez:* Kermeur-St. Yves, Guipavas. Schon etwas außerhalb, an der Straße nach Forest-Landerneau in Relecq-Kerhuon, Flurname des Ortes ist Douvez. T. 98-28-12-84. Sonntagabend, montags und samstagmittags geschlossen. Unbedingt einen Tisch vorbestellen! Schließlich handelt es sich um eines der reputiertesten Gasthäuser der Region. Herzlicher Empfang. Gerichte vom Holzkohlengrill und Spezialitäten wie Magret de Canard mit Preiselbeeren, gegrilltes ●achssteak mit Minze und Pfeffer usw. Einige sind 24 Stunden vorherzubestellen (Lammkotelett, gefüllt mit Steinpilzen; Kalbsbriespfanne mit Morcheln usw.). Unter der Woche Menüs zu 70 F, sonst 130 und 170 F. Auf Wunsch läßt sich selbstverständlich auch à la Carte tafeln. Ein vollkommener kulinarischer Abend erwartet den Gast. Unterhalb des Restaurants erstreckt sich ein Ministrand.

Sehenswertes

Da Brest eher einer Betonwüste gleicht, lädt es nicht gerade zu einem ausgedehnten Bummel zu Fuß ein, bietet jedoch einige charakteristische Viertel, die einen Streifzug lohnen, so beispielsweise den *Cours Dajot,* der den Handelshafen beherrscht, und die *Siamstraße,* in deren Mitte inzwischen Springbrunnen sprudeln, von Prévert in seinem Lied »Il pleut sur Brest, Barbara« verewigt. Von den Rotlichtvierteln rund um die *Recouvrance* und den Altstadtbereich Saint-Martin herum ganz zu schweigen.

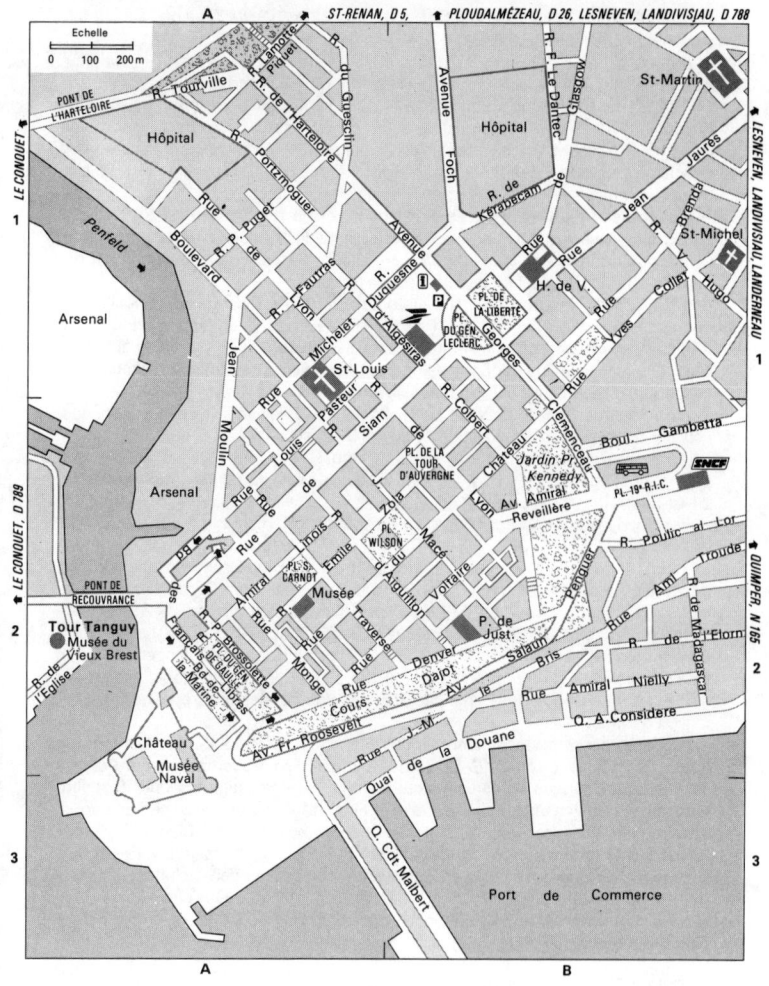

Brest

– Das Schloß von Brest (Plan A3): zwischen der *Pont de Recouvrance* und der Promenadenstraße *Cours Dajot* (im 18. Jh. von Zuchthäuslern errichtet). Die mittelalterlichen Befestigungsanlagen gehen auf das 15. und 16. Jh. zurück. Die Außenmauern wurden nach dem letzten Krieg ausgebessert. Einige römische Überbleibsel in den Fundamenten sind noch auszumachen. Im Inneren die Marinepräfektur – Besuchern ist der Zutritt allerdings verwehrt – und das *Marinemuseum*. Letzteres hat Publikumsverkehr von 9.15-11.30 und 14-17.30h; dienstags geschlossen. Besuch nur mit gültiger Eintrittskarte. Haufenweise Schiffsmodelle, alle möglichen Andenken an die Seefahrt, Tafeln, Gemälde, Navigationsinstrumente und tausenderlei andere Dinge. Seltsamerweise, aber verständlich, da nicht gerade rühmlich, kaum etwas über die Strafkolonie. Anschließend empfiehlt sich ein Bummel durch den Park. Vom Bergfried der »Belle Azénor« aus umfassende Rundsicht über die Stadt.

– *Tour de la Motte-Tanguy:* im Quartier de la Recouvrance, links der Brücke (Plan A2). Einlaß täglich im Juni und September 14-19h. Juli und August: 10-12h und 14-19h. Januar bis Mai: donnerstags 14-17h, samstags und sonntags bis 18h. Eintritt frei. In diesem Turm aus dem 14. Jh. ist das *Historische Museum von Brest* untergebracht. Anhand der vielen Zeichnungen, Holzschnitte, Gravuren und Gemälde wird man erkennen, daß Brest nicht immer die Betonwüste war, die sich heutzutage nach 19h dem Auge des Betrachters darbietet.

– *Musée des Beaux-arts* (Musée municipal): 22, rue Traverse (Plan A2). T. 98-44-66-27. Das Museum der Schönen Künste ist täglich, außer dienstags geöffnet, sonntags und feiertags 14-18.45h und 14-18.45h. Ausstellung von Gemälden der französischen, italienischen und flämischen Schulen des 17. und 18. Jahrhunderts. Nur ein herausragendes Beispiel: die *Erleuchtung des St. Franziskus Borghia* von Petro Della Vecchia. Unendlich morbide: das Gesicht verwest und zerfällt, während sich die Umstehenden die Nase zuhalten. Auch einige Werke aus der Schule von Pont-Aven verdienen unsere Aufmerksamkeit, ebenso wie die wechselnden Ausstellungen.

– Zum *Arsenal,* wo Kriegsschiffe auf Kiel gelegt und gewartet werden, haben ausschließlich französische Staatsbürger Zutritt. Solln sie ruhig!

– *Diverse Bootsfahrten:* Hafenrundfahrt und Reede, Flußfahrten (Aulne und Elorn), Ausflüge zur Halbinsel Crozon usw. Auskunft: *Vedettes armoricaines*, T. 98-44-44-04.

– *Parc du Vallon de Stangalard:* route du Stangalard, Richtung Flughafen Guipavas auf der D 712. T. 98-02-63-14. Der D 712 in Richtung Flughafen (Guipavas) folgen. Der Park dient als grüne Lunge der Brester: 35 ha Grün, unzählige Vögel, der ideale Familienausflugsort. Zwanzig Hektar gehören dem *Conservatoire Botanique,* das alle vom Austerben bedrohten Pflanzen der Welt zu bewahren versucht; fünfhundert Quadratmeter nehmen die Treibhäuser ein. Adresse des Conservatoires: 52, allée du Bot, T. 98-02-63-14. Diese einzigartige Pflanzenwelt ist im Sommer von 9-20h und im Winter von 9-18h zu erkunden. Zur Stärkung befindet sich auf dem Gelände des Parks das *Blé noir,* eine der besten Crêperien Brests – täglich geöffnet.

– *Océanopolis:* am Jachthafen Moulin Blanc, T. 98-34-40-40. Bis auf Montag jeden Tag 10-19h (1. Juni-15. September) zugänglich, außerhalb dieser Periode 10-17h. Ganz junges »Meeresmuseum« in Form eines gigantischen Taschenkrebses – ziemlich abstrakt – sozusagen eine Kreuzung der neuesten Errungenschaften aus Wissenschaft und Technik. Das »Schaufenster des blauen Planeten« ist mit seiner futuristischen Architektur dem Futuroscope in Poitiers vergleichbar! Der Besucher darf eine Fahrt an Bord eines hervorragenden Schiffes, während derer eine Vielzahl die Seefahrt und das Meer betreffende Gesichtspunkte deutlich werden, mitmachen. Alles ist so eingerichtet, daß es die Neugier der Kinder weckt. Mit Mediathek, Riesenaquarien, Spielen usw.

● *Einige charakteristische Viertel*

– *Place Guérin:* im oberen Bereich von Brest, unweit der Kirche St. Martin (Plan B1). Wie durch ein Wunder blieb dieses Viertel von den Bomben verschont und strahlt seitdem einen unwiderstehlichen Zauber aus. Die Place Guérin dient auch heute noch als Ort des Zusammenlebens. Ruhige Straßen, umsäumt von niedlichen Häusern, Pavillons und Vorkriegskneipen. Alte Leute, Künstler, buntes Treiben. Am Nachmittag finden sich die Rentner zum Boulespiel ein und die Mamas fahren ihre Babys im Kinderwagen spazieren. Abends füllen sich die Kneipen, denn jeder sucht ein wenig menschliche Wärme. Orientierungspunkte sind das *Café de la Plage* und das *Triskell.*

– *Recouvrance:* auf der gegenüberliegenden Seite der Drehbrücke (Plan A2). Der mythosumrankte Rotlichtbezirk von Brest: Matrosenmädchen, Bars, Spelunken, Seeleute auf Landgang entlang der Rue de la Porte, der Rue Vauban und deren Seitensträßchen wie der rue »Borda« (Spitzname der Marineoffiziersschüler). Die Atmosphäre ist leider auch nicht mehr das, was sie mal war. Unter der Woche sind die Abende manchmal recht öde.

Ausgehen, einen heben, Musik hören und tanzen

● *Im Viertel St. Martin*

– *Le Café de la Plage:* place Guérin. T. 98-43-03-30. Unserer Meinung nach – es gibt keine bessere – ist die Kneipe Spitze! Wir haben alle ausfindig gemacht und geprüft und können tatsächlich guten Gewissens behaupten: »Diese oder keine!«. Wir haben uns sogar die schriftliche Garantie geben lassen, daß das Lokal mindestens noch sechs Monate nach Erscheinen des Reiseführers so bleibt, wie es ist. Nur hereinspaziert, das Lokalkolorit geschnuppert und unbeschwert mit den Tischnachbarn geklönt – alle Generationen sind vertreten, Arbeiter, Studenten, Arbeitslose, Künstler und ganz Ausgeflippte – so ähnlich wie wir – die sich übrigens geschlossen mit Nicaragua solidarisieren. Dies auf originelle Art und Weise: sie sandten mehrere hundert, dort unten unauffindbare Gitarrensaiten nach Managua. Von einem Tag auf den nächsten wechselt die Stimmung, neue Leute oder die von gestern trudeln ein. Kühles Bier, feine Weine, niedrige Preise und stets die neuesten Tips zum Kulturgeschehen locken sie an. Ab und an wird dienstagabends im hinteren Saal ein Riesenessen aufgetischt, was in einen richtigen Familienschmaus ausartet. Eine Adresse, die wir nur ungern rausrücken.

– *Blues Time:* 46, rue St. Marc. In der Straße mit den billigen Restaurants, die auf die Rue Jean-Jaurés führt. Auch hier herrscht fortwährend Betrieb; die Atmosphäre ist lebhaft, das meist studentische Publikum recht jung. Um ein Uhr wird die Bude dichtgemacht. Wie der Name schon vermuten läßt, laufen hier Blues und Rockmusik, auch live.

– *A la Bonne Bouteille:* rue St. Marc. Erinnert stark an die Pubs der großen Schwester der Bretagne. Eine ganze Latte bester Biere sind im Ausschank, und im ersten Stock kann der Spielwütige diverse Spiele zum Zeitvertreib borgen: Schach, Dame usw. Die Klientel besteht vorwiegend aus Studenten.

● *Im Viertel Kérinou*

Ein altes Viertel im Umbruch, auch was die soziale Zusammensetzung der Bewohnerschaft angeht. Abends recht ausgestorben, doch einige Kneipen bringen Licht in die Dunkelheit.

– *L'Étoile:* 53, rue Auguste Kervern. T. 98-80-26-97. Das Theatercafé schließt seine Pforten erst um vier Uhr morgens; bis 23h kann man seinen Pizzahunger stillen. Schauplatz von Rock-, Jazz- und Blueskonzerten, den attraktivsten Veranstaltungen in der Stadt. Zugleich ein ausgezeichneter Treffpunkt. Um das Programm in Erfahrung zu bringen, genügt ein Anruf. Mittwoch ist einer der besten Tage.

– *Le petit Bistro Montmartre:* 136, rue Robespierre. T. 98-03-05-43. Schließt um ein Uhr. Auch hier herrscht meist Hochbetrieb; überwiegend junges und unkonventionelles Völkchen. Das Auge erfreut sich an ausgestellten Aquarellen. Vierzehntägig Jazzkonzerte.

● *Die Discos*

– *Le Nautilus:* 82,rue de Siam, also mitten in der Innenstadt. T. 98-80-66-66. Im Souterrain des Hotels *Océania* treffen sich eher die jüngeren Nachtschwärmer.

– *Le Sinclair:* 14, rue Kéréon, T. 98-43-43-63. Mittwochs haben die Damen freien Eintritt und bekommen noch dazu einen Cocktail auf Kosten des Hauses spendiert. Hier trifft sich jedes Alter, manche kommen nur, um in einem angenehmen, eleganten Rahmen in Ruhe die Musik zu genießen. Störenfriede, draußen bleiben!

– *Le Melody:* pont Olivier, in Guipavas, T. 98-84-63-63. Die Jugend der Gegend strömt in diesem Nachttreff zusammen. Und tatsächlich, die Stimmung ist dermaßen gut, daß man auf seine Kosten kommt.

– Hinzufügen möchten wir noch, daß es rund um den Hafen um die zweihundert Kneipen wie die unten aufgeführte und ungefähr dreißig Nachtclubs gibt, die wir nicht alle unter die Lupe nehmen konnten ... eine Frage der Gesundheit!

– *Les Mouettes:* quai de la Douane. Ab ein Uhr morgens Betrieb, so daß sich hier alle Durstigen einfinden, die man anderswo schon rausgeschmissen hat. Dementsprechend etwas finsteres Ambiente, zuweilen aber auch äußerst lustig. Genau das Richtige für unsere Ethnologen vom Dienst.

Weiterfahrt ab Brest

● *Mit dem Zug*

– *Nach Morlaix* über Landerneau, La Roche, Guimiliau, St. Thégonnec.
– *Nach Paris* über Guingamp, St. Brieuc, Rennes, Le Mans: sieben bis neun Züge täglich. Auskunft: 98-80-50-50 oder 98-80-71-02.

● *Mit dem Flugzeug*

Ab Flughafen Guipavas.
– *Nach Paris:* ungefähr fünf Flüge täglich mit *Air Inter.*
– *Nach Ouessant:* zwei Flüge täglich mit *Finist'Air.*
Auskunft: *Air Inter:* 98-84-73-33; *Finist'Air:* 98-84-64-87.

● *Mit dem Bus*

Für kleinere Ortschaften siehe die jeweiligen Kapitel.
– *Nach Quimper* über Plougastel-Daoulas, Le Faou, Port-Launay.
Auskunft: 98-44-32-19 und 98-95-02-36.
– *Nach Brignogan* über Le Folgoët, Plouider, Goulven. Auskunft: 98-83-45-80.
– *Nach Kerlouan* über Plabennec, Plouvien, St. Frégant, Guissény,
Auskunft: 98-83-45-80.
– *Nach Plouguerneau:* Auskunft: 98-04-70-02.
– *Nach Roscoff* über Plouescat, St. Pol-de-Léon.

TREZ-HIR (29217 Plougonvelin-le-Conquet)

Zwanzig Kilometer westlich von Brest, der bevorzugte Badeort der Brester dank des günstigen Kleinklimas und der einladenden Strände. Folgerichtig arg touristisch und an sonnigen Wochenenden hoffnungslos überfüllt. Ein angenehmer Spazierweg führt zum 60 m hoch aufragenden *Rocher de Bertheaume.* Ab hier noch 9 km Fußweg zur *Landzunge von St. Mathieu* (Pointe de Saint-Mathieu), für den rund zwei Stunden zu rechnen sind. Atemberaubende Felsklippen, Panoramablick von den Landzungen von Créac'h Meur und St. Mathieu bis zur Halbinsel Crozon, bei sehr klarem Wetter sogar Aussicht bis zur Ile de Sein und der Landzunge von Raz. Nach Trez-Hir-Plougonvelin verkehren Busse des Unternehmens *Cars St. Mathieu.* Fünf bis sechs Abfahrten täglich von Brest, sonntags drei. Vom Busbahnhof Brest aus starten täglich auch Busse der *Cars Riou.*
– *Fremdenverkehrsverein:* bd de la Mer. T. 98-48-30-18.

Ein Dach über dem Kopf

– *Camping de la Bertheaume:* recht gut geschützt in einer Bucht unweit vom Strand. T. 98-48-32-37.
– *Camping St. Yves:*
in der Innenstadt Trez-Hirs, 400 m vom Strand. T. 98-48-32-11.
– *Hôtel Marianna:* am Strand von Trez-Hir. T. 98-48-30-02. Kleines sympathisches Hotel, angenehme Zimmer, um die 200 F fürs Doppelbett. Eigenes Restaurant, Halbpension möglich. Gleich nebenan eine Diskothek.

Ein Gläschen trinken

– *Bar des Sports:* in der Ortsmitte Plougonvelins. Nicht zu verfehlen, da eine ässerst amüsante Freske den Eingang schmückt. Kein ausgeflippter Laden, aber dem sympathischen Wirt ist es gelungen, in diesem kleinen Dorfbistro ein wohltuendes Ambiente zu schaffen. Montag Ruhetag.

LE CONQUET (29217)

Betulicher Fischerhafen mit einem ganz bezaubernden natürlichen Charme. Ankerplatz der stolzen Fischereiflotte. Einige alte Gebäude mit gotischen Pforten: die Hausnummer 1 in der Rue Aristide Briand, genannt *la Maison Anglaise*, verfügt über die älteste aus dem 15. Jh. In Le Conquet schifft man sich ein, will man zu den Inseln Ouessant und Molène übersetzen. An der Straße zur Pointe de St. Mathieu verlockt der *Strand von Porsliogan* zum Pausieren. Im Bauernhof *Keringar*, 2 km vom Dorf, haben Pferdefreunde die Möglichkeit, auszureiten. Eine malerische Strecke für einen Spaziergang: um die Halbinsel von Kermovan über einen reizvollen Küstenpfad. Zugang für Fußgänger über die Passerelle du Croac. Am Ende winkt als Belohnung der herrliche Strand *des Blancs Sablons*.

Wie kommt man hin?

– *Cars St. Mathieu:* ab Busbahnhof Brest. T. 98-44-46-73 oder 98-89-12-02. Sechs Abfahrten täglich von 7.30-19.30h. Sonntags dreimal.

Unterkunft und Verpflegung

– *Hôtel de Bretagne:* mitten im Dorfkern. T. 98-89-00-02. Heimeliges Hotel, einige bescheidene Zimmer von 145-180 F. Außerhalb der Saison freitagabends und samstags geschlossen. Halbpension, schmackhafte Küche. Menüs zu 65 und 90 F (Getränke gesondert, Bedienung inbegriffen) mit Miesmuscheln in Petersilien-Sahne-Soße. A la Carte beläuft sich die Rechnung auf etwa 120 F: Fischsuppe (Bouillabaisse) nach Art der Cornouaille, Lachssülze in Tomatenpüree. Meeresfrüchteplatte für zwei zu 240 F. Hoffentlich zählt niemand zu den Langschläfern, denn er würde sonst das obligatorische Frühstück verpassen, das im Speisesaal bis 10h aufgefahren wird.
– *La Taverne du Port:* 18, rue Saint-Christophe, T. 98-89-10-90. In diesem Kneipen-Restaurant speist man mit Blick auf den Hafen, doch auch die Einrichtung läßt niemanden vergessen, daß man am Meer ist. Das 58 F-Menü setzt sich aus Fischpastete mit grüner Sauce, Seehechtfilet in Nantaiser Butter und Hausgebackenem zusammen. Wer Kontakt zu Fischern knüpfen möchte, findet hier sicher Gelegenheit dazu.
– *Camping Le Theven:* Ostern und vom 15. Juni bis zum 15. September in Betrieb. T. 98-89-06-90.

● *Nobler*

– *La Pointe Ste Barbe:* unweit vom Hafen. T. 98-89-00-26. Panorama-Speisesaal in vorgeschobener Lage auf einem Felsen. Das Restaurant ist bekannt für seine frischen Fische und Meeresfrüchte. Vom 2. Januar bis zum 6. Februar geschlossen, ebenfalls montags außerhalb der Saison. Tischvorbestellung empfohlen. Eine ausgezeichnete Adresse, wenn man nicht ausgerechnet im Juli oder August anrückt, denn Bedienung und Qualität lassen in der Hochsaison etwas nach, insbesondere sonntags. Essenspreise von 60-364 F, die Übernachtung im Doppelzimmer kostet zwischen 163 und 273 F.

Schiffe zu den Inseln Ouessant und Molène

– *Ab Brest:* außer dienstags jeden Morgen um 8.30h.
– *Ab Le Conquet:* außer dienstags jeden Morgen um 9.30h; zusätzlich freitags ein Schiff um 18.30h, samstags um 13.30h. Bei hohem Seegang kann die Fahrt ausfallen. Auf jeden Fall ist es angebracht, kurz vor Fahrtantritt seine Plätze vorzubestellen. Auskunft: 98-80-24-68.

DIE LANDSPITZE VON SAINT-MATHIEU (29217 Le Conquet) _____

Vor Olims Zeiten eine bedeutende Stadt, die schon im Mittelalter sechsunddreißig
Straßen zählte. Heute kommt man sich hier vor wie am Ende der Welt. Die Landzunge besteht nurmehr aus einem winzigen Nest mit einem wichtigen *Leuchtturm*
– 50 km in die Runde leuchtet er. Von dort oben bietet sich ein beneidenswerter
Rundblick. Die Überreste einer *Abteikirche* weisen noch einen Chor auf, der weitgehend unversehrt blieb. *Zollweg* bis zum Rocher de Bertheaume (9 km). In einer
stürmischen Nacht durch die Ruinen zu streifen, gefolgt vom Lichtkegel des
Leuchtturms, das nennen wir Surrealismus. Spannender als ein Edgar Wallace!

Essen

– *Restaurant de la Pointe de St. Mathieu:* vis-à-vis vom Leuchtturm. T. 98-89-00-
19. Dienstags und sonntagabends außer in der Hochsaison geschlossen. In den
Mauern eines Gebäudes aus dem 14. Jh. Innen dominiert die rustikale Einrichtung. Menüs zu 100 F (Scampi-Cremesuppe, Stockfischfilet, weißer Glattbutt oder
Scholle, junges Perlhuhn in Trauben) und zu 290 F: Entenleber in Portwein mari-
niert, Krustentierpfanne, gebratene bretonische Languste usw. Bislang noch ein
wahrer Tip unter Franzosen, häufig vollbesetzt. Verschlägt es jedoch einmal ausländische Gäste hierher, werden sie äußerst zuvorkommend bedient.

DIE INSEL OUESSANT (29242) _____

»Qui voit Molène, voit sa peine, qui voit Ouessant, voit son sang, qui voit Sein,
voit sa fin.« Wer Molène sieht, sieht seine Pein, wer Ouessant sieht, sieht sein Blut
und wer Sein sieht, sieht auch sein Ende.« Soweit ein eindringliches Sprichwort zu
diesen drei bretonischen Inseln.
Hier hätte man den »Hund von Baskerville« drehen können. Ungebändigte
Stürme, undurchdringliche Nebel, mörderische Strömungen, zerklüftete Küsten ...
um Ouessant garnt sich ein ganzes Netz der Fantasterei.
In einem Restaurant auf der Insel hängt eine Riesenkarte, auf welcher alle
Schiffsunglücke eingezeichnet sind: beeindruckend! Am 16. Juni 1896 sank die
Drummond Castle; man zählte vierhundert Tote. Sind heute weniger Tote zu
beklagen, so deswegen, weil die Supertanker nur ein Minimum an Personal
benötigen. Ihre Namen sind übrigens allgegenwärtig: *Torrey Canyon, Tanio,
Olympic Bravery, Amoco Cadiz* usw. Ouessant ist 7 km lang und 4 km breit, zählt
eintausendvierhundert Einwohner und ebensoviele Schafe. Wer hätte das
gedacht? Die Inselbewohner arbeiteten ebenso als Fischer wie als Bauern und es
gab nicht weniger als hundertzwanzig Bauernhöfe. Während die Männer mona-
telang zur See fuhren und kein müder Franken in der Haushaltskasse klimperte,
oblag es den Frauen, für den Unterhalt der Familie zu sorgen. Sie waren es auch,
welche die wichtigen Ämter bekleideten, und obwohl es immer noch eine Bürger-
meisterin und Feldhüterin ist, die sich um das Wohl der Allgemeinheit kümmert, ist
Ouessant nicht mehr die »Insel der Frauen«: die Landwirtschaft ist inzwischen
lahmgelegt – ein einziger Hof mit allerdings vierzigtausend Parzellen wird noch
bewirtschaftet – der Fremdenverkehr gewinnt als Einnahmequelle eine immer
entscheidendere Bedeutung. Während peu à peu der spezifische Charakter
Ouessants und seiner Bewohner verloren ging, blieb die Insel wenigstens von
Bausünden im Gefolge des Fremdenverkehrs verschont. Eingebettet in den armorikanischen *Parc régional*, wußte die Insel ihr eigenes Gepräge zu erhalten. Trotz
Jahrmillionen intensiver Abtragung mißt die höchste Erhebung immer noch 60 m.
Jetzt ist's aber an der Zeit, die müden Beine zu bewegen. Vor allzu langen, an-
strengenden Märschen oder Fahrradtouren braucht ja niemandem bang zu sein.
– *Fremdenverkehrsverein:* place de l'Eglise in Lampaul. T. 98-48-85-83. Außer-
halb der Hochsaison Auskunft im Rathaus: 98-48-80-06.

Fauna und Klima

Eigenartigerweise erfreut sich die Insel eines milden, gar sanften Klimas. Die jahreszeitlichen Unterschiede zwischen Sommer und Winter sind gering, der Regen hält sich in Grenzen. Allein die Winde stürmen wie eh und je und der Nebel hält sich hartnäckig, isoliert die Insel manchmal tagelang.

Igel und Maulwürfe scheinen keinen Gefallen am Eiland zu finden; eine kleine Fledermausart hingegen fühlt sich hier pudelwohl und setzt der unheimlichen Stimmung noch eins obendrauf. Vögel gibt's sowieso en masse. Nun braucht aber niemand gleich an Hitchcocks gleichnamigen Film zu denken. Zug-, See- und nestbauende Vögel flattern durch die Gegend und zwitschern einem die Ohren voll, was aber keineswegs unangenehm ist. Die Namen der Nestbauer allein sind schon Musik in unseren Ohren: Schwarzdrossel, Singdrossel, Turteltaube, Kohlmeise, Rauchschwalbe, Schilfsänger, Steinmätzer, Grasmücken, Wiesenpiper, Schafstelzen usw. Ein einziger Greifvogel stört die Idylle: der Turmfalke. Und einen seltenen Rabenvogel, die Rotschnabelkrähe, bekommt man vielleicht auch zu Gesicht. Unter den Seevögeln haben wir Seemöwen, Haubenkormorane, Austernfischer, Sturmvögel usw. ausmachen können. Auf manchen Felsen tummeln sich sogar einige Minipinguine und Papageientaucher. Um die See- und Zugvögel zu beobachten, am vorteilhaftesten im September, begebe man sich zu den Pointes de Pern und de Penn ar Roch: Schwärme von Sturmtauchern, Baßtölpel, Dreizehenmöwen, Eissturmvögel, Sumpfläufer, Wasserläufer, Strandläufer, Seeregenpfeifer und Steinwälzer. Eine kleine Kolonie Seehunde, sofern in der Zwischenzeit noch nicht von Umweltgiften dahingerafft, ist ebenfalls zu beobachten.

Das Schaf von Ouessant ist mit seinen 42-48 cm »Höhe« und einem Gewicht 13-18h kg wahrscheinlich das kleinste der Welt. Davon, d.h. wirklich reinrassig, gibt's auch nur noch ungefähr dreißig Tiere, die ununterbrochen draußen im Wind leben können und die Heide abgrasen. Die dunkelbraune Wolle wurde ungefärbt zur Herstellung des »Berlingue-Stoffes« verwendet, um die dunkle Tracht der Frauen von Ouessant anzufertigen.

Einstiges Brauchtum

Erst seit kurzem in Vergessenheit geraten, zeugen alte Bräuche vom besonderen Charakter der Insel, z.B. die *erst* seit knapp zwanzig Jahren verschwundenen *Proëlla-Kreuze*. Starb ein Matrose während eines Schiffsunglücks, so stellte die Familie ein Wachskreuz her, legte es zusammen mit geweihtem Wasser und einem Foto des Verstorbenen auf die weiße Tischdecke und betete die ganze Nacht. Das alles, um die Seele des Unglücklichen wieder nach Hause zu bringen. Am nächsten Morgen folgte eine lange Prozession zur Kirche und schließlich zum Friedhof. Das Kreuz wurde in ein Mausoleum gelegt, dessen heute noch lesbare Inschrift lautet: »Hier legen wir nieder, die Kreuze der Proëlla, im Gedanken an unsere Seeleute, die weit weg von uns starben, in Krieg, Krankheit und Unglück.«

Wie kommt man hin?

– *Per Schiff:* siehe Kapitel »Le Conquet«.

– *Mit dem Flugzeug:* täglich zwei Flüge mit *Finist'air* ab Brest-Guipavas. Auskunft: 98-84-64-87.

Unterkunft und Verpflegung

Die meisten Besucher verbringen hier nur einen Tag. Schade, denn die kleine Insel im Morgengrauen zu entdecken, ist eine Wonne! Außerdem sind die Hotels preiswert, und – abgesehen von den Sommermonaten – findet sich immer ein Plätzchen. Für Juli/August unbedingt im voraus buchen.

– *Hôtel de l'Océan:* im Dorf. T. 98-48-80-03. Sympathische Bleibe, frisch renoviert. Doppelzimmer mit Waschbecken: 95 F. Dusche auf dem Flur. Die Zimmernummern 13, 14 und 15 gehen aufs Meer hinaus. Auf der Speisekarte des tadellosen Restaurants Menüs zu 59, 78, 95 und 120 F, mit exzellentem Vorspeisenbüffet, Meerspinne oder Scampis. Für den kleinen Hunger Gerichte um die 40 F:

Seeaalragout, Petersfisch in Sauerampfer usw. Des Abends manchmal Livemusik, Folk oder Matrosenlieder. Wirklich höchst empfehlenswert.

– *Hôtel de Fromveur:* gleich nebendran. T. 98-48-81-30. Zimmer im angenehmen Anno-dazumal-Stil mit Blumentapete, alten Möbeln und Dusche ab 105 F. Nette Aufnahme, angenehmer Speisesaal. Auf einer riesigen Karte sind alle Schiffsunglücke von 1860-1980 eingezeichnet. Die lobenswerte Küche ist zum Glück unsinkbar: Menüs zu 62 und 95 F: gefüllte Krebse in altem Rum, Nieren in Madeirasoße usw. Jederzeit zu haben ist ein *Plat nordique* oder ein *Plat de cochonaille* (Wurstwaren und Terrinen aus Schweinefleisch).

– *Hôtel Roc'h-Ar-Mor:* in derselben Straße wie die vorhergehenden Adressen. T. 98-48-80-19. Viel touristischer. Zimmer ab 100 F mit Dusche auf dem Flur; Menüs zu 59, 78, 113 F.

– *Camping municipal Pen-ar-Bed:* am Ortseingang Lampauls, dem »Hauptort« auf Ouessant; vergleichsweise niedrige Platzgebühren.

– Daneben auch Privatzimmervermietung, z.B. von Mme Avril, unten im Dorf. Ihre komfortablen Räumlichkeiten mit Dusche und Frühstück sind die 160 F wert.

Sehenswertes und Unternehmungen

– Über die *Fahrradvermietung* stolpert man gleich nach Anlegen des Schiffes. Kostenpunkt: 60 F täglich. Das Fremdenverkehrsamt vertreibt eine detaillierte Karte der Insel. Lesenswert auch die beiden Bücher über den Naturpark auf der Insel »*Enez Eussa*«.

– *Lampaul,* die »Hauptstadt« der Insel, befindet sich 3 km entfernt vom Fährhafen. Das reizende, winzige Städtchen sprüht vor Charme. Farbenfrohe Häuser mit auffallend blauen oder grünen Fensterläden; ergreifender Matrosenfriedhof. Der Glockenturm wurde von der Königin Viktoria gestiftet, als Dank für die aufopfernde Haltung der Bewohner während des Untergangs der *Drummond Castle.*
Für diejenigen, die sich nur ein paar Stunden auf der Insel aufhalten, hier die wichtigsten touristischen Anlaufstellen:

– *Pointe de Pern:* eine angenehme Straße schlängelt sich hin, vorbei an Weilern, Steinmäuerchen, Wiesen und den typischen *gwaskedou*, Unterständen für Schafe aus Steinen und Grasmatten. Auf der Landzunge trotzen zerklüftete Felsen seit Urzeiten, tagein, tagaus, dem Ansturm der Wellen. An schönen Tagen plätschert das Meer glatt und ruhig vor sich hin und es fällt schwer, an den Spitznahmen der Insel, »Insel des Grauens« nämlich, zu glauben.

– Ausreitgelegenheit: T. 98-48-83-58.

– *Pointe de Créac'h:* nur einen Katzensprung entfernt. Der Leuchtturm auf der Klippe dirigiert tagtäglich an die dreihundert Schiffe im Ärmelkanal. 1862 erbaut, besitzen seine Scheinwerfer eine Reichweite von 50 km. Auch hier beeindruckende Felsen, und auch bei gnädigem Wetter ist das Meer nicht ohne. Auf dem Rückweg passieren wir die letzte Windmühle der Insel *(Karaes),* erst kürzlich erneuert. Sie fungiert nun als Museum für Leuchtürme und Bojen. Während der Schulferien zugänglich 14-18h, im Sommer 11-18.30h. Voranmeldung erforderlich, Auskunft im Rathaus oder unter T. 98-48-80-70. Den Besuchern wird, von der Antike ausgehend, die lange Geschichte der Seefahrtszeichen dargeboten.

– *Maison des Techniques et Traditions* (Haus der Techniken und Traditionen): im Weiler Niou-Huella. T. 98-48-86-37. Zwei typische Häuser wurden hier in ein Heimatmuseum umgemodelt. Dienstags, außer in den Sommermonaten, Ruhetag. Ansonsten stehen seine Pforten Vorangemeldeten (!) 11.30-18h offen. Eines der Häuser aus dem 18. Jh. verfügt noch über sein gesamtes Originalmobiliar, hauptsächlich aus dem Holz verunglückter Schiffe bestehend, da die Insel völlig unbewaldet ist. Gezeigt werden Gebrauchsgegenstände, Werkzeug, Kleider usw., die in einem Bezug zum Inselleben stehen. Nicht nur ganz lehrreich, sondern in gewissem Sinne auch ergreifend. Erstaunlich die weiß und blau leuchtenden Farben der Möbel im Erdgeschoß.

– *Der Phare du Stiff:* der Leuchtturm befindet sich im Osten der Insel; eine Straße von Lampaul führt unmittelbar zu diesem höchstgelegenen Punkt des Eilands mit seinem wundervollen Rundblick. Die Marine hat hier einen 72 m hohen Ausgucksposten mit einem Radar von fünfzig Meilen Reichweite eingerichtet, um die

Schiene von Ouessant zu überwachen: für den den Ärmelkanal überquerenden Verkehr eine »Einbahnstraße«. Dieser erste Leuchtturm der Insel wurde von dem bekannten Festungsbaumeister Vauban errichtet. Ein Weg führt weiter zur Halbinsel Cadoran. Von hier aus bietet sich ebenfalls eine malerische Aussicht über die Bucht von Beninou.

– *Andere Wandertips:* auf der Landzunge *Porz Yusin,* im Norden Lampauls, Vögel beobachten oder im Süden die Halbinsel Feunten Velen und ihre Klippen besuchen. Hübsche Aussicht auf die Landzunge von Pern.

Weiterfahrt ab Ouessant

– *Nach Brest oder Le Conquet* (Zwischenhalt in Molène): täglich eine Abfahrt um 17h, bis auf freitags: 19.30h.
– *Nach Le Conquet:* zusätzliche Fähren freitags um 19.30h und samstags um 10.30h. Auskunft: 98-80-24-68.

DIE INSEL MOLENE (29259)

Gerade mal 1,2 km lang, auf 800 m Breite. Völlig flach, kein einziger Baum wächst auf den Kieseln. Der Name Molène kommt schließlich von *moal enez,* dem bretonischen Wort für »kahlköpfig«. Vierhundert Menschen leben hier, die sich übrigens mit den Ouessantern gar nicht vertragen sollen. Hummerfischen und Tangsammeln sind Haupterwerbszweige. Fischer gibt es mehr als in Ouessant. Die Erklärung dafür liefert der gut geschützte Hafen. Das Dorf gruppiert sich um die Kirche und seinen Leuchtturm. Da heißt es, seine Cartier/Rolex/Swatch zu vergessen und dem gemächlichen Gang der Sonnenuhr zu folgen. Bei Ebbe tauchen ungewöhnlich viele Inselchen und Algenfelder auf.
Private Unterkunftsmöglichkeiten bei den Inselbewohnern. Auskünfte erteilt das Rathaus, T. 98-84-19-05.
– *Camping, Hôtel Restaurant Kastell An Doal,* T. 98-84-19-11.

DIE COTE DES ABERS

Die kleinen Fjorde, bretonisch *Aber* genannt, sind verhältnismäßig tief ausgestaltete Trogtäler. Von Le Conquet nach Roscoff erstreckt sich eine abwechslungsreiche Küste samt einer Menge Ortschaften, die vom Massentourismus vielfach übergangen worden sind. Sie ermöglichen zahlreiche Möglichkeiten an Ausflügen ins Landesinnere: sei es, um einen Felsen, eine Kirche oder sonst eine außergewöhnliche Stätte zu bewundern, oder um sich in einem der so gut zwischen Heideland, Gehölzen und Hügeln versteckten Landgasthäuser verwöhnen zu lassen. Dieser Landstrich wird übrigens auch »Küste der Strandräuber« genannt: einige Bauern haben sich früher auf eine fiese Tour bereichert, nämlich indem sie durch falsche Lichtsignale Schiffe zum Kentern brachten und die nach dem Schiffbruch ans Land getriebenen Wertstücke einsammelten.
● **Zur Landzunge von Corsen:** die Landzunge von Corsen, eine Klippe von 30 m Höhe, ist der westlichste Punkt des Landes, ausgenommen die Inseln natürlich, und markiert sozusagen die Grenze zwischen Ärmelkanal und Atlantischem Ozean. In diesem wilden, besonders hügeligen Landstrich stoßen wir auf überraschend hübsche Weiler. Etliche Bauernhäuser entpuppen sich bei näherem Hinsehen nur noch als Ruinen und zeugen von der Landflucht. Die kleinen Straßen außerhalb der Hochsaison entlangzubummeln vermittelt jedem Besucher das Gefühl, in einem ganz anderen Land zu sein. Wir erreichen Porsmorger, dann die kleine *Bucht von Porsmorger* mit ihrem windgeschützten Badestrand. Hier nimmt auch der Küstenpfad entlang der Klippen seinen Anfang. Eine Dreiviertelstunde Fußmarsch einplanen, bis man wieder die Landzunge von Corsen erreicht hat. Hie und da verleiten hübsche feinsandige Buchten zum Verschnaufen. *Cross-Corsen:* diese höchste der bretonischen Signalstationen überwacht den Schiffsver

kehr in der Fahrrinne. Trotzdem ereignete sich hier mehr als ein Tankerunfall. Setzen wir unseren Weg fort bis zum *Grève de Trézien,* einem großen Kieselstrand. Auf dem Rückweg über St. Rénan, nach ca. 10 km, auf den *Menhir von Kerloas* achten, mit 12 m der höchste seiner Art in der Bretagne. Gebieterisch ragt er über seine strenge, öde Umgebung hinaus. Leicht zu finden, da ab der Hauptstraße (D 5) ausgeschildert.

● **Lampaul-Plouarzel:** unvergleichlich, der weiße Sandstrand von Lampaul-Plouarzel, gefolgt von *Porspol,* dem dazugehörigen kleinen Hafen. Im Sommer stellen sich reichlich Touristen ein, und Wohnwagen bevölkern den Zeltplatz. Dabei ist es im Mai so friedlich und nett, daß man sich das Chaos im Juli kaum vorstellen. kann. Beeindruckender Sandstrand namens *Grève de Gouérou.*

Unterkunft, Verpflegung und Stätten der Erfrischung

– *Camping municipal:* recht bequem, zivile Preise. In der Nähe des Stadions.
– *Camping auf dem Bauernhof:* in *Anniouarn,* 3 km von Lampaul-Plouarzel, bei Herrn Joseph L'Hostis. T. 98-89-60-44. Gut ausgeschildert ab der Straße St. Renan-Plouarzel. Quartier zu 130 F.
– *La Chaloupe:* kleines sympathisches Restaurant am Hafen. Für knurrende Mägen ein üppiges Menü zu 69 F.
– *La Boulange:* in Plouarzel, 3 km von Lampaul-Plouarzel entfernt, in der Nähe der Kirche. Stimmungsvoller Ort, um ein Gläschen zu kippen und der Folkmusik zu lauschen. Die Öffnungszeiten sind leider so unregelmäßig, daß man sich lieber vorher unter der Rufnummer 98-89-31-04 erkundigen sollte.

● *Ausnehmend nobel*

– *L'Auberge du Kruguel:* 7, rue de la Mairie, Lampaul. T. 98-84-01-66. Großes, von einem Garten umgebenes Haus in der Dorfmitte. Das Restaurant bleibt außerhalb der Saison mittwochs, Donnerstagmittag und Sonntagabend geschlossen. Tischvorbestellung empfohlen. Ausnehmend schöner Speisesaal, luxuriös eingerichtet. Menü zu 160 F (ohne Getränke): Leberterrine mit Flußkrebsbrühe, Eintopfgericht »Kruguel«, Salat und Nachtisch. Köstlich, die Spezialitäten des Hauses, wobei à la Carte zu speisen die Reisekasse löchert. Doch es lohnt sich allemal: Lammrücken im Teigmantel, Entengeschnetzeltes in Pfeffersoße. Die Desserts tragen unter anderem so liebliche Namen wie »Rêve d'enfant« (Kindertraum). Für Leute mit dem nötigen Zaster ein *menu gastronomique* zu 250 F.

VOM ABER ILDUT BIS PORTSALL (über Trémazan)

Warum nicht mal seine Zeit damit zubringen, die reizvolle Küstenstraße – an entzückenden kleinen Häfen vorbei – entlangzuzuckeln? Die Sonnenuntergänge hier sind schöner als die Polizei erlaubt. Wir befinden uns im Land der Tangsammler – Porspoder und Portsall sind besonders reich an Tang. Doch heute wird mit modernsten Mitteln geerntet, nicht mehr auf die romantische Art und Weise wie damals. Die ehemalige »Handguillotine« wurde durch eine hydraulische Vorrichtung *(skoubidou)* ersetzt.
● **Der Aber Ildut:** der kleinste der drei Fjorde, denen wir auf unserem Weg entlang der Küste begegnen werden. Mit ein Grund, weswegen man ihn zu Fuß auskundschaften sollte (1,5 km etwa), so z.B. über den Pfad ab Pont-Reur (an der D 28) nach Brélès (an der D 27). Das Zusammentreffen von Salz- und Süßwasser bewirkt große Unterschiede in der Landschaft. Die Ufer sind leicht bewaldet. Wer ein Faible für Herrenhäuser hat, wird einen kleinen Umweg in Kauf nehmen und *Kergroadès* besuchen (weniger als 2 km entfernt). Ein eleganter Bau, wenn auch etwas streng, da aus grauem Granit. Apropos, da nun schon mal bei diesem Thema: der hiesige rosa Granit ist der gefragteste der Bretagne und wurde schon für den Sockel des Obelisken auf der Place de la Concorde in Paris verwendet.
Die Ortschaft *Brelès* verfügt über eine hübsche Kirche aus dem 16. Jh., auf deren Friedhof man durch einen eigentümlichen Bogen gelangt. Ein kulinarischer Fund in dieser Gegend ist der mit Algen geräucherte Schinken. Die Zubereitung ist keine Hexerei: nachdem er 1½ Stunden in kochendem Wasser ohne Zutaten

aushalten muß, gelangt er mit Salzkartoffeln und eventuell einer Vinaigrette auf den Tisch.

● **Lanildut:** schmuckes, am Abhang eines Abers kauerndes Dörfchen. Niedliche Häuschen mit Blumen und Pflanzen geschmückt. Ein schmaler Weg führt zum *Rocher du Crapaud* (Krötenfelsen), einem netten Aussichtspunkt. Sein Zelt für die Nacht kann der Ruhebedürftige auf dem öffentlichen Zeltplatz aufstellen, der ganz in Meeresnähe liegt. T. 98-04-30-05.

● **Melon und Porspoder:** Melon ist ein entzückender Naturhafen – zum Reinbeißen. Pospoder hingegen wird vom Fremdenverkehr geprägt. Vor allem Familien zieht's hierher. Verständlich, bietet das Dorf doch eine reizvolle Mischung von Bucht, Felsenmeer, Küstenpfaden, Hotels und Zeltplatz.

Vielleicht entdeckt ja jemand einen der *Tangöfen*, in denen in vergangenen Zeiten der Tang verbrannt wurde, um das Jod daraus zu gewinnen. Es handelt sich um 6 m lange Gräben, mit flachen Steinen bestückt, um die Ausbreitung der Hitze zu vermindern.

● **Trémazan:** von Argenton nach Trémazan nimmt die Küste einen lammfrommen Verlauf ... Unserer Meinung nach der schönste Küstenabschnitt in der Region. Vielleicht, weil fast jegliche Spuren menschlicher Besiedlung fehlen. Richtige Rasenflächen erstrecken sich bis an den Saum des Meeres, gesäumt von einfachen Felsfransen. Eine entzückende kleine Kapelle und ein mächtiges Granitkreuz lassen aus einem Sonnenuntergang ein unvergeßliches Erlebnis werden. In Trémazan: ein imposanter *Feudalsitz*, gänzlich efeuumrankt. Der viereckige Hauptturm aus dem zwölften Jahrhundert steht noch – und gerade jetzt ist unser Film zu Ende! Die Flut lieferte das Wasser für die Gräben.

● **Portsall:** reizvoller Fischerhafen, der es wohl gern vermieden hätte, wegen der Katastrophe des Tankers *Amoco Cadiz* 1978 traurige Berühmtheit zu erlangen. Einer der größten Ölteppiche aller Zeiten breitete sich damals aus und man brauchte lange, um die berühmten Felsen von Portsall von den dreihunderttausend Tonnen Rohöl zu befreien.

Im Umkreis tafeln

– *Hôtel des Voyageurs:* 3,5 km von Portsall, in Ploudalmézeau, vor der Kirche. T. 98-48-10-13. Genießt einen guten Ruf in der Region. Menüs zu 65 oder 110 F mit zwei Vorspeisen, Austern oder Scampis, gefüllten Weinbergschnecken oder pochiertem Fischsteak. Und zu 160 F: das gleiche, nur mit zusätzlicher Meeresfrüchteplatte.

– *Crêperie du Château d'Eau:* an der Route de Brest am Ausgang des Dorfes. T. 98-48-15-88. Tatsächlich in einem ehemaligen Wasserturm untergebracht und 112 m über dem Meeresspiegel. Das heißt, zum Panoramaspeisesaal entweder 278 Stufen erklettern oder der Einfachheit halber den Aufzug benutzen. Die Sehenswürdigkeit und Touristenattraktion in der Region schlechthin. Geöffnet von Ende März bis Ende September, 10-23h.

– *Le Salamandre:* place du Général de Gaulle, Ploudalmézeau. T. 98-48-14-00. Dienstags Ruhetag. Zu diesen waschechten Bretonen kommt jeder Genießer gern, um sich den Bauch vollzuschlagen. Eine der besten Crêperien der Region.

VON PLOUDALMEZEAU NACH BRIGNOGAN

Wir überqueren den Aber Benoît und den Aber Vrac'h, welche die beiden wichtigsten Tanghäfen beherbergen: *St. Pabu* und *Landéda*. Die Weiterverarbeitung der Algen erfolgt ganz in der Nähe, in Lannilis. Der Mündungsbereich des Aber Benoît bietet die tollsten Ausblicke. 2,5 km von Lannilis entfernt, am Südufer des Aber Vrac'h, erhebt sich ein Schloß aus dem 15. Jh., das *Château de Kérouartz*. Ein gelungenes Beispiel für die bretonische Renaissance. Besuchen kann man es zwar nicht, aber allein die Außenmauern sollten uns einen Umweg wert sein. Übrigens ist Schloß Kérouartz schon seit über dreihundert Jahren in Familienbesitz. Richtung Plougerneau: prächtiges Panorama über den Aber nach Passieren der Brücke von Paluden. Bis nach Brignogan reicht das *Pays pagan*, das Land der

Stranddiebe, welches lange Zeit übel beleumdet war. Dieser Küstenabschnitt im Léon bietet noch die wildesten, unberührtesten Ecken.

Unterkunft und Verpflegung

Die Entfernungen sind kurz; kein Problem also, die ausgetretenen Pfade zu verlassen und auf die Suche nach unseren außergewöhnlichen Adressen zu gehen.

– *Moulin de Garena:* im Vallée des Moulins (Tal der Mühlen), 3 km von Lannilis entfernt. Nach Überqueren der D 13 sind's nur noch einige hundert Meter bis zu einem Wäldchen und dem angenehmen Restaurant. Wie der Name schon vermuten läßt (Mühle von Garena), handelt es sich hier um eine ehemalige Wassermühle, von denen es eine ganze Menge im Umkreis gibt. T. 98-04-01-37. Täglich mittags und abends kann man sie besichtigen. Wir empfehlen, früh genug zu reservieren. Die einstige Wassermühle ist höchst beliebt bei den Einheimischen und mittags immer rappelvoll. Das »Arbeitermenü« zu 45 F ist auch wirklich unschlagbar, mit seinen zwei Vorspeisen, der Hauptspeise, dem Nachtisch, der Käseplatte und zu guter Letzt noch einem Kaffee. Am Wochenende lockt das Menü zu 160 F mit Lachsterrine oder zwölf mit Kräutern überbackenen Muscheln. Mehrere andere Menüs, jeden Tag wechselnd. Und noch was: Lust auf einen Kopfsprung ins kühle Naß? Sogar ein Schwimmbad ist vorhanden. Was will man mehr?

– *Restaurant des Abers:* 5, place Auditoire in Lannilis. T. 98-04-00-29. Mittags ein Menü zu 45 F, einfach, aber üppig und äußerst beliebt bei den Arbeitern der Gegend. Das ist jedenfalls das Ergebnis einer Umfrage, die wir am Eingang des Restaurants starteten. Einige Zimmer zu angemessenen Preisen sind ebenfalls vorhanden, für den Durchreisenden gilt das Angebot »soirée étape« zu 120 F.

– *Restaurant breton:* in St. Frégant, etwa 10 km östlich von Plouguerneau. T. 98-83-05-33. Im August und sonntags geschlossen. Vis-à-vis der Kirche ein kleines Restaurant, das, von außen betrachtet, nach nichts aussieht. Tritt man ein und sieht den rückwärtigen Saal, so weiß man spätestens jetzt, das hier nicht nur für zehn Personen gebaut wurde. Leckere, reichlich bemessene Gerichte, die noch dazu vergleichsweise billig sind. Donnerstag ist *Kig ha farz*-Tag, dem bretonischen Kuskus gewidmet. Wer sich einen Platz sichern will, sollte bis spätestens 11.55h eintreffen. Sympathischer Empfang, stimmungsvolles Ambiente garantiert und wenig Touristen, außer unseren Lesern freilich.

PLOUGUERNEAU (29232) _____

Ein freundliches Städtchen mit einer mythisch angehauchten Vorgeschichte. Es soll auf den Fundamenten der verschwundenen Stadt Tolente, die ihre glorreiche Zeit im neunten Jahrhundert erlebte, später aber von den Normannen verwüstet wurde, errichtet worden sein. Heimatstadt von Yvon Etienne, einem unserer Lieblingssänger. Vor dem Stadttor erstrecken sich die herrlichen Strände *Lilia* und *St. Michel.* Makelloser weißer Sand, dazwischengestreut einige blankpolierte Steine. Wer Lust hat, besucht den Leuchtturm *Phare de l'Île Vierge.*

Wie man hinkommt: täglich mit dem Bus Brest-Plouguerneau-Lilia. Auskunft: *Cars des Abers*, T. 98-04-70-02.

– *Fremdenverkehrsamt:* place de l'Europe. T. 98-04-70-93.

Wo unterkommen, wo den Magen besänftigen?

– Zwei *Hotels* und ein *Zeltplatz.*

– *Trémanac'h:* hinter der Kirche in Plouguerneau. T. 98-04-71-30. Täglich mittags und abends geöffnet. Gastfreundliches Restaurant mit Bar; theoretisch läuft Donnerstag abends Livemusik. Sollte man sich aber nicht drauf verlassen.

– *Le Lizen:* route St. Michel in Plouguerneau. T. 98-04-62-23. Eine der besten Crêperien weit und breit. Liebenswürdiger Empfang in einem umgebauten Bauernhaus. Geöffnet von Ostern bis September.

Sehenswertes

- Das *Musée des Goémoniers* (Tangsammlermuseum): zu besuchen von Juni bis September, 10-12.30h und 15-19.30h. Den Rest des Jahres am Wochenende 14.30-19h. T. 98-04-60-30. Für alle, die das Land der Aber besser verstehen und kennenlernen wollen, ein absolutes Muß. Bestens mit Material versehen: alles über die Tangsammler, einige Schiffwracks, Modellbauten, Ausstellung alter Tangsammlerkähne. Auch die illustrierte Geschichte des Leuchtturms von Plouguerneau und der Dünenlandschaft kommt nicht zu kurz.

GUISSENY (29249)

Wir befinden uns nun im Herzen des *Pays Pagan*, des »heidnischen Landes«. Irische Missionare tauften diesen Landstrich im fünften Jahrhundert so, weil hier vorwiegend die gefürchteten Stranddiebe hausten. Die brachten es fertig, in einer einzigen Nacht Schiffwracks gründlich auszuplündern und selbst die letzte Planke abzubauen. Nach mündlichen Überlieferungen – die teilweise ganz sicher ins Reich der Legende gehören – sollen ganz skrupellose Plünderer die Schiffsunglücke sogar heraufbeschworen haben, indem sie Laternen oder Fackeln an den Hörnern hinkender Kühe befestigten, um die üblichen Signalfeuer zu imitieren. Als Entschuldigung machen wir geltend, daß die Menschen außerordentlich arm waren. Eine geplünderte Schiffsladung sicherte das Überleben für einige Monate. Der gesamte Küstenabschnitt von Guisségy bis Brignogan ist übersät mit Felsen und Dünen. Lange Zeit beherrschten Wildnis und Einsamkeit das Bild; heute leider zunehmend Häuser und Wohnwagen. Einige vom Massenansturm verschonte Plätzchen sind zum Glück noch übriggeblieben – und das sollte auch so bleiben. Richtung Plouguerneau erreichen wir den *Grève de Zorn*, eine einladende Sandbank. In Guisségy unbedingt die hübsche *Kirche* aus dem 17. Jh. aufsuchen. Bereits der Glockenturm ist vielversprechend. Vier Kreuze markieren den Friedhofseingang. Prächtiger *Altaraufsatz* in der Kapelle der Unbefleckten Empfängnis. (Was nun das schon wieder ist?)

Unterkunft und Verpflegung

- *Bauerngasthaus (ferme auberge)* von M. und Mme Le Gall: in Kéraloret, einige Kilometer von Guisségy entfernt. Mustergültig ausgeschildert: man folge den kleinen rosa Wegweisern. T. 98-25-60-37. Herzliche Aufnahme, angenehme Zimmer zu 100 F, Campinggelegenheit auf dem Bauernhof, nur nicht während der Woche um Allerheiligen. Just das Richtige für Anhänger einer soliden Hausmannskost. Menüs zu 60 und 100 F. Nichts wie ran an den gekochten Schinken, ans Lammfleisch oder die hausgemachte Suppe! Dazu ein ausgezeichneter Cidre. Die hiesige Spezialität: *Kig a Farz*. Schon am Vorabend oder früh morgens zu bestellen. Eine ganz besonders sympathische Adresse, wie wir meinen.

BRIGNOGAN (29238)

Überwiegend von Familien besuchter Badeort, expandiert jedoch zusehends. Berühmt wegen seiner »chaotischen Granitblöcke« *(chaos rocheux)* in der Umgebung. An dem einen Strand weisen sie die Form eines Frosches auf. Nicht die Bucht am *Leuchtturm von Pontusval* verpassen, die prächtige Sandbank dort und die liebreizende *Kapelle Pol*, rund 2,5 km nördlich von Brignogan in den Felsen errichtet.
Am Weg zur Kapelle stoßen wir auf einen eigentümlichen »christianisierten« Hinkelstein. Auf seinen knappen 8 m prangt doch tatsächlich ein Kreuz.
Wasserratten empfehlen wir den wilden feinsandigen Strand von *Ménéham*, 2 km in westlicher Richtung. Pittorekes Felsenmeer. *Das* Motiv fürs Urlaubsalbum: ein altes Haus, das zwischen zwei Riesenblöcken wie zwischen zwei monumentalen Bücherhaltern eingequetscht ist. Hier und da uralte Bauernhöfe.

– *Fremdenverkehrsverein:* T. 98-83-41-08. Im Sommer mit angeschlossener Segelschule.
– Nach Brignogan: Busse ab Brest *(Cars Le Bihan)*, T. 98-83-45-80, und ab Landerneau (dieselbe Busgesellschaft).

Ein Quartier und eine Tafel

– *Ar Reder Mor:* av. Général-de-Gaulle. Mitten im Ort. T. 98-83-40-09. Modern, ohne besonderen Reiz, aber okay. Zimmer zu 130-150 F.

● **Nobler**

– *Hostellerie Castel Régis:* am Hafen von Brignogan. T. 98-83-40-22. Auf einem malerischen Kap, zwischen Hafen und Bucht, mitten in einem Park. Sehr ruhig. Beheizter Swimmingpool, touristische Atmosphäre. Zimmer von 230-350 F, Menüs zu 108 und 198 F. Das Essen nach der Speisekarte entpuppt sich als verflixt teuer.
– *Zeltplatz: Kéravezan.* Nördlich des Dorfs in Richtung *Plage des Crapauds* (Krötenstrand). T. 98-83-41-87. Von 15.6. bis zum 15.9. in Betrieb.

GOULVEN (29238)

Eingenistet im hintersten Eck einer weiten Bucht. Zieht sich das Meer bei Ebbe zurück, liegt eine riesige Sandbank über mehrere Kilometer frei. Garantiert stimmungsvolle Urlaubsfotos, wenn Sonne und Wolken mitspielen.
Goulven besitzt eine der hübschesten Kirchen an der Küste – mit einem Glockenturm aus dem 16. Jh., ganz *Notre-Dame-du-Kreisker* zu St. Pol-de-Léon nachempfunden. Prächtiges Tor im spätgotischen Stil rechterhand des Renaissanceportalvorbaus. Bemerkenswert auch der Altar aus grauem Granit. Davor ein kleinerer Altar mit gemeißelten, bemalten und etwas naiv anmutenden Szenen. Der antike Lettner wird als Orgelempore genutzt.
Richtung Plouescat erreichen wir die berühmten *Dünen von Keremma*.

Unterkunft und Verpflegung

– *Camping O de Vras:* auf der Gemarkung von Plouvenez-Lochrist. Das Meer ist ganz in der Nähe. Einladender Strand bei der Kapelle St. Guévroc.
– *Camping Keramma:* in Tréflez. T. 98-61-62-79. Aufnahme vom 15. Juni bis 15. September.
– *Hôtel-restaurant de la Butte:* gehört zur Gemeinde Plouider (29260 Lesneven), 2 km von den Stränden Kerammas entfernt. T. 98-25-40-54. Gemütliche Zimmer zu 140-165 F. Vor allen Dingen ist jedoch das Restaurant zu empfehlen. Tischt das beste Meeresgekrabbel der Region auf. Wir raten daher dringend, einen Tisch vorzubestellen.

PLOUESCAT (29221)

Ackerbürgerstädtchen ohne besonderen Charakter – einmal abgesehen von den Markthallen mit hübschem Holzgebälk aus dem 16. Jh. – das wohl bis heute ruhig vor sich hin dämmern würde und sich ohne viel Aufhebens seiner Badestrände erfreute, gäbe es da nicht die Geschichte des ... *Zizi de pépé,* von Opas Pimmel. Dieser Felsen besaß in der Tat die unzweideutige Form eines Phallus und gibt seit Jahrhunderten Anlaß zu hämischem Grinsen und krassesten Witzen. Das Rathaus beschloß im Juli 1987, in einem Anflug von Moral, den umstrittenen Felsen sprengen zu lassen. Seitdem üben böse Geister Rache und beschmieren die rundlichsten und blankpoliertesten Felsen mit »Omis Popo«, und das in schönstem Rot. Bis jetzt ist noch nicht bekannt, ob das Rathaus schon den Zuschuß für die Sprengung aller restlichen »obszönitätengefährdeten« Felsen bekommen hat.

Erwähnen wollen wir noch die wunderschönen Strände. Jene von *Pors-Meur* und *Pors-Guen* breiten ihren weißen Feinsandstrand ins Unendliche aus. Ein Königreich für Wellenreiter, Windsurfer oder Strandwagenfahrer. Harmonische Granitanhäufungen sind ebenfalls zu bewundern.

Sich betten und verpflegen

– *Hôtel de la Baie du Kernic:* 100, rue de Brest. Am Ortsausgang von Plouescat, Route de Goulven. T. 98-69-63-41. Außerhalb der Saison an Montagen und sonntagabends sowie im November geschlossen. Liegt zwar nicht unbedingt in der interessantesten Ecke, stellt jedoch eine angenehme Etappe dar, preiswert und piccobello. Zimmer ab 110 F. Vier Menüs, damit für jeden Geldbeutel eines. Seit Jahr und Tag Anlaufstelle hungriger Einheimischer und Sommerfrischler.

BERVEN (29225)

Ruhige Kleinstadt im Besitz eines sehenswerten *Pfarrbezirks*. Hinein kommt man durch das große Triumphtor im Renaissancestil mit drei Rundbögen, die seltsamerweise einen halbfertigen Eindruck machen. Kirche aus dem 16. Jh., streng und erhaben, mit einem für die Bretagne typischen Glockenturm. Einige beachtliche Wasserspeier schauen auf die Besucher herunter. Im Inneren lenke man sein Augenmerk auf die meisterhaften Schnitzbalken und die bemerkenswerte Chorballustrade in Holz und Stein.

Wenn der Magen knurrt

– *Restaurant-hôtel des Voyageurs (Chez Simon):* in der Altstadt. T. 98-69-98-17. Sonntagabend und montags geschlossen. Wer Sonntagmittag hier zu tafeln gedenkt, sollte unbedingt reservieren. Schließlich handelt es sich um eines der populärsten Restaurants weit und breit. Geräumiger uriger Speisesaal, tadelloser Bedienung. Menüs zu 58, 85 und 135 F: mit Krustentieren, Krabben in Mayonnaise, gefüllten Austern, Lammkeule und zwei Vorspeisen. Korrekte Zimmer, kurz: eine unserer begehrtesten Adressen.

Seheswertes im Umkreis

– *Das Château de Kerjean:* in Saint-Vougay, 5 km südöstlich von Berven. Sicher eines der Vorzeigeschlösser im Léon, inzwischen in den Besitz des Départements übergegangen. Besuch unbedingt lohnenswert. Öffnungszeiten 10-19h während der Hochsaison. Dienstags geschlossen. Im Jahre 1560 errichtet, mischt es die unvermeidliche Verteidigungsarchitektur mit dem pompösen Gehabe der Renaissance. Das Schloß besteht aus einer Ummauerung, einem viereckigen Hof und drei Gebäuden. Unübersehbar sind die enormen Kamine. Ansehnliches bretonisches Mobiliar: bretonische Betten mit verschließbaren Holzläden, Aussteuertruhen, Mehlkästen, Schränke usw. Und rund ums Schloß ein herrlicher Park mit Springbrunnen und einem Taubenschlag aus dem 16. Jh. Neben der Schloßbesichtigung wird dem Kunstfreund meist auch noch eine häufig wechselnde Ausstellung geboten. Auskünfte: 98-69-93-69.

LESNEVEN (29260)

Wichtiger Verkehrsknotenpunkt und Handelsstadt im Léon. Renommiert für die Qualität seiner Konditoreien. Wer hätte angesichts dieser friedlichen Kleinstadt gedacht, daß hier der König des Revolvers und des Argots geboren wurde: Auguste Le Breton, Autor unzähliger Krimis (neun davon wurden verfilmt). Besitzt dieses Städtchen auch keinen umwerfenden Charme an sich, so doch einige historische Bauten in der Innenstadt und natürlich das *Musée du Léon* im ehemaligen Kloster der Ursulinen, 12, rue de la Marne, dem heutigen »Maison d'acceuil«. Publikumsverkehr von 9-12h und 14-18h. Dienstags geschlossen und am Sonntag nur nachmittags geöffnet. Frühgeschichte, Galloromanische Periode, religiöse Kunst, Möbel und traditionelle Gewänder, Gemäldegalerie usw.

Wo probiert man am besten die Konditoreiwaren?

– *Pâtisserie G. Labbé:* 9, rue Notre-Dame. T. 98-83-00-25. Der Ruf des Unternehmens hat sich schon in einem 50-km-Radius ausgebreitet, die Schleckermäuler sind auch zum Frühstück willkommen.

LE FOLGOET (29260)

Nur zwei Kilometer von Lesneven entfernt zieht einer der größten *Wallfahrtsorte* in der Bretagne am letzten Sonntag im September tausende von Menschen an. Seltsam, ein so kleines Dörfchen mit so einer Riesenkirche, beinahe einer Kathedrale ... Übrigens auch eine der stattlichsten in der Bretagne.

Ein wenig Geschichte und viele Legenden

Um 1315 hauste ein armer Teufel im Baumstamm einer Eiche. Sein Name war Salaün und er betete den ganzen lieben langen Tag ein Ave Maria nach dem anderen. Den Rest der Zeit ging er zur Kirche oder bettelte sich das Lebensnotwendigste zusammen. Die Dorfleute nannten ihn »Fol Goat«, den Verrückten vom Wald. Eines Tages starb er, wurde statt auf dem nahegelegenen Friedhof wie ein Hund neben seinem Baum verscharrt; weder eine Messe, noch der Besuch eines Priesters wurden ihm gewährt. Gott muß diese Ungerechtigkeit sehr mißfallen haben, denn er ließ eine schneeweiße Lilie auf seinem Grab erblühen. Auf ihren Blättern trug sie die Inschrift »Ave Maria« in goldenen Lettern. Das Wunder dauerte mehrere Wochen an. Drum strömte die halbe Bretagne zusammen und beschloß, eine Kapelle zu errichten. Wir meinen zwar, man hätte stattdessen dem armen Kerl zu Lebzeiten besser eine Bretterbude hingestellt, aber auf uns hört ja niemand! Johannes IV., Herzog der Bretagne, der eh schon den Bau einer Basilika zu Ehren der heiligen Jungfrau gelobt hatte, entschloß sich, dies in Folgoët zu tun. Er legte auch den ersten Stein, doch damit hatte sich's dann auch schon. 54 Jahre mußten vergehen, bis sich Johannes V. an das Versprechen seines Vaters erinnerte und die Bauarbeiten in Angriff nehmen ließ. Zum ersten Mal wurde ein Material benutzt, das später in der bretonischen Architektur heiß begehrt wurde: Granit aus Kersanton. Gegen 1460 schloß man die Arbeiten an der Basilika ab. Ludwig XIV., welcher die Bretonen nicht ausstehen konnte, stufte die Basilika in den Stand einer simplen Kapelle zurück. Brände, Exzesse der französischen Revolution – die Apostel der Vorhalle wurden guillotiniert – veränderte Nutzungen der Kirche – sie diente erst als Schweinestall, dann als Kaserne (in dieser Reihenfolge) – beschleunigten den Zerfall der Basilika. Erst Prosper Mérimée, seinerzeit Generalinspekteur für historische Bauwerke, rettete sozusagen als Beauftragter in Sachen Denkmalschutz die Kapelle und trug einiges zu ihrer Wiederherstellung bei.

Sehenswertes

– *Die Basilika* flankieren zwei Türme. Einer davon mißt 56 m Höhe und wird als einer der filigransten in der ganzen Bretagne angesehen. Bildschönes Südportal im spätgotischen *style flamboyant*, gleich gegenüber des Kalvarienberges.
Im Inneren ein Meisterwerk mittelalterlicher Skulptur: der Lettner, aus Kersantoner Granit gemeißelt, mit bewundernswert harmonischen Proportionen. Drei elegante Säulen stützen drei Bögen, die wiederum mit Spitzbögen versehen sind. Bemerkenswerte Rosette über dem Chor und mehrere Granitaltäre aus dem 15. Jh.
– *Das Dekanat:* vis-à-vis der Basilika. Ehemaliges Pfarrhaus in einem türmchenbewehrten Landhaus aus dem 16. Jh.

– *Pardon:* jedes Jahr am zweiten Sonntag im September. Diese Prozession spiegelt bretonische Wesenszüge in beeindruckender Weise wider.

– *Das Museum von Folgoët* beherbergt Statuen aus diversen Epochen und mittelalterliches Mobiliar. Untergebracht im Haus der Pilger, *Hôtel des pélerin,* das vor fünfzig Jahren im neugotischen Stil erbaut wurde.

CROZON UND UMGEBUNG

DIE HALBINSEL PLOUGASTEL

Der Weg zur Halbinsel führt über die Brücke *Pont Albert-Louppe,* ein mächtiges Bauwerk des Architekten André Freyssinet aus dem Jahre 1930. Es ergibt sich links und rechts der Straße ein prächtiges Panorama mit der Reede von Brest und dem Elorn. Da die schmale Brücke den Ansprüchen unserer Zeit nicht mehr genügt, wird sie wohl bald durch eine von 114 m hohen Tragmasten gehaltene Schrägseilbrücke entlastet werden. Die Halbinsel ragt ins Meer hinein wie die fünf Finger einer Hand. Die meisten Besucher hasten jedoch nach Süden – die hiesigen Badestrände verlieren wohl durch die Nähe von Brest oder sind eben nicht in Mode – nach Crozon, dem bekanntesten Strand. Damit liegen sie zweifellos nicht falsch: Crozon ist tatsächlich unerreicht! Sollte jemand indes über ausreichend Zeit verfügen: ruhig den Rest der Insel erkunden! Putzige Hafenorte und ein Gewirr schmaler Sträßchen, gerade breit genug für ein Auto, erwarten Entdeckungsfreudige. Die Halbinsel Plougastel ist berühmt für ihre Erdbeerkulturen, die seit dem 18. Jh. ihren festen Platz im Bild der Landschaft innehaben. England ist der wichtigste Abnehmer.
In *Sainte-Christine* trifft man eine schmucke Kapelle aus dem 15. Jh. an. Die Heilige trägt einen Mühlstein um den Hals. Nachdem wir zum zehnten Mal nach dem Weg gefragt haben, erreichen wir endlich den winzigen, allerliebsten Hafen von *Lauberlac'h.* St. *Adrien* erfreut sich uralter Kapellen und Kalvarienberge und – last nost least – einer Crêperie: geöffnet nur von Freitag bis Sonntag, 17-24h. St. *Guénolé* am Ende einer schmalen Bucht bietet eine nicht weniger entzückende Kapelle aus dem 16. Jh., anschließend den *Aussichtspunkt von Keramenez* besteigen: von dort aus erwartet uns ein wundervolles Panorama über einen Großteil der Halbinsel, die Brester Reede und Crozon. Eine nette Straße führt hinab zum Hafen von *Tinduff.* Am Ende der *Pointe de l'Armorique* lebte einst eine bekannte Persönlichkeit, nämlich Job l'Armor. Der französische Chansonnier Brassens verewigte ihn in einem seiner Lieder. Er besaß dort ein Café, das nach neuesten Angaben geschlossen sein soll. Was bleibt, ist der diabolische Cocktail, den Armor kreierte: der *franch-per* (drei Viertel weiße Minze auf einem Viertel braunem Rum). Natürlich auf nüchternen Magen zu genießen. Und hübsch die verheerende Wirkung abwarten!

PLOUGASTEL-DAOULAS (29213)

Großer Marktflecken, dessen Entwicklung gewaltig von der nahegelegenen Metropole Brest behindert wurde. Nach dem schrecklichen Bombardement im Krieg litt dann der Reiz des Städtchens unter dem schnellen Wiederaufbau. Plougastel ist hauptsächlich bekannt für seinen mit zahlreich Persönlichkeiten ausstaffierten Kalvarienberg. Auch er mußte nach den verheerenden Schäden aus dem letzten Krieg wiederhergestellt werden. Die verantwortlichen amerikanischen Bomberpiloten spendeten das nötige Geld.
Eingebettet in eine unwürdige Umgebung – rundherum Beton, Kirche ohne eine Spur von Anmut, Beinhaus fehlend – fällt es ihm schwer, beim Betrachter nennenswerte Emotionen zu erwecken. Dennoch ist dieser Kalvarienberg ein näheres Hinschauen wert, allein wegen der Darstellung von fast zweihundert Personen. Er datiert aus dem Jahre 1602 und wurde nach dem Vorbild Guimiliaus errichtet, als Dank dafür, daß nicht alle in der Gegend an der übel um sich greifenden Pest verreckten. Es handelt sich also um ein *Kroaziou ar vossen* (Pestkreuz), erkennbar an den Kugeln am Kreuzschaft, welche Pestbeulen symbolisieren. Die Gestalten wirken leider etwas starr, doch finden wir hier die Legende der armen Katell Gollet wieder (s. Kapitel über Guimiliau). Kurios, die Zweifarbigkeit des verwendeten Steins: Granit aus Kersanton und Ockerstein, vermutlich seit der Restaurierung.

Als ob der Kalvarienberg nicht schon genug unter seiner Umgebung zu leiden hätte, sollte sich ein paar Meter weiter ein großer Shoppingkomplex mit überdachtem Markt erheben; tatsächlich ist der Bau Ende 1988 begonnen worden. Dem Widerstand der um ihre Existenz fürchtenden Geschäftsleute, der Umweltschützer und der mit einem Gehirn ausgestatteten Einwohner ist ein Baustopp zu verdanken. Die Verantworlichen haben in der Tat auf den architektonischen Sündenfall verzichtet, denn es handelte sich nicht nur – wie befürchtet – um eine Gnadenfrist, sondern tatsächlich um die Stornierung des Projekts!

Nobel speisen

– *Le Chevalier de L'Auberlac'h*: 5, rue Mathurin-Thomas. T. 98-40-54-56. Etwa 400 m vom Kalvarienberg. Täglich, außer an Sonntagabenden, mittags und abends bis 21.45h geöffnet. Geräumiger Speisesaal, Einrichtung etwas rustikalo-schicki-micki – offener Kamin, Sprossenfenster und Holzvertäfelung – aber nicht unangenehm. Viele Blumen, einwandfreie Bedienung und klassisch bürgerliche Kundschaft. Tischvorbestellung wird empfohlen. Ein Menü zu 110 F – Getränke getrennt, Bedienung inbegriffen – für die wirklich etwas geboten wird, z.B. eine exzellente Meeresfrüchteplatte oder die Maismehl-Eierkuchen-Terrine, saftiges Rindfleisch oder Geflügelbrust. Leckere Desserts. Nun zum Menü zu 160 F, ebenfalls äußerst verlockend: Scampicocktail, Räucherlachs, Lachssteak, Sorbeteis, Lamm in Rosmarinsaft oder Entenfilet. Zum Abschluß eine riesige Nachtischplatte. Unter der Woche kleine Menüs zu 65 F – und wenn's nur darum geht, das Ambiente eine Weile genießen zu dürfen.

Sehenswertes

– *La Maison du Patrimoine*: 14, rue de l'Eglise, T. 98-40-21-18. In der Zeit vom 1. Juli bis zum 15. September kann der Museumsliebhaber hier 10-12h und nachmittags 14-18h hereinschauen. Ab dem 15. September ist der Besuch nur noch nachmittags möglich, wobei an Montagen ganz geschlossen bleibt. Ausgestellt ist das Kulturerbe der Halbinsel; Geschichte, Besiedlungsweise, Trachten, etc.

DAOULAS (29224)

Der Marktflecken zwanzig Kilometer südlich von Brest genoß während des Mittel-
alters großes Ansehen, dank des *Daoulas*, einem renommierten Leinen von hoher
Qualität und begehrt in ganz Europa. Ein regelmäßiger Kunde war übrigens der
Vater Shakespeares, von Beruf Stoffhändler.
Heute besucht man Daoulas der Überreste seiner im Jahre 500 gegründeten
Abtei und des romanischen Kreuzgangs wegen, die in der Bretagne ihresgleichen
suchen. Ausstellungen im Kulturzentrum. T. 98-25-84-39. im Sommer 10-19h und
außerhalb der Saison 10-12h und 13.30- 17.30h zu besichtigen.

Zum Hungerstillen

– *Café Paul:* 1, route de Quimper in Daoulas. T. 98-25-85-41. Das Dekor von 1920
verleiht der Kurzwarenhandlung mit Café-Betrieb ihren ganzen Reiz. Vom Speisesaal aus sieht man das Flüßchen, man wird herzlich empfangen und kann sich bei
irländischen Bieren das Tagesgericht schmecken lassen. Am Sonntagmorgen
finden sich die Leute aus der Gegend ein – ein gutes Zeichen!

Sehenswertes

– *Der Portalvorbau des Friedhofs:* ein seltenes Triumphtor im gotischen Stil, wie
man nicht alle Tage eines zu Gesicht bekommt. Ehemaliger Südportalvorbau der
Kirche aus dem 16. Jh. Einfach bewundernswert, dieser Reichtum, die Feinheit
der Skulpturen. Im hinteren Teil des Friedhofs erhebt sich ein Methusalem unter
den Kalvarienbergen. Dies alles, zusammen mit den umliegenden Gebäuden aus
dem 15. und 16. Jh., ergibt ein ergreifendes Bild voller Harmonie.
– *Die Kirche:* im zwölften Jahrhundert entstanden. Langes Kirchenschiff ohne
Transept im bretonisch-romanischen Stil. Der ockerfarbene Stein verleiht dem
Ganzen eine ungewöhnliche Wärme. Bemerkenswert auch die harmonischen
Proportionen der gewölbten Säulen, die Kraft und Grazie miteinander versöhnen.

Das ehemalige Beinhaus am Kopf der Kirche dient heute als Sakristei. Die Kapelle Sainte-Anne weiter unten kann nicht besichtigt werden.
– *Der Kreuzgang:* einziges vollendetes Werk romanischen Baustils im Finistère. 32 von kleinen Säulen gestützte Bögen, die Kapitelle mit filigranen Laubwerkverzierungen. In der Mitte ein mit geometrischen Motiven und Köpfen bestücktes Becken.
– *Der Markt von Daoulas:* zu durchaus wettbewerbsfähigen Preisen findet der Marktbummler wunderhübsche Trockenblumensträuße und Heilpflanzen, die aus einem Garten mit über fünfhundert verschiedenen Arten stammen.

IRVILLAC (29224)

Das Dorf Irvillac, 4 km von Daoulas entfernt, wartet mit einer Kirche im gotischen Stil, gemischt mit Renaissanceelementen, auf. Wenn das Innere auch nichts Aussergewöhnliches zu bieten hat – abgesehen von einer rührenden Pietà aus dem 15. Jh. – so präsentiert sich doch als Ausgleich ein eigentümlicher Glockenturm mit Strebepfeiler samt Barocktürmchen. Im 18. Jh. vom Blitz getroffen, wurde der Turm von Italienern wiedererrichtet, was gewiß seine Extravaganz erklärt.
Drei Kilometer südöstlich erreichen wir die Kapelle *Notre-Dame-de-Lorette.* Auch hier fällt ein etwas ungewöhnliches Detail ins Auge: der Kalvarienberg besitzt die Form eines Schiffankers – andere vermuten eher einen Baum aus Stein. Um hinzugelangen, die Straße nach Hanvec bis zur Kreuzung von Malenty benutzen (ca. 2 km). Von dort führt ein schmaler Weg zur Kapelle.

Leibliches Wohl

– *Ti Lannig:* an der Hauptstraße Irvillacs. T. 98-25-83-62. Abseits der ausgetretenen Pfade, dafür urbretonisch. Die sich in dieser Ecke aufhaltenden motorisierten Vagabunden werden es nicht bereuen, sich um die Mittagszeit hier einzufinden. Fürwahr das beste und populärste »Restau« im Finistère. Menüs in der Woche schon ab 41 F *(ménu ouvrier)*, ansonsten von 75-250 F. Geführt von einem jungen Paar, das eine warme und herzliche Atmosphäre geschaffen hat. Eine reichliche, gesunde und billige Kost, die mittags von Montag bis Samstag serviert wird, ist ein weiterer Pluspunkt. Dienstagnachmittag und in der zweiten Augusthälfte geschlossen. Ein oder zweimal im Monat Schauplatz von Kabarettabenden. Einfach anrufen, um das Programm in Erfahrung zu bringen. Sollten Yvon Etienne und sein Spezi Gégé auftreten, dann nichts wie hin!

Unterkunft und Verpflegung im Umkreis

– *Le Moulin de Poul Hanol:* 6 km südlich von Daoulas, in Hôpital-Camfrout. T. 98-20-02-10. In einem der bezauberndsten Winkel der Region: eine alte Windmühle, mit erlesenem Geschmack modernisiert. Rundherum nur Grün und gar nicht weit von der Bucht von Kérouse. Die ehemalige Straße nach Faou, die D 770, führt hin. Hôpital-Camfrout durchqueren; nach einigen Metern auf der rechten Seite sind wir am Ziel. Die Inhaber, recht nette Zeitgenossen übrigens, bieten acht schnuckelige, anscheinend aber ziemlich verstaubte Zimmer an, ganz im bretonischen Stil gehalten und meist mit Bad. Niedrige Preise (80-130 F), daher Reservierung empfohlen. Im angenehmen Speisesaal kann man sich köstliche Crêpes schmekken lassen. Was erzählen wir denn noch lange: hinfahren und sich selbst überzeugen!
– *Les Routiers:* an der Hauptstraße durch Hôpital-Camfrout. T. 98-20-01-21. Klassische Rastätte, die außer ihrem einladenden Charme noch drei exzellente Menüs zu 53 F – Scampis und Krabben – und 125 F, mit Meeresfrüchteplatte, auf Lager hat. Unter der Woche mittags auf, abends nur am Wochenende. In der zweiten Augusthälfte machen die Besitzer Urlaub.

LE FAOU (29142) [»lefou« aussprechen]

Eine geschichtsträchtige Stadt, deren Straßen und Plätze die schönsten mittelalterlichen Gebäude säumen. Hoch her geht's in Le Faou in Sachen Fremdenverkehr, handelt es sich doch um das Tor zur Halbinsel Crozon. Bummeln wir vorüber an dekorativen Häusern mit Erker und schieferverkleideten Fassaden. Speziell das Haus *La charcuterie Lennon* (Metzgerei am Hauptplatz) besticht durch seine außenliegenden gemeißelten Säulen und – auf kulinarischer Ebene – durch seine hervorragenden Fleisch- und Wurstwaren. Die Kirche nahe beim Fluß vervollständigt das charmante Ensemble.

Im Umkreis, 2 km weiter, lohnt ein Abstecher zur *Eglise de Roumengol*. Portalvorbau im spätgotischen Stil, ein anderer in bretonischer Renaissance.

Unterkunft und Verpflegung

– *Le Relais de la Place:* in der Ortsmitte. T. 98-81-91-19. Ausgezeichnete Bleibe. Zimmer von 130-200 F. Menüs zu 60, 78 und 120 F.

– *La Vieille Renommée:* 11, place de la Mairie. T. 98-81-90-31. Montag Ruhetag, außer im Juli/August; im November ist der Laden dicht. Adrette Zimmer mit Waschbecken zu 130 F, mit Bad 210 F. Mittags und abends bis 21h: Menüs zu 75 F und 130 F – mit Austern, Fischsahnecreme, Rotbarbenfilets in Zitronellen, Panaché de la Mer usw.

DIE HALBINSEL VON CROZON

Die langgestreckte Halbinsel hat die Form eines Kreuzes – wen wundert's, in der Bretagne? Vorgebirge aus Granit, schwer zu beackernde Erde, die wie vielerorts einen menschlichen Aderlaß ohnegleichen über sich ergehen lassen mußte: 50% der landwirtschaftlichen Betriebe verschwanden innerhalb von zwanzig Jahren. Die Halbinsel entkam jahrelang dem Heißhunger der Bauplaner, dank ihrer isolierten Lage »ab vom Schuß«, und bietet daher verliebten Paaren versteckte Klippen, einsame Buchten und geheime Strände, umsäumt von einem (fast) immer blauen Meer. Eines der authentischen Gesichter der Bretagne.

VON FAOU NACH CROZON

Wo man feststellen wird, daß dieses unerbittlich anmutende Stück Land doch seine Schokoladenseiten besitzt ... Ab Faou öffnet sich die reizvolle Gegend um den Fjord von L'Aulne. Eine gewundene Küstenstraße (Corniche) bietet unerwartete Panoramen. Landschaften von unglaublicher Anmut und Sanftheit tun sich auf. Wir passieren die berühmte *Pont de Trévénez* und erblicken im Hintergrund die rundliche Bergsilhouette des *Menez Horn.*

LANDEVENNEC (29146)

Nach dem *Pont de Trévénez*, der endlich verbreitert und neu befestigt worden ist, geht's nach rechts. Dann, nach der Durchquerung eines lauschigen Waldes, erreichen wir einen Ort, der an eine exotische Postkarte erinnert. Auf dem Hügel – immerwährender Augenzeuge der sich liebenden Flüsse Aulne und Faou – gedeihen, dank eines ungewöhnlichen Mikroklimas die unglaublichsten südlichen Pflanzen. Wir halten Einzug in ein reizvolles Dorf mit romantischem Matrosenfriedhof. Die friedliche Atmosphäre ist wie geschaffen für Meditationen. Kein Wunder, daß sich die Benediktiner hier niederließen.

Müde? Und nun?

– *Hôtel Beauséjour:* an der Hauptstraße. T. 98-27-35-36. Kleines angenehmes Hotel, umzingelt von Palmen. Ein Hort absoluter Stille. Wird im Hochsommer von Touristen in Beschlag genommen, der Empfang wird zur Routine, aber zum

Glück hat das Hotel ja das ganze Jahr Betrieb. Außerhalb der Hochsaison nämlich ist es das ideale Plätzchen für ein amouröses Abenteuer oder um einen
Roman zu schreiben. Gemütliche Zimmer von 180-220 F, manche mit Sicht auf
die Brester Bucht. Hoteleigenes Restaurant.
- *Gîte rural:* im Rathaus nachfragen, T. 98-27-72 65. Aufgrund seines jungen
Alters hat das Quartier natürlich nicht den Reiz einer altertümlichen Bleibe, ist aber
sehr sauber. Drei 4-Bett-Zimmer und ein Schlafsaal.
- *Le Saint-Patrick:* T. 98-27-70-83. Kurz vor der Kirche. Knackig-frische Zutaten
werden zu schmackhaften Menüs so um die 75 Fverarbeitet, die Zimmer zu 130 F
vermietet.

Sehenswertes

- *Die Benediktinerabtei* (Abbaye bénédictine): Besuchszeiten von 9.30-12h und
14-18h, sonn- und feiertags 15-18h. Die Gärten sind gewöhnlich bis Sonnenuntergang zugänglich. Eine rechte Ruine, schon wahr, doch die Renovierungsarbeiten
haben aus den übriggebliebenen Resten das Beste gemacht. Im fünften Jahrhundert von Guénolé, dem heiligen Gwendolin, in irischer Tradition gegründet
und von da an kräftig an der Verbreitung des christlichen Glaubens beteiligt. Im
zehnten Jahrhundert von den Normannen zerstört, wurde die Abtei ein Jahrhundert später wiedererrichtet. Die Klosterkirche stammt noch aus dieser Zeit. Die
französische Revolution gab Landévennec dann den Rest. Einige in alle Himmelsrichtungen verstreute Mönche blieben übrig, die Gebäude mußten versteigert
werden und endeten letztendlich als Steinbruch. Ende des letzten Jahrhunderts
wurde das ganze Gelände von einem reichen Adligen aufgekauft, der beinahe
sein ganzes Vermögen in den Wiederaufbau steckte. Die Auskunftstafeln sind
einwandfrei gemacht. Eine kleine Ausstellung informiert über die Geschichte der
Abtei. In der bemerkenswerten Bibliothek stehen einige seltene Werke über das
Keltentum, die sonst nirgendwo zu finden sind, und Übersetzungen verschiedener uralter irischer Texte.
Für den Rückweg empfiehlt sich die an der Flußmündung entlangführende
Straße. Von einem Aussichtspunkt aus ergibt sich ein eindrucksvolles Panorama
mit der Ile de Térénez, den Windungen der Aulne und dem Veteranenfriedhof, auf
dem die Marineadmiräle a. D. bestattet wurden: ein verblichener grauer Farban-
strich zwischen blauem Wasser und grünen Pflanzen, die in die Höhe ragenden
Bootskräne, die aufliegenden Schiffe überhaupt. Die Marine-Gebäude tragen
nicht einmal mehr einen Namen, trotzdem stehen sie unter ständiger Bewachung
zweier Offiziere, die darauf achten, daß auch ja keines der Messingbullaugen ent-
wendet oder anderes glänzendes Metallzeug geklaut wird. Eines Tages wird ein
Schrotthändler sich vielleicht dafür interessieren, diese letzten »Überlebenden«
der großen Kriege aufkaufen und dann in aller Ruhe kleinmachen.

CROZON (29160)

Der wichtige Verkehrsknotenpunkt Crozon bietet eigentlich nichts Außergewöhnliches, gab aber der ganzen Insel seinen Namen. Louis Jouvet, Schauspieler,
Regisseur und Theaterdirektor, wurde 1887 hier geboren, ist aber nicht mal ein
waschechter Bretone. Im Sommer ist Crozon hoffnungslos überlaufen. Einziges
wirklich Sehenswerte, der Altaraufsatz in der Kirche: 29 geschnitze und bemalte
Paneele aus Holz aus dem frühen 17. Jh. zieren ihn. Vierhundert Personen stellen
auf recht naive, dafür aber um so dekorativere Art und Weise das Martyrium von
zehntausend Soldaten dar, die sich unter Kaiser Hadrian zum Christentum
bekannten und dafür gekreuzigt wurden.
- *Fremdenverkehrsamt:* T. 98-27-07-92. Organisiert Ausflüge aufs Meer mit einem
»Fischerprofi«.
- *Golfplatz von Kersiguenou:* in Crozon, T. 98-27-10-28.

MORGAT (29160 Crozon)

Namhafter Strand seit etlichen Jahren. Fremdenverkehr ist hier bereits fest etabliert. Morgat war schon in den dreißiger Jahren ein populärer Badeort. Ist aber auch zu schön gelegen, in einer prachtvollen Bucht. Der Jachthafen kann mehrere hundert Boote aufnehmen und darf sich mit Recht »Segelstation« nennen. Erholsam geht's freilich eher außerhalb der Hochsaison zu. Aber auch sonst eignet sich Morgat vorzüglich als Basiscamp für Abstecher ins Umland.

Unterkunft und Verpflegung

● *Preiswert bis Mittelklasse*

– *Hôtel des Grottes:* am Ortseingang von Morgat. T. 98-27-15-84. Ohne großartigen Reiz, doch ausgesprochen korrekte Zimmer, zugleich die billigsten am Ort.
– *Hôtel de la Baie:* am Hafen. T. 98-27-07-51. Von Ostern bis Oktober in Betrieb, unpersönlicher Empfang. Elegante Zimmer mit Aussicht aufs Meer. Hausgäste können sich sogar die Farbe der Tapete aussuchen. Doppelzimmer von 115-200 F, kein Restaurant.
– *Hôtel du Kador:* 42, Bd. de la Plage. T. 98-27-05-68. Klassisches Strandhotel, dabei recht konventionelle Atmosphäre, aber korrekte Zimmer. Doppelzimmer mit Dusche um die 190 F. Während der Hochsaison nur Halbpension.
– *Le Julia:* 43, rue de Tréflez. T. 98-27-05-89. Geschlossen vom 15. November bis zum 15. Februar. Kleines Hotel ganz in Weiß, 400 m vom Strand entfernt. Mit Garten und »Ruhegarantie«. Wunderhübsche Zimmer von 130-230 F. Menüs zu 60 F (mit zwei Vorspeisen) und 150 F.
– *Camping les Pins:* 3 km von Morgat, an der Straße zur Landspitze von Dinan. T. 98-27-21-95. Wird von Anfang Juni bis Ende September betrieben. Am Busen der Natur, umgeben von Pinien. Komfortabel ausgestattet. Eine Abkürzung führt zum Strand. Ohne Vorausbuchung läuft im August gar nichts.
– *La Grange de Toul Boss:* am Hafen Morgats. T. 98-27-17-95. Charmante Crêperie am Meeresrand. Das Menü zu 63 F setzt sich unter anderem aus frischen Miesmuscheln in Weinsud, Rochen in brauner Buttersoße, Salat oder Käse und einem Nachtisch zusammen. A la Carte, Riesenauswahl an Crêpes von 6-34 F, Meeresfrüchten und Fischen.

● *Nobler*

– *Hôtel-restaurant de la Ville d'Ys:* rechterhand vom Hafen in einer ungewöhnlichen Lage. T. 98-27-06-49. Geöffnet von April bis September. Herrliche Zimmer von 185-290 F, einige mit eigener Terrasse. Halbpension à 230 F pro Person. Ordentliches Restaurant.
– *Le Roof:* eingangs von Morgat auf der rechten Seite. T. 98-27-08-40. Modernes Restaurant ohne umwerfendes Flair. An schönen Tagen wird auf der Terrasse serviert. Genießt einen vorzüglichen Ruf in der Umgebung. Menüs zu 85 F mit Fischsuppe, diversen Krustentieren, Kabeljaufilet in weißer Butter usw. Zu 150 F: eine Vorspeise mehr, Jakobsmuschelpfanne, Entenfilet. Zur Tischvorbestellung wird dringend geraten.

Sehenswertes

– *Die Grotten von Morgat:* Besuch der in ihrer Form variierenden, schönen Höhlen in kleinen Booten. Die Höhle *Autel* ist 90 m tief und besticht durch wundervolle Farben. Kartenverkauf im Büro der *Vedettes Rosmeur* am Hafen. T. 98-27-10-71. Dauer: 45 Minuten Täglich von Mai bis September. Andernfalls die *Vedettes Sirènes* nehmen. T. 98-27-22-50.
– *Schiffsverbindung Morgat-Douarnenez:* Sonntags und mittwochs im Juli-August. Dauer 1¼ Stunden. Auskunft unter T. 98-27-09-54.

- *Der Küstenweg zum Cap de la Chèvre:* Start bei den Klippen der Landzunge von Morgat, am Ende des Hafens. 8 km langer, berauschender Spaziergang über die *Pointe du Dolmen* und *Rostudel.* Rückweg entlang der Küste über Ménésguen und St. Hernot.

DAS CAP DE LA CHEVRE

Eine wilde, rüde Heidelandschaft voller Weiler und verschont von geschmacklosen, modernen Bauten. Ganz im Gegenteil wird man hier die typischen hübschen Häuser, hauptsächlich in Ménesguel und Rostudel, dem letzten Weiler vor dem Leuchtturm, vorfinden. Ist es wirklich nötig, unsern Lesern die Beschreibung des Panoramas der Bucht von Douarnenez und der Pointe de Raz zu liefern? Muß man einfach gesehen haben. Die Klippen überschreiten sogar die 100-Meter-Marke. Nach rechts führt ein schmaler Weg, 500 m vor dem Leuchtturm, bis zum Aussichtspunkt. Außerhalb der Saison oder ganz früh am Morgen hat der Ort etwas Magisches ...
- *Plage de la Palue:* ein prächtiger, 2 km langer Strand im Westen.
- *Plage de Lost-Marc'h:* neben Fkk-Freunden wagen sich bekleidete Schwimmer ins kühle Naß, obwohl dabei hier Gefahren drohen.
- *Das Mineralienhaus:* in Saint-Hernot, route du cap de la Chèvre. T. 98-27-19-75. Empfängt alle Steinsammler und Hobby-Geologen zwischen dem 15. Juni und dem 15. September, in der Zeit 10.30-19h. Vom 16. November bis zum 15. Oktober außer montags 14-18h. Die Sammlung von Steinen aus aller Welt ist sagenhaft schön!

DIE LANDZUNGE VON DINAN

Die Pointe von Dinan, auch wegen ihrer massiven und ruinenähnlichen Erscheinung das *Schloß von Dinan* genannt, steht dem Cap de la Chèvre (wörtlich »Ziegenkap«) in nichts nach. Das Vorgebirge bietet Aussichten über Felspartien und zerklüftete Klippen. Bescheidener Kieselstrand in einer Bucht am Fuße des Observatoriums und Felsenanhäufung im Meer. Am Horizont erblickt man den schier unendlichen Sandstrand in der Bucht von Dinan und die vorgelagerte Insel *Tas de Pois* (wörtlich »Erbsenhaufen«) auf der Landzunge von Penhir.
Wasserratten winkt ein hübscher Strand, *Plage du Goulien,* mit Zeltplatz, 200 m vom Wasser.
- *Crêperie Parc Yan Aod:* Plage Goulien, 29160 Crozon. T. 98-27-13-34. Stattliches, ganzjährig geöffnetes Haus am Meeresgestade unter der Regie freundlicher Wirtsleute. Speisesaal zum Wohlfühlen, wo köstliche Crêpes und ebensolche Eisbecher auf den Tisch kommen.

CAMARET (29129)

Ehemaliger Langustenfischereihafen, der nach dramatisch rückläufiger Fangaktivität die Segel gestrichen hat. Rund um den Hafen herrscht eine eigenartige Weltuntergangsatmosphäre: die Schiffe modern im Sand vor sich hin, mit Würde zwar, aber, na ja ... Gleichwohl ein angenehmer Aufenthaltsort in einer herrlichen Bucht, was auch die ehemaligen Fischer von Camaret längst kapiert haben. Im Sommer darum auch völlig überlaufen. Während der übrigen Jahreszeit besteht jedoch kein Mangel an Unterkünften. In Camaret experimentierte der Amerikaner Robert Fulton 1801 mit seinen Mini-U-Booten, die eigentlich Bomben an der Bordwand englischer Schiffe absetzen sollten. Bonaparte schenkte ihm keine Beachtung, Fulton kehrte nach Amerika zurück und wandte dort seine aufsehenerregenden Erfindungen. Mehr Erfolg hätte er wohl beim französischen Geheimdienst gehabt, der sich solcher Techniken in neuseeländischen Häfen bisweilen heute noch bedient – vergleiche den hinterhältigen Anschlag auf das Greenpeaceschiff Rainbow-Warrior.

- *Fremdenverkehrsamt:* quai Toudouze, am Hafen. T. 98-27-93-60. Besetzt von Ostern bis Oktober, von 9-12h und 15-19h. Mustergültig ausgestattet, hält es brauchbare Tips bereit.

Leibliches Wohl und gut schlummern

- *Hôtel Vauban:* 4, quai du Styvel. T. 98-27-91-36. Vorschriftsmäßig geführtes Haus. Zimmer zu 120 und 140 F (mit Dusche). Die Kemenaten im Hotel nebenan liegen preislich zwischen 110 und 180 F. T. 98-27-92-74.
- *Hôtel de France:* am Hafen. T. 98-27-93-06. Ein wenig schicker als die vorhergehenden Adressen. Freundliche Zimmer von 170-300 F. Im Restaurant werden leckere Menüs von 65-138 F aufgetischt: Eierkuchen mit Mayonnaise, Austern, Muscheln mit Kräuterbutter überbacken und Jakobsmuscheln. Für Gourmands ist wohl das Riesengericht zu 140 F gedacht.
- *Camping de Lambezen:* Richtung *Pointe des Espagnols* fahren und der Beschilderung folgen. Camping auf einer Anhöhe über dem Meer mit einem wundervollen Panorama. T. 98-27-91-41. Betrieb vom 1.5. bis 15.9.
- *Camping du Lannic:* vom 1.6. bis zum 15.9. in Betrieb. Ein bißchen weniger Komfort, dafür nur halb so hohe Platzgebühren. T. 98-27-91-31.
- *Bar de la Criée:* am Hafen. Preisgünstige schmackhafte Gerichte, allerdings nur mittags. Sonntags bleibt die Küche kalt. Zum sympathischen Ambiente tragen eine ausgestopfte Meeresspinne und ein fliegender Fisch bei.

Sehenswertes

- *Musée de la Marine:* am Ende des Naturdeichs von Camaret, der den Hafen in idealer Weise von der offenen See abschirmt. Wie der Name schon sagt, handelt es sich um ein Schiffahrtsmuseum, untergebracht in einem von Vauban – dem Festungsbaumeister Ludwigs XIV. – konstruierten Rundturm. Publikumsverkehr vom 1. Juni bis 30. September 10-12h und 14-18h; sonst 14-18h, außer vom 15. November bis zum 15. Dezember und vom 15.Januar bis zum 15. Februar, wo das Museum geschlossen bleibt. Sehenswerte Gravuren, Graphiken und Stiche. Manuskripte und Bücher des großen bretonischen Dichters und Schriftstellers St.-Pol-Roux. Schiffsmodelle, Holzschnitte und einige Waffen. Als Dreingabe noch das Namensschild vom Kiel des 1967 vor der bretonischen Küste havarierten liberianischen Öltankers *Torrey Canyon.*
- Die Kapelle *Notre-Dame-de-Roc'h-Amadour* aus dem 16. Jh.: Ihren Namen hat sie den zahlreichen Pilgern aus Skandinavien zu verdanken, die auf dem Weg zum berühmten Wallfahrtsort Quecy in Camaret an Land gingen.
- *Toulinguet und Very'ach,* zwei Traumstrände rund um die Landzunge von Pen-Hir. Beide Namen stehen für eine wilde, unberührte Küstenlandschaft. Also die leeren Contrexflaschen und das alte Butterbrotpapier hübsch wieder im Rucksack verschwinden lassen!
- *Bootsausflüge* zu den Klippen und zum *Vogelschutzgebiet »Tas de Pois«.* Fahrkarten im Büro der *Vedettes Sirènes* neben dem Fremdenverkehrsamt. T. 98-27-22-50.
Öffnungszeiten: 15.6.-5.7. ab 15h, 6.7.-25.8. 14.30-16h, 26.8.-8.9. ab 15h.
- *Club de Loisirs* und *Centre nautique Léo Lagrange:* Freizeitclub und Wassersportverein in Camaret. T. 98-27-90-49. Bietet günstig Kurse im Tiefseetauchen, Segeln und Windsurfen. Ausrüstung und Atmosphäre lassen keine Wünsche offen. Vollpension oder Unterbringung außerhalb der Innenstadt. Zusätzliche Aktivitäten: Kajak, Tennis, Angel- und Reitsport. Wochenendkreuzfahrten auf traditionell getakelten Booten mit Gelegenheit zum Tauchen.

DIE POINTE DE PEN-HIR

Die am nachhaltigsten vom Fremdenverkehr geprägte Landzunge der Halbinsel. In Spitzenzeiten, wenn ein Touristenbus nach dem anderen anrauscht, tönt es in einem fort »Aaaaah, Ooooh und Looooovely«. Aber auch hier gilt: Wer sich etwas abseits von den Hauptverkehrs(wander)wegen hält, befindet sich so gut wie allein in der Natur. Ein imposantes Monument gemahnt an die von den Bretonen tatkräftig miterkämpfte Befreiung Frankreichs.

Zwischen Camaret und der Landzunge von Toulinguet stoßen wir auf die kleinen *Alignements* von *Lagat Jar* – 143 in Reih' und Glied aufgestellte Menhire aus weißem Quarzit – die an Carnac erinnern. Die alte Ruine auf der Düne, mit der Front zum Meer, war einst das Haus des Dichters Saint-Pol-Roux und seiner Tochter Divine.

Beider Leben nahm eine tragische Wendung: in der Nacht vom 23. auf den 24. Juni 1940 drang ein deutscher Soldat in ihr Haus ein, verwundete Vater und Tochter durch einen Pistolenschuß, tötete die Hausangestellte und verging sich anschließend an Divine. Der Besitz wurde geplündert. M. Saint-Pol-Roux nahm dies alles so sehr mit, daß er kurz darauf, am 18. Oktober, starb. Das Herrenhaus ist 1944 endgültig zerstört worden. Divine überlebte diese Schrecken und starb 1985 eines »natürlichen« Todes, nachdem sie der Vereinigung »Künste, Meer und Kultur« wertvolle Dokumente ihres Vaters überlassen hatte.

Wer über ausreichend Zeit verfügt, könnte einen Spaziergang um die *Pointe des Espagnols* unternehmen. Ist jedoch nicht so malerisch und man begegnet zahlreichen Militärangehörigen, da sich auf der Insel Longue gleich nebenan eine U-Boot-Basis befindet.

Weiterfahrt ab Camaret

– Im Sommer benützt man den Bus über Morgat nach Le Fret. Von dort einschiffen nach Brest. Auskunft im Fremdenverkehrsamt oder unter der Telefonnummer 98-44-44-04.

– *Nach Brest:* mit der *Société Douget*. T. 98-27-02-02. Busse über Crozon, Telgruc, Landévennec und Argol.

– *Busverbindung nach Quimper:* mit Bahnbussen der S.N.C.F.

ARGOL (29146)

Kleines Dörfchen abseits ausgetretener Touristenpfade, an der D 60 kurz nach Telgruc-sur-Mer. Ein lohnenswerter Abstecher, dank eines außerordentlichen *Monumentaltors* in der Einfriedung des Pfarrbezirks. Überrascht entdeckt man in dem eigentlich recht bescheidenen Dorf grandiose Zeugnisse der regionalen Baukunst. Überall vor den seitlichen Durchgängen erblickt man die traditionellen *échaliers*, Steine, welche das Vieh am Eindringen hindern sollten. Das laternenbestückte Haupttor besticht durch seine barocke Ausgestaltung. In der Mitte die – mit Außnahme jener in Quimper – einzige noch erhaltene Darstellung des legendären Königs Gradlon (fünftes Jahrhundert). Der Gaul klein und klapprig, der Reiter dagegen stolz und elegant wie Don Quichotte.

In der Umgebung ein paar von zerstörerischer Bauwut noch weitgehend unbehelligte Strände: *der größere Trez-Bellec* und *der in einer geschützten Bucht liegende Trez-Bihan*. Ein Pfad führt entlang der zerklüfteten Felsküste des *Guern*.

– *Le Musée des Vieux Métiers:* am Dorfausgang kann man sich in vergangene Zeiten versetzen lassen. Vorgestellt werden die früher alltäglichen Berufe wie der des Holzschuhmachers, des Korbflechters, des Scherenschleifers, des Seilers, des Holzdrechslers, des Schafscherers und des Holzlöffelherstellers. Es besteht sogar die Möglichkeit, an den von der *Association Micheriou-Koz-Ar-Vro* organisierten Kursen teilzunehmen, T. 98-27-14-34.

Unterkunft und Verpflegung

– *Le Relais de la Presqu'île:* in der Hauptstraße von Argol, zwei Schritte von der Kirche. T. 98-27-34-02. Täglich geöffnet; Samstag abends bisweilen geschlossene Gesellschaft. Unter der Woche steht ein ergiebiges Menü zu 44 F auf dem Programm, am Wochenende Zusammenstellung der Mahlzeit nach der Speisekarte.

– *Camping Ar-Menez (Toull-An-An-Ken):* 500 m von Argol in Ar-Menez. T. 98-27-33-02. Herrlicher komfortabler Zeltplatz mit angeschlossenem Kinderspielplatz. Die Ferienhäuschen sind inzwischen fertiggestellt und für 1015-1225 F pro Woche zu haben. Der in vergangenen Jahren noch Schatten spendende Pinienwald scheint nicht mehr vorhanden zu sein, durch die Hügellage bleibt der Zeltplatz aber trotzdem empfehlenswert.

● *Führnehmer*

– *Auberge de Gerdann:* an der Straße nach Châteaulin (D 887), Bahnhof Argol. Immer nur den Hinweisschildern folgen. T. 98-27-78-67. Dienstags und Montag abends geschlossen, außer in der Hochsaison. Reservierung angeraten. Hübsches Landgasthaus, wo eine wohlschmeckende, kreative Küche praktiziert wird – wenn auch die Portionen etwas ergiebiger ausfallen könnten! Menüs zu 75 F, 95 F (mit Räucherlachs in Sahnecreme, Seeteufelfrikassee) und zu 130 F: geräucherte Forelle, Meeresfrüchteragout, junges Entenfilet in Cassis. Und dann die Gerichte à la Carte ...

– *Auberge Ti Glaz:* in St. Nic, 7 km von Argol, vis-à-vis der Kirche. T. 98-27-50-45. Unter der Woche mittags und am Freitag- und Samstagabend geöffnet. Am Montag ruht der Betrieb. Das *Ti Glaz* ist berühmt für seine gigantischen Portionen. »Pantagruélique« würde der Franzose dazu sagen. Das Menü zu 150 F umfaßt: Wurstplatte, Lachsterrine, diverse Vorspeisen, gegrilltes Schwein – die Spezialität des Hauses – Ziegenkäse, Waffelröllchen, Kaffee und Wein, soviel man begehrt und verträgt. Tanzabende bis 3h morgens sind keine Seltenheit. Und bei solchen Gelegenheiten birst das Lokal fast aus allen Nähten. Obacht also: hier herrscht eher Familienfestatmosphäre, so daß Liebespärchen, die ein ruhiges Plätzchen zum Turteln suchen, hier fehl am Platz sind. Viele marschieren in ganzen Gruppen an, darum reservieren!

DER MENEZ-HOM

Der 330 m hohe »Berg« (wahrscheinlich ein vor Urzeiten erloschener Vulkan) bietet ein atemberaubendes Panorama, 360° in die Runde. 3 km von der Kapelle des Menez-Hom entfernt. Parkplatz sowie Orientierungstafel am Gipfel. An klaren Tagen erkennt man die Landzunge von Van der Pointe du Raz, das Cap de la Chèvre, die Reede von Brest und die ins Landesinnere führenden Täler.
15. August: Menez-Hom-Festival auf dem Gipfel. Ideal, um den Klängen der bretonischen Instrumente zu lauschen, die sich im Wind verlieren.
– Der Verein *Bretagne vol libre* ermöglicht das Fliegen mit einem »Deltaplane«. T. 98-41-86-15.

SAINTE-MARIE-DU-MENEZ-HOM

Wer hätte in diesem winzigen Marktflecken auf einem der letzten Ausläufer der Monts d'Arrée schon einen der beeindruckendsten und verführerischsten Pfarrbezirke des südlichen Finistère erwartet? Man lasse sich bei Sonnenaufgang von der Ruhe und dem Frieden, den die Pfarreinfriedung ausstrahlt, überwältigen. Wer für den *genius loci* empfänglich ist, wird nicht erstaunt darüber sein, daß es sich bei dieser Stätte wahrscheinlich um den Schauplatz eines heidnischen Sonnenkultes handelte. Das Rundbogentor, der Kalvarienberg, die schmucke Kirche integrieren sich auf das Harmonischste in die natürliche Umgebung mit ihrem stattlichen Baumbestand.
Über dem Tor thront die Gottesmutter in ihrer Nische. Der *Kalvarienberg* aus dem 16. Jh. wird jeden beeindrucken, wenn er auch nicht mehr ganz komplett ist: die beiden Schächer fehlen und einer der Begleiter Jesu, der den Todeskampf Christi auf die Dauer wohl nicht mehr ausgehalten hat. Die Kapelle besticht durch ihren eleganten Kuppelturm mit Balustraden und eine schmucke Renaissancefassade. Im Inneren dann dekorative Schnitzbalken und ein ganzer Reigen beachtenswerter Statuen.
Nebenbei bemerkt: uns Heiden ist bisher verborgen geblieben, worin denn nun das besondere Opfer des Todes Christi liegen soll. Einem, der von vorneherein wußte, daß er erster Klasse in den Himmel fährt, das ewige Leben hat und

zugleich noch Gott und der Heilige Geist auch ist. Bei diesen undurchsichtigen Verhältnissen halten wir eher die Tat eines Max Reichpietsch oder eines Albin Köbis in Andenken, da sie eher damit rechnen durften, auf ewig zur Hölle zu fahren, oder den Namen eines Georg Elsners, der dann ja auch tatsächlich umgebracht wurde. Aber wer kennt die denn schon? Und wer will's überhaupt noch wissen? Für den ersten, der's uns aus der hohlen Hand sagen kann und Stein und Bein schwört, nicht in irgendwelchen Lexika nachgeguckt zu haben, setzen wir hiermit eine Buddel Riesling-Sekt von Schloß Munzingen ein. Unsere Ossies könnten Glück haben, haben wir doch immerhin schon in Ostberlin u.a. Städten die erwähnten Namen als Straßennamen gesehen.

CHATEAULIN UND PORT-LAUNAY (29150)

Verkehrsknotenpunkt in einer Biegung des Flusses Aulne, der schon ganze Schwärme von Radrennfahrern vorbeiflitzen sah. Daß es sich um einen alten Flußhafen handelt, wird an den beiden schattigen Kais deutlich. Wenn die Stadt auch nichts Weltbewegendes zu bieten hat, so werden doch Kunstliebhaber die sehenswerte *Chapelle Notre-Dame* ansteuern, einst Hofkapelle am Schloß von Châteaulin. Entzückendes architektonisches Ensemble mitten im Grünen: alte verschachtelte Häuschen, ein gotisches Tor mit niedrigen Stufen, eine Kirche mit balustradengeschmücktem Kuppelturm im Renaissancestil, Beinhaus und Kalvarienberg.

Port-Launay an einer Krümmung des Flusses wirkt wie ein mustergültiges Postkartenmotiv aus dem Souvenirladen: niedrige Häuser, die den Kurven des Flußbettes folgen, im Hintergrund die sanften grünenden Hügel. Heute fährt nur noch das Schnellboot *Rosmeur* von den Quais ab, wo früher einmal bauchige Schiffe anlegten, um die Passagiere die Aulne hinab bis zum Schiffsfriedhof in Landévennec zu befördern.

Anschließend sollten wir noch der *Chapelle St. Sébastien* einige Kilometer nordwestlich von Port-Launey unseren Besuch abstatten. Eine von jenen Kirchen, die nicht prahlerisch wirken, aber dennoch wahre Kostbarkeiten besitzen. Wie viele andere wurde auch sie »gegen die Pest« errichtet. Zunächst fällt der Blick auf das monumentale Tor und den Kalvarienberg aus dem 16. Jh. Im Inneren kontrastieren die strengen, einfachen Bodenplatten mit farbenprächtigen, verschwenderisch gestalteten Altaraufsätzen – darunter ein herrliches vergoldetes Schnitzretabel aus dem 17. Jh. – die den Chor schmücken. Sehenswerter Triumphbalken zwischen Chor und Langhaus.

Eine Bleibe suchen

– *Auberge des Ducs de Lin:* an der ehemaligen Straße nach Quimper, T. 98-86-04-20. Terrasse mit einer wunderschönen Aussicht, das ganze Tal ist zu überblicken von hier oben! Das Haus ist von einer jungen, kompetenten Truppe übernommen worden, die den früher schon bestehenden guten Ruf noch weiter festigt. Die Preise sind in Anbetracht der gebotenen Leistungen zu vertreten, Zimmer zu 300 F, Menü ab 140 F. Seiner Lage wegen ausgezeichnet geeignet als Ausgangspunkt für Erkundungsfahrten ins südliche Finistère.

– *Hôtel-Restaurant Le Chrismas:* 33, Grand-Rue. T. 98-86-01-24. Wer etwas Ruhe sucht, ist hier an der richtigen Adresse und wird freundlich empfangen. Zimmer mit Dusche zu 180 F, Mahlzeiten von 55-115 F.

– *Öffentlicher Zeltplatz Rodaven:* T. 98-86-32-93, nur während des Sommers offen. Am Ufer der Aulne gelegen, mit erfreulich schönen Dusch- und Toilettenräumen ausgestattet, deshalb etwas teuer.

PLEYBEN (29190)

Die westbretonische Ortschaft könnte ruhig vor sich hindämmern, gäbe es da nicht den wundervollsten Kalvarienberg, den die Bretagne zu bieten hat. Ein wahres Kunstwerk. Außerdem Herstellungsort der leckeren bretonischen *Galettes*, die man wieder daheim in Gedenken an den schönen Urlaub knabbern kann.

Mal ansehen

– *Die Kirche Saint-Germain:* aus dem 16. Jh., wieder kann man über die imposanten Ausmaße staunen, ist doch das Dorf eher bescheidenen Zuschnitts. Dazu sei bemerkt, daß die Bauern damals wohlsituierte Leute waren und die Dorfkirchen ihren Reichtum widerspiegelten. Über der prächtigen ungewöhnlichen Westfassade erhebt sich der durchbrochene gotische Glockenturm mit Balustraden und einer mit Krabben besetzten schlanken Turmspitze. Er ist einer der vier schönsten in der Bretagne und wurde unzählige Male kopiert. Das kleinere Türmchen daneben ist durch eine durchbrochene Galerie mit dem Glockenturm verbunden und dient so als Treppenaufgang. Der viereckige Renaissanceturm im Cornouaille-Stil an der Südseite des Kirchenschiffs bildet einen augenfälligen Kontrast zu den Gotiktürmen. Mit der Galerie, der achteckigen Kuppel und den Laternen erinnert er an die Schlößer im Loiretal. Die elegante Apsis besteht aus sich gegenseitig überlagernden Kuppeln. Im Inneren springen das farbig bemalte Holzgebälk und Schnitzbalken aus dem Jahre 1571 ins Auge. Sie zeigen in einer überschäumenden Fantasie Szenen des bäuerlichen Alltagslebens: groteske Figuren, Profanes und Sakrales einträchtig nebeneinander, und stets unter den wachsamen Blicken des allgegenwärtigen »Ankou«. Der Hauptaltar von 1667 und der Rosenkranz-Altaraufsatz von 1698 sind ebenfalls sehenswert. Auch in Pleyben wurde die Decke in Form eines umgedrehten Kiels gestaltet. Als Lichtquelle ein schönes *Passionsfenster*, dessen Farben in alter Frische leuchten. An allen Ecken und Enden wird derzeit restauriert, und das wird noch ein paar Jahre so bleiben.
– *Das Beinhaus* von 1550 zählt zu den ältesten seiner Art in der Bretagne. Bei der Fassade wurde mit prachtvoller Ornamentik nicht gegeizt. Fast Unglaublich: das Beinhaus diente bereits als Kapelle, als Schule, und im 19. Jh. sogar als Postamt.
– *Kalvarienberg:* vermutlich von 1555. Beim Bau des Glockenturms im Wege, wies man ihm ein Jahrhundert später einen neuen Platz zu. Seine Umsetzung brachten neue Ornamente mit sich: die Inschrift »1650« führt also auf eine falsche Fährte. In der Mitte des 18. Jh. wurde er abermals verschoben. An diesem Platz steht er nun endgültig auch heute noch. Was diesen Kalvarienberg am meisten hervorhebt: der majestätische Sockel mit seinen Arkaden erfüllt die Funktion eines Triumphtores. Jedes ungewöhnliche Detail, jede ergreifende Szene zu beäugen, gestaltet sich wegen der beachtlichen Höhe zwar etwas schwierig, aber man sollte sich davon nicht abschrecken lassen. Man lasse seinen Kennerblick über die Kostüme der vielzähligen Personen streifen: ein wahrer Modekatalog verblichener Zeiten. Es liegt nicht in unserer Macht, alle Einzelheiten bis aufs i-Tüpfelchen zu beschreiben; dennoch hier einige unserer Entdeckungen: zum Beispiel der böse Schächer auf der Plattform, wie er sich am Kreuz windet und sträubt, um der Hölle zu seinen Füßen zu entgehen. Oder das Faltenspiel des Grabtuchs in der Grablegungsszene: die Falten des Leichentuchs scheinen sich bis zur Brust Christi und dem Gewand der Person links auszuweiten. So entsteht ein Eindruck vollendeter plastischer Harmonie. Die Abendmahlszene, 1650 ins Bild gesetzt, ist im Stil weniger lyrisch, weniger gequält; dafür um so beherrschter, trockener. Wir überlassen nun unseren Lesern das Feld. Pleyben, ein unbedingtes Muß!

Wohin geht man abends?

– Ins *Run Ar Puns:* auf der Strecke von Chateaulin nach Pleyben. T. 98-86-27-95. In einem ehemaligen Bauernhof untergebracht, die alten Gebäude sind erhalten geblieben. Gute Kabarett-Abende mit Jazz, Folk oder sogar indischer Musik. Große Auswahl an Bieren und Cocktails aus frischen Früchten, die zur Erfrischung der Brettspieler dienen (Spiele aus den unterschiedlichsten Ländern können entliehen werden.). Das Programm erfährt man telefonisch.

IM SÜDEN DER HALBINSEL VON CROZON

CAST (29150 Châteaulin)

Marktflecken zwischen Châteaulin und Locronan. Ist die Kirche wegen ihres ehrwürdigen Portalvorbaus und des Kalvarienbergs schon außerordentlich sehenswert, so ist es die in der Bretagne einzigartige Figurengruppe davor – *Chasse de St. Hubert* (Hubertusjagd) – erst recht. Die Skulpturengruppe wurde unglaublich fein gearbeitet, wobei die Kostüme auf die Zeit um 1525 verweisen. St. Hubertus kniet, die beiden Dackel und seinen Knappen um sich, vor einem Hirschen, der nach alter christlicher Tradition ein Jesuskreuz in seinem Geweih trägt.

Kost und Logis

– *Le Relais de St. Gildas:* 13, rue du Kreisker. T. 98-73-54-76. Unweit der Kirche in der Hauptstraße. Samstag Ruhetag, an Allerheiligen geschlossen; Bedienung bis 22h. Nachdem man als Gast freundlich empfangen wurde, braucht man sich nur noch für eines der ganz passablen Zimmer von 100-200 F zu entscheiden. Ausgehungerte Weltenbummler steuern gleich den angenehmen Speisesaal an, wo es schon nach leckeren, üppigen Gerichten duftet. Menüs zu 58 F – mit Mayonnaise-Krabben, geschmortem Rindfleisch in getrockneten Pflaumen – oder zu 78 F bzw. 125 F – Meeresfrüchteterrine, Austern oder Fischerteller. Mehrgängiges Menü zu 175 F mit Meeresfrüchteplatte, Steinbutt in Sauce Normandie, Lammkeule usw. Die Preise verstehen sich inkl. Bedienung, jedoch ohne »Flüssiges«.

QUILINEN

Für Liebhaber bretonischer Kalvarienberge eine unumgängliche Zwischenstation auf der Route Châteaulin-Quimper. Der hiesige aus dem 16. Jh. ist nämlich einer der seltenen Exemplare mit einem dreieckigen Sockel. Jede Seite mißt 3,90 m; macht zwölf Fuß in der damaligen Streckenmessung, ein Hinweis auf die zwölf Apostel. Ein ganz offensichtlicher Symbolismus, wie wir meinen, und sicherlich vom anonymen Künstler, der mit El Greco verglichen wird, so gewollt. Der *Kalvarienberg* mit seinen harmonisch angeordneten Personen scheint bis in den Himmel zu streben und den Betrachter gleich mitzunehmen. Einige Apostel sind an ihren Accessoires zu erkennen, z.B. Petrus mit dem überdimensionalen Schlüssel. Die Schächer erkennt man an ihren wilden Verrenkungen am Kreuz. In *St. Vennec,* einige Kilometer nördlich von Quilinen, treffen wir einen weiteren Kalvarienberg mit dreieckigem Sockel an, doch kommt er nicht an die Schönheit seines Vorgängers heran.

PLOGONNEC (29136)

An der Straße von Quimper nach Locronan. Plogonnec hat Kunstbegeisterten eine Kirche aus dem 16. Jh. zu bieten. Vom Hauptplatz aus öffnet sich dem Blick ein verführerisches Ensemble: Fassade mit gezackten Giebeln, Triumphtor, durchbrochener Glockenturm mit Balustraden und Türmchen. Im Inneren schöne Kirchenfenster aus dem 16. Jh. und die Kapellen *St. Pierre* und *St. Théleau.*

LOCRONAN (29136 Plogonnec)

Wahrhaftig eines der hübschesten Dörfer Frankreichs ... und der Bretagne sowieso. Mehrere Filme wurden hier gedreht, so z.B.: *Tess* von Polanski – mit Nastasja Kinski – der wegen juristischer Zwistigkeiten nicht am Originalschauplatz des Romans in England realisiert werden konnte. Logisch, es geht in diesem

Streifen ja auch um Ausbeutung und Heuchelei in der viktorianischen Gesellschaft, an denen ein unschuldiges Mädchen zerbricht. Seitdem verlaufen übrigens alle elektrischen Leitungen unterirdisch. Auch einige Passagen des De Broca-Films »*Les Chouans*«, unter anderem mit Sophie Marceau und Philippe Noiret, wurden hier in Szene gesetzt.

Locronan weist eine gänzlich homogene Architektur auf, was auch in Frankreich eher selten ist. Um den Dorfplatz und seinen nicht weiter bemerkenswerten Brunnen gruppieren sich prächtige Bürgerhäuser aus dem 17. und 18. Jh.

Abstecher in die Geschichte

Es war einmal ein Mönch irischen Ursprungs mit Namen Ronan, der auf diesem zurückgezogenen Fleckchen Erde den nötigen Frieden fand, um ein Leben als meditierender Eremit zu führen. Verewigt wurde sein allmorgendlicher Rundgang um den Hügel in Form der *Tromènie*, einer jährlich wiederkehrenden Prozession. Vom anschließenden wirtschaftlichen Aufschwung ab dem 14. Jh. – die bretonischen Segeltuchweber hatten Hochkonjunktur – zeugen die vielen Bauten aus der Renaissance. Das Ende der imposanten Segelschiffe und die industrielle Revolution im 19. Jh. wurden zum Todesurteil für die lokale Tuchherstellung. Gab es im 17. Jh. noch über dreihundert Weber, so sank ihre Zahl 1836 auf siebenundsiebzig und 1872 auf dreiundzwanzig. In unseren Tagen hört man übrigens wieder einige Webstühle klappern.

Die günstigste Zeit für einen Besuch

Es handelt sich um ein hypertouristisches Dorf, bei seinem einmaligen Zauber versteht sich das von selbst. Zu den üblichen Touristen kommen täglich um die zehn Reisebusse hinzu, welche erwartungsfrohe Rentner und ganze Firmenbelegschaften ausspucken. Da ist die Sättigungsgrenze im Sommer rasch erreicht und für verträumtes Schauen kein Platz mehr. Nur in den frühen Morgenstunden herrschen noch Ruhe und Friedfertigkeit. Man hat dann das Dorf ganz für sich alleine, erlebt es im vergoldenden Licht des Sonnenaufgangs, in dem sich Fassaden und alte Steine langsam erwärmen. Eine Bleibe zu finden, gestaltet sich schwierig; dazu ist der Ort allzu sehr überlaufen. Wir empfehlen dringend, Locronan nicht ausgerechnet während des Hochsommers anzusteuern.
– *Fremdenverkehrsamt:* place de la Mairie. T. 98-91-70-41. Während der Hochsaison 10-12.30h und 14-19h besetzt. Sonst erhält man alle gewünschten Auskünfte im Rathaus, T. 98-91-70-05.

Unterkunft und Verpflegung

– *Hôtel du Fer à Cheval:* an der Route du Bois-de-Nevet, etwa 1 km vom Dorf entfernt. T. 98-91-70-67. Modern, aber gefällig und vor allem absolut ruhig. Zimmer zu 240 F, Menü zu 80, 100 und 120 F.
– *Camping municipal:* nach 700 m über die Route de la Chapelle zu erreichen. T. 98-91-87-76. Vom 1. Juni bis zum 15. September in Betrieb. Recht schattige Anlage.

● *Edler*

– *Manoir de Moëllien:* 2 km von Locronan, auf der Gemarkung Plonévez-Porzay (29127 Plomodiern). T. 98-92-50-40. Die Anfahrt ist unmißverständlich ausgeschildert. Bezauberndes Herrenhaus aus dem 17. Jh., das insbesondere von seiner reizvollen Lage profitiert. Die Architektur mit ihren mächtigen Granitblöcken und skulptierten Dachluken atmet Eleganz. Im Inneren erwarten den Gast exquisite authentische Einrichtungsgegenstände, die zur nostalgischen Atmosphäre ohne jeden Kitsch beitragen. Auch der Empfang läßt nichts zu wünschen übrig. Die höchst komfortablen und geschmackvoll eingerichteten Zimmer, 270-300 F, sind in einem neueren Seitenflügel des Hauses untergebracht. Ohne von störenden Geräuschen behelligt zu werden, kann man von hier einem traumhaften Sonnenaufgang beiwohnen. Die Erzeugnisse der renommierten Küche werden im herrlichen Speisesaal aufgetragen – Tischvorbestellung empfohlen! Nicht zu überbietende Menüs zu 112 F: Heiße Fischpastete oder Austern, hausgemachtes Algenbrot, serviert mit Meeresforelle und Zander usw. Und zu 198 F: Hummercreme, Seeteufelmedaillons und viele andere Leckereien mehr. *Menu gastronomique* mit hausgemachter Gänseleberterrine, Scampis in Zitronenzabaione, Suppentopf oder Rindsfilet, Käse und Nachtisch. Und alles das bei einem ausgezeichneten Preis-Leistungsverhältnis. Also der ideale Ort für die Flitterwochen, Partner in der Ehekrise oder Genesende.

● *Richtig schön schnieke aber auch verflixt teuer*

– *Hôtel de la Plage:* in Sainte-Anne-la-Palud. T. 98-92-50-12. Von Oktober bis April geschlossen. Großes, alleinstehendes Haus, am Busen der Natur in Strandnähe gelegen; eine wundervolle Gegend! Jeder nur erdenkliche Luxus, wie z.B. Swimmingpool, Tennisplatz, Sauna- und eine versierte Küche. Das alles hat seinen Preis: Zimmer von 480-680 F. In der Woche kostet das erste Menü 170 F, an Sonn- und Feiertagen sogar 220 F. Für unsere Yuppieleser.

Und nun die Bildung

– *Die Kirche St. Ronan:* 1420 mit Hilfe der bretonischen Herzöge errichtet. Meisterwerk im Flamboyantstil, an dem seit seiner Errichtung nichts geändert oder hinzugefügt wurde. Lediglich die Spitze des viereckigen Turms mußte 1808 dran glauben, als sie der Blitz traf. Beim Bau der Portalvorbaus stand die Kathedrale zu Quimper Modell. Rechts die *Chapelle du Penity:* sie wurde zwischen 1504 und 1515 an der Stelle der ursprünglichen Kirche und der Grabstätte des heiligen Ronan errichtet und birgt den Sarkophag des Stadtheiligen.

Im Inneren ein Feuerwerk der Herrlichkeiten. Rechts vom Eingang die Ruhestätte des heiligen Ronan aus Kersantoner Granit aus dem Jahre 1430 und eine eindrucksvolle *Kreuzabnahme Christi* in farbenfrohem Stein aus derselben Epoche. Weiter unten zwei märchenhafte Flachreliefs mit einer Darstellung des auferstandenen Jesus.

Im massiv und zugleich harmonisch proportionierten Kirchenschiff trägt die schräge Pflasterung verstärkt zum herrschenden perspektivischen Eindruck bei. Verweilen wir vor der Kanzel, einer fabelhaften Darstellung in zehn Bildern über das *Leben und Wirken des St. Ronan*, 1707 gemeißelt.

Prächtiger *Rosenkranzaltar* aus dem 17. Jh. In einer Nische neben dem Hauptaltar *St. Ronan*, wie ein Bischof gekleidet. Das *Buntglasfenster* aus dem 15. Jh. in der Apsis mit achtzehn Passionsszenen läßt Gläubige in andächtige Verzückung und Heiden in ehrfürchtigen Respekt versinken.

Anschließend empfehlen wir unseren Lesern einen Gang zum hinteren Teil des Friedhofs, um die herrliche *Chorhaube* nebst Kalvarienberg zu bewundern. Im Juli und August finden Führungen durch die Kirche statt, und zwar täglich außer sonntags. Um 21h Besuch der Kerzen.

– *Chapelle Bonne-Nouvelle:* am Ende der Rue Moal. Im Nachhinein baulich veränderte Kapelle aus dem 15. Jh. Nahebei auch ein kleiner Kalvarienberg und ein alter Brunnen. Die Straße war einst die der Weber und vor Zeiten die belebteste in ganz Locronan.

– *Musée municipale (Städtisches Museum):* neben dem Fremdenverkehrsamt. Öffnungszeiten während der Hochsaison: täglich 10.30-12.30h und 14.30-19h. Kleines, aber feines Museum über Volkskunst und Brauchtum. Zu den Exponaten zählen alte Webstühle aus dem 18. Jh., Kostüme, Mobiliar, Hausgeräte und Werkzeuge. Einige Werke lokaler Maler sind ebenfalls vertreten.

– In der Rue Lann steht das Haus der Familie des surrealistischen Künstlers *Yves Tanguy.* Wenn er während der Ferien hier weilte, besuchten ihn unter anderen Jacques Prévert, André Breton und Paul Eluard.

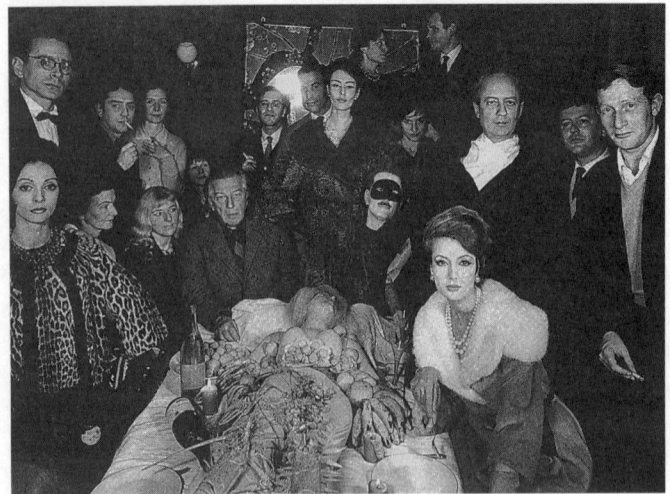

– *Der »Stadtberg« von Locronan*: der Rue du Four bis zur Kreuzung der Route de
Châteaulin und der Straße zum Zeltplatz folgen. Danach fehlen nur noch zwei
Kilometer bis zum *Montagne de Locronan*. Vom *Plas Ar C'horn*, in 289 m Seehöhe, bietet sich eine spektakuläre Aussicht auf die Bucht von Douarnenez und
die *Montagnes Noires*. Vor Ort stoßen wir auf eine Kapelle neueren Datums. Ob
ihre Existenz damit zusammenhängt, daß wir uns hier auf einem der bretonischen
»heiligen Hügel« befinden?

Lokale Feste

– *Die Kleine Troménie* wird alljährlich am zweiten Sonntag im Juli gefeiert – es
sei denn, es ist die Zeit der alle sechs Jahre stattfindenden *Großen Troménie*. Dieses spezielle Pardon von Locronan symbolisiert jenen Fußweg, den St. Ronan jeden Morgen barfuß und nüchtern zurückgelegt haben soll. Ihm zu Gedenken also
die vier Kilometer lange Prozession mit den Reliquien des bekannten Heiligen.
– *Die Große Troménie:* diese 12 km lange Überlandprozession findet nur alle
sechs Jahre statt. Dann werden prächtige Kostüme und Banner hervorgeholt und
mehrere Dutzend mit Blumen geschmückte Betkapellchen entlang des Weges
postiert. Der Weg führt an der Grenze eines ehemaligen Benediktinerpriorats entlang und geht vermutlich sogar auf heidnische Bräuche in keltischer Zeit zurück.
Die letzte »große« Troménie vollzog sich im Juli 1989. So'n Pech!
– *Festival de musique classique:* das Festival der klassischen Musik findet normalerweise im Juli statt, und zwar in der Kirche und der Kapelle Notre-Dame-de-
Bonne-Nouvelle. Auskünfte im Fremdenverkehrsamt.

Im Umkreis

– *Sainte-Anne-la-Palud:* am Strand, bei einer kleinen Kapelle, spielt sich am letzten Sonntag im August das wichtigste Pardon im Finistère ab.
– Nicht weit von hier erstreckt sich der Wald von Nevet. Das Fremdenverkehrsamt
kann einige reizvolle Wanderrouten im Umkreis empfehlen.

– *Kerlaz:* Dörfchen an der Straße nach Douarnenez. Wir erwähnen Kerlaz insbesondere wegen seines idyllischen umfriedeten Pfarrbezirks. Dieser ist ausnahmsweise den Proportionen des Dorfes einmal angemessen und kann durch ein aufwendiges Renaissancetriumphtor betreten werden. Das Ossarium stammt aus der gleichen Epoche, während das Kreuz auf 1645 datiert wird. Eine gewisse Eleganz läßt sich auch dem durchbrochenen Kirchturm nicht absprechen.

DOUARNENEZ (29100)

Bedeutender Fischerhafen und viertgrößte Stadt im Finistère. Als typische Arbeiterstadt strahlt Douarnenez wohl keinen umwerfenden Charme aus, und doch besitzt es einige Qualitäten, welche die meisten der »hübschen« Städte nicht bieten können. So atmet man hier beispielsweise eine geschichtsgeschwängerte bretonische Luft. Die Helden sind keine Heiligen, keine schönen Damen, Prinzen oder Könige: es sind die Matrosen, die Arbeiter, die kleinen Leute. 1921 wählten sie den ersten kommunistischen Bürgermeister Frankreichs. Wichtiger noch, majestätsbeleidigend würde mancher sagen: in Douarnenez zog 1924 eine Frau als Stadtverordnete in die Gemeindevertretung ein, und das, obwohl die Frauen zu der Zeit noch gar kein Wahlrecht besaßen. Die Wahl wurde selbstverständlich von den zuständigen Herren schleunigst für ungültig erklärt, und die Frauen mußten erst noch 22 Jahre warten, bevor sie als politisch existent anerkannt wurden. Es besteht übrigens keinerlei Grund zu einem überheblichen Grinsen: in einem Schweizer Kanton stand man den Frauen erst 1989 das aktive Wahlrecht zu. Später stieg Douarnenez zu einem der Brennpunkte der bretonischen Résistance auf, und parallel dazu zum größten heimlichen Einschiffungshafen nach England. Schließlich erlebte hier, wie könnte es anders sein, die bretonische Eigenständigkeit ihre erste nachhaltige und einflußreiche »Renaissance« mit den Zeitschriften *Chasse-Marée* und *D'Armen*. Douarnenez ist darüberhinaus auch ein Zentrum für den Erhalt alter französischer Schiffe.

Willkommen also in einer leidenschaftlichen und lebendigen Stadt mit sympathischen Eigenheiten. Abgesehen vom alten, zum Meer hin abfallenden Fischerviertel am Hafen verkauft ein Fischgeschäft ausgezeichnete Garnelen und Fischsuppe in Gläsern, Zubereitungstips werden hier bereitwillig gegeben. Douarnenez bietet ein in Frankreich einzigartiges Schiffahrtsmuseum, eine spätgotische Kirche, einen überdachten Markt, auf dem Kunstliebhaber sogar auf werkelnde Maler stoßen können und noch einiges mehr. Übrigens finden sich allerorten Hinweise auf Parkmöglichkeiten. Sind nun alle überzeugt, daß diese Stadt einen Umweg lohnt?

Für Hinweise, die wir in späteren Auflagen verwerten,
bedanken wir uns mit einem Buch aus unserem Programm

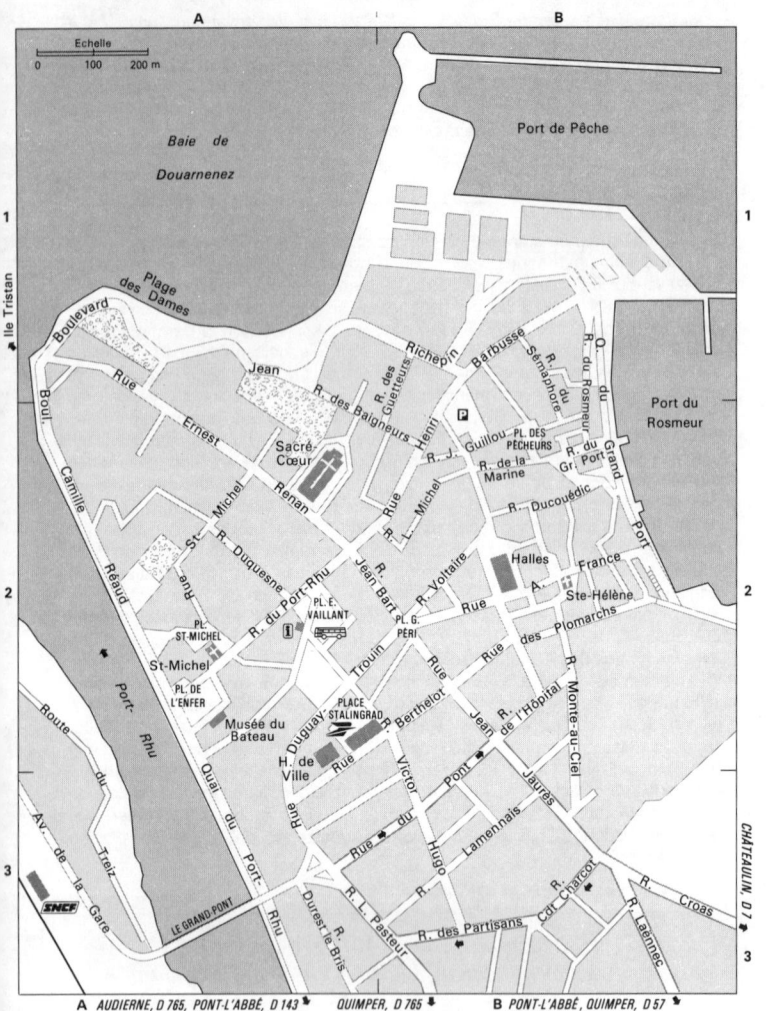

Douarnenez

Das Sodom und Gomorrha der Bretagne

Hier, in der Bucht von Douarnenez, soll der Sage nach die *»schöne Stadt Ys«* gelegen haben. Eine römische Uferstraße bestärkte viele in dem Glauben, daß es sich um Deiche und Mauerfundamente einer versunkenen Stadt handele. Tatsächlich wird der Untergang von Ys einem geöffneten Schleusentor zugeschrieben. Aber erzählen wir hübsch der Reihe nach:

Ys, zur Zeit des Königs Gradlon Hauptstadt der Cornouaille, genoß den denkbar schlechten Ruf eines Sündenbabels. Die Tochter des Königs verlor ihr Herz an einen stattlichen jungen Mann, hinter dem sich in Wahrheit der Satan verbarg, und stibitzte seiner schönen blauen Augen wegen den goldenen Schlüssel zum Schleusentor, welches ein Ablaufen des Flußwassers ins Meer ermöglichte, um diesen ihrem Schwarm zu überreichen. Beelzebub, heimtückisch wie er nun mal ist, öffnete bei Flut kurzerhand die Schleusen und die Wassermassen überschwemmten die Stadt. Allein dem König gelang die Flucht mit seiner Tochter auf dem Rücken. Um zu überleben, sah er sich jedoch gezwungen, das vermaledeite Mädel den grollenden Fluten zu überlassen. Ys war im Meer versunken und König Gradlon errichtete seine neue Residenz in Quimper. Glaubt man der Legende, so hört man bei starker Flut die untergegangenen Glocken läuten.

Rettet die alten Pötte!

Ziemlich platt waren wir schon, als wir erfuhren, daß wir das Museum, in dem mehrere hundert Schiffe – darunter einige sehr selten gewordene Exemplare – einer Handvoll idealistischer Frauen und Männer zu verdanken haben. Als Ansporn diente ihnen allein die Liebe zum Meer und eine leidenschaftliche Begeisterung für die Geschichte der Seefahrt. In weniger als zehn Jahren, beginnend mit einem verschwindend geringen Anfangskapital, haben sie alle Küsten und Flüsse sorgfältig nach den letzten traditionellen Schiffen abgeklappert. Gerade noch rechtzeitig genug, bevor diese ganz von der Bildfläche verschwunden waren. In anderen Ländern sind solche Museen gang und gäbe; in Frankreich nicht. Ein gutes Stück Geschichte wäre für Frankreich unwiederbringlich verlorengegangen, hätte es nicht diese Leute gegeben, die motiviert und geistesgegenwärtig gegen den Verfall und das Vergessen eingeschritten sind. Hut ab!
Zollen wir also der fruchtbaren Teamarbeit der *Association Treizour*, der Zeitschrift *Chasse-Marée*, der »Fédération régionale pour la culture maritime«, den Forschern von *Ar Vag* und der Douarnenezer Bevölkerung unsere Anerkennung. Diese Meeresbegeisterten lassen aber jedermann an ihrer Leidenschaft teilhaben, indem sie Praktika in allen Bereichen des Bootsbaus anbieten.

Nützliche Anschriften

– *Fremdenverkehrsamt:* 2, rue du Docteur-Mével. T. 98-92-13-35. Von Juni bis September täglich 10-19h; in der Vor- und Nachsaison 10-12h und 14-18h. Nach Vereinbarung werden Führungen und Bootsausflüge aufs Meer organisiert.
– *Bahnhof SNCF:* T. 97-74-00-23. Verbindungen nach Brest und Quimper über Châteaulin.

Ein Königreich für ein Bett

● *Preiswert*

– *Hôtel de la Rade:* 31, quai du Grand-Port. T. 98-92-01-81. Nicht mehr ganz jugendliches, sympathisches Hotel mit Sicht auf den Hafen von Rosmeur und das Meer. Die Zimmer mit Waschbecken erwiesen sich als einfach, aber gepflegt. Wer Glück hat, gerät in ein Zimmer mit Balkendecke, himmelblauer Tapete und Schleiergardinen. Neuankömmlinge werden freundlich aufgenommen. Eine Spitzenadresse für schmale Portemonnaies.
– *Hôtel des Halles:* in der Stadtmitte neben der Markthalle. T. 98-92-02-75. Sonntags und den ganzen Januar über geschlossen. Korrekte Zimmer mit Waschbecken um die 130 F.
– *Boulangerie-hôtel:* 70, rue Laennec. T. 98-92-13-96. Der Bäcker versucht sich im Hotellerie-Gewerbe und vermietet seine Zimmer für 85 F. in der Bäckerstube kann der verwöhnte Gaumen die Croissants ganz heiß und frisch aus dem Ofen geniessen.

● *Zeltplätze*

– *Camping municipal le Bois d'Isis:* im Bois d'Isis bei Tréboul, einem Wohnviertel auf der anderen Seite des Port-Rhu. T. 98-74-05-67. 400 m vom Strand *des Sables Blancs.* Vom 15.6. bis 15.9. bewirtschaftet. Verlangt die niedrigsten Gebühren in der ganzen Gegend.

– *Camping Kerleyou:* im Wald von Kerleyou, 800 m vom oben genannten Strand. Privater Zwei-Sterne-Zeltplatz. T. 98-74-03-52 oder 98-74-13-03. Betrieb von Mitte Mai bis zum 15. September.

● *Feiner*

– *Hôtel de Bretagne:* 23, rue Duguay-Trouin. In der Stadtmitte neben der Hauptpost. T. 98-92-30-44. Modern und funktionnell, also ohne eigene Ausstrahlung. Zimmer mit Bad von 180-200 F.

– *Auberge de Kervéoc'h:* route de Kervéoc'h. Ein paar Kilometer nach Douarnenez, an der Straße nach Quimper. Die Anfahrt ist problemlos ausgeschildert. T. 98-92-07-58. Der einstmalige Bauernhof, sehr hübsch zurechtgemacht, ist herrlich gelegen und verfügt über luxuriös eingerichtete Zimmer zu 215-270 F. Getafelt wird im stilvollen Speisesaal mit großem Kamin. Einwandfreie Küche, Menüs ab 90 F. Die Reservation ist sehr zu empfehlen.

Wenn der Bauch sein Recht fordert

– *Crêperie Chez Etiennette:* rue Anatole-France, nur einen Katzensprung vom Port de Rosmeur. Vorwiegend rosa Dekor und leckere Crêpes, ganz in der kulinarischen Tradition der Landes. Manchmal etwas lahme Bedienung.

– *Fisch- und Meeresfrüchterestaurants* findet man in Hülle und Fülle am Hafen.

– *Le Tristan:* 25 bis, rue du Rosmeur. T. 98-92-20-17. Außerhalb der Hochsaison mittwochs und Sonntagabend geschlossen. Ansonsten mittags und abends bis 21h warme Küche. Man braucht sich nur zwischen den Menüs zu 72 und 105 F zu entscheiden. Die renommierte Küche basiert weitgehend auf frischen Zutaten. Schade, daß so viele Gerichte nur gegen Aufpreis angeboten werden!

– *Restaurant Chez Fanch:* 49, rue Anatole-France. T. 98-92-31-77. Vom 15. Dezember bis zum 31. Januar geschlossen. Liegt auf dem Weg zum Hafen, seine Spezialität: Meeresfrüchte, im Menü ab 58 F.

● *Gehobener*

– *Hostellerie des Arcades:* 67, rue du Commandant-Fernand. T. 98-74-00-64. Montag Ruhetag. Ein gastronomischer Klassiker in Douarnenez mit einem Speisesaal in ländlichem Stil. Werfen wir einen Blick auf das Menü zu 80 F: Terrine, Jakobsmuscheln, Hauptgang und Nachtisch. Wer 135 F lockermachen kann, kommt in den Genuß von Lachsterrine und Austern, Rippenstück vom Rind oder Walnußspieß. Zimmerpreise von 110-165 F.

Sehenswertes

Douarnenez wurde mit den Städten Tréboul und Ploaré zu einer einzigen Gemeinde zusammengelegt. So kommt Douarnenez zu seinen vier Häfen: dem Jachthafen Tréboul, dem alten Küstenschiffahrtshafen Port-Rhu, dem modernen Hafen für Langustenfischer und dem alten Hafen von Rosmeur, der noch von Küstenfischern angelaufen wird. Port-Rhu vorgelagert ist das *Tristan-Eiland,* wo im 17. Jh. der berühmte Seeräuber La Fontenelle Unterschlupf fand.

– *Musée du Bateau:* place de l'Enfer, Quai du Port-Rhu. T. 98-92-65-20. Das Schiffahrtsmuseum hält seine Pforten im Hochsommer ganztägig offen, den Rest des Jahres ist es 10-12h und 14-18h zu besichtigen. Das Museum nutzt die Räumlichkeiten einer ehemaligen Konservenfabrik aus dem 19. Jh. und ist in seiner Art wirklich einmalig. Es präsentiert auf seinen zweitausend Quadratmetern nicht nur französische und ausländische Schiffe so komplett und präzise wie möglich, sondern bemüht sich auch, alle Exponate mit einer lebendigen, authentischen Atmosphäre zu umgeben.

Das Museum öffnet sich bezeichnenderweise zum Meer hin, zum ehemaligen Küstenschiffahrtshafen Port-Rhu dem Brennpunkt für die industrielle und maritime Entwicklung der Stadt in allen ihren Einzelheiten. Eigentlich verfolgt das *Musée du bateau* zwei Anliegen: auf didaktische Art die Entwicklung der Methoden und Techniken des Schiffbaus zu erläutern und ganz konkret zu zeigen, wie ein Schiff konstruiert wird. So wurde eine Werkstatt naturgetreu nachgebaut, in der die für das Museum bestimmten Schiffe auch aufgefrischt werden. Alle damals benötigten Werkzeuge sind hier zu besichtigen; man erfährt obendrein alles über das Leben der Fischer, die *curragh* (traditionellen irischen Boote), die gallischen *coracies* und andere Schiffstypen. 1988 durften Besucher den Bau zweier Schaluppen vom Camarettyp miterleben. Die Ausstellungssäle sind nach Themen gestaltet: die Arbeit der Tangsammler, das Leben an Bord eines Schiffes usw. Die Arbeit der Handwerker – Zimmermänner, Segelnäher, Brettschneider, Seiler usw. – spielt sich vor den Augen der Besucher ab. Auch Schiffstypen aus anderen Ländern sind vertreten, z.B. ein Exemplar der bekannten portugiesischen *Moliceiros* aus Aveiro, die dort heute noch zum Tangtransport Verwendung finden. Ergänzend werden Filme gezeigt und unter freiem Himmel immer wieder Veranstaltungen gestartet, an denen der Besucher – und dies ist das Besondere an diesem Museum – aktiv teilnehmen kann. Hier nur die wichtigsten:

● *Les Ateliers de l'Enfer:* unzufrieden damit, nur alte Schiffe aufzumöbeln, konstruieren die Schiffsbauer anhand von Bildern oder Fotos von der Bildfläche verschwundene Schiffe nach. Interessenten, ob Anfänger oder Fortgeschritte, haben die Möglichkeit, verschiedene Kurse *(stages)* zu besuchen. Auskunft unter T. 98-92-14-20.

● *Naviguer à l'ancienne* (Seefahrt wie zu Großmutters Zeiten): Wer möchte, kann einen ganzen Tag lang mit einer Sardinenschaluppe, der *Telenn Mon,* aufs Meer rausschippern, um die verschiedenen Manöver und Handgriffe eines Matrosen zu erlernen. Täglich im Juli/August von 9-18h. Garantiert einer der Höhepunkte der Bretagnereise. Auskünfte im Museum.

● *Les Voiles d'Iroise:* die traditionellen Segelschiffe *Solveig, Manureva* und *Ariane* sind die meiste Zeit des Jahres auf großer Fahrt. Für ernsthafte Seebären stechen sie auch mal kürzer in See und veranstalten Ausbildungsgänge an Bord. Auskunft: FRCM, quai du Port-Rhu, B.P. 34, 29172 Douarnenez. T. 98-92-89-30 oder 98-92-36-94.

– Seeluft macht bekanntlich durstig: wie wär's mit einem alten *Kro,* am besten *Chez Léo,* Quai de Port-Rhu, neben dem Museum? Erstens ist das die billigste Pinte; und zweitens ist Léo, der bärtige stadtbekannte Wirt, wirklich sympathisch und vermittelt in seinem leicht angestaubten Lokal eine rauhe, aber herzliche Atmosphäre. Oberhalb von Leos Keipe lockt das *Pourquoi-Pas?, T. 98-92-76-13.* Auch wenn es am Tage mit seinem falschen Glanz wenig reizvoll und eher kundenfängerisch wirkt, so verdient es doch, nach 22h angelaufen zu werden. In einem maritimen Rahmen fließt das Guiness in Strömen, mehrmals pro Woche gibt es dazu gute Auftritte (singende Seemänner, irische Musik, etc.).

– Zwei Schritte vom Museum wird für Musterknaben und züchtige Pflanzen unter unseren Lesern und Leserinnen Weihwasser ausgeschenkt: in der *Chapelle St. Michel* aus dem 17. Jh., wo es außerdem einige bemalte Tafeln zu bestaunen gilt.

– *Die Kirche von Ploaré:* route de Quimper. Ein anschauliches Beispiel für die bretonische Renaissance aus dem 16. Jh. Bemerkenswert sicherlich nicht nur der Glockenturm im Flamboyantstil, dessen Lanternonspitze 60 m hoch gen Himmel strebt. Der schmucke Portalvorbau ist leider seiner sämtlichen Statuen verlustig gegangen. Im Inneren ein geschnitzter Hochaltar. Auf dem Friedhof ruhen die sterblichen Überreste eines gewissen *Laënnec,* Erfinder des Stethoskops.

– *Port du Rosmeur:* Hafen am alten Fischerviertel, wo auch die Versteigerung des Fangs stattfindet. Enge verwinkelte Gäßchen voller Lokalkolorit, alter Seemannskneipen und auch Touristenlokale.

– *Der moderne Hafen:* gleich nebenan. Ein Fünftel des weltweit gefangenen Thunfisches landet hier in Konserven. Douarnenez besitzt ja auch die größte Konservenfabrik Frankreichs. Der Fisch wird von 23h bis zum Morgengrauen ausgeladen; um 6h beginnt auch schon die Versteigerung, außer an Sonn- und Feiertagen.

– *Die Librairie du Chasse-Marée:* rue Henri-Barbusse, oberhalb vom Hafen. T. 98-92-66-33. Geschäftszeiten von 9-12 und 13.30-18h. Während der Schulferien auch samstags auf. Es handelt sich um eine einladende Buchhandlung, in die Französischkundige ruhig mal einen Blick werfen sollten. Hier wird auch die bereits erwähnte historisch-ethnologische Zeitschrift *Chasse-Marée* verkauft. Erscheint zweimal im Jahr, wurde 1981 ins Leben gerufen und genießt dank ihrer seriösen Berichte über Schiffahrt und Brauchtum in der Vergangenheit bereits einen ausgezeichneten Ruf. Ohne zu übertreiben, kann man behaupten, daß die Zeitschrift *Chasse-Marée* die Bretonen aufgeweckt und für ihre eigene Geschichte sensibilisiert hat. Auch die Publikation *Armen*, mit Schwerpunkt allerdings auf Gemeinkeltisches, ist hier vorzufinden: Berufe, Traditionen, Sitten und Gebräuche in der Geschichte; aber auch hervorragende Reportagen über die moderne Bretagne. Besser vorher das Scheckheft einstecken: angesichts dieser Auswahl an Lesefutter wird man sich wohl kaum zurückhalten können. Die Buchhandlung bietet nämlich noch einiges mehr: z.B. Schallplatten mit Matrosenliedern, Kassetten, Werke übers Segeln und Navigation im allgemeinen, umfassende Beschreibungen über alles, was mit dem Meer zu tun hat, den damit verbundenen Berufen usw.

– *Hinweis für Baderatten:* der Strand namens *Sables Blancs* in Tréboul ist der beliebteste. Östlich vom Hafen von Rosmeur, über den Pfad *Sentier des Ploumarc's*, erreicht man nach einer halben Stunde Fußmarsch den *Plage du Ris*. Von hier aus ein reizvoller Überblick.

Festivitäten

– *Die Grande Fête des Bateaux:* das »Große Fest der Schiffe« steigt im allgemeinen alle zwei Jahre. Mehrere hundert Segelboote, Jachten, Schoner, Schaluppen, Thunfischboote und Küstenfahrzeuge geben sich ein Stelldichein. Parallel dazu laufen Ausstellungen und Konzerte. Die Atmosphäre ist einsame Spitze. Im Fremdenverkehrsamt erfährt man den nächsten Termin.
– *Das Festival cinéma des minorités nationales* (Filmfestival der nationalen Minderheiten): Ende August/Anfang September. T. 98-92-97-23.
– *Carnaval les Gras* von Douarnenez. An Fasching ist unglaublich was los. Nicht verpassen!

Weiterfahrt ab Douarnenez per Bus

– *Nach Brest:* mit der CAT, place de la Résistance. T. 98-95-02-36. Über Quimper, Châteaulin, Port-Launay, Le Faou, Daoulas und Plougastel-Daoulas. Meist ist in Quimper umzusteigen.
– *Zur Landzunge von Raz:* mit der gleichen Gesellschaft. Über Pont-Croix, Audierne und Plogoff.

Drumherum

● **Notre-Dame-de-Kérinec:** an der D 7 kurz vor Confort. Liebliche Kapelle im Herzen einer friedvollen, saftig grünen Landschaft. Die Bauarbeiten zogen sich vom zwölften bis ins siebzehnte Jahrhundert hin. Ergebnis: ein Vorbild an architektonischer Harmonie. Ausgelagert findet sich eine ungewöhnliche Kanzel und ein Kalvarienberg.

CONFORT

Confort klammert sich auf halbem Wege zwischen Douarnez und der Landzunge von Raz in die rauhe bretonische Erde. Dieser Landstrich am Rand des Kontinents beschert ein einzigartiges Panorama auf die vorgelagerten Inseln. Bei Sturm und beim Zusammenprall der aufgewühlten Strömungen des Atlantiks und des Ärmelkanals ein doppelt aufregendes Erlebnis.
Gleich bei der Ankunft in Confort werden Architekturliebhaber das ungewöhnliche Rondell begutachten können, ebenso den ansehnlichen *Kalvarienberg*. Letzterer sieht leider etwas mitgenommen aus: kein Wunder, litt er doch sowohl unter den bilderstürmenden Revolutionären als auch unter den mit Gischt angereicherten Meereswinden. Die fehlenden Apostel wurden 1870 ersetzt.
Nebenan erhebt sich eine wundervolle *gotische Kirche.* Ihr Glockenspiel unter dem Gewölbe soll Kinder mit Sprachstörungen schon zum Reden gebracht haben. Lenken wir unsere Aufmerksamkeit auch auf die schmucken Schnitzbal

ken und die prächtigen Kirchenfenster aus dem 16. Jh. Wie uns der herbeigeeilte Pfarrer bereitwillig erläuterte, handelt es sich um Episoden aus der Bibel.
Unweit bieten einige Restaurants Auswahlmenüs zu korrekten Preisen an – mit 50-100 F pro Person ist man dabei – die der bretonischen und französischen Gastronomie zur Ehre gereichen.

PONT-CROIX (29122)

Die Ortschaft besitzt das, was man gemeinhin mit Charakter bezeichnet. Ein Muß für Liebhaber religiöser Kunst: die Kirche *Notre-Dame-de-Roscudon* aus dem 13. Jh. Ihr Südportal, ein Jahrhundert später angefügt, ist ein Kleinod wie aus dem Bilderbuch, ein Feuerwerk von in Stein gemeißelten Rosetten. Die Turmspitzen am Glockenturm aus dem 15. Jh. dienten als Modell für die Kathedrale in Quimper. Pfeiler und filigran gearbeitete Säulen stützen romanische Arkaden und erwecken beim Betrachter den Eindruck von Leichtigkeit und Eleganz. Retabel und Kanzel aus dem 17. Jh. runden das Bild ab.
Die am 15. Oktober 1987 beim großen Sturm arg in Mitleidenschaft gezogene Kirche wurde wiederhergestellt und ist nun schöner als je zuvor.
Altertümliche Gassen umgeben die Kirche, z.B. die Grande-Rue-Chère mit ihren alten Gebäuden und Treppenstufen, die zum Fluß hinunterführen. Beispiele für eine großartige, einheitliche Architektur finden sich auch an der Place de la République. In Höhe der Hausnummer 13 zweigt eine gepflasterte Straße ab: rechterhand ein bemerkenswertes mittelalterliches Haus.
– *Grand Pardon de Notre-Dame-de-Rescudon* am 15. August, Lichterprozession am zweiten Samstag im August. Am 1. September zusätzlich ein kleines Pardon.
– *Fremdenverkehrsamt:* place de l'Eglise. T. 98-70-40-66 von 9-12h und 15-18h.

DAS VOGELSCHUTZGEBIET AM KAP SIZUN

Drei Kilometer nördlich von Goulien, rund um die Landzunge von Castel ar Roc'h, erstreckt sich eines der bekanntesten Vogelschutzgebiete Europas, Zwischenstation und Lebensraum wichtiger Kolonien von Zugvögeln und ortsfester Vogelarten. Zugänglich für Besucher 10-12h und zwischen 14 und 18h, in der Zeit vom 15. März bis zum 31. August. T. 98-70-13-53. Organisierte Führungen im Juli / August, jeweils montags und donnerstags von 9-12h, erlauben das Kennenlernen der Brutkolonien und der Lebensbedingungen unserer gefiederten Freunde aus nächster Nähe.
Auf 70 m hohen Klippen und 2 km Ödland tummeln sich Sturmvögel, Silbermöwen, rund eintausendzweihundert Paare Dreizehenmöwen, rotschnäbelige Alpenkrähen, Steinmätzer, Haubenkormorane, Alken, Lummen und Papageientaucher. Und damit man den öl- und schadstoffgestreßten Vögeln nicht zu nahe kommt, darf man die für Besucher ausgewiesenen Pfade natürlich nicht verlassen. Die für Beobachtungen beste Zeit: vom 15. April bis zum 15. Juni. Ende August verlassen die Vögel dann allmählich das Schutzgebiet.

Ein Strohsack

– *Öffentlicher Zeltplatz Kerros:* auf halber Strecke zwischen Poullan-sur-Mer und der Pointe du Van an der D 7. Nur im Juli und August, einfach, aber ruhig.
– *L'Embuscade:* in Goulien. T. 98-70-12-15. Anständige Küche, ordentliche Bedienung. Das einzige Menü kostet 65 F.

CLEDEN-CAP SIZUN UND DIE LANDZUNGE VON BREZELLEC

Der Marktflecken bietet unter anderem eine Kirche aus dem 16. Jh., deren verschiedene Elemente irgendwie nicht recht zusammenzupassen scheinen: der hübsche durchbrochene Glockenturm mit Türmchen an der Seite und Außentreppe, das verführerische Südportal, die glanzvollen spätgotischen Balustraden über dem Spitzbogen und die gemeißelten Schiffe. Ausgefallen wirkt auch das *Ehrenmal* in Form eines Kalvarienberges: auf der einen Seite ein Soldat, auf der anderen ein Matrose. Es ist schon beeindruckend, daß ein so kleines Dorf im Ersten Weltkrieg über hundert Gefallene zu beklagen hatte! Ihre Namen sind samt und sonders im Stein der Gedenkstätte verewigt. Wieder wird man daran erinnert, welch hohen Blutzoll die Bretagne in dieser Zeit gezahlt hat. Wir warten immer noch auf den Tag, da den exekutierten deutschen Soldaten ein Denkmal errichtet wird, die sich diesem Wahnsinn durch Fahnenflucht widersetzt haben.

Unweit von hier lädt die *Landzunge von Brézellec* zum Beinevertreten ein. Relativ ungestört kann man sich hier in ein tolles Schauspiel vertiefen, wenn Meer und Felsen miteinander ringen. Aus diesem Kräftemessen resultieren auch die herrlich zerklüfteten Klippen. Dem unbefestigten Weg rechterhand nach dem Parkplatz etwa 300 m weit bis zu einem runden Felsen auf einer vorstehenden Felsnase folgen. Und dann heißt es nur noch, die traumhafte Aussicht auf den gesamten Küstenabschnitt auf sich einwirken lassen.

Sich stärken

– *L'Etrave:* neben der Kirche von Cléden. T. 98-70-66-87. Mittwochs und von Oktober bis April geschlossen. Spezialität des Hauses ist der Hummer – dafür ist das Restaurant weit und breit bekannt. Die Hälfte der Kundschaft ist sicher nur seinetwegen hier. 150-200 F pro Person sollte man veranschlagen. Zum Trost für weniger üppig gefüllte Schatullen werden auch bescheidenere Menüs zu 72 F gereicht. Dafür entpuppt sich das Menü zu 130 F als ausgesprochen langweilig, fad und einfallslos. Eine Schande!

DIE LANDZUNGE VON VAN

Weit weniger Touristenrummel als auf der Pointe du Raz. Nicht mal Souvenirshops stören das Bild. Darüber freut sich sicher auch die herzige Kapelle *St. They* am Rand der Klippe. Erfolglos versucht der Wind, sie zu entwurzeln. Marschiert man den Küstenpfad entlang, so stößt man pausenlos auf die unterschiedlichsten Felsanhäufungen und Felsspalten (Vorsicht ist geboten!), an denen sich die unbelehrbaren Wellen endlich brechen.

Eine schmale Straße führt schließlich entlang der berühmten *Baie des Trépassés,* der »Bucht der Verstorbenen«, zur Pointe du Raz.

Unterkunft und Verpflegung

– *Hôtel de la Baie des Trépassés:* das gediegene Hotel unmittelbar am Meeresufer, in einer atemberaubend schönen, wilden Gegend, bietet Zimmer von 130-300 F (ist allerdings vom 5. Januar bis zum 5. Februar zu). Während der Hochsaison muß Halbpension genommen werden, was sich aufgrund der isolierten Lage nur anbietet, Kostenpunkt: 220-300 F. Im Restaurant, wo mittags ganze Reisegruppen einfallen, Menüs zu 78 und 120 F. T. 98-70-61-34. Großzügiger Badestrand vorhanden; allerdings sollte man an Wochenenden und in der Hauptferienzeit nicht davon ausgehen, beim Wellenbaden von Mittouristen unbehelligt zu bleiben.

– *Le Relais de la Pointe de Van:* gerade 200 m weiter; der Inhaber ist derselbe.

DIE LANDZUNGE VON RAZ

Die Seeleute früherer Zeiten fürchteten an dieser Stelle ins Nichts zu stürzen. »*Hilf mir, oh Gott, an der Pointe du Raz, mein Schiff ist so winzig und das Meer so groß!*« Der französische Literat und Historiker Jules Michelet meinte gar: »Dieses Pfeifen, von dem man meint, es sei das Pfeifen des Sturmes, ist das Stöhnen, der Schatten der Schiffsbrüchigen, die ihre letzte Ruhestätte begehren ...«

Landzunge von Raz und Kap Sizun

Vorneweg erwartet uns schon der immense Parkplatz mit seinen dutzenden von Läden, die unter ihren geschmackvollen Souvenirs fast zusammenbrechen und dem Ort jenes Quentchen Poesie verleihen, an dem es ihm ansonsten sicher gemangelt hätte. An schönen Tagen erblickt man von der Statue der Notre-Dame des Trépassés (Muttergottes der Schiffbrüchigen) aus die Insel Sein und den Leuchtturm Ar-Men. 20 km trennen ihn vom Festland, was für die französische Atlantikküste Rekord bedeutet. Der zernagte Felssporn frißt sich ins Meer: zerfranzte Gesteinsbrocken, die langsam aber sicher zu Kies und Sand zermahlen werden. Ein Weg führt herum und ermöglicht einem, so nahe wie möglich an Amerika heranzukommen. Außerhalb der Hochsaison, wenn es hier menschenleer ist, erlebt man ein ergreifendes Spektakel. Einige schwindelerregende Klippen, speziell auf der Höhe der *Enfer de Plogoff* (Hölle von Plogoff). Es handelt sich um ein tiefes Loch, das selbst bei ruhigem Wetter mit der wütenden Brandung zu kämpfen hat.

In *Lescoff* kann man auf angenehme Weise etwas gegen seinen knurrenden Magen tun (Restaurant und Crêperie). Jede Menge alter Häuser im typischen Baustil der Cornouaille.

DIE INSEL SEIN

»Qui voit Sein, voit sa fin ...« »Wer Sein sieht, sieht auch sein Ende« besagt ein Sprichwort in der Gegend. Die Insel – 1,5 km lang, an ihrer weitesten Stelle 800 m und an den engsten Abschnitten nur 100 m breit – sieht aus wie die schmale Schere eines Krebses. Es handelt sich geographisch um die 8 km vom Festland entfernte Verlängerung der Pointe de Raz. Ihr höchster Punkt liegt ganze sechs Meter über dem Meeresspiegel. Kaum Sträucher, geschweige denn Bäume. Etwa fünfhundert Seelen zählt das einzige Dorf. Schon 1858 waren es soviele. Die Fischerei ist wie damals das einzige Einkommen der Einwohner. Ein Haus lehnt sich an das andere, zeitweise getrennt durch ein schmales Gäßchen, das genau die Breite hat, um die Durchfahrt eines Wagens zu gestatten. Die Insel wurde mehrmals überflutet. Bei einer solchen Gelegenheit flüchteten Frauen und Kinder 1868 auf die Dächer und in den Glockenturm. Der Pfarrer erteilte allen die Absolution, doch das Meer zog sich wieder zurück. Seitdem tragen die älteren Frauen die traditionelle schwarze Kopfbedeckung der Witwen, noch vestärkt nach der Choleraepidemie 1886.

Hier wächst einfach gar nichts, außer ein paar einsamen Kartöffelchen im Schutz ummauerter Parzellen. Die meiste Zeit verbringen die Männer auf der Suche nach Arbeit unter anderen Himmeln. Tapfere Weiber schleppten Anfang des Jahrhunderts die Bausteine für die Kirche vom Hafen aus auf dem Kopf herbei. Einen Stein nach dem anderen. Im *Inneren* befindet sich ein 1918 von englischen Seeleuten gestiftetes Exvoto, als Dank für die Errettung aus Seenot. Noch eine Kuriosität: seit einem Dekret von Colbert zahlen die Einwohner keine örtlichen Steuern mehr. Die Glücklichen!

12 km von der Insel sorgt der *Leuchtturm Ar-Men*, dessen Bau sich über 14 Jahre (!) hinzog, für die nötige Orientierung. Ständig sah man sich mit Schwierigkeiten konfrontiert. Schon im ersten Jahr machte es das Wetter unmöglich, insgesamt mehr als acht Stunden zu arbeiten. Nur siebenmal gelang es dem Bauschiff, an der vorhergesehenen Stelle festzumachen. Der Wärter bekommt einmal in der Woche seine Essensration, unter erschwerten Wetterbedingungen nur alle zwei Wochen. Da heißt die Devise dann: den Gürtel enger schnallen und auf besseres Wetter warten!

Noch ein paar Worte zur Geschichte

Die Inselbewohner stellten sich geschlossen in den Dienst der Résistance und der Libération. Nach dem Appell des 18. Juni von Charles de Gaulle verließen alle Männer die Insel in Richtung England. 150 waren es insgesamt, die Greise, Frauen und 145 Kinder zurückließen. 114 kehrten wieder zurück. Als der General im Juli 1940 seine ersten sechshundert Männer musterte, fragte er jeden einzelnen nach seiner Herkunft. 150 antworteten: von der Insel Sein. De Gaulle wunderte sich: »Ist denn Sein so groß wie ein Viertel von ganz Frankreich?«

Wie kommt man hin? Wo übernachten?

– *Vedette Biniou-II:* legt täglich in der Zeit vom 7.6. bis zum 7.7. vom Hafen in Audierne ab. Vom 8.7. bis 18.8. dreimal täglich und vom 29. bis 31. August bzw. vom 1. bis 6. September zweimal täglich. Rückfahrt noch am Abend des selben Tages. T. 98-70-21-15.

– *Service maritime départementale:* quai Jean-Jaurès. Setzt das ganze Jahr hindurch täglich einmal über; außer mittwochs allerdings. Im Juli/August drei Überfahrten täglich. Die Passage dauert eine Stunde und zehn Minuten. T. 98-70-02-37 und 98-70-02-38.

– *Hôtel Armen:*
um die zehn Zimmer; Betrieb von Juni bis September. T. 98-70-90-77.

– Einige Unterkünfte werden privat vermietet.

– *Restaurants* und *Crêperien* sorgen für das leibliche Wohl.

PLOGOFF (29113)

Die überwiegende Mehrheit der Franzosen hätte wohl nie etwas von Plogoff gehört, wäre da nicht von 1976-1981 der Aufstand gegen das auf der Pointe du Raz geplante Atomkraftwerk gewesen. Ähnlich wie in Wackersdorf demonstrierten, beteten, kämpften Abertausende und ließen sich nicht durch Polizei – vor allem die für ihr hartes Vorgehen bekannte mobile Bereitschaftspolizei CRS – und Gendarmen einschüchtern. Die ausgeprägte Einigkeit in der bretonischen Bevölkerung, eine einmalige Taktik, ein Wille aus Stahl, die große Solidarität und Unterstützung aus allen vier Ecken des Landes – hunderttausend Menschen strömten während einer Zusammenkunft nach Plogoff – trugen am meisten zum Baustopp bei. Mitterand versprach, das Projekt zu annulieren, sollte er ins Präsidentenamt gewählt werden. Er wurde es und hielt Wort. Eine Anekdote am Rande: der erste Psychosoziologe, der erst vor kurzem in der Bretagne seine Praxis eröffnete, füllte gleich zu Anfang sein erstes Auftragsbuch über das Thema AKW auf der Pointe du Raz und gelangte zu dem Schluß: »Wenn bei mir eine soziologische Studie über das Atomkraftwerksprojekt vom französischen Elektrizitätswerk EDF in Auftrag gegeben worden wäre, hätte ich ohne wenn und aber die Unmöglichkeit eines solchen Vorhabens bestätigen können.« Heute sind die Slogans an den Wänden verblaßt, ist schon fast alles in Vergessenheit geraten. Geblieben sind die typischen Steinmäuerchen um die altersschwachen Häuschen aus Granit.

PRIMELIN (29113)

In einem kleinen Weiler in der Nachbarschaft von Primelin, 8 km von Plogoff, steht die hübscheste Kirche auf der Halbinsel. Also nicht achtlos vorüberrauschen!
– *Die Kapelle St. Tugen:* 1535 erbaut und im 17. Jh. erweitert. Es heißt, St. Tugen habe die Fähigkeit besessen, Menschen von Zahnschmerzen und Tollwut zu befreien. Massiver viereckiger Turm im spätgotischen Stil, an dem seit 1987 herumgewerkelt wird. Davor plätschert ein Brunnen. Ein besonderer Augenschmaus ist die Einfriedung des Pfarrbezirks, mit spitzbogigem Triumphtor und Kalvarienberg mit sehenswerter Pietà. Auffallend auch das Südportal mit durchbrochenem Giebelfeld, geschmückt mit den Apostelstatuen. Im Inneren der Kapelle finden wir wieder ein Kirchenschiff in Form eines umgedrehten Schiffskiels und prächtige Schnitzbalken. Auch die Spitzbogen- und romanischen Arkaden mit grob behauenen Kapitellen machen diese Kapelle sehenswert. Der Raum, in den man früher, lang ist's her, die Tollwütigen einschloß, jagt uns heute ein gelindes Schaudern über den Rücken. Das Retabel des Hauptaltars und des rechten Seitenaltars sollte man genauer studieren; ebenso die Exvoto-Schiffe und die anmutigen Malereien aus dem 17. Jh. auf der Seitenwandung des Taufbeckens.
Pardon an einem Sonntag Mitte Juni. Prozession am Vorabend um die Kapelle herum.

AUDIERNE (29113)

Audierne ist, im Gegensatz zu Camaret, ein noch recht munterer Hafen. Alle möglichen Boote und Schiffe ankern in der Mündungsbucht des Goyen, umsäumt von harmonisch aneinandergereihten Bauten. Ein farbenfrohes Bild! Das kleine Privatmuseum *(La Chaumière)* an der Straße zum Strand stellt bretonische Möbel aus dem 17. und 18. Jh. aus. Um die moderne Kirche laden Gassen und Treppchen zu einem romantischen Bummel ein. Auch Sonnenanbeter kommen in Audierne nicht zu kurz: ein breiter Strand mit feinem Sand befindet sich 1,5 km westlich. Von dort aus kann man sich zur Ile de Sein einschiffen.
– *Fremdenverkehrsamt:* place de la Liberté. T. 98-70-12-20. Organisiert Bootsausflüge aufs Meer mit einem Fachmann.

Wo unterkommen? Wo speisen?

– *Hôtel des Dunes:* 100 m vom Strand. T. 98-70-01-19. Vernünftige Zimmer von 110-180 F; Halbpension zu 220 F pro Person. Und was läßt sich die Küche einfallen? Menüs zu 57 F mit Fischterrine, Rochen in Essig und *Far,* dem bretonischen Kuchen. Zu 68 F: Austern oder Meeresfrüchte und Fischgeschnetzeltes. Wer gar 100 F anlegen möchte, darf sich ein Austerngratin und Muscheln im Blätterteig schmecken lassen.
– *Au Roi Gradlon:* modernes Hotelgebäude unmittelbar am Strand. T. 98-70-04-51. Zimmer zu 200 F und Menüs zum Preis von 70-180 F.
– *Camping du Kerhuon:* 14, rue de Verdun. Etwa 1 km vom Strand, aber nicht ganz so leicht zu finden. T. 98-70-10-91, vom 1. April bis zum 30. September.
– *Hôtel le Cabestan:* in Esquibien, auf dem Weg zur Pointe du Raz. T. 98-70-08-82. Komfortables Zwei-Sterne-Hotel mit Zimmern zwischen 140 und 200 F. Vollverpflegung oder auch Halbpension möglich.

● *Anspruchsvoller*

– *Le Goyen:* am Hafen. T. 98-70-08-88. Pikobello Hotel, ganzjährig offen. Die Preise sind zu rechtfertigen: 260-550 F fürs Doppelzimmer mit allem Komfort. Weil die Küche so ausgezeichnete Gerichte hervorzaubert, kommen auch prominente Feinschmecker gerne hierher. Zu empfehlen sind die exzellenten Menüs. Zu 145 F: mit Austern oder Lachsrouladen und Jakobsmuscheln, Seeteufel mit Tomatensoße oder Muschel-Risotto und gestürzter Apfeltorte. Zu 185 F: Feinschmeckerlangusten, Jakobsmuscheln, Langustenschwänze im klaren Fleischsaft eines

Hummers, Lammkeule von Tieren, die auf den Salzwiesen am Meer gegrast haben und zum Nachtisch Löffelbiskuits oder gestürzte Apfeltorte. Eine der ersten Adressen im Finistère!

DAS PAYS BIGOUDEN

Das Pays Bigouden erstreckt sich von Plozévet bis Sainte-Marine an der Mündung des Flusses Odet. Sehr gegensätzliche Landschaftsbilder: hier die öde, kaum bewohnte westliche Küste, dort die geschütze, dicht besiedelte Südküste. Einsame Moorlandschaften wechseln sich mit Gehölzen ab. Im Bigoudenland findet man die stolzesten Bretonen, die ihre Identität zu bewahren suchen und nicht mit den anderen Bretonen in einen Topf geworfen werden wollen. Am Hafen von Poulhan signalisiert eine weibliche Statue: »Hier endet das Land der Bigoudin«.
Mehr noch als anderswo fordern wir unsere Leser auf, die ausgetretenen Pfade zu verlassen, sich im labyrinthartigen Netz der Landsträßchen zu verlieren, um die herzigen, in ihrer Einfachheit ergreifenden Kapellen zu besichtigen, die Wegekreuze, die alten Bauernkaten, von denen manche, wo schützende Gehölze und Baumstreifen fehlen, vom stürmischen Wind wie zerzaust wirken.

VON AUDIERNE ZUR LANDZUNGE VON PENMARC'H

Unserer Meinung nach einer der verlockendsten Küstenabschnitte in der Bretagne. Kaum verstädtert, eher wild und romantisch. Das Geschehen des Romans *Cheval d'orgueil* von Pierre-Jakez Helias ist in dieser Gegend angesiedelt. Dabei gibt es ausnahmsweise keine steil abfallenden Klippen, keine zergliederte Landschaft und keine zerklüfteten Küsten. Vielmehr flache, zum Teil ärmliche Landstriche. Hie und da eingestreute Felsen trennen die riesigen, menschenleeren Sandstrände voneinander. Ein Stück ungeschminkter Bretagne, ohne wenn und aber; manchmal erdrückend, oft melancholisch und immer ergreifend. Tausenderlei winzige Details in der Architektur oder im Wesen der Menschen eröffnen sich dem unvoreingenommenen Blick sensibler Beobachter. Ideale Bedingungen, um in abgeschiedenen Dörfchen, einsamen Gehölzen und von der Zeit übergangenen Kapellen neue Kraft zu schöpfen.
Auch in historischer Hinsicht ist einiges zu vermerken. So erwies sich das Dreieck Quimper-Plozévet-Penmarc'h als Hochburg während der berühmten Revolte der *Bonnets rouges* gegen die Steuerpolitik des Sonnenkönigs. Entsprechend unbarmherzig wütete daraufhin die Repression. Aber das war längst noch nicht alles! Auf geht's also zum Hafenstädtchen Porz-Poulhan, zur bezaubernden Kapelle von Languidou und dem bemerkenswerten Kalvarienberg von Notre-Dame-de-Tronoën.

PLOZEVET (29143 Plogastel-Saint-Germain) _____

Ein wohltuender Zwischenstopp westlich von Quimper, nicht zuletzt wegen der massiv wirkenden Kirche *St. Thémet* mit ihrem Portalvorbau aus dem zwölften Jahrhundert und dem noch älteren Kirchenschiff mit romanischem Gewölbe. Sie ist über einer Quelle errichtet, die ab und an aus der südlichen Vorhalle heraussprudelt. Das spitzbogige Tor aus dem 15. Jh. weist an seinen kleinen Säulen Verzierungen in Form von Bienenwaben/Smokarbeit auf. Zum Evangelium hin bemerkt der Betrachter, daß die Bündel der kleinen Säulen Pfeiler bilden, auf deren Mitte ein enormer Bogen lastet. Sie stammen aus dem 13. Jh. und sind im Stil der Schule von Pont-Croix gestaltet. Verweilen wir einen Augenblick am eigentümlichen, ungewöhnlichen und ergreifenden *Ehrenmal* für die Gefallenen des Weltkriegs: ein schlichtes Bäuerlein lehnt an einem Menhir mitten in einem Meer von Felsbrocken. Dieser Bauer aus Plozévet verlor seine vier Söhne im Ersten Weltkrieg. Das gab den Anstoß zu jenem Gesetz, das denjenigen vom Kriegsdienst befreite, der schon einen Bruder an der Front hatte.
Einfacher, aber gleichwohl hübsch anzusehender *Kalvarienberg*. Zwei Schritte davon entfernt das Gesicht eines *Bigouden* mit sanften, stolzen Zügen aus der Werkstatt des Bildhauers Quillivic. Vom selben Künstler stammt die *Skulptur der beiden Glöckner* in unmittelbarer Nähe.

Unterkunft und Verpflegung

– *Hôtel des Voyageurs:* 31, route de Quimper. T. 98-91-30-39. Ein sympathisches, herkömmliches und schön bepflanztes Hotel bietet gute Parkmöglichkeit für die motorisierten Reisenden. Angenehme Doppelzimmer mit Bad und Sicht auf den Garten zu 160 F. Menü zu 60 F mit Kaninchenpastete, bretonischen *Tripes* und einem Gebäckstück. Apfelwein *(cidre bouché)* zu 22 F.
– *Les Bruyères:* 41, route de Quimper. T. 98-58-31-41. Etwas moderner eingerichtet als das Hôtel des Voyageurs. Doppelzimmer mit Dusche ab 160 F.
– *Restaurant le Capricorne:* 7 km südöstlich, an der Hauptstraße von Pouldreuzic. T. 98-54-40-06. Geöffnet mittags und abends bis 21h. Nur am Mittwochabend steht man vor verschlossenen Türen. In einem gastlichen Speisesaal wird ein üppiges *Menu ouvrier* (Arbeiter-Menü) zu 35 F(!) serviert, zumindest unter der Woche. Doch auch am Wochenende kann man sich auf schmackhafte Menüs zu bescheidenen Preisen freuen.
– *Hôtel Breiz-Armor:* am Strand von Penhors, Pouldreuzic. T. 98-54-40-41. Montag Ruhetag, ebenfalls von Mitte Oktober bis Mitte März geschlossen. Abends bis 21h warme Küche. Etwas noblere, besonders reizvoll gelegene Herberge. Ein gelungenes Beispiel dafür, daß »modern« nicht immer gleichbedeutend mit »geschmacklos« sein muß. Adrette Doppelzimmer zu 290 F; ausgezeichnete Küche. Menü unter der Woche zu 78 F, sonst zu 132 und 155 F. Getafelt wird übrigens in einem Panoramaspeisesaal.

● *Schicker*

– *Le Moulin de Brenizenec:* route de Pont-l'Abbé, T. 98-91-30-33. Ab Plozévet 4 km. Von Ostern bis Sebtember kann man in dieser ehemaligen Wassermühle aus dem 19. Jh. übernachten. Der Müllersberuf ist in der Familie Le Guellec meist vom Vater an den Sohn weitergegeben worden, bis der heutige Nachkomme das Anwesen 1974 zu einem Hotel mit circa zehn Zimmern umbaute. Für die Nacht im Doppelzimmer verlangt der Ex-Müller nun 300-360 F.

Verkehrsverbindungen ab Plozévet

– *Nach Quimper:* mit Bussen der *Transports Lecoeur, T.* 98-54-40-15. Mit der CAT, T. 98-95-02-36. Über Pouldreuzic und Plogastel-St. Germain. Ein Bus täglich, außer sonn- und feiertags.
– *Zur Landspitze von Raz:* mit der *CAT* über Audierne, Primelin und Plogoff. Täglich außer an Sonn- und Feiertagen.
– *Nach Audierne: Transports Lecoeur, T.* 98-54-40-15.
– *Nach Pont-L'Abbé: Transports Lecoeur* und *Castric, T.* 98-56-33-03.

Im Umkreis

● **Der Menhir des Droits de l'Homme:** am einladenden Strand von Canté südlich von Plozévet, kurz vor Keristenvet. In den Stein wurde eine Inschrift gemeißelt, welche an die über einhundert Opfer des nach einem Seegefecht gegen die Engländer 1796 gesunkenen Schiffes *Droits de l'homme* (zu deutsch: Menschenrechte) gemahnt. Das französische Kriegsschiff befand sich auf der Rückfahrt von einer Expedition unter General Hoche, der den aufständischen Iren zu Hilfe geeilt war. Es handelt sich übrigens um denselben Hoche, der zuvor bereits in Kaiserslautern, Landau, Speyer und später in Neuwied den Säbel geschwungen hatte. Aber zurück zu unserer Seeschlacht: einer der Überlebenden kehrte nach 43 Jahren britischer Gefangenschaft zurück und ließ das Denkmal errichten. Da soll noch mal einer behaupten, die Franzosen seien vergeßlich!
● **Pouldreuzic:** Geburtsort des Schriftstellers Pierre-Jakez Helias. Hier wurde A.D. 1907 von Jean Henaff auch die berühmte Pastete erfunden, die bis heute produziert wird. Jean Henaff kreierte auch den Slogan: »Seul un Breton s'entête à faire si bon« (Nur ein Bretone versteift sich darauf, es so gut zu machen). Die Pastetenfabrik kann übrigens in Augenschein genommen werden.

– *Hôtel Ker Ansquer:* in Lababan, Richtung Plage de Penhors. T. 98-54-41-83. Ein herrlicher, nach alten Plänen erbauter bretonischer Herrensitz, dessen Luxus von gutem Geschmack zeugt. Von Ostern bis Ende September wird man für 245 F in einem der Zimmer mit Bad und WC untergebracht. Zwar unterhält die Besitzerin kein Restaurant, aber verhungern läßt sie niemanden.

● **Penhors:** herrlich wilder Strand, von dem man die Aussicht auf die Landspitzen von Raz und Penmarc'h genießen kann. Im Innern der *Chapelle Notre-Dame-de-Penhors* – mit dem Glockenturm in der Mitte der Kapelle – ein schöner Marienaltar. Am 8. September steigt das bedeutendste *Pardon* im Bigouden-Land.

● **Plovan:** das gedrungene Kirchlein scheint jeden Windstoß abwehren zu wollen und besitzt einen durchbrochenen, runden Glockenturm. Daneben steht ein hübscher Kalvarienberg, dessen Jungfrau eine traditionell bretonische Kopfbedeckung trägt.

● **Die Kapelle von Languidou:** 1 km von Plovan. Genau genommen ist nur noch das äußere Gerippe der entzückenden Kapelle aus dem 13. Jh. erhalten, und das steht »einfach so« mitten in der Geographie. Natur und romanische Arkaden, kannelierte Säulen und die üppige Rosette im spätgotischen Stil bilden ein traumhaft harmonisches Ensemble.

● **Plogastel-St. Germain:** knappe 10 km westlich von Pouldreuzic, 2½ km von Plogastel an der D 240 nach Pont-l'Abbé. Einen Abstecher zur quasi unbekannten Kapelle St. Germain aus dem Jahre 1510 am Rande einer einsamen Straße wird niemand bereuen. Gotisches Triumphtor und Portalvorbau der Kirche ergänzen einander in idealer Weise. Die Kapelle selbst ist schlank und elegant. Zeugen die auffälligen Lilien im Fensterbereich, die auch im Wappen der französischen Könige vorkommen, womöglich von der Kompromißheirat zwischen Anne de Bretagne und dem König Frankreichs? Bescheidener Kalvarienberg am Wegesrand. Doch verabschieden wir uns nun von diesem friedlichen Bilderbuchdörfchen!

● **Plonéour-Lanvern:** nichts Außergewöhnliches, trügen alle Einwohner während der Sonntagsmesse nicht ihre traditionelle Kopfbedeckung.

Übernachtungsmöglichkeiten und Verpflegung

– *Hôtel-Restaurant des Voyageurs:* am Kirchplatz, T. 98-87-61-35. Ein ganzjährig geöffnetes, nicht sehr teures Quartier. Ein bißchen veraltet, aber gut unterhalten. Zimmer ab 90-170 F, Vollpension zu ungefähr 200 F. Die dreigängige, reichhaltige Mahlzeit kostet 65 F.

– *Camping la Crêpe* (!): in Lanvern-en-Plomeur. Hinter dem Strand de la Torche. Vorausbuchung unter T. 98-82-00-75.

– *M. Le Berre:* Bäcker und Konditormeister, der einen hervorragenden *gateau breton* herzustellen weiß. Und wir sind eine strenge, verwöhnte Jury!

● *Richtig nobel*

– *Manoir de Kerhuel:* 29700 Plonénour-Lanvern. T. 98-82-60-57, Telefax: 98-82-61-79. Beeindruckender bretonischer Herrensitz inmitten eines Waldstücks mit viel Komfort, wie z.B. einem Schwimmbecken, einem Tennisplatz und einem sagenhaften Speisesaal. Im Verhältnis zu den gebotenen Leistungen ist der Preis mit 450F fürs Doppelzimmer noch annehmbar.

● **Die Kapelle von Languivoa:** 1½ km nördlich von Plonéour-Lanvern. Eine der sechs Kapellen, die im Laufe der Repressalien des Sonnenkönigs nach der Revolte der Bonnets Rouges völlig verwüstet wurden. Und auch wenn die Kapelle nach einer gründlichen Restaurierung etwas zu neu aussieht, sollte man trotzdem einen Blick auf die bemerkenswerten Arkaden und die Kapitelle mit ihren Pflanzenmotiven werfen.

Einige uralte ländliche Anwesen im Umkreis.

NOTRE-DAME-DE-TRONOEN

Wer von Norden her anreist, passiert eine tellerflache, extrem parzellierte Landschaft, über die der Seewind ungehindert hinwegstreicht. Die weit zerstreuten Bauernhäuser ducken sich hinter einigen Baumreihen, greisenhafte, vom Winde gekrümmte Gehölzstreifen. Unzählige Sträßchen führen ins Nichts, zu einigen vergessenen Weilern, zu Bauernhausruinen oder zu weltabgeschiedenen Kapellen – insbesondere im Umkreis von Saint-Vio und Kerbascol. Gerade an vernebelten, grauen Tagen geht von dieser Landschaft eine Melancholie aus, der man kaum etwas entgegensetzen kann.

– *Der Kalvarienberg von Notre-Dame-de-Tronoën:* dem Vernehmen nach der älteste in der Bretagne – schon wieder! – auf jeden Fall aber der faszinierendste. Mitte des 15. Jh. erbaut, prangt er auf einem einsamen Erdhügel in einer strengen Dünenlandschaft mit Hecken und Brachland. In Blickrichtung Meer bieten die abgebildeten Personen, vom salzigen Atlantikwind zerfressen, nur mehr geisterhafte Konturen. Alle Einzelheiten sind praktisch ausradiert. Auf den windabgewandteren Seiten erkennt man dagegen einige Szenen sehr deutlich. Zur Kapelle hin beispielsweise eine entzückende *Geburt Christi:* die Flechten verstärken noch die reliefartige Struktur. Einer der drei Weisen aus dem Morgenland trägt ein mittelalterliches Gewand. Zur Straße hin entdeckt man unten links die Szene der Fußwaschung. Rührende Pietà.

Die Kapelle selbst bietet zwei wertvolle Portalvorbauten, ein strahlendes Kirchenfenster und ein anschauliches Altarblatt.

Im Norden der Landzunge von Torche, in Richtung Prat-Ar-Hastel bei Trégennec, liegt ein wundervoller Sandstrand mit Kieselsteinen umsäumt, der die Naturfreunde willkommen heißt: Plage de Saint-Vio.

Im Umkreis

● **Die Landzunge von Torche:** Ein Weg führt um die wildromantische kleine Halbinsel. Prächtige Aussicht auf die Felsen von Saint-Guénolé und den Strand von Pors-Carn. Baden ist nicht ungefährlich, dafür hat sich hier ein wahres Surferparadies herausgebildet. Bei schlechtem Wetter erlebt man das wie von Sinnen tosende, wütend gegen die Felsen anrennende Meer. Der Boden vibriert, wenn die Wellen auf den dreißig Kilometer langen Strand zwischen Saint-Guénonolé und Audierne prallen.

Im der Umgebung essen gehen

– *Restaurant-bar le Refuge:* in St. Jean-Trolimon. T. 98-82-01-34. 5 km von der Kapelle Tronoëns entfernt. Im Normalfall vom 1. bis 15. August geschlossen. Arbeiterrestaurant, und als solches mittags geöffnet. Menü mit Vorspeisenbüffet, an dem man sich sattessen kann; Tagesessen mit Nachschlag. Und das alles – Nachtisch, Käse und Getränke inbegriffen, soviel man vertragen kann – für 43 F! Wer hinterher einen Kaffee wünscht, zahlt 2 F mehr. Sympathischer Wirt, schlichte Einrichtung.

SAINT-GUENOLE (29132 Penmarch)

Der bedeutende Fischereihafen hat sich auf Thunfischkonserven spezialisiert. Operettenhaftes Treiben sucht man hier vergebens; im Gegenteil: es riecht ein wenig nach Wirtschaftskrise, doch der menschlich warmen Atmosphäre tut das keinen Abbruch.

– *Fremdenverkehrsverein:*
place Jules-Ferry. T. 98-58-81-44. Am Hafen, unweit der Hauptpost.

Sehenswertes

- *Musée préhistorique:* prähistorisches Museum nördlich der Stadt, in Strandnähe in Pors-Carn. T. 98-58-60-35. In den Monaten Juni bis September, 10-12h
und 14-18h offen. Außen: Hinkelsteine, Dolmen und Langgräber *(allées couvertes)*. Innen eine umfassende Ausstellung über die Frühgeschichte der Bretagne.
- *Großer viereckiger Kirchturm* (Tour carrée) aus dem 15. Jh. auf halbem Weg
nach Penmarch.
- *Chapelle de la Joie:* Richtung Eckmühl-Leuchtturm; ebenfalls aus dem 15. Jh.
Wenig aufwendige Architektur, aber immerhin Schauplatz einer wichtigen Wallfahrt am 15. August. Wer bisher noch keine bigoudiner Trachten zu Gesicht
bekommen hat, kann dies bei der Gelegenheit nachholen. Die Kapelle besitzt
übrigens eine fensterlose Fassade in Richtung Meer, damit die Gläubigen nicht
mit Schnorchel und Flossen antreten müssen ... Den Kalvarienberg hat der letzte
Sturm auf dem Gewissen.
- *Phare d'Eckmühl:* der 65 m hohe Leuchtturm ist einer der lichtstärksten im
Lande. Im Jahre 1897 als Erinnerung an den Prinzen von Eckmühl, dessen
Tochter übrigens den Bau finanzierte, eingeweiht. Über 70 km Reichweite! Im Juli
/ August für Besucher zugänglich. Bevor man oben einen fantastischen Rundblick auf die gesamte Gegend von Raz bis zu den Glénans serviert bekommt,
heißt's allerdings erstmal, über dreihundert Stufen hinaufzukraxeln. Der Innen-
raum ist aus Milchglas, das Treppengeländer aus Bronze gemacht. Ein Führer
erklärt, wie so ein Leuchtturm funktioniert.

PENMARCH (29132)

Drei Kilometer östlich von St. Guénolé. Keine Diskussion gibt es über den kunst-
historischen und touristischen Wert der spätgotischen Saint-Nonna-Kirche aus
dem 16. Jh. Reinster Flamboyantstil! Für die kleine Ortschaft wirkt sie ein paar
Nummern zu groß; auch ihre eigenen Ausmaße sind für das Auge des
Betrachters erstaunlich und ungewohnt. Nach zwei Seiten hin weit ausladendes
Dach; ebenso große wie flache, dreieckige Chorhaube hinter dem Hochaltar. Wir
ersparen uns eine Auflistung der unzähligen Einzelheiten wie Glockengiebel,
Türmchen mit und ohne Glocken, Spitzen usw. Erwähnen möchten wir immerhin
das Portal, wo in Stein gehauene Karavellen von einstigem Reichtum zeugen.

Unterkunft und Verpflegung in der Umgebung

Mehrere Zeltplätze und nicht gerade billige Hotels. Sollte jemand Lust auf ein
Festessen haben, dann lieber den Katzensprung nach Guilvinec oder Tréffiagat in
Kauf nehmen. Zwei gute Restaurants dort.

● *Zeltplätze*

- *Camping de la Joie:* in St. Guénolé, an der Straße zum Leuchtturm, kurz vor der
Chapelle de la Joie.
- *Campingplätze* am riesigen Strand *Du Steir* südlich von Penmarch: *Les
Genêts,* ganzjährig in Betrieb, T. 98-58-66-93; *Le Steir,* 15.6. bis 31.8., T. 98-58-84-
80; *Camping municipal Toul-Ar-Steir,* 30. Juni bis 30. August, Auskunft T. 98-58-
86-88.
- *Auf dem Land: Camping de la Torche,* T. 98-58-62-82, an der Straße von Plo-
meur zur Pointe de la Torche, 2 km bis zum Meer.

● *Mittelklasse*

- *Hôtel du Stérenn:* in St. Guénolé Richtung Eckmühl-Leuchtturm. T. 98-58-60-36.
Ungehinderter Panoramablick in die Ferne. Modernes Gebäude, geöffnet von
April bis Oktober, im Sommer ist die Halbpension ab 260 F vorgeschrieben. Werfen wir einen Blick auf die Speisekarte: Muscheln in Weinsud, Schnitzel, Sorbet zu
80 F. Sonntags kommt die Sache teurer. Warme Küche bis 21h.

– *Hôtel Refuge de la Torche:* rue Scrafic in St. Guénolé. T. 98-58-88-76. Vis-à-vis vom Museum Richtung Pointe de la Torche. Stattliches lokaltypisches Granithaus mit einigen Doppelzimmern. Auch Halbpension möglich. Hauptsächlich logieren hier Teilnehmer der Surflehrgänge. Der Strand von Pors-Carn liegt nämlich ganz in der Nähe.

– *Le Doris:* in Kérity, dem Meer gegenüber am Hafenquai. T. 98-58-60-92. Sympathische Snack-Bar, in der man mit »echten« Seebären zusammentreffen kann, die Emma, der Besitzerin, von ihren Fangerträgen erzählen. Die Jugend der Gegend mißt sich im Videospiel oder sitzt auf der Terrasse. Im ersten Stock stehen drei Doppelzimmer mit Bad und WC zu 120 F zur Verfügung der Reisenden. Von hier oben besehen ist das tobende Meer immer noch eindrucksvoll.

– *La Vieille Auberge:* rue Ernest-Renan. Östlich des Leuchtturms, am kleinen Hafen von Kérity. T. 98-58-61-29. Täglich 12-15h und abends ab 19h geöffnet. Von Ende September bis zum 18. März geschlossen, außer in der Zeit um Allerheiligen. Reizvoll eingerichteter Speisesaal im Stil des Bigoudenlandes mit Granitkamin und Kachelofen. Gourmets werden die bretonische Küche – Fischsuppe, Muscheln in Weinsud, Meeresfrüchteteller, leckere Buchweizencrêpes usf. – zu angemessenen Preisen zu schätzen wissen.

– *Hôtel-Restaurant de la Mer:* in Saint-Guénolé, am Meer. T. 98-58-62-22. Moderne Einrichtung, Zimmer zu 170 und 240 F.

GUILVINEC (29115)

Viertwichtigster und zugleich reizvollster aktiver Fischereihafen in der Bretagne. Wir haben sie ins Herz geschlossen, diese mit der kleinen Gemeinde *Léchiagat* auf der gegenüberliegenden Seite des Ästuars eine Einheit bildende, rundum sympathische und lebendige Stadt. Von den weißen Hauswänden heben sich die farbigen Schiffbugs der Fischdampfer ab. Guilvinec verfügt auch über kleinere Reparaturwerften. Gegen 16h kehren die Fischer zurück; ein Anblick, den gerade

Landratten nicht versäumen sollten. Wirklich ein stimmungsvoller Ort mit unverwechselbarem Flair.

Kost und Logis

Beinahe jedes Hotel bietet Ausflüge aufs Meer für seine Gäste an.
- *Hôtel-restaurant du Port:* 53, av. du Port, in Léchiagat-Guilvinec. T. 98-58-10-10. Ganzjähriger Betrieb. Korrekte Zimmer zu angemessenen Preisen. Großer Speisesaal in einem unverfälscht provinziellen Stil mit dem dazugehörigen Ambiente. Hier verkehren Stammkunden, urige Bretonen, Vertreter in leicht ausgeleierten Anzügen, frohgemute Touristen usw. Auf den Tischen Blumen und Stofftischdecken und die Bedienung lächelt freundlich. Die unschlagbaren Menüs ab 80 F machen dieses Lokal zu einem Erlebnis. Ein Ratschlag noch: sollte jemand nicht allzu hungrig sein, reicht ein Essen locker für zwei. Für 450 F, alles inklusive, erlebt man den Tag eines Fischers auf dem Schnellboot *La Torche* mit.

Im Umkreis

- *L'Auberge de la Rose des Vents:* in der Ortsmitte von Treffiagat, einige Kilometer nordöstlich von Guilvinec. T. 98-58-10-56. Täglich über Mittag geöffnet; abends nur samstags. Montags gibt's ausschließlich das »Arbeitermenü« zu 41 F mit zwei Vorspeisen. An allen anderen Tagen noch ausgezeichnete Menüs zu 75 F – Fisch-Panaché, Entenbraten und ein exzellenter hausgemachter Nachtisch – zu 140 und 185 F (Menus gastronomiques). Besonders empfehlenswert für 120 F der Meerestopf mit Seeteufelschnitzel, Lachsfilet, Jakobsnüßchen, Scampis und Muscheln. Hmmmm ... In der Tat eine erlesene Adresse für alle, die ihr Reisebudget noch nicht ganz verpraßt haben.
- *Crêperie Men-Lann-Du:* an der Straße von Penmarc'h nach Plomeur, T. 98-82-01-06. Da das ehemalige Bauernhaus sein Mobiliar aus der Ackerbauzeit bewahrt hat, riecht es in diesen vier Wänden noch sehr gut. Um den Kamin herum hängen alte Fotos von Seemännern und sind Steingutarbeiten aus Quimper zu bewundern. Die einfachste Crêpe (mit Butter) kostet 6,50 F, ein Speckbrot 21 F, die Fischsuppe 28 F und eine große Tasse gebutterter Milch 9,50 F.

VON GUILVINEC NACH PONT-L'ABBE AN DER KÜSTE ENTLANG

● **Lesconil:** hübscher, makellos weißer Fischerhafen 8 km von Pont-l'Abbé. Rückkehr der Fischerboote um 17h. Der Fang wird auf dem Markt versteigert. Prozession am dritten Sonntag im August.
- *Hôtel de la Plage:* am Hafen. T. 98-87-80-05. Ordentliche Doppelzimmer von 210-265 F. Hier wird die gleiche Fahrt auf der *Torche* angeboten wie im *Hôtel du Port* in Le Guilvinec.
- *Camping de la Grande Plage:* rue Paul-Langevin. T. 98-87-83-64 oder 98-87-88-27. Komfortabler, strategisch günstig gelegener Zeltplatz 200 m vom Strand. Der *Camping des Dunes* nebenan spendet weniger Schatten.
- *Camping des Dunes:* in Kerloc'h, T. 98-87-81-78. Nur 100 m vom Strand entfernt sind diese neunzig großzügigen Stellplätze, deshalb sollte man sich vor Windböen schützen! Schon so manchem ist seine »Unterkunft« vor der Nase weggeweht...
- *Restaurant du Grand Hôtel des Dunes:* T. 98-87-83-03. Sättigendes Menü zu 80 F mit Krabbenteller, Lachsschnitzel in Butter gewendet und köstlichem Fruchteis als Nachtisch. Zwei weitere Menüs stehen zur Wahl, eines zu 150 und das andere zu 240 F.
● **Loctudy:** nicht unbedeutender Hafen und Seebad an der Mündung des Flüßchens Pont-l'Abbé. *Fremdenverkehrsbüro* am großen Parkplatz. Tummelplatz zahlreicher Urlauber im Sommerhalbjahr. Ein Besuch der Kirche lohnt wegen ihres außerordentlich gut erhaltenen romanischen Kirchenschiffs. Befremdliche Skulpturen an den Säulenbasen und reich verzierte Kapitele.

– *Hôtel-restaurant des Iles:* 18, rue du Port. T. 98-87-40-16. Im Herzen der Stadt und im Brennpunkt aller möglichen Aktivitäten. Zimmerpreise um die 120 F. Während der Hochsaison nur Halbpension.
– *Camping de Kerdell:* empfehlenswerter Zeltplatz 50 m vom Meer.
● **Schloß Kerazan:** Landsitz an der D 2 zwischen Loctudy und Pont-l'Abbé inmitten eines weitläufigen Parks mit hohen, alten Bäumen. T. 98-89-43-84. Vom ursprünglichen Bauwerk des 16. Jhs ist nur ein Flügel übriggeblieben. Das Hauptgebäude stammt nun aus dem 18. Jh., sein oberer Teil trägt die Zeichen des *Second Empire.* Die Säle sind mit repräsentativen Louis-XV-Möbeln ausgestattet. Kleines Kunstmuseum mit Werken von Maurice Denis, Charles Cottet usw. Publikumsverkehr von Juni bis Mitte September zwischen 10 und 12h sowie 14 und 18h. Dienstags ist keine Besichtigung möglich.

PONT-L'ABBE (29120)

Gilt als Hauptort des Pays Bigoudin. Die bürgerliche, ruhige Stadt träumt an ihrem See und einem kleinen Flußhafen am hinteren Ende des Mündungstrichters. Die Traditionen halten sich hartnäckig: während der Sonntagsmesse tragen immer noch eine ganze Menge Kirchgänger die traditionelle Kopfbedeckung, eine hohe, spitze Haube. Über eine hübsche Promenade kann man entlang der Pont-l'Abbé-Mündung flanieren.
– *Fremdenverkehrsamt: T.* 98-82-30-30.

Wo sein Zelt aufschlagen?

– *Le Chateau de Kernuz:* T. 98-87-01-59. Herrensitz aus dem 16. Jh. in einem fünfzehn Hektar großen Park. Für 300 F schläft man sehr ruhig in einem geräumigen, schönen Zimmer mit Bad und Telefon. Außerdem lockt ein Schwimmbekken! Menü zu 100 F.

Einen Besuch wert

– *Schloß und Musée bigoudin:* rue Jean-Jaurès, am See. Öffnungszeiten: Juli bis September von 9-12h und 14-18.30h. Sonn- und feiertags geschlossen. Das bemerkenswerte Museum im Hauptturm widmet sich regionaler Folklore: Mobiliar, Kostüme, Kopfbedeckungen, Haushaltsgegenstände, Werkzeuge der Bauern und Fischer, Schiffsmodelle usw.
– *Kirche Notre-Dame-des-Carmes:* ehemalige Kapelle des Karmeliterklosters aus dem 14. Jh., dreihundert Jahre später umgebaut. Zwei wundervolle Rosetten fallen sofort auf: jene über dem Hauptaltar mißt über 7 m im Durchmesser. Ein schillerndes, flammendes Farbenspiel, das seit fünf Jahrhunderten nichts von seiner Intensität eingebüßt hat.

Veranstaltungen und Feste in Pont-l'Abbé

– *Fête des Brodeuses:* Fest der Stickerinnen am zweiten Sonntag im Juli.
– *Pardon des Carmes:* am dritten Sonntag im Juli.
– *Fête de la Tréminou*: am vierten Sonntag im September.
– *Markt* immer donnerstags.

Wo man köstliche Crêpes bekommt

– *Crêperie Bigoudin:* 33, rue du Général-de-Gaulle. T. 98-87-20-41. Den Sommer über und während der Schulferien kann man sich hier verwöhnen lassen...Große Granitblöcke verleihen der Crêperie ihr uriges Äußeres, die Tische und Bänke weisen schon ein beachtliches Alter auf. Die Küche kultiviert eine Liebe zu Crêpes (süß) und *Galettes* (salzig), die schon an Manie grenzt. Außerdem hält man sich hier haargenau an das Reinheitsgebot für Crêpes. Mit ca. 50 F für drei Crêpes ist zu rechnen. Unbedingt versuchen, soviele wie möglich zu probieren: es wäre schade, einen nicht gekostet zu haben, wie z.B. den Buchweizencrêpe mit Wurst oder mit Speck und Champignons. Am Schokoweizencrêpe als Nachtisch führt kein Weg vorbei! Ach ja, dazu den Cidre aus Plovan nicht vergessen!

Shopping

– *Le Minor:* am See von Pont-l'Abbé. T. 98-87-07-22. Steht den Souvenir-Suchern Montag bis Freitag von 9-12h und 14-19h offen. Führt die traditionellen Wetterjakken der Matrosen aus schwerem Tuch in den üblichen Farben des Landes (bigoudiner Rot und Weiß). Außerdem traditionelle Puppen und bretonische Stickereien, z.B.: Tischdecken, Sets usw.

Im Umkreis

● *La maison du pays bigoudin* (Bigoudin-Haus): 2 km in Richtung Loctudy, im Bauernhof von Kervazégan. Das Museum über Brauchtum, Kunst und Kultur des Landes ist für ein besseres Verständnis des bäuerlichen Lebensstils unverzichtbar. Naturgetreue Rekonstruktion eines Wohnraums von damals, ergänzt durch Werkzeuge und andere Gegenstände des täglichen Lebens.

● *Chapelle de Notre-Dame-de-Tréminou:* 2 km westlich. Kapelle aus dem 15. Jh. mit durchbrochenem Turm. Im Inneren dekorative Schnitzbalken. Die Kapelle war ein wichtiger – heute würde man wohl sagen: konspirativer – Treffpunkt der Bonnets Rouges während ihrer Revolte. Tatsächlich wurde auf der Kalvarienkanzel von vierzehn aufständischen Pfarreimitgliedern letzte Hand an den sogenannten *Code Paysan* gelegt, eine Schrift voller Forderungen des Volkes, vergleichbar den *cahiers de doléances* (wörtlich: Beschwerdebüchern) der Generalstände von 1789. Die Rebellen verlangten unter anderem die Abschaffung der Frondienste, der überteuerten Gebühren auf dem Stempelpapier – 1675 hatte Colbert ein Dekret erlassen, demzufolge alle notariellen Akte auf gestempeltem Papier zu verzeichnen seien – und des Heiratverbots zwischen Angehörigen des Adels und Bürgerlichen.

● Richtung Quimper, am Ufer des Odet, haben wir noch Gelegenheit, das *Schloß von Pérennou* zu besuchen. Mittwochs und sonntags um 15h, 16h und 17h. T. 98-94-22-72.

● *Musée de la Musique mécanique:* in Combrit, an der CD 44 zwischen Pont-l'Abbé und Bénodet. T. 98-56-36-03. In der Saison täglich 14-19h geöffnet. Zu sehen und zu hören gibt es Jahrmarktsorgeln, Pianolas (bekannte Marke mechanischer Klaviere), verschiedene Ausführungen von Organetten und Windharfen, ganz zu schweigen von den sonstigen Klangautomaten und Tonaufnahmen der vergangenen Epochen.

Für Hinweise, die wir in späteren Auflagen verwerten,
bedanken wir uns mit einem Buch aus unserem Programm

QUIMPER UND UMGEBUNG

QUIMPER (bret. Kemper, 29000)

Historische Hauptstadt der Cornouaille am Zusammenfluß von Odet und Steir, im Windschatten der Anhöhe Mont Frugy. Während des furchtbaren Sturms vom 15. Oktober büßte die Stadt zahlreiche Alleebäume ein; doch die persönliche Note, die mittelalterlichen Pflasterstraßen und lauschigen Plätze sind geblieben. Quimper eignet sich in idealer Weise als Ausgangspunkt für Ausflüge ins Umland. Berühmte Söhne der Stadt, von denen einige auch hier wohnten, waren: Laënnec, der Erfinder des Stethoskops; Fréron, Polemiker und Intimfeind Voltaires; René Madec, Abenteuerer und »Pascha« in Indien sowie Max Jacob, Maler und Dichter. Aber genug der Vorrede: *Kemper* ruft!

Wissenswerte Adressen

– *Fremdenverkehrsamt:* rue Amiral-de-la-Grandière, Halles Saint Francois (überdachter Markt). T. 98-53-04-05. Besetzt von 9-12h und 14-18h. Im Juli/August von 8.30-20h ohne Unterbrechung. Sonn- und feiertags: 9.30-12h, vom 15. Juni bis zum 15. September. Brauchbares Informationsmaterial, liebenswürdiger Empfang.

– *Union départementale des S.I. und Comité départementale du tourisme:* 11, rue Théodore-Lebas. T. 98-53-09-00.

– *Gare SNCF:* T. 98-90-50-50.

– *Busbahnhof:* CAT, 5, bd de Kerguelen (Planquadrat B 2), T. 98-44-32-19.

– *Post:* rue de Junéville. Montags bis freitags von 8-19h, samstags bis 12h.

– *Transports urbain quimpérois:* Place de la Résistance. Auskünfte über öffentliche Verkehrsmittel: T. 98-90-72-40.

– *Taxis:* T. 98-90-16-45 und 98-90-21-21.

– *Städtisches Schwimmbad:* 47, av. des Oiseaux. T. 98-55-39-30.

– *Keltia-Musique:* place au Beurre. Massenhaft bretonische, irische und französische Schallplatten; Aufnahmen von Bagadous; Lehrbücher zum Erlernen bretonischer Musikinstrumente.

– *Ar Bed Keltick:* 2, rue du Roi-Gradlon. T. 98-95-42-82. Am Ende der Rue Kéreon, gleich rechts vom Fremdenverkehrsamt. Inhaber ist der bretonische Nationalsänger »Gweltaz Ar Fur«, der sich in den siebziger Jahren, zur Zeit des Streiks der »Joint Français« in St. Brieuc, einen Namen gemacht hat. Also eine ganz besondere bretonisch-keltische Buchhandlung, wo man so gut wie alles über Geschichte, Politik, Tradition, Lebensart usw. der Bretonen und ihrer keltischen Vettern findet. Im ersten Stock eine Schmuck- und Instrumentenausstellung: Bombarden, irische Bohdrans usw.

– *Librairie Calligrammes:* 18, rue Elie-Fréron. T. 98-98-95-94-54. Eine der bretagneweit besten Buchhandlungen. Schier unerschöpfliches Sortiment an Büchern zu Philosophie, Soziologie, bildenden Künsten, Geschichte, Poesie usw. Hier wurden auch die letzten rührend schönen Gedichte von Xavier Grall (*Supplique des maisons anciennes* oder das ergreifende *Tombeau pour Bobby Sands*) verlegt.

– *Stang Vihan:* B.P. 504, T. 98-52-48-00. Feriengästen vorbehalten, Unterbringung in Landgasthäusern (*gîtes ruraux*).

– *Regionales Fremdenverkehrsamt* (Comité départemental du Tourisme du Finistère): 34, rue de Douarnenez, 29104 Quimper.

– *Wassersport im Finisterre:* 5, rue René-Madec. T. 98-95-71-28.

Ausruhen

● *Für alle Geizigen und Abgebrannten*

– *Jugendherberge:* 6, av. des Oiseaux. T. 98-55-41-67. Zwanzig bis dreißig Fußminuten vom Stadtkern entfernt. Oder den Bus zur Place de la Résistance nehmen und umsteigen in Buslinie 1. An der Haltestelle Chaptal aussteigen. Sympathische Aufnahme, und das beste: keine »Sperrstunde«! Da sie bei der Druckle-
gung unserer letzten Ausgabe geschlossen war, empfiehlt es sich, erst Erkundigungen einzuziehen. Weiterhelfen kann z.B. die *Association départementale des
A.J.*, T. 98-41-90-41.
– *Hôtel Terminus:* 15, av. de la Gare. T. 98-90-00-63. Netter Empfang und tadellose Zimmer zwischen 85 und 200 F, kein Restaurant.
– *Hôtel de l'Odet:* 83, rue de Douarnenez. T. 98-55-56-75. Den Januar über außer
Betrieb. Von der Innenstadt aus braucht man bloß der alten Straße nach Douarnenez zu folgen, dann kann man diesen ruhigen Bau mit Garten und Parkplatz
gar nicht verfehlen. Die Zimmer entsprechen ungefähr denen eines Ein-Stern-Hotels, Kostenpunkt: 85-200 F. Der Halbpensionspreis liegt zwischen 175 und 300 F.

● *Zeltplätze*

– *Camping municipal:* av. des Oiseaux. Im Park des ehemaligen Seminars.
– *Orangerie de Lanniron:* route de Bénodet. T. 98-90-62-02. Zeltplatz vom 1. Mai
bis 15. September in Betrieb. Hat seine vier Sterne durchaus verdient.

● *Mittelprächtig*

– *Hôtel Gradlon:* 30, rue de Brest (Plan B1). T. 98-95-04-39. Günstig gelegen, da
nahe der Stadtmitte. Hübsch hergerichtete Zimmer mit Sicht auf den Innengarten.
Auch Lärmempfindliche werden sich hier wohlfühlen. Die Wirtin ist obendrein die
Liebenswürdigkeit in Person. Doppelzimmer mit Telefon in der Preisspanne von
260-324 F. Wenn's nach uns geht, das beste Hotel in dieser Preisklasse.
– *Hôtel de la Tour d'Auvergne:* 13, rue des Réguaires (Plan B2). T. 98-95-08-70
oder 98-95-22-50. Ebenfalls zentral gelegen. Freundliche Zimmer von 175-300 F.
Im Restaurant schmaust man entweder für 65 oder für 90 F in einem traditionell-
stattlichen Rahmen.
– *Hôtel-Restaurant A l'Orée du Bois:* in Ergue-Gaberic, vom Zubringer RN 165
und der Route de Coray aus anfahrbar. Ganzjährig geöffnet, lädt das Häuschen
mit seinen zwölf Zimmern zu 100-140 F zum Verweilen ein. Außerdem ist es von
einem Garten umgeben.

● *Nicht übel*

– *Le Dupleix:* 34, bd Dupleix. T. 98-90-53-35. Zentral, modern, tadellos. Für eines
der großzügigen und lärmisolierten Zimmer sind allerdings 280-350 F locker zu
machen. Sie gestatten einen schönen Ausblick auf den Odet und die Türme der
Kathedrale. Der behindertengerechte Fahrstuhl, die Garage und der Parkplatz
verdienen vielleicht noch ihre Erwähnung. Das dazugehörige Restaurant ist in
gleichem Maße empfehlenswert.

● *Höchst vornehm*

– *Château de Kerambleiz:* in der Gemeinde Plomelin, 8 km südlich von Quimper
und ebensoweit vom Meer. T. 98-94-23-42. Prachtvoller Landsitz aus dem 19. Jh.
in einem Park hoch über dem Lauf des Odet. Ein Dutzend luxuriös eingerichteter
Zimmer und Appartements; neun möblierte Wohnungen in einem reizenden Herrenhaus nebenan. Je nach Zimmer wird die Reisekasse mit 250-550 F belastet.
Schwimmbad vorhanden.

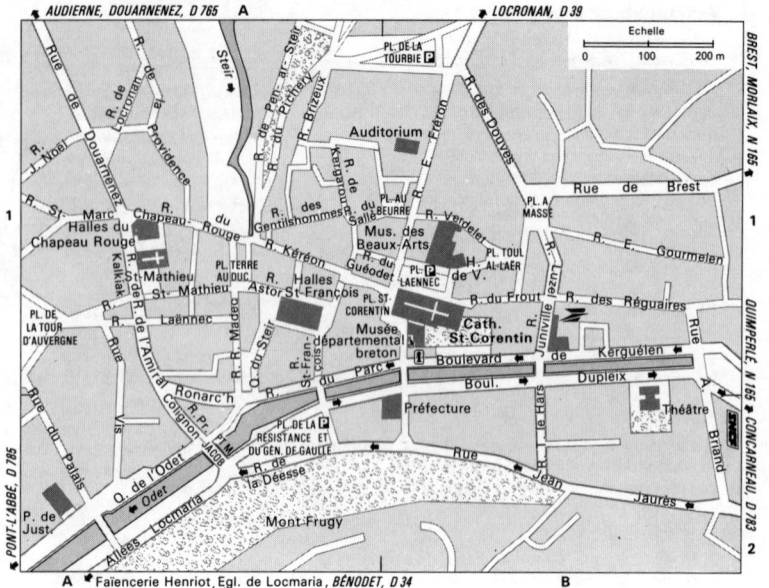

Quimper

Speis und Trank

● *Preiswert*

– *Auberge de Ty Manum Doué*: 37, rue de Plogonnec, an der Straße nach Douarnenez. T. 98-95-07-00. Zum Rund- und Sattessen zu jedem Preis.
– *Céili:* rue Aristide-Briand, neben der Kneipe *Les Deux Cornouailles.* Für alle, die sich mit Snacks und Sandwichs zum Mitnehmen in einem freundlich lockeren Ambiente begnügen.
– *La Krampouzerie:* place au Beurre (Plan B1). T. 98-95-13-08. Geöffnet mittags und abends bis 22h. Sonntags und im Winter auch montags geschlossen. Lekkere traditionelle Crêpes, dargeboten in einem frischen, sauberen Rahmen.
– *Crêperie du Vieux Quimper*: 20, rue Verdelet (Plan B1). T. 98-95-31-34. Verköstigt wird man 11.30-14.30h und 18.30-22.30h. Dienstags ist Ruhetag, im Winter zusätzlich auch sonntags. Rustikale Einrichtung mit bretonischen Möbeln, angenehme Atmosphäre. Die Hauptsache ist jedoch: erlesene Crêpes!
– Die schmale *Rue Ste Catherine* am gegenüberliegenden Ufer des Odet beherbergt mehrere kleine preiswerte Restaurants und Crêperien. Junge Kundschaft, meist Studenten und Schüler.

● *Mittelklasse*

– *Le Chasse-Marée:* 10, rue du Guéodet. T. 98-95-57-36. In der Altstadt, nah bei der Kathedrale. Diese angenehme Adresse bietet eine hervorragende Auswahl an Fischen und Meeresfrüchten in ländlicher Atmosphäre. Quappe mit Speck und Pflaumen, Goldbrasse mit Salzkruste, ein Gemisch von Meeresgetier. Das alles mit einem Gläschen guten Muscadets und soviel Brot, wie man eben braucht, um auch das letzte Tröpfchen Sauce aufzuwischen, kostet nicht mehr als 150 F.

● *Ganz klasse*

– *L'Ambroisie:* 10, rue Elie-Fréron (Plan B1). In der Straße, die von der Kathedrale nach Locronan führt. Der junge Besitzer stellt seine raffinierten Gerichte mit einem Schuß Kühnheit und Wagemut her, wie z.b. das Filet Saint-Pierre mit geschmolzenen Birnen, das seine Frau anschließend in dem gutbürgerlichen Speisesaal serviert. Fürs erste Menü zahlt man 105 F, fürs zweite um die 160 F.

Sehenswertes

– *Die Kathedrale Saint-Corenthin* (Plan B1-2): angefangen im 13. Jh., genauer gesagt 1239, und fertiggestellt unter Napoleon III. Da hat man sich mal wieder Zeit gelassen. Dennoch ist sie eine der drei ältesten gotischen Kathedralen in der Bretagne. Die Fassade, schlicht, elegant und wohlproportioniert, wird seit 1856 von zwei Turmspitzen überragt. Dabei stand übrigens die Kirche von Pont-Croix Pate. Die rauhe Seeluft hat sich erfolgreich darum bemüht, daß der Altersunterschied farblich nicht mehr wahrgenommen werden kann. Zwischen den beiden Türmen erhebt sich ein Reiterstandbild des Königs Gradlon. Betreten wir nun durch das fein gearbeitete Portal das Innere der Kathedrale.
Dort erwartet uns etwas Außergewöhnliches. Nach dem Kirchenschiff weicht der Chor in einem Winkel von 15 Grad von der Mittelachse ab. Man sollte meinen, der Architekt hätte so im letzten Moment eine Kollision mit bereits vorhandenen Bauwerken vermeiden wollen. Dieser Lapsus dürfte ihm einen saftigen Rüffel vom Auftraggeber eingebracht haben! Dazu kommt noch, daß nun der vom Einsturz bedrohte Chorraum verstärkt werden muß. Der Druck und das Gewicht der Bögen sind zwar durch Seitenstreben abgeschwächt, die wiederum von Außenpfeilern abgestützt sind, aber letztere stehen nur auf einem flachen Mäuerchen, also auf sehr unsicherer Grundlage. Dieser für die Gotik typische Konstruktionsfehler ist der Grund für die Anbringung der Stützträger und der Halteseile. Die arme Kathedrale wird mindestens drei Jahre lang von den Gerüsten umgeben sein.
In den oberen Galerien des Kirchenschiffs beeindrucken etwa zehn prachtvolle *Kirchenfenster* aus dem 15. Jh. Nicht zu verachten ist auch die gemeißelte *Kanzel* aus dem 17. Jh., mit Szenen aus dem Leben des heiligen Corentin. Eine genaue Beschreibung aller Reliefs, Grabmäler, Fresken, Altäre und Skulpturen ersparen wir uns und unseren geplagten Lesern.
– *Musée des Beaux-Arts* (Museum der schönen Künste): 40, place St. Corentin (Plan B2). T. 98-95-45-20. Die Museumspforten sind täglich, außer dienstags, von 9.30-12h und 14-18.30h geöffnet. Alle hier ausgestellten Werke aufzuzählen – die reichen Sammlungen profitierten erheblich von ebensolchen Erblassern – wäre ein Ding der Unmöglichkeit. Daher nur die markantesten: Gemälde aus der Französischen Schule des 18. Jh. (Van Loo, Coypel, Oudry, Boucher); prächtige Boudins: *Nature morte aux Fruits* (Stilleben mit Früchten), *La Côte de la Hève* (Die Küste von La Hève), *Vue de Quimper* (Ansicht von Quimper); Corot ist mit seinem Werk *Pierrefonds* vertreten. Auch die ungewöhnliche regionale bretonische Kunst kommt zum Zuge. Realistisch stellt sie Szenen des täglichen Lebens nach: so in den Werken *Rue de Morlaix* (Straße in Morlaix) von Jules Noël, *Noce en Bretagne* (Hochzeit in der Bretagne), *Retour du Pardon de Ste Anne-la-Palude* (Rückkehr von der Wallfahrt der Ste Anne-la-Palude) von Leleu. Und dann das Werk *Noces* (Hochzeit) von Corentin Le Gerveur: voller Leben, Sinn fürs Detail, ausgefeilte Technik. Von P.E. Clarin stammt die *Chapelle de la Joie à Penmarch*, ein Bild voller Bewegung und dramatischer Atmosphäre. Schließlich sei noch J.J. Lemordant mit dem Werk *Les Bigoudens marchent sur la Plage* (Die Bigoudiner gehen am Strand) erwähnt. Die Witterung ist so treffend wiedergegeben, daß es uns richtig fröstelt.
Bemerkenswert auch die Retrospektive des Dichters Max Jacob anhand von Bildern, Büchern, diverser Schriften sowie Portraits des Künstlers von der Hand Cocteaus und Pierre de Belays.
In stets verschiedenen Stilrichtungen kehrt die Vision des gesellschaftlichen Lebens der Bretonen von Pierre de Belay wieder. Eine reich bestückte Abteilung ist auch der Malschule von Pont-Aven gewidmet: *Petite Quimpéroise* (Kleines Mädchen aus Quimper) von Paul Sérusier, *Bretonne dans une Barque* (Bretonin

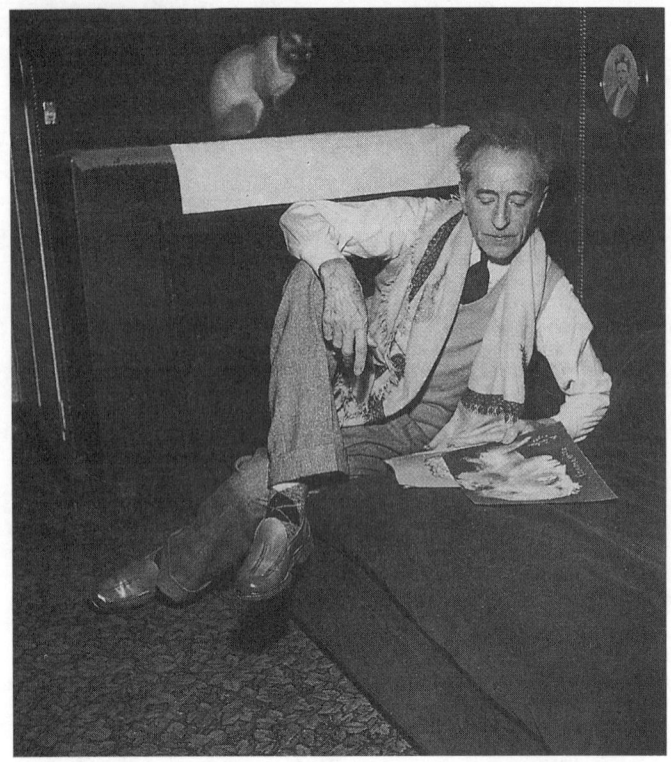

in einem Boot) von M. Denis, *Paysage de Pont-Aven* (Landschaft um Pont-Aven) von M. Maufra usw.

Im Erdgeschoß finden häufig wechselnde Ausstellungen zur zeitgenössischen Kunst statt.

– Das *Musée departemental breton* in der Rue du Roi-Gradlon grenzt unmittelbar an die Kathedrale. T. 98-95-21-60. Öffnungszeiten: Mittwoch bis Sonntag von 9-12h und 14-17h. Während der Hochsaison dienstag bis sonntags von 9-19h. In den Räumen des ehemaligen Bischofspalast (16. bis 18. Jh.), der zur Zeit komplett renoviert wird. Eleganter Turm mit gotischer Wendeltreppe. Ein Teil der Renovierungsarbeiten ist fertiggestellt, und das Ergebnis schlicht gesagt ein Riesenerfolg. Während der Restaurierung finden nur wechselnde Ausstellungen statt, je nachdem, wo gerade nicht gewerkelt wird. Ist der letzte Eimer Farbe erst einmal verstrichen, wird sich der Palast zu einem famosen archäologischen, historischen und ethnographischen Museum im Finistère gemausert haben. Bis dahin begnüge man sich mit thematisch wechselnden Ausstellungen wie z.B. der über mittelalterliche Bildhauerkunst.

– Das *Musée de la Faïence H.-B. Henriot:* am Ende der Allée de Locmaria, auf dem linken Ufer der Odet. Im Locmaria-Viertel (Plan unterhalb von A2). T. 98-90-09-36. Öffnungszeiten montags bis freitags von 9.30-11h und 13.30-16.30h. Die berühmten Fayencen der Bretagne, nach denen die Amis ganz verrückt sind, haben ihren Ursprung im 17. Jh., als ein Südfranzose sie hier einführte. Im 19. Jh. erreichte das Unternehmen Henriot die Perfekion in dieser Domäne des Kunsthandwerks. Ausgestellt sind die hübschesten Stücke: Teller, deren Rosetten so sehr an die Motive bretonischer Büffets erinnern; Krüge und Soßennäpfe; große, mit Landschaftsbildern bemalte Schalen; hinreißende Statuetten und Figuren, Personen aus dem Klerus oder dem einfachen Volk darstellend; alles in der unverwechselbaren leuchtend blauen Farbe, dem Markenzeichen der bretonischen Fayencekunst. Warum nicht mal an einer Führung durch die Ateliers teilnehmen, wo man die liebevolle Handarbeit der Künstler *in natura* bewundern kann. Es kursieren allerdings Gerüchte, daß das Museum schon 1988 seinen Platz hätte räumen müssen. Die Stadtväter prüfen noch, überlegen sich eine Alternative, damit die eintausendsechshundert Exponate, die auf einem Gesamtwert von 7,5 Millionen Francs geschätzt werden, nicht in alle vier Himmelsrichtungen verstreut werden. Immerhin besuchen jährlich vierzigtausend Menschen die Ausstellung.

Streifzug durch die Altstadt Quimpers

– Die *Rue Kéréon* beginnt vor der Kathedrale. Ehemals *Rue des Cordonniers*, Straße der Schuhmacher, auf bretonisch *Kéréon*. Gesäumt von prächtigen mittelalterlichen Bauten mit Erkern, Fachwerk- oder Schieferfassaden. An der Ecke zur Rue des Boucheries erhebt sich der stilvollste unter ihnen. Kamera zücken und Ihr bestes Urlaubsfoto mit der Kathedrale im Hintergrund schießen! In der Rue du Guéolet verweisen wir auf das faszinierende *Maison des Cariatides* (Haus der Karyatiden).
– *Rue Fréron und Place au Beurre* konzentrieren jeweils eine Menge Lokalkolorit. Besonders die Nr. 26 in der Rue Fréron, das *Hôtel de Boisouvray*. Die Place au Beurre beherbergte seinerzeit die ersten Druckereien und Buchhandlungen der Stadt. Weiter geht's entlang der Rue du Sallé – ihr verleihen wir drei Sterne. Bitte Hausnummer 10 besonders beachten. Und natürlich die *Kapelle des Jesuitenkollegs* in der Rue du Lycée.
– *Place Terre-au-Duc und Place Médard:* mehrere Fachwerkgiebel- und Erkerhäuser; ebenso am Ufer des Flüßchens Steir mit seinem Wachtturm. Die *Rue St. Mathieu* ist gleichfalls nicht zu verachten, den Besucher erwarten rundherum – auf kleinen lauschigen Plätzen, in Gassen und Passagen – die berückendsten Gebäude.
– *Kommentierte Führungen durch die Altstadt* vom 15. Juni bis 15. September. Auskunft im Fremdenverkehrsamt, T. 98-95-04-69.
– *Das Festival der Cornouaille* spielt sich im allgemeinen Ende Juli ab, existiert seit 1923 und dauert sieben Tage. Es bietet insgesamt 140 Vorstellungen, Konzerte, Ausstellungen, Festivitäten mit Tausenden von Teilnehmern in Kostümen, bretonische Sportarten, ein Feuerwerk in der Altstadt, Festou-Noz, Straßenmusik und sonntags einen beeindruckenden Umzug (*défilé*) aller bretonischen und keltischen Folkloregruppen. Ein wahrhaft reichhaltiges Programm und eine mitreissende Atmosphäre. Eine Übersicht über alle Veranstaltungen ist im Fremdenverkehrsamt erhältlich.

Kneipenbummel

– *Pub les Deux Cornouailles:* 8, rue Aristide-Briand. T. 98-95-59-78. Kleiner Tempel des Keltentums, wo Auswärtige immer eine warme, herzliche Atmosphäre vorfinden werden und ausgefuchste Bierprofis sich an nahezu 70 verschiedenen Sorten des edlen Getränks berauschen können. Der Donnerstag steht im Zeichen einer Session für alle: jeder kann sein Instrument mitbringen und neugewonnenen Freunden ein Ständchen bringen. Getränke, Sandwichs und Snacks zu verträglichen Preisen.
– *Chez Paul:* 52, bd de la Libération. T. 98-90-04-31. Dem breiten Boulevard entlang des Bahnhofs bis zu jenem Café folgen, das Mittwoch und Sonntag abends ab 20h besten Jazz erklingen läßt. Montag Ruhetag. Sollte der Sänger Serge Cabon zufällig auftreten, dann nichts wie hin. Putzmuntere Kneipe, wo's farben-

froh und sympathisch zugeht. Jederzeit helfen preiswerte Getränke und Gerichte, z.B.: Paëlla oder ein dicker Eintopf *(cassoulet)*, über eventuelle Hungerstrecken hinweg.
– *La Cavinière:* rue St. Marc. Von Montag bis freitagmittags bis 1h, samstags ab 14h und sonntags ab 19.30 geöffnet. Vorwiegend junge Klientel; daher auch die nette, lockere und intime Atmosphäre, um in Ruhe ein Gläschen zu heben.
– *Le petit Zinc:* 6, rue Laënnec. Gleichfalls sehr sympathisch und bis 1h geöffnet.
– *Discothèque-Club Les Naiades:* bd Creac'h-Gwen, T. 98-53-32-22. Äußerst lebhafte Disko, bunt und lustig, Musik im Stil Radio NRJ, der die Charts rauf- und runterspielt.

Weiterfahrt ab Quimper

● *Mit dem Zug*

– *Zugauskunft:* SNCF, *T.* 98-90-50-50.
– *Nach Paris:* über Quimperlé, Lorient, Vannes, Redon und Rennes. Die Auswahl ist erklecklich.
– *Nach Brest:* über Châteaulin, Daoulas und Landerneau. Vier bis fünf Züge/Tag.
– *Nach Lorient:* mehrere Verbindungen täglich.

● *Mit dem Bus*

– *Nach Brest:* mit der CAT, 5, bd de Kerguelen, Quimper. T. 98-44-32-19. Über Châteaulin, Port-Launey, Le Faou, Daoulas und Plougastel-Daoulas. Etwa sechs Busse täglich von 7.15h bis 19.25h. Fahrtdauer eineinviertel Stunde.
– *Nach Douarnenez und zur Landzunge von Raz:* mit der CAT über Pont-Croix und Audierne. Im Sommer etwa sechs Busse pro Tag. Weitere Linie zur Pointe du Raz über Pouldreuzic, Plozévet, Audierne und Plogoff.
– *Nach Morlaix:* mit der CAT über Pleyben, Brasparts, Lannedern, Loqueffret und Brennilis. Eine Abfahrt täglich außer sonn- und feiertags.
– *Nach Bénodet:* mit den *Transports Le Moigne*, T. 98-57-00-44. Im Sommer rund acht Verbindungen täglich.
– *Nach Fouesnant und Beg-Meil:* Transports Le Viol. T. 98-56-00-45.
– *Nach Concarneau und Quimperlé:* Transports Caoudal. Fahrplanauskunft: T. 98-58-96-72. Über Trégunc, Pont-Aven und Riec-sur-Belon. Ein Dutzend Abfahrten täglich.
– *Nach Pont-L'Abbé und St. Guénolé: Transports Cariou, Castric, Le Coeur.* Näheres unter T. 98-58-04-08. Über Guilvinec und Treffiagat.
– *Nach Ile-Tudy und Sainte-Marine:* mit der *Cie Castric.* T. 98-56-33-03. Im Sommer mindestens sechs Busse pro Tag.

Sehenswertes im Umkreis

– *La Chapelle des Trois-Fontaines:* in Saint-Gouezec, an der Straße nach Pleyben. Das Anwesen besteht aus einer Kapelle (15.-16. Jh.) mit einer gotischen Vorhalle und einem Glockentürmchen, einem Kalvarienberg, auf dessen dreieckigem Sockel drei verwitterte Kreuze stehen, und einem Springbrunnen des 16. Jhs. Der ländliche Rahmen verschönert den Anblick noch einmal.
– *Die Stangala-Schluchten* befinden sich 7 km nordöstlich von Quimper. Pittoresker Aussichtspunkt 70 m über dem tief eingeschnittenen und bewaldeten Flußtal des Odet. Der Abstieg ist nichts für Stöckelschuhe und Strandlatschen.
– *Die Kapelle Notre-Dame-de-Kerdévot:* 8 km östlich von Quimper in einer ausgesprochen hügeligen Gegend. Nahebei ein stark angeschlagener Kalvarienberg. Dieser büßte während der Revolutionswirren sämtliche Sockelstatuen ein. Geblieben sind nur mehr die Personen am Kreuz. Man lasse sich die verzweifelte Positur des bösen Schächers, dem das Leiden ins Gesicht geschrieben steht, eine Warnung sein. Die *Kapelle* ist ein typisches Beispiel für den Cornouaille-Stil des 15. Jhs und verfügt über einen durchbrochenen Glockenturm und eine Sakristei aus dem 17. Jh. Im Inneren stellt ein prachtvolles flämisches Retabel aus Antwerpener Ateliers in sechs Bildern Szenen aus dem Leben der heiligen Jungfrau dar (Anfang 16. Jh.).

Essen und Trinken im dieser Ecke

– *Château du Pérennou:* südlich von Plomelin, an der D 20. Ungefähr auf halber Strecke zwischen Quimper und Pont-L'Abbé. T. 98-94-22-72. Tolles Schloß aus dem 17. Jh., dessen Seitenflügel »Walter Scott« durch die im letzten Jahr durchgeführten Arbeiten noch verstärkt wurden. Der enorme Park zieht sich am Ufer der Odet entlang. Der Preis der Gästezimmer bewegt sich zwischen 300 und 350 F. Für die Suite mit Kochgelegenheit sollte man noch 'ne Kleinigkeit drauflegen.

– *Le gîte de Kervreyen:* in Ergué-Gabéric, 5 km von Quimper, an der Straße nach Coray. T. 98-59-55-52. Wanderer und Reiter mit ihrem Getier können in den zwanzig Betten und Pferdeboxen untergebracht und verpflegt werden.

DAS ODET-TAL

Der Odet, gewiß einer der malerischsten französischen Flußläufe, entspringt in den Montagnes Noires. Er markiert die Grenze zwischen dem Pays Bigoudin und der Region Fouesnant. An seinen Ufern, wo eine Vielzahl stolzer Schlösser die Aufmerksamkeit auf sich lenken, gewann man lange Zeit den Ton für die Keramikmanufakturen in Quimper. Den besten Überblick bekommt, wer die 16 km lange Strecke flußabwärts per Boot zurücklegt, zwischen grünenden Ufern und herrschaftlichen Anwesen. Der Odet ändert dabei immerfort sein Gesicht: mal tritt er als seeartige Bucht in Erscheinung, dann wiederum als kleiner Fjord. Und die abwechslungsreiche Landschaft tut es ihm gleich. In *Vire-Court* vollführt er die wildesten Zickzacks zwischen fotogenen Klippen.

Wegen der Gezeiten: Einschiffung im Hafen Corniguel südlich von Quimper (Buslinie 3 ab Stadtmitte) oder von den Kais am Cap Horn, 500 m vom Zentrum.

● **Vedettes de l'Odet:** Auskunft über Bootsausflüge unter T. 98-57-00-58.

– *Ab Quimper:* von März bis April nur nach Vorausbuchung; Mai bis Juni zwei bis drei Fahrten täglich. Juli bis August vier bis fünf und im September zwei Rundfahrten. Dauer ungefähr 1¼ Stunden.

– *Ab Bénodet:* regelmäßiger Schiffsverkehr.

– *Ab Loctudy:* Von Juni bis September. Im Juli/August mindestens ein Boot täglich. Dauer etwa drei Stunden hin und zurück.

– *Mittag- oder Abendkreuzfahrt:* ausschließlich nach vorheriger Absprache. T. 98-57-00-58.

SÜDLICH VON QUIMPER

● **Ile-Tudy:** reizvoller Fischereihafen mit weiß strahlenden Häuschen auf einer Halbinsel an der Mündung des Flusses Pont-l'Abbé. Häuser und schmale Gäßchen glaubt man auf der Ile de Sein schon einmal gesehen zu haben. 4 km langgezogener Strand in Richtung Pointe de Combrit. Schnell ist der Rundgang absolviert, und danach gönnt man sich einen Aperitif am Hafen. Mit den Massen von jungen Segelschülern, die Cafés und Terrassen stürmen, entwickelt sich eine ausgesprochen ausgelassene Atmosphäre – erinnert uns entfernt an Ferien mit den Eltern, als wir noch jung und hübsch waren (schluchz!).

– *Fremdenverkehrsverein: T.* 98-56-42-57.

– Vier *Zeltplätze.*

Kneipen und Bistros

– *Chez Pierrette:* T. 98-56-41-04. Der Treff am Abend, wo bis 1h morgens mächtig was los ist. Tische im Freien.

– *Au Malamok (Café du Port):* authentisches Hafenbistro mit Holzboden, Neonleuchten und vergilbten Plakaten. Hinter dem Tresen wacht eine echte Bigoudinerin über den Saal, während ihre traditionelle Kopfbedeckung bis zur – zugegeben extrem niedrig hängenden – Decke reicht. Der hintere Saal beherbergt ein kleines Kino mit hundertfünfzig Plätzen im Stil der sechziger Jahre. Hier flimmern die Knüller der Saison über die Leinwand.

● **Sainte-Marine:** kleiner, in Jachtbesitzerkreisen jedoch wohlbekannter Hafen gegenüber von Bénodet. Ein feinsandiger Strand garantiert Badefreuden.

Restaurants

– *Restaurant-hôtel de Ste Marine:* vis-à-vis vom Hafen, neben der alten Kapelle. T. 98-56-34-79. Stammgast ist u.a. der französische Regisseur Pierre Schoendorffer, an den sich aber nur ältere Semester erinnern dürften. Die 70-F-Menüs setzen sich zusammen aus verschiedenen Fischgerichten, Rochen in Kapernsauce, Jakobsmuscheln, fritierten Krabben usw.

● **Bénodet** zählt sicher zu den bekanntesten Badeorten in der Bretagen und wird daher im Sommer von Touristen überschwemmt. Ob die alle im Kasino Haus und Hof verspielen wollen? Obendrein ist Bénodet einer der beliebtesten Jachthäfen. Von hier schippert eine Fähre zum gegenüberliegenden St. Marine. Einen Besuch des pyramidenförmigen Leuchtturms legen wir allen nahe, die sich nicht scheuen, fast zweihundert Stufen zu erklimmen. Ohne Fleiß kein Preis; hier in Gestalt eines herrlichen Panoramas. Aber auch von der Pont de Cornouaille im Norden Bénodets sieht man auf den Odet und seine Umgebung.

– *Fremdenverkehrsamt:* place de la Mairie. T. 98-91-00-14. Ganzjährig geöffnet.

Schlafgelegenheiten

– Mehrere *Zeltplätze und Hotels* für jeden Geldbeutel. Der *Camping du Port de Plaisance,* T. 98-57-02-38, zeichnet sich durch einen hohen Standard aus. Beheiztes Schwimmbecken, auch eins für die Kleinen, Tennisplatz und Wohnwagenvermietung. Von Ostern bis Ende September.

– *Hôtel-Restaurant de Cornouaille:* 62, av. de la Plage. T. 98-57-03-78. Von Mai bis September sind die Zimmer, Preise zwischen 165 und 235 F, zu haben. Nah beim Strand und dem Yachtclub, deshalb ist immer viel los.

Das Gastronomische

– Ein schickes Restaurant möchten wir erwähnen, nämlich das *Hôtel Gwell-Kaër,* T. 98-57-04-38. Verlangt gepfefferte Preise, logisch, bietet dafür aber auch Spitzengerichte.

– *La Forge d'Antan:* in Clohars-Fouesnant, Richtung Bénodet. T. 98-54-84-00. Montags geschlossen (ebenso sonntags außerhalb der Saison). Mitten auf dem Land und mit passendem rustikalen Dekor. Herzlicher Empfang, Küche mit Einfallsreichtum. Mittags bestellt man am besten das Menü zu 69 F, abends hat man die Wahl zwischen einem zu 130 oder zu 195 F. Es lohnt sich, die mit Champagner veredelte Krabbenpfanne zu genießen, wie es überhaupt Spaß macht, hier hereinzugucken.

– Möglichkeit, ein Segelboot zu mieten bei: *Duck Jibe,* 50 bis, av. de la Plage. T. 98-57-24-01.

– *Bénodet Boutique:* 21, av. de la Plage. T. 98-55-13-81 (abends nach 21h und außerhalb der Saison, Privatnummer). Für einen Tag kann man sich dem Gefühl hingeben, Motorbootbesitzer zu sein. Die Verleihboote sind für je vier Personen sehr gut ausgestattet, das nautische Grundwissen vermittelt einem der Besitzer klar verständlich. Selbst für Angel-Amateure ist gesorgt, sie finden eine Ausrüstung an Bord vor. Es ist ratsam, vorher zu buchen.

– *öffentlicher Golfplatz:* route de Fouesnant. T. 98-57-26-16.

– *Yacht Club:* Segelschule, T. 98-57-01-46.

– *Fahrradvermietung:* Cycletti. T. 98-57-01-46.

– *Discothèque Le Yannick-Club:* route de Fouesnant. T. 98-57-03-99. Dieser Laden gehört einfach dazu und hat schon so ziemlich alle Modewellen und die entsprechenden Generationen überstanden.

● **Das Glénan-Archipel:** eine Gruppe von sieben Inseln in der schönsten Lagune der Bretagne, bekannt vor allen Dingen für die Segelschule, die sich inzwischen auf vier der Inseln ausgedehnt hat (Penfret, Cigogne, Bananec und Drennec). Sie bieten ausgezeichnete Fahrrinnen zum Segeln, so daß angehenden Seewölfen die Kunst des Segelns im Handumdrehn beigebracht werden kann. Untergebracht wird man im *Fort Cigogne* aus dem 18. Jh. Dessen Turm diente als Ausguck, von hier aus wurde die Fahrgeschwindigkeit der Frachtdampfer zwischen Croix und Penmarc'h überwacht. Wenn die Lebensbedingungen auch spartanisch sein mögen, so wird dies duch die wunderbar frische Meeresluft und die Sicht in alle vier Himmelsrichtungen wieder ausgeglichen. Auskünfte *im Centre Nautique des Glénans* unter T. 98-97-14-84. Selbstredend bieten die Inseln wundervolle Landschaften und sind von Unmengen von Vögeln bevölkert. Außerdem wimmelt es von Mauereidechsen, die Fachleute schon als eine neue spezifische Art zu klassifizieren versuchen!

Bootsverbindungen

Der Tagesgast bekommt die Insel Saint-Nicolas zu sehen, die – neben den im Mai und April blühenden berühmten Narzissen – zwei *Bar-restaurants*: das *Castric* und das *Marchadour;* das Gemeindehaus von Fouesnant mit sechs Zimmern; der internationale Tauchsportclub der *Glénans* (Tel. 98-97-21-19) und drei Privathäuser zu bieten hat. Noch Ende des letzten Jahrhunderts war das Eiland von 85 Insulanern bewohnt, heutzutage bleiben nur noch ganze drei Personen über den Winter dort, um den Leuchtturm instand zu halten.

– *Ab Bénodet:* mit den Vedettes de l'Odet *(Vedettes Aigrettes).* Auskünfte: 98-57-00-58. Im Juli/August zwei Überfahrten täglich. April, Mai, Juni und September verkehren die Boote etwas unregelmäßiger. Sich vorher erkundigen.

– *Ab Concarneau:* vom Jachthafen aus in fünfundzwanzig Minuten mit dem *Hydro-jet.* T. 98-57-00-58. Alternative dazu: die *Vedettes Glenn, T.* 98-97-10-31.

– *Ab Loctudy* oder *La Forêt-Fouesnant* verkehren dieselben Unternehmen wie weiter oben.

● **Beg-Meil:** das beliebte Seebad verfügt über eine prächtige Strandpartie an der Baie de la Forêt mit felsigen Buchten. Marcel Proust, der König von Ägypten und Sarah Bernardt badeten bereits hier. Die Pinien und Zypressen haben unter dem verheerenden Sturm gelitten; wenigstens der Sand rieselt so fein wie eh und je. Richtung Pointe de Mousterlin weitere schier unendliche weiße Sandstrände, bis jetzt wenig bebaut und deswegen gerne von Naturfreunden aufgesucht, vor allem der Strand von Kerler.

– *Zeltplätze:* etwa zehn an der Zahl, plus acht in Beg-Meil.

– *Fremdenverkehrsamt:* place de l'Eglise. T. 98-94-97-47.

– *Le Thalamot:* gastliches Hotel mit angemessenen Tarifen; zwei Schritte vom Strand. T. 98-94-97-38.

● **Fouesnant:** 5430-Seelen-Dorf, bekannt für seinen Cidre – den besten in ganz Frankreich, sagt man. Der Orkan vom 15. Oktober hat leider zwei Drittel der Obstgärten vernichtet, sehr zum Kummer der gesamten Nation. Berühmt auch für seine eleganten Trachten und graziösen Hauben, wenn auch unsere Freundin Annick meint, die schönsten gäbe es in Pont-Aven. Sollen doch unsere Leser selbst urteilen.

Ein Wunderwerk der romanischen Architektur ist die *Eglise Saint Pierre* – eigentlich im zwölften Jahrhundert errichtet – deren Apsis und Fassade jedoch im 18. Jh. umgemodelt wurden. Ihre ursprüngliche Architektur hat sich jedoch im fünfjochigen Kirchenschiff, den rosafarbenen Granitsäulen und Kapitellen weitgehend erhalten. Die großen Arkaden der Vierung sind Rundbögen, welche die Rolle des Triumphbogens übernommen haben.

Zwei Kilometer nördlich die *Chapelle Sainte-Anne* in einem hübsch anzusehenden Pfarrbezirk. Von zwei Rundtürmchen eingerahmte gotische Turmspitze. Pardon am 26. Juli.

Richtung Bénodet über die D 44 passieren wir noch die entzückende *Chapelle de Campagne du Perguet.* Raus aus der Kiste und den bildschönen Portalvorbau aus dem 15. Jh. samt elegantem Glockenturm im Cornouaille-Stil bewundern. Bescheidener Kalvarienberg.

– *Fremdenverkehrsamt: T.* 98-56-00-93.

– *Fêtes des Pommiers:* das Apfelbaumfest dauert drei Tage und beginnt am dritten Sonntag im Juli.

– *Exkursion mit einem Hydro-Jet:* T. 98-50-72-12, die Fahrt geht zu den *Glénans*.
– *Pêche au requin bleu:* an Bord der *Bigorne-II* begleiten die Fischer unter unseren Leser Louis Le Moellic auf die hohe See. Anmeldung: 98-97-40-31.
– Crêperie Chez Mimi: in Pleuven, am sogenannten Ort *le Moulin du Pont.* T. 98-54-62-02. Eine unwahrscheinliche Auswahl zu vernünftigen Preisen, für 70 F geht man rundum zufrieden und gesättigt nach Hause, netter Empfang, gute Bedienung. Unbedingt reservieren, die Gäste kommen von weit her...
● **La Forêt Fouesnant:** 3,5 km von Fouesnant, Richtung Concarneau. Charmantes Dörfchen mitten im Grünen an der gleichnamigen *Bucht.* Diese ist bei Ebbe und Flut ein Erlebnis. Zu Fuß am Strand und am Küstenstreifen entlang erreichbar. Die *Kirche,* deren Portalvorbau mit steinalten Statuen aufwarten kann, und der *Kalvarienberg* im Pfarrbezirk sind weitere Attraktionen. Ausgangspunkt für Ausflüge zu den *Glénans-Inseln* und Odet-Fahrten flußaufwärts bis Quimper.
– Fremdenverkehrsverein *Centre Renouveau de Fouesnant:* T. 98-94-99-08. Organisiert Ausflüge in die Moorlandschaft von Mousterlin (über 150 ha groß). In Penfoulic verdeutlicht ein der hiesigen Flora und Fauna gewidmetes Museum das Ökosystem der Sumpflandschaft.

CONCARNEAU (29182)

In erster Linie als Fischerhafen bekannt: nach Boulogne und Lorient Frankreichs Nr.3 im Schleppnetzfischen und die Nr.1 im Thunfischfang, der schon auf See tiefgefroren und in den Fabriken sofort weiterverarbeitet wird. Auch berühmt für seine in Frankreich einzigartige *Ville close,* die mauerumschlossene Altstadt. Das *Musée de la Pêche* und das Fest der *Filets bleus* (15. bis 19. August) locken viele Touristen an. Eintausendachthundert Fischer auf dreihundert Kuttern und Schaluppen leben hier vom Fischfang.

Nützliche Adressen

– *Fremdenverkehrsamt:* quai d'Aiguillon. T. 98-97-01-44. Organisiert Ausflüge aufs Meer.
– *SNCF:* in Rosporden, 12 km von Concarneau entfernt. T. 98-59-20-15. Verbindung nach Concarneau in Linienbussen.
– *Capitainerie du Port de Plaisance:* T. 98-97-57-96. An den Schwimmstegen können 267 Boote festgemacht werden, noch einmal sechzig Ankerplätze gibt es an Bojen.

Tips für trockene Kehlen

– *La Taverne des Korrigans:* 2, av. du Docteur-Nicolas. T. 98-97-02-37. Gegenüber der Altstadt und für unsere Leser Teil der »Pflicht«. Menschlich aufgeschlossenes Ambiente in einer etwas fantastisch anmutenden Einrichtung: Mauerfresken des Malers Le Bacon stellen verschiedene korriganische Tänze dar. Dienstags und von Ende September bis Ende Oktober bleibt der Laden dicht.
– *Le Petit Club:* rue Malakoff. Das ganze Jahr über treten in der »Zwei-Zimmer-Bar« Musiker auf, dadurch erklärt sich ihr Ruf als Jazzkneipe.

Sich stärken und entspannen

● *Preiswert*

– *Jugendherberge:* place de la Croix. T. 98-97-03-47. Für alle, die mit dem Zug anreisen, steht in Rosporden ein Zubringerbus der SNCF in Richtung Innenstadt bereit. Die JH befindet sich 800 m von der Stadtmitte und ist eigentlich nicht zu verfehlen. Uns gefällt das stattliche Gebäude in den Felsen mit seinen Schlafsälen à 6-12 Betten. Die Übernachtung kostet 38 F, für nochmal 40 F bekommt man ein korrektes Fischessen. Eine Segelschule ist angegliedert.

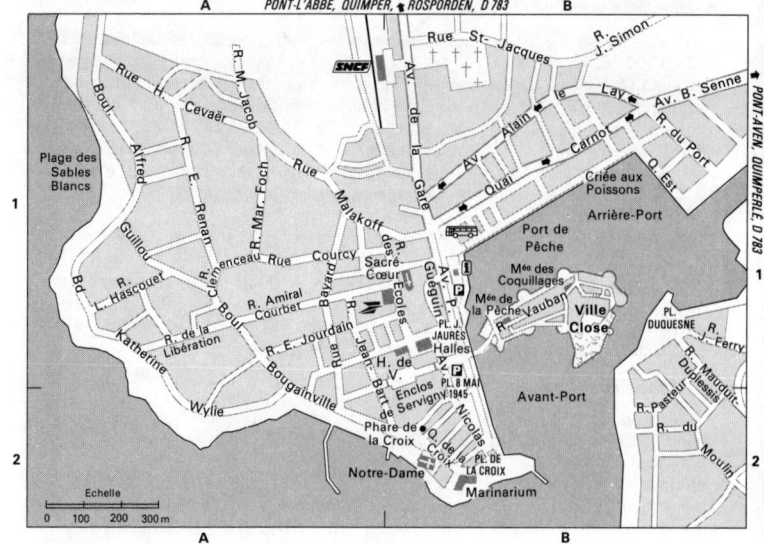

Concarneau

– *Hôtel des Halles:* place de l'Hôtel de Ville. In der Innenstadt, keine fünf Minuten von der befestigten Altstadt entfernt. Außerhalb der Saison sonntagabends geschlossen. T. 98-97-11-41. Korrekte Bleibe, Zimmer zwischen 215 und 245 F.

– *Foyer des gens de mer:* 9, rue du Port. T. 98-97-04-01. Ganzjährig geöffnet, ausser samstagabends und sonntags. Großer Speisesaal mit karierten Tischdecken, wo überwiegend einheimische Fischer und Hafenarbeiter zu Tisch sitzen. Menüs zu 34 und 45 F, mit Käse und Nachtisch. Mithin das preiswerteste Restaurant der Stadt. Im selben Haus übernachtet man in schlichten, aber zufriedenstellenden Zimmern für 70-130 F. Zum Teil hat man einen schönen Blick auf den Hafen und die Stadtmauern.

– *Restaurant du Petit Château:* 12, rue Théophile-Louarn. Innerhalb der Mauern der *Ville close.* T. 98-97-49-98. Freitags geschlossen. Am Eingang gluckert ein Aquarium. Leckere Menüs zu 70 und 96 F. Im Juli/August Terrassencafé in einem entzückenden Privatgarten, geöffnet 14.30-18.30h. Es sieht so aus, als ob in letzter Zeit ein Besitzerwechsel stattgefunden hat und es nicht mehr so ganz seinem Ruf entspricht. Bitte ausprobieren!

– *L'Ecume:* 3, place Saint Guénolé. T. 98-97-33-27. Unterhält sowohl einen Teesalon als auch eine Crêperie und eine Bar unter seinem Dach. In der *Ville close.* Für Postkartensammler das Richtige, denn eine Vielzahl von Karten mit Schiffsmotiven (Passagierdampfer und Schiffahrt allgemein) erfreuen den Interessierten.

– Mehrere *Zeltplätze* sind bereit, die Besucher aus aller Welt zu empfangen, darunter der *Camping du Dorlett,* rue du Dorlett, der *Campingplatz Du Moulin:* T. 98-97-09-37. Von der *Ville close* setzt man mit einem winzigen Boot, dem *Bac,* über. Die Fahrt duert nur einen Moment und kostet 2 F. Von der Anlegestelle geht es zu Fuß noch ein Viertelstündchen weiter an der Küste entlang, bis man zum Hintereingang des Zeltplatzes kommt. Vor allem im Hochsommer sollte jeder versuchen, aufs Auto zu verzichten – freie Parkplätze sind in Concarneau Mangelware.

● *Mittelklasse*

– *Chez Armande:* 15 bis, av. du Docteur-Nicolas. In Sichtweite des Jachthafens. T. 98-97-00-76. Sicherlich eines der besten Speiselokale weit und breit. Ausgezeichnete Qualität zu angemessenen Preisen: frische Fische, Meeresfrüchte und Fleischgerichte. Die Diät vergessen: die himmlischen Desserts darf man einfach nicht auslassen! Menüs zu 75, 115 und 160 F, 12-13.30h und 19.15-21.15h. Mittwochs Ruhetag, im Winter zusätzlich auch Dienstag abends. Außerdem ist vom 15. November bis zum 15. Dezember nichts zu machen: Winterpause. Wer einmal bei *Armande* speist, kommt wahrscheinlich ein zweites Mal wieder!

– *Hôtel-Restaurant Kermor:* gegenüber vom Strand *Sables-Blancs*, T. 98-97-02-96. Eine Gelegenheit, mal direkt am Meer zu logieren: 220 F kostet das Zimmer mit Bad und WC.

– *Restaurant à l'Ancre:* 22, rue Dumont d'Urville, T. 98-97-02-68. Täglich außer dienstags delektiert man sich in dem geschmackvoll eingerichteten Raum an den Fischspezialitäten. Das erste Menü kostet um die 70 F, und ist schlichtweg hervorragend. Besonders die *Palourdes farcies* als Vorspeise sind ein Gedicht.

● *Gehobener*

– *La Coquille:* 1, quai du Moros; am Fischereihafen. T. 98-97-08-52. Sonntag abends und montags außerhalb der Saison steht man vor verschlossenen Türen. Fürs Wochenende einen Tisch vorbestellen! Es handelt sich nämlich um das berühmteste Restaurant in Concarneau. Unter der Woche ein Menü zu 140 F. Meeresfrüchteplatte zu 150 F pro Person. 200-250 F à la Carte einkalkulieren; auch die Vorspeisen sind recht teuer. Mal die Rotbarben in Sahnecreme mit zwei Soßen oder das Steinbuttschnitzel mit Lauch versuchen, das Petersfischfilet im Saft roter Chilischoten usw.

– *Le Galion:* 15, rue St. Guénolé, in der *Ville close*. T. 98-97-30-16. In den Mauern eines prächtigen Granitgebäudes, elegant eingerichtet und voller Zauber (großer Kamin und schwere Balken). Zählt ebenfalls zu den besten Adressen in der Gegend. Menüs ab 145 F, mit zwei Vorspeisen. Tadellose, aufmerksame Bedienung. Das Haus verfügt über sechs adrette Doppelzimmer zu 300 F.

– *Restaurant La Chaloupe:* 2, rue Hélène-Hascouet. T. 98-97-02-78. Der *Fischertopf* macht auch zwei hungrige Bäuche satt und kostet dann 90 F für jeden. Angenehme Atmosphäre.

– *Restaurant de la Douane:* 71, av. Alain-le-Ray. T. 98-97-30-27. Genießt ebenfalls einen exzellenten Ruf. Wie wär's mit dem Mittagsmenü unter 100 F? A la Carte zu speisen, reißt dagegen ein mächtiges Loch in die Reisekasse.

Sehenswert

– *Die Ville close:* durch das Stadtor mit der Uhr, das beliebteste Postkartenmotiv des südlichen Finistère, gelangt man in die befestige Altstadt von Concarneau. Eine schmale Brücke verbindet die 400 m lange und 100 m breite Inselfestung mit dem Festland. Der Rundgang wird also niemanden über Gebühr strapazieren. Im Sommer drängen sich hier im Schnitt zehn Touristen pro Quadratmeter, wobei Straßenmusikanten immer wieder versuchen, den Touristenstrom zum Anhalten zu bewegen. Die Stadtmauern wurden im 14. Jh. hochgezogen. Nachdem wir das Portal des Gouverneurshauses passiert haben, erreichen wir die von herrlichen Bauten gesäumte *Rue Vauban*. Kein geschmackloses Reklameschild stört den Gesamteindruck. Immer wieder ergeben sich malerische Aussichten auf den Fischereihafen. In der *Kapelle* des Hospitals aus dem 15. Jh. lehnt der heilige Guénolé, dem König Gradlon seine Errettung beim Untergang der Stadt Ys verdankte, ehrwürdig in seiner Nische. Hübscher *Springbrunnen* an der Place St. Guénolé im Herzen der Festung. Wer möchte, hat Gelegenheit, einen Rundgang auf den Stadtmauern zu unternehmen – gegen eine relativ geringe Gebühr, versteht sich.

– *Fischereimuseum* (Musée de la Pêche): rue Vauban. T. 98-97-10-20. Das Museum für Fischerei und Geschichte in den Mauern der Altstadt hält seine Pforten 10-12.30h und 14.30-19h für den Publikumsverkehr offen; im Sommer sogar ganztags. Die Geschichte der Stadt und des Hafens wird anschaulich und ausführlich dargestellt. Lehrreich auch die Ausstellung über die Fangtechniken der Fischer (Thunfischfang, Kabeljaufischerei, Schleppnetze, Schiffbau, Navigations-instrumente etc.). Sogar zwei Trawler gehören dem Museum und werden vorge-führt. Ergänzend dazu einige Aquarien mit Fischen aus dem Atlantik. Der Besuch dauert ungefähr eine Stunde, die Zeit sollte man sich nehmen. Eintritt: 25 F.

– *Die Fischauktionshalle* (criée): von Mitternacht bis 7h morgens findet das male-rische Schauspiel des Fischausladens und -sortierens statt. Danach beginnen die Auktionäre, den frischen Fisch auf diskrete Art und Weise in Anwesenheit der mit-bietenden Kollegen zu versteigern.

– *Fêtes des Filets bleus:* dieses Fest am vorletzten Sonntag im August wurde ursprünglich aus Solidarität mit jenen Fischerfamilien, die Anfang des zwanzigsten Jahrhundert nach dem Verschwinden der Sardinenbänke dem Ruin nahe waren, veranstaltet. Konzerte und Umzüge mit bretonischer Musik und typischen Trach-ten. Jubel, Trubel, Heiterkeit ...

– *Mehrere Feinsandstrände* 6 km entfernt in der Gemeinde Trégunc.

– *das Marinarium:* place de la Croix (Plan B2). T. 98-97-06-59. Untersteht dem *Collège de France* und hat auch den entsprechend wissenschaftlich-ernsten Anspruch. Im Sommer täglich 10-18h zugänglich. Zehn Aquarien zeigen das Leben der lokalen Tierwelt, audiovisuelle Beiträge und Mikroskope bieten weitere Informationen. Auf Wunsch fahren die Forscher sogar mit den Besuchern aufs Meer hinaus, um vor Ort die Tier- und Pflanzenwelt in Augenschein zu nehmen. Dabei bekommt man dann kleine Vorträge folgender Art zu hören: Die »Coquette« ist ein nicht eßbarer Fisch, der als Weibchen auf die Welt kommt, um im Laufe seines Lebens sein Geschlecht ändert, etc.

– *La Corniche:* die Felsenstraße lädt zu einem ansprechenden Spaziergang ein, vom Marinarium schlendert man bis zur *Plage des Sables-Blancs* und nach Belie-ben noch weiter, wer will, bis nach La Forêt-Fouesnant! Badefreunde sollten ihr letztes Bad bis zum Sonnenuntergang herauszögern, der Strand geht nach Westen hinaus, so daß die Sonnenscheibe das Meer und alles mit ihrem Rot überzieht.

– *die Kirche Sacré-Coeur-de-Marie* (Plan B1): vor 60 Jahren hat ihr Erbauer, Charles Chaussepied, versucht, in einer fast orientalisch anmutenden Architektur den romanischen mit dem gotischen Stil zu verbinden. Dieses ökumenische Bemühen hatte eigentlich nie eine Mehrheit auf seiner Seite, so daß die Kirche, nachdem der Sturm auch ihr einige Schäden zufügte, erstmal geschlossen wurde. Niemand findet sich, der die Reparaturen zahlen will. Soll die Kirche abgerissen werden, damit an ihrem Platz eine kleinere wiederaufgebaut und insgesamt der Ort neu gestaltet werden kann? Die Streitereien dauern an!

PONT-AVEN (29123)

Liebenswürdige Kleinstadt in einer weiten, saftig grünen Natur; genau an der Stelle, wo sich das Flüßchen Aven zu einer Art Mündungstrichter erweitert. Der Aven trieb einst bis zu vierzehn Mühlen an. Das sprichwörtlich milde Klima, die außergewöhnlichen Lichtverhältnisse und die Poesie der Landschaft zogen Dich-ter, Schriftsteller und Maler an; nicht zuletzt aber auch Touristen, und die gleich scharenweise. Bisher ist es ihnen jedoch noch nicht gelungen, den unver-gleichlichen Reiz Pont-Avens kaputtzubesichtigen.

Die Malerschule von Pont-Aven

Wie St. Tropez und Barbizon besaß auch Pont-Aven seine Künstlerkolonie. Von 1886-1896 scharten sich zwei Dutzend Maler um Gauguin, verglichen und ver-feinerten ihren Malstil und diskutierten die Formen. Der Kopf der Künstler, eben jener Paul Gauguin, war vor der Großstadt geflüchtet. Hier konnte er aufatmen und hoffte darauf, in einer weitgehend natürlichen Umgebung neue Energie und Ideen tanken zu können; außerdem waren die Lebenshaltungskosten um einiges niedriger. Gauguin war dabei, einen Schlußstrich unter Impressionismus und Pointillismus zu ziehen und neue Wege zu beschreiten. Im Kreise seiner Freunde entwickelte sich ein schöpferisches Kritisieren, Diskutieren und passioniertes Schaffen. Seinen Nächsten schrieb er: »Ich male jeden Tag.« An der Seite Gauguins arbeiteten unter anderem Emile Bernard, der geistigen Einfluß auf Gauguin ausübte, Paul Sérusier, der anschließend die antinaturalistische Bewegung führte, Maxime Maufra, Henri Moret, Maurice Denis, Emile Schuffenecker, Charles Laval, der Ire Roderic O'Connor, die Holländer Meyer de Haan und Verkade, der Pole Wladislav Slewinski und andere. Nun, Gauguin fand seinen neuen Stil: den Symbolismus, beschränkte sich mit seinem groben Spachtel auf große Striche, auf das Wesentliche. Gewollt auf ein Minimum vereinfacht, stilisiert und auf das Symbolhafte reduziert. Die Devise lautet: alles nicht unbedingt Notwendige beiseite-lassen, das Wichtige dafür so stark wie möglich darstellen. »Wie sehen Sie diesen Baum?« fragte einst der Meister »grün, nicht wahr? Dann malen Sie ihn doch mit dem schönsten Grün Ihrer Palette. Sind die Schatten nicht eher bläulich? Scheuen Sie sich nicht, sie so blau wie möglich zu pinseln.« Er selber malte auf seinen Streifzügen durch die Bretagne unter anderen die folgenden Werke: *Bretonischer Bauernhof, La Belle Angèle, Ernte in der Bretagne, Bretonische Kinder, Betende Bretonin, Jakobs Kampf mit dem Engel, Bretonische Tangsammler* und *den Gelben Christus.*

– *Fremdenverkehrsamt:* 5, place de l'Hôtel de Ville. T. 98-06-04-70. Hier bekommt der Wandersmann fünf Routen genannt, auf denen er die Cornouaille erkunden kann, sozusagen auf den Spuren der Maler. Interessant ist auch, daß sich zwanzig Gemeinden zusammengetan und eine Charta zur Erhaltung von Denkmälern, Sehenswürdigkeiten, Museen, Kunstgalerien und Gasthöfen unterschrieben haben. Eine wirklich hübsche Broschüre, bebildert und kommentiert – kann man unter T. 98-06-01-77 anfordern.

Kost und Logis

– *Hôtel des Ajoncs d'Or:* 1, place de l'Hôtel de Ville. T. 98-06-02-06. Ganzjährig geöffnet. Sonntag abends ruht der Betrieb. Ordentliche Gästezimmer mit Dusche ab 185 F. Menüs zu 75 und 125 F. Für eine Meeresfrüchteplatte für zwei Personen langt man tiefer in die Tasche: 240 F.
– *Camping Le Spinnaker:* ganzjährig in Betrieb. T. 98-06-01-77. Liegt in einem großflächigen, tollen Park.

Mal anschauen

– *Musée Pont-Aven:* place de l'Hôtel-de-Ville. T. 98-06-14-43. Öffnungszeiten: 26. März bis Anfang Januar täglich 10-12.30h und 14-19h. Die ständige Ausstellung zeigt Radierungen, Bilder und Zeichnungen von Emile Bernard und Maurice Denis; seltsamerweise nichts von Gauguin. Manchmal gelingt es der Museumsverwaltung, im Rahmen einer Wechselausstellung zwei, drei Exemplare nach Pont-Aven zu »entführen«; kommt aber eher selten vor. Nicht auf die überall ausgehängten und feilgebotenen Plakate hereinfallen, die großartig Werke von Gauguin ankündigen: diese Plakate stammen noch von der Ausstellung 1986. Kein Grund, enttäuscht abzudrehen: jederzeit gibt's Ausstellungen über andere Künstler der Schule von Pont-Aven zu besichtigen, oder aber über Maler, die in der Bretagne gearbeitet haben; z. B. Constantin Kousnetzoff.
– *Bummel durch die Stadt und durchs »Liebeswäldchen« (Bois d'Amour):* das Fremdenverkehrsamt verfügt über eine Menge Broschüren und Prospekte, illustriert und anschaulich dokumentiert, über Marschrouten und Spaziergänge durchs Städtchen und die Umgebung. Insbesondere die halbstündige *Promenade Xavier Grall* lohnt, da sie einige sehenswerte Punkte berührt. Der große Dichter verbrachte bekanntlich seinen Lebensabend in Pont-Aven.
– *Besichtigung der Biscuiterien:* Pont-Aven ist nebenher auch noch die Hauptstadt der bretonischen *Galettes*, insbesondere der bekannten Marke »Traou-Mad«. Besichtigung im Sommer täglich außer freitags 10.30-11.30h. Die Keksfabrik läßt allerdings in der Zeit vom 1. bis zum 14. Juli die Maschinen stillstehen, so daß auch keine Führungen stattfinden. Auf jeden Fall sollte man sich vorher im Fremdenverkehrsamt anmelden.

– *Chapelle de Trémalo:* Kapelle über den Dächern von Pont-Aven, Richtung Penanros. Im Inneren bezaubernde Schnitzbalken und ein hölzernes Kruzifix aus dem 17. Jh., der für Gauguins berühmten »*Gelben Christus*« Modell stand.

– *Musée des Traditions rurales in Landédéo:* Heimatmuseum für ländliche Traditionen 7 km nördlich von Pont-Aven in einem geräumigen strohgedeckten Gehöft. Täglich Publikumsverkehr zwischen 14 und 18h. Tausende von Gegenständen aus dem ländlichen Bereich hat ein gewisser Fittan, Schmied seines Zeichens und vernarrt in alten Plunder, geduldig zusammengetragen. Darunter auch hervorragend arrangierte Trachten, Kopfbedeckungen und Bilder über das Landleben. Der Besuch des Museums wird bei dem einen oder anderen vielleicht lange verschüttete Emotionen wecken und in ihm ein nostalgisches Gefühl hervorrufen: damals war die Welt halt noch in Ordnung. Tatsächlich?

Feste, Wallfahrten und sonstige Attraktionen

– *Fest der Ginsterblüten* (Fêtes des Fleurs d'ajoncs): am letzten Sonntag im August. Wurde 1905 vom Barden und Chansonnier Théodore Botrel – der selbst bei einigen Bretonen nicht allzu beliebt ist, hat er doch ein allzu traditionelles, sprich zurückgebliebenes Bild von einer folkloristischen Bretagne populär gemacht – ins Leben gerufen.

– Das *Pardon von Trémalo:* Wallfahrt am letzten Julisonntag. Für alle, die sich an den landestypischen Trachten nicht sattsehen können.

– Der *Markt* wird Dienstag morgens am Hafen abgehalten.

Im Umkreis

– Landschaftlich reizvolle *Küstenstraße* von der Pointe de Trévignon bis zum Strand von Raguenès.

– *Herrlicher Wanderweg* von Kerdruc, im Osten von Névez, an der Küste entlang nach Raguenès; etwa 15 km lang, also von knapp vierstündiger Dauer. Einfach den gelben Markierungen folgen. Auf halber Strecke passieren wir die anmutige Sommerfrische *Port-Manec'h* und den kleinen Weiler *Kerascoët* mit seinen erneuerten strohgedeckten Gehöften. Gästezimmer vermietet Mme Gourlaouen in Port-Manec'h, T. 98-06-83-82. Das Zimmer mit Dusche und WC für zwei Personen kostet bei ihr 150 F.

– Wer abends in Kerascoët essen gehen möchte, sollte die *Crêperie des Chaumiéres* aufsuchen, T. 98-06-75-79.

– Die *Kirche von Nizon:* 2½ km von Pont-Aven. Unserer Meinung nach ein Meisterwerk der bretonischen Sakralkunst. Naiv anmutende Statuen kontrastieren mit modernen Kirchenfenstern. Der Kalvarienberg mit der Pietà wurde von Gauguin auf einem seiner Gemälde verewigt.

– *Reiterhof (Centre équestre) von Kertreguier:* in Nevez, T. 98-06-86-80. Auf seinen 90 ha, die am rechten Ufer der Aven liegen, werden Reitsportarten in unterschiedlichen Leistungsgruppen praktiziert. Im Preis ist die Unterbringung und das Amüsement inbegriffen. Die Organisation erinnert an den Club Méd.

VON PONT-AVEN NACH LA LAITA

Ein beneidenswerter Landstrich, gespickt mit Mündungstrichtern, in denen winzige Fischereihäfen vor sich hin träumen; mit bezaubernden Dörfern, deren Architektur noch weitgehend intakt ist; mit romantischen Küstenabschnitten, an denen bislang nur einige Privilegierte das Glück haben, hier residieren zu dürfen. In Pouldu allerdings sollte man sich sputen, um noch ein Plätzchen an der Sonne zu ergattern. Bebaubare Grundstücke werden langsam rar!

RIEC-SUR-BELON (29124) _____

Eingangstor zu einem bezaubernden Landstraßenlabyrinth. Diese führen zu den berückendsten Katen und winzigen Häfen, die dem Lande Liliput entsprungen sein könnten. Wichtiger Lieferant für eine besonders flache Austernsorte namens *bélon*. Sogar Nero soll zu seinen Orgien welche angefordert haben. Sieht ihm ganz ähnlich, dem alten Dekadenzpinsel! Heute verbringen die Austern ihre Kindheit und Jugend unter anderen bretonischen Himmeln und kommen erst nach drei Jahren wieder in ihre Heimatstadt Belon zurück, um diesen unnachahmlichen Haselnußgeschmack zu erhalten. Schuld daran ist übrigens die besondere Mischung von Süß- und Salzwasser im Brackwasserbereich des Bélon.
– *Fremdenverkehrsverein:* place de l'Eglise, T. 98-06-97-65.

Unterkunft und Verpflegung

– *Hôtel-restaurant Ty Rhu:* 10, rue F.-Cadoret. T. 98-06-94-61. Überschaubares sympathisches Hotel in der Stadtmitte von Riec, wo man für relativ wenig Bares unterkommen kann. Auch im hoteleigenen Restaurant ist man gut aufgehoben.
– *Chez Thérèse:* 4, rue Mélanie-Rouat (Straße nach Pont-Aven). T. 98-06-93-45. Köstliche Crêpes erwarten unsere Leser – in Gesellschaft von alten Mütterchen mit ihrer traditionellen Kopfbedeckung, von Lehrerinnen, die das Kantinenessen satt haben und von Bauarbeitern, die hierher zum Vespern kommen. Fürwahr eine der empfehlenswertesten Crêperien im südlichen Finistère. Bedauerlicherweise von Mitte November bis Mitte Dezember, sonntags mittags und montags außerhalb der Hochsaison geschlossen.
– *Camping Château de Bélon:* am Ufer des Flusses Bélon. T. 98-06-90-58. Komfort, Ruhe und reichlich Platz das ganze Jahr über.
– Am linken Ufer des Flusses, in *Port-Bélon,* preist eine *Crêperie* zu Recht ihre Spezialität an: Crêpes mit Jakobsmuscheln, Calamares oder Räucherlachs. Gleich nebenan eine *Bar* mit Terrasse, auf der man köstliche Muscheln in Weinsud schlemmen kann. Fischragout nur nach Vorbestellung.

● *Anspruchsvoller*

– *Chez Mélanie:* in der Ortsmitte von Riec, unweit der Kirche. T. 98-06-91-05. Dienstag Ruhetag. Warme Speisen werden bis 21.30h serviert. Das Lokal ist für die Gourmets in der Region längst zur festen Institution geworden. Nobler Speisesaal, gespickt mit antiken Möbeln und Erinnerungen an illustre Gäste wie die Romanschriftstellerin Colette, den schriftstellerisch begabten Politiker Edouard Herriot und den konservativen ehemaligen *Président de la République* Georges Pompidou. Einer der treuesten Kunden war indes der französische Gastronomiepapst höchstpersönlich: Curnonsky, mehrere Male zusammen mit Mélanie abgebildet – Mélanie wurde für ihre gastronomischen Verdienste der »Cordon Bleu de France« verliehen. Ihre Familie wuchert bis heute mit diesen gastronomischen Pfunden, und als Feinschmecker kann man auch weiterhin in einer außerordentlichen Ambiance speisen ... zu Preisen, die einem fast eine Idee zu gesalzen erscheinen, wäre da nicht das erlesene Drumherum. Menü zu 95, jeweils einschließlich Bedienung, aber ohne Getränke. Die anderen Menüs liegen mit 175 bzw. 198 F an der Grenze des Zumutbaren. Für die Versicherungsagenten unter unseren Lesern, die Porscheärzte und die mit den Metzgerautos, also mit diesem komischen Stern...
– *Chez Jacky:* Restaurant am angenehmen Westufer des Belon (vom Meer aus gesehen links), 3 km von Riec. T. 98-06-90-32. Geöffnet von Ostern bis Ende September, montags Ruhetag. Die Meeresfrüchte sind ein Gedicht; Austern auch zum Mitnehmen. Mindestens 150 F sollte man schon übrighaben.

● *Ausgesprochen nobel*

– *Le Domaine de Kerstinec:* an der Straße von Riec nach Moëlan. T. 98-06-42-98. Schönes Bauernhaus aus dem vorigen Jahrhundert, renoviert und geschmackvoll eingerichtet. Vom Speisesaal aus Sicht auf den Belon. Die Küche genießt meilenweit einen guten Ruf, sind doch die Besitzer dieselben, denen auch die berühmte

Auberge de Kerland gehört. Die rund zwanzig Zimmer lassen keinen Komfort vermissen.

Sehenswertes

– *Port-Bélon:* einer unserer kleinen Lieblingshäfen im Finistère. Fischerei- und Jachthafen zugleich, meist in ein schönes Licht getaucht. Schon die hinführende Straße ist ein Augenschmaus. Und stärken kann man sich in einem kleinen Restaurant oder der Crêperie vor Ort.

– *Kerfany-»les Pins«:* gewinnender Badeort am Beginn der Trichtermündung. Die schattenspendenden Pinien im Umkreis der Villen sind leider beim letzten schweren Sturm reichlich gebeutelt worden. Dafür sieht man die Villen jetzt besser. Dennoch bis zur Pointe de Minbritz marschieren: des Panoramablicks auf den Mündungsbereich von Bélon und Aven, auf die Landzunge von Penquernéo und auf die Ortschaft Port-Manec'h wegen. Der reizvolle Strand liegt relativ geschützt. Nächtigen kann man im *Hôtel Kerfany, T.* 98-71-00-46. Ist zwar modern und etwas unpersönlich, verfügt aber über geräumige, saubere Zimmer in der Preisspanne von 130-200 F.

– *Küstenpfad von Kerfany:* von Port-Bélon führt ein Zollweg bis nach Porsguen, Kerdoualen und Blorimot, vorbei an kleinen Buchten und Austernbänken. Gehzeit ca. drei Stunden; vorausgesetzt, man folgt immer brav den gelben Markierungen.

– *Brigneau:* winziger Fischereihafen wie aus dem Bilderbuch, umsäumt von Weilern und einem dichten Gitterwerk von engen, gewundenen Sträßchen. Der abwechslungsreiche Landstrich wird traditionell von Künstlern und Dichtern besucht. Zum Glück wurde die Mehrzahl der Gehöfte mustergültig restauriert; einige behielten ihre Rieddächer, soweit noch unbeschädigt. Vom winzigen Hafen in Brigneau aus führen zwei *Küstenwege* einerseits über *Beg moc'h* nach *Kerglouanou* und ostwärts bis zum Mündungstrichter bei *Port-Merrien.* Am Wegrand stößt man bei *Kerouant* auf einen ehemaligen Signalturm aus dem 17. Jh., fabelhaft wiederhergestellt und an seinem treppenförmigen Granitdach erkennbar. Der diensthabende Wächter konnte so in luftiger Höhe Nachrichten empfangen und weitergeben.

MOELAN-SUR-MER (29116)

Die gut sechstausendfünfhundert Einwohner finden ihr Auskommen vornehmlich in Handel und Wandel. Wir dagegen pilgern lieber zur anmutigen *Renaissancekapelle Saint-Roch-et-Saint-Philibert* aus dem 16. Jh. Die Aussätzigen hatten ihren angestammten Platz unter dem Portalvorbau. Der Kalvarienberg scheint irgendwann einmal gelitten zu haben; nahebei der St.-Rochus-Brunnen. 300 m weiter, in der architektonisch ansonsten wenig aufsehenerregenden Kirche, prachtvolle *Beichtstühle* aus dem 18. Jh. Da macht das »Auspacken« richtig Spaß, sollte man meinen.

In dieser Region wurden übrigens viele Wassermühlen betrieben. Die Mühle von Damany arbeitete von 1554-1965!

Pardon am vierten Sonntag im August. Gelegenheit zu dekorativen Trachtenfotos. Markt am Dienstag.

– *Fremdenverkehrsamt:* rue des Moulins. T. 98-39-67-28.

– *Verkehrsverbindungen:* das Busunternehmen *Cie Caoudal, T.* 98-56-96-72 und 98-97-35-31, fährt nach Quimper, Concarneau, Trégunc, Nevez, Pont-Aven, Riecsur-Bélon, Moëlan und Quimperlé.

Tafeln und Schlafen

– Mehrere Zeltplätze, unter anderem der *Camping de la Grande Lande* in der Luxusklasse. T. 98-39-71-92. 1,5 km vom Strand, Aufnahme zwischen Ostern und Ende September. Oder *Camping de l'Ile Percée, T.* 98-56-98-92. Vom 20. Juni bis 15. September in Betrieb, gleich am Strand von Trénez mit wundervollem Blick über das Meer.

– *La Chaumière:* in Kereven. Von Moëlan die Straße nach Kerfany einschlagen und links auf die Wegweiser achten. T. 98-71-12-06. Mittags und abends bis 21h Betrieb, dienstags und Mittwoch abends geschlossen. Erfreut sich eines guten Rufs über die Gemeindegrenzen hinaus. Nomen est omen: es handelt sich um eine richtige Strohkate. Mittags unter der Woche, »Arbeitermenü« zu 38 F. Sonst Menüs zu 84 und 107 F mit eingemachtem Huhn und Kartoffeln, geschmortem Kalbsschnitzel usw. Verliebte, die gerne von einem Teller essen möchten, bestellen sich die Meeresfrüchteplatte zu 180 F.

● *Unschlagbar*

– *Les Moulins du Duc:* einige Kilometer nördlich von Moëlan in Richtung Baye. T. 98-39-60-73. Für alle, denen es auf ein paar Francs mehr oder weniger nicht ankommt oder die wenigstens einmal in einem traumhaften Rahmen zu speisen wünschen – da könnte man glatt fünf Jahre Mensafutter vergessen! Kurzporträt: restaurierte Mühle, charaktervolle Gebäude, ein Weiher mit schnatternden Enten; in der Nähe zieht der Bélon seine Bahn durch eine anmutige, poetische Naturlandschaft; außergewöhnlicher Speisesaal, weite Terrasse, Schwimmbad. Den märchenhaften Rahmen zahlt man selbstverständlich mit: 400-900 F sind pro Übernachtung fällig. Restaurant ohne Ruhetag. Auch nicht gerade preiswert, doch dafür gibt's ein Festmenü: Seezunge in Hummersoße, junge Taube im Suppentopf im eigenen Saft und Gänseleberschnitzel im Arphin-Apfelbett. Wieder einmal die Diät unterbrechen sollte man angesichts der köstlichen Desserts. Das Haus gehört zur Kette »Relais et Châteaux«.

Sehenswertes im Umkreis

● **Port-Merrien:** möglicherweise der zwergenhafteste Hafenort an der Küste; gewiß aber der geheimste und anmutigste, hingetupft in eine Einbuchtung. Über 60 ha Wald und Heideland an den Ufern des Merrien stehen derweil unter Schutz. Man muß sich einmal vorstellen, daß in den fünfziger Jahren die Häfen von Merrien, Bélon, Doëlan und Brigneau noch sechshundert Fischer beschäftigten! Zu einem Stück fast unberührter Küste dem Wegweiser »Kersécol-Port-Baly« folgen.
● Mehrere *megalithische Stätten. Allée couverte von Kermeur-Bihan* westlich von Moëlan. Eine andere nach drei Kilometern auf der Straße nach Brigneau.
● **Doëlan:** winziger Hafen, versteckt in einem schmalen Schlund, der von von weißen Häuschen gesäumt wird, die ihrerseits im Dickicht von Bäumen und allerlei Gesträuch eingebettet liegen. Außerhalb der Saison hat der Ort etwas Magisches. Der Schriftsteller Paul Guimard schwärmt in den höchsten Tönen davon. Durstige finden hier auch noch einige authentische Bars.
● **Clohars-Carnoët:** Geburtsort des namhaften Malers Tal Coat, gestorben 1985. In der Kirche birgt ein Reliquienkästchen Gedenkstücke an den heiligen Maurice.
● **Die einstige Abtei von Saint-Maurice:** wer über die D 224 von Moëlan her anreist, folgt kurz vor der Brücke über den Fluß Laïta einer kleinen Straße links zur Abtei. Leider hat auch hier der Wald sehr gelitten, doch findet man hier eine der bemerkenswertesten – und eigenartigerweise meist völlig verkannten – Stätten weit und breit vor. Die Mönche haben wirklich einen untrüglichen Geschmack bewiesen, als sie diesen idyllischen Ort für ihre Abtei aussuchten. Genau an dieser Stelle weitet sich der Fluß, hält sich vorübergehend für einen See oder das Meer und lockt hunderte von Vögeln an. Ein besonderes Schauspiel bietet sich im Morgengrauen, wenn sich die aufgehende Sonne auf den Wellen spiegelt. Von der Abtei aus dem zwölften Jahrhundert blieben nur die Grundmauern des Kapitellsaales. Sie verschwinden fast in Anbetracht soviel poetischer Natur. Die Abtei ist Ausgangspunkt für eine unvergeßliche Wanderung.

LE POULDU (29121)

Freundlicher Hafenort an der Mündung des Laïta und beliebter Ferienort, bekannt für seine fantastischen Strände. Gauguin und Genossen waren auch schon hier. Sie würden sogar finden, daß sich manche Ecken seitdem gar nicht groß verändert haben; andernorts sprießen jedoch Touristenhotels, Zeltplätze usw. Hält sich aber noch in Grenzen, oder?
– *Fremdenverkehrsamt: T.* 98-39-93-42.

Unterkunft und Verpflegung

– *Hôtel Armen:* zwei Schritte vom Hafen. T. 98-39-90-44. Geöffnet von Mai bis September. Vormaliges *Hôtel des Quatre Chemins,* eines der ältesten Etablissements an der Küste und seit Menschengedenken in Familienbesitz. Nach der Wiederherstellung erglänzt es jetzt in neuer Pracht. Nur der herzliche Empfang bedurfte keiner Auffrischung. Die Zimmer von 160-300 F lassen kein Heimweh aufkommen. Halbpension beläuft sich auf 220-280 F pro Nase. Der Speisesaal eignet sich vorzüglich für ein üppiges Mahl. Bis 21h gilt's, köstliche Menüs zu 60, 78 F – Ente in Morcheln, Petersfischfilet usw. – und 125 F auszuprobieren. 105 F pro Person sind für die umfangreiche Meeresfrüchteplatte fällig.
– *Hôtel du Pouldu:* am Hafen. T. 98-39-90-66. Klassische Unterkunft, korrekt und preislich angemessen. Das Restaurant *Steir-Laïta* gegenüber, mit Garten und Panoramaterrasse, haben wir leider nicht testen können. Überlassen wir es unseren Lesern.
– *Hôtel des Bains:* bei den Stränden. Ebenfalls ein klassisches Haus. Zimmerbelegung unter Telefon 98-39-90-11. Zimmerpreise von 100-250 F.
– An *Zeltplätzen* herrscht entlang der Strände kein Mangel: *Le Kéranquernat* an der Kreuzung der Straßen zum Hafen und zum Strand; der *Camping du Vieux-Four,* T. 98-39-94-34 erstreckt sich unweit eines ehemaligen Bauernhofes zwischen Bäumen und Sträuchern; eine gute Ecke von der Straße entfernt liegt der *Camping des Grands Sables,* einer der größten Plätze.

QUIMPERLE (29130)

Liebenswerte Kleinstadt am Zusammenfluß der Isole und der Ellé, die hier das Flüßchen Laïta bilden. Idyllische mittelalterliche Gassen werden von alten Bauten gesäumt und enden immer wieder vor wundervollen Kirchen.

Sehenswert

– *Die Kirche Sainte-Croix* aus dem elften Jahrhundert wurde nach dem Einsturz des Glockenturms 1862 zum Großteil wiederrichtet. Es handelt sich um die einzige romanische Kirche in der Bretagne mit kreisförmigem Grundriß, nach dem Vorbild der Grabeskirche in Jerusalem. Zentrale, 18 m hohe Rotunde mit drei Apsiden. Die einzige originale Apsis zählt mit ihren Säulen, Kapitellen und Fenstern zu den schönsten Exemplaren romanischer Baukunst in der Bretagne. Ein prächtiges *Altarretabel aus der Renaissance* mit regelrechten Steinspitzen umrahmt die Eingangstür. Die Krypta gebietet auch gottlosen Plappermäulern Andacht. Sie stammt noch vom ursprünglichen Kirchenbau und ist trotzdem völlig intakt. Die Kapitelle bestechen durch ihre stilisiert gemeißelten Bilder. Zwei *Grabmäler* aus dem 15. Jh. sind vor allem für kopfschmerzgeplagte Zeitgenossen wichtig: in einem davon ruht der heilige Gurloës, einst berühmt für seine Fähigkeit, Migräneanfälle zu kurieren. Ein Loch in der Grabplatte ermöglichte es dem Leidenden, seinen Kopf ins Grab hineinzustrecken.
– In der *Rue de Brémond-d'Ars* ließen sich dereinst Notare und Marineoffiziere die schönsten Häuser errichten. Nr. 8 und 12 sind Fachwerkbauten. Das Gebäude mit der Nr. 15 sollte man wegen der Doppeltreppe des früheren Gerichts *(Présidial)* ebenfalls nicht versäumen.

– *Das Haus der Bogenschützen* (Maison des Archers): 5, rue Dom-Morice. T. 98-96-01-41. Zu besichtigen vom 15. Juni bis zum 15. September, 10-12h und 14-18h. Der stattliche Bau mit Erkern aus dem 16. Jh. beherbergt heute ein kleines bretonisches Heimatmuseum.

– *Die Kirche Saint-Michel (Notre-Dame-de-l'Assomption):* mit den Bauarbeiten wurde im 13. Jh. begonnen. Im 15., 17. und 18. Jh. wurde die Kirche dann umgestaltet und schließlich fertiggestellt. Schon von weitem an ihrem viereckigen Turm zu erkennen. Am bewundernswerten *Nordportal* feiert die bretonische Renaissance fröhliche Urständ. Der Eingang teilt sich in zwei wundervoll gemeißelte Torbögen. Unglaublich, zu welchen Leistungen die Steinmetze damals fähig waren. Im Inneren beachte man die geschnitzte Eichenholzdecke und die Motive an den Schnitzbalken: Teufel, wilde Tiere, groteske Köpfe, Irre usw. Bei den Holzbildwerken lenke man sein Augenmerk besonders auf die tragische *Pietà* und die Darstellung der *Gottesmutter mit Kind*.

Fürstlich speisen

– *Le Bistrot de la Tour:* 2, rue Dom-Morice. T. 98-39-29-58. Samstag mittags, Sonntag abends und montags geschlossen. Erlesene Einrichtung, was in diesem Fall verständlich ist, betätigen sich die Inhaber doch gleichzeitig als Antiquitätenhändler. Die Küche ließe sich mit traditionell-gutbürgerlich umschreiben. Auch Gäste mit langen Beinen finden sich an den Tischen problemlos zurecht. Die Klientel ist im übrigen ziemlich schick, gar etwas eingebildet. Aber auch »Menschen wie du und ich« tafeln hier regelmäßig. Am Empfang jedenfalls ist nichts auszusetzen, ebensowenig wie an den Fischspezialitäten (Steinbutt, Barsch, Seezunge usw.), die unglaublich frisch und köstlich zubereitet werden. Wer Fisch nicht besonders mögen sollte, versucht's mit Gänseleber, frischen Jakobsnüssen, Kalbsschnitzel in milden Kräutern oder einem Suppentopf. Menüs von 79 F bis 198 F. A la Carte kommen, ehe man sich's versieht, 150-200 F zusammen.

Verkehrsverbindungen

● *Mit dem Bus*

– *Nach Quimper:* über Moëlan-sur-Mer, Riec-sur-Bélon, Pont-Aven, Trégunc und Concarneau. Mit dem Busunternehmen *Cie Caoudal.* T. 98-56-96-72 und 98-97-35-31. Etwa sechs Busse täglich; sonntags vier Verbindungen.

● *Mit dem Zug*

– Mehrere Züge täglich nach Quimper, Paris, Nantes. SNCF: T. 98-39-24-24.

Für Hinweise, die wir in späteren Auflagen verwerten,
bedanken wir uns mit einem Buch aus unserem Programm

DIE COTES-D'ARMOR

Wie das *Finistère* bietet auch das Département *Côtes-d'Armor* eine Riesenvielfalt an Landschaften, Höhenunterschieden, Baustilen. Hier wechseln touristenüber-laufene Badeorte mit kleinen versteckten Häfen ab, berühmte Städte mit gottver-lassenen Winkeln. Kurzum, etwas für jeden Geschmack und jeden Spleen. Die Berglandschaft Arrée geht in die *Montagnes Noires* und die *Cornouaille* der Côtes-d'Armor über. Eine deutlich hörbare Sprachgrenze teilt das Département. Sie verläuft, grob gesagt, von Plouha, im Nordwesten von Saint-Brieuc, westlich an Loudéac vorbei. Völlig eindeutig, von einer Seite auf die andere, ändern sich die Laute. Unsere Reiseroute Côtes-d'Armor beginnt in Carhaix und den Monta-gnes Noires und setzt sich fort bis zum Meer. Recht logisch, wie man bald mer-ken wird. Die Region von Argouat fasziniert uns: unbereinigte Fluren, rauhe und unebene Landstriche, Felsen und Heidelandschaften, alte abgelegene Dörfer, in denen nur noch vereinzelte Familien an ihrer unergiebigen Scholle hängen. In der Abenddämmerung erheben sich hier Stimmen tausenderlei Art in der geheim-nisvollen Stille.

ROSTRENEN (22110)

Bedeutender Marktflecken, Zwischenetappe an der Achse Rennes-Brest, mitten im *pays fisel*. Von der Architektur her einigermaßen einheitlich, aber ohne cha-rakteristische Bauwerke. Eine Kirche hybriden Stils, von deren ursprünglicher Bausubstanz aus dem 15. Jh. nur noch die vier wuchtigen Stützpfeiler vor dem Chor zeugen. Das Kirchenschiff stammt aus dem 19. Jh. Sehenswert immerhin die Kirchenpforte mit den bunten Apostelstatuen. Das Sträßchen nebenan führt zu einem hübschen Brunnen aus dem 16. Jh.
Für Schläfrige bietet sich das gastfreundliche *Manoir de Saint-Péran* an, 8 km weiter. Für Hungrige das leckere Essen und die sympathische Aufnahme im *Kumquat*, 8, place du Matray. T. 96-29-30-01.
In der Umgebung, 7 km südöstlich, das Schloß von *Coat-Couraval*, ein prächtiges Bauwerk des 15. Jhs inmitten üppiger Terrassengärten. Zu besichtigen nach Vor-anmeldung vom 1. Juli bis zum 1. September. T. 96-29-09-61.

Wohin zum Essen? Wohin zum Übernachten in der Nähe?

– *Hôtel-restaurant Henry IV*: zwischen Rostrenen und Carhaix, in Kerhanel. T. 96-29-15-17. Der Koch ist natürlich Hühnerspezialist. Das Menü zu 60 F läßt die Wahl unter vier Vorspeisen und ebensovielen Hauptgerichten und wird durch Käse und einen Nachtisch vervollständigt. Doppelzimmer zu 150-210 F.
– *Ferme-auberge le Manoir de Saint-Péran*: Glomel, 8 km von Rostrenen ent-fernt, route de Paule. T. 96-29-60-04. Verloren im Wald, in einer entzückenden Gegend: ein alter Herrensitz mit einem feudalen Turm. Gut ausgeschildert, über-schwengliche Aufnahme. Zimmer mit Halbpension zu 160 F, schön altertümlich. Ausgezeichnete Hausmannskost, mit Liebe zubereitet und in einem angenehmen Speisesaal serviert. Der Preis für ein Essen beläuft sich auf 50-70 F. Man probiere den Eintopf des Hauses (auf Bestellung), das *Poulet fermier*, die köstlichen *Crê-pes* und *Galettes* und dazu einen gut gekühlten *Cidre*. Die Herbergseltern geben auf Wunsch jede Auskunft über lohnende Ziele in der Umgebung. Also ja nicht verpassen, am besten rechtzeitig einen Tisch ordern.
– *Restaurant Kumguat*: 8, place du Matray, in Rostrenen. T. 96-29-30-01. Leckere Speisen, gepaart mit einem netten Empfang.
– *Camping de l'Etang du Coronc*: gehört zur Gemeinde Glomel, nach ungefähr 10 km. T. 96-29-60-51. Gute Ausstattung, jede Menge Wassersportmöglichkeiten: Surfen, Baden, Angeln, Tretboot usw. Von Juni bis September in Betrieb.

Besichtigungen in der Nähe

– Angenehmer Spazierweg entlang der Böschung des Kanals *Nantes-Brest*. Auf der Höhe von Glomel hoben zwischen 1823 und 1836 Tausende von Arbeitern, darunter zahlreiche Sträflinge und Deserteure, diese Rinne aus dem Schiefer aus. Viele kamen dabei ums Leben. Um die Höhenlage auszugleichen, ist der Kanal bis zu 35 m tief. Die Staustrecke des Kanals erreicht hier mit 184 m ihren höchsten Punkt.

– Der *Coronc-See* wurde unter Napoléon I. angelegt, als Wasserreservoir für den Kanal. Nicht versäumen: den *Parc Menhir*, mit seinen immerhin neun Metern höchster Druidenstein im Département.

KERGRIST-MOELOU (22110)

9 km nördlich von Rostrenen. Die Bestandteile des Ortsnamens Kergrist (Christus- dorf) und Moëlou (Radnabe) deuten auf die hohe Qualität des Holzes zur Naben- herstellung in dieser Gegend hin. In diesem Dorf, das jeden durch seine harmoni- sche Architektur begeistern wird, findet man den schmucksten Pfarrbezirk der Côtes-d'Armor. Alles liegen und stehen lassen und nichts wie hin!

Sehenswert

– *Die Kirche*: Anfang des 16. Jh. errichtet, eines der faszinierendsten Denkmäler aus der hohen Zeit der *Flammengotik (Gothique flamboyant)* in der Bretagne. Ergreifende Baugruppe, bestehend aus dem Kalvarienberg, der prächtigen Pforte, dem zierlichen Beinhaus und dem massiven, 40 m hohen Turm mit Balustrade. Der Besucher wird nicht müde, alle seltsamen architektonischen Details ausfindig zu machen. Vor allem die Wasserspeier und – unter den feinziselierten steinernen Baldachinen – die farbigen Statuen am Kircheneingang. Durch eine massige, abgenutzte Holztüre aus dem 16. Jh. gelangt man ins Innere. Der heilige Petrus und sein großer Schlüssel sind kaum noch zu erkennen. Einige sehenswert Standbilder wie die wunderbare *Jungfrau mit Kind* auf dem rechten Altar – beide halten eine merkwürdige Kugel in der Hand – und, auf der anderen Seite, die *Heilige Anna* und die *Jungfrau*.

– *Der Kalvarienberg:* der bedeutendste in den Côtes-d'Armor. Nach dem Vorbild von *Plougonven* 1578 angelegt. Während der Revolution geplündert und im 19. Jh. wieder instand gesetzt. Kenntnisreiche Leser werden ohne Mühe bemerken, daß bei der Wiederherstellung alle Szenen durcheinandergebracht wurden. Man verweile einen Augenblick vor der *Grablegung*, der einzigen Szene, die 1793 von der Revolution verschont blieb. Sie weckt starke Gefühle beim Betrachter: der hei- lige Johannes, etwas fett und nach Art der Würdenträger dieser Zeit gekleidet; die würdevolle Jungfrau Maria, der magere Christus auf einem Leichentuch mit lan- gen Falten. Auf dem Friedhof sind noch einige uralte Grabsteine erhalten, meh- rere Hundert Jahre alt. Man bete drum, daß sie der Sturm nicht wegfege.

– Rund um die Einfriedung ergeben die Wohnhäuser aus Granit aus dem 16. und 17. Jh. mit ihren strengen Fassaden ein ungewöhnliches Bild.

– *Klimperkasten-Festival von Kergrist*: im »Kulturschuppen« (in Ermangelung besserer Räumlichkeiten gibt man sich damit zufrieden). Seit 1973 findet am letz- ten Augustwochenende eines jeden Jahres ein einmaliges Rock-Festival mit The- atervorführungen statt. Sehens- und hörenswert!

TREMARGAT (22110)

Altes Dorf, eines der ergreifendsten in der Gegend. Gleichsam erstarrt in der Ver- gangenheit, ohne vom Treiben der Welt ringsum Kenntnis zu nehmen. Alte Behausungen aus Granit, viele davon verlassen.

– Ein niedriges, bescheidenes Kirchlein, dem Dorf angemessen, aber doch mit ein paar architektonischen Spielereien wie Wasserspeiern, geschnitzter Pforte, kleinem Beinhaus, in dem noch Knochen vor sich hinbleichen. Im Innern kann man einen anachronistischen Kreuzweg bestaunen: Die Apostel sehen aus wie Widerstandskämpfer aus dem zweiten Weltkrieg, und die römischen Soldaten tragen Maschinenpistolen!

DIE SCHLUCHT VON TOUL-GOULIC UND DAS BLAVET-TAL

Die Blavet entspringt ein Stück weiter nördlich des gleichnamigen Sees, in der Nähe des Dorfes Saint-Norgan. Guter Angelplatz. Dem Tal folgend, stößt man auf eine beeindruckende Felskonstellation, »die Druiden-Kanzel«. Einer der hier wachsenden Bäume hat mit seinen Wurzeln einen enormen Felsblock umschlungen. Was völlig anderes: der Dichter Villiers de l'Isle-Adam ist übrigens ganz in der Nähe geboren. In Peumerit-Quintin lädt der künstlich angelegte See *Kerné Uhel* zum Baden, Tretbootfahren und Angeln ein.

Reizvolle Straße von Trémargat bis Lanrivain. Unterwegs eine ungewöhnliche und poetische Erscheinung in bemerkenswerter Lage: die Kapelle *Saint-Antoine* (15. Jh.). Und dann plötzlich, am Straßenrand, ein bewundernswerter Kalvarienberg aus dem 17. Jh., vermutlich wider die Pest errichtet. Die schmale Straße (D 110) führt weiter zu den Schluchten von Toul-Goulic, der zweiten Überraschung in dieser Ecke. Wer rechnet schon damit, hier auf ein solches fantastisches Chaos enormer, runder Felsbrocken zu stoßen, über die auf einer Länge von fast 400 m der *Blavet-Fluß* donnert. Parkplatz ansteuern und den schmalen befestigten Weg hinauf; etwas steil zwar, aber ohne Schwierigkeit zu bewältigen. Für einen Familienausflug geeignet. In weniger als fünf Minuten ist man oben.
– *Auskünfte über das Vorland des Argoat:* T. 96-24-85-83.

LANRIVAIN (22110)

Wieder ein bemerkenswertes Dorf. Die Kirche wurde wiederaufgebaut, hat aber manche Elemente des ursprünglichen Gebäudes bewahrt, z.B. die Pforte aus dem 16. Jh. Innen gibt's nicht viel zu sehen. Dafür ist das uralte *Beinhaus* noch immer vollgestopft mit Schädelknochen und Schienbeinen. *ein Kalvarienberg* von 1548, der 1793 zerstört, aber 1866 wiederhergestellt wurde. Man beachte die *Grablegung*, mit Figuren, die hier größer dargestellt sind als üblich.
Gegenüber vom Rathaus befindet sich das *Café Berziou*, eine typisch bretonische Kneipe. Hier findet man sich plötzlich in der Küche der Wirtin wieder.

In der Umgebung

● **Die Kapelle Notre-Dame-Du-Guiaudet:** keine 2 km entfernt. Eine stattliche Baumallee führt hin zu dieser Kapelle aus dem 17. Jh. mit ihrem freistehenden Glockenturm. Innen birgt sie alte Prozessionsfahnen, einen vergoldeten Altaraufsatz und – sehr selten – eine liegende Jungfrau, die das Jesuskind stillt. Im Garten ein Brunnen mit zwei Wasserbecken.
● **Kapelle von Lannégan:** erneuert, Fenster in Lilienform angeordnet.

SAINT-NICOLAS-DU-PELEM (22480)

Hier befindet sich die Grenze zu den flurbereinigten Landschaften, die nach Süden hin ein verheerendes Bild bieten. Blumengeschmücktes Dorf. Im Kirchenchor wundervolle Fenster des 15. Jhs mit Darstellungen der Christus-Passion. Neben der Kirche, der elegante Brunnen *Saint-Nicolas* aus dem 17. Jh., in einer von zwei Säulen getragenen Nische. Einen Kilometer weiter südöstlich erhebt sich das Kapellchen *Saint-Eloi* aus dem 15. Jh.
– *Fremdenverkehrsamt:* T. 96-29-51-27.

Wohin zum Übernachten und Essengehen?

– *Hotel-Restaurant de l'Ouest, relais Saint-Pierre:* T. 96-29-51-20. Auf dem Dorfplatz. Recht einfache Unterkunft. Doppelzimmer 90-150 F. Im Restaurant Menus ab 50 F. Fahrradvermietung im Hause.

– *Auberge du Kreisker:* 11, place du Kreisker. T. 96-29-51-20. Dank europäischer Mittel renoviert, erfreulicher Empfang. Der *patron*, Loïk Le Chevillier, verleiht kostenlos Fahrräder an seine Gäste für Halbtagsausflüge. Auf Wunsch bekommt man einen Picknick-Korb mit und kann kleine Kinder während dieser Zeit beaufsichtigen lassen. Bisweilen fährt der Herbergsvater auch selbst mit! Schöner, großer Speisesaal, in dem die deftigen Mahlzeiten aus der Gegend besonders munden. Mit 50 F ist der Hunger gestillt. Die »Zimmerchen« kosten 160 F pro Nacht.

BOURBRIAC (22390)

Die Dorfgemeinschaft gibt sich große Mühe, Verschönerungen durchzuführen und die Touristen zufriedenzustellen: Blumenschmuck, Beleuchtung des Wassergrabens und der Kirche (groß wie eine Kathedrale!). Die Krypta stammt aus dem zehnten Jahrhundert, der Glockenturm wurde erst im 19. Jh. fertiggestellt, so daß sich unterschiedliche Stilrichtungen mischen.
Auch die Kapelle Notre-Dame-du-Daouet verdient schon allein wegen der anmutigen Fensteranlage aus dem 14. Jh. einen Besuch. Früher war sie als Pilgerort bekannt. Weiterhin lockt der elf Meter hohe Menhir von Kailouan in Plesidy, einer Nachbargemeinde, die außerdem noch schmucke bretonische Herrenhäuser des 16. Jhs (Toul An Golet) und einige Kapellen vorzeigen kann.
– *Fremdenverkehrsamt:* T. 96-43-40-21.

Unterkunft und Verpflegung

– *Ferienwohnungen in Plesidy:* T. 96-21-41-95.
– *Campinggelände beim Etang des Forges:* in Bourbriac, T. 96-43-40-28. Einfach und nicht teuer.
– *L'Oasis:* in Plesidy. T. 96-21-40-00. Drei Menüs zur Auswahl.
– *L'Auberge d'Avaugour:* in Saint-Pever, T. 96-21-42-41. Verdient auch einen Umweg, weil die Kochkunst der *Patronne* einfach jeden betört. Die Forelle Blau ist exzellent. Mit 100 F kommt man hin, es gibt also keinen Grund, es nicht den Einheimischen gleichzutun. Guten Appetit!

SAINT-GILLES-PLIGEAUX (22840)

Reizender Marktflecken aus dem 14. Jh. mit einigen lohnenden Bauwerken, besonders Kirche und Kapelle unmittelbar nebeneinander, die jeden Fotografen begeistern. Der Kirche aus dem 16. Jh. wurde im Nachhinein ein anmutiger Kirchturm mit Kuppel und Balustrade beigesellt. Die reizende Kapelle *Saint-Laurent* schmückt eine Renaissancetür. Auf keinen Fall versäumen, unterhalb der Kirche die zwei hübschen Springbrunnen in ihrer steinernen Einfassung zu bewundern. Man gelangt über zwei ausgetretene Treppchen dorthin. Ein für diese Gegend ausgesprochen seltenes Bauwerk.

In der Nähe

● **Kerpert:** das alte Dorf ist einen Umweg wert. Natürlich wegen seiner auf einem Erdhügel thronenden Kirche, umgeben von einer Steinmauer. Im 16. Jh. errichtet und seither von Flechten fast aufgefressen. Die Pforte und der Kirchturm sind von grober und nobler Bauart zugleich. Kleines Beinhaus auf dem Friedhofsgelände.
● **Kloster Coatmalouen:** davon sind nur einige Ruinen in der Nähe eines großen Bauernhofes übrig, einige Kilometer nordöstlich. Breite Fassade, zum Himmel hin offen, die nur noch wie durch ein Wunder steht. Dahinter Überreste der Kapelle mit einem gemeißelten Grabstein.
● **Saint-Connan:** steinaltes Dorf an der Straße nach Quintin. Alte typische Granitbehausungen rund um die Marktkirche. Viele haben den Schutz der mächtigen, runden Felsen gesucht und sind heute dennoch verschwunden. Von ergreifendem Zauber und friedvoller Traurigkeit.
● **Senven-Léhart:** nördlich von Saint-Connan noch ein zeitloses Dorf. Die Kirche stammt aus dem 19. Jh., der Kalvarienberg aus dem 16. Jh.
● **Corlay:** Haus des Pferdes, Gestüt. Ort mitten in der Bretagne mit langer Pferde-Tradition, belegt durch die Existenz der Pferderennbahn »Petit Paris« (Rennen im Juni und in der ersten Julihälfte). Die Rasse der Pferde aus Corlay (nicht mit denen aus Callac, den »Bidets bretons«, zu verwechseln) ist den englischen Vollblütern verwandt und auf Rennen ausgerichtet.

Wohin zum Essen?

– *La Vieille Auberge:* Le Grand-Quélen. T. 96-24-31-14. Dort, wo sich die winzigen Landsträßchen kreuzen, wenige Kilometer nordöstlich von Saint-Gilles-Pligeaux. Gut ausgeschildert. Ortsansässige Kundschaft, reichlich bemessene traditionelle Gerichte. Sympathischer Empfang. Menü für 55 F, für den Preis ausgezeichnet, dazu ein kühler und preiswerter *Cidre*.

BULAT-PESTIVIEN (22160)

Abseits auf halbem Weg zwischen Guingamp und Carhaix gelegen, eine der bemerkenswertesten Kirchen in der Region. Ein Genuß, sie über das Netz der Sträßchen anzusteuern, die durch vergessene Dörfer und eine längst vergangene Zeit führen. Erstaunlich auch, daß ein einfaches Dorf wie Bulat-Pestivien eine derartige Kirche aufweist. Ihre Pforte erweist sich als echtes Meisterwerk. Im Mittelpunkt trägt eine mit Weinreben verzierte, skulptierte Säule ein spätgotisches Giebelfeld, das von Pflanzen überwuchert ist. Über den Apostelnischen, fein gearbeitete Steinbaldachine. Der samt Turmspitze 66 m hohe Turm ragt über dem Haupteingang empor, behütet von zwei Steinfiguren, die ein Manuskript in der Hand halten. Die Flechten verleihen ihnen eine ungewöhnliche Form und Färbung. Fassade und Seitenwände der Kirche sind bedeckt mit malerischen, teilweise Furcht einflößenden Skulpturen: Wasserspeier, Tiere, groteske Figuren, Jakobsmuscheln usw. Und, allgegenwärtig, die Figur des *Ankou* in einer Reihe Fratzen schneidender Gestalten. Eine von ihnen, die mit Gebeinen droht, scheint zu schreien. In der Kirche, ein sonderbares Gesangspult in Form eines Bauern mit ortsüblicher Tracht. Der große Altartisch von 1583 ist mit geometrischen, in den Stein skulptierten Figuren geschmückt. In der Sakristei, ein Totenfries.

Auf dem Friedhof stößt man auf einen Springbrunnen in einer Art Schwimmbekken. Sehenswert auch die *Fontaine du Coq* (des Hahns) und der *Sept Saints* (Sieben Heiligen) an der Straße nach Callac.

Einen Kilometer weiter nördlich befindet sich der reizende kleine *Enclos de Pestivien* mit einer Kapelle und einem Kalvarienberg. Wer darauf achtet, bemerkt, wie sich die beiden Diebe verzweifelt winden.

– *Gemeindezeltplatz:* das ganze Jahr hindurch Betrieb. T. 96-45-72-00.

In der Nähe

● **Chapelle de Burtulet:** ungefähr 5 km südlich taucht sie plötzlich auf, völlig isoliert auf einem kiefernbewachsenen Hügel. Ein wildromantisches Plätzchen.

CALLAC (22160)

Obwohl von dem feudalen Schloß, das 1619 auf den Befehl Richelieus hin zerstört wurde, nichts mehr übrig ist, hat das Örtchen dennoch seine Stunden des Ruhms und des wirtschaftlichen Aufschwungs gekannt. Zum Beispiel ist es Pferdefreunden ein Begriff wegen des Gestüts, dessen Vorbild der berühmte Zuchthengst *Naous* ist (Guyot hat die herrliche Statue des Tieres geschaffen.) Dieses Zugpferd verkörpert die Abstammung vom »Bidet breton«, so verschieden vom »Postier« aus Landivisiau. Der Landstrich hat auch den bretonischen Spaniel, eine Kreuzung zwischen dem Hund der Kohlenbrenner und dem Irischen Setter, hervorgebracht. Es gibt hier immer noch Züchtungen des »Border Collie«, dem intelligentesten Hirtenhund der Welt, und des »Chien fauve«, der früher auf Wolfsjagden eingesetzt wurde!

– *Fremdenverkehrsamt:* place du Centre, T. 96-45-59-34.

Eine Koje

– *Hôtel-restaurant Garnier:* 31, rue de la Gare. T. 96-45-50-09. Bis auf sonntagabends und an Montagen außerhalb der Saison täglich geöffnet. Mit seinen zehn Zimmern und den drei Menüs erfüllt das Etablissement schon einige Ansprüche.

– *Gîte d'étape von Kerauffret:* in Maël-Pestivien. T. 96-45-75-28. Wird vom frz. Jugendherbergswerk verwaltet und empfohlen.

Sehenswert

– Der *See de la Vallée-Verte* und die Anlage von *Pont-à-Vaux* mit der Kapelle Saint-Barbe.

– In *Saint-Trefin:* Kapelle aus dem 15. Jh. mit Tumulus.

PLOURAC'H (22160)

An der Grenze zum Finistère, rund 10 km östlich von Callac, zählt dieses verlorene Dorf ebenfalls zu den überraschenden Entdeckungen, trifft man doch auf einen der ansehnlichsten und vollständigsten ländlichen Pfarrbezirke. Kirche aus dem 15. Jh. mit einem prächtigen Eingang im Stil der bretonischen Renaissance. An den Mauern, gewaltige Wasserspeier und Wappen. Glockenturm mit rundem Türmchen und Balustrade. Bewundernswert die *Pietà* am Kalvarienberg: strenge, fast karikaturenhafte Gesichtszüge spiegeln so richtig die Rauheit dieser Gegend wider.

LOC-ENVEL (22810)

Gewiß einer der Höhepunkte auf dem Streifzug durch die Cornouaille und den Trégor, 4 km südlich von Belle-Isle-en-Terre und der Achse Guingamp-Morlaix. Ein winziges, hochgelegenes Dörfchen mit typischer bretonischer Architektur. Seine Kirche ist eine der hinreißendsten in der Bretagne. Äußerlich unterscheidet sie sich jedoch nicht von anderen Kirchen: gleichsam auf ihren Hügel geklatscht, wie das Dorf auch, mit einem kleinen freistehenden Glockenturm und bizarren Tiergestalten als Wasserspeier. Ihre Pracht entfaltet sie erst innen. Schon am Eingang steht ein holzgeschnitzter Lettner aus dem 16. Jh., außergewöhnliches spätgotisches Ensemble mit Ranken, Arabesken, Vögeln usw. Den Sockel schmücken Weinranken, so fein wie Häkelspitze. Aber das Schönste kommt noch, nämlich die fabelhaften Querbalken, die das Kirchenschiff und den Chor zieren. Es lohnt sich, alle Details zu studieren. Einer der Balken zeigt uns eine gehetzte Gestalt als Beute eines Drachens. Nicht das einzige komische Motiv in dieser Reihe, welches religiös und profan zugleich inspiriert ist.
Beeindruckend die Monsterköpfe, die scheinbar die Balken verschlucken. Die Verbindungsstücke zwischen den Balken und Paneelen sind mit fremdartigen Gestalten geschmückt. Die Kuppel ruht auf einem zentralen und, was selten genug ist, restlos mit Schnitzereien überzogenen Querbalken. An jedem Gewölbepfeiler ist ein Symbol der Passion angebracht: Hammer, Nagel, Dornenkrone usw. Das repräsentativste Stück ist – im Querschiff – der große skulptierte Eckpfeiler, der die Dreifaltigkeit symbolisiert.
In den vier Ecken die Evangelisten. Ein anderer Eckpfeiler, hinter dem Altar, stellt den auferstandenen Christus dar.
Der Steinaltar aus dem 16. Jh. ist aus einem Steinblock gemeißelt. Das Altarblatt setzt sich aus fünf Tafeln aus dem 17. Jh. zusammen und schildert den Leidensweg Christi. Wunderbares Kirchenfenster. Man beachte auf dem Rückweg zur Pforte die drei kleinen Öffnungen, durch welche früher die Leprakranken an der Messe teilnehmen durften.

VON LOC-ENVEL NACH GUINGAMP

BELLE-ISLE-EN -TERRE (22810)

Malerische Straße durch den Wald bis nach Belle-Isle-en-Terre. Überreste von Stollen der silberhaltigen Bleibergwerke von Toul Al Lutun. Ein großes, friedliches Dorf unter dem Viadukt der Bahnlinie. Die ehemalige Kirche beherbergt heute die Feuerwehr, das Gymnasium ist im Schloß von Lady Mond untergebracht. Letztere war übrigens ein armes Dorfmädchen, das 1922 vom »König der Zeche« auserwählt und zur Frau genommen wurde.
Etwa 1,5 km weiter nördlich befindet sich das Kapellchen *Locmaria*. Als Kanzel dient ein alter Lettner aus dem 16. Jh. Die Kirche *Saint-Pierre* in *Plounevez-Moëdec* stammt ebenfalls aus dem 16. Jh. Durchbrochener Turm mit Balustrade, eine Handvoll alter Gräber. Rundum schmucke Häuser, eins davon mit einer großen Granittränke. In Louargat, an der Straße nach Crec'h Even kann man ein durchlö-

chertes *lech gauchois* mit elf übereinandergesetzten Bechern entdecken. Hinter Louargat taucht der *Menez-Bré* auf, 301 m hoch. Diese Höhe erlaubt eine lohnende Aussicht über den Trégor. Der Menez-Bré galt von jeher als auserwählter Ort für Esoterik und Zauberei und als heiliger Hügel. Vielleicht bemerken unsere Leser dort ja selbst ein geheimnisvolles Knistern in der Atmosphäre.

Unterkunft und Verpflegung

– *Le Relais de l'Argoat:* Rue du Guic, in der Nähe der Post. T. 96-43-00-34. Komfortable Zimmer zu einem Preis von 130-200 F, wohlschmeckende Menüs zu 65 und 90 F. Der Besitzer und Koch des Hauses organisiert Einführungen in die Kochkunst!
– *Gîte d'étape:* rue des Ecoles, T. 96-43-01-46. Wiederum unter der Schirmherrschaft des Jugendherbergswerkes.

GUINGAMP (22200)

Verkehrsknotenpunkt und Bindeglied zwischen dem Goëlo und dem Trégor. Zudem verläuft die Sprachgrenze zwischen Galliern und Bretonen nicht weit von hier, im Osten. Sehenswert dank seiner schönen Basilika, die das Zeitalter der Renaissance in der Bretagne einleitete.
– *Fremdenverkehrsamt:* place du Vally. T. 96-43-73-89. Beim Busbahnhof.
– *Gare SNCF:* T.96-94-50-50 und 96-43-70-53. Verbindung Paris-Brest und Anschlüsse nach Paimpol, Carhaix und Lannion.

Unterkunft, Verpflegung und Abendvergnügungen

● *Preiswert bis mittelteuer*

– *L'Escale:* 26, bd Clemenceau. T. 96-43-72-19. Die Straße vom Bahnhof runter. Nette Aufnahme. Doppelzimmer zu 115 F mit Dusche; schlicht, aber sauber. Menüs zu 65, 78 und 115 F. Trotz des Besitzerwechsels ist der Empfang noch ebenso erfreulich. Das Restaurant ist freitags abends und samstags mittags außerhalb der Saison geschlossen.
– *Hotel d'Armor:* 44, bd Clemenceau. T. 96-43-76-16. Etwa 50 m vom Bahnhof entfernt. Neu, modern und behaglich. Gemütliche Zimmer von 170-240 F.
– *Hotel l'Hermine:* 1, bd Clemenceau. T. 96-21-02-56. Sonntags und in der ersten Maihälfte geschlossen. Komfortable Zimmer für 140-180 F. Manche Speisen auch zum Mitnehmen.
– *Camping de Guingamp:* in Pabu, 2,5 km nach Norden. T. 96-43-77-94. Von Juni bis September geöffnet. Nicht zu verfehlen, da ordentlich ausgeschildert.
– *Resto-cabaret l'Autre:* 20, rue du Grand-Trotrieux. T. 96-44-36-34. In der Straße unterhalb der Stadtmauer. Sonntags geschlossen, ebenso im Januar. Ausgesprochen sympathisches Nachtlokal. Menüs zu 75, 95 und 145 F. Schmackhafte Fleischgerichte und gebratene Fische. Verschiedene Salate »Ras l'Bol« (randvoll). Hausgemachte Fischsuppe und zum Schluß ein Eis »coquines« (Schelminnen). 18-20h gilt das »Apéro-bis«, also zwei Getränke zum Preis von einem. Abends werden Café-Theater, Cabaret, Jazz, Musik, Filme und Ausstellungen geboten. Die Weinliebhaber kommen in der Weinstube auf ihre Kosten.
– *Crêperie du Petit-Vally:* place du Petit-Vally. T. 96-44-10-56. Täglich geöffnet außer dienstags und Sonntag mittags. Schlichte Einrichtung. Billige und leckere Crêpes und Salate.

● *Etwas exquisiter*

– *La Chaumière:* 42, rue de la Trinité. T. 96-43-72-47. Sonntag abends und montags geschlossen. Die ausgezeichnete Führung des Hauses schlägt ein lockendes Angebot von fünf Menüs ab 60 F vor.

● *Luxuriös*

– *Le Relais du Roy:* 42, place du Centre. T. 96-43-76-62. Am attraktivsten Platz der Stadt. Tadellose Zimmer für 760 F mit Halbpension, in einem Renaissancebau voller Zauber. Sündhaft teures Restaurant. Erschwinglich ist höchstens das Menü zu 100 F, aber die Portionen fallen eher dürftig aus. Steife, piekfeine Atmosphäre im prächtigen Louis-XIII-Speisesaal! Was für unsere Yuppies.

Kultur, Kultur ...

– *Die Basilika Notre-Dame-du-Bon-Secours:* im 13. Jh. über einem romanischen Baukörper errichtet. Gotischer Stil mit romanischen Überbleibseln wie den Arkaden im Kreuz von Querschiff und Hauptturm. 1535 stürzten Turm, Seitenschiff, ein Teil des Kirchenschiffs und die Westpforte ein. Beim Wiederaufbau ging der Architekt Jean Le Moal ein gewagtes und für die Zeit ungewöhnliches Unternehmen ein: er übernahm den eben aufkommenden Renaissancestil, statt der Gotik treu zu bleiben. So erscheint die Kirche von der Straße her gesehen wie ein gotisches Bauwerk, vom Garten her aber wie eine originelle Mischung von Gotik und Renaissance, immer noch mit romanischen Elementen im ältesten Teil. Hübsche Renaissancefenster in den Giebeln. Der Westeingang ist ein Meisterwerk der Renaissance, von ungezügeltem Überschwang. Man führe sich die Bogenrundungen in aller Ruhe zu Gemüte. Weltliche Darstellungen haben eindeutig den Vorrang vor religiösen Elementen. Drei Türme sind zu bewundern: der *Tour de la Flèche*, 57 m hoch, ein befestigter *Turm mit Turmuhr* und einem vierteiligen Dach, und der sogenannte *Tour des Cloches*, der Glockenturm. Zur Straße hin öffnet sich das Kapellentor. Hier erhebt sich die Statue von *Notre-Dame du Bon Secours*. Am ersten Samstag im Juli feiert man die allgemeine Sündenvergebung mit einer nächtlichen Prozession und Freudenfeuern.

Auch im Kircheninneren begegnen wir dem Gegensatz Gotik-Renaissance, quasi entlang einer Trennungslinie mitten durch das Schiff. Von raffinierter Eleganz, die Galerie im Kirchenschiff. Ungewöhnlich massive Säulen mitten in der Kirche versperren die Sicht. Wenig Originalmobiliar – die Französische Revolution ist auch an Guingamp nicht spurlos vorbeigegangen. Bewundernswert immerhin das Relief aus bemaltem Holz hinten im Chor, mit Szenen aus der Passionsgeschichte. Daneben *Mariä Verkündigung*.

– *Die Place du Centre* im Herzen der Stadt ist von vornehmen Wohnhäusern und Residenzen aus Granit umgeben. Glücklicherweise ist der Platz zur Fußgängerzone umgestaltet worden. Einige Gebäude mit Holzverkleidung oder Schieferfassaden. Hübsche Renaissance-Türen, etwa jene auf der Seite des *Relais du Roy* oder die Nr. 1 in der Rue Olivier-Ollivro. Bildhübsches Haus mit Türmchen an der Ecke der Rue Jean-Le-Moal, vis-à-vis der Basilika. Toller Springbrunnen mit drei Becken, genannt *La Plomée*, im Stil der Renaissance.

– *Das Rathaus*, vormals Krankenhaus, kehrt eine elegante Barockfassade *à l'italienne* nach außen. Aus dem 17. Jh. stammen die Reste des Kreuzgangs eines Augustiner-Klosters. In den heutigen Räumlichkeiten sind zwei sehenswerte Gemälde von Paul Sérusier (1904) ausgestellt: *Die Verkündigung* und *Moses vor dem brennenden Dornbusch*. Dann fällt dem Betrachter noch der riesige Kamin und die nicht weniger beeindruckende Treppe aus dem 18. Jh. auf.

– Auf dem *Place du Vally* stehen noch Trümmer des einst auf Befehl von Richelieu abgerissenen Stadtwalls. Außerdem sind drei der vier Türme des Schlosses von Pierre II (Mitte des 15. Jhs) erhalten geblieben. Malerischer Ausblick von der Rue du Grand-Trotrieux aus.

– *Fête de la Saint-Loup*, am Sonntag nach dem 15. August. Alte Tänze und die berühmte *Dérobée de Guingamp*, eine Art großer Reigen mit bestimmten Tanzfiguren.

– Jeden ersten Sonntag im Juli tanzen die Kinder der Gegend vor, was früher gang und gäbe war: *Festival de danses bretonnes.*

Verkehrsverbindungen ab Guingamp

● *Per Eisenbahn*

– *Nach Carhaix:* mit dem Triebwagen oder den Bahnbussen der SNCF. Etwa dreimal täglich. Auskunft T. 96-94-50-50 und 96-43-70-53.
– *Nach Morlaix:* ein bis zwei Züge täglich.
– *Nach Saint-Brieuc:* bis zu zehn Züge am Tag.
– *Nach Brest:* zahlreiche Zugverbindungen (über Morlaix, Landivisiau und Landerneau). Ebenso nach Paris.

● *Per Bus*

– *Nach Lannion:* mit der CAT, T. 96-37-02-40. Im Durchschnitt drei Fahrten täglich, mehr an Schultagen.
– *Nach Saint-Brieuc:*
mit der CAT Über Châtelaudren und Plélo. Drei Busse täglich.

VON GUINGAMP ZUR KÜSTE VON TREGOR

Wer Zeit hat, sollte die Gelegenheit zu einer großartigen Wanderung im verwirrenden Netz der idyllischen Landsträßchen nutzen. Durch Gehölze, die noch nicht der Flurbereinigung zum Opfer gefallen sind, durch Hecken und von Schlössern oder Herrensitzen gesäumte Flußtäler. Welch ein Vergnügen, ohne Furcht, sich verlaufen zu können, und in der Gewißheit, hinter jeder Wegbiegung eine neue Landschaft, ein anderes ungewöhnliches Dorf zu entdecken, aufzubrechen.

● **Trégrom:** vor *Le Vieux-Marché.* Nett, nichts Besonderes, aber ein sympathisches Café, die *Tavarn mab Derv.* Abends Cabaret und oft keltische Musik. T. 96-47-80-80.

● **Les Sept-Saints** (die Sieben Heiligen): Weiler nördlich von Le Vieux-Marché. Kapelle des frühen 18. Jhs, über einem keltischen Grab errichtet, das durch ein kleines Gitter immer noch sichtbar ist. Sie symbolisiert heute den Dialog zwischen Christen und Moslems, was dem Orientalisten Louis Massignon zu verdanken ist, der gemeinsame Ursprünge der Wallfahrt von Sept-Saints und des Kultes der Sieben Schläfer von Ephesos in der Türkei nachwies (vgl. unseren »Türkei«-Band). Das islamische Fest und die Prozession finden beide am letzten Sonntag im Juli statt.

● **Armoripark:** rechterhand der D 767 zwischen Guingamp und Lannion. Ein Freizeitpark für jung und alt mit einem Spielschwimmmbad, einem Zoo und vielen anderen reizvollen Attraktionen.

Unterkunft und Verpflegung in der Nähe

– *Manoir de Coat-Nizan:* nahe Pluzunet. T. 96-35-81-72. Man gelangt auf zwei Arten dorthin: einmal über die Straße Lannion-Guingamp (D 767). Wer von Guingamp kommt, biegt vor Cavan nach links in die D 33 ein; von Lannion kommend, natürlich rechts hinter Cavan, wer hätt's gedacht? Danach weiter Richtung Pluzunet-Plouaret, das sind 2 km; das Straßenschild zeigt einen »Gîte de France« an. Wer von Westen anreist, fährt über Pluzunet und hält sich dann Richtung La Roche-Derrien. Ein romantischeres und geheimnisvolleres Schlößchen ist schwer vorstellbar. Völlig abgelegen in der Wildnis. Es wurde im 19. Jh. mit den Steinen eines Schlosses von 1286 erbaut, das ab der Französischen Revolution als Steinbruch herhalten mußte. Der reizende Hausherr, Robert Van de Wiele, kann diese Geschichte selbst am besten erzählen. Begrüßt werden die Gäste hier zuerst von einer Gänseschar, welche die Wiese vor dem Schloß für sich beansprucht. Im Wohnhaus stehen zwei Gästezimmer zur Verfügung, altertümlich eingerichtet, aber mit Bad.(800-900 F pro Woche für sechs Personen.) Die Vermietung erfolgt nur für mindestens einige Tage bzw. eine Woche. Weitere Übernachtungsmöglichkeiten auf dem Bauernhof; ein geräumiger Gemeinschaftssaal mit Kamin ist vorhanden. Die Gegend ringsum lädt zu ausladenden Spaziergängen ein. Monsieur Van de Wiele gehen die Vorschläge dafür nie aus. Also, hier kommen wir wieder her ... Nach dem letzten Stand der Dinge soll sich unser adliger Freund aus dem Fremdenverkehrgewerbe zurückgezogen haben, welch Jammer! Nix wie hin und überprüfen.

– *Le Coin-Fleuri:* in Cavan. T. 96-35-86-16. Restaurant in einem alten efeubewachsenen Haus. Die Küche kann sich sehen und schmecken lassen. Menüs zu 55, 75 und 100 F. Meeresfrüchte, gemischte Salate, Perlhuhnküken nach bäuerlicher Art, Fisch-Pilaf (scharf gewürzter Reis mit Fisch). Telefonisch vorbestellen.

– *Gästezimmer:* bei Herrn und Frau Le Brizaut in einem ehemaligen Bauernhaus ganz am Ende eines Weges. Kommt man aus der Richtung von Bégard, liegt es gleich am Eingang von Cavan. T. 96-35-86-21. Fünf Zimmer mit Waschgelegenheit, es besteht die Möglichkeit, selbst zu kochen.

● *Einen Deut besser*

– *Auberge du Losser:* 10 km südlich von Lannion, an der D 30, am Ufer des Léguer. Von der D 11 nach Kerauzen abbiegen Richtung Pluzunet-Bégard. Von Guingamp aus nehmen wir die Straße nach Lannion und fahren dann auf die D 30 in Bégard. T. 96-38-94-90. Montags geschlossen. Wildromantisch gelegen, alte Brücke, gluckerndes Flüßchen, sanfte, bewaldete Hügel, Pferde, Wald und Weiden, Spielplatz usw. Außerdem bietet diese Herberge auch noch alle Vorzüge einer klassischen Küche für empfindsame Gaumen. Ländliche, geschmackvolle Einrichtung. Menüs zu 75, 95 und 135 F (inkl. Bedienung). Köstlich der »Délice de la mer«, der nordische Salat, die gefüllten Muscheln, die Forelle mit Mandeln, das Lachsfilet usw.

IM TAL DES LEGUER

Von der Kapelle der Sieben Heiligen spaziert man, mal auf der linken Seite, mal auf dem rechten Ufer, durch das Leguer-Tal, das sich bis nach Lannion erstreckt. Während des Marsches kommt der Naturfreund an allerlei Sehenswürdigkeiten vorbei, die sämtlich gut ausgeschildert sind. So bietet sich an, einen Blick auf die natürliche Anlage der Losser-Mühle, das Schloss von Kergrist, die Ruinen desjenigen von Tonquédec, die Kapelle von Kerfons und schließlich den Calvaire von Ploubezre zu werfen.

Auf diesen Wanderungen zwischen Belle-Isle-en-Terre, Plounevez-Moëdec, Vieux-Marché und Pluzunet durchquert man immer wieder das verspielte grüne Léguer-Tal. Nicht den Aussichtspunkt von Losser (an der D 30), oberhalb einer der bezaubernsten Landschaften, versäumen.

● **Schloß Tonquédec:** steht den Besuchern während der Saison täglich 10-19h, in den Monaten von September bis April 14.30-18h offen. Voranmeldung für Gruppen: T. 96-47-18-63 oder 96-47-18-47. Die elf Türme des Schlosses beherrschen das Léguer-Tal auf eine großartige Art und Weise, obwohl von dem 1406 im Auftrag von Roland IV von Coëtmen wiederhergerichteten Gebäuden nur noch das Herrenhaus und die sich in einem orientalischen Hof befindende Kapelle die Jahrhunderte überlebt haben. Schloßherr Roland kehrte leider niemals von einem Kreuzzug zurück. 1577 ist das Anwesen von Jean II befestigt worden, während der Religionskriege fanden die Hugenotten hier Zuflucht vor den Kämpfern der Liga. Wieder einmal ist Richelieu für die Zerstörung des Adelssitzes – um das Jahr 1626 herum – verantwortlich zu machen. Trotzdem sind seine Überreste ein eindrucksvolles Zeugnis der bretonischen Feudalarchitektur.

● **Schloß Kergrist:** in der Nähe von Kerauzern. Anfahrt ausgeschildert. Im Juli/August nachmittags zu besuchen. Schloßliebhaber werden die von Kergrist ausgehende Mischung aus Kraft und Eleganz zu schätzen wissen. Das 1537 errichtete Bauwerk wurde mehrmals verändert. Französische Gärten rundum. In der Nebensaison lohnt es sich, zumindest durch das Tor einen Blick auf die Fassade zu riskieren.

● **Die Kapelle von Kerfons:** Diese Hirtenidylle, ebenfalls über dem Léguer, ist eine der faszinierendsten Kapellen im Trégor. Juli und August geöffnet. Gotisches Bauwerk mit prächtiger Renaissanceverzierung und kleinem Kalvarienberg aus dem 15. Jh. auf einem massiven Sockel. Der Innenraum weiß zu verzaubern: hier steht einer der prächtigsten Lettner der Bretagne, nach dem von Faouët vielleicht. Wundervolle spätgotische Holzschnitzereien. Unter den fünfzehn dargestellten

Personen sind die zwölf Apostel an ihren Symbolen erkennbar. Vertiefen wir uns in das Filigranwerk der Säulen. Das Altarblatt am Hauptaltar ist naiv ausgemalt. Wäre eine Schande, sich Kerfons durch die Lappen gehen zu lassen!

● **Der Calvaire von Ploubezre** (an der Straße nach Plouavet): er besteht aus fünf Kreuzen, die den im 14. Jh. ausgetragenen Kampf von fünf Ploubezriern gegen fünf Engländer in Erinnerung rufen sollen (siehe der »Kampf der Dreißig« von Josselin). Die Einheimischen haben übrigens gewonnen. Wahrscheinlich sind die Kreuze nicht alle zur selben Zeit aufgestellt worden, das *Croix pattée* scheint bei weitem das älteste zu sein. Im Dorf selbst kann man sich an der Kirche Saint-Pierre-et-Saint-Paul erfreuen, die Kapitelle aus dem 12. Jh., Fensterdekor aus dem 14. Jh. und eine Glockenturmwand von 1577 zu bieten hat. In Keguiniou ist noch eine alte Wassermühle in Betrieb!

SCHLOSS ROSANBO

Darf sich rühmen, zu den größten bretonischen Schlössern zu zählen. Im 14. Jh. errichtet und seither immer von derselben Familie bewohnt. Übrigens hat der Marquis von Rosanbo 1988 das tausendjährige Bestehen seiner Dynastie gefeiert. Das Schloß liegt bei Lanvellec, zwischen Plouaret und Saint-Michel-en-Grève. T. 96-35-18-77. Juli und August täglich Publikumsverkehr 10.30-18.30h. Im April, Mai und Juni am Wochenende und an Feiertagen 14-18h, vom 1. bis zum 30. September nur am Wochenende 14-18h geöffnet. Während der Osterferien täglich 14-18h. Die Führung durch die Wohnräume dauert rund 30 Minuten. Bretonischer Saal mit edlen Möbeln, Speiseraum mit Geschirr der Indien-Handelsgesellschaft, eine historische Küche und eine Bibliothek mit achttausend Bänden von Le Pelletier, dem Finanzminister von Ludwig XIV. Der Park ist frei zugänglich. Hier werden Eis und Crêpes feilgeboten. Spielfläche vorhanden. Der Eintritt kostet 25 F für Erwachsene und 15 F für Kinder, der sechs Hektar große Park mit französischen Gärten steht jedermann umsonst offen.

In der Nähe

● **Plouzélambre:** in diesem Dorf ist die Kircheneinfriedung noch vollständig erhalten, was ziemlich selten ist in den Côtes-d'Armor. Anmutiger Gesamteindruck: gotische Kirche mit Renaissanceverzierungen, kleiner Kalvarienberg und ein Beinhaus mit kleeblattförmigen Bogen und Spitzbogeneingang.

● **Manoir de Leslac'h:** zwei Renaissance-Pavillons mit einer hohen Fensteranlage und einem von einer Galerie überwölbten Hauptbogen.

VON SAINT-MICHEL-EN-GREVE NACH LANNION

Die Heidekraut-Küste, nur schwach urbanisiert, wartet mit ungewöhnlichen Landschaften sowie einigen bemerkenswerten Kirchen auf.

● **Saint-Michel-en-Grève:** liebenswerter Badeort mit Blick auf das sandige Gestade. Wenig Gebäude, um den bewegenden Anblick nicht zu verschandeln. Weiter, gut geschützter Strand, 4 km lang, genannt die »Lieue de Grève« (Sandmeile). Am Ende ein mächtiger Felsen. Nach einer Klettertour genießt man von dort oben ein fabelhaftes Panorama. Von Saint-Michel nach Trédrez führt ein ziemlich steiler Zollpfad, Teil des Wanderwegs GR 34.

In Saint-Michel, eine hübsche Kirche mit Friedhof über dem Meer.

– Zum Logieren bietet sich das *Hôtel de la Plage* an, klassisch und preiswert. T. 96-35-74-43. Terrasse und Zimmer mit Aussicht aufs Meer. Essen kann man entweder in der Snack-Bar oder mit den Hotelgästen zusammen im Speisesaal. Menüs zu 68 und 110 F, mit zwei Vorspeisen, geräuchertem Schinken, Ozean-Teller, Cidre-Hähnchen, Perlhuhn nach Försterart usw.

– *Fremdenverkehrsverein:* T. 96-35-74-41.

– *Busverbindungen Lannion-Morlaix:* über Saint-Michel-en-Grève.

● **Trédrez:** unbedingt sehenswert, dieses ruhige Dörflein mit seiner bezaubernden Kirche. Sollte sie geschlossen sein, liegt der Schlüssel abholbereit während der Bürozeiten im Rathaus gegenüber. Der Heilige Ivo – »Advokat der Armen« und Patron der Juristen – war sieben Jahre lang Pfarrer in dieser Gemeinde. Kirche aus dem frühen 16. Jh. Kleiner Kirchturm mit Turmspitze, Türmchen und Balustrade, alles spätgotisch. Im Innenraum ein Taufbecken aus Granit unter einem farbigen Baldachin, der als der älteste in der Bretagne gilt. Wertvoll geschnitzte Balken, antike Prozessionsfahne. Links ein Altarblatt des Heiligen Ivo. Uralte Statue der Jungfrau mit Kind und der Heiligen Anna. Wer Lust hat, unternimmt den Rundgang über die Felsen von Trédrez bis zur Landspitze von Séhar.

● **Loquémeau:** unbedeutender Hafen, früher Sardinenfischerei. Kirche aus dem 16. Jh. mit spätgotischem Eingang und Skulpturen im Innenraum. Toller Spaziergang bis zur *Landspitze von Dourven* über leicht begehbare Wanderwege. Zeltplatz in Meeresnähe *(Kéravilin-Locquémeau)*.

● **Le Yaudet:** 'runter nach Pont-Roux auf der Felsküstenstraße, ein Erlebnis! Heitere Landschaft, umwerfende Aussicht auf die Mündung des Léguer und die Bucht. Hier schaltet jeder automatisch in den ersten Gang. Vis-à-vis die Granithäuser von Le Yaudet, an den Hügel geklammert, eng aneinander geduckt. Charaktervolles Dorf von außerordentlichem Liebreiz. Um einen Besuch in der Kapelle mit der »liegenden Jungfrau« kommt man nicht herum. Das ist wirklich einmalig in der Bretagne: die Heilige Maria liegt in einem richtigen kleinen Bett mit dem Jesuskind, inmitten überbordender Spitzenpracht. Der Gottvater am Fußende sieht so aus, als lese er uns gerade ein altes, bretonisches Märchen vor. Ist doch niedlich, was? Auch ein schönes bemaltes Altarblatt mit Girlanden.

– Zum Nächtigen empfiehlt sich das *Hôtel les Genêts d'Or* in der Stadtmitte. T. 96-35-24-17. Sonntag abends und montags außerhalb der Saison geschlossen. Ideal gelegen. Passable Zimmer zu gemäßigten Preisen (100-150 F), Menüs von 68 bis zu 140 F: Meeresfrüchte, gebratener Lachs oder Lammkeule, Käse und Nachtisch.

– *Hôtel-bar Ar Vro:* neben dem vorhergehenden, T. 96-35-24-21. Kleines Acht-Zimmer-Hotel, erst vor kurzem renoviert.

LANNION (22300)

Die zweitgrößte Stadt an den Côtes-d'Armor. Hauptstadt der Elektronik und der Nachrichtentechnik, denen sie einen zuvor nie erlebten Wirtschaftsboom verdankte. Seit einigen Jahren leidet aber auch diese Industrie unter einer Krise. Lannion hat trotz allem seinen Kleinstadtcharakter behalten. Der Ort verspricht einen angenehmen Aufenthalt mit seinen wunderschönen, hie und da eingestreuten alten Häusern und malerischen Gassen.

Nützliche Anschrift

– *Fremdenverkehrsamt:* quai d'Aiguillon, am Ufer des Léguer in der Nähe der Post (Plan A2). T. 96-37-07-35. Dienstbereit 10-12h und 14-17h. Samstag nachmittags, sonntags und Montag morgens geschlossen.
– *Post:* quai d'Aiguillon und Av. Ernest-Renan.
– *Bahnhof:* T. 96-94-50-50. Über Guingamp nach Paris.
– *Busbahnhof:* C.A.T., T. 96-37-02-40.
– *Flughafen:* T. 96-48-42-91.
– *Librairie Bretonne (Buchhandlung):* 15, rue des Chapeliers. In der historischen Altstadt. Breites Angebot in allen Sparten.

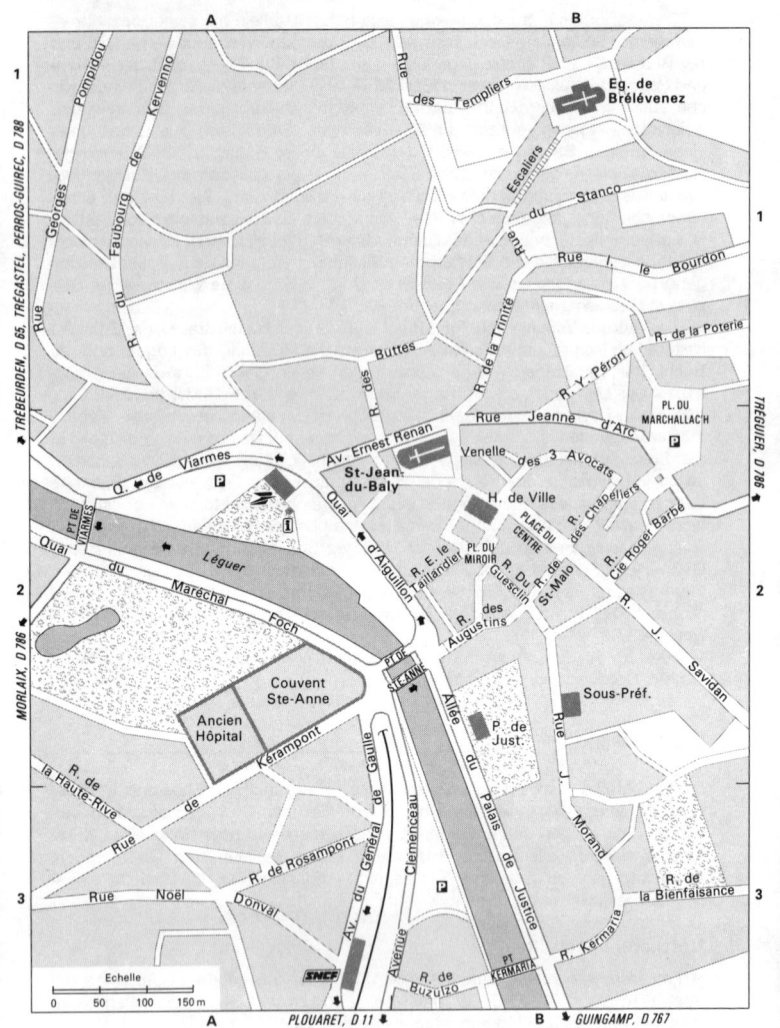

Lannion

Unterkunft und Verpflegung

● *Günstig und mittlere Preise*

– *Jugendherberge Les Korrigans:* 6, rue du 73ème-Territorial. T. 96-37-91-28. In nächster Nähe zum Bahnhof und ganze 300 m vom Stadtkern. Die Herberge ist frisch renoviert und ansprechend gestrichen. Alle Reisenden finden herzliche Aufnahme. Ganzjährig geöffnet und kein Zapfenstreich. Die Schlafsäle sind verhältnismäßig beengt; daneben existieren aber auch ein paar Doppelzimmer sowie eine gut eingerichtete Küche. Fahrräder kann man ebenfalls mieten. Die Jugendherberge organisiert vielfältige künstlerische und sportliche Veranstaltungen wie Fahrradtouren, Wanderungen, Kajakfahren auf dem Meer und erteilt Auskunft über weitere Freizeitmöglichkeiten in der Umgebung. Pauschalpreise gelten wochenweise. Wirklich eine der dynamischsten Jugendherbergen, die uns je begegnet ist. Übrigens will sie den Lesern unseres wundervollen Reiseführers fünf Prozent Preisnachlaß auf alle Angebote gewähren, wenn sie den Globetrotter auf der dritten Seite vorzeigen. Den Globetrotter auf der dritten Seite vorzeigen. Übernachtung 40 F, Mittagessen zu 38 F. Neuheit: Vermietung von Mountainbikes!

– *La Bretagne:* 32, av. du Général-de-Gaulle. T. 96-37-00-33. Gegenüber vom Bahnhof, ein modernes und gastliches Hotel mit Zimmern zwischen 110 und 210 F. Ab 145 F kann man das Halbpensions-Angebot in Anspruch nehmen. Der Empfang ist okay. Im Restaurant leckere Speisen zu vernünftigen Preisen. Außerhalb der Saison samstags und Sonntag abends geschlossen.

– *Camping Beg-Léguer:* etwa 7 km westlich von Lannion. T. 96-47-25-00 oder 96-43-31-48. Nah am Meer gelegen, mit allen Annehmlichkeiten. Von April bis September in Betrieb.

● *Etwas schicker*

– *Hôtel la Porte de France:* 5, rue Jean-Savidan. T. 96-46-54-81. Mitten im historischen Stadtkern. Prunkvolles Gebäude aus Sandstein und Granit, ehemalige Poststation aus dem 18. Jh. Die Treppe schraubt sich in einem alten Rundturm hoch. Entzückend eingerichtete Zimmer zu 220 und 240 F. Reichlich bemessenes Frühstück.

Wo ist die Kombüse?

● *Preiswert und Mittelklasse*

– *Le Du Guesclin:* 8, rue Du Guesclin (Plan B2). T. 96-37-06-59. Im malerischen Altstadtviertel. Das Menü zu 59 F setzt sich aus Melone, Andouillette, Käse und einem Nachtisch zusammen.

● *Eine Idee edler*

– *Le Serpolet:* 1, rue Félix-Le-Dantec. An der Straße nach Trébeurden. T. 96-46-50-23. In einem gewollt mittelalterlichen (oder Seeräuber-?) Stil. Raffinierte Kochkunst schon ab 70 F. Sonntagabends und montags geschlossen.

Nahebei

– *Manoir de Crec'h Gouliffen:* in Servel, an der Straße nach Beg-Léguer. T. 96-47-26-17. Rund 3 km westlich von Lannion. Publikumsverkehr vom 1. Juni bis zum 30. September. Ein herrliches kleines Landhaus, hübsch eingerichtet mit gemütlichen Zimmern zu vernünftigen Preisen. Crêperie und zwei Tennisplätze.

Sehenswert

– *Place du Général-Leclerc:* an seiner Längsseite stehen drei entzückende, typische Bauwerke von höchst unterschiedlichem Architekturstil nebeneinander. Das Moderne schließt sich unmittelbar an die alten und restaurierten Teile an (ausgezeichnet gelungen). Giebelhäuser, skulptierte Erker und mit Schiefer getäfelte Fassaden. Auch die Nr. 1 und 3 der Rue Jean-Savidan sind prächtige Wohnhäuser. Nr. 5 erweist sich als Patrizierhaus aus Granit und in der Rue des Chapeliers stößt man auf eine Reihe von Fachwerkhäusern. Über die malerische Rue Saint-Malon gelangt man zum Fluß hinunter.

– *Quai d'Aiguillon:* im Hof des Elektrizitätswerks – die Tür neben den Galeries d'Aiguillon – finden wir einen im 18. Jh. für sein angeblich wunderwirkendes Wasser berühmten Brunnen. Das Wasser stand in dem Ruf, gegen Streit und Zwietracht unter Eheleuten zu helfen. Heute wird es nicht mehr gebraucht (tatsächlich?), und der Brunnen ist verwildert. Wetten, daß sich hier keiner mehr scheiden lassen würde, wäre erst der Brunnen wieder instandgesetzt?

– *Die Kirche Saint-Jean-de-Baly:* keine zwei Schritte von der Place du Général-Leclerc entfernt. Baujahr 1519. Wuchtiger Turm mit verzierter Balustrade. Wenig Bemerkenswertes im Innenraum. Auffallend immerhin der hohle Pfeiler links im Kirchenschiff, der in einen ehemaligen Lettner mündete.

– Zur *Kirche von Brélévenez* gelangt der Besucher über die 142 Stufen einer malerischen Granittreppe, vorbei an einladenden, blumengeschmückten Häusern. Folgen wir der Rue de la Trinité bis zur Rue des Buttes-du-Stanco. Von hier oben, ideale Aussicht auf die Stadt. Im zwölften Jahrhundert von Tempelrittern errichtete Kirche. Aus dieser Zeit stammen noch die anmutige romanische Pforte und die Chorhaube. Schießscharten und Strebemauern lassen vermuten, daß die Kirche wegen ihrer strategisch günstigen Lage befestigt war. Spitz auslaufender Turm und doppelte Galerie aus dem 15. Jh. Innen dient ein ehemaliges Weizenmaß aus dem 12. Jh. als Weihwasserkessel. Im Chor, ein Altarblatt aus dem 17. Jh.

– Auf dem anderen Ufer des Léguer, hinter der Brücke von *Sainte-Anne*, erhebt sich das massive einstige *Kloster der Barmherzigen Augustinerinnen*. In der Rue Kérampont Nr. 19, ein prächtiges Herrenhaus (16. Jh.) mit Turm.

– *Die Kapelle von Loguivy-lès-Lannion:* einen Kilometer weiter nach Westen, am Ufer des Léguer. Kategorie recht bemerkenswert. Durch eine gotische Türe geht's zum Kirchhof. Auf dem Gottesacker ein Renaissancebrunnen. Am Treppenaufgang ein weiterer Brunnen mit einer Statue des Heiligen Ivo. Die Kirche wurde übrigens 1450 konstruiert. Gemauerter Kirchturm mit seitlichem Treppenaufgang. Innen ein bedeutendes Altarblatt aus dem 17. Jh., das die Heiligen Drei Könige darstellt.

Öffentliche Verkehrsmittel ab Lannion

– *Zwei Busbahnhöfe:* einer auf dem Parkplatz von Kermaria (Straße nach Guingamp), der andere am Bahnhof. Dort sind die Abfahrtszeiten und Zielorte angeschlagen. Busse nach Perros-Guirrec, Trégastel, Trébeurden, Guingamp, Saint-Brieuc, Tréguier, Locquirec, Morlaix usw. Auskunft bei der CAT, T. 96-37-02-40.

– *Nach Trébeurden:* Cars Verts (Grüne Busse) fünfmal täglich. T. 96-23-50-32.

In der Umgebung

● **Die Bucht von Mez-An-Aod:** unberührter Sand, von hellem Granit umgeben. Dies ist das Plätzchen der Naturfreunde im äußersten Norden. Um dorthin zu gelangen, biegt man links von der von Lannion nach Trébeurden führenden Straße ab und durchquert Beg-Léguev und Servel.

● **Der Menhir von Saint-Uzec:** auf der rechten Seite, zwischen Penvern und Pleumeur-Bodou. Der riesige Stein, der mit ausgesprochen ästhetischen Zeichen versehen ist und auf seiner Spitze ein Kreuz trägt, ist ein schönes Beispiel für einen solchen in frühchristlicher Zeit Bedeutung tragenden Menhir.

● **Die Orgel von Lanvellec:** in einem Örtchen in Richtung von Plouavet. Diese Orgel verdient es, gehört zu werden. Sie stammt aus dem Jahre 1653, wurde von dem Orgelbauer Dalan geschaffen und ist eine der ältesten, die in der Bretagne zu finden sind. Seit ihrer Wiederherstellung begeistert sie die Musikliebhaber, die vom jährlich in Lannion veranstalteten Orgelfestival angelockt werden.

TREBEURDEN (22560) _____

Klassischer Familienbadeort ohne besondere Kennzeichen. Hoffnungslos überlaufen im Sommer. Natürlich penibel gepflegte Strände, die schließlich den Ruf des Ortes ausmachen. Links und rechts von der Castel-Felsspitze erstrecken sich der *Porz-Termen-Strand* und der *Tresmeur-Strand*; und hinter der Bihit-Landspitze der *Porz-Mabo-Strand*.

Brauchbare Adressen

– *Fremdenverkehrsamt:* place de Crech-Héry. T. 96-23-51-64.
– *Tauchschule: T.* 96-23-66-71.

Unterkunft, Verpflegung und Amüsement

– *Zeltplätze am Strand von Porz-Mabo.*
– *Jugendherberge:* eine der schönstgelegenen in der Bretagne. Toëno, 2 km nördlich der Stadt und nur einen Katzensprung vom Meer entfernt. T. 96-23-52-22. Ganzjähriger Betrieb, auch nachts. Vor zwanzig Jahren möglichst billig errichtetes, modernes Gebäude, das nicht so richtig in die Landschaft paßt und bereits wieder zu zerfallen beginnt. Aber die einmalige Lage gleicht diesen Nachteil wieder aus. Vielfältige Freizeitmöglichkeiten. Ökologische Forschungsstelle. Surf-, Reit- sowie Campingmöglichkeit.
– *La Chaumière:* am Porz-Mabo-Strand. T. 96-23-54-74/76. Leckeres Essen zu erschwinglichen Preisen. Lohnender Ausblick von der Terrasse aufs Meer. Nur über den Sommer läuft der Betrieb.
– *Melody Blues Jazz Club:* am Rondell von Pleumeur-Bodou. T. 96-91-81-89. Sympatische Kneipe. Im Sommer ist jeden Abend außer montags geöffnet, außerhalb der Saison nur am Wochenende und vom 1. Januar bis Ende März ist geschlossen. Jazz-Orchester von 22.30-2h. Jam-Session am Dienstag, anschliessend Musik aus den Sechzigern. Zu Knabbern gibt's auch was.

Gehobenere Klasse

– *Hôtel-restaurant Ker An Nod:* rue de Pors-Termen, 22560 Trébeurden. T. 96-23-50-21. Ruhiges, nettes Hotel gegenüber von der Insel Millau. Zwanzig nach Süden gelegene Zimmer zu Preisen zwischen 140 und 280 F, von denen aus es nur zwei Schritte zum langen Sandstrand sind. Die jungen Besitzer, Cathrine und Gildas, tischen ihren Gästen in der Hauptsache Fische und sonstige Meeresfrüchte auf, der Preis pro Menü beträgt 85-130 F.

In der Umgebung

● **Die Ile Millau:** Dreihundertfünfzig Meter lang, dreiundzwanzig Hektar, ihr höchster Punkt liegt bei zweiundfünfzig Metern, sie ist von zweihundertsiebzig Pflanzenarten bewachsen, die zum Teil dem scharfen Meereswind bzw. den vom Festland kommenden milderen Luftzügen ausgesetzt sind. Für Kenner ist die Insel ein botanischer Garten, der manchmal – bei extremem Niedrigwasser – sogar zu Fuß zu erreichen ist. Achtung, es handelt sich um ein Naturschutzgebiet. Ganz in der Nähe das Inselchen Molène mit einem drei Tonnen schweren Hinkelstein, der in seiner Pfanne ruht: für die Göttermahlzeit im Land von Asterix. Weitere Auskünfte gibt die *Gemeinschaft zum Schutze der Inseln,* T. 96-23-68-28.
● **Le Marais du Quellen:** hinter dem Strand von Goas-Trez. Ein 22 ha großes Gelände, geheimnisvoll mit merkwürdig wuchernder Pflanzenwelt. Die *Liga für den Vogelschutz* nimmt den Besucher in Empfang und mit auf die Erkundungsgänge. T. 96-91-91-40.
● **Die Ile Grande** (Große Insel): ungefähr 5 km nördlich von Trébeurden. Eigentlich eine Halbinsel, lange Zeit links liegengelassen, jetzt aber als Bauland erschlossen. Rundum Strand, kurzer Wanderweg. Ausgedehnter gemeindeeigener *Zeltplatz* am Strand. Der *Dolmen-Campingplatz* stellte sich als ziemlich ruhig heraus.
● **Das Nachrichtensatellitenzentrum von Pleumeur-Bodou:** weithin sichtbar ist der mächtige weiße Ballon der berühmten Radarkuppel, des *radôme* (radiodôme) Drumherum bemerkt man acht »Blütenkränze«, die Parabolreflektoren, von denen jeder einzelne in Verbindung mit seinem Satelliten steht. Der Vergleich mit überdimensionalen, der Sonne zugewandten Sonnenblumen bietet sich an...Die Satelliten, mit Bodenstationen verbunden, empfangen und senden Signale aus einer Höhe von 36.000 km. Hier fand am 11. Juli 1962 um 0.47h (wow!) die erste Fernsehübertragung per Satellit von Amerika nach Frankreich statt. Die beeindruckende Antenne (340 t schwer, 54 m hoch) hat keine Aufgabe mehr. Die

gesamte Anlage ist zu besichtigen, die Telecom hat dort auch ein tolles Museum eingerichtet. Täglich 10-12h und 14-17h zu besichtigen. T. 96-91-83-78. Eintritt frei für Kinder unter 12 Jahren.

● **Planetarium:** quasi neben dem »Radôme«, T. 96-91-83-78. Das Planetarium des Trégor veranschaulicht die astronomischen Phänomene nach Themen geordnet. Man könnte fast sagen, daß der Besucher in den Sternenhimmel versetzt wird. Die Vorführung ist nach den vielen Strandtagen eine gute Abwechslung, außerdem funktioniert die Klimaanlage. Über das Programm informiert man sich am besten telefonisch.

TREGASTEL (22730)

Gehört in den Reigen der bekanntesten bretonischen Badeorte. Zu Recht, denn der feine Sand an den Stränden und die Felsenküsten sind Klasse. Klar, daß hier kein Platz für Einsamkeit bleibt.
– *Fremdenverkehrsamt:* place Sainte-Anne. T. 96-23-88-67. Steht Ratsuchenden ganzjährig von 9-12 und 14-18h offen, sonntags aber nicht. Die Post liegt gleich gegenüber.

Ein Königreich für ein Bett

Massenhaft Hotels am Platze, die sich besonders um den Strand von *Coz-Pors*, in der Nähe des Hafens, konzentrieren.
– *Hôtel de la Grève Blanche:* rue de Merlin; einigermaßen ruhig und unmittelbar an einem der einladendsten Strände. T. 96-23-88-27. Modernes Gebäude, gleich tausend anderen, aber nur zwei Stockwerke hoch. Von Ende März bis Ende September geöffnet. Ordentliche Zimmer von 165-290 F für zwei Personen, alle mit Blick aufs Meer. Panorama-Restaurant für die Hungrigen. Halbpension gibt's ab 240 F.
– *Hôtel Bellevue:* 20, rue des Calculots. In der Innenstadt, unweit der Strände. T. 96-23-88-18. Geöffnet von Mitte April bis Ende September und zu den schickeren Hotels gehörend. Zimmer ab 220-370 F. Weitläufiger Garten.
– *Campingplatz Tourony:* rue de Poul-Palud, beim Tourony-Strand. Grenzt an Perros-Guirec an. T. 96-23-86-61.
– *Campingplatz le Golven:* route de la Corniche. T. 96-23-87-77 oder 96-33-39-46. Vom 1. Mai bis zum 15. September in Betrieb. Blick auf die Bucht von Kerlavoz. Unweit vom Dolmen und der »Allée couverte« (Langgrab). Fast familiäre Stimmung, kaum organisiertes Programm.

Sehenswürdigkeiten

– *Das Meeresaquarium:* originell unter tonnenschweren Felsbrocken eingerichtet, die in prähistorischer Zeit Höhlenbewohnern als Bleibe gedient haben sollen. T. 96-23-88-67. In der Hochsaison täglich von 9-20h zu besuchen. Enthält sämtliche Fischarten der bretonischen und tropischen Meere. Oben vom Aquarium Ausblick auf die Felslandschaft ringsum.
– *Strände und Felsen:* ein Großteil der Touristen kommt nur wegen der fantastischen Felsformen, insbesondere Tierumrisse. Und dazu jene, die uns die Einbildung suggeriert. Von Süd nach Nord folgen aufeinander die Küsten *Grève des Curés*, *Grève Rose* (unser Lieblingsstrand), das eindrucksvolle Felsenchaos der *Ile aux Lapins* (»Kanincheninsel«) und die *Grève Blanche*. Ein Zollweg führt zum Strand von *Coz-Pors*, wo sich die meisten Touristen aufhalten. An den Felsgebilden *Rochers des Tortues* (»Schildkrötenfelsen«) *et de la Tête de Mort* (»Totenkopf«) vorbei gelangen wir zur Halbinsel Rénot. Langgezogener Strand von *Toul-Drez*. Richtig wohltuend, hier zu flanieren.
Unbedingt auch zum Aussichtspunkt und zur Orientierungstafel hochsteigen.
Etwas abgelegen von der Straße nach Trébeurden, an der Ortsgrenze von Pleumeur-Bodou, das Langgrab (Allée couverte) von *Kerguntuil* und ein Keltengrab.

PLOUMANAC'H (22700)

Von Perros-Guirec eingemeindetes Badeörtchen. Dieses Fischerdorf hat sich an der Stelle einer gallischen Niederlassung, der noch ein römisches *Oppidum* folgte (so verrückt waren sie also gar nicht, diese Römer!), angesiedelt. Durch die berühmten Felsen aus rosa Granit läßt es sich herrlich wandern und klettern. Brechen wir vom Strand von *Saint-Guirec* auf und folgen wir dem reizenden Zollpfad rund um die Halbinsel. Der Spaziergänger stößt unweigerlich auf faszinierende Felsen und Gesteinshaufen mit bizarren und extravaganten Formen. An sommerlichen Abenden nehmen sie glühende Farben an. Ein Operettenschlößchen erscheint plötzlich auf einer kleinen Insel aus laubgekröntem Felsgestein. Leider ist das *Château de Costaéres* 1990 teilweise einem Brand zum Opfer gefallen. Vorbei am Leuchtturm und am Kap *Ar-Skevell* – Bojen auf unserem Weg. Auch der öffentliche Park liefert der Einbildungskraft reichlich Nahrung.

Unterkunft und Verpflegung

– *Zeltplatz le Ranolien:* chemin du Ranolien. Tolle Lage am Rande des Zollwegs, in der Nähe des kleinen Strandes von *Pors-Rolland.* Zugang über den bd du Sémaphore. T. 96-91-43-58. Von Februar bis November in Betrieb. Ruhig, vergleichsweise isoliert, wenig Bäume, dafür Rasen und jeder wünschenswerte Komfort.

– *Hôtel-restaurant Le Parc:* am Rand des Ploumanacher Parkplatzes und gleichzeitig am Meeresufer. T. 96-91-40-80. Vom 1. April bis Ende September geöffnet. Dieses wirklich winzige Hotel ohne Allüren tischt Menüs zwischen 65 und 150 F auf, seine Zimmerpreise belaufen sich auf 140-220 F.

In der Umgebung

● **Notre-Dame-de-la-Clarte:** auf halber Strecke zwischen Ploumanac'h und Perros-Guirec. Prächtige Kapelle (1445), darüber ein Glockenturm und eine Turmspitze aus dem 17. Jh. Rundum ein Holzgitter im Renaissancestil und oben ein geschnitzter Fenstersturz (links eine Pieta, rechts Mariä Verkündigung). Den Eingang schmücken bemalte Holzfiguren. Sonderbarer Weihwasserbehälter aus Granit, aus dessen Rand Gesichter herausgearbeitet wurden (15. Jh.). Umfangreiches Altarblatt aus dem 17. Jh. und drei Schiffsmodelle, die als *Ex votos* die Dankbarkeit der hiesigen Seeleute der segenbringenden Jungfrau gegenüber bezeugen: »Intron Varia Ar Sklaer der«.

● **nach Perros-Guirec über den** »Pfad der Zöllner«: hin und zurück ein dreistündiger Spaziergang, der besonders bei Hochwasser eindrucksvoll ist. Der Weg schlängelt sich an der Felsküste entlang und durch den Stadtpark hindurch. Die großen Felsen sind im Laufe der Jahrhunderte so vom Wind verformt worden, daß man je nach Fantasie unterschiedliche Figuren darin erkennt. Man kann genauso gut von Perros-Guirec losmarschieren, um in Ploumanac'h anzukommen. Der Weg beginnt dann beim Strand von Trestaou.

PERROS-GUIREC (22700)

Die Stadt liegt auf einem Vorgebirge und zählt zu den bedeutendsten Jachthäfen in der Bretagne. Angesehener Badeort, folglich ausgesprochen touristisch. Laut einer Einwohnerzählung aus dem Jahre 1990 empfangen 7494 Einheimische vierzigtausend Feriengäste! Verweilen wir kurz bei der Kirche *Saint-Jacques* (als historisch bedeutsames Denkmal ausgezeichnet) mit ihrem originellen Kirchturm, dem durchbrochenen Geländer und der achteckigen Kuppel. Das Kirchenschiff ist teils romanisch, teils gotisch, der Chor gotisch. Altarblatt aus dem 17. Jh. mit geschnitzten Tafeln und bunten Statuen.

Weite, geschützte Strände: der Strand von *Trestraou* und *Trestrignel*, ferner die Strände *du Château* und *des Arcades* im Osten. Wer Menschenmassen gemeinhin meidet, sollte lieber nach Port-Blanc ziehen (s. weiter unten).

Ausflug zu den *Sept-Iles* (Sieben Inseln) mit den Motorbooten der *Vedettes Blanches*. Fahrkarten an der Anlegestelle von Trestraou (neben der Segelschule). T. 96-23-22-47.
- *Fremdenverkehrsamt:* 21, place de l'Hôtel-de-Ville. T. 96-23-21-15. Ganzjährig besetzt. Ein tolles Unternehmen, dem der Präsident der Vereinigung »Tourisme breton« vorsteht - was alles erklärt!
- *Jachthafen:* Schwimmdock. T. der Hafenverwaltung: 96-23-37-82; Regatta-Gesellschaft: 96-91-12-65; Segelschule: 96-23-25-62.
- *Wetterwarte:* Anrufbeantworter, T. 96-20-01-92.

Kost & Logis

● *Zeltplätze*

- *Campingplatz Trestraou:* zwei Schritte vom Strand entfernt. T. 96-23-08-11. Von April bis Ende September herrscht Betrieb.
- *La Claire Fontaine:* rue du Pont-Hélé. T. 96-23-03-55. Rund 800 m vom Trestraou-Strand entfernt. Juni bis September bewirtschaftet.

● *Preiswert*

- *Gästezimmer:* im Manoir de Keringant, route de Lannion, T. 96-48-09-87.
- *Le Gulf Stream:* 26, rue des Sept-Iles. T. 96-23-21-86. Nette Zimmer für 110-220 F mit Panoramablick. Ein Katzensprung zum Trestraou-Strand. Ab Mitte November bis Mitte März geschlossen sowie mittwochs außerhalb der Saison. Halbpension kostet 180-230 F.
- *Hôtel de la Mairie:* place de l'Hôtel-de-Ville. T. 96-23-22-41. In der Ortmitte, Strandnähe. Klassisches Hotel, korrekte Zimmer für 110-170 F. Ganzjährig auf.
- *Crêperie von Mme Hamon:* rue de la Salle, T. 96-23-28-82. In einem abschüssigen Sträßchen, gegenüber vom Parkplatz hinter dem Segelhafen. Bedienung bis 21.30h. Dieses Lokal war einst ein Geheimtip, in erster Linie wegen der vorzüglichen Crêpes, dann aber auch wegen des Genusses, der Wirtin bei der Zubereitung der Köstlichkeiten zugucken zu dürfen. Sie steht allein am Herd und wirft die fertigen Crêpes über ihre Schulter nach hinten, ohne deren »Flug« zu überwachen - trotzdem landen sie stets in den von der Bedienung dargebotenen Tellern!
- *La Chaum'Inn:* am Strand von Trestraou. T. 96-23-23-45. Terrasse mit Meeresblick, auf der sich die Gäste zwei Menüs schmecken lassen können, die ein gutes Preis-Leistungsverhältnis aufweisen. Meeresfrüchte, Garnelen, Krabben usw. Angenehme Bedienung.

● *Etwas vornehmer*

- *Les Feux des Iles:* 53, bd Clemenceau (Richtung Corniche). T. 96-23-22-94. Sonntag abends und montags sowie in der Zeit von April bis September geschlossen. Ungefähr 400 m bis zum Trestrignel-Strand. Eine vornehme Absteige in einem blühenden Garten mit Tennisrasen. Ganzjährig geöffnet. Hat eine gewisse Ausstrahlung und behagliche Zimmer für 280-400 F zu bieten. Die Küche genießt einigen Ruhm. Menü zu 110 F mit Austern, hausgemachter Fischsuppe, Hühnerbrust auf Knoblauchsahne oder Filet auf Tomatenmousse. Für 175 F, das Menü mit Gänseleber, drei verschiedenen Fischsorten mit Safran oder gespicktem Kalbsschnitzel mit Morcheln.
- *Au Bon Accueil:* rue de Landerval, T. 96-23-25-77. 100 m vom Jachthafen entfernt, also mit Blick aufs Meer. Die Zimmerpreise liegen zwischen 170 und 250 F, für die Halbpension berappt man 250-290 F. Eine erfreuliche Entdeckung in Perros-Guirec.

● *Äußerst schick*

- *Hôtel du Sphinx:* 67, chemin de la Messe. T. 96-23-25-42. Herrliche Lage über Meer und Strand von Trestrignel. Ein Hauch Nostalgie aus rosafarbenem Granit, Ziegeln und Sandstein. Ländliche Einrichtung. Vom 15. März bis zum 15. November geöffnet. Die meisten Zimmer bieten allen Komfort und Riesenfenster zum Meer. Doppelzimmer 300-400 F. Feine Küche, hauptsächlich Meeresfrüchte. Vom

Hotelgarten aus gelangt man zum Strand. Ausgezeichnete Adresse für betuchte Liebespaare.

Für Nachteulen

– *Pub Brittania:* 19, bd de la Mer. T. 96-91-01-10. Die Bar im Regency-Stil bietet eine große Auswahl an puren Malzbieren. *English spoken not necessary!*
– *New-Way Night-Club:* rue de Trebuic, beim Trestraou-Strand. T. 96-91-24-24. Ist eher 'was für Teenies.

Ausflüge und sonstige Unternehmungen

– *Savonnerie de Bretagne* (Seifenfabrik): 22, rue du Général-Leclerc. T. 96-23-23-32. Der Anblick der Vielzahl von Farben und die verschiedensten Gerüche lassen einen schwindeln! Sowohl fürs Auge als auch für den Geruchssinn ein wahres Vergnügen, zu vernünftigen Preisen erschwinglich.
– *Spazierfahrt zu den Sept-Iles:* mit den Vedettes Blanches, T. 96-23-22-47. Spätestens am Vortag der eigentlichen Fahrt sollte gebucht werden!

DIE KÜSTE VON PERROS-GUIRREC NACH TREGUIER

Ab Trestel wird die Küste weniger touristisch und die Luft erfrischender. Die Heide reicht bis zum Meer und nimmt es furchtlos mit dem Beton auf. Ab Port-Blanc verschärft sich der Kontrast zwischen einer sanften, weichen Landschaft und der zerklüfteten Küste mit ihren eigenwilligen Felsen und den zahlreichen Inselchen. Den Eindruck, welchen man von der rauhen Küste gewinnt, mildern grüne Wiesen und Wäldchen ab. Folgen wir den unglaublich engen Straßen, die überall und nirgendwohin führen, aber immer wunderhübsche Aussichten bieten. Spazierengehen empfiehlt sich hier vor allem am späten Nachmittag, wenn die Konturen deutlicher hervortreten; samtige Farben und Töne legen sich um die Dörfer und die winzigen Häfen. Die Wege entlang der *Côte des Ajoncs* sind übrigens mustergültig markiert.

PORT-BLANC (22710 Penvenan)

Bescheidener Hafen und Badeort, durchaus angenehm. Mehrere Strände mit feinem Sand. Mittendrin ein dicker Felsbrocken mit einer kleinen Betkapelle. Der berühmte Dichter Anatole Le Braz wohnte hier ebenso wie Théodore Botrel, Lindberg und der Arzt und Nobelpreisträger Alexis Carrel. Auf offenem Meer ereignete sich hier 1967 die Schiffskatastrophe des »Torrey Canyon« mit einer nie zuvor dagewesenen Ölpest.
Anmutige Kapelle aus dem 16. Jh. im Dorf, deren Dach fast bis zum Boden reicht. Innen Rundbogen und geschnitzte Holzkanzel. Im Kirchgarten ein Kreuzgang aus dem 17. Jh. Kostenlose Führung in der Hochsaison, jeweils montags und donnerstags um 17h (zugleich Informationen über die Regionalgeschichte). Ein malerischer Zollweg führt von Port-Blanc nach Buguélès.

Schlemmen und Schlummern

Während der Hochsaison platzt der Ort fast aus seinen Nähten, so daß diejenigen, die spontan, d.h. ohne Zimmerbuchung hier Erholung suchen, sich am besten zuallererst zum Zeltplatz begeben.
– *Grand-Hôtel de Port-Blanc:* am Strand, vis-à-vis der Betkapelle. T. 96-92-66-52. Klassisch, etwas antiquiert, ordentlich geführt und freundliche Aufnahme. Zimmer 130-185 F. Panorama-Restaurant. Menüs für 55, 90 und 160 F (mit Meeresfrüchten, Garnelen in Rahmsoße, Entenfilet mit Äpfeln, Käse und Nachtisch). Ideal für Familien und schmale Geldbeutel.
– *Hôtel-Restaurant des Iles:* gleich nebenan. T. 96-92-66-49. Von April bis Ende September geöffnet. Ordentliche Zimmer für 100-180 F. Uriger Speisesaal mit alten Geschirrschränken, karierten Tischtüchern, freundlicher und familiärer Atmo-

sphäre. Ausgezeichnete Menüs zu 68 (Meeresfrüchtespezialitäten und beeindruckende Käseplatte hinterher), 75 und 100 F (geräucherte Lachsmedaillons, Aalquappen-Filet mit Speckstreifchen oder ein schmackhaftes Fleischgericht, Käse und Nachtisch).
– *Hôtel le Rocher:* rue de la Sentinelle, T. 96-92-64-97. Keine Restauration, nur zehn Zimmer zu Preisen zwischen 100 und 200 F.

PLOUGRESCANT (22820)

Eine entzückende Halbinsel, umgeben von einem Kranz mit zum Teil bewohnten Inselchen und einer zerklüfteten Küste.

Unterkunft und Verpflegung

– *Zeltplatz von Plougrescant:* zwei Schritte vom Meer entfernt, T. 96-92-51-18.
– *Manoir de Kergrec'h:* in Plougrescant. Mme de Roquefeuil empfängt Hausgäste von Ostern bis Allerheiligen. Gästezimmer und Abendessen auf Vorbestellung.
– *weitere Gästezimmer:* bei Mme Janvier, route du Gouffre, T. 96-92-52-67.
– *Auberge de Pen-Ar-Feunten:* route de Penvenan, T. 96-92-51-02. Gegessen wir was auf den Tisch kommt. Ländlicher, schlichter Rahmen, aber sehr entgegenkommend und nicht allzu teuer. Für 200 F kommt man hier gut über die Runden.

● *Etwas gehobener*

– *Hôtel-restaurant le Crustacé:* place de l'Eglise, in Penvenan. T. 96-92-67-46. Vor allem die fünf Menüs zu 70-240 F sind den Umweg wert, die acht Zimmer hingegen (100-160 F) weniger.

Sehenswertes

– Die reizende *Bucht von Gouermel* läßt bei Hochwasser nur noch einen ganz schmalen Sandstreifen sehen.
– Die *Chapelle Saint-Nicolas* aus dem 16. Jh. und ihr ebenso alter Kalvarienberg verdienen durchaus einen Besuch.

BUGUELES, PORZ-SCARFF UND DIE POINTE DU CHATEAU

Eine Augenweide! Winziger Hafen; oben auf dem Hügel unbeschreibliche, flammende Sonnenuntergänge über den wie auf Perlenketten aneinandergereihten Inseln und Inselchen und der eingezackten Küste. Gemeindezeltplatz dicht an den Fluten. In *Porz-Scarff* ebenfalls eine hübsche kleine Bucht, nahezu verlassen. Rechts vom Hafen erheben sich die Felsen in lustiger Unordnung. Die enge, verspielte Straße schlängelt sich nach Belieben an der Küste entlang, zwischen Weiden, Kiefernwäldchen, Feldern, Bauernhöfen und Felsbrocken. Sie führt zu der *Pointe du Château* mit ihren enormen Granitfelsen. Wir wünschen jedem, hier im September anzukommen. Allein, um das ergreifende Gefühl von Heiterkeit, Frieden, innerer Ruhe zu genießen ... Bei Flut und Unwettern freilich stürzt das Meer heulend in die Schlucht von *Castel-Meur*, eine knappe Viertelstunde entfernt. Hier werden wir an den ewigen Kampf zwischen Land und Wasser erinnert.
Auch *Porz-Hir*, ein Stückchen weiter, ist bezaubernd. Bei *Er Varlenn, Castell, Plougrescant* eine andere wilde Bucht, mit der vorgelagerten Insel Loaven. Bewundern wir in Plougrescant das zwischen zwei Felsen dem Ozean trotzende Häuschen auf der Halbinsel, wo jeder dem Meer und der Einsamkeit Vertraute gerne leben würde. Angenehmer und preiswerter Zeltplatz ganz in der Nähe. Die Behauptung ist sicher nicht übertrieben, daß wir uns gerade in einer der schönsten Gegenden überhaupt der Bretagne befinden.
Dieser Eindruck bestätigt sich auch vom Meer aus. Selbst die nicht ganz Seefesten sollten eine Ausfahrt auf dem 9 m langen Segelschiff (»Marie-Georgette) von Pascal Jeusset mitmachen. Der Tagesausflug kostet 150 F, sich anmelden kann

man unter T. 96-92-58-83 oder im *Café Arvrag*, T.96-92-51-03. Dort trifft man den Käptn meist auch persönlich.

DIE KAPELLE VON SAINT-GONERY

Als krönender Abschluß unser Entdeckungsreise erweist sich eines der Kleinode unter den Kirchen an den Côtes-d'Armor: die eigenwillige Kapelle von Saint-Gonéry. Ihr windschiefer Glockenturm fordert uns unmißverständlich zum Anhalten auf. Sie liegt 7 km nördlich von Tréguier, in der »Bannmeile« von Plougrescant. Sollte sie abgeschlossen sein, kann der Schlüssel in einem der Häuser auf der anderen Straßenseite besorgt werden. Normalerweise übernimmt eine charmante Dame selbst die Führung. Zur Straße hin fällt der romanische Teil aus dem zehnten Jahrhundert auf. Er erweckt den Eindruck einer Festung. Der übrige Teil der Kapelle stammt aus dem 15. Jh., der geneigte Turm aus dem Jahre 1612. In der Pfarreieinfriedung steht eine achteckige Kanzel aus dem 16. Jh. Die Decke der Kapelle ist einem umgekippten Schiffskiel nachempfunden und wurde übrigens von Schiffsbauern angefertigt. Hier ist eine bemerkenswerte Freskenreihe aus dem späten 15. und dem 18. Jh. zu sehen, von perfekter Naivität, bisweilen unbeholfen im Ausdruck, aber farbenfroh und fantasievoll: Erschaffung der Welt, der Tiere, von Adam und Eva usw.; die ganze Genesis und das Neue Testament. Unter dem Turm, das über dreihundert Jahre alte Grab des Heiligen Gonéry, jenes irischen Mönches, der das Fieber vertrieb. Die Seeleute pflegten immer eine Handvoll Erde vom Grabdeckel mit auf Reisen zu nehmen. Eine Alabasterstatue der Jungfrau Maria wird auf das 16. Jh. zurückdatiert. Mausoleum eines Bischofs von Tréguier aus derselben Epoche. Darüber schön geschnitzte Rahmhölzer, unter anderem die Darstellung der sieben Todsünden. Am Ostermontag *Fête de Saint-Gonéry*. Der Schädelknochen des Heiligen wird am vierten Sonntag im Juli in einer Prozession durch den Ort getragen.

TREGUIER (22220)

Die »Hauptstadt« des Trégor, wo Jaudy und Guindy zusammenfließen. Eine der schönsten und charaktervollsten Städte auf bretonischem Boden. Gleichzeitig reichlich bürgerlich, klerikal und konservativ. Bis zur Revolution war Tréguier bedeutender Bischofssitz. Hier bleibt wenig Platz für Randgruppen und Außenseiter. Zwar hat Tréguier heute keine Vorrechte mehr, doch liegt immer noch etwas von seiner glänzenden Vergangenheit in der Luft. Etwas ausgesprochen Vornehmes, Gemessenes. Renan schrieb über diese seine Heimatstadt: »Sie war ein riesiges Kloster, wohin kein Geräusch der Außenwelt drang.«
– *Fremdenverkehrsamt:* im Rathaus. T. 96-92-30-19. Sehr hilfsbereite, geradezu aufopfernde und kompetente Mitarbeiter.
– *Touristik-Komitee des Küstenstreifens Trégor-Goélo:* im Kerantour-Haus, 22740 Pleudaniel. T. 96-22-14-08. Das ganze Jahr über geöffnet. Das Büro befindet sich am Rand der Straße zwischen Tréguier und Paimpol und hält Informationen auf allen Gebieten bereit.
– *Hafenmeisterei: T.* 96-92-42-37.

Zum Inspizieren

– *Die Kathedrale Saint-Tugdual* zählt zu den Meisterwerken religiöser bretonischer Architektur und besitzt dreieinhalb Türme: einen runden, einen viereckigen romanischen (12. Jh.), einen viereckigen gotischen (15. Jh.) und eine 63 m hohe Turmspitze (18. Jh.) obenauf. Erbaut aus Schiefer, Caen-Stein sowie grauem und rosafarbenem Granit. Ein Reigen verschiedener Formen, Größen und Farben, vor allem bei wechselnden Lichtverhältnissen. Die 1339 in Angriff genommenen Bauarbeiten zogen sich 150 Jahre lang hin. 1794 wurde die Kathedrale von den rund tausend »Bleus« des Bataillons von Etampes geplündert. Nach außen betören die Pforten und die Südfassade. Über dem Haupteingang, eine breite Öffnung im

Rayonnantstil. Innen denkt man unweigerlich an Chartres. Schon beim Eintritt wird der Besucher regelrecht gen Himmel gezogen in diesem 40 m hohen Gewölbe. Elegante Arkaden mit gotischen Bogenrundungen im Chor. Spitzbogen, die in grotesken Figuren auslaufen.

Mitten in der Kirche, eine etwas schwerfällige und überfrachtete Kopie des Mausoleums von Sankt Ivo, im 15. Jh. entstanden und während der Französischen Revolution wieder zerstört. Bemerkenswert auch das Chorgestühl (1509). Man achte auf die Einzelheiten: die Künstler haben hier eine unglaubliche Ausdrucksfreiheit und einen verblüffenden Realismus an den Tag gelegt.

Zum *Kirchenschatz* der Kathedrale gehören antike Statuen, Reliquien, religiöse Einrichtungsgegenstände usw. Zu guter Letzt der Kopf des Heiligen Ivo in einem Reliquienkästchen, das meist im Reliquienschrein den neugierigen Blicken entzogen ist. Was haben die Katholiken denn nur immer mit diesen alten Knochen?

Auf dem Weg zum Kirchenschatz und zum Kreuzgang kommt man an einem mächtigen romanischen Stützpfeiler vorbei, dessen sechs Kolonnen zwei Rundbogen halten. Ihre Kapitele zeigen Blumen und Flechtwerk. Neben dem Eingang zum Kreuzgang, ein Marienaltar mit ausgesprochen zierlichem Schnitzwerk. Herrliches Kloster in spätgotischem Stil, das als das besterhaltene und ursprünglichste der Bretagne gilt. Zahlreiche Gräber. Von der dem Eingang entgegengesetzten Seite aus eröffnet sich die beste Perspektive über den gesamten Komplex und die verschiedenen Bauepochen.

– *Das alte Tréguier:* die Straßen und Gassen rund um die Kathedrale sind selbstverständlich Pflicht. Das Auto stellt der Besucher am besten in der Nähe des Hafens ab, um dann die *Rue Ernest-Renan* zur Kathedrale »hinaufzusteigen«, oder man parkt auf dem Platz der Republik, gegenüber des Gymnasiums, und bummelt die *Rue Kercoz* hinunter in die Stadt. In der *Rue Colvestre*, ein wunderschönes Haus mit Holztäfelung, vor allem aber auch vornehme Residenzen aus Granit. Marschieren wir hoch bis zur *Rue Marie-Perrot*, um die gotische Pforte und die Treppe gegenüber vom einstigen Bischofssitz in Augenschein zu nehmen. Die schmale *Rue Saint-Yves* besitzt allerdings mehr Reiz und mündet auf den Kathedralenplatz.

– *Das Geburtshaus von Ernest Renan:* rue Ernest-Renan. In dem eleganten Fachwerkhaus befindet sich ein kleines Museum über den namhaften Geschichtswissenschaftler und Philosophen. Zu besichtigen 10-12h und 14-18h. Dienstags und mittwochs geschlossen. Renan bewohnte dieses Haus 15 Jahre lang und kehrte in den Ferien immer wieder dorthin zurück. Neben verschiedenen Andenken findet der Besucher hier auch Renans Arbeitszimmereinrichtung aus dem Collège de France.

Die Prozession von Saint-Yves

Findet jedes Jahr am dritten Sonntag im Mai statt, eine der inbrünstigsten in der Bretagne. Das Schreinkästchen mit dem Schädelknochen des Heiligen Ivo wird während der Prozession spazierengetragen. Ivo war lange Zeit geistlicher Richter gewesen und erwarb sich dadurch den Ruf eines unbestechlichen und gütigen Mannes, zu dem das Volk sich drängte. Er nahm Kranke und Bettler in seinem Haus auf, fastete drei Tage in der Woche und bettete sein Haupt abends auf einen Stein statt auf ein Kopfkissen. Am 19. Mai 1303 starb er völlig entkräftet. Das kommt davon! Bis heute wird er als Schutzherr der Anwälte und der Armen verehrt.

Gaumenfreuden

– *L'Auberge du Trégor:* 3, rue Saint-Yves. T. 96-92-32-34. Täglich geöffnetes Restaurant, dessen Menüs bei 65 F beginnen. Die Besitzer heißen die Gäste herzlich willkommen.

– *Hôtel-restaurant de l'Estuaire:* am Anleger des Segelhafens, T. 96-92-33-49. Schöne Aussicht, dazu mehrere Gerichte ab 65 F, Zimmer zu 190 F.

Ein nobleres Nachtquartier

– *Kastell Dinec'h:* route de Lannion, T. 96-92-49-39. Eleganter bretonischer Herrensitz, der in ein Hotel-Restaurant umgewandelt wurde, dabei aber sein ursprüngliches Mobiliar und seine besondere Atmosphäre behielt. Im Garten steht den Gästen ein Schwimmbecken zur Verfügung. Die fast schon luxuriös zu nennenden Zimmer kosten zwischen 230 und 380 F. Zwar muß der Speisegast für das erste Menü »nur« 90 F bezahlen, aber die Gerichte à la Carte sind dermaßen verlockend, daß die Rechnung eher auf 200 F kommt! Trotzdem stellt diese Adresse eine schöne Etappe dar, nur einige Kilometer vom Meer entfernt.

Auf ein gutes Glas Cidre und ein paar Crêpes

– *La Manufacture de Krampouez:* 8, rue Saint-Yves. T. 96-92-34-77. Der sympathischste Ort, um einen kräftigen Schluck Cidre und köstliche Crêpes vom Holzkohlenfeuer zu sich zu nehmen. Für 70 F allerhöchstens wird man pappsatt. Großer heimeliger Speisesaal in einem malerischen, alten Haus. Fotos, Spielzeug, Spiele und Bücher, die zu dem ungewöhnlichsten und provokantesten gehören, was vor allem auf ökologischem Gebiet in breonischer Sprache erschienen ist. Der gastfreundliche Eindruck begleitet jeden noch ein Stück auf der Weiterreise durch den Trégor.

Verkehrsanbindung

– *Busverkehr: Cie Guégan Roger,* T. 96-22-37-05. Nach Paimpol und Lannion.

In der Umgebung

Tréguier ist Ausgangspunkt für eine Wanderung auf der »wilden« Halbinsel, der *Ile Sauvage.*
● **Pontrieux**: wie sein Name es schon anzeigt, besteht der Ort im wesentlichen aus einer prächtigen Brücke und einem angrenzenden Platz mit mittelalterlichen Häusern.
– *Gästezimmer:*
bei Jean-Loup Hervé auf dem Kerléo-Hof in Pléozal. T. 96-95-65-78.
● **Pleubian**: hier entdeckt man die älteste Freiluftkanzel der Bretagne (15. Jh.). Ziemlich hoch, rund, mit einem herrlich skulptierten Passionsfries. Zeit und Wetter haben tiefe Spuren hinterlassen, aber noch immer wirken die dargestellten Szenen erstaunlich lebendig, z.B. der Kuß des Judas, die Geißelung u.a. Szenen.
Am Ende der Halbinsel, in Armor, eine geologische Kuriosität: der *Sillon de Talbert,* eine Art natürlicher Landzunge aus Sand und Steinen, drei Kilometer lang, die von den zwei in entgegengesetzter Richtung strömenden Flüssen – Jaudy und Trieux – angespült wurde. (Im Juli wird an dieser Stelle ein musikuntermaltes und beleuchtetes Drachensteigen organisiert.) Mit seinen 45 m Höhe ist der *Phare des Héaux* der höchste Leuchtturm Frankreichs auf offener See.
● **Die Meerwassermühle von Traou-Meur-en Pleudaniel**: T. 96-20-17-32. Während des Sommers täglich außer montags und dienstags zugänglich. Massives Bauwerk des 17. Jhs, am Ufer einer Trieux-Bucht vollständig erhalten. Der Besuch ist vor allem in technischer Hinsicht von Belang: Klappen des Wasserkanals, Ziehschützenräder, Mühlsteine und ähnliches Zubehör.
● **Das Algenforschungs- und Verarbeitungszentrum**: in Larmor-Pleubian, T. 96-22-93-50. Eine weitere technische und gastronomische Entdeckung, äußerst ungewöhnlich. Es handelt sich hier um ein Labor, das der Zucht und der Nutzung der auf dem riesigen Felsplateau zwischen der Ile de Bréhat und dem Festland geernteten Algen nachgeht. Sie werden zum Beispiel zu Dünger, Kosmetik, Speiseeis, Bohnerwachs, Filmen, Lötstäben, Fischpudding, Suppen und sogar Stoffen verarbeitet. Wer jetzt noch Lust auf einen frischen Algensalat hat, der kann zulangen. In den Sommermonaten Juli und August werden die Lernwilligen dienstags, mittwochs und donnerstags (nur an den Nachmittagen) willkommen geheißen.
– *Campingplatz Port-la-Chaîne:* in Pleubian, T. 96-22-92-38. Mutet wie ein Blumengarten an, in Familienverwaltung.

● **Das Château de la Roche-Jagu:** Öffnungszeiten täglich 10-12 und 14-19h. T. 96-95-62-35. Etwa 10 km südöstlich von Tréguier am Ufer des Trieux, knapp 60 m hoch gelegen. Strategisch besonders günstige und außerdem landschaftlich herrliche Lage. Entstanden ist es im 15. Jh. als ein Mittelding zwischen Schloß und Herrenhaus. Zum Hof hin weist es eine elegante Fassade auf. Küche und Kapelle sind zu besichtigen. Zahlreiche skulptierte Kamine, wechselnde Ausstellungen. Auf einem Rundweg erschließt sich dem Besucher das Panorama der Flußmäander. Die Gefahr, über ein Möbelstück aus vergangenen Zeiten zu stolpern, besteht nicht: es gibt kein Mobiliar!

● **Runan:** unterscheidet sich von zahllosen ähnlichen geschichtslosen Dörfern nur durch sein reizendes Kirchlein aus dem 14. und 16. Jh.: vier Giebel und ein spitz auslaufender Kirchturm mit Balustrade, der Eingang von zahlreichen Gestalten bewacht, skulptierter Türsturz (Pietà und Mariä Verkündigung). Ein Dutzend wappenähnlicher Mauervorsprünge an der Fassade. In der Ecke ein bescheidenes Beinhaus. Innen, hinter dem Choraltar, ein wunderbares Kirchenfenster und Altarblätter aus dem 18. Jh.

Vor der Kirche steht eine der wenigen der in der Bretagne noch erhaltenen Freiluftkanzeln, überragt von einem Kalvarienberg.

● **Das Burg von Brédily mitsamt Anwesen:** T. 96-95-69-38. Aus dem 16. Jh. Auf den Ruinen eines aus dem 14. Jh. stammenden Schlosses errichtet, welches während des bretonischen Thronfolgekrieges zerstört worden war. Telefonische Anmeldung für einen Besuch.

● **Das Burg von Kermezen:** T. 37-31-84-56. Seit fünf Jahrhunderten im Besitz der Familie von Kermel. Ausgesprochen schöne Fassade aus dem 18. Jh. Ebenfalls telefonische Anmeldung.

PAIMPOL (22500)

Penn-Poull auf bretonisch, was soviel heißt wie »Kopf des Teiches«, zählt heute 7851 Bewohner. Von der in Théodore Botrels Chanson besungenen Folklore ist kaum etwas zu sehen.

In der Tat: übriggeblieben vom einstigen Ruhm des Hafens von Paimpol und seiner Islandfischer sind Erinnerungsstücke wie die reichen Schiffsreederhäuser und die Matrosenfriedhöfe. Im übrigen lebt Paimpol hauptsächlich von den Touristen, die gerne durch die Gassen der Altstadt und über die Kais des Fischerei- und des Jachthafens schlendern. Alle Gebäude des *Quai Duguay-Trouin*, der sich dahinter entlangzieht, sind niedergewalzt und anschließend in einem pseudo-bretonischen Seemannsstil wiederaufgebaut worden.

– *Fremdenverkehrsamt:* im Rathaus, rue Pierre Feutren. T. 96-20-83-16. Auskünfte von 9-12 und 14-17h. Während der Saison bis 19.30h (sonntags bis 12h). Freitags erstellen die Mitarbeiter eine Liste mit dem aktuellen Programm und den Freizeitangeboten der Gegend, das Blatt ist sogar in deutsch verfaßt! Unbedingt besorgen!

– *Haus der Wassersportler:* quai Neuf, T. 96-20-47-65.

– *Telefonischer Wetterdienst:* 96-20-01-92.

– *Busbahnhof:* 96-33-36-60 oder 96-22-37-05.

– *Bahnhof SNCF:* 96-20-81-22.

– *Post:* av. du Général-de-Gaulle.

Unterkunft und Verpflegung

Alles, was sich im Hafenbereich befindet, ist abends voller Leute und entsprechen laut. Dies ist eine Warnung!

– *Hôtel des Chalutiers:* 5, quai Morand. T. 96-20-82-15. Von Mitte Oktober bis Mitte März geschlossen. Kleines Hafenhotel mit ganz ordentlichen Zimmern (mit angenehmem Blick auf den Hafen) für 90-300 F. Der letztgenannte Preis gilt für ein Vierbettzimmer.

– *Hôtel Le Goëlo:* quai Duguay-Trouin. T. 96-20-82-74. Ganzjährig geöffnet. Modernes Gebäude mit Hafenblick. Einwandfreie Zimmer für 130-250 F (Dusche, WC, Fernseher).
– *Hôtel l'Origano:* 7 bis, rue due Quai. T. 96-22-05-49. In einem charakteristischen Altstadthaus. Nicht allzu geräumige, aber komfortable Doppelzimmer von 180-200 F. Montags Betriebsruhe.
– *Jugendherberge:* im Schloßgarten von Kerraoul. T. 96-20-83-60. Klasse Jugendherberge in einem stattlichen Bürgerhaus, das schon Ähnlichkeit mit einem Schlößchen hat. Zeltmöglichkeit. Während des ganzen Jahres offen, manchmal auch Angebote von Kajak-Kursen.
– *Zeltplatz Cruckin Kérity:* der Stadt am nächsten. T. 96-20-78-47. Offen von Ostern bis zum 30. September.
– *Restaurant du Port:* 17, quai Morand. T. 96-20-82-76. Sonntag abends, montags und im Januar geschlossen. Klassische Einrichtung, Panoramablick vom ersten Stock aus. Eher unfreundliche Wirtin; dafür ist das Preis-Leistungsverhältnis beim Essen mit 56, 72 und 98 F nicht zu verachten, was Meeresfrüchte, gekochten Lachs oder Seezunge nach Müllerinart, Käse und Nachtisch betrifft. Weiteres Menü zu 146 F und sehr gute Meeresfrüchteplatte für zwei Personen für 175 F.

● *Schon besser*

– *Eurotel Paimpol:* am Rand des Industriegebietes rechterhand in Richtung Landvollon. T. 96-20-81-85. Ganz neues und modernes Hotel-Restaurant in den Händen einer sympathischen und zuvorkommenden Familie. Ein Übernachtungsaufenthalt mit Abendessen kostet für zwei Personen 462 F; bei diesem Preis wird man aber schon ganz schön verwöhnt.
– *Le Repaire de Kerroc'h:* 29, quai Morand, am Jachthafen. T. 96-20-50-13. Dienstags geschlossen. In einem tollen alten Reederhaus. Gefällige Doppelzimmer zu 300-450 F. Leckere Gerichte, Menü für 110 F mit Salat, Fischplatte mit Butter und einem Nachtisch. Für 165 F , Austern, Seebarbe mit Basilikum in Butter gebraten, heißer Ziegenkäse, köstliche Desserts. Auf der Terrasse verspeist man seine Langusten, Muschel- und Meeresfrüchte.

Zum Ausgehen und Tanzen

– *La Falaise:* hinten im Hafen, rechtes Ufer, zu Beginn des Quai de Kernoa. Die zierliche Renée versteht es, in ihrem Seemannspub eine Höllenstimmung zu erzeugen.
– *Bar-dancing le Pub:* rue des Islandais, am linken Hafenflügel hinter dem Quai Morand. Wenn nicht gerade getanzt wird, bestreitet Wirtin Françoise die Unterhaltung. Im ganzen Viertel mangelt es übrigens nicht an Diskos und Bars.

Sehenswürdigkeiten

– *Die Altstadt:* auf der Place du Matray und rundherum ein paar herausragende Beispiele für die ortsübliche Bauweise. Ecke *Rue de l'Eglise* ein prächtiges Reederhaus aus der Renaissance mit einem viereckigen Ecktürmchen und gleich nebenan die *Rue George-Brassens:* die Namensgebung ist sympathisch, aber auch nicht gerade ungewöhnlich, da Brassens immerhin mehr als dreißig Jahre lang seine Ferien in Paimpol und Lézardrieux verbracht hat. *Nr. 5, rue de l'Eglise:* ein Fachwerkhaus mit Schnitzereien; und in der *Rue des Huit-Patriotes* Nr. 8, ein noch älteres Fachwerkhaus mit skulptierten Figuren an allen vier Ecken. In dieser Straße lädt noch dazu ein Café-Theater zu einem Besuch ein.
– *Meeresmuseum:* quai Pierre-Loti. T. 96-20-80-15. Täglich zu besuchen an Ostern und zwischen dem 15. Juni bis zum 15. September 10-12h und 15-19h. Das kleine Museum erzählt die Saga der Islandfischer anhand von Fotos, Modellen, Dokumenten (Logbücher, Briefe usw.) und anderem mehr. Im Sommer werden die Besucher auf Wunsch umsonst auf einem Schiff aus dem Jahre 1938, der *dundee* Mad Atau, herumgeführt.

In der Umgebung

● **Kloster Beauport:** südlich von Paimpol, ortsausgangs von Kérity. T. 96-20-81-59. Klosterruine aus dem 13. Jh.; galt lange Zeit als schönstes Kloster in der Bretagne. Die Überreste sind auch noch sehenswert. In der Hochsaison Besichtigungszeiten täglich von 9.30-12h und 14-19h. Der Stiftssaal und die Ruinen des Klostergangs, alles überaus idyllisch, sind zu besichtigen. Während der Saison empfiehlt sich der Besuch erst recht wegen des ausgezeichneten Kulturprogramms mit Ausstellungen und Klassikkonzerten.

– Ein *großer Rundwanderweg* führt von Paimpol über die ganze Halbinsel durch Porz-Even, die Landzunge von Arcouest, Loguivy, die *Rue Keralain*, über Feldwege und holprige Küstenpfade – ein fantastischer Fußmarsch. Auskunft beim Fremdenverkehrsamt in Paimpol einholen oder einen Blick auf die Wanderkarte werfen.

– Für einen anderen ungewöhnlichen Ausflug besteige man den Zug der Strecke Paimpol- Guingamp, der bis nach Pontrieux am Ufer des Trieux entlangfährt. Auf diese Weise entdeckt man nacheinander die Ruinen des Hauses derer von Renan und das Heideland um Lancerf, wo der Normannenkönig Incon und seine Wikinger 931 geschlagen und vertrieben wurden.

Darauf folgt eine Ansicht auf ein Herrenhaus, dessen Besitzer spurlos verschwand und wahrscheinlich einem Verbrechen zum Opfer fiel. Jedenfalls gab es einen Verdächtigen, der 1924 dann auch für 22 Jahre ins Zuchthaus kam. Nachdem der Zug bei Frynaudour den Leff überquert hat, wird das Schloß von Roche-Jagu sichtbar (siehe weiter oben). Die Fahrt ist nun fast zu Ende – Pontrieux, alles aussteigen! Hoch lebe der Bummelzug!

Verkehrsverbindungen ab Paimpol

– *Nach Bréhat:* über Ploubazlanec und die Landzunge von Arcouest. Mit der CAT, T. 96-33-36-60, mehrmals täglich im Sommer.

– *Nach Pleubian, L'Armor* (Sillon de Talbert), *Plougrescant* (Kirche Saint-Gonéry), *Penvenan* (Port-Blanc), *Lannion*. Mit der CAT.

– *Nach Loguivy: Compagnie Guégan Roger*, T. 96-22-37-05. In der Regel drei Busse pro Woche.

– *Nach Lannion:*über Lézardrieux, Tréguier, La Roche-Derrien. Mit der *Cie Guégan Roger.* T. 96-22-37-05.

– *Nach Saint-Brieuc:* über Lanloup, Saint-Quay-Portrieux, Binic. Mit der CAT, T. 96-33-36-60. Täglich etliche Busse.

PLOUBAZLANEC (22620)

Ortschaft nördlich von Paimpol mit einem der rührendsten Seefahrerfriedhöfe in der Bretagne. Entlang einer Mauer erinnern Gedenktafeln an die schweren Verluste der Islandfischer. Schlichte schwarzbemalte Holzbretter, auf denen sich die Namen der Ertrunkenen aneinanderreihen, in zögernden Schriftzügen und kargen, fast verschämten Worten. Über hundert Schoner gingen unter; und mit ihnen zweitausend Mann, über denen – um mit Brassens zu sprechen – »sich das Meer nie mehr schließen wird ...« Der Islandfischzug begann Mitte des 19. Jh. Die Schiffe liefen mit rund zwanzig Mann Besatzung für jeweils sechs Monate aus. Das Jahr 1895 zeigte den Höhepunkt an mit 82 Schonern. 1935 machten sich nur noch zwei Schiffe auf ihre weite (und letzte) Reise.

Am Ortsausgang in Richtung Porz-Even halten wir an der Kapelle von *Perros-Hamon* mit der zierlich gestalteten Fassade. Auch hier hängen am Eingang ergreifende Votivtafeln.

Malerisch und ruhig ist der Hafen von *Porz-Even*, in dem Pierre Loti die Vorbilder für seine Romanhelden in *Pêcheurs d'Islande* (Islandfischer) fand.

Folgen wir dem Hinweisschild zum *Croix des Veuves* (Witwenkreuz), am Ende der Straße auf einem Erdhügel. Hier warteten die Frauen und Mütter der Seeleute auf die Heimkehr ihrer Männer. Davor steht eine von Wind und Wetter gezeichnete Statue. Weites Panorama der Inselchen und Klippen im Meer.

Kost & Logis

– *Pension Bocher:* in der Hauptstraße von Porz-Even. T. 96-55-84-16. Boden-ständiges, efeubewachsenes Gebäude, hübsche Zimmer für 100-290 F (für drei Personen). Köstliche Menüs ab 95-220 F; empfehlenswerte Hummerspezialitäten.

LOGUIVY-DE-LA-MER (22620)

Ein reger Hafenort, tief in eine Bucht geschmiegt, der seine Authentizität zu bewahren vermochte. Hier geht's immer malerisch und bunt zu, ob bei Ebbe oder bei der Heimkehr der Fischer. Nach links, zum Meer hin, erfaßt man mit einem Blick die Trieux-Mündung und sämtliche Inseln. Für die Bolschewisten und über-zeugten Leninanhänger unter unseren Lesern sei erwähnt, daß der große Theore-tiker der Revolution sich hier vom Klassenkampf erholte; das war im Juli 1902.

DIE LANDZUNGE VON ARCOUEST

Fährhafen zur Insel Bréhat, 9 km nördlich von Paimpol. Vom Vorgebirge aus genießt man eine vorzügliche Aussicht über das Inselmeer. Wissenschaftler schätz(t)en diesen Ort besonders. Pasteur, Frédéric und Irène Joliot-Curie sowie der Physiker und Nobelpreisträger Jean Perrin fanden oft hierher.
– *Campingplatz Rohou:* hoch über dieser reizenden Landschaft. Betrieb während des ganzen Jahres. T. 96-55-87-22. Luxuriöses Hotel am Landesteg nach Bréhat.
– *Gästezimmer: Kerloury,* bei J. Le Goaster, 22500 Paimpol. An der Straße, die Loguivy mit der Verkehrsachse Paimpol-Tréguier verbindet, also zwischen Paim-pol und Lézardrieux gelegen. T. 96-20-85-23. Das Dorf besitzt charaktervolle Häu-ser aus dem hier verbreiteten Stein. Am Eingang ein Kalvarienberg. Die oben genannte Dame vermietet fünf Gästezimmer mit Frühstück für 150-250 F. Außer-dem sind zwei Ferienwohnungen (für vier bis fünf oder acht Personen) zu mieten. In dem Zeitraum von Juni bis August kann auf dem Bauernhof sogar gezeltet werden, für Koch- und Duschgelegenheit ist gesorgt.

DIE INSEL BREHAT (22870)

Überaus touristisch während der Saison, was kein Wunder ist. Hier regnet es erheblich weniger als auf dem Festland. Im Mikroklima der Insel gedeiht eine mittelmeerähnliche Vegetation: Eukalyptusbäume, Palmen, Mimosen, Feigen-bäume usw. Die Hortensienbüsche werden teilweise riesengroß. Die Insel mißt etwa 3,5 km in der Länge und 1,5 km in der Breite. Allerorten prangen die herr-lichsten Villen. Autos gibt es keine (bis auf zwei Notarztwagen) – ein Paradies für Spaziergänger. Die Anschaffung des letzten Traktors wurde in der Tat zur Staats-affäre hochgespielt, da es immer mehr Landwirtschaftsmaschinen gibt. Die Anzahl der Bauern verhält sich aber leider umgekehrt proportional dazu, denn auch diese Insel hat mit der Landflucht zu kämpfen. Traditionellerweise bewegt man sich auf Bréhat mit einem kleinen Bauernkarren oder dem Fahrrad vorwärts.
In der Nähe von Port-Clos liegt der malerische Strand von *Guerzido,* mit Sand und Kieseln, sehr gut windgeschützt und sicher. Über den sich an der Küste entlangschlängelnden Pfad zu erreichen. Le Bourg, die »Inselhauptstadt«, wartet mit einem goldigen Dorfplatz und einer Kirche aus dem zwölften Jahrhundert auf, die bauliche Veränderungen aus dem 18. Jh. aufweist. Innen ein wundervolles Altarblatt, das mit den zwei Seitenaltären ein klassisches Ensemble des 17. Jhs bildet. Das Gesangspult aus dem 18. Jh. soll aus England kommen. Die Kanzel, 16. Jh., wird von einer bemerkenswerten Karyatide gestützt. Ansonsten gibt es noch einige Statuen und das Modell einer Fregatte, der *Reder-Mor,* zu sehen.
Die höhergelegene Kapelle Saint-Michel (1852) ist ein günstiger Aussichtspunkt über die Gegend. Wenige Schritte weiter stößt man auf eine ehemalige Mühle. Über die Brücke *Ar Prat,* von Vauban konstruiert, gelangt man zum Nordteil der Insel. Hier ist die Landschaft rauher, Heide und Felsen überwiegen. Es handelt

sich um den stürmischsten Teil der Insel: die Küste scheint in tausend Stücke rosafarbenen Granits zersplittert. Zwei Leuchttürme warnen die Schiffe: *Rosédo* und, am äußersten Ende, der Leuchtturm *Paon*. Am Fuße des Leuchtturms lassen sich tausend Abenteuer erträumen.
Übernachtungsmöglichkeit in mehreren Hotels. Auskunft beim Fremdenverkehrsamt in Paimpol.

Anreise

– *Anlegehafen an der Pointe de l'Arcouest*. Parkplatz für mehrere hundert Autos. Auskunft unter T. 96-55-86-99. Öffnungszeiten des Hafenbüros: 8.30-18.30h zwischen dem 1. April und dem 30. September. Von April bis Anfang Juli und im September legen täglich zwischen 8.30h und 19h etwa zehn Schiffe ab, im Juli / August mehr.
– *Inselrundfahrt:* knapp einstündiger Ausflug ins Inselmeer. Abfahrtszeiten 10.45h und 14.45h vom 1. Mai bis zum 9. Juli sowie im September. Vom 10. Juli bis zum 31. August täglich neun Fahrten zwischen 9.30h und 16.45h. Man kann sich auf der Insel absetzen lassen und mit einem der regulären Pendelschiffe zurückkehren. Auskunft T. 96-20-00-66 und 96-20-00-11.
– andere mögliche Ausfahrten: auf dem Trieux oder in der Bucht von Saint-Brieuc.

Nützliche Adressen

– *Fremdenverkehrsamt:* im Rathaus, T. 96-20-00-36. Verwaltet außerdem den städtischen Zeltplatz.
– *Ruderklub:* T. 96-20-00-95.
– *Fahrradvermietung:* T. 96-20-03-51. Im Geschäft von Rosine Dalibot in Port-Clos, rechts am Ortseingang.

Unterkunft und Verpflegung

Obwohl wir nichts Außergewöhnliches gefunden haben, heißt das noch nicht, daß ihr unbedingt ein Zelt und was zu essen mitbringen müßtet, so ja nun auch nicht!
– *Terrasse und Belle Vue:* in Port-Clos. Modernisierte Zimmer mit Blick aufs Meer, für zwei Personen 250 F. Menüs von 90 F bis 250 F.
– *Restaurant La Potinière:* am Strand von Guerzido. Schön ruhig und gut gelegen. Das einfache Menü kostet 90 F.
– *Crêperie Ty Jannet:* beim Rathaus. Auch Außer-Haus-Verkauf, nette, freundliche Bedienung.

VON PAIMPOL NACH SAINT-BRIEUC

Südlich von Paimpol erstreckt sich die Region von Goëlo, eine idyllische Landschaft zum Auskundschaften. Noch sind wir auf bretonischem Gebiet. Ab Plouha ändert sich die Sprache allmählich. Links und rechts der Straße Paimpol-Saint-Brieuc erheben sich einige meisterhafte Kirchen, die man sich nicht entgehen lassen sollte. Außerdem mehrere Bauernhöfe mit hervorragender Bewirtung und Übernachtungsmöglichkeiten.
● **Der »Tempel« von Lanleff:** auf halber Strecke zwischen Paimpol und Lanvollon. Einmaliges Kirchlein wegen seiner runden Form, die sie nur mit der Kirche *Sainte-Croix* in Quimperlé teilt. Im elften Jahrhundert im reinsten romanischen Stil erbaut, nach den Plänen des Grabmals in Jerusalem. Obwohl die Kuppel fehlt, beeindruckt die Kirche durch ihre primitive, rauhe Schlichtheit. Sie erinnert unweigerlich an einen kleinen römischen Tempel. Gut erhaltenes zentrales Rundgebäude mit seinen Arkaden und den von unbeholfener Hand gemeißelten Kapitellen.
● **Die Kapelle von Kermaria-an-Iskuit:** an der Straße nach Plouha. Im frühen 13. Jh. errichtet und im 15. und 17. Jh. erweitert. Im Spitzbogeneingang buntbemalte Apostelfiguren aus Holz. Das eigentlich Originelle an der Kapelle finden wir im Innenraum: mehrere Fresken, darunter ein seltsamer Totentanz entlang des Kirchenschiffes aus dem Jahre 1490. Jede zweite Gestalt reicht ihre Hand einem Leichnam. Richten wir unsere Aufmerksamkeit auf die Details in der Kleidung der

rund fünfzig dargestellten Personen, an denen ihre gesellschaftliche Stellung vom Bauern bis hin zum Bischof deutlich wird.

● **Lanloup:** Dorf mit einer entzückenden Kirche aus dem 15. Jh. Bemerkenswerte Pforte mit Apostelstatuen unter ziselierten Baldachinen, eindrucksvoller Kalvarienberg. Auch der Friedhof existiert noch und rundet den harmonischen Gesamteindruck ab. Zwei Kilometer vom Dorf entfernt stößt man auf das *Manoir de la Noé Verte,* ein ansprechendes Bauwerk aus dem 15. Jh. Mehrere Räume mit noch erhaltenem Mobiliar stehen dem Besucher offen. Im dazugehörigen Park kann man anschließend Kaffee trinken und den freilaufenden Pfauen zusehen.

● **Bréhec:** winziger Hafen in einer Bucht, die von den Landzungen *Pointe de la Tour* und *Pointe de Berjule* umschlossen ist. Bei Ebbe kann man das Meer weit draußen nur erahnen; die Fischerboote stranden dann auf dem sandigen Boden, der voller Muscheln ist. Ein Mini-Deich schützt die Badegäste am Strand vor Wind und Wellen. Seit dem Krieg hat sich hier nicht viel getan.

● **Étables-sur-Mer:** 1897 von dem Versailler Industriellen Le Gris geschaffene Badestation. Das Städtchen an sich liegt oberhalb des Meeres auf einem 70 m hohen Felsen und ist bekannt geworden, weil der Vater von Jane Birkin während des Krieges als Kommandant der Royal Navy hier die überlebenden Piloten und Besatzungsmitglieder von Flugzeugabstürzen aufnahm. Die Küste ist bei Tiefseetauchern sehr beliebt.

– *Fremdenverkehrsverein:* T. 96-70-65-41.

● **Saint-Quay-Portrieux:** beliebter Familienbadeort mit großartigen Stränden. Ganz neu ist der Beton-Yachthafen. Der Fortschritt ist eben nicht aufzuhalten. Abfahrtsort der Katamarane zu den anglo-normannischen Inseln, regelmäßige Verbindung. (Tel. 96-70-49-46). Ein malerischer Steilküstenweg verbindet Portrieux mit dem Leuchtturm – lohnender Blick über die Bucht! – und stößt auf den Strand von Saint-Quay. Hier gibt es haufenweise preiswerte Hotels. Motorisierten Lesern empfehlen wir die charmanten Gästezimmer in der Umgebung und die *Fermes-auberges* (siehe weiter unten).

● **Binic:** nette Sommerfrische, vormals Fischerhafen. 1845 hatte er, Frankreichs Nummer Eins, größere Bedeutung als der Konkurrenzhafen Paimpol. Heute richtet sich sein Hauptaugenmerk auf den Fremdenverkehr. Lehrreiches Museum für Fischfang und Heimatkunde, vom 1. Juni bis zum 30. September geöffnet. Ein paar Kilometer westwärts, hinter Lantic, die Kapelle *Notre-Dame-de-la-Cour:* innen ein wunderschönes Kirchenfenster aus dem 15. Jh. mit Szenen aus der Kindheit Jesu und dem Leben der Heiligen Jungfrau. Das Ehepaar Hillion vermietet in 22520 Binic, »Kan Avel«, 7, rue de l'Ecole Zimmer mit Frühstück. T. 96-73-60-68.

– *Fremdenverkehrsverein:* T. 96-73-60-12.

● **Châtelaudren:** an der D 4 von Binic und Plélo, kurz vor der Verbindungsstrecke Saint Brieuc-Guingamp. Die ehemalige Hauptstadt des Pays Goëlo, Hochburg der Republikaner, bewahrt in der Kapelle *Notre-Dame-du-Tertre* eine außergewöhnliche Sammlung bemalter Holztafeln von 1460 auf. Allein 96 Tafeln im Chor illustrieren das Alte und das Neue Testament. Etwa vierzig weitere Tafeln in der Kapelle *Sainte-Marguerite* schildern das Märtyrium der Heiligen. Geschickte Restaurateure haben die leuchtenden Farben wieder hervorgezaubert, vor allem die roten und goldenen Grundtöne. Die Zeichnungen sind außerordentlich ausdrucksvoll, mit einer Fülle von Einzelheiten: eine Mischung von Miniaturmalerei und naiver Kunst. Also unbedingt sehenswert.

Im Ort Altarblätter von Yves Corlay in der Kirche *Saint-Magloire.* Ein Bummel durch die Gäßchen rundherum und über den Platz der Republik führt an putzigen alten Wohnhäusern vorbei.

● **Plérin:** Der Strand *des Rosaires* wird hauptsächlich von den Briochins besucht, den Bewohnern von Saint-Brieuc. Bekannte, umtriebige Segelschule. Das Meer zieht sich an dieser Stelle weniger weit zurück als anderswo in der Bucht von Saint-Brieuc. Ein Spaziergang am Strand ist wegen der prachtvollen Villen aus der Vorkriegszeit eine Freude. Am Ende des Strandes, nach Saint-Laurent hin, haben die FKK-Freunde ein Plätzchen gefunden. Allerdings weht meist ein scharfer Wind.

Unterkunft und Verpflegung in der Umgebung

– *Zeltplatz Les Madières:* in Vau-Madec. T. 96-79-02-48. Waldiges Gelände, 800 m vom *Pordic*-Strand entfernt. Den Campern steht ein bemerkenswertes Restaurant zur Verfügung.

– *Zeltplatz L'Abricôtier:* 4, rue de Robien. Étables-sur-Mer. T. 96-70-61-57. In einem Wohngebiet gelegen und in zwei ausgesprochen ruhige Bereiche aufgeteilt. Einkaufsmöglichkeit.

– *Hôtel-Restaurant Relais Brenner:* Route de Lézardrieux, 22500 Paimpol. T. 96-20-11-05. Eine Gaststätte gehobener Klasse, zwischen Paimpol und Lézardrieux gelegen. Auf der Speisekarte findet der Genießer u.a. Fischsuppe à la Paimpolaise, gegrillte Austern und gegrillten Hummer mit hausgemachter Sauce.

– *Ferme-auberge Saint-Maurice:* in Plourhan, wenige Kilometer westlich von Saint-Quay-Portrieux. T. 96-71-93-22. Einwandfrei ausgeschildert. Einer der sympathischsten Bauernhöfe, die wir kennen. In ländlicher Abgeschiedenheit empfangen Roland und Françoise Videment ihre Gäste aufs Reizendste und setzen ihnen eine köstliche, frische und reichliche Mahlzeit vor. Im Sommer täglich mittags und abends geöffnet, ausgenommen dienstags. Alljährlich vom 10. bis zum 25. September geschlossen. Nach Möglichkeit vor der Anreise Bescheid geben. Außerhalb der Saison muß unbedingt reserviert werden, zumal nur samstags abends und sonntags mittags auf ist. Bei gutem Wetter wird auf der Terrasse getafelt. Das Menü zu 70 F: Wurstwaren, Schweinefleisch in Cidre oder Weißwein oder Perlhuhn mit Cognac usw., Salat, Käse, Nachtisch und Kaffee. Wohl dem, der pünktlich zum Gemüseeintopf kommt. Camping- und Einkaufsmöglichkeiten (Milch, Butter, Eier) vorhanden.

– *Gästezimmer:* bei Madame Orhan, zwischen Saint-Quay-Portrieux und Lanvollan, la Ville Hellio. T. 96-71-93-21. Zwei Zimmer, Bad und Toilette auf dem Flur. Eine Übernachtung mit Frühstück für zwei Personen beläuft sich auf 140 F.

– *Ferme-auberge de la Ville-Andon:* in Plélo (22170), an der Straße zwischen Châtelaudren und Plourhan-Saint-Quay. Zufahrt ausgeschildert. T. 96-74-21-77. Am Wochenende und während der Schulferien außer montags geöffnet. Zwei Gästezimmer und ein wunderschöner rustikaler Speiseraum, wo es hausgemachte Wurst und *Coq au Cidre* gibt.

– *Ferme-auberge au Char à bancs:* in der Mühle von La Ville-Geffroy, bei Plélo. T. 96-74-13-63. Betrieb am Samstag und im Sommer, außer dienstags. Leckere Crêpes und Gemüseeintöpfe wie in guten alten Zeiten über dem Holzfeuer zubereitet. Pro Mahlzeit sind 70-90 F einzukalkulieren. Die Inhaber haben 400 m weiter das Bauernhaus ihrer Ahnen in ein Museum umgestaltet und dabei zwei Gästezimmer eingerichtet. Ponyreiten und Tretbootfahren sind möglich.

– *Crêperie-Hotel Sant-Roch:* in Lamloup, T. 96-22-33-55. In der Nähe der Kirche. Ein Appartement, mit einer Kochgelegenheit ausgestattet, kostet für zwei bis drei Personen 220 F pro Nacht. Zum Preis von 190 F kann sich ein Pärchen in die Kindheit zurückversetzen lassen: soviel wird für die Nacht in einem bretonischen Gitterbett verlangt.

– *Hôtel de la Plage:* in Bréhac, T. 96-22-33-23. Nur während der Saison geöffnet. Der eine Stern, den es vor Jahrzehnten mal verliehen bekommen hat, ist unter der Einwirkung der Gischt verblaßt. Aufgrund seiner ausgezeichneten Lage unmittelbar am Meer und vor allem wegen der bescheidenen Preise (Übernachtung im Doppelzimmer zu 150 F) ist es aber nicht zu verachten. Das Frühstück ist dem Wirt 22 F wert, eine Riesenportion Miesmuscheln mit Pommes gibt es für 35 F. Ergänzend läßt sich sagen: Viel Ruhe für wenig Geld.

– *Locotel:* im Park Lannec, an der Achse Saint-Brieuc-Paimpol nach Lanvollon. T. 96-70-01-17. Ganz neues, günstig gelegenes und auch ruhiges Haus, das dem Gast mit allerlei wünschenswerten Dienstleistungen entgegenkommt. Insgesamt sind zwanzig Doppelzimmer zu 240 F zu vermieten. Die Menüpreise liegen zwischen 60 und 155 F. Angenehmer, zuvorkommender Empfang.

SAINT-BRIEUC (22000)

Auf den ersten Blick wirkt die »Hauptstadt« der Côtes-d'Armor nicht gerade einladend, da sie kaum über Kunstwerke oder Denkmäler verfügt. Saint-Brieuc ist in erster Linie eine Verwaltungs-, Industrie- und Handelsstadt. Der Verkehr ist ziemlich chaotisch und nimmt zeitweise durchaus beängstigende Ausmaße an. Dennoch hat die Stadt bei näherem Hinsehen außer ihrer Kathedrale doch einiges mehr zu bieten: beispielsweise die Dynamik ihres kulturellen Lebens. Der Dramatiker Alfred Jarry (»Ubu Roi«, König Ubu, bei Luchterhand erschienen), der Dichter Tristan Corbière (»Les Amour Jaunes«, Vergilbte Liebe, im Greno-Verlag) und der bretonische Geschichtsschreiber Anatole Le Braz (Légende de la Mort en Basse Bretagne) drückten hier die Schulbank auf dem Gymnasium. Villiers de l'Isle-Adam und Louis Guilloux wurden in Saint-Brieuc geboren. Die Stadt blickt somit auf eine solide literarische Tradition zurück, noch bereichert durch ihr Handwerk. Möglicherweise kommt sie manch einem zu ruhig vor. Nun, es leben hier etliche Leute, die einigen Wirbel erzeugen, vor allem mit dem Festival Art Rock, das 1988 seine siebte Auflage erlebte, und der Programmgestaltung im Kulturzentrum (Centre d'action culturelle).
Wenige Städte dieser Größenordnung in Frankreich verfügen über eine vergleichbare kulturelle Infrastruktur.

Saint-Brieuc, Heimatstadt von Louis Guilloux

Louis Guilloux (1899-1980), bedeutender zeitgenössischer Schriftsteller, kam in Saint-Brieuc zur Welt, lebte und starb auch hier.
Er ist im Verein mit Proudhon in die humanistische und freiheitliche literarische Tradition einzuordnen. Seine Themen waren immer das Volk und die Arbeiterklasse, ob in Maison du Peuple (Haus des Volkes) 1927 oder in den Carnets (Tagebücher) 1978. In Dossier confidentiel (Vertrauliche Mitteilungen) beklagt er die geschundene Jugend. Sein Hauptwerk, Le Sang noir (Schwarzes Blut), von 1935 erzählt die Geschichte eines Philosophieprofessors mit dem merkwürdigen Namen Cripure, einer Kontraktion von Critique de la raison pure (Kritik der reinen Vernunft). Louis Guilloux lebt in der Erinnerung weiter als der Verfasser beeindruckender Texte und als ein großzügiger Mensch, der Macht und Geld zutiefst verabscheute.

Wichtige Adressen

– Fremdenverkehrsamt: 7, rue Saint-Gouéno (Plan A1-2). T. 96-33-32-50. Im der Altstadt, einen Katzensprung von der Kathedrale.
– Comité départemental du tourisme: 1, rue Chateaubriand, B.P. 620. T. 96-61-66-70. Auskünfte über die Côtes-d'Armor auf schriftliche Anfrage. Reichhaltiges Material.
– Freizeitgestaltung an den Côtes-d'Armor: 5, rue Baratoux. T. 96-62-12-40. Zu dem Angebot gehören u.a. wöchentliche Angelaufenthalte in einem Ein-Stern-Hotel mit Vollpension zu Pauschalpreisen.
– Verwaltungsstelle der Unterkünfte im Département: 5, rue Baratoux. T. 96-61-82-79.
– Bahnhof SNCF: Paris-Brest. T. 96-94-50-50.
– Flughafen: Flüge nach Paris mit der Fluggesellschaft Air Inter. T. 96-94-61-11.
– Busbahnhof: T. 96-33-36-60.

Eine Hängematte

● Für schmale Geldbeutel

– Jugendherberge: manoir de la Ville-Guyomard, Les Villages. T. 96-78-70-70. Ganzjähriger Betrieb. In der Nähe des Einkaufszentrums Rallye. In einem prächtigen bretonischen Herrenhaus aus dem 15. Jh. untergebracht. Ein- bis Vierbettzimmer, in denen die Nacht um die 50 F kostet.

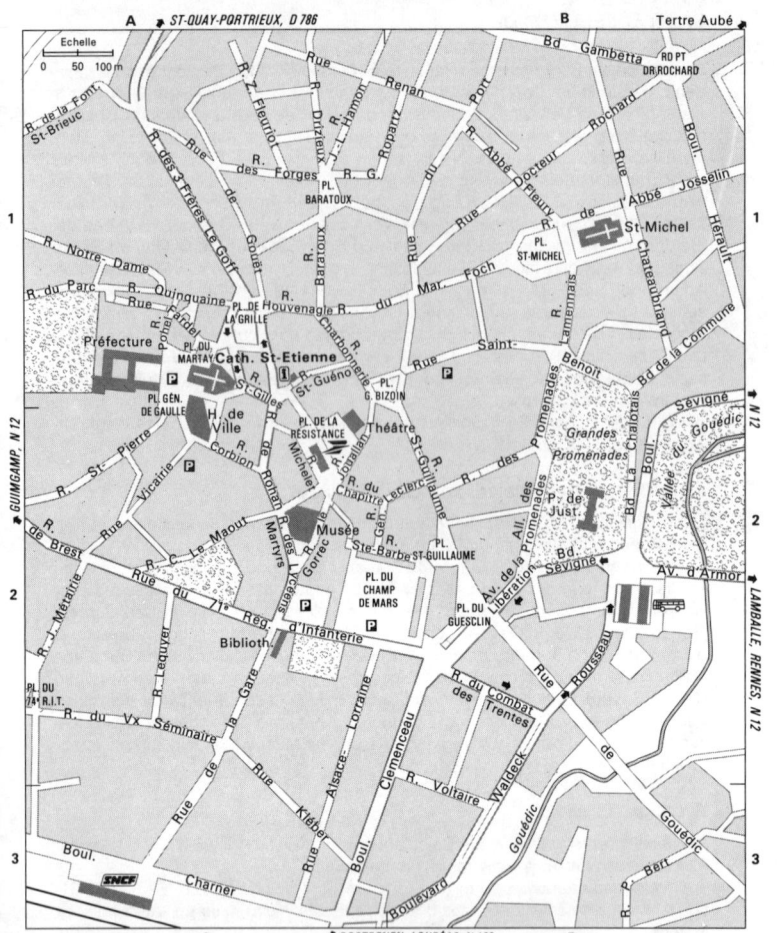

Saint-Brieuc

– *Hôtel du Parc:* 8, rue Jean-Mermoz. T. 96-33-51-02. In einem ruhigen Viertel im Südosten der Stadt. Besonders geeignet für motorisierte Gäste, die in fünf Minuten die Innenstadt erreichen. Wer von Guingamp durch die Rue Gouédic und die Rue du Docteur-Rahuel kommt, biegt an der Kreuzung rechts ab, wo das Restaurant *Amis des Routiers* und das *Hôtel des Routiers* auffallen. Unser Hotel befindet sich 100 m weiter. Herzlicher Empfang, einwandfreie Zimmer mit Dusche für ungefähr 120 F.

– *Hôtel l'Ermitage:* 9, rue Houvenagle. T. 96-33-28-48. Ganzjährig geöffnet. In der Nähe der Kathedrale, mithin ganz zentral gelegenes Hotel ohne besonderen Reiz. Ordentliche Doppelzimmer für 115 F mit Waschbecken und 175 F mit Dusche.

● *Mittelklasse und schicker*

- *Hôtel le Pignon Pointu:* 16, rue J.-J. Rousseau. T. 96-33-02-39. Vom Bahnhof über den Bd Clemenceau bis zum Platz Du Guesclin. Von hier aus ist es ein Katzensprung zum Hotel, das wunderbar ruhig liegt und mit erstklassigen Zimmern aufwartet (mit TV), zum Preis von 175-310 F für zwei Personen. Auch die Aufnahme ist bestens. Das vorteilhafteste Preis-Leistungsverhältnis am Ort.
- *Hôtel Ker Izel:* 20, rue de Gouët. T. 96-33-46-29. Neben einem der reizvollsten alten Häuser der Stadt, in einer verkehrsarmen Straße der Innenstadt. Behagliche Zimmer für 205-270 F.

● *Zeltplätze*

- *Campingplatz Brezillet:* T. 96-61-29-33. Betrieb während des ganzen Jahres.
- Im Nordosten von Saint-Brieuc, auf der Gemarkung Plérin (in Saint-Laurent, Martin-Plage, Ville-Hery usw.) mindestens fünf weitere Zeltplätze.

● *In der Umgebung*

- *Maison de la Baie:* site de l'Étoile, 22120 Hillion. T. 96-32-27-98. Übernachtung in einem Appartement(mit oder ohne Küche und mit oder ohne Bettwäsche!) zu 35-65 F pro Person. Wer möchte, kann eine Ausfahrt aufs Meer machen oder an einer Entdeckungswanderung teilnehmen, beides wird angeboten.

Wenn der Bauch brummt

● *Preiswert*

- *Le Tournebride:* 10, rue Mireille Chrysostome. T. 96-33-09-60. Vis-à-vis vom Museum. Täglich außer montags in den Wintermonaten geöffnet. Hübsch eingerichtet und ziemlich lebhaft. Die Kundschaft setzt sich aus Angestellten und Bewohnern des Stadtviertels zusammen. Menüs für 50, 65 und 80 F (mit zwei Vorspeisen).
- *Le Grain de Sel:* 19, rue du Maréchal-Foch. T. 96-33-19-61. Die Straße führt von der Stadtmitte zur Kirche Saint-Michel hoch. Samstag abends und sonntags sowie im Januar geschlossen. Frische, farbenfrohe Einrichtung, dazu eine fantasievolle Küche, in der nur Naturerzeugnisse verwendet werden. Köstlich sind die frischen Haddocks mit Sahne, das russische *Borschtsch* usw. Junges, umweltbewußtes Publikum. Pro Mahlzeit sind etwa 80 F zu veranschlagen.
- *Le Charengo:* 12, rue des Trois-Frères-Le-Goff. T. 96-33-86-75. In der »Freßgasse«. Sonntags und montags geschlossen. Hier wird seit mehreren Jahren spanisch und südamerikanisch gekocht. Die Stammgäste bürgen für die Qualität der Gerichte, die jedoch manchmal etwas lieblos zubereitet sind. Auf jeden Fall findet man hier eine entspannte Atmosphäre vor, um Chili, Tintenfisch mit Mandeln, Rindfleischspießchen, Tortillas usw. zu schmausen. Dabei kommen aber schnell über 50 F zusammen.
- *Das Kulturzentrum (Centre d'action culturelle):* place de la Résistance. T. 96-33-77-50. Mittags verwandelt sich die Cafeteria in ein Restaurant, wo preiswerte Tagesgerichte angeboten werden. Abends wird's indes bunter.

● *Mittelklasse und schicker*

- *La Madure:* 14, rue Quinquaine, in der Altstadt, nicht weit von der Kathedrale entfernt. T. 96-61-21-07. Samstag mittags, sonntags und montags sowie im Februar geschlossen. Auf angenehme Art ländlich eingerichtetes Lokal. Schmackhafte Pasteten und gemischte Salate, vor allem aber köstliche Fleischgerichte vom Holzkohlengrill, zart und saftig, vermutlich die besten der Stadt. Besonders empfehlenswert. Man muß mit etwa 150 F rechnen.
- *Le Manguier:* 10, rue Jules-Ferry. T. 96-94-05-34. Montags und vom 15. bis zum 31. August geschlossen. Gediegene traditionelle Küche und herzliche Begrüßung bis spät abends. Die Menüs sind mit ihren Preisen von 68, 98 und 155 F erschwinglich und im Einklang mit dem Niveau des Übrigen!

– *La Clé de Sol:* 8, bd Waldeck-Rousseau. T. 96-61-22-05. Hinter der Brücke über die Rue de Gouëdic, gegenüber vom Parkplatz des Busbahnhofs. Geöffnet mittags und abends bis 22h. Sonntags und Samstag mittags geschlossen, im August liegt der gesamte Betrieb still. Geräumiger Speisesaal, in dem auch private Tischgespräche möglich sind. Menüs für 75 und 90 F, letzteres mit ausgezeichneten Muscheln, Masthühnchen, über Rebholz gegrilltem Fleisch oder Fisch. Zum Menü für 140 F gehören eine Scheibe Entenleberpastete, Lachs mit Butter, Entenbrust usw.

● *Etwas feiner*

In Plérin, an der Mündung im Hafen von Légué, teilen sich zwei bekannte Restaurants der *Nouvelle Cuisine* die Gunst der Feinschmecker. Der tagsüber träge Hafen wirkt abends eher noch schläfriger. Von Nachtleben keine Spur. Die einzigen Lichter gehören zu den Speiselokalen *Au Printania* und *La Vieille Tour*.
– *Au Printania:* 15, rue de la Mer, in Plérin-sous-la-Mer, 22190. T. 96-33-27-36. Donnerstags geschlossen. T. 96-33-27-36. Ein ordentliches Menü für 98 F und ein weiteres für 150 F. Nüchterne, abends eher zu steife Atmosphäre (allerdings waren wir hier nur einmal im September, als die Saison zu Ende ging).
– *La Vieille Tour:* an dem Ort mit dem Flurnamen »Sous la Tour en Plérin«. T. 96-33-10-30. Sonntag mittags und montags geschlossen. Etwas angesehener als das *Printania.* Elegant und raffiniert eingerichtet. Feines Menü für 110 F, allerdings nur unter der Woche. Die Gerichte à la Carte belasten das Reisebudget erheblich mehr.

Sehenswürdigkeiten

– *Die Kathedrale Saint-Etienne (Plan A1):* um 1350 vom bischöflichen Fürsten (und großen Krieger) der Stadt erbaut, was ihre Ähnlichkeit mit einer Festung erklärt. Während der Revolution diente sie als Pferdestall und Waffendepot. Innen offenbart sie harmonische Proportionen. Im Kirchenschiff ist das Gewölbe romanisch, im Chor gotisch. Elegantes Triforium. Das Meisterwerk in der Kathedrale ist zweifellos das Altarblatt *Mariä Verkündigung* von Yves Corlay aus dem Jahre 1745. Es überstand die Revolution gut versteckt in einem Heuhaufen. Die Pracht des glanzvollen Barockkunstwerks entfaltet sich am schönsten am frühen Nachmittag, wenn die Sonne im Zenith steht.
Zu sehen ist ferner ein wunderschönes Orgelgehäuse aus dem 16. Jh. Zwischen den Sitzreihen, alte Grabsteine von Domherren. Im südlichen Querschiff, ein herrliches spätgotisches Kirchenfenster. Außerdem ein sehenswerter moderner Kalvarienberg.
– *Place du Martray (Plan A1):* also, der "Markt" ... Was hält unsere Leserschaft von diesem metallischen Einkaufszentrum, das einem so bunt entgegenschillert und in seinem Inneren das Marktgeschehen verbirgt? Ein schwacher Abglanz des Centre Pompidou in Paris, finden wir.
– *Die Altstadt von Saint-Brieuc (Plan A1):* auf engem Raum mehrere gelungene Beispiele für mittelalterliche Baukunst. Man findet sie in den Straßen Quinquaine, Pohel und Fardel (*Maison Ribault*) sowie an der Place Louis-Guilloux und der Place au Lin usw. Es macht auch Spaß, durch die belebte Einkaufsstraße Saint-Guillaume zu bummeln (»faire la Sainte-Gui«). In der *Rue Notre-Dame* plätschert der Brunnen von Saint-Brieuc unter einem Portalvorbau aus dem 15. Jh. Hier hatte Brieuc, der gallische Mönchsprediger, im sechsten Jahrhundert seine erste Kapelle etabliert.
– *Historisches Museum der Côtes-d'Armor:* rue des Lycéens-Martyrs. T. 96-61-29-33. Öffnungszeiten: 9.30-11.45h und 13.30-17.45h. Montags bleiben die Museumspforten geschlossen. Das neue Museum ist in einer ehemaligen Polizeiwache untergebracht – worüber wir uns freuen, denn normalerweise läuft die Sache ja eher umgekehrt. Hier ist alles über die Geschichte des Départements seit der Französischen Revolution zu finden, nach Sachgebieten geordnet: Fischfang, Schiffahrt, Leben im Hafen, Landwirtschaft, Industrialisierung, Gesellschaft, Religion; obendrein spannende ethnographische Ausstellungen: Möbel, Kleidung, Hausrat, Werkzeug usw.

– *Maison de la Baie:* in Hillion. Zur Entdeckung der in der Bucht heimischen Spezien. In unterschiedlichen Aquarien bestaunt man die Muscheln, Schalentiere und Fische von hier. Freier Eintritt.

Ausgehen

Ehrlich gesagt: das Nachtleben von Saint-Brieuc ist insgesamt nicht viel wert. Dennoch gibt's ein paar Plätzchen, wo sich was rührt. Es gilt nur, sie zu finden (und dafür sind wir schließlich da, oder?).

– *Das Kulturzentrum (CAC):* place de la Résistance (Plan A1-2). T. 96-33-77-50. Die originelle Plastik aus rosaleuchtenden Neonröhren, eine Schöpfung des Künstlers Kapéza, erlischt zweifellos als letztes Licht in Saint-Brieuc. Was darauf hinweist, daß hier auch nachts noch etwas los ist: Theater, Musik, Tanz und Film-vorführungen stehen auf dem Programm der beiden Veranstaltungssäle von September bis Juni. Einer der Räume ist ein hundertjähriges Theater im italienischen Stil, mit rotem Samt und Kronleuchtern und allein schon deshalb sehenswert. An Regentagen – die natürlich in der Bretagne selten vorkommen – gibt es nichts Besseres zu tun, als die Ausstellungen zeitgenössischer Kunst in der Galerie im Untergeschoß anzusehen. Ganzjährig Publikumsverker, Führungen auf Wunsch. In der Cafeteria des Kulturzentrums kommen spätabends auf ein letztes Glas sämtliche »angesagten« Typen der Stadt zusammen, Künstler und Außenseiter – lauter tolle Leute. Die Stimmung ist ausgezeichnet und für Begegnungen wie geschaffen.

– *Place du Chai:* unweit der Kathedrale, ein kurioser Fußgängerplatz, architek-turmäßig ein Minimini-Beaubourg – so nennen die Pariser ihr Centre Pompidou – bunt und ungewöhnlich.
Eine Insel der Modernität, wo schicke Boutiquen und Restaurants sich harmo-nisch in die Kulisse antiker Granithäuser einfügen. Gemütliche Umgebung für eine Erfrischung, ein Eis, einen Salatteller. Besonders belebt an Markttagen, nämlich mittwochs und samstags morgens.

– Zum Schluß noch ein paar Adressen kreuz und quer: die *Iliade,* 5, rue du Légué (Rockmusik und aufgeheizte Stimmung), das *Edward's,* 21, rue Pierre-Le Gorrec (schick, geschmackvoll und ruhiger) und *Le Piano Bleu*, rue Fardel, T. 96-33-41-62 (Café-Cabaret, sonntags geschlossen).

– Und wer die Richtung nach Süden einschlägt, sollte unbedingt im *Petit Village* in Lanfains vorbeischauen (s. Kapitel Quintin).

Verkehrsverbindungen ab Saint-Brieuc

● *Per Bus*

– *Nach Paimpol:* über Binic, Saint-Quay-Portrieux und Lanloup. Vier bis fünf Busse täglich. *Nach Quintin:* mit Anschluß nach Saint-Nicolas-du-Pélem, Rostre-nen und Carhaix. *Nach Guingamp und Lannion:* über Trémuson mit der CAT.
– *Nach Les Rosaires, Lamballe, Moncontour, Erquy und Saint-Cast* verkehren ebenfalls Busse der CAT. Auskunft T. 96-33-36-60.

● *Per Zug*

– *Nach Paris-Rennes und Brest:* zahlreiche Züge.
– *Nach Lannion:* über Guingamp, evtl. mit Anschluß nach Plouaret. Regelmäßige Verbindungen.
– *Nach Dinan:* über Lamballe. Zwei bis drei Züge pro Tag.
– *Nach Morlaix:* über Guingamp und Plouaret.
– *Nach Pontivy:* über Quintin, Lanfains und Loudéac.

SÜDLICH VON SAINT-BRIEUC

QUINTIN (22800)

Charaktervolles Städtchen im Schatten einer stolzen Burg, 19 km von Saint-Brieuc entfernt. Im 17. und 18. Jh. bedeutend wegen seiner Leintuchherstellung. Aus dieser Zeit hat der Ort eine Reihe kostbarer Herrenhäuser geerbt. Rundum entdekken wir eine liebliche Landschaft, ideal zum Fahrradfahren.
– *Fremdenverkehrsamt:* place 1830. T. 96-74-01-51 und 96-74-84-01.

Unterkunft und Verpflegung

– *Hôtel du Commerce:* 2, rue Rochenen. T. 96-74-94-67. Efeubewachsenes ruhiges Hotel in der Altstadt. Einwandfreie Zimmer für 130-210 F und ein ordentliches Restaurant mit Menüs zu 59 und 180 F: Meeresfrüchte, Coq au vin und andere Leckerbissen.
– *Hôtel de Bretagne:* unten in der Altstadt, am Busbahnhof. T. 96-74-87-00. Preiswerte Zimmer, reichlich altmodisch, aber gepflegt. Auch das Menü für 90 F ist nicht zu verachten. (Das günstigste ist schon zu 50 F zu haben.)
– *Campingplatz Le Vélodrome:* offen von Ostern bis zum 31. Oktober. T. 96-74-92-54.
– *Hungrigen Mägen empfehlen wir das Schloß* (s. nächsten Abschnitt).

Sehenswürdigkeiten

– *Das Schloß:* Eingang an der Place 1830. Von Juni bis Ende Oktober täglich 10-19h Besuchszeit. Außerhalb der Saison nur am Wochenende und mittwochs auf besondere Anfrage. Von November bis Anfang März geschlossen. T. 96-74-04-63. Eigentum der Familie de Bagneux, die umfangreiche Renovierungsarbeiten realisiert und ein lehrreiches, kleines Geschichtsmuseum eingerichtet hat, das allerdings Eintritt kostet. Dafür gibt es aber auch eine Führung und, mit jährlich wechselndem Thema, eine Ausstellung. Großzügiger Park. Der Schloßbau wurde im 17. Jh. begonnen, die Hauptgebäude kamen im 18. Jh. dazu. Hier sind alle möglichen Nippsachen und Ziergegenstände ausgestellt wie Miniaturen, Silbergeschirr, Porzellan, Fächer usw. Ein anderer Raum birgt Originalmanuskripte von unschätzbarem Wert: Briefe von François I und Ludwig XIV., Haftbefehle des bretonischen Parlaments, ein Dokument des Konsuls Bonaparte, eine Papstbulle von 1655 und uralte Kassenbücher, das älteste davon aus dem Jahre 1322. Weitere Exponate sind ein Webstuhl sowie ein Backofen aus Granit.
Das Speisen auf dem Schloß ist von Juli bis September täglich 10-19h möglich; im Winter allerdings nur auf Voranmeldung. Pauschalpreis Schloßbesuch + Essen oder Tagesfestpreis zwischen 95 und 145 F.
– *Die Altstadt von Quintin:* in der Grand-Rue, die von der Place 1830 abgeht, fallen mehrere Fachwerkhäuser auf, vor allem aber elegante Gebäude aus Granit. Auf der Place du Matray erheben sich die prächtige *Maison du Changeur* (Wechselstube) von 1728 und das Rathaus von 1740. Zwei herrliche Erkerhäuser am Anfang der Rue au Lait – eins davon beherbergt das Fremdenverkehrsamt. Man sollte auch durch die malerische *Rue des Degrés* schlendern.
– *Rue de la Basilique:* skulptierte Portalvorbauten am Haus der Kanoniker. Gegenüber ist ein Springbrunnen angebracht, der, ebenso wie die bunte Holzfigur der Heiligen Mutter der Tugenden, aus der Krypta der Kapelle Notre-Dame-d'Entre-les-Portes stammt.
– *Die Basilika Notre-Dame-de-Délivrance:* im Jahre 1887 wurde ihr Bau beendet: an der Stelle eines Schlosses, in dem seit einigen Jahrhunderten, nämlich seit 1250, eine Marienreliquie – in Form eines Gürtelfetzens – aufbewahrt wurde. Das Bauwerk im neugotischen Stil ist 76 m lang, 28 m breit. Das Gewölbe befindet sich in 16 m Höhe und dem Wetterhahn müßte in 75 m Höhe eigentlich schwindlig werden. Im Inneren der Basilika birgt der silberne Reliquienschrein das feinmaschiges Gewebe aus Linnen. Wallfahrt (Pardon) am zweiten Sonntag im Mai.

Die Umgebung

● **Lanfains:** Marktflecken im Süden von Quintin, am Hang eines 325 m hohen Hügels, just an der Wasserscheide zwischen Ärmelkanal und Ozean. Auf das Herrenhaus *Porte-Fraboulet* mit dem wunderschönen, gewölbten Portalvorbau achten. Mehrere typische Bauernhöfe: Sainte-Marie, la Moinerie usw.

– *Le Petit Village:* in einem ehemaligen Kuhstall eingerichtete Bar, wo samstags abends in der Nach- und Vorsaison regelmäßig ausgezeichnete Rock- und Folkkonzerte stattfinden – in den vergangenen fünf Jahren bereits einhundert Konzerte. Die Landwirte Christiane und Noël versuchen auf diese Weise, ihren Beruf und ihre Liebe zur Musik miteinander zu vereinbaren. Die Bareinnahmen decken einen Teil der Konzertkosten. Sie wollen gleichzeitig ihre bäuerliche Isolierung überwinden, Leute kennenlernen, der Routine entrinnen, kurzum etwas Leben in eine Gegend bringen, die stark von der Landflucht betroffen ist. *Le Petit Village* ist wirklich eine förderungswürdige Initiative. Um hinzugelangen, folge man den Hinweisschildern ab Lanfains. Kostenlose Zeltmöglichkeit für Tramper, Motorrad- und Radfahrer. Auskünfte über die Konzertveranstaltungen unter T. 96-32-44-39.

● **Mur de Bretagne:** Städtchen am Rande des Guerlédan-Sees und des Forstes von Quénécan. Von Norden her folgt man der D 63 durch die Schlucht von *Poulancre*. Im Norden der Stadt, die Kapelle *Sainte-Suzanne* aus dem 18. Jh. Im Innenraum bemalte Täfelung und Altarblätter mit Statuen.

– *Auskünfte zum Landstrich Guerlédan: T.* 96-24-85-83.

– *Unterkunft von Saint-Guen:* vom Jugendherbergswerk verwaltet, T. 96-28-54-34.

● **Der See von Guerlédan und der Forst von Quénécan:** etwa 12 km langer Stausee, auf dessen Grund ein altes Dorf liegt, das bei Reinigungsarbeiten im See wieder ans Tageslicht kommt. Der See eignet sich zum Baden, Surfen, Rudern, für Wasserski usw. Zeltplatz in der Nähe. Auskunft T. 96-28-50-07. Die Wanderwege GR 341 und 37 laden zu herrlichen Fußmärschen ein. Im Süden schließt sich der Forst von Quénécan an, dreitausend Hektar Privatwald, frei zugänglich für die Öffentlichkeit. Mittendrin das Kapellchen Saint-Ignace. Weiter südlich geht die Landschaft in Wildnis und Heide über.

Am Ufer des Sees von Salles erheben sich die Ruinen einer Burg aus dem zwölften Jahrhundert. Von hier aus führt ein toller Spaziergang zu *Les Forges-des-Salles*, einem der ältesten Zentren der Metallverarbeitung in der Bretagne. Die Anlage aus dem 17. Jh. zählt zu den besterhaltenen ihrer Art. Die lange Reihe der Arbeiterwohnungen aus dem 18. Jh. fügt sich harmonisch in die herrliche Umgebung ein. Mitte des 19. Jh. fielen die Schmieden der auswärtigen Konkurrenz zum Opfer. Hätt's damals bloß schon EG-Subventionen gegeben ...

– *Bootsfahrt mit Mittagessen* an Bord der *Duc-de-Guerlédan* auf dem See. Anmeldung unter T. 96-24-85-83.

● **Die Abtei Bon Repos und die Schlucht von Daoulas:** Nachdem die Abtei im Jahre 1184 vom Vicomte von Rohan, Alain III, gegründet worden war, blieb sie bis zur Revolution im Besitz der Zisterzienser, bis das Bauwerk leider gründlich ausgeraubt und zerstört wurde. Die noch erhaltenen Ruinen entstammen zum größten Teil dem 14. und 18. Jh. Von der alten, efeubedeckten Brücke aus genießt man den besten Blick auf die Anlage. Nun überqueren wir die N 164 und schlagen die enge D 44 durch die *Schlucht von Daoulas* ein. Die Landschaft verändert sich schlagartig. Die Bretagne wartet immer mit neuen Überraschungen auf! Wenn wir weiter nach Westen vorstoßen, werden wir zunehmend an Rostrenen erinnert, die wunderschöne und geheimnisvolle Cornouaille der Côtes-d'Armor.

Kochtopf und Strohsack

– *Hôtellerie de l'Abbaye du Bon-Repos:* in Saint-Gelven. T. 96-24-98-38. Das ehemalige Klostergebäude wurde in ein beachtliches Hotel-Restaurant umgewandelt. Der Speisesaal ist noch richtig schön mittelalterlich, und manche Zimmer haben Schrägwände. Die Menüpreise bewegen sich zwischen 50 und 180 F, die Übernachtung belastet das Budget mit 200 F.

– *Hôtel-Restaurant du Blavet:* in Gouarec. T. 96-24-90-03. Das von dem jungen, talentvollen Koch renovierte Haus hat seinen Reiz durch den Umbau nicht verloren. Der vorbeifließende Blavet tut das seinige, um die bukolische Stimmung zu verstärken. Menüs zu 70-290 F. Bei den Zimmern kommt es ganz darauf an, welche Ausstattung man wünscht: 130-350 F.

● *Etwas anspruchsvoller*

– *Auberge Grand'Maison:* in Mur-de-Bretagne, bei der Kirche. T. 96-28-52-15. Hier ist wirklich ein Könner am Werk, der sagenhafte Gerichte zaubert, was ihren Geschmack und ihre Darbietung betrifft. Der Preis von 140 F für das erste Menü ist mehr als gerechtfertigt. Das alles in einem Rahmen, der sowohl ultramoderne als auch bretonische Elemente zu verbinden weiß. Zimmer ab 200 F.

WEITER NACH OSTEN

● **Loudéac:** nicht sonderlich aufregender Marktflecken mit einer Kirche aus dem 18. Jh. In der Nähe beginnen der Wald von Loudéac und die Heide von Menez. Seit 1914 spielen die Bewohner einmal jährlich, während der Karwoche, vor tausenden von Besuchern die Leidensgeschichte Christi nach.
– Zum Übernachten stehen zwei ordentliche Hotels mit vernünftigen Preisen zur Auswahl: zum einen das *Hôtel des Voyageurs*, T. 96-28-00-47. Samstags und vom 20. Dezember bis zum 10. Januar geschlossen, mit Zimmern von 120-180 F und Restaurant (Die Menüpreise liegen bei 57 und 78 F.) Zum anderen das *Hôtel de France*, T. 96-28-00-15.
– Zum Schnabulieren bietet sich die *Auberge du Cheval Blanc* an, gegenüber von der Kirche. T. 96-28-00-31. Charaktervolles Gebäude aus dem 16. Jh., sehr belebt im Erdgeschoß. Der Speisesaal im ersten Stock wirkt etwas kühl, die Küche genießt jedoch einen vorzüglichen Ruf. Menüs für 58, 125 und 280 F. Spezialitäten: frischer Hummer, hausgemachte Gänseleberpastete in Trüffelsoße, Nougateis mit Nüssen und ein Fischertopf, über Algen gegart. Sonntags und montags abends geschlossen.
– Übernachtungsmöglichkeit in der Umgebung: die *Auberge Moulin de Belle-Isle*, 5 km westlich von Loudéac, in Hémonstoir. T. 96-25-04-91. Mit einem drei Hektar großen Park und Kinderspielplatz. Individuell eingerichtete Zimmer für 150-350 F. Menüs zu 60, 90 und 130 F. Gerichte vom Holzkohlengrill. Unsere Leser sollten zehn Prozent Preisnachlaß auf Zimmer und Mahlzeiten (Getränke ausgenommen) erhalten, wenn sie den Globetrotter auf der dritten Seite vorzeigen.
● **La Chèze:** 10 km südöstlich von Loudéac. Sehenswert sind die Burgruine aus dem 13. Jh. und das Gewerbezentrum *(Centre culturel des métiers de Bretagne)*, T. 96-26-63-16. Vom 1. Juni bis zum 15. September von 9-12h und 14-18h zu besichtigen; außerhalb der Saison nur auf Anfrage. Hier werden alle bretonischen Handwerksberufe in orginalgetreuen Werkstätten, Filmen und Sonderausstellungen vorgestellt.
● **Die Heide von Menez:** südöstlich des Waldes von Loudéac. Auf dem Weg durch die hügelige, malerische Landschaft kommt man immer wieder durch alte Dörfer wie *Saint-Lubin* (16. Jh.). Den besten Gesamteindruck von den Bauernhöfen aus Sandstein und der massiven Kirche gewinnt man von der Straße von Prénessaye aus. An der Chaussée von Vaublanc steht ein gemeißelter Brunnen.
Le Vaublanc ist ein ehemaliges Hüttenwerk in einem kesselförmigen Tal, am Rande des Waldes von Loudéac, samt entzückendem Dorf. Die architektonisch bemerkenswerten Schmieden waren von 1672-1871 in Betrieb. Heute haust hier eine religiöse Gemeinschaft. Gegenüber vom See erheben sich Kornspeicher aus dem 17. Jh., deren Dächer bis zum Boden reichen.

MONCONTOUR-DE-BRETAGNE (22510) _____

Im Mittelalter zählte Moncontour zu den wichtigsten Städten der Bretagne, ja besaß im 14. Jh. sogar eine eigene Münze. Die hoch auf dem Berg gelegene Stadt reizte manchen Eroberer. Später fiel sie in Vergessenheit. Die einzige Veränderung während der folgenden fünf Jahrhunderte war der teilweise Abriß der Stadtmauern, angeordnet von Richelieu. Übriggeblieben ist ein Städtchen voller Zauber und einheitlicher Bausubstanz, dessen uralte Gäßchen zu romantischen

Irrgängen auffordern. Den schönsten Blick auf Moncontour hat man bei der Anreise von Quessoy (auf der D 1).
- *Fremdenverkehrsamt*: neben dem Rathaus.
- *Hôtel Ker-Jéger*. Tel: 96-73-41-05.
- *Zeltplatz*: ungefähr 100 m von den Festungswällen entfernt, ziemlich klein.

Sehenswert

- *Die Kirche Saint-Mathurin* (16. Jh.): der Kirchturm wurde 1902 durch einen ungewöhnlichen Glockenstuhl ergänzt, der wunderbar zur Architektur der Stadt paßt und ihr eine originelle Note verleiht. Die barocke Fassade stammt aus dem 18. Jh. Wer sich für Kirchenfenster begeistern kann, erlebt hier einen Höhepunkt seiner Reise, entdeckt er doch eines der drei faszinierendsten Kunstwerke in der Bretagne: drei Fenster auf der linken Seite des Kirchenschiffs, zwei rechts, und das große Chorfenster – alle aus dem 16. Jh. Das zweite von rechts leuchtet in wunderbar frischen Farben und herrlichen Blautönen. Das Chorfenster schildert die Kindheit Jesu. Zu sehen sind ferner ein Taufbecken aus Granit, eine prächtige Pietà aus dem 16. Jh., die in Vaublanc geschmiedete Chorbalustrade und der Hauptaltar aus farbigem Marmor (1768).
- *Bummel durch die Stadt*: überall Fachwerkhäuser, Residenzen aus Granit, Überreste von Stadttoren, Renaissance-Portalvorbauten, Marienfigürchen in Mauernischen. Hübsch die treppenförmige *Rue des Hautes-Folies* (Zugang von der Rue de la Pompe). Die Gäßchen tragen im allgemeinen recht aparte Namen.
- Pfingsten pilgern die Gläubigen zur Wallfahrt von *Saint-Mathurin*, dem Schutzherrn der Kranken. Samstag nachmittags wallfahren die Kranken. Abends gegen 21h findet eine Lichterprozession statt; am Sonntag werden die Heiligen-Reliquien durch die Stadt getragen; montags feiert man und tanzt.
- Im Süden von Moncontour erhebt sich der heilige Hügel von *Bel-Air* an der Wasserscheide. Sagenhafte Aussicht.

LAMBALLE (22400)

Die Handels- und Hauptstadt der Region von Penthièvre steht hinter dem Reiz von Moncontour zurück, weil sie ihren mittelalterlichen Charakter zum Teil verloren hat und sie außerdem der starke Durchgangsverkehr belastet. Gleichwohl gibt es hier einiges zu sehen. Die Stadt ist dem Andenken an die Hofdame Madame de Lamballe verbunden, die zwanzig Jahre lang im Dienste der Königin Marie-Antoinette stand und nach der Französischen Revolution dem Massaker vom September 1792 zum Opfer fiel. Ihr Haupt wurde auf einem Pfahl durch die Stadt getragen.
- *Fremdenverkehrsamt:*
maison du Bourreau, 2, rue du Docteur-Calmette. T. 96-31-05-38.

Sehenswürdigkeiten

- *Place du Matray:* umgeben von mehreren ehrwürdigen Wohnhäusern. Das ansehnlichste ist das Haus des Scharfrichters, in dem sich zwei Museen befinden. Keine Angst, die abgetrennten Schädel modern längst in bretonischer Erde!
Das *Musée du Vieux Lamballe et du Penthièvre* zeigt volkstümliche Traditionen und Kunstwerke, Werkzeuge, Trachten, Tongeschirr und Hausrat. Vom 1. Juni bis zum 30. September, 10-12h und 14.30-18h, zu besichtigen.
Das *Musée Mathurin Méheut* (dieselbe Eintrittskarte, dieselben Öffnungszeiten, aber am 15. September geschlossen). Hier sind die Werke des in Lamballe gebürtigen Malers Méheut zu bewundern. Dieser hinterließ zahlreiche Zeichnungen und Gemälde, in denen sich das gesellschaftliche und kulturelle Leben der Bretonen aus der ersten Hälfte unseres Jahrhunderts widerspiegelt.
- *Die Stiftskirche Notre-Dame:* im oberen Teil der Rue Notre-Dame, eine gotische Kirche mit Festungsallüren. Einige romanische Bauteile wie die Eingangspforte links (an der Nordseite). Im Kirchenschiff gotische Bogen, die tief herabgezogen

sind bis auf den Pflanzenfries. Rechts eine Kuriosität: die Kombination eines spät-
gotischen Lettners aus dem 15. Jh. mit einem zierlich gearbeiteten Orgelgehäuse.
– *Die Kirche Saint-Jean:* in einer Ecke der Place du Matray, mit drei Altarblättern
im Chor.
– *Die Kirche Saint-Martin:* am Ende der Rue Saint-Martin, die an der Place du
Champ-de-Foire beginnt. Eigenwilliger romanischer Portalvorbau aus dem 16.
Jh., schiefergedeckt. Seine Form erinnert an einen Samuraihelm. Der Kirchen-
schlüssel liegt bei der Nachbarin abholbereit.
– *Das Nationalgestüt:* Führungen 14-16.30h vom 10. Juli bis zum 15. September.
Sonntags zusätzlich 10-12h. T. 96-31-00-40. Zweitgrößtes Gestüt in Frankreich,
das Ereignis für Pferdenarren. Zu besichtigen sind Ställe, Reithalle, Schmiede,
Sattelkammer usw.

In der Umgebung

● **Die Abtei von Boquen:** 20 km südlich von Lamballe. Auch diese ehemalige
Zisterzienserabtei aus dem zwölften Jahrhundert wurde während der Revolution
zum Steinbruch umfunktioniert. In den dreißiger Jahren begannen einige Mönche
mit den Instandsetzungsarbeiten. Wegen theologischer Konflikte mit den kirchlichen Autoritäten machte die Abtei in den sechziger Jahren von sich reden.
Besichtigungen täglich vom 8.30-11h und 15-19h, sonntags 11-12.30h. Wunderschöne, 72 m lange Abteikirche, deren Gebälk von den *Compagnons du Devoir
et du Tour de France,* umherziehenden Handwerksgesellen, errichtet wurde. Im
Chor eine liebliche Jungfrau mit Kind, die man auf das 15. Jh. datiert.

Unterkunft und Verpflegung in der Region

– *Ferme-auberge la Bonnaie:* bei den Eheleuten Gesrel, in La Bouillie, in der
Nähe von Hénansal. Etwa zwei Kilometer auf der Straße Pléneuf-Val-André (D 17).
Immer den Schildern nach! T. 96-31-51-71. Relativ ländlich, aber in Meeresnähe
gelegen. Für eines der Doppelzimmer berappt man 145 F. Campinggelegenheit.
Sympathische Aufnahme und köstliche Spezialitäten wie der Gemüseeintopf,
Gerichte vom Holzkohlengrill, Perlhuhn mit Pflaumen und Maroni. Täglich (außer
montags) mittags und abends geöffnet, im Oktober ganz zu. Von Ostern bis
September und an Wochenenden nur auf Voranmeldung.
– *Das Schloß von Helleuc:* T. 96-31-56-85. Vier Zimmer, ganzjährig geöffnet.

VON SAINT-BRIEUC NACH SAINT-MALO

Die durch und durch touristische Küste verläuft hier flacher, mit Ausnahme des
Cap d'Erquy und des Cap Fréhel. Zwar gibt es auch in dieser Gegend herrliche
Strände, hübsche Städte und nette Leute, doch ist dieser Teil der Bretagne insgesamt angepaßter. Ihre kulturellen Merkmale sind weniger ausgeprägt als woanders. Vor allem aber wird man mit zunehmender Nähe zu Saint-Malo einem
immer stärkeren Konsumzwang und immer größeren Touristenmassen ausgesetzt. Zum Glück bleibt der Rückzug ins Landesinnere, um Frische und Natürlich-
keit wiederzufinden.
– *Maison de la Baie de Saint-Brieuc:* nicht weit von der *Pointe des Gouettes,*
oben auf dem Vorgebirge. In Hillion gibt es noch die landschaftlich schöne Stelle
Étoile zu entdecken. T. 96-32-27-58. Das Museum stellt in seinen Wänden sowohl
ökologische als auch ökonomische Zusammenhänge der Bucht von Saint-Brieuc
dar.

ERQUY (22430)

Betriebsamer Fischerhafen, »Hauptstadt« der Jakobsmuschel. Im Sommer touristischer Hochbetrieb; trotzdem ist der Ort von häßlichen Hotels verschont geblieben und hat seine reizvolle Eigenart bewahrt. Das Kap von Erquy ist bekannt fürs
Drachenfliegen und Wattfischen, was in Colettes Roman » *Le Blé en Herbe*« so
gekonnt beschrieben ist.

- *Fremdenverkehrsamt:* T. 96-72-30-12.
- *Segelschule:* mit Beherbergung. T. 96-20-00-95.

Kost & Logis

- *Hôtel Beauséjour:* 100 m vom Hafen, T. 96-72-30-39. Traditionelles Ferienhotel in ruhiger Lage. Freundlicher Empfang und gepflegte Zimmer mit Meeresblick für 139-230 F. Menüs für 59 und 89 F: Muscheln in Sahnesoße, ein Dutzend Schnekken, Lachs mit Sauerampfer, Kaninchen mit Pflaumen usw.
- *Restaurant Le Nelumbo:* 5, rue de l Église. T. 96-72-31-31. Mitten im Ort. Obwohl die Einrichtung eher abschreckend wirkt, bleibt dies eine gute Adresse. Die beiden Menüs zu 60 bzw. zu 80 F sind variantenreich und gut zubereitet, den krönenden Abschluß bildet der Nachtisch.
- *Zahlreiche Zeltplätze* in Richtung Kap:
- *Camping Les Pins:* T. 96-72-31-12. In einem Pinienwäldchen auf den Klippen. Für diejenigen geeignet, die eher Ruhe als Strandnähe suchen. Mit Schwimmbad und Tennisplatz, insgesamt sehr komfortabel.
- *Camping de la Plage de Saint-Pabu:* T. 96-72-24-65. Direkt am Meer, mit schöner Aussicht und ebensolcher Ausstattung.
- Mehrere Hafenanlieger vermieten *Gästezimmer.*

● *Etwas erhabener*

- *Le Brigantin:* am Rathausplatz, gegenüber von der Post. T. 96-72-32-14. Einwandfreie Zimmer für 240 F, ganzjärig geöffnet.
- *L'Escurial:* Bvd. de la Mer, am Hafen. T. 96-72-31-56. Dienstag abends und mittwochs sowie im Januar geschlossen. Eines der renommiertesten Restaurants in der Region. Vom Speisesaal im Louis-XIII-Stil hat man freie Sicht aufs Meer. Das schicke Lokal bietet ein Menü für 110 F, das seinen Preis wohl wert ist: frische Sardinen in Blätterteig oder Lachs in Limonenmarinade, Butt in Muschelsud, warmer Bauernkäse und Nachtisch. Eine Goldbrasse in ihrem Schuppenkleid wird für 80 F angeboten, das Kalbsmilchschnitzel gibt es für 70 F. Der Menüpreis klettert bis 170 F hoch.
- *Relais Saint-Aubin:* 3 km von Erquy an der D 68 in Richtung La Bouillie. Ebenfalls ausgeschildert. T. 96-72-13-22. Ein unverwechselbares Lokal mit Garten, romantisch und ruhig gelegen, mit einem entzückenden Speiseraum - klar, die zuvorkommenden Wirtsleute betreiben auch ein Antiquariat. Im Sommer wird auf der Terrasse gespeist. Menüs ab 55-160 F, für jeden Geldbeutel und jeden Appetit etwas. Von Dienstagmittag bis Donnerstagmorgen und in der Zeit vom 5. Januar bis zum 15. Februar geschlossen.

Sehenswürdigkeiten

- *Cap d'Erquy:* obschon der Sturm vom 15. Oktober 1987 schwere Verwüstungen angerichtet hat, sind hier wunderschöne Wanderungen möglich. Felsiges Vorgebirge mit herrlichem, rosafarbenem Sandstein und Heidekrautpolstern. Aus dem Sandstein von Erquy ist zum Teil der Triumphbogen von Paris. Man findet ihn sogar im Pflaster von Lissabon. Das Kap ist Eigentum der Behörde für Küstenschutz. Es bleibt jedem selbst überlassen, die Küstenpfade zu den versteckten wilden Stränden zu erkunden - unter Beachtung der naturschonenden Spielregeln, versteht sich. Auf der Landspitze *Trois-Pierres*, die zusammen mit dem Kap die Bucht von *Port-Blanc* einrahmt, befinden sich die Überreste eines Kanonenkugelofens aus dem 18. Jh. Es handelte sich dabei um eine Vorrichtung zum Anwärmen der Kanonenkugeln, bevor sie auf die feindlichen Schiffe abgefeuert wurden. Ein Zollweg führt zu den Stränden *Lourtuais* und *Portuais.* Bei Ebbe kann man über den Strand bis *Sables-d'Or* laufen.

Im Sommer finden Führungen auf dem Cap d'Erquy statt. Auskunft beim Fremdenverkehrsamt, T. 96-72-30-12.

In der Umgebung

● **Das Schloß von Bien-Assis:** an der D 34 zwischen Erquy und Pléneuf-Val-André. Führungen von Juni bis Mitte September, 10.30-12.30h und 14-18.30h. Sonn- und feiertags geschlossen. T. 96-72-22-03. Festung aus dem 15. und 17. Jh. mit Französischen Gärten. Innen edle bretonische Renaissancemöbel.

● **Pléneuf-Val-André:** dazu gehören der Marktflecken Pléneuf, der einstige Islandfischerhafen Dahouët und der Bade- und Segelort Val-André für Leute mit gut gepolsterter Brieftasche. Entlang des riesigen feinsandigen Strandes führt eine Deichpromenade.

Zwischen Val-André und Berneuf gibt es mehrere wilde Strände für Sonnenanbeter; für die Nudisten eignet sich der Nantua-Strand.

Der Jachthafen von Dahouët erinnert von seiner Form her an eine bauchige Armagnac-Flasche, dermaßen wölbt sich das Hafenbecken ins Landesinnere. Die dort verstäuten Boote sind vor den Meeresangriffen geschützt wie in »Abrahams Schoß«. Die vierhundert Ponton-Liegeplätze müssen sich die Wasserfrösche allerdings mit der Fischfangflotte teilen; eine etwas ungeschickte Lösung.

– *Centre nautique von Dahouët:* T. 96-72-95-28 und 96-72-91-20. Kursteilnehmer können beherbergt werden.

– *Restaurant Au Biniou:* 121, rue Clemenceau, in der Nähe des Val-André-Strandes. T. 96-72-24-35. Für jeden Anspruch ist im Menüangebot etwas dabei. Nur während des Sommers bewirtschaftet.

– *Der Gatsby Club:* ebenfalls in der Rue Clemenceau, Nr. 125. Bietet ein bißchen Ablenkung in diesem eher sportlich-familiären als nachtschwärmerischen Ort.

SABLES-D'OR-LES-PINS (22240)

Wurde in den zwanziger Jahren aus dem Boden gestampft, als Badeortkonkurrenz für Deauville. Geldschwierigkeiten und der Zweite Weltkrieg durchkreuzten das ehrgeizige Projekt, das niemals beendet wurde. Übriggeblieben sind eine Handvoll Hotels mit imitierten normannischen Fassaden sowie mehrere protzige Villen an breiten, überflüssigen Straßen. Beileibe nicht spektakulär; höchstens etwas surrealistisch, alles eine Nummer zu klotzig. Abgesehen davon gefällt es uns hier nicht übel, vor allem wegen des 3 km langen Sandstrandes.

Nach Sables-d'Or verkehren regelmäßig Busse von Saint-Brieuc, Lamballe, Erquy und Saint-Cast. Auskunft T. 96-33-36-60.

– *Fremdenverkehrsbüro:* T. 96-72-17-23.

– *Golfplatz:* mit neun Loch-Terrain. T. 96-41-42-57. Außerdem entsteht hier gerade ein Meeresheilbad.

Wohin zum Logieren, Futtern und sich Amüsieren?

– *Hôtel des Pins:* einige hundert Meter hinter dem Strand. T. 96-41-42-20. Betrieb von Mitte März bis Mitte Oktober. Gepflegtes und sympathisches Hotel mit freundlichen Inhabern. Zimmer mit Waschbecken für 130-175 F. Minigolf für alle Wassermuffel.

– *La Voile d'Or:* am Ortseingang. T. 96-41-42-49. Freundliche Zimmer ab 170-260 F. Das vielgerühmte Restaurant ist montags und dienstags mittags außerhalb der Saison geschlossen. Gediegener Speisesaal und perfekte Bedienung. Menüs für 81 und 137 F, letzteres mit rohem Lachs in Dilltunke oder Entenleberpastete oder gefüllten Muscheln, dann Fischer-Sauerkraut oder Steinbutt- und Kalbsbries-Frikassee oder Entenbrust usw.

– *Restaurant la Himbert:* in Plurien, an der Hauptstraße zwischen Sables-d'Or und Erquy. T. 96-72-15-41. Dienstags Ruhetag. Ebenfalls ein renommiertes Speiselokal, mit Menüs für 59 und 94 F (zwei Vorspeisen). Sehr schmackhaft ist das »Menu du bord de mer« mit einem imposanten Teller Meeresfrüchte, Jakobsmuscheln am Spieß, Käse und Nachtisch. Es scheint, als habe die Qualität in letzter Zeit etwas nachgelassen.

– *Gemeindezeltplatz:* wenn man von Erquy kommt, gleich links, am Hang eines grünen Hügels; etwa 500 m zum Strand.

● *Eine Note schicker*

– *Le Manoir Saint-Michel:* in La Carquois, 1,5 km von Sables-d'Or entfernt, an der Straße zum Cap Fréhel. T. 96-41-48-87. Geöffnet von April bis zum 15. November. Wie der Name bereits durchblicken läßt, ein stattliches Herrenhaus mit Innenhof und viel Atmosphäre. Die Zimmer zum Preis von 280-360 F sind traumhaft, manche sogar mit einem Baldachin über dem Bett! Tagsüber ist der Teesalon geöffnet, bei gutem Wetter auch die Terrasse. Eine unserer Adressen, auf die wir ein wenig stolz sind.

– *Hôtel Morgane:* in Sables-d'Or, einen Katzensprung vom Strand entfernt. T. 96-41-46-69. In Betrieb vom 1. April bis zum 30. September. Luxuriöses, blumengeschmücktes Hotel mit einwandfreien Zimmern für 180-350 F.

DAS KAP FREHEL

Zweifellos einer der beeindruckendsten Plätze entlang der Küste. Hier toben oft urgewaltige Meeresstürme. Bei klarem Wetter schweift der Blick bis Cotentin, Jersey und die Insel Bréhat. Auf dem 70 m tief abfallenden Felsen thront ein Leuchtturm. Die karge Vegetation besteht hauptsächlich aus Heidekraut. Sechs Kilometer vor dem Kap, in Pléhérel, lädt uns ein herrlicher Dünenstrand zum Verweilen ein. Hier färbt sich das Meer an manchen Tagen smaragdgrün – der Küstenstreifen hat seinen Namen voll und ganz verdient (émeraude = Smaragd). Auf halbem Wege zwischen Fréhel und den Guette-Stränden treffen sich die Nacktbadefreunde, der Strand heißt *Port du Sud-Est*.

Zum Glück kümmert sich die Gemeinde entsprechend um die ca. 70 km langen Wander- und Spazierwege. Einen davon möchten wir hervorheben: der Weg vom Kap zum Fort *La Latte* wird zum unvergeßlichen Erlebnis. Der Küstenpfad verläuft entlang hoher Felsen, die ständig neue Farbnuancen annehmen. Genaugenommen handelt es sich um den Wanderweg GR 34, der weiterführt bis nach Port-à-la-Duc, hinten in der Bucht. Vom Vogelreservat ist leider – oder Gott sei dank? – nicht viel zu sehen.

Das *Fort La Latte* diente früher der Verteidigung der Bucht von Fresnaye. Erbaut im 14. Jh. und im 17. Jh. renoviert. Die außerordentlich malerisch gelegene Festung beherrscht eine der idyllischsten bretonischen Buchten. Zu besichtigen in der Zeit vom 1. Juni bis 30. September 10-12.30h.

In Pléhérel-Plage bietet der *Camping du Pont de l'étang* Unterschlupf. T. 96-41-40-45. Offen ab Mai bis Mitte September. Am Kap, an der Straße nach Plévenon, dringt der Duft der Crêperie *Le Fanal* aus einem geräumigen Holzhaus. Hier gibt es auch Bücher über die Bretagne zu erstehen und ein paar preiswerte Zimmer zu mieten.

– *Unterkünfte*: mal wieder von den Jugendherbergen mitverwaltet, T. 96-78-70-70. In La Ville-Hardieux und Kerivet-en-Fréhel.

SAINT-CAST-LE-GUILDO (22380)

Bekannter Badeort mit sieben Stränden, deren größter sich 2 km lang zwischen den Landzungen von *Saint-Cast* und *la Garde* erstreckt. Seit 1900 tummeln sich hier die Baderatten. Ruhig mal den Berg am Ende des Strands hochklettern: ermöglicht den Gang in das Fischerviertel und zur Orientierungstafel. Von hier aus dann das Panorama der Bucht von Fresnaye, des Forts La Latte und des Kaps Fréhel in vollen Zügen genießen. Bei Sonnenuntergang einmalig.

Von der *Pointe Saint-Cast* führt ein wunderbarer Weg nach Port-Saint-Jean, etwa 6 km lang. Hübsch modellierte Felsen, die immer wieder von kleinen Tälern unterbrochen werden. Der Küstenweg beginnt beim Leuchtturm. Unterwegs passieren wir einige Strände. Lohnend ist auch ein Spaziergang zur *Pointe de la Garde*, schon allein wegen der wundervollen Aussicht.

– *Fremdenverkehrsamt*: place Charles-de-Gaulle. T. 96-41-81-52.

Unterkunft und Verpflegung

– *Hôtel Le Chrisflo:* 19, rue du Port. T. 96-41-88-08. Im Dezember/Januar und immer dienstags und mittwochs außerhalb der Saison ist geschlossen. Mitten im Fischerviertel, 200 m hinter dem Berg. Ordentliche Zimmer für 120-170 F. Im Restaurant ist das 98-F-Menü ganz schön reichhaltig, insgesamt gesehen ist das Preis-Leistungs-Verhältnis in Ordnung.

– *Hôtel l'Etoile des Mers:* in der Straße über dem Jachthafen. Provinzhotel in einer ruhigen Ecke. T. 96-41-85-36. Von Ostern bis September geöffnet. Für die Zimmer sind 95-145 F anzulegen. Menüs zu 56 und 85 F mit Meeresfrüchten, Fischgericht des Tages oder Fleisch, Käse und Nachspeise.

– *Hôtel Les Arcades:* 15, rue du Duc-d'Aiguillon. T. 96-41-80-50. Eine Idee schikker. In der Hauptstraße des Mielles-Viertels, 50 m zum Hauptstrand. Winterpause vom 1. November bis zum 16. März, ansonsten Hotelservice 11-23h. Für die komfortablen Zimmer werden zwischen 270 und 405 F genommen und für die Menüs 67 und 99 F: Entenbrust in Himbeeressig, Hähnchen in Cidre usw. Für 143 F winkt eine Platte mit Meeresfrüchten.

– Ein halbes Dutzend *Zeltplätze,* von denen *le Châtelet* an der Bucht von Fresnaye am besten ausgestattet und am teuersten ist. T. 96-41-96-33. Öffnungsperiode: 15. Mai bis 15. September.

– *Château du Val d'Arguenon:* in der näheren Umgebung, in Notre-dame-du-Guildo, 22380 Saint-Cast. T. 96-41-07-03. Nach 200 m, wenn man von der Straße, die Saint-Cast mit Saint-Jacut-de-la-Mer verbindet, abbiegt. Dieses wahrlich beeindruckende Anwesen aus dem 16. Jh. gehört Herrn und Frau De la Blanchardière. Acht Zimmer sind zu je 320 F, mit Frühstück, zu vermieten. Tennisspieler und andere Sportler kommen voll auf ihre Kosten. Im Park sind weitere vermietbare Häuschen angelegt, die in der Nachsaison etwa 900 F pro Woche kosten (für vier bis sechs Personen). Ganz in der Nähe hat das erstklassige Restaurant *Gilles de Bretagne* unter dem ehemaligen Chef des »Duchesse Anne« aus Saint Malo ein Menü zu 68 F im Angebot.

Verkehrsverbindungen ab Saint-Cast

● *Per Bus*

– Zum *Cap Fréhel* sowie nach *Sables-d'Or, Erquy, Lamballe, Saint-Brieuc:* mit der CAT. Zwei Busse täglich. Auskunft T. 96-33-36-60.

In der Umgebung

● **Der Hafen von Guildo:** an der Straße von Matignon nach Ploubalay. Unserer Meinung nach das Postkartenmotiv schlechthin in dieser Gegend. Dem Reisenden von Matignon bietet sich links hinter der großen Brücke der Blick über das harmonische Ensemble der Fischerhäuser aus Granit. Bei Ebbe nimmt die Mündung faszinierende Formen und Farben an. Schloßruine aus dem 14. Jh. Neben Notre-Dame-du-Guildo, am Ortseingang, fabriziert die Bäckerei *Miriel* köstliches Gebäck und Brot vom Holzkohlenfeuer.

● **Plage des Quatre-Vaux:** zwischen Saint-Cast und Notre-Dame-du-Guildo. Sonnenerhitzter Strand, fast noch ein Geheimtip!

SAINT-JACUT-DE-LA-MER (22750)

Langgezogene Halbinsel zwischen den Buchten von Arguenon und Lancieux. Rabelais' Romanheld Gargantua soll hier unter den ersten Touristen gewesen sein. Bei Ebbe läßt sich gut im Watt fischen. Das Dorf nimmt den größten Teil der Halbinsel ein und wird von den Alten noch immer *Saint-Jégu* genannt. Ein irischer Mönch gründete es im zehnten Jahrhundert. Es schaut heute nicht viel anders aus als im 19. Jh. Die Häuser sind in Fünfer- und Sechsergruppen zusammengebaut; zum Schutz vor dem Nordwind. Ihre Giebel zeigen zur Straße hin. Im Winter leben hier etwa sechshundert Menschen, im Sommer zwanzigmal mehr.

Die Einheimischen fühlen sich durchaus als besonderer Menschenschlag und bezeichnen sich selbst als eigensinnig und streitsüchtig. Vor allem haben sie eine eigene Sprache, das *Jégui*. Dabei handelt es sich nicht um eine degenerierte Sprachform oder um einen bäurischen Dialekt. Vielmehr versteht sich *Jégui* als Erbe der gesprochenen französischen Sprache vor der Zentralisation durch die Monarchie, in dem einige »reine« Sprachformen überliefert sind, die das moderne Französisch völlig vergessen hat.

Freilich beherrscht kaum noch einer der Jungen das *Jégui*. Aber die »Freunde des alten Saint-Jacut« haben es sich zur lobenswerten Aufgabe gemacht, es zu erhalten.

Jahrhundertelang heirateten die Bewohner von Saint-Jacut nur untereinander, so daß zahlreiche Familien denselben Namen trugen und nur noch durch ihre Spitznamen auseinanderzuhalten waren. Der Steuereintreiber von Ploubalay war gezwungen, die Spitznamen auf seiner Liste aufzuführen, um den Überblick zu behalten. Lange Zeit lebten die Inselbewohner ausschließlich vom Fischfang, insbesondere von der Makrele.

Kurzum, Saint-Jacut hat etwas Besonderes an sich; im Vergleich zur übrigen Bretagne und zusätzlich zu seinen elf Stränden.

– *Fremdenverkehrsamt:* im Ort neben der Post. T. 96-27-71-91. Hier sind mehrere nützliche Broschüren erhältlich.

– *Der Bus nach Saint-Malo* verkehrt täglich: *Cie des Transports d'Ille-et-Vilaine*, T. 99-79-23-44.

Unterkunft und Verpflegung

– *Gemeindecampingplatz:* einladend am Strand von *la Manchette* angelegt. T. 96-27-70-33.

– *Hôtel des Marins:* in der Grande-Rue. T. 96-27-71-22. Einfach und billig. Betrieb vom 1. April bis Ende September.

– *Restaurant la Presqu'île:* 164, Grande-Rue. T. 96-27-76-47. Täglich, nur nicht im Oktober und an Montagen außerhalb der Saison, mittags und abends geöffnet. Der Chef ist neu (früher ist er auf den sieben Weltmeeren herumgesegelt und versteht es nun ausgezeichnet, Fisch in allen erdenklichen Variationen zuzubereiten) und voller Elan. Was dabei zustande kommt? Miesmuscheln mit Limonen, frischer Lachs auf holländische Art, in Fenchelbutter gebratener Wolfsbarsch usw. Ein Essen à la Carte mit Nachtisch summiert sich auf ungefähr 120 F.

Merk-würdig

– Ausflug zur malerischen *Pointe du Chevet*, einem grünenden Vorgebirge zum Meer, mit Blick auf die Insel Hébihens und ihren Vauban-Turm sowie auf Saint-Briac und Saint-Cast. Gleich nebenan, der wunderschöne Strand von *Rougeret* im Schutze des Felsenmassivs *La Houle-Causseule*.

Ein anderer Strand befindet sich im Fischer- und Jachthafen von *le Châtelet*, dahinter der Strand von *la Pissotte*, dann jener des Zeltplatzes. In Saint-Jacut wird Baden niemals langweilig.

Andere Sehenswürdigkeiten in der Region

● **Das Schloß von Hunaudaye:** südwestlich von Plancoët, am Rande der D 28. Beeindruckende Ruine aus dem 13. Jh., deren fünf mächtige Türme sich noch immer im Burggraben spiegeln. Ein wildromantisches Plätzchen, idealer Schauplatz für die Ritterspiele unserer Kindheit. Im Schloß wird man den Renaissance-Treppenaufgang bewundern. Während des Sommers 10-18h zu besichtigen. Schon vor dem Eingangstor wird der Besucher von stilecht gekleideten Rittern empfangen, welche die Besichtigung in ein Erlebnis verwandeln, denn die verkleideten Museumsführer agieren miteinander und beziehen auch das Publikum in ihre Spielchen mit ein. So kommt man zum Ausprobieren einiger Waffen und Gewänder, erfährt eine Menge über die Geschichte des Schlosses, Lebens- und Eßgewohnheiten der mittelalterlichen Schloßherren, über Kalligraphie etc. Toll!

Der Eintritt beläuft sich auf 25 F für Erwachsene, Kinder zwischen zehn und sechzehn Jahren zahlen 15 F, und alles jüngere hat gratis Zugang zu dieser unvergeßlichen Schloßbesichtigung.

● **Jugon-les-Lacs:** wunderhübsches Dorf am Ufer eines Stausees, mit allerhand ehrwürdigen Wohngebäuden wie dem Haus *Sevoy* aus dem Jahre 1634. Bademöglichkeit vorhanden.

Auf der Weiterfahrt nach Lamballe sollte man eine Rast in der *Abtei von Boquen* einlegen (s. Abschnitt »Umgebung von Lamballe«).

● **Plancoët:** Mineralwasser gratis, direkt von der Quelle. Man kann auch bei der Abfüllung zugucken.

DINAN (22100)

Dinan zählt sowohl zu den schönsten bretonischen Städten als auch zu den besterhaltenen mittelalterlichen Gründungen. Vor Zeiten war es eine mächtige Handelsstadt, deren Held Bertrand du Guesclin bis heute wohlbekannt ist. Auf der *Place du Champ,* welche heute seinen Namen trägt, focht er einst ein berühmtes Duell gegen einen Engländer aus, womit er zugleich das Herz einer Dame eroberte. Tja, Geschichte ist eben 'was Schönes. Natürlich muß die Stadt per pedes besichtigt werden. Sie ist wirklich bezaubernd und drum ist man hier niemals als einziger Tourist auf Achse – bei weitem nicht. Besonders gerne kommen die Engländer hierher. Man eifere uns deshalb nach und fahre im Juni oder erst wieder im September nach Dinan. Wir versprechen einen traumhaften Aufenthalt!

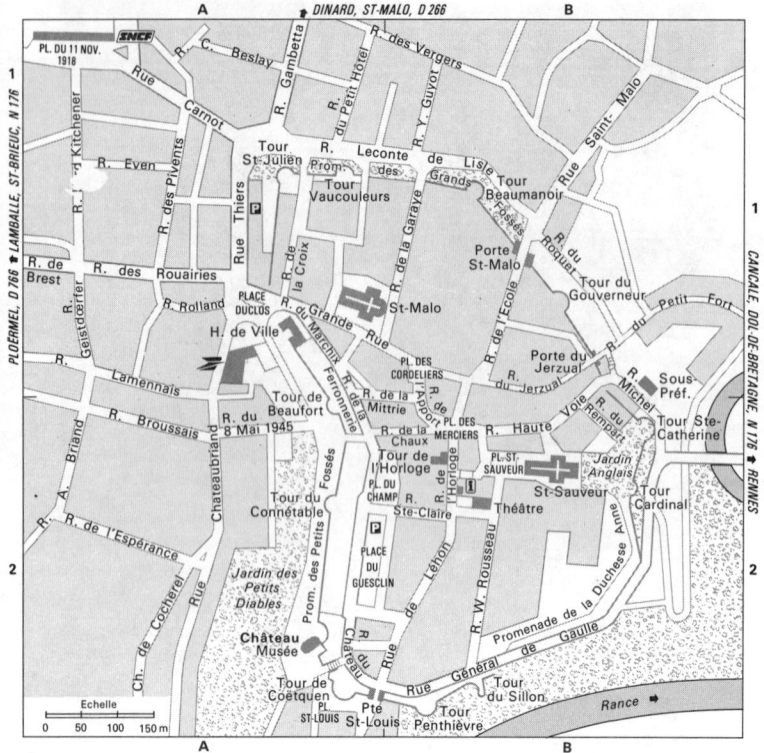

Dinan

Adressen, die man behalten sollte

– *Fremdenverkehrsamt:* hôtel Kératry, 6, rue de l'Horloge (Plan B2). T. 96-39-75-40. Stadt- und Mauerführungen 10-15h. Anmeldung hier.
– *Bahnhof SNCF:* für die Verbindungen nach Saint-Brieuc, Rennes und Caen. T. 96-39-22-39.
– *Busbahnhof:* T. 96-39-21-05.
– *Postamt:* place Duclos.
– *Blue Line:* Bootsvermietung in Dinan. Auskunft jedoch in Paris, 12, rue de Helder, 75009. T. 42-46-29-50. Metrostation *Chaussée-d'Antin.*

Zimmersuche

● *Für dürre Geldbeutel*

– *Jugendherberge:* in der Meen-Mühle im Tal von Fontaine-des-Eaux. T. 96-39-10-83. Ganzjährig geöffnet. Von Dinan kommend, nicht weit vom Hafen. Dort folgt man der Straße nach Plouher und biegt dann zur Jugendherberge links ab, wo das Hinweisschild steht. Bahnreisende überqueren die Gleise und halten sich dann rechts. Der Weg ist mehr schlecht als recht ausgeschildert, jedenfalls 2 km lang. Campingmöglichkeit und verschiedene Freizeitangebote. Darunter Foto-, Gitarren- und Straßentheater- Kurse. Der Preis pro Übernachtung beträgt 37 F.

– *Hôtel la Duchesse Anne:* 10, place du Guesclin (Plan A-B2). T. 96-39-09-43. Blitzblanke Zimmer mit Waschbecken für 80 F und prima Restaurant.

– *Hôtel du Théâtre:* 2, rue Sainte-Claire. T. 96-39-06-91. Nur wenige Zimmer; meist belegt, da es mit 85-130 F die preisgünstigsten am Ort sind. Eng, aber adrett. In der Nähe vom Fremdenverkehrsamt.

– *Hôtel du Vieux-Saint-Sauveur:* 19, place Saint-Sauveur. T. 96-39-04-63. Fachwerkhaus mit einem Portal aus dem 16. Jh. vor einem goldigen Platz. Ordentliche Zimmer für 110-150 F.

– *Gästezimmer:* 7, rue de la Poissonnerie. T. 96-39-82-40. Bei Madame Hélène Dodinot, in der Innenstadt. Die liebenswürdige Hausherrin vermietet ihre Zimmer für rund 150 F.

– *Gemeindecampingplatz:* 103, rue de Chateaubriand. T. 96-39-11-96. Der nächstgelegene, von Mai bis November in Betrieb.

● *Mittlere Preislage*

– *Hôtel de la Porte-Saint-Malo:* 35, rue Saint-Malo (Plan B1). T. 96-39-19-76. Vor den Stadtmauern, wenige Schritte vom Tor Saint-Malo entfernt und knapp fünf Minuten von der Innenstadt. Charmantes, ruhiges Hotel. Einwandfreie Zimmer mit allem Komfort und Fernseher. Doppelzimmer zu 130-260 F. Unsere beste Adresse in Dinan.

– *Hôtel des Alleux:* an der Straße von Ploubalay nach Taoen. T. 96-86-16-10. Die drei Kilometer von der Stadtmitte machen viel aus: himmlisch ruhig und doch gut zu erreichen. Doppelzimmer zu 250 F. Restaurant-Grill zwischen 60 und 150 F.

● *Ein Quentchen nobler*

– *Hôtel de la Tour de l'horloge:* 5, rue de la Chaux (Plan A-B2) T. 96-39-96-92. Freundliche Aufnahme in einem Altbau der Innenstadt mit wohnlichen Zimmern für 250-325 F.

Die Gastronomie

● *Preiswert*

– *Bar Au Prélude:* 20, rue Haute-Voie. T. 96-39-06-95. Im Herzen der Altstadt. Täglich außer Sonntag von 18-3h Betrieb. Der Laden wird von einem fröhlichen Team junger Leute »geschmissen«. Heimelig eingerichtet, jeden Abend Musikveranstaltungen. Köstliche Gerichte vom Holzkohlengrill. Eine unserer typischen Spitzenadressen.

– *Manureva:* 15, rue de la Cordonnerie. T. 96-39-47-13. Die Straße wird scherzhaft auch »Durststrecke« (Rue de la Soif) genannt. Sympathische und preiswerte Kneipe, die auch Schnellgerichte serviert.

– *Crêperie Ahna:* 7, rue de la Poissonnerie. T. 96-39-09-13. Dienstags außerhalb der Saison und im Januar wird hier nicht gearbeitet. Die Crêpes schmeckten hier mal so lecker wie kaum anderswo in der Stadt, aber die Zeiten ändern sich. Ausprobieren! Auf jeden Fall gibt es hier naturtrüben Cidre vom Faß.

– *Les Chanterelles:* in der Turmpassage im Zentrum. T. 96-85-33-52. Ordentliche, preiswerte Kleinmenüs.

– *La Lumachelle:* im unteren Teil der Rue du Jerzual. T. 96-39-38-13. Eine wirklich ordentliche Pizzeria mit angenehmer Bedienung und ebensolchen Preisen. Deshalb meist rappelvoll.

– Eine empfehlenswerte *Bäckerei:* 82, rue du Petit-Fort, bei der Rue du Jerzual. Mittwochs geschlossen. Was gibt es hier für leckere Sachen! Bretonische Gebäckstücke, d.h. mit guter Butter zubereitet, Brote und Baguettes. Die Bäckerin schneidet ihren Kuchen je nach Appetit des Kunden, verkauft die (häufig sehr großen!) Stücke aber leider nach Gewicht.

● **Mittlere Preislage**

– *Le Saint-Louis:* 9, rue de Léhon. T. 96-39-89-50. Zählt zu den bekanntesten Restaurants in der Stadt, sonntagabends, montags, im März und im Oktober geschlossen. Großzügige und schmackhafte Gerichte. Allerdings hat hier niemand mehr ein Lächeln oder eine Freundlichkeit für den Gast übrig. Möglichst vorbestellen. Pro Essen muß mit etwa 100 F gerechnet werden, die Menüpreise bewegen sich zwischen 57 und 155 F.
– *Crêperie Les Jardins du Jerzual:* 15, rue du Petit-Fort (Plan B1). Ungefähr dort, wo die Rue du Jerzual auf den Hafen stößt. T. 96-85-28-75. Das Haus aus dem 15. Jh. bietet einen mehr als außergewöhnlichen Rahmen. Auch die Crêpes können da mithalten, sind allerdings ziemlich teuer.
– *Le Relais des Corsaires:* 5, rue du Quai. Am Hafenbecken. T. 96-32-40-17. Es ist sehr gut möglich, daß diese Taverne seit ihrem Entstehungsjahr 1754 tatsächlich schon mal Piraten bewirtet hat! Heute sind es aber in der Mehrzahl Touristen und harmlose Wassersportler, die hier einkehren. Die Menüs kosten in der effektvoll eingerichteten Gaststube zwischen 85 und 150 F. In der Vor- und Nachsaison sonntags abends und montags geschlossen.

● **Nicht übel**

– *Chez la Mère Pourcel:* 3, place des Merciers. T. 96-39-03-80. Eine echte Institution am Vorzeigeplatz von Dinan, in einem prächtigen Haus aus dem 15. Jh. Montags geschlossen. Klassische Speisekarte und Menüs zwischen 80 und 150 F.
– *La Caravelle:* 14, place Duclos. T. 96-39-00-11. An der großen Kreuzung. Im Winter mittwochs geschlossen. Taktvoll über die herkömmlich-rustikale Einrichtung hinwegsehen und sich lieber dem fantasievoll und köstlich zubereiteten Essen zuwenden. Es gibt ein Menü zu 110 F und eins zu 160 F. Wer à la Carte speist, muß mit 380 F rechnen – dafür kommt aber auch einiges auf ihn zu: Schillerlocken und Langustinen in rosa Vinaigrette, gefülltes Wolfsbarschfilet, drei Fischsorten in Zitronenmarinade, Gemüsetopf mit Seemuscheln usw. Das Haus vermietet auch Zimmer für 150-170 F.

Abendliche Unternehmungen

– *A la Truye qui file:* 14, rue de la Cordonnerie (allgemeinhin bekannt unter dem Namen: »Rue de la Soif«, s.o.). T. 96-39-72-29. Montags außerhalb der Saison geschlossen. Barbesitzer Alain, auch »Nounours« – Teddybär – genannt, greift mittwochs und an den Wochenenden selbst zur Gitarre, um die Stimmung anzuheizen. Das ist so ganz nach dem Geschmack der Jugend, die den Großteil der Gäste stellt.

In der Umgebung

– *Relais de la Blanche-Hermine:* Lourmel, 22980 Plélan-le-Petit. T. 96-27-62-19. Mittwochabends geschlossen. Etwa 15 km von Dinan entfernt, in Richtung Jugon-les-Lacs (N 176). Langgezogenes Steinhaus am Straßenrand, mit einem geräumigen und geräuschvollen Speisesaal. Erfreut sich eines guten Rufs. Menüs für 85 und 115 F mit zwölf Austern, Lammkeule, Lachs oder Kohlfisch usw., Käse und Nachtisch. Für 145 F, eine Platte mit Meeresfrüchten. Schmackhafte Fleischgerichte à la Carte.
– *Restaurant Jean-Pierre Crouzil:* in der Hauptstraße von Plancoët, 14 km in Richtung Saint-Cast. T. 96-84-10-24. Eins der meistgepriesenen Restaurants an den Côtes-d'Armor, superschick und edel. Für das Menü mit Langustinengebäck, heißen Austern und Eis mit Zabaione, Entenbrust mit Brombeerhonig usw. wird man 200 F los. An Werktagen wird mittags ein Menü für 120 F angeboten.
– In Plancoët soll auch *la Source* empfehlenswert sein. T. 96-84-10-11. Einrichtung und Gäste geben sich weniger vornehm. Mittags ein Arbeiteressen und ein Menü für 55 F, außer sonntags mittags und an Feiertagen.

Sehenswürdigkeiten in Dinan

– *Die Saint-Sauveur-Basilika:* place Saint-Sauveur. Ein romanisches Meisterwerk, im zwölften Jahrhundert nach dem Gelübde eines Kreuzritters errichtet. Von daher wohl die orientalischen, byzantinischen und venezianischen Einflüsse. Wundervolle Fassade. Die Statuen haben keine Köpfe mehr; stattdessen lohnt es sich, alle Details der prächtigen Kapitelle zu studieren. Obenauf die Symbole der Heiligen Lukas und Markus: Stier und geflügelter Löwe. Nur das häßliche Giebelfeld aus dem 19. Jh. stört die Harmonie. Der Innenraum ist teils romanisch, teils gotisch. Wertvolles Mobiliar: Altäre, Altarblätter, Taufbecken usw. Links ein Ehrengrabmal mit dem Herzen des bretonischen Ritters und Englandhassers Du Guesclin. In der vierten Kapelle des linken Seitenschiffs ein dekoratives Kirchenfenster aus dem 15. Jh., das u.a. die Heiligen Ivo und Brieuc darstellt. Außerdem geschmackvolle moderne Fenster.

– *Das Viertel um die Place des Merciers und die Place des Cordeliers:* ein faszinierendes mittelalterliches Ensemble von nahezu perfekter baulicher Geschlossenheit. In der *Rue de la Mittrie* Nr. 10 kam der französische Chansonnier Théodore Botrel zur Welt. Die Nr. 1 in der *Rue Haute-Voie* ist das entzückende *Hôtel Beaumanoir* aus dem 16. Jh. Das Portal schmücken Darstellungen der französischen Kronprinzen (Dauphins). In der *Rue de l'Horloge*, ein Glockenturm aus dem 15. Jh. Die Glocke war ein Geschenk von Anne de Bretagne. Von oben die Stadt aus der Vogelperspektive. In der *Rue Léhon* befindet sich das Gymnasium, wo Chateaubriand und Broussais unterrichtet wurden. Eigentlich sollte man sich in jedem Sträßchen und Gäßchen umsehen. Die Grande-Rue säumen Patrizierhäuser und die Kirche *Saint-Malo* schmückt sich mit einem Renaissanceeingang und einer eleganten englischen Orgel aus dem 19. Jh. mit farbigen Pfeifen. Das vormalige Kloster der Franziskanermönche dient heute als Privatschule und kann nur während der Schulferien besichtigt werden.

– *Rue du Jerzual:* wohl die mittelalterlichste aller bretonischen Straßen – obwohl, wenn wir an Vitré, Rennes, Morlaix, Quimper oder Auray denken ... Auf jeden Fall sollte man frühmorgens oder irgendwann außerhalb der Saison allein und gemächlich diese Straße hinabschreiten: ein fürwahr erhebendes Gefühl. Die Handwerker haben heute den Platz der Krämer in den hübschen, holzverkleideten Häusern aus dem 15. und 16. Jh. eingenommen. Hinter dem gotischen Tor von Jerzual schlagen wir die *Rue du Petit-Fort* ein: die Nr. 24 ist das *Haus des Gouverneurs*, ein ausgezeichnetes Beispiel für eine gelungene Wiederherstellung. Dagegen verblüfft einen – das ist das mindeste, was man sagen kann – einige Hausnummern weiter oben eine hyper-moderne Rekonstruktion in einem neumittelalterlichen Stil! Zuunterst der bescheidene Hafen an der Rance mit dem gotischen Brücklein. Kehren wir nun zum Jerzualtor zurück und folgen der Gasse nach links bis in den Englischen Garten. Eine große Terrasse, vormals der Stadtfriedhof, überragt die Rance-Ebene. Unbeschreibliches Panorama. Weiter auf der Promenade Anne de Bretagne bis zum Schloß.

– *Das Schloß-Museum* (16. Jh.): elegantes und wohlproportioniertes Bauwerk mit wuchtigen Türmen. Der 34 m hohe Schloßturm ist mit eindrucksvollen Pecherkern bewehrt. Er umschließt heute ein Museum für Regionalgeschichte, das zwischen dem 1. Juni und dem 31. August täglich von 9-12h und 14-19h zugänglich ist. Von März bis Mai und im September/Oktober wird bereits um 18h geschlossen. Von November bis Januar ist Einlaß 14-17h, mit Ausnahme des Dienstags. T. 96-39-45-20. Prähistorische Sammlungen unten, dann führt eine Wendeltreppe zu den gallo-romanischen und mittelalterlichen Exponaten. Zum Abschluß finden sich Möbel, Trachten und religiöse Kunstwerke. Die Terrasse bietet noch einen erhebenden Blick über die Ebene – mit der Zeit wird's langweilig. Zu Füßen des Schlosses verläuft die einladende *Promenade des PetitsFossés*, die – ausnahmsweise – keinen Ausblick mehr auf die Stadt gewährt.

Schiffsausflüge

Auf der Rance verkehren regelmäßig Schiffe von Saint-Malo nach Dinard, und zwar zwischen dem 18. April und Ende September. Ein erfrischender Ausflug von ungefähr zweieinhalb Stunden. Die einfache Fahrt kostet 69 F, die Hin- und Rückfahrt 96 F. Ermäßigung für Kinder. Seekranke können auch mit dem Bus zurückfahren, das geht schneller. Auskunft in Dinan:
– *Vedettes blanches:* T. 96-39-18-04 und 96-39-05-47.

Verkehrsverbindungen ab Dinan

● *Per Bus*

– *Nach Saint-Jacut:* über Ploubalay, mit der CAT, T. 96-39-21-05. Abfahrt am SNCF-Bahnhof.
– *Nach Rennes:* über Bécherel. Mit TAE, T. 99-50-64-17. Täglich drei bis vier Busse. Abfahrt vom SNCF-Bahnhof oder von der Place Duclos.
– *Nach Dinard:* mit derselben Busgesellschaft.
– *Nach Saint-Malo:* mit CAT, zwei- bis dreimal täglich.
– *Nach Combourg:* donnerstags um 14.30h mit *Voyages Bellier*, T. 99-73-00-14.
– *Nach Saint-Cast:* donnerstags um 16.45h mit CAT.

● *Per Zug*

– *Nach Rennes:* mit Anschluß nach Dol-de-Bretagne. Täglich mehrere Züge. Auskunft T. 96-39-22-39.
– *Nach Saint-Brieuc:* über Lamballe, drei bis vier Züge pro Tag.

Nach Süden hin: Kost, Logis und Musikhören

– *La Guernazelle:* Konzert-Café in Trévron. T. 96-83-58-10. Ungefähr 7 km südlich von Dinan. Wir erreichen das Dorf über die D 766 in Richtung Caulnes und Quédillac. Bei Hinglé abbiegen. *La Guernazelle* ist ein stattliches Granithaus in der Hauptstraße von Trévron. Hier kann man frei durchatmen. *Patron* Bébert zapft wie kein anderer das Guinness-Bier und sorgt für Stimmung. Normalerweise finden Konzerte an drei Samstagen pro Monat statt, aber wir raten dazu, sich telefonisch zu vergewissern. Täglich außer montags von 16-4h geöffnet, vom 1. Juni bis zum 30. September. Im Winter ist nur freitags und samstags um 4h Zapfenstreich, an den übrigen Wochentagen schon um 2h.
– *Ferme-auberge La Priquetais:* in Trévron. Ungefähr einen Kilometer vom Ort. T. 96-83-56-89. Im November geschlossen. Es handelt sich um ein Bauernhaus wie von Anno dazumal im Grünen, mit fünf angenehmen Zimmern und Dusche auf dem Flur. Freundliche Aufnahme. Ländliche Mahlzeiten gibt's auf Bestellung. Der Bauernhof fungiert gleichzeitig als *Gîte d'etape* mit 25 Betten. Campinggelegenheit. Eine vortreffliche Adresse.

Sehenswertes in der Umgebung

● **Saint-Juvat:** 3 km von Trévron. Wer unmittelbar aus Dinan kommt, gelangt auf der D 2 dorthin, weiter auf der D 39 über Evran. Besucher erwartet ein Blumenmeer. Häuser und Straßenschilder verschwinden beinahe unter der bunten Pracht. Außerordentlich fotogen!
Die Kirche besteht halb aus romanischen, halb aus gotischen Elementen. Ihre Geschichte kann der Besucher von einem Tonband abhören und anhand der an den Säulen angebrachten Hinweise nachvollziehen.
– *Crêperie L'Écurie:* am Marktplatz. Einen dieser schmackhaften »Eierkuchen« ersteht man für 8-20 F, je nach Zutaten.
● **Das Schloß von Hac:** zwischen Tréfumel und Le Quiou an der D 39. Im 14. Jh. erbaut. Das Äußere mit seinen schlanken Türmen, den Dachluken und den hohen Dächern wirkt aristokratisch. Vom Stil her eher ein Herrenhaus denn ein Schloß, zählt es zu den elegantesten Bauwerken, die uns aus dem Hundertjährigen Krieg erhalten sind. Besichtigung täglich im Juli/August. Sonst sonntags und auf besonderem Wunsch zwischen Ostern und an Allerheiligen.

● **Tréfumel** wartet mit einem ergreifenden Kirchlein auf, dem ältesten weit und breit. Daneben steht eine Eibe, die nicht weniger Jährchen auf dem Buckel haben dürfte. Außerdem zahlreiche alte Behausungen aus dem 17. Jh.

● **Freizeitgelände Bétineuc:** in unmittelbarer Nachbarschaft von Evran bietet ein großer See Gelegenheit für alle möglichen Wassersportarten: Segeln, Surfen, Rudern usw.

● **Le Hinglé-les-Granits und das Tal der Rance:** Obwohl das Département Ille-et-Vilaine, von dem wir hier nicht mehr weit entfernt sind, in Sachen bretonischen Granitabbaus führend ist (67 % des Effektivbestandes und 73 % des Umsatzes – davon 3/4 im Friedhofsbereich), wird in den Steinbrüchen von Hinglé vortrefflicher blauer Granit gewonnen. Den Rechtschreibpuristen sei an dieser Stelle gesagt, daß die französischen Geologen »le granite« schreiben, die Unternehmer währenddessen an der Schreibweise ohne »e« festhalten: »une croix de granit«.

● **Caulnes:** sowohl in Couëllan als auch in La Perchais lohnt sich der Besuch des ansehnlichen Schlosses, Wiederaufbauten aus dem 17. bzw. 18. Jh. Mitten auf dem Land.

Ausgehen und Musikhören nach Norden hin

– *La Corblinais:* in Saint-Michel-le Pléban. An der D 19, ein paar Kilometer vor Dinan. T. 96-27-64-81. Gästezimmer zu 140 und 160 F, der Hof wird von ausgesucht netten Leuten unterhalten. Auf den Tisch kommen natürlich nur hausgemachte Erzeugnisse.

– *Café de la Gare:* in Pleslin. T. 96-27-80-04. Etwa 12 km entfernt von Dinan, an der Straße nach Dinard. Donnerstags geschlossen, am Wochenende bis 4h geöffnet. In den Monaten Juli und August finden ein- bis zweimal pro Woche Jazzkonzerte statt, normalerweise samstags ab 22.30h. Ein Laden mit sympathischer Stimmung und einer Einrichtung im Stil der dreißiger Jahre. An drei Billardtischen kann man sich vergnügen. Warme Küche.

Sehenswürdigkeiten nach Norden hin

● **Pont Chateaubriand:** ermöglicht den Uferwechsel der Rance zwischen Plouer und Châteauneuf. Ein beeindruckendes Bauwerk, in hochmoderner Technik: Die Brücke hat weder Pfeiler noch Gewölbesteine im Flußbett. Der 265 m lange, zweispurige Brückenbogen wölbt sich in 30 m Höhe über dem Wasser. Eine technische »Heldentat«, wie die neue Brücke von Nantes (Pont de Cheviré) 1991 eingeweiht.

● **Das Apfel- und Cidre-Museum** (Musée de la Pomme et du Cidre): in Pleudihen-sur-Rance. T. 96-83-20-78. Ungefähr zehn Kilometer hinter Dinan, an der Straße nach Saint-Malo. Tägliche Öffnungszeiten: 10-12h und 14-19h; Eintritt 15 F, Ermäßigungen für Jugendliche und Kinder. In dem ehemaligen, heute wiederhergestellten Bauernhof erfahren Besucher alles über den Apfelmost und seine Herstellung. Zu besichtigen sind die Werkstatt des Küfers und des Faßbinders sowie traditionelle Pressen. Ein Diavortrag sowie eine Cidreprobe – wer mag, kann damit auch seinen Koffer vollstopfen – vervollständigen das Programm.

Übernachtungsmöglichkeit

– *Zimmer auf dem Bauernhof:* le Pont-de-Cieux, in Pleudihen-sur-Rance. T. 96-83-35-60. Bei Francette Chevestrer, zwei Kilometer vom Dorf an der D 29 in Richtung Saint-Malo. Eines der Doppelzimmer läßt man sich die 150 F gerne kosten. Die Mahlzeiten bestehen überwiegend aus selbstgemachten Erzeugnissen.

ILLE-ET-VILAINE

Das Département Ille-et-Vilaine ist sozusagen der erste Kontakt mit der Bretagne. Und gleich auch eine Überraschung: »Wie bitte? Keine Kirchhöfe? Keine Kalvarienberge? Geld zurück!« Sachte, sachte, kommt alles noch. Anstelle von Kalvarienbergen hat dieses Département manches andere vorzuweisen, nicht zuletzt Rennes, Hauptstadt und attraktives Kunstzentrum; Saint-Malo, die Wundersame, voller Geschichte(n); die attraktive Küste von Dinard bis zum Mont-Saint-Michel; ungewöhnliche Wegstrecken durch erquickende Landschaften, geschmückt mit prächtigen Kirchen und Kapellen, darinnen hundert Herrlichkeiten und dazu wunderbare Kirchenfenster; mit romantischen, strengen, stolzen oder bereits gänzlich verfallenen Schlössern – wie man sieht, für jeden Geschmack etwas. Und zwischendurch immer wieder gastronomische Stützpunkte.

RENNES (35000)

Kaum jemand kennt Rennes wirklich. Die meisten kommen hierher mit der Vorstellung, eine eher nüchterne Großstadt vorzufinden, ohne herausragende Denkmäler und ohne besondere Kennzeichen. So wird man freudig überrascht durch die vielseitige Architektur, die ein reiches kulturelles Leben offenbart – z.B. in Sachen Rockmusik – wozu auch das berühmte Sommernachts-Festival (Festival des tombées de la nuit) zählt.

Rennes und seine Geschichte

Es war einmal ... ein gallisches Dörfchen namens Condate. Von Rennes an sich ist erst seit dem elften Jahrhundert im Zusammenhang mit dem Widerstand gegen die Normannen die Rede. Obgleich in gallischen Landen angesiedelt, entwickelte es sich nach und nach zur Hauptstadt der Bretagne. Hier machte 1137 Bertrand du Guesclin erstmals von sich reden, als Sieger einer Reihe von Ritterspielen.
Aus Vorsicht errichteten die Einwohner irgendwann eine Stadtmauer. Ende des 15. Jhs tat diese gute Dienste bei der Belagerung der Stadt durch französische Truppen. Um das Problem zu lösen, heiratet Anne von der Bretagne 1491 den französischen König Karl VIII., gibt aber ihre Rechte an der Bretagne nicht auf. 1532 wurde der Unionsvertrag geschlossen, der das Ende bretonischer Unabhängigkeit besiegelte, dem Land aber noch etliche Privilegien – Autonomie auf fiskalischem, juristischem und militärischem Gebiet – sicherte. Als das Parlament der Bretagne sich 1561 hier konstituierte und viele Adlige, Beamte und Künstler nach sich zog, wurde Rennes endgültig als Hauptstadt anerkannt. Seit 1618 entstanden natürlich auch prächtige Privathäuser für die Herren Parlamentarier in Rennes.
Im Jahr 1720 wurde der Stadtkern fast völlig von einer Feuersbrunst zerstört, begünstigt durch das meistbenutzte Baumaterial Holz. Ebenso wie der große Brand in Chicago 1871 zur Verwendung neuer Baumaterialien und -techniken führte, leistete auch die Katastrophe von Rennes der Errichtung von Steinhäusern Vorschub. Strenge Bauvorschriften verschuldeten jedoch die Fantasielosigkeit und graue Einförmigkeit der neuen Stadtteile, wodurch Rennes in den Verruf von »Strenge und Nüchternheit« geraten ist. Die teilweise Abdeckung der Vilaine hat noch ein Übriges zur Entzauberung des Stadtbildes beigetragen. Aber der erste Eindruck täuscht.
Universitätsstadt seit dem 18. Jh., beherbergt Rennes heute über 35.000 Studenten. Im Laufe der Jahre ist eine bedeutende industrielle Infrastruktur entstanden, besonders durch die Citroën-Werke. Stolz ist Rennes auch darauf, Verlagsort der größten Zeitung Frankreichs zu sein, der *Ouest France*. Wir begeben uns hiermit also in eine aktive kulturelle und geschichtsträchtige Stadt, die niemanden enttäuschen wird.

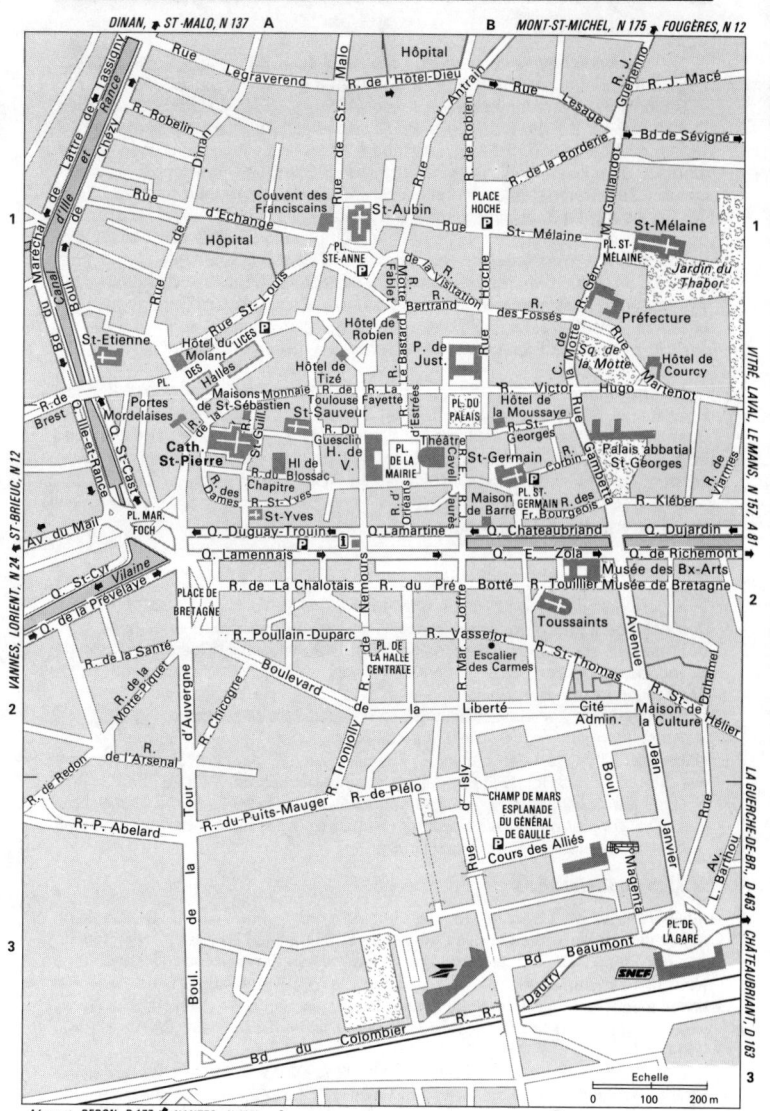

Rennes

Wichtige Adressen

- *Fremdenverkehrsamt:* 8, place du Maréchal-Juin, B.P. 2533. T. 99-30-38-01. Täglich Auskünfte von 9-19.30h, sonntags 10-12h und 14-17h im Juli/August.
- *Bretonischer Fremdenverkehrsverband (ABRI):* 9, rue des Portes-Mordelaises. T. 99-31-59-44. Bei der Kathedrale. Publikumsverkehr montags bis samstags 10-12.30h und 14-18.30h. Eine unverzichtbare Adresse für Auskünfte über Wanderungen, Unterkunftsmöglichkeiten in Jugendherbergen, Pensionen auf dem Lande (Gîtes Ruraux) und auf Zeltplätzen, für Radwanderungen und jede Form der Bewegung im Grünen. Hervorragendes Material. Unter derselben Anschrift ist der Verein für Kanaltourismus *(Comité de promotion touristique des canaux bretons)* erreichbar, Vermieter von Hausbooten und kleinen Kähnen.
- *Gîtes de France:* 1, rue Martenot. T. 99-02-97-41. Sämtliche Auskünfte über Wanderheime, Gästezimmer, Zelten auf dem Bauernhof usw. im Département Ille-et-Vilaine. Reiseführer für 35 F (konkurrenzfähig?).
- *Post:* place de la République. Schalterstunden montags bis freitags von 8-19h, samstags von 8-12h.
- *Mitfahrzentrale:* Centre Provoya, Maison du Champs de Mars, 35042 Rennes-Roazhon, T. 99-30-98-87; Mo-Fr 15-18h, Sa 10-12h; in derselben Straße wie der Busbahnhof, gegenüber des großen Parkplatzes zwischen Zoll (Douane) und Maison des Métiers. Buslinie 1 bis Bahnhof, Buslinien 4 und 7 bis zum Einkaufszentrum Colombier, von dort fünf Minuten zu Fuß.

Wo sein müdes Haupt betten?

● *Schonend für den Geldbeutel*

- *Jugendherberge:* 10-12, canal Saint-Martin (Plan A1). T. 99-33-22-33. Im Norden der Stadt; der historische Stadtkern ist zu Fuß geschwind erreichbar. Vom Bahnhof aus mit den Buslinien 2, 20, 21 und 22. Haltestelle *Coëtlogon-Auberge de jeunesse.* Bei der Herberge handelt es sich um ein ansehnliches Gebäude an der Kreuzung der Rue Saint-Malo und dem Kanal. Herzliche Aufnahme, Fahrradvermietung, Cafeteria. Ganzjährig Betrieb. Einlaß bis Mitternacht.
- *Hôtel d'Angleterre:* 19, rue Maréchal-Joffre. T. 99-79-38-61. Südufer, in der Nähe der Place de la République. Ebenfalls zentral gelegen; ein kleines, einwandfrei geführtes Hotel mit sympathischen Inhabern. Zimmer für 98-155 F.
- *Hôtel Maréchal-Joffre:* 6, rue due Maréchal-Joffre. T. 99-79-37-74. Familienbetrieb. Die Zimmer mit Waschbecken im Anbau sind gar nicht teuer und belaufen sich für zwei Personen auf passable 105-175 F.

● *Mittlere Preisklasse*

- *Au Rocher de Cancale:* 10, rue Saint-Michel. T. 99-79-20-83. Besser kann man's nicht treffen. In einer mittelalterlichen Straße, mitten im Leben, zwei Schritte von der Place des Lices entfernt. Die preiswertesten Zimmer in der Stadt sind es wohl nicht mehr, sondern sollen jetzt um die 220 F aufwärts kosten. War mal etwas altmodisch mit Blümchentapeten, hat inzwischen aber vielleicht eine Renovierung hinter sich. Im Erdgeschoß ein ordentliches Restaurant. Wer guckt mal vorbei?
- *Hôtel Lanjuinais:* 11, rue Lanjuinais. T. 99-79-02-03. Zentrale Lage an einem Sträßchen zum Quai Lamennais. Erst kürzlich renoviert. Freundliche Aunahme und komfortable Zimmer mit frischem Anstrich und TV. 180-220 F pro Doppelzimmer.
- *Hôtel le Pingouin:* 7, place du Haut-des-Lices. T. 99-79-14-81. An einem der bezauberndsten Plätze der Altstadt. Modernes gesichtsloses Gebäude – man fragt sich, wie es überhaupt an dieser Stelle entstehen durfte – dafür einladende Zimmer mit Balkon. Von den oberen Stockwerken aus genießt man den Blick über die Dächer. Doppelzimmer ab 150-200 F, Frühstück 20 F.
- *Hôtel le Sévigné:* 47, av. Janvier. T. 99-67-27-55. Die Avenue führt zum Bahnhof. Zu Fuß braucht man 10 Minuten bis in die Innenstadt. Liebevoll gepflegte Doppelzimmer zu 225 F.

– *Le Garden:* 3, rue Duhamel, an der Ecke zur Av. Jean-Janvier. T. 99-65-45-06. Klassisch und geschmackvoll, dazu noch in der Nähe von Bahnhof und Altstadt. Mit Innengärtchen und Cafeteria. Tadellose Zimmer für 190-245 F. Die Besitzerin zählt zu unserer Leserschaft.

● *Etwas gehobener*

– *Hôtel Central:* 6, rue Lanjuinais. T. 99-79-12-36. Imposantes Bauwerk des 19. Jhs in einer ruhigen Straße gelegen. Frischer und behaglicher Eindruck, überall erfreuen Grünpflanzen das Auge. Für die Zimmer sind 170-295 F veranschlagen.

● *Zeltplatz*

– *Gemeindecampingplatz Gayeulles:* parc des Bois. T. 99-36-91-22. Zu erreichen mit Buslinie 3 ab der *Rue de Paris*, Richtung Saint-Laurent.

Wer bereitet dem Raben die Speise, wenn seine Jungen zu Gott rufen und irrefliege, weil sie nichts zu essen haben?

Na, abgesehen von Hiob (38,41) nachstehende Anschriften:

● *Preiswert*

– *Crêperie Le Kerlouan:* 17, rue Saint-Georges (führt auf die Place du Palais). T. 99-36-83-02. In einem der liebreizendsten Sträßchen der Stadt. Sonntags und im August geschlossen. Auch hier ausgezeichnete Crêpes, die vor drei Jahren sogar den ersten Preis bei einem Wettbewerb davontrugen.
– *Au Marché des Lices:* 3, place du Bas-des-Lices (Place du marché). T. 99-30-42-95. Geöffnet 12-14h und 19.30-22h. Sonntags Ruhetag und in der zweiten Augusthälfte ebenfalls nicht bewirtschaftet. Entspannte und freundschaftliche Atmosphäre. Zu empfehlen ist die »Fermière« (Rauchfleisch, Eier, Tomaten, Champignons). Preiswertes Tagesessen mittags mit Ausnahme von samstags, dazu prickelnder Cidre. Pro Essen etwa 60 F einplanen.
– *Restaurant des Carmes:* südliches Ufer, Rue des Carmes, zum Bd de la Liberté hin. T. 99-79-27-52. Täglich außer sonntags. Bietet preiswerte Menüs zwischen 40 und 50 F.
– *Rue de Saint-Malo:* zur Place Sainte-Anne hin unterbieten sich die preisgünstigen Lokale. Jugendliches Publikum. Am Wochenende herrscht hier Hochbetrieb.
– *L'Opus:* 24, rue de la Chalotais. Am Südufer. Moderne, propere Einrichtung mit viel Grün, kurz: gastfreundlich. Hier werden rasch und köstlich so exotische Salate zubereitet wie »Azur«, »Jupiter« und »Fatu-Hiva«, um die 50 F. An manchen Abenden Jazzkonzerte. Vorher erkundigen.
– In der *Rue de la Chalotais* praktizieren weitere Restaurants zu interessanten Preisen. *L'Equateur*, gegenüber von *l'Opus*, serviert das billigste Tagesessen. Etwas weiter, auf derselben Straßenseite, ein Libanese, dann *la Chope* (s. nächstes Kapitel).

● *Mittlere Preislage*

– *Brasserie le Sévigné:* 47, auf der *Av. Janvier* Richtung Bahnhof. T. 99-30-86-86. Mittags und abends bis 23h offen, samstagmittags und sonntags geschlossen. Elsässische Spezialitäten. Immer großer Andrang, was für die Küche spricht. Mittags geht's im Speisesaal quicklebendig und geräuschvoll zu. Vorbestellen lohnt sich. An den Wänden überladene Wandgemälde in einem aufgeblasenen Stil, der des Orsay-Museums würdig wäre. Vielleicht ist das der Grund, warum so viele reisende Geschäftsleute hier einkehren. Ansonsten sind Ausgehungerte hier goldrichtig: bei zartem gebratenem Fleisch, saftigem Sauerkraut mit Rippchen, Hausmacher Kutteln in Riesling (65 F) usw. Zügige Bedienung, netter Empfang – höchst empfehlenswert, vor allem bei den Preisen!
– *Le Grandgousier:* 29, rue de Penhoët. In der Altstadt, zur Place Sainte-Anne hin. T. 99-79-15-01. Geöffnet bis 23h, Sonntagmittag geschlossen. Solide ländliche Gerichte ohne Raffinessen. Hier kommt man gerne an Heißhungertagen her und schleppt sich prall und voll wieder von dannen. Menü zu 42 F. Oder Gegrill

tes, ein halbes Täubchen, Kohl mit Wurst, Hasenrücken mit Senfsoße, gekochtes Huhn, Rindfleisch usw. Gut merken.
– *La Chope:* 3, rue de la Chalotais (Plan A2). T. 99-79-34-54. Am Südufer, hinter der Place de la République. 12-24h auf, nur sonntags nicht. Seit 1936 die populärste Kneipe von Rennes. Die Wände verschmiert mit Lebensphilosophie der einfacheren Art nach dem Motto »Wein, Wein ... göttlich und rein« oder »fressen, saufen, furzen, rülpsen«. Am Wochenende wird garantiert was geboten. Menüs à 60 und 120 F (inkl. Service, Getränke extra).

● *Etwas edler*

– *Chez Kub:* 20, rue du Chapitre. T. 99-31-19-31. In der Altstadt. Geöffnet nur bis 22.30h. Sonntags ruht der Betrieb. Angenehm helle Einrichtung; die Stiche an der Wand deuten darauf hin, daß die Fleischzubereitung eine Stärke des Lokals ist: Rinderkotelett spezial, Entrecôte mit Roquefort-Butter, Spare Ribs mit Teufelssoße, Schweinespieß mit Pfirsichen usw., dazu Gemüsegratin. Mit 120 F pro Essen hat man schon zu rechnen.
– *Le Moutardier:* 38, rue Saint-Georges. T. 99-38-79-43. Mittelalterliche Straße zur Place du Palais hin. Sonntag Ruhetag. Restaurant von besonderem Flair, hübsch dekoriert, mit Terrasse und feiner Küche. Schmackhafte Vorspeisen wie marinierte Jakobsmuscheln, Lachspastete mit Beeren nach Art des Hauses, skandinavische Platte. Breite Auswahl an Hauptgerichten, wie Fischspieß, Fisch-Panaché mit Sauerampfer, Kalbfleisch in Blaubeercreme usw. Zwischen 130 und 150 F veranschlagen. Einmal eine brauchbare Adresse in einer sonst touristischen Gegend.
– *Le Picadilly:* 15, galerie du Théâtre. T. 99-78-17-17. Tag und Nacht geöffnetes Lokal an einem der malerischsten Plätze von Rennes. Gediegene Einrichtung in warmen Farben, mit Stufen und Treppchen. Immer in Bewegung. Das Publikum ändert sich mit der Tageszeit, vom satten Bourgeois bis zum hohlwangigen Studenten. Ordentliches Essen, nicht zu teuer, für etwa 95 F.
– *Ty Coz:* 3, rue Saint-Guillaume. T. 99-79-33-89. Mittags und abends bis 21h geöffnet, sonntags und in der ersten Augusthälfte geschlossen. Wie gehabt, möglichst einen Tisch im voraus ordern. Dieses Restaurant ist historisch wie gastronomisch von Belang, weil es im *Du Guesclin-Haus* untergebracht ist, einem der ältesten Wohngebäude von Rennes. Die Fachleute streiten noch immer, ob es im 14. oder erst im 16. Jh. errichtet wurde, was uns nicht daran hindern soll, die prächtige, bauchige Fassade mit ihren geschnitzten Holzverkleidungen und bemalten Statuetten zu bewundern. Auf den Tisch kommen eine Reihe ausgezeichneter klassischer Gerichte. Die Preise à la Carte klettern flugs nach oben, Menüs sind aber für 120 und 148 F zu haben. Eine gute Idee war es auch, ein drittes Menü einzuführen, bei dem der Gourmet die freie Auswahl von der Speisekarte hat – für 180 F.
– Allen mit dicker Reisekasse möchten wir auf keinen Fall zwei andere Restaurants vorenthalten: *Chouin,* zum Fischessen (12, rue d'Isly, T. 99-30-87-86) und *l'Ouvrée* mit seiner frischen, leichten Küche und den edlen Weinen (18, place des Lices, T. 99-30-16-38). Weiterhin verdienen sowohl *Le Palais* (17, place du Parlement; T. 94-79-45-01) und *Le Piré* (18, rue du Maréchal-Joffre; T. 99-79-31-41) die namentliche Nennung. Letzteres scheint mit seinem exzellenten ersten Menü um 100 F die beste Adresse in der Stadt zu sein. Nicht zu vergessen natürlich die feineren Häuser in der Umgebung von Rennes (s. weiter unten La Bouëxière und Bourg-des-Comtes).

Mal anschauen

● *Alt-Rennes*

Zum Herumstromern wie geschaffen. In manchen Straßen stoßen wir noch auf recht homogene, mittelalterliche Häuserreihen. Das Viertel um die Kathedrale blieb zum Glück von der Feuersbrunst 1720 verschont. Dementsprechend groß ist der Kontrast zum Parlamentsviertel, das nach dem Brand neu errichtet wurde.

– *Die Kathedrale Saint-Pierre:* rue de la Monnaie (Plan A2). Besichtigungszeiten 8.30-12h und 14-17h, sonntags 9.30-12h. Endlich eine Kirche, die nicht gelobt werden muß – nach all diesen wunderbaren Dorfkirchen wurden unsere Leser ja langsam schon mißtrauisch. Sie entstand an der Stelle eines antiken gallo-romanischen Tempels. Von den beiden vor dem 16. Jh. errichteten Bauwerken ist nichts übriggeblieben. Die Fassade, 1560 in Angriff genommen, wurde erst ein Jahrhundert später vollendet und mit der Sonne Ludwigs XIV. gekrönt, um die Hegemonie Frankreichs so richtig zu betonen. Im 18. Jh. stürzte die Kirche zum großen Teil ein. Der Wiederaufbau wurde gegen 1850 abgeschlossen. Von der klassischen Periode haben nur die beiden Türme mit Geländer überdauert, was eine gewisse Disharmonie zur Folge hat, die noch durch die enttäuschende Innenausstattung verstärkt wird. Die nüchterne, neoklassische Bauweise verschwindet unter Gold und Stuck, üppigen und schweren Verzierungen aus der zweiten Hälfte des 19. Jhs, typisch für den »guten Geschmack« der siegreichen Bourgeoisie der damaligen Zeit. Einziges interessantes Merkmal ist das prächtige Altarblatt der Antwerpener Schule des 16. Jhs rechts im Kirchenschiff mit einer ausdrucksvollen Darstellung der Geburt Christi in mittelalterlichem Aufzug.

– *Rue de la Psallette:* Gäßchen entlang der Kathedrale. Eine zauberhafte Reihe alter, niedriger Behausungen. Riskieren wir einen Blick in den reizenden Innenhof der Nr. 8. In der *Rue Saint-Sauveur* weitere Denkmäler. Die Nr. 3, *Rue Saint Guillaume*, steht für das verführerischste aller Häuser (Schlemmerrestaurant *Ty Coz*). In der *Rue de la Psallette*, Ecke *Rue du Chapitre*, bemerkenswert geschnitzte Trägerbalken.

– *Les Portes Mordelaises:* eines der seltenen Überbleibsel von den Stadtmauern aus dem 15. Jh. Durch das Stadttor am Ende einer Gasse, die von der *Rue de la Monnaie* abzweigt, hielten einst die Herzöge der Bretagne ihren Einzug, um sich krönen zu lassen, nachdem sie zuvor geschworen hatten, immerfort für die Unabhängigkeit des Landes einzutreten.

– *Place des Lices:* geräumiger Platz, auf dem die Ritterspiele im Mittelalter stattfanden (Plan A1). Du Guesclin soll hier mehrmals die Lanzen gekreuzt haben. Im 17. Jh. entstanden vornehme Bürger- und Patrizierhäuser. Auffällig eine Reihe hoher Fachwerkhäuser mit ihren Dächern in Form von Schiffskielen, zwischen der Rue des Minimes und der Rue des Innocents. Bei dieser Gelegenheit sollte man auch gleich den Bauherren des modernen zellenförmigen Hochhauses, das jede Aussicht versperrt, einen Orden für ästhetisches Feingefühl verleihen.

Samstagmorgens wird der Platz von einem der größten Märkte Frankreichs mit viel Leben erfüllt.

– Malerisch und erholsam, die Rue des Dames und die Rue Saint-Yves entlang der ehemaligen Mauer aus dem 14. Jh. Gesäumt von Herrenhäusern und reizvollen Bürgerhäusern. Die Kapelle Saint-Yves (1494) an der Ecke der Rue Lebouteiller soll demnächst renoviert werden.

– *Rue du Chapitre:* einige wertvolle Beispiele mittelalterlicher Architektur. Die Nr. 22 weist eine geschnitzte Fassade von 1580 auf. Bei der Nr. 5 tut sich ein Gang auf, an dessen Ende, rechts im Hof, eine der merkwürdigsten Treppen von Rennes zu begutachten ist. Bei der Nr. 6 handelt es sich um das Hôtel de Blossac (9-18.30h Besuchszeit). Bildschönes Tor, interessanter Innenhof und, links davon, eine monumentale Treppe mit einem eleganten schmiedeeisernen Geländer. In der Rue de Clisson, die Basilika Saint-Sauveur, die ebenfalls den großen Brand überstanden hat.

– An der Grenze der Altstadt zur »klassischen Stadt« von 1720, Ecke Rue Le Bastard und Rue Champ-Jacquet, ein Patrizierhaus mit Ecktürmchen. Place Champ-Jacquet, 100 m weiter, kokettieren Nr. 11 und Nr. 15 mit wundervoll schiefen Fassaden. Auf der Höhe der Nr. 5 ein Patrizierhaus von 1660, an dem sich bereits deutlich die Verlagerung von der Holz- zur Steinbauweise zeigt.

– *Rue Saint-Michel:* baulich in sich geschlossen und lobenswert renoviert. Sie führt zur hübschen Place Sainte-Anne. Hier findet man bei der Nr. 19 das Haus von *Leperdit*, der während der Französischen Revolution als Bürgermeister von Rennes amtierte, und die Kirche *Saint-Aubin*.

● *Das klassische Rennes*

– *Der Justizpalast:* place du Palais (Plan B1). Ehemaliges Parlament der Bretagne, 1618-1655 erbaut. Für Auskünfte über eine eventuelle Besichtigung ist der Hausmeister im Erdgeschoß zuständig: T. 99-38-77-17. Die Fassade hat Salomon de Brosse gestaltet, der auch für den *Palais du Luxembourg* in Paris verantwortlich zeichnete. Deutliche Einflüsse von Palladio sind spürbar, der in Italien Furore gemacht hatte und die gefeierten, nach ihm benannten Villen bei Venedig und Padua hochzog. Die *Große Kammer* (Grande Chambre du Parlement), ein architektonisches Glanzstück. Die Kassetten der Zimmerdecke wurden in Paris geschnitzt und auf der Seine und der Loire nach Rennes gebracht. Das Ausmalen übernahm Noël Coypel. Gobelin-Stickereien vom Jahrhundertanfang schmücken die Wände und erzählen die Geschichte der Bretagne in einem Überschwang von

Farben und Details, den Tod des Helden Du Guesclin natürlich im besonderen.
Auf der Westseite der Place du Palais erblicken wir klassische, ionische Fassaden und Dächer à *la Mansart*, also Mansardendächer.

– *Das Rathaus:* place de la Mairie. Werk von Jacques III Gabriel, dessen Sohn später den *Petit Trianon* in Versailles und die *Place de la Concorde* entwarf. Öffnungszeiten von 9-17h, sonn- und feiertags geschlossen. Ein durchbrochenes Kuppeltürmchen krönt den gemeisselten Giebel, der auf vier Säulen ruht, die wiederum von zwei Pavillons eingerahmt werden.

Dazu eine Anekdote: sicher ist längst jedem die große leere Wandnische unter dem Giebel aufgefallen. Hier thronte lange Zeit eine Skulptur als Symbol der Union zwischen der Bretagne und Frankreich. Die Bretagne, in Gestalt einer knienden Frau, hielt die Hände des Königs, der seinerseits in sitzender Pose dargestellt war. Diese Erniedrigung war den Bretonen seit jeher ein Dorn im Auge. So räumte dann auch 1932, pünktlich zum 400. Jahrestag der Union, ein von Autonomisten angebrachter Sprengsatz mit dem Symbol der Unterdrückung radikal auf. Dieser historische Konflikt ist in Vannes ähnlich simpel gelöst worden.

Die alte Kapelle, der Treppenaufgang mit den Wandbbehängen und der Hochzeitssaal können besichtigt werden.

Vis-à-vis, das imposante neoklassizistische Theater von 1831.

– In der Verlängerung des Rathausplatzes ist die Rue Saint-Georges, nach Osten, als eine der wenigen dem großen Brand entgangen. Hier bilden sämtliche Baustile ein harmonisches Durcheinander: holzverkleidete Wohngebäude und vornehme Patrizierhäuser. Jedes Gebäude ist ein Verweilen wert.

– Die Kirche Saint-Germain: place Saint-Germain (Plan B2). Besichtigungszeiten 9-12h und 14-18.30h (am Sonntag nur vormittags). Im 15. Jh. erbaut, vormals Pfarrkirche der Kaufleute und Krämer. Spätgotische Westfassade. Innen ein herrliches Kirchenfenster derselben Epoche mit Szenen aus dem Leben Marias und dem Leidensweg Christi.

Das bleiche Schimmern der Straßenlaternen in dieser Gegend verwandelt sich in der Rue Saint-Georges in ein gleißendes Lichtermeer. Die Rue Corbin führt zum ehemaligen Abteipalast *Saint-Georges* von 1670, an der Ecke zur Rue Gambetta.

– *Die Kirche Notre-Dame:* place Sainte-Mélaine. Täglich zugänglich von 8.30-19h. Abteikirche aus dem elften Jahrhundert, neuerrichtet im 14. Jahrhundert. Elegante klassische Fassade, die 1672 an dem alten romanischen Turm angebracht wurde. Im Innenraum stammt noch das Querschiff mit den breiten, schmucklosen Rundbogen aus der romanischen Periode.

– *Die Gärten von Thabor:* an die Kirche angrenzend, vormals Abteigarten. Seit dem 18. Jh. französische Anlagen zum Flanieren.

– *La Cité judiciaire:* in einem häßlich-hochmodernem Gebäude, das in seiner Form an einen Riesenpilz aus Glas und Stahl erinnert, am Bd de La-Tour-d'Auvergne. Das gesamte neue Viertel *du Colombier* neben dem *Champ-de-Mars* hat in unseren Augen wenig ästhetischen Wert, von den bombastischen Bauten abgesehen, die einen aber mehr einschüchtern als begeistern.

● *Am Südufer*

– *Bretagne-Museum:* 20, quai Emile-Zola (Plan B2). In der Nähe der Place de la République, im einstigen Universitätspalast. T. 99-28-55-84. Öffnungszeiten 10-12h und 14-18h, dienstags geschlossen. Bedeutendes Museum für Ethnographie, Geschichte und Archäologie, nach Epochen gegliedert. Sehenswerte prähistorische Abteilung: Steine von Langgräbern (Allées couvertes), behauene Kiesel, Schmuckstücke des *späten Bronzezeitalters* (6000-1000 v. Chr.). Aus dem Mittelalter: Säulenkapitelle, Gewerbesteuererlasse von Franz I. und andere kostbare Manuskripte zur französisch-bretonischen Union – darunter der Eid von Anne de Bretagne – eine wundervolle Marmorfigur von Jacques Guibé, interessante Dioramas. Die Bretagne des feudalen *Ancien Régime* (1532-1789) ist vertreten durch Karten, Grafiken, Truhen, Schnitzbalken und einen prächtigen Bauernhochzeitsschrank. Die *Bretagne moderne* (1789-1914) repräsentieren Trachten aus verschiedenen Gegenden, Werkzeug, Kuriosa wie jener Erlaß von 1813, der die Mindestkörpergröße für kaiserliche Wachen auf 1,733 m festlegte. Ein Gutschein über 25 Pfund, den die katholische Armee aus Protest gegen die Anweisungen der

Republik druckte. Und schließlich darf auch eine Abteilung zur *zeitgenössischen Bretagne* nicht fehlen.

– *Musée des beaux-arts* (Museum der Schönen Künste): im ersten Stock desselben Gebäudes, mit denselben Öffnungszeiten. T. 99-28-55-85.

Reiche Sammlungen: ägyptische und griechische Archäologie; bretonische Maler wie Pierre de Belay *(Der Markt in Pont-Croix)*, Jean Le Moal, Jean-Julien Lemordant *(Gruppe aus Plougastel in Festkleidung)*, Lucien Simon *(Der Fährmann von Sainte-Marine)* usw.; Gemälde aus dem 19. Jh.: Boudin *(Bauernhof, Trouville)*, Ziem *(Der Turm von San Pietro)*, Corot *(Überquerung der Furt)*, dann die einfallslosen, prätentiösen Maler im Stil der Kunstakademien; aus dem 18. Jh. Chardin, Van Loo, Tiepolo, Guardi. Besonders zart das *Junge Mädchen mit blauem Band* von J.P. Greuze. Aus dem 17. Jh.: Noël Coypel, Le Brun *(Kreuzabnahme)*, Philippe de Champaigne *(Die reuige Magdalena)*; und schließlich das Meisterwerk des Museums: *Das Neugeborene* von Georges de la Tour, mit Vermeer'schem Licht; Rubens *(Tigerjagd)*, Wouwermans *(Pferdemarkt)*, David Téniers *(Kartenspieler)*. Vertreter des 16. Jhs: Veronese *(Persea)*, il Tintoretto, Maerten Van Heemskerck *(Der Heilige Lukas beim Malen der Jungfrau)*. Zuguterletzt Nicolas de Staël, Riopelle, Picasso *(Frauenkopf)*, Kupka, Tanguy, Maurice Denis, Utrillo, Vuillard *(Sacré-Coeur)*, Emile Bernard, Gauguin *(Stilleben mit Orangen)*, Sérusier *(Einsamkeit)*, Sisley *(Die Biegung der Seine in Saint-Cloud)*, Radierungen von Rouault usw. Bildschöne Keramik- und Steingutkollektion.

– *Heimatmuseum des Pays de Rennes:* route de Châtillon-sur-Seiche. T. 99-51-38-15. Vom 1. April bis zum 15. Oktober in der Zeit 14-19h, während der Wintermonate 14-18h. Dienstags uns feiertags sowie in den ersten beiden Januarwochen bleiben die Pforten des Museums geschlossen. Von Rennes aus nimmt man einen Bus der Linie 14 und steigt an der Haltestelle »Le Gacet« wieder aus. Andernfalls mit der Linie 61 bis zum Halt »La Bintinais«. Der Eintrittspreis bei 20 F. Die Geschichte des »La Bintinais«-Bauernhofes ist eine glückliche Verbindung der Vergangenheit mit der Gegenwart. Das in seinen Räumen untergebrachte Heimatmuseum übernimmt mit einer Dauerausstellung und in der Praxis mit dem erneuten Bestellen großer Anbauflächen in traditioneller Weise die Aufgabe, das Verhältnis des Menschen zu seiner Umwelt , hier natürlich dem ländlichen Raum um Rennes, von 1600 bis heute darzustellen. Der Besucher kann den sozio-kulturellen Veränderungen, die sich in der Architektur, der Kleidung, der Wohnungseinrichtung – hervorragende Küchennachbildungen! – der Sprache und der Freizeitbeschäftigung ergeben haben, nachgehen. Das In-Szene-Setzen der verschiedenen Situationen ist erstaunlich gut gelungen und wird durch Diavorführungen noch verdeutlicht. Auch die ehemaligen landwirtschaftlichen Produktionstechniken werden auf einem zehn Hektar großen Acker in Naturgröße nachgestellt. Einige Wechselausstellungen und Sonderprogramme runden das Bild ab.

– *»Technischer Tourismus«:* Die Technik-Interessierten sollten die Gelegenheit nutzen, das 1961 eingeweihte *Citroën-Werk in La Janais* zu besichtigen oder in die Druckerei von *Ouest-France*, dem mit einer Auflage von 790.000 Exemplaren größten Tagesanzeiger Westfrankreichs, hereinzuschauen.

– *Rue Vasselot:* Überrest der ehemaligen Unterstadt. Einfühlsam erneuert. Der Besucher sollte sich nicht die wundervolle Holztreppe aus dem 17. Jh. im Hof der Nr. 34 entgehen lassen. Daneben die *Allerheiligen-Kirche* (Toussaints), 17. Jh.

– *Das Lycée Emile-Zola,* av. Janvier, verdient Aufmerksamkeit nicht etwa wegen äußerer Reize, sondern wegen seines Symbolcharakters. Es war nämlich Schauplatz eines gesellschaftspolitischen Ereignisses von beträchtlicher Tragweite: dem Revisionsprozeß des Generalstabshauptmanns Alfred Dreyfus im August 1899, nach dem aufrüttelnden *J'accuse* (»Ich klage an«, einem offenen Brief an den Präsidenten der Republik) von Zola. Zur Erinnerung: dem »jüdischen Hauptmann« Dreyfus wurde der Verrat militärischer Geheimnisse an Deutschland vorgeworfen. Man muß sich die Zustände der damaligen Zeit vergegenwärtigen, die Konfrontation der Dreyfusianer – Intellektuelle, Linke, Antimilitaristen, Humanisten und Liberale – mit ihren Gegnern aus der klerikalen und antisemitischen Rechten. Frankreich war gespalten. Während der Verhandlungspausen gingen Sozialist Jaurès und nationalistischer Judenfeind Barrès auf ein Glas ins *Café de la Paix* auf dem Platz der Republik. Heute erinnert eine einfache Gedenkplakette am Ein-

gang zum Festsaal des Gymnasiums an die damaligen Begebenheiten. Unglück-
licherweise wiederholt sich die Geschichte, so daß knapp ein Jahrhundert später
Rassisten und Antisemiten wieder fröhliche Urständ feiern.

Wohin abends?

Paradoxerweise gestaltet sich das Nachtleben für eine junge Universitätsstadt wie
Rennes mit 197.700 Einwohnern (1990) eher dürftig. Dafür gibt es verschiedene
Gründe: die Bretonen gehen normalerweise früh zu Bett – das wußten wir ja
schon – außerdem kommen viele Studenten von außerhalb und fahren am
Wochenende nach Hause. Schließlich ist das Meer nicht weit, so daß die meisten
ihre Freizeit lieber dort verbringen. Deshalb sind auch während der Universitätsfe-
rien die meisten sympathischen Kneipen leer oder geschlossen, nur wenige Ver-
anstaltungen finden statt.
– *Rue de Saint-Malo:* hier reihen sich ein paar Bars aneinander, Treffpunkt für
Jugendliche, vergleichsweise belebt, vor allem *La Trinquette*, *l'Ozone* mit Rock-
Video und *le Trap*, ruhiger, montags ganz geschlossen, mit gedämpftem Licht
und einer Sammlung von Meerschaumpfeifen.
– *Métropolis:* 1, rue Montfort. T. 99-79-38-50. Szenekneipe, wo sich die Primaner
und die niedrigen Unisemester treffen. Nachmittags und am frühen Abend beson-
ders voll.
– In der Rue *Saint-Michel* und der *Rue Saint-Georges* mehrere Cafés für junge
Leute. *Le Carmes* in der Rue Saint-Georges gibt sich postmodern. Beliebte Ter-
rasse. Zum Glück gibt es Ausweichmöglichkeiten wie die *Place Sainte-Anne*, die
Place Rallier-du-Batty, die *Place du Champ-Jacquet* und die *Place des Lices*.
– *L'Opus:* 24, rue de la Chalotais. T. 99-30-27-29. Regelmäßige Jazzkonzerte.
Termine telefonisch erfragen.
– *L'Inconnu:* 7, rue des Fossés. T. 99-36-88-28. Hier trifft man die Teens und
Twens. Richtig sympathisch, vor allem abends. Gute Musik, Billard zum Zeitver-
treib und Mittagstisch für ewig Hungrige.
– *Haus der Kultur:* in der *Av. Saint-Janvier*, Ecke *Rue Saint-Hélier*. T. 99-31-55-33.
Die drei Veranstaltungssäle sind das ganze Jahr über Schauplatz von Aufführun-
gen mit hohem Niveau.

Die »Transmusicales«

Rennes hat sich den Ruf erworben, Hauptstadt der Rockmusik in Frankreich zu
sein, wenn man von Toulouse und der »Rock Show Biz« einmal absieht. Jungen
Gruppen wird Material und Technik zur Verfügung gestellt. Rennes hat *Etienne
Daho* hervorgebracht und *Niagara*, *Marc Seberg* und die genialen Saxophonisten
Pinpin und *Paboeuf*; wohlklingende Namen, zumindest in Frankreich.
Alljährlich in der zweiten Dezemberwoche spielen sich in Rennes die *Transmusicales* ab, ein fantastisches Rockfestival mit Gruppen und Sängern aus dem In-
und Ausland. Zehn *Transmusicales* gab es schon, mit wachsendem Erfolg. Hier
lernen sich die Musiker kennen, treffen auf ein Publikum in Bombenstimmung.
Die Stadt Rennes unterstützt diese Initiative nach Kräften, im Bewußtsein der
zunehmenden Bedeutung der Rockkultur. Eine Woche lang bekommt man hier
einen Überblick über die neuesten Entwicklungen in der Rockmusik-Szene.
Die *Transmusicales* sind das einzige Festival dieser Art, wo alles auf so verrückte
Weise durcheinandergeht und Gruppen zu hören und sehen sind, die man sonst
nie zu Gesicht bekäme. Das Publikum ist neugierig, enthusiastisch, tolerant.
Unbedingt erlebenswert.
– *Auskunft:* T. 99-31-12-10 und 99-31-55-33.

Das Festival »Tombées de la Nuit« (Einbruch der Nacht)

Es zählt zu den bedeutsamsten Kulturereignissen in der Bretagne, zu den origi-
nellsten in ganz Frankreich und dauert etwa zehn Tage, Anfang Juli. Das Programm ist primär auf die Region zugeschnitten, aber auch offen für Teilnehmer
aus anderen Gegenden des Landes oder der Welt. Freilich soll es in erster Linie
die bretonischen Künstler fördern und ihre Abwanderung nach Paris als einzige

Alternative verhindern. Ferner stellt man sich damit dem angelsächsichen Einfluß entgegen. Dennoch ist das Festival alles andere als defensiv und eigenbrötlerisch eingestellt. Um ein »Schmoren im eigenen Saft« zu verhindern, verpflichten die Veranstalter deshalb bewußt immer auch einen Teil der Künstler von außerhalb. Die Musik, Tanz- und Theatervorstellungen, die Lesungen, Pantomimen und Filmvorführungen verteilen sich auf über hundert Schauplätze in Rennes, dessen alte Plätze und Straßen einen außergewöhnlichen Rahmen für das Ereignis abgeben. Jedes Jahr aufs Neue zeigt sich bei dem Festival das bedeutende künstlerische Potential der Bretagne. Rennes verwandelt sich vorübergehend in eine Stadt der Träume. Übrigens auch für Kinder, die das Festival genauso anspricht.

– *Auskunft und Kartenverkauf:* Festival des Tombées de la nuit, 8, place du Maréchal-Juin, 35000 Rennes. T. 99-30-38-01. Vorausbuchungen werden ebenfalls unter T. 99-79-71-79 entgegengenommen.

Sehenswertes in der Umgebung

● **Châteaugiron:** 15 km von Rennes in Richtung La Guerche-Angers. Das Dörfchen schließt in seiner Mitte die imposanten Ruinen eines Schlosses aus dem elften Jahrhundert ein. Schöne mittelalterliche Wohnhäuser.

● **Nouvoitou:** noch einmal drei Kilometer weiter. Die Haupterwerbsquelle seiner Bewohner bestand bis 1950 darin, Segeltuch zu weben. Die Erzeugnisse der Bauernhöfe, also der Flachs und der Hanf, wurden an Ort und Stelle weiterverarbeitet. Während des Winters sponnen die Frauen die Hanfstränge, anschließend saßen sie an den Webstühlen.
Die Kirche von Nouvoitou besitzt ein ausgesprochen schönes Altarblatt aus dem späten Mittelalter.

● In einer Entfernung von nur wenigen Kilometern, in Richtung Saint-Armel und Épron, an der Kreuzung mit dem Ourmais, ist die noch funktionierende *Mehlmühle* von Tertron zu bestaunen – etwas unterhalb auf der rechten Seite. Hat niemand Lust, einen kleinen Spaziergang zu machen? Das Ufer der Seiche lädt geradezu dazu ein!

Verkehrsverbindungen ab Rennes

● *Per Zug*

– *SNCF-Bahnhof:* place de la Gare, am Ende der Av. Jean-Janvier. Reisezugauskunft T. 99-65-60-50. Nach Dinan verkehren sechs Züge täglich, nach Saint-Malo etwa zehn, nach Paris ebenfalls.

● *Per Bus*

– *Bus-Endhaltestelle:* bd Magenta. T. 99-30-87-80. Bus nach Saint-Malo viermal täglich an Werktagen, einmal sonntags. Nach Dinard vier Busse werktags, zwei sonntags. Nach Vannes zwei bis drei Busse täglich, zum Mont-Saint-Michel zwei Busse mit Anschluß nach Pontorson.

Für Hinweise, die wir in späteren Auflagen verwerten,
bedanken wir uns mit einem Buch aus unserem Programm

DAS VILAINE-TAL

Ein Tip für Bretagnespezialisten, die schon viel rumgekommen sind und ihre Kenntnis der Region von Rennes vertiefen wollen. Nichts Spektakuläres, nur ein hübscher Ausflug, mit hier und da einem typischen Dorf oder einem anderen malerischen Plätzchen. Von Rennes bis Redon plätschert die Vilaine durch fruchtbares Ackerland oder durch Sandstein- und Schiefergebirge. Gelegentlich verengt sich das Flußbett. Die Straße bleibt ihm dicht auf der Spur, überquert es, kreuzt es erneut, so daß man von hier aus immer die Mäander der Vilaine im Blick hat. Ihre Ufer laden zum Picknicken ein. Es besteht auch die Möglichkeit, die Vilaine per Schiff durch zehn Schleusen von Rennes bis Messac hinabzufahren. Bestimmt verliebt sich jeder Reisende in die winzigen, aus wenigen Häusern bestehenden Flußhäfen. Die eigentlichen Dörfer liegen etwas zurück und wegen der Hochwassergefahr auch höher.

– *Zum Einschiffen* begeben wir uns auf den Quai de la Prévalaye in Rennes, um 8h morgens, oder in den Hafen von Guipry in Messac gegen 9h. Ankunft um 18h, genau richtig für die Rückfahrt mit dem Zug. Auskunft beim Fremdenverkehrsamt in Rennes, T. 99-79-01-98 und in der Bar *l'Escale* in Guipry, T. 99-34-60-97.

● **Pont-Réan:** purpurfarbener Marktflecken, da die Häuser zum Teil aus rot-violettem Schiefer gemauert sind. Brücke aus dem 18. Jh. Dies ist gleichzeitig die Ablegestelle der Wasserkutschen, die auf der Vilaine herumfahren.

● **Die Boël-Mühle:** entzückendes, friedliches Plätzchen in abwechslungsreicher Landschaft. Eine der letzten, im 17. Jh. in *Gegenstromtechnik* aufgestellten Mühlen. Spornförmige Wand gegen den Strom und fünfbahniges Dach. Eine der beliebtesten Sommerfrischen der Einwohner von Rennes; dementsprechend bevölkert am Wochenende.

– *Auberge du Moulin de Boël:* T. 99-42-27-00. Sympathisches Restaurant gegenüber der Mühle. Erholsame Umgebung. Mittags und abends bis 22h geöffnet, in den Wintermonaten bleibt das Lokal sonntags, montags und im Februar zu. Auf der Terrasse im Schatten einer mächtigen Kastanie kann man's sich beim Menü zu 85 und 130 F sowie einem »Plaisir du Chef« für 160 F gut gehen lassen.

● **Bourg-des-Comtes:** charaktervolles Nest mit nettem Dorfplatz. Um die Kirche herum gruppieren sich die alten Häuser aus Granit mit Fenstereinfassungen aus Ziegelstein. Zwei mittelalterliche Wohnhäuser neben der Post, das eine von einem hohen Türmchen überragt, das andere mit einer elegant geschweiften Eingangstüre.

Es wäre schade, den Hafen *de la Courbe* nicht anzusehen, den alten Holzsteg, das üppige Grün, das *Café de l'Escale* und seine Terrasse mit den Rentnern. Welch Inbegriff von Friedlichkeit.

– *Auberge du Relais de la place:* vis-à-vis der Kirche. T. 99-57-41-12. Montags und dienstagabends geschlossen. Vorbestellen ist ratsam, da wir es hier mit einem ungewöhnlichen Restaurant zu tun haben. Frischer, blumengeschmückter Raum und eine traditionelle, ländliche Küche von hoher Qualität. Die Gerichte sind schmackhaft und reichlich wie nirgendwo sonst im ganzen Umkreis. Mal bei den Hausmacher Pasteten, dem Perlhühnchen in Cidre, dem saftige Kaninchenfrikassee mit Marroni – das man unmöglich ganz aufessen kann – dem Spanferkel mit Mandeln und anderen Leckerbissen zuschlagen. Wild während der Saison. Auch die Nachspeisen sind ein Gedicht. Acht Menüs von 45-220 F stehen zur Auswahl. Fast zuviel des Guten! Manche davon gibt's allerdings nur werktags, andere nur am Wochenende. Das Menü zu 90 F ist wirklich seinen Preis wert. Wir kommen gewiß wieder.

● **Pléchâtel:** bescheidenes Dorf auf einem Hügel mit Blick auf die Vilaine. Vor der Post eines der landauf, landab wunderbarsten Kreuze aus dem 14. Jh. Hier herrscht vollkommener Frieden. Schattiges Freizeitgelände am Flußufer, wohin ein lauschiger Spaziergang führt.

● **Saint-Malo-de-Phily:** hoch oben auf dem Berg. 500 m weiter, mitten im Grünen, ein liebliches Kapellchen; leicht zu finden. Architektonisch bemerkenswerte Gebäude in der Gegend: auf dem Weg zu Kapelle ein verlassener Bauernhof mit kunstvoller Schiefer- und Sandsteinfassade, Taubenschlägen und einer eleganten Dachluke.

● **Langon:** auf der D 77, dann der D 127, einem reizenden schmalen Landsträßchen durch die malerische Schlucht der *Corbinière*, erreichen wir den Ort, der
sich in Etagen den Hügel hochzieht. Die *Kirche Saint-Pierre* reckt einen originellen
Kirchturm mit nicht weniger als zwölf Glockentürmchen gen Himmel. Eine Kuriosität stellt die *Kapelle Sainte-Agathe* dar, auf gallorömischen Mauern errichtet;
und zwar abwechselnd aus Naturstein und Ziegeln. Damit handelt es sich um eins
der urältesten bretonischen Denkmäler. Drinnen, in der Apsis Spuren einer römischen Freske, die unter Malereien neueren Datums zum Vorschein kamen. Deutlich zu sehen ist der Liebesgott Amor auf einem Delphin, umgeben von Fischen.
In Dorfnähe, auf der *Lande du Moulin*, stößt man auf etwa 30 Menhire, die hier
»Demoiselles« genannt werden. Die Legende berichtet, daß die jungen Mädchen
lieber zum Tanzen in die Heide gingen, statt zum Beten in die Kirche. Zur Strafe
verwandelte Gott sie in Steine ... Moral: gehst du zum Tanzen in die Heide, vergiß
den Pfaffen nicht! Die Landschaft um Corbinière zählt mit zum schönsten, was
das Vilaine-Tal zu bieten hat. Fünf Kilometer weiter östlich reckt sich der *Donjon
du Grand-Fougeray* in die Höhe.
An der Straße von Langon nach La Chapelle-de-Brain, 1 km entfernt, weist ein
Schild darauf hin, daß hier einst eine römische Straße verlief. Ein unversehrter Teil
ist im Dorf La Louzais sichtbar, am Flußufer, rechts und links Bäume, die sie wie
einen Tunnel überwölben.
– *Gemeindeherbergen (Gîtes communaux) und Camping auf dem Bauernhof:*
Auskunft beim Fremdenverkehrsamt, T. 99-08-79-98 oder im Rathaus, T. 99-08-
76-55.
– *Restaurant du Bout des Ponts:* in Guéméné-Penfao. T. 40-51-01-27. Eines der
netten, einfachen Fernfahrerlokale, in dem man für 40-50 F richtig satt wird.

REDON (35600)

Grenzstadt zwischen Ille-et-Vilaine, Morbihan und Loire-Atlantique, zwischen zwei
Verwaltungsbezirken (Bretagne und Pays de la Loire) aufgeteilt. Wichtiger Kno-
tenpunkt des Wasser- und Schienenverkehrs.
Redon und seine Region besitzen überdies einige Denkmäler und landschaftliche
Sehenswürdigkeiten.
Das Mündungsbecken der Vilaine und ihrer Nebenflüsse ist von bemerkenswerter
geographischer Einheitlichkeit:
– Die *Oust:* ihr Flußtal weist ausgedehnte Moorgebiete und enge Schluchten auf,
deren schönste uns die Elsterninsel (*Ile aux pies*) in Saint-Vincent-sur-Oust zu
sein scheint.
– Der *Isac* und parallel dazu der Kanal Nantes-Brest führt durch dichte Wälder:
Saint-Gildas, Le Gâvre und Fresnay und vorbei an angenehmen Rastplätzen:
Saint-Clair, Pont-Miny usw.
– Der *Don* schlängelt sich von Osten nach Westen an einem Bergkamms entlang,
ohne jemals einen Durchbruch zum Meer zu finden.
– *Chère* und *Semnon* weiter nördlich suchen ihren Weg durch Wälder, Moor und
sanfte Hügellandschaften.
– Der *Aff*, ein Nebenfluß des Oust, wird vom Oyon gespeist, dessen Quelle im
Wald von Paimpont liegt. Mit Abstand handelt es sich um das malerischste Tal im
Vilaine-Land. Verstreut stößt man auf Herrensitze und Mühlen mit Schaufelrädern.
Insgesamt hat man über tausend Wassermühlen in der Bretagne gezählt. Folglich
konstituierte sich ein Verein im Dienste der Mühlenforschung, der auch ein Müh-
lenmuseum in Pontivy unterhält, das *Musée du moulin des Recollets*.

Redon in der Geschichte

Die Stadt landeinwärts der Trichtermündung der Vilaine, an der Kreuzung des
Nantes-Brest-Kanals und der Vilaine, gilt noch als Seehafen. Sie entwickelte sich
nach und nach um ein Kloster, das um 832 von Konvoïon gegründet wurde,
einem Minister des Königs Nominoë. Die Abtei Saint-Sauveur wurde im Laufe der
Jahrhunderte ungezählte Male belagert, zerstört und wiederaufgebaut. Schon

immer besaß Redon als Hafen zentrale Bedeutung. Heute ist es Heimathafen aller
Schiffe, die auf den Redon zustrebenden Flüssen unterwegs sind. Auskunft beim
Fremdenverkehrsamt. Für ihren Blumenschmuck hat die Stadt seit 1983 bereits
mehrere Preise erhalten.
Wir wollen nicht verschweigen, daß Redon unter wirtschaftlichen »Zahnschmerzen« leidet. Früher war es das regionale Fabrikationszentrum für Landwirtschaftsmaschinen und *Flaminaire*-Feuerzeuge. In La Gacilly stellt die Firma *Yves Rocher*
eine Palette von Schönheitsmittel auf Pflanzenbasis her.

Nützliche Adressen

– *Fremdenverkehrsamt von Redon:* place du Parlement. T. 99-71-06-04. Werk-
tags 10-12h und 14-18h besetzt.
– *Verkehrsverein (Pays d'accueil) der Trois Rivières:* T. 40-89-50-77.
– *Verkehrsverein (Pays d'accueil) der Vilaine:* T. 99-72-72-11.
– *Bahnhof:* T. 99-71-10-70.

Unterkunft und Verpflegung

– *Hôtel de France:* 30, rue Du Guesclin. T. 99-72-24-96 und 99-71-06-11. Ohne
nennenswerten Reiz, aber malerisch im Hafenviertel postiert. Ordentliche Zimmer
für 140-185 F.
– *Hôtel des Quatre Vents:* in Bain-de-Bretagne. T. 99-43-71-49. Gleicher Stil und
Preis wie das vorher genannte Hotel, aber mit Restaurant. Die Menüs sind zu
Preisen von 59-160 F zu haben.
– *Gästezimmer:* im Schloß von Trégaret in Sixt-sur-Aff. T. 99-70-04-79. Bei Mon-
sieur Daniel. Herrlich komfortabel, dafür lohnt sich der Umweg.
– *Ferme-Auberge de Trudeau:* in Plélan-le-Grand. T. 99-07-81-40. Bei Colette und
Bernard Grosset, Unterkunft und Camping auf dem Bauernhof. Ganzjährig
Betrieb. In der Saison finden freitags unterhaltsame Abende unter der Regie des
Hausherrn statt, mit einem Essen nach alter, herkömmlicher Art, dazu Cidre
Marke Eigenbau. Fahrradvermietung für Entdeckungsfahrten durch die Gegend.
Wiedermal eine durch und durch sympathische Adresse.

● Mächtig schick

– *Auberge du Poteau Vert:* in Saint-Nicolas-de-Redon, Route de Nantes. T. 99-71-
13-12 oder 99-71-41-74. Obwohl für das günstigste Menü immer noch 180 F verlangt werden, sollte man sich – bei ausreichender Finanzkraft – ruhig mal die
ausgeklügelten, köstlichen Gerichte schmecken lassen. Wirklich lohnenswert.
– *Le Bel Hôtel:* ebenfalls in Saint-Nicolas-de-Redon. Für diejenigen, die gerade
erst in der Bretagne ankommen, genau das richtige. Gegenüber vom Einkaufszentrum Leclerc.

Sehenswürdigkeiten

– *Die Kirche Saint-Sauveur:* vormalige Klosterabtei aus dem elften Jahrhundert.
Zu ihren Kuriositäten zählt der 57 m hohe, seltsam vom Kirchenbau abgetrennte,
gotische Turm aus dem 14. Jh. Im Jahre des Herrn 1780 hatte ein heftiger Brand
beträchtliche Schäden angerichtet. Beim Wiederaufbau der Kirche wurde das Kirchenschiff um die Länge von fünf Pfeilerabständen gekürzt – vermutlich aus
Kostengründen oder weil die Geldgeber den Zaster im vorgenannten Lokal ver-
fressen hatten – so daß der Turm fortan allein dastand. Das Dach erhielt die Form
eines umgekippten Schiffskiels. Kennen wir ja auch. Am interessantesten ist der
romanische Glockenturm, einmalig in seiner Art, eine ungewöhnliche Kombination aus rotem Sandstein und grauem Granit. Die Rundbogenfenster sind harmonisch auf drei Ebenen angeordnet. Im Innenraum, ein vergleichsweise düsteres
romanisches Kirchenschiff. Die Absenkung des Daches ließ natürlich keine Fenster mehr zu. Dafür wird der gotische Chorraum durch hohe Fenster erleuchtet.
Mächtiges Altarblatt aus dem 17. Jh. Auf der Säule rechts vom Chor ist eine zierliche Jungfrau aus bemaltem Holz zu bewundern (15. Jh.). Zum Schluß sollte man
unbedingt noch einen Blick in den Kreuzgang werfen.

– *Die Grand-Rue:* Haupteinkaufstraße der Stadt, wo man auch ein paar altehrwürdige Häuser aus Sandstein und Holz entdecken kann.

– *Das Hafenviertel:* am Ende der Grand-Rue. Man genießt einen Blick über die blumengeschmückten, gleichsam hintereinander aufgereihten Schleusen. Das Viertel wird von der Vilaine und den Flutbecken begrenzt. Charakteristische Architektur: auffallend ist die reizvolle Mischung aus Sandstein und Granit der alten Salzspeicher in der Rue du Port, Nr. 32-38. Ganz unten liegen zwei verfallene Patrizierhäuser, eins davon mit einem eleganten viereckigen Turm *(Tour Richelieu)*.

– *Kreuzfahrt auf den Kanälen und der Vilaine:* Auskunft beim Fremdenverkehrsamt oder T. 97-45-02-81.

Angeboten wird auch ein Ausflug von Redon zur Elsterninsel für 25 F hin und zurück. Abfahrt 15.30h vor dem *Hôtel de France.*

– *Das Schauspiel »La Dame blanche des marais«:* ab Ende Juni bis Ende Juli Aufführungen jeden Freitag und Samstag. Sie berichten von der Gründung Redons und den zehn glorreichen Jahren von 835-845. Auskunft und Kartenverkauf beim Fremdenverkehrsamt, T. 99-71-28-66.

In der Nähe

● **Saint-Just:** 20 km weiter an der Straße nach Rennes. Mehrere Stätten der Megalithkultur lohnen einen Umweg, ebenso der Val-See und das Felsenmeer von Tréal. Handwerklich bearbeitete Kiesel von fremder Herkunft deuten auf die wichtige Stellung des Ortes in der mittleren Steinzeit hin. In Saint-Just wurden Tonscherben und eine fast unversehrte Bestattungsurne aus dem zweiten Jahrtausend v. Chr. gefunden.

● **Glénac:** Moorgebiet und Wasservogelparadies zwischen Redon und La Gacilly. Einzelne typische Fischerhäuser des Vilaine-Beckens: abwechselnd grau wie Sandstein und rot wie Schiefer. Ein weithin sichtbarer Turm aus dem 15. Jh. macht auf das Schloß von Sourdéac aufmerksam. Eine Besonderheit stellen die in den ehemaligen Stollen des Bergwerkes von Sourdéac hausenden Fledermäuse dar. Es sind ungefähr 40 Tiere von vier unterschiedlichen Arten. Um ihnen »einen Besuch abzustatten«, setze man sich mit dem Tierpfleger unter T. 98-49-07-18 in Verbindung.

● **Saint-Jacut-les-Pins:** in Langarel, an der Route d'Allaire, erwartet einen ein drei Hektar großer exotischer Garten. T. 99-71-91-98. Der Eintritt von 25 F schließt den Besuch der Gewächshäuser mit den tropischen Pflanzen mit ein.*Hôtel-Restaurant Bloyet:* am Kirchplatz. T. 99-91-23-65. Wie man sich ein gutes Landlokal vorstellt, mit Menüs 40-90h F. Den Gästen bieten sich auch noch sechs Zimmer zu je 90 F pro Nacht. Unter den Jägern und Anglern ist dies eine bekannte Adresse.

● **La Gacilly:** entzückendes, blumengeschmücktes Dörfchen, scheint hauptsächlich von Handwerkern bewohnt zu sein! Der bekannte Hersteller von Kosmetika auf Pflanzenbasis, Yves Rocher, erfüllt hier mehrere Funktionen. So ist er Bürgermeister, sichert durch seine Fabrik Arbeitsplätze und gilt ganz allgemein als der Wohltäter der Gegend. Sehenswert ist das Kosmetikmuseum.

● **Langon:** in der Kapelle Sainte-Agathe, wo sich früher ein der Göttin Venus geweihtes galloromanisches Heiligtum befand, ist die bedeutendste in der Bretagne noch erhaltene römische Freske zu sehen. Auch die Kirche Saint-Pierre hat einige spärliche Zeugnisse romanischer Kunst bewahrt, darunter eine Freske aus dem zwölften Jahrhundert. *Corbinières* ist der Name einer der schönsten Schluchten in der Vilaine. Fünf Kilometer weiter östlich ist dann noch der berühmte Schloßturm von Grand-Fougeray zu besichtigen.

SAINT-MALO (35400)

»Steinerne Krone über den Fluten!« So sah Gustave Flaubert die Stadt, die heute zu den meistbesuchten der Bretagne zählt. Zu Recht! Von hohen Mauern eingeschlossen, umgeben vom Meer, so voller Geschichte, nimmt Saint-Malo natürlich einen herausragenden Platz ein. Eigentlich müßten seine Vorzüge gar nicht näher erläutert werden, denn es verkauft sich mühelos ganz von selbst.

Der Touristenstrom fließt praktisch das ganze Jahr über, regelmäßig noch verstärkt durch jene Gentlemen, die per Schiff über den Ärmelkanal anreisen. Kehrseite dieser Beliebtheit ist die überaus touristische Prägung in der Hauptsaison, wozu fettige Pommes und Busschlangen ebenso gehören wie die Geschäftstüchtigkeit und immer größere Profitsucht zahlreicher Händler, Wirte und überhaupt aller Leute, die mit dem Fremdenverkehr ihren Reibach machen. Wenn man außerdem berücksichtigt, daß die hier geborenen 48.000 Einwohner von Saint-Malo eher als verschlossen und kühl gelten, versteht man leicht, daß Besuchern hier nicht gerade überschwengliche Gastfreundschaft geboten wird. Also konzentrieren wir uns lieber von vornherein auf Architektur und Geschichte.

Apropos, die Geschichte!

Wieder hat ein Gallier, MacLow (»Maclou«), diesen zurückgebliebenen Landstrich im sechsten Jahrhundert evangelisiert. Er hat den Ort für sein Wirken nicht schlecht gewählt. Die Überfälle der Normannen zwingen die Bewohner, sich auf eine Insel zu flüchten und diese zu befestigen. Im zwölften Jahrhundert kommt der Bischof dazu. Nun erst beginnt Saint-Malo, richtig zu existieren und gewinnt zusehends an Bedeutung. Dank ihrer stolzen Abgeschlossenheit bleibt die Stadt auch unberührt von einigen größeren Konflikten und Kriegen zwischen den Bretonen und unterwirft sich keinem der wechselnden Landesherren. Zu Beginn des 14. Jh. macht sie erste Erfahrungen mit dem Zusammenleben. Der König von Frankreich gewährt der Stadt Zollfreiheit für ihren Hafen. Im Jahr 1590 leistet Saint-Malo Henri IV Widerstand und ruft die Republik aus. Nicht weiter erstaunlich, daß Saint-Malo mit diesem Unabhängigkeitsgeist so viele Abenteurer, berühmte Seefahrer und andere bedeutende Männer und Frauen hervorgebracht hat.

Im 15. Jh. fungiert die Stadt bereits als wichtiger Stützpunkt für Handel- und Seefahrt. Kabeljaufang und Tuchhandel mehren den Reichtum und die Macht der Hafenstadt, zusammen mit der Eroberung ferner Länder. Ende des 17. Jhs ist Saint-Malo zum wichtigsten Hafen Frankreichs aufgestiegen, Sitz namhafter Reedereien. Der Wohlstand läßt sich an den Patrizierhäusern von damals ablesen. Die letzten Festungsanlagen werden von Vauban entworfen. Saint-Malo nimmt nun seine vorläufig endgültige Form an. Im Laufe des 18. Jhs avanciert der Hafen auch zur Hauptstadt der Seeräuberei und Korsarenkriege, bis a.d. 1815.

Im August 1944 erlebt die Stadt, in der sich deutsche Soldaten verschanzt haben, ihre erste katastrophale Niederlage: Bomben und Brände zerstören sie zu 80 Prozent. Aus Prestigegründen wird Saint-Malo indes so originalgetreu wie möglich wiederaufgebaut. Die Steine werden numeriert, alle Bewohner sollen mithelfen, anhand von Fotos und Dokumenten das frühere Stadtbild wiederherzustellen. Eine Sisyphusarbeit. Allerdings gibt der Erfolg allen Anstrengungen Recht. Im Schloßmuseum kann der Besucher diese Zeit detailliert nachvollziehen.

Die berühmten Söhne von Saint-Malo

Keine andere französische Stadt kann so viele großartige Persönlichkeiten aufzählen, die aus ihr hervorgegangen sind und mit deren Erwähnung man sofort Saint-Malo verbindet: *Jacques Cartier*, der 1534 Kanada entdeckte und mehrmals dorthin zurückkehrte; *Duguay-Trouin* (1673-1736) und *Surcouf* (1773-1827), die Helden der Piratenherrlichkeit. Nachdem er Holländer und Engländer unter Napoleon I. ausgepreßt hatte, war Surcouf so reich, daß er sich mit 35 Jahren zur Ruhe setzte und sein Leben als Kaufmann, Reeder und Ehrenmann in seiner Heimatstadt beendete. *Mahé de La Bourdonnais* (1699-1753), weniger bekannt, entdeckte ferne Länder und war Gouverneur auf den Inseln Mauritius und La Réunion im Indischen Ozean. *Pierre Maupertuis* (1698-1759), Gelehrter, Mathemati

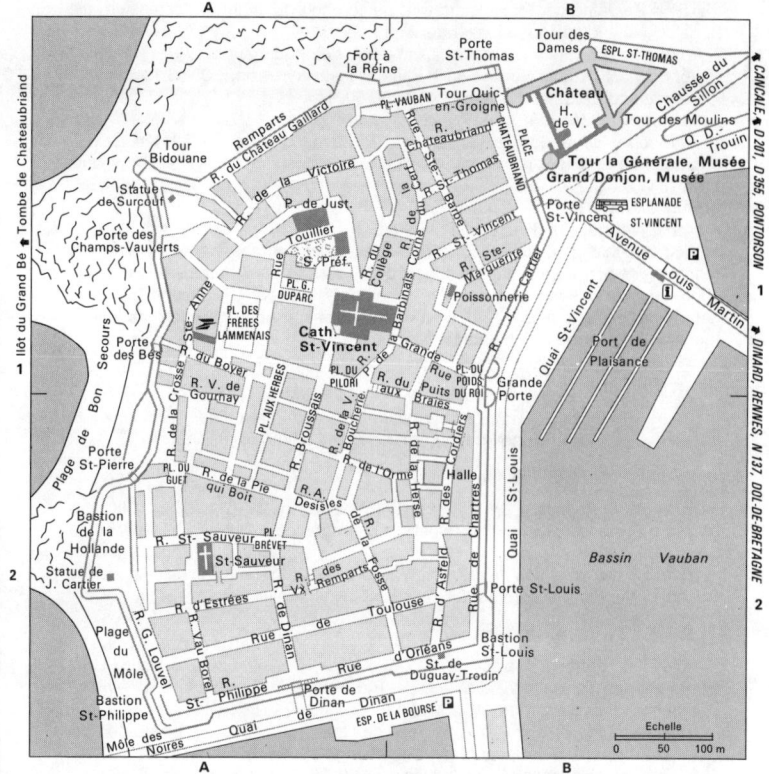

St. Malo Altstadt

ker und Geograph, gelangen zahlreiche Entdeckungen. *Broussais* (1772-1838) war erst Marinearzt und ließ sich dann in Paris nieder, wo noch heute ein Krankenhaus nach ihm benannt ist. *Lamennais* (1782-1854), ehemaliger Priester, Schriftsteller und ein bedeutender Humanist, wurde 1848 in die Nationalversammlung gewählt. Der Name von *Chateaubriand* (1768-1848) schließlich, des großen Reisenden und französischen Literaten, ist vielleicht am engsten mit Saint-Malo verbunden.

Diese ganze Geschichte ist von Loïc Frémont in Bild und Ton umgesetzt worden und trägt den Titel »Saint-Malo, République de la mer«. Die Vorführung im Schloßhof dauert eine Stunde, kostet 60 F und findet nur an bestimmten Tagen statt. Vor Ort unter T. 99-40-18-30 Erkundigungen einziehen und Karten vorbestellen!

Nützliche Adressen

– *Fremdenverkehrsamt:* esplanade Saint-Vincent. T. 99-56-64-48. Vor dem Stadteingang. Im Sommer von 8.30-20h besetzt, sonntags 10-12h und 14-18.30h. Von Juni bis September: 9-12h und 14-18.30h. Hält informative Broschüren bereit. Die maritime Berufung der Piratenstadt wird heute noch durch ihren Yachthafen, die Segelschule und das Aquarium angezeigt!

– *Post:* place des Frères-Lamennais, innerhalb der Stadtmauern.
– *Bahnhof SNCF:* über Rennes nach Paris, Platzreservierung T. 99-56-15-53.
– *Busbahnhof:* T. 99-40-83-33 und 96-33-36-60.
– *Seehafen von Naye:* T. 99-81-61-46.
– *Hafenbüro de la Bourse:* T. 99-56-63-21. Zuständig für die Fahrten zu den anglo-normannischen Inseln und die Ausflugsfahrten auf der Rance oder aufs Meer hinaus.
– *Flughafen von Dinard-Pleurtuit:* T. 99-46-18-86.
– *Markt:* dienstags und freitags in der Stadt.
– *Dodik-Keramik:* 4, rue de Chateaubriand (intra muros). Dodik ist eine der renommiertesten Keramikkünstlerinnen der Bretagne. Ihre Keramikbilder bestechen durch leuchtende, bisweilen grelle Farben. Die Themen entnimmt sie häufig dem Mittelalter und setzt sie mit Kraft und Naivität zugleich um. Auch wer keinen Pfennig übrig hat, wird sich daran erfreuen.

Ab in die Falle!

In der Hochsaison müssen Hotelbetten innerhalb der Stadtmauern vorausgebucht werden und kommen selbstredend teurer als üblich.

● *Preiswert bis Mittelklasse*

– *Hôtel de la Pomme d'Or:* 4, place du Poids-du-Roi. T. 99-40-90-24. Mit Blick über die Festungsmauern. Traditioneller Familienbetrieb. Zimmer mit Dusche für rund 220 F.
– *Hôtel du Louvre:* 2, rue des Marins. T. 99-40-86-62. In der Nähe der Place de la Poissonnerie. Familiär, Zimmer für 120-260 F, 340 F für fünf Personen.

● *Mittlere Preislage und anspruchsvoller*

– *Hôtel Bristol-Union:* 4, place de la Poissonnerie. T. 99-40-83-36. Günstige Lage zwischen dem Tor Saint-Vincent und der Place du Poids-du-Roi. Liebenswürdige Aufnahme. Hübsche Zimmer ab 230-280 F, leckeres Frühstück.
– *Hôtel de la Porte-Saint-Pierre:* 2, place du Guet. T. 99-40-91-27. Im Norden der Stadt, zum Strand Bon-Secours hin. Angenehmes Hotel mit Zimmer für 200-300 F. Für die verschiedenen Menüs blättert man 60, 85, 150 oder 200 F hin.

● *Jugendherberge und Zeltplätze*

– *Auberge de Jeunesse:* 37, av. du Père-Umbricht. T. 99-40-29-80. In Paramé, östlich der Stadt, ganz nahe am Strand von Rochebonne. 30 Fußminuten vom Bahnhof, mit der Buslinie zwei geht's schneller.In der Hochsaison wird die Herberge um ein Nebengebäude vergrößert, das nur bei drohender Überfüllung in Betrieb genommen wird. Der Übernachtungspreis mit Frühstück liegt z.Zt. bei 57 F. Ohne Sperrstunde!
– *Campingplatz Cité d'Alet:* cité d'Alet, Saint-Servant. Ganzjährig in Betrieb. T. 99-81-60-91. Der nächstgelegene von Saint-Malo aus.
– Etliche weitere Zeltplatzadressen sind beim Fremdenverkehrsamt in Erfahrung zu bringen.

Verköstigung

● *Für dürre und mittelprächtige Geldbeutel*

– Die *Rue Jacques-Cartier* entlang der Mauer bildet sozusagen eine einzige »Freßgasse«. Unmöglich, alle Restaurants auszuprobieren. Folglich bleibt nur die Intuition. Getestet haben wir das *Restaurant des Remparts*, an dem nichts auszusetzen war. Für 85 F ein Menü mit Meeresfrüchten und köstlichen Muscheln in Estragonsud.

– *Crêperie Chez Chantal:* 2, place aux Herbes. T. 99-40-93-97. Banale Einrichtung, aber die Crêpes und Galettes aus Buchweizenmehl sind reichhaltig und nicht teuer. Vorzüglich die Galette mit Meeresfrüchten – Pfahl- und Jakobsmuscheln, Hechtklößchen, Krevetten, Champignons und Béchamelsoße – und die »Campagnarde« – Schinken, Eier und Rauchfleisch – sowie die »Soubise« – Zwiebeln und Crème Fraîche – und die flambierten Crêpes.

– *Auberge de la Motte Jean:* in Saint-Coulomb, zwischen Saint-Malo und Cancale. T. 99-89-00-12. Ein alter Bauernhof, der durch die von Generation zu Generation weitervererbten Möbel sowie das Kupfergeschirr besticht. Auf letzterem werden die drei schlichten, aber wohlschmeckenden Menüs (zu 70, 100 und 140 F) auch serviert. Die Tatsache, daß überwiegend diese selbsterwirtschafteten Erzeugnisse verarbeitet werden, sagt nichts über die Bedienung aus. Diese ist nämlich unüberbietbar – Ober mit Kravatten in einwandfreier Aufmachung, die höchstwahrscheinlich aus der Hotelschule in Dinard hervorgegangen sind. Der warmherzige Empfang und die kulinarischen Genüsse machen die *Auberge* in der Tat empfehlenswert.

● *Mittlere Preiskategorie*

– *Ti Nevez:* 12, rue Broussais. Die Straße führt zur Place du Pilori, westlich von der Kathedrale. T. 99-40-82-50. Im Januar und den Winter über mittwochs geschlossen. Ziemlich angenehme, gemütliche Räumlichkeiten, immer voll. Das Lokal ist bekannt für seine bretonischen Kuchen, Crêpes und Galettes. Uns haben die »Duchesse Anne« – Erdbeeren, Walnüsse, Grand Marnier – und die »Quicken-groigne« besonders gemundet.

– *Au Gai Bec:* rue des Lauriers, Ecke Rue Thévenard. T. 99-40-82-16. Weniger Touristen – in Saint-Malo wie andernorts gilt natürlich: Touristen sind stets die anderen! Samstag mittags und montags geschlossen, ebenso vom 15. November bis zum 15. Dezember. Sympathischer Aufenthaltsort. Schmackhaftes Menü für 79 F: Fischsuppe nach Art des Hauses oder Terrine du Chef, Rochen mit Kapern oder Kutteln nach Hausmacherart. Für 96 F, eine rohe Lachsforelle in Kräutermarinade, Salat mit eingemachten Kutteln, Rochen mit Kapern oder Ente. Das Menü zu 138 F: ein Dutzend Austern, Jakobsmuscheln mit Cognac-Sahne-Soße usw. Zu empfehlen.

● *Schon eine Idee schicker*

– *L'Astrolabe:* 8, rue des Cordiers, in Verlängerung der Rue Jacques-Cartier. T. 99-40-36-82. Ruhiger Speiseraum, etwas steife Atmosphäre. Menü für 98 F: Kaninchenfrikassee mit Kräutern, Krebssuppe, Meerforelle mit Sauerampfersahne oder Schweinefilet, Mignon mit Honig und eingemachten Schalotten. A la Carte: marinierte Fische mit rosa Beeren, Seebarbenfilet, Seezunge mit zwei verschiedenen Soßen usw.

– Offenbar genießt auch die *Duchesse Anne* einen guten Ruf. Wir fanden das Essen hier allerdings nicht so besonders. Motorisierte sollten deshalb lieber zum *Tirel* fahren (s. nächstes Kapitel).

● *Gut tafeln in der Umgebung*

– *Hôtel-Restaurant Tirel-Guérin:* gare de la Gouesnière, 35350 Saint-Mélior-des-Ondes. T. 99-89-10-46. Sonntags außerhalb der Saison sowie von Mitte Dezember bis Mitte Januar geschlossen. Nur wenige Flügelschläge von Saint-Malo entfernt, in Richtung Dol-de-Bretagne; 15-20 Minuten mit dem Auto. Eine der Spitzenadressen im Département Ille-et-Vilaine. Sympathischer, Wärme ausstrahlender Speisesaal mit edler Note. Auch der Empfang verläuft entsprechend. In der Luft liegt etwas Friedliches, Familiäres – klar, ist ja auch ein Familienbetrieb. Da fast immer alles besetzt ist, muß im voraus bestellt werden. Am besten ordert man einen Tisch zum Garten hin; das ist dann das i-Tüpfelchen. Schmackhafte, reichliche, recht fantasievolle Küche. Essen à la Carte wieder teuer, aber es gibt auch Menüs ab 95 F; ein erstaunlicher Preis für das, was geboten wird: Entenbrust in Armagnac-Pastete, Kohlfischfilet im Gemüsetopf und zuletzt bietet ein Servierwagen eine reiche Dessert-Auswahl. Da gar nicht alle Herrlichkeiten an dieser Stelle aufgezählt werden können – dieses Jahr ist noch ein Menü zu 160 F dazuge-

kommen – sollte sich jeder möglichst rasch selbst einen Eindruck davon verschaffen. Außerdem vermietet die Familie Tirel wunderschöne Zimmer mit Gar-
tenaussicht zu vernünftigen Preisen.

Sehenswert

– *Bummel über die Stadtmauer:* das erste, was man tun sollte. Die Mauern hielten dem Bombardement von 1944 stand: ein Teufelskerl, dieser Vauban! Das Tor
Saint-Vincent, Haupteingang der Stadt, entstand 1709. Die *Grande-Porte*, zwei
dicke Türme mit Pecherkern am Ende der Rue Jacques-Cartier, stammt aus dem
15. Jh. Auf der Seite der *Porte du Dinan* erheben sich die strengen Fassaden von
vierzehn Reeder-Wohnhäusern. Nur zwei davon überstanden den Zweiten Weltkrieg, die anderen sind originalgetreue Kopien. Links vom Tor steht das Haus des
Seeräubers Surcouf, wo dieser seine zweite Lebenshälfte verbrachte.
Interessanter Ausblick von der *Bastion Saint-Philippe*, noch übertroffen von der
Bastion de la Hollande mit der Statue von Jacques Cartier. Durch das Tor *Saint-
Pierre* gelangt man zum Strand *Bon-Secours*. Weit draußen auf dem Meer, der
Felsen *Grand-Bé*, wo Chateaubriand begraben liegt. Weiter führt uns der Weg
zum *Ritter der Champs-Vauverts*, wo ein Denkmal für Surcouf prangt. Stattlicher
Wachturm von 1654. Der Turm *Bidouane*, dereinst Pulvermagazin, geht auf das
15. Jh. zurück. Das Tor *Saint-Thomas* führt zum Strand *de l'Eventail*.
– *Nun zum Schloß:* Bauherren waren die Herzöge der Bretagne im 15. und 16.
Jh. Das malerischste Postkartenmotiv der Stadt. Im Schloßturm wurde ein
Geschichtsmuseum eingerichtet. Die ehemaligen Kasernen im Schloßhof beherbergen inzwischen das Rathaus. Anne de Bretagne ließ den Turm *Quic-en-Groi-
gne* anbauen, dessen Namen an eine berühmte Warnung der Herzogin an die
freiheitsliebenden Einwohner von Saint-Malo erinnert, die folgendermaßen
begann: »Qui qu'en groigne, ainsi sera ...« (Wer immer auch darüber brummeln
mag, so wird es geschehen). Im Wachsfigurenmuseum im Turm finden sich die
Berühmtheiten der Stadt verewigt. Öffnungszeiten: 9.30-12h und 14-18.30h vom
1. April bis zum 20. September. Während des übrigen Jahres geschlossen.
– *Das Stadtgeschichtsmuseum von Saint-Malo:* Öffnungszeiten 10-12h und 14-
18h. , außerhalb der »Hauptsaison« vom 1. Juni bis Ende September dienstags
und an Feiertagen geschlossen. Großartige Räume aus Granitstein mit hohen
Kaminen. Im ersten Saal sind Dokumente über die Seeräuber von Saint-Malo
ausgestellt. Ein Freibrief des Königs gestattete darten, feindliche Warenschiffe
auszurauben, ohne daß ihnen deswegen der Galgen drohte wie anderen vulgären
Piraten. Ein Zehntel der Beute gebührte dem König – ach so! Zu sehen ist ferner
eine prächtige Galionsfigur, für die möglicherweise Duguay-Trouin Modell stand.
Ein weiterer Saal ist der Geschichte der Stadt gewidmet: alte Karten, Grafiken
usw. Hinter Glasvitrinen eine Darstellung der Verheerungen des Zweiten
Weltkriegs: zweitausend Wohnungen in Schutt und Asche. Auffällig, das Gemälde
Wallfahrt in der neuen Welt von Paul Signac. Allerhand Andenken an Lemennais,
Republikaner, Demokrat und Sozialist, Mitglied des Parlaments der Zweiten Repu-
blik mit Proudhon, Barbès, Louis Blanc, Ledru-Rollin; einige kennen den Namen
vielleicht als Metrostation von Paris. Erinnerungen an das Leben von Cha-
teaubriand und Surcouf. Eine Kuriosität: das abstoßende »Zwangshalsband« für
Gefangene. Auf der dritten Etage die Laudatio von Duguay-Trouin und dem
Geographen Maupertius. Er entdeckte, daß die Erde an den Polen abgeflacht ist.
Unter dem Dach schließlich Manuskripte von unschätzbarem Wert: ein Brief von
Henri IV, die Memoiren eines Stadtbürgers von 1674, Urkunden über Jacques
Cartier.
Von der Turmterrasse einmaliger Rundblick über Saint-Malo und Umgebung.
– *Das Museum der Region rund um Saint-Malo* (Musée du pays malouin): im
Hauptturm, zu denselben Öffnungszeiten zu besichtigen wie das Geschichtsmu-
seum. Ethnographische Sammlungen über die Hochseefischerei und den Bau-
ernalltag. Dioramas, Schiffsmodelle, Urkunden und Bordinstrumente, Werkzeuge
für den Schiffsbau, Möbel, Ackergeräte, Hauben usw.

– *Die Kathedrale Saint-Vincent:* im zwölften Jahrhundert erbaut, die flache Chorhaube ein Jahrhundert später. Im Jahre 1944 wurde sie schwer beschädigt. Die Wiederherstellungsarbeiten wurden 1971 beendet. Der Chor mit den gotischen Bogen erscheint raffiniert und elegant, auch das Triforium ist wunderschön. In das Rosettenfenster wurden vor zwanzig Jahren moderne Scheiben in leuchtenden Farben eingesetzt. Vor allem über der Kanzel sind noch romanische Kapitelle zu sehen, Tiere, Flechtwerk usw. Ein Mosaik auf dem Fußboden erinnert an den Besuch, den Jacques Cartier der Kirche vor seiner Reise nach Kanada am 16. Mai 1535 abstattete. In der Nordkapelle finden wir sein Grab einträchtig neben jenem von Duguay-Trouin. Eingangspforte aus dem 18. Jh.

– *Die Altstadt von Saint-Malo:* ab der Place Chateaubriand folgen wir einem markierten Rundweg, vorüber an Originalbauten und neuerrichteten Häusern, durch malerische Höfe und Hausdurchgänge, zu vielerlei historischen Überresten. In der *Rue de Chateaubriand* Nr. drei steht das Geburtshaus von Chateaubriand, das *Hôtel de la Gicquelais* aus dem 17. Jh. Hinter der Nr. 11 verbirgt sich ein interessantes Wohnhaus mit einer Holzgalerie im Innenhof und einer Treppe mit Geländersäule. In der *Rue du Pélicot*, einer der charakteristischsten für die Stadt, verdienen die Nr. drei, fünf und elf besondere Aufmerksamkeit. In der *Lancette*-Passage Nr. 23 ein nach dem Krieg wiederaufgebauten Innenhof.
In der *Rue Vincent-de-Gournay* tragen manche Wohnhäuser noch Jahreszahlen aus dem 17. Jh. *Rue de la Fosse* Nr. vier ist ein vornehmes Privathaus mit Türmchen von 1620. Auf der Höhe *Rue d'Asfeld* Nr. fünf können Hof und Treppe des Hauses *Magon de la Lande* besichtigt werden. In der Broschüre »*Saint-Malo, cité de la mer*« des Fremdenverkehrsamtes sind praktisch alle Gebäude beschrieben. Es werden auch geführte Rundgänge angeboten, zwischen dem 20. Juni und 10. September. Auskunft beim Fremdenverkehrsamt oder im Schloßmuseum.

– *Das Puppenmuseum:* 13, rue de Toulouse. T. 99-40-15-51. In der Hauptsaison täglich 10-12h und 14-19h Publikumsverkehr. Über dreihundert Puppen für Spielzeugnostalgiker.

– *Das Aquarium:* neben dem Stadttor Saint-Thomas. Auf wenig Platz einige interessante Exemplare der Küstenfauna sowie Exoten. Täglich zu besichtigen.

– *Das Fort National* (Nationalfestung): gegenüber vom Tor Saint-Thomas. Bei Ebbe zugänglich. Natürlich wieder von Vauban konstruiert. Wall und unterirdische Gewölbe sind in einer halben Stunde zu besichtigen. Hier wurden im August 1944 mehrere hundert Geiseln gefangengehalten.

– *Die Insel Grand-Bé:* ebenfalls bei Ebbe zugänglich. Vis-à-vis von den Toren Bé und Champs-Vauvert. Die sterblichen Überreste Chateaubriands ruhen dort, unter einem schlichten Stein, darüber ein Kreuz.

– *Musée international du Long-Cours cap-hornier:* in Saint-Servan, einem frühen Vorort südlich von Saint-Malo, im *Solidor*-Turm. Der knapp 30 m hohe Schloßturm mit drei Türmchen wurde im 14. Jh. errichtet. Das Museum erzählt die Saga der Seefahrer von Kap-Horn, Ende des 19. Jhs: Schiffsmodelle, Bordinstrumente, Seekarten und ein riesiger Albatros (3 m Flügelspannweite), der einem leicht mit einem Schnabelhieb den Schädel spalten könnte. Panoramablick über die Trichtermündung.

– *Paramé und Umgebung:* Bade- und Kurort von Saint-Malo. Die Strände sind im Sommer überfüllt. In Rothéneuf, etwas weiter, finden Liebhaber der naiven Kunst die Felsensskulpturen, etwa dreihundert Gestalten, von der Hand eines Pfarrers aus dem vergangenen Jahrhundert gefertigt. So hat Abbé Fouré für einen zusätzlichen Reiz der Spaziergänge gesorgt.
In Paramé wohnte auch Théophile Briant (1891-1956). Der Humanist, Dichter und Autor historischer Romane hatte Saint-Malo zur Wahlheimat auserkoren. Zeitlebens leistete Briant enorm viel für den Aufschwung der Dichtkunst in dieser Region. Er war mit Max Jacob, Colette, Jehan Rictus und Saint-Pol-Roux befreundet, gab die literarische Zeitschrift *Goëland* heraus und stellte sie jungen Dichtern als Forum zur Verfügung. Sein Roman *Blé en herbe* spielt in der Gegend von Saint-Coulomb. Eine neugegründete Vereinigung »*Amis de la tour du Vent*« (Freunde des Windturms) bemüht sich darum, das Werk des wenig bekannten Dichters stärker zu verbreiten.

– *Die »Malouinières«:* so heißen die prunkvollen Landhäuser der Bürger, Kaufleute und Reeder aus dem 17. und 18. Jh. rund um Saint-Malo. Die Architekten
waren oft dieselben, die auch die Befestigungsanlagen der Stadt anlegten, was
das allzu strenge Aussehen vieler dieser Luxusvillen erklärt.
Manoir Jacques Cartier: rue David-MacDonald-Stewart, in Limoelou-Rothenoeuf.
T. 99-40-97-73. Die Urahnin aller *Malouinières*, zugleich die bekannteste. Äußerlich ähnelt sie eher einem reichen Bauernhaus. In dem geschmackvoll restaurierten Gebäude sind zahlreiche Erinnerungen an Leben und Reisen des Entdeckers
von Kanada enthalten. Vom 1. Juni bis 30. September Führungen: 10-12h und 14-
17h. Montags und dienstags geschlossen.
Sehenswert sind auch die *Malouinière du Bosq* in Saint-Servan und die *Malouinière de la Chipaudière* in Paramé usw. Eine Liste der Villen und Angaben, wie
diese zu finden sind, beim Fremdenverkehrsamt. Nicht alle können von innen
inspiziert werden.
– Für einen Spaziergang bietet sich der Küstenpfad ab St.-Servan-sur-Mer an der
Corniche d'Aleth entlang an. Vom Rand der steil abfallenden Halbinsel aus hat
man einen sagenhaften Blick auf St.-Malo, seinen Hafen, die angrenzende Bucht
und Dinard. Auf der Anhöhe befindet sich auch noch ein Zeltplatz.

Verkehrsverbindungen ab Saint-Malo

● *Per Zug*

– *Bahnhof:* Auskunft T. 99-65-50-50, Platzreservierungen T. 99-56-15-53. Nach
Paris mindestens fünf Züge täglich, nach Rennes, Caen und Rouen sogar zehn.
Drei bis vier Anschlüsse pro Tag nach Brest und Morlaix.

● *Per Bus*

– *Nach Dinan:* mit der CAT. T. 96-33-36-60. Täglich drei Busse. Busverbindungen
auch mit *Tourisme Verney*. T. 99-40-83-33.
– *Nach Fougères:* über Le Vivier-sur-Meer, Roz-sur-Couesnon und Pontorson.
Mit *les Courriers Bretons*. T. 99-56-79-09. Täglich außer sonntags zwei bis drei
Busse.
– *Zum Mont-Saint-Michel:* Anschluß in Pontorson.
– *Nach Rennes:* esplanade Saint-Vincent, gegenüber vom Fremdenverkehrsamt.
Mit *Tourisme Verney*. T. 99-40-83-33. Täglich zwei bis drei Busse.
– *Nach Dinard:* ein Dutzend Busse pro Tag.

● *Per Schiff*

– Mehrere Gesellschaften sichern die Verbindung nach Cézembre, Chausey, Jer-
sey und Guernesey, u.a.:
● *Vedettes Blanches:* Anlegeplatz (Gare maritime) von *la Bourse*. Auskunft unter
T. 99-56-63-21.
● *Emeraude Ferries:* Gare Maritime in Naye. T. 99-81-61-46.
● *Condor Hydroglisseur:* place du Poids-au-Roi und Gare Maritime. Auskunft T.
99-56-42-29.
– *Nach Dinan:* Vedettes Blanches. T. 99-56-63-21.
– *Nach Portsmouth (England):* Gare Maritime in Naye. Mit *Brittany Ferries*. T. 99-
56-68-40.

DINARD (35800) _____

Zählt zu den traditionsreichsten Badeorten Frankreichs, oft als »Nizza des Nor-
dens« gerühmt. Die englischen Aristokraten aus der zweiten Hälfte des 19. Jhs
waren hingerissen von Ortsbild und Klima. Sie beteiligten sich eifrig am Aufbau
des Bads und gründeten hier 1879 den ersten Tennisclub in Frankreich. Das
Spielcasino erlebte um die Jahrhundertwende heiße Nächte. Noch heute rangiert
es unter den meistbesuchten. Lawrence von Arabien, sei eigentlicher Name ist
Gallier, kam hierher. Rundum schossen die unglaublichsten Villen jeder Stilart

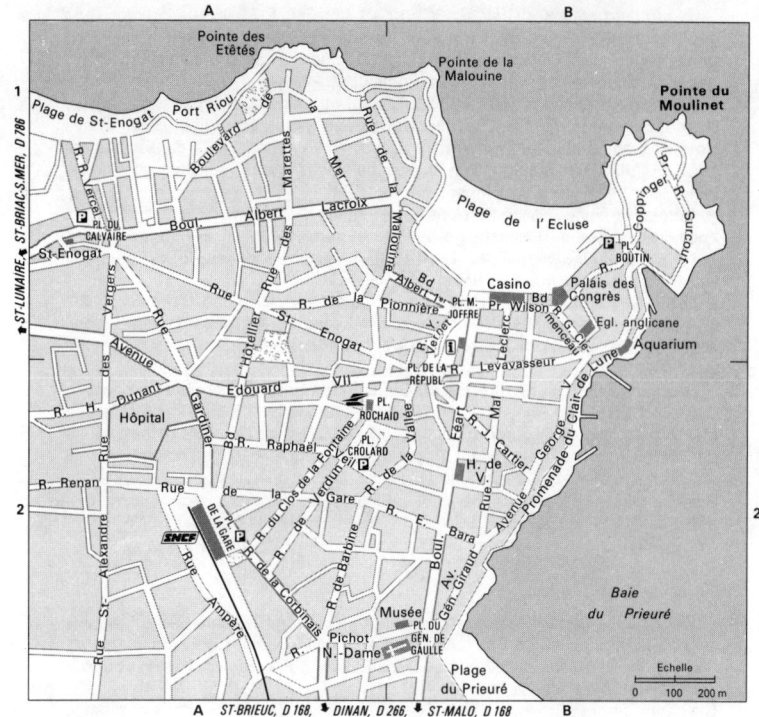

Dinard

empor. Dinard wird nach wie vor zu den noblen Sommerfrischen gerechnet. Zwischen dem rauhen und strengen Saint-Malo und dem extravaganten, fast exotischen Dinard könnte der Kontrast nicht größer sein. So nahe beieinander, Palmen und Granit. Prädikat sehenswert.

Nützliche Adressen

– *Fremdenverkehrsamt:* 2, bd Féart. T. 99-46-94-12.
– *Flughafen von Dinard-Pleurtuit:*
gewährleistet im Sommer die Verbindung mit den anglo-normannischen Insel und Paris. T. 99-46-16-58.
– *Bahnhof SNCF: T.* 99-46-10-04.

Unterkunft und Verpflegung

Natürlich herrscht an Hotels kein Mangel. Dinards Ruf als teurem Pflaster zum Trotz verlangen ein paar Zwei-Sterne-Hotels durchaus vernünftige Preise. Außerdem kann man auf ein halbes Dutzend preiswerter Ein-Stern-Hotels zurückgreifen.
– *Gemeindecampingplatz von Port-Blanc:* offen zwischen 1.4. und 30.9., T. 99-46-10-74. Gleich an der Küste und in der Sommersaison gepackt voll.
– *Campingplatz Prieuré:* merklich ruhiger, grüner, komfortabler, aber auch teurer. T. 99-46-20-04. Betrieb vom 1. Mai bis zum 30. September.

– *Jugendherberge Ker Charles:* 8, bd de L'hotelier. T. 99-46-40-02. Ganzjährig geöffnet, mitten im Ort. Sie kann aber bedauerlicherweise nur dreißig Personen beherbergen. Die Unterbringung erfolgt in einem ansprechenden Privathaus gegen Zahlung von 60 F pro Person, Frühstück inklusive.

– *Altaïr:* 18, bd Féart. T. 99-46-13-58. Bis auf montags, sonntagabends und die Novembertage ganzjähriger Service. Unweit des Strand und ruhig. Freundliches Hotel mit angenehmen Zimmern für 250-300 F. Während des ganzen Jahres geöffnet. Über die Stadtgrenzen hinaus bekannte Küche, kostspielige Speisekarte, aber mindestens zwei Menüs um die 100 F.

– *Hôtel des Dunes:* beim Spielcasino. T. 99-46-12-72. Typisch angelsächsisch, auch die Architektur. Dienstags geschlossen. Zimmer zu 270 F. Menüs 95-160 F.

– *Hôtel du Mont-Saint-Michel:* T. 99-46-10-40. Ausgewogenes Preis-/Leistungsverhältnis mit Essen von 61-140 F.

– *Le Printania:* überragt die Reede von Dinard. Altmodisch und charmant. T. 99-46-13-07, Zimmer für 180-350 F. Geschmackvolle Innenaustattung mit bretonischen Möbeln usw. Vom Speisesaal aus ein wunderbarer Blick auf den Hafen und Saint-Malo.

– *Restaurant Le Prieuré:* 1, place du Général-de-Gaulle. Gegenüber von der Kirche, am Strand von Prieuré. T. 99-46-13-74. Lobenswerte Küche mit Fisch- und Meeresfrüchtespezialitäten. Pro Mahlzeit etwa 150 F ohne Getränke rechnen. Eine der besten Adressen in der Stadt. Doppelzimmer sind für 230 F zu haben.

– *Internationales Aufenthaltszentrum Les Horizons:* in der Rue de Saint-Briac, Saint-Lunaire (5 Kilometer entfernt). T. 99-46-05-05. Nur 500 m vom Strand können in einem Waldstückchen Zwei- und Vierbettzimmer mit Dusche und WC bezogen werden. Die Übernachtung plus Frühstück ist für 74 F doch erschwinglich.

Sehenswürdigkeiten

– *Der Ecluse-Strand:* Epizentrum der Stadt, dauerndes Treiben. Die goldbraune Jugend kommt auf einen Drink ins *Equinoxe*. Leckermäuler stehen Schlange vor der Konditorei *Nuillet* in der Rue Levasseur. Flirten läßt es sich bestens auf der Terrasse der Bar *Petit Casino*.

Gleich am Strand bietet die Bar *le Glacier* herrliches Eis an, Hot-dogs mit Sauce béarnaise, Salate und billige Snacks. Nette Inhaberin.

– Auch in einem feinen Touristennest wie Dinard sind erstklassige Ausflüge möglich. Zum Beispiel zur *Pointe de la Vicomté*. Vom Staudamm der Rance aus hat man's 45 Minuten zu Fuß bis zum Prieuré-Strand, meist im Schatten.

Die Hochleistungssportler unter uns schaffen den Weg von hier aus bis zum Strand von Port-Blanc in weniger als zwei Stunden, über die berühmte *Promenade du Clair-de-Lune* (Mondscheinpromenade), wo sich Häuser, Villen und Hotels scheinbar übereinander stapeln. Der Weg führt weiter über die *Pointe du Moulinet* mit fabelhaftem Panorama, den Strand von *l'Ecluse*, die *Pointe de la Malouine* und den reizenden Strand *Saint-Enogat*. Ein leidlich steiler Zollweg führt schließlich zum Strand von Port-Blanc.

– *Kleines Meeresmuseum und Aquarium:* am Ende der *Promenade du Clair-de-Lune* (Pointe du Moulinet). Von Pfingsten bis zum 30. September zu besichtigen.

– *Gezeitenkraftwerk an der Rance:* die erste Anlage dieser Art auf der Welt. Zu besichtigen von 8-20h. Erstellt nach dem Prinzip der frühen Gezeitenmühlen. Das Werk kann 250.000 Personen mit Strom versorgen, leider zu relativ hohen Preisen. Technische Probleme verursacht unter anderem die Korrosion der Einrichtungen durch das salzige Meerwasser.

SAINT-SULIAC (35430)

Wirklich liebenswert, dieser kleine abgeschiedene Hafen an der Rance. Wir erreichen ihn über die N 137 in Richtung Châteauneuf-d'Ille-et-Vilaine, dann auf der D 117. Außerordentlich charmant und natürlich. Die enge Hauptstraße führt durch uralte Häuserzeilen zum Hafen hinab. Kirche aus dem 13. Jh. mit einer Fassade aus dem 17. Jh. Verschiedene bemerkenswerte Skulpturen. Innen der Grabstein des Heiligen Suliac, der das Dorf gegründet hat. Prächtige Rosette im südlichen Querschiff. Am Hafen ist in der Dämmerung gut spazierenzugehen , auch auf der Landzunge von *Grain-Folet* und auf dem *Garrot*-Berg.

Kost und Logis

- *Hôtel-restaurant la Grève:* am Hafen. T. 99-58-33-83. Im November geschlossen. Granitgebäude, zauberhaft gelegen in einer friedlichen Gegend. Geht's bereits im Sommer sympathisch zu, so wird es außerhalb der Saison richtig idyllisch. Zimmer für 150-180 F. Im rustikalen, geschmackvollen Speiseraum werden à la Carte serviert: Feinschmeckersalat vom Meer, gesottener Butt mit holländischer Soße, Seeteufel »à ma façon«, geräuchertes Gänsefilet usw. Terrasse mit Blick auf die Rance. Zauberhaft.
- *Crêperie le Grain Folet:* in der Hauptstraße. T. 99-58-40-16. Angenehmer Aufenthalt. Außerdem noch eine andere Crêperie zum Meer hin.
- *Zeltplatz les Cours:* 500 m vor dem Dorf, rechts.

CANCALE (35260)

Entzückender Badeort, der dem Betonansturm widerstanden hat. Die Häuserreihen ziehen sich lässig über den Kai hin, brav, weiß oder grau, mit malerischen Dachfenstern. Von Süden her folgen wir der Panoramastraße an der Felsenküste zum Hafen *la Houle*. Die »Austernhauptstadt« belieferte im 17. und 18. Jh. Königshaus und Adel zweimal wöchentlich per Sonderkurier. Am Ende der Hafenpromenade sieht man bei Ebbe die Austernzuchtbänke. Hier ist immer etwas geboten. Die Mischung aus Touristen, Fischern und Austernzüchtern verleiht der Stadt einen weniger aufgesetzten Charakter. Eine wunderbare Wanderung beginnt bei den berühmten Felsen von Cancale und führt uns ein Stück weit auf dem Wanderweg GR 34 zur wilden *Pointe du Grouin*, dann zum Strand von Verger. Rund vier Stunden Fußmarsch für 12 km. Das Erlebnis ungeahnter Aussichtspunkte, hoher Felswände, steiler Durchgänge, winziger Häfen und wonniger Strände entschädigt für die Anstrengung. Umwerfendes Panorama auf der Pointe du Grouin: bei klarem Wetter sind die Inseln Jersey und Guernesey zu erkennen sowie der Mont-Saint-Michel und das Kap Fréhel.
- Fremdenverkehrsamt: 44, rue du Port. Oben auf dem Hauptplatz der Stadt. T. 99-93-00-13 und 99-89-63-72.
- *Schiffsausflüge:* T. 99-89-77-87. Die *Cancalaise*, mit ihren 350 m^2 Segelfläche das französische Fischerboot mit dem größten Segeltuchverbrauch, bietet Vergnügungsfahrten und Angelpartien an. Das Schiff ist eine originalgetreue Kopie der typischen Fischerboote von Cancale und Granville, genannt *Bisquines* und zeugt von dem Bestreben, das maritime Erbe nicht in Vergessenheit geraten zu lassen.

Kost, Logis und Konzerte

- *Hôtel le Cancalais:* 12, quai Gambetta. T. 99-89-61-93. Gegenüber vom Hafen. Anständige Zimmer zu maßvollen Preisen. Im Restaurant schmackhaftes Menü für 92 F und Meeresfrüchteplatte, die zwei Esser satt macht für 140 F.
- *Hôtel de la Pointe du Grouin:* 3 km von Cancale entfernt. Dahinter nur noch Wasser. T. 99-89-60-55. Ziemlich schick, noch begünstigt durch seine Lage und die himmlische Ruhe. Von hier aus sollte man ausgedehnte Spaziergänge durch die unberührte Landschaft unternehmen. Von Anfang April bis Ende September geöffnet. Noble Ausstattung, Zimmer 200-300 F, Speisesaal mit Panoramablick.
- *La Godille:* am Strand von Port-Mer. T. 99-89-65-65. Dienstags geschlossen. Betrieb mittags und abends bis 21.30h. Tischvorbestellung empfiehlt sich, denn das Restaurant erfreut sich in der Gegend großer Beliebtheit. Menüs ab 100 F – mit Meeresfrüchten oder einem Dutzend Austern.
- *Vier Zeltplätze,* u.a. an der Pointe du Grouin (Tel. 99-89-63-79) und in Port-Mer (Tel. 99-89-63-71). Beide am Strand.

– *Le Rayon Vert:* an der Straße von Grouin, kurz vor Port-Mer. T. 99-89-61-61. Typisches Landhaus, drinnen ein sympathisches *Café-concert*; ab 18.30h auf. Die Konzerte beginnen allerdings erst um 21.30h, wobei das Répertoire von Rock über Jazz bis zum Chanson reicht. Telefonische Programmauskunft.

● *Sehr schick*

– *Le Bricourt:* 1, rue Du Guesclin. T. 99-89-64-76. Unbedingt vorbestellen, weil die Küche zum erlauchten Kreis der *Nouvelle Cuisine*-Lokale in der Bretagne zählt. Der Chef erfindet am laufenden Band neue, wunderbare Rezepte. Schon das Menü für 100 F (gibt's nur werktags) ist ein Genuß, und danach kann man immerhin behaupten, einmal im Bricourt getafelt zu haben.

Sehenswert

– *Das Museum für Kunst und Volksbrauch* (Le musée des Arts et Traditions populaires de Cancale et sa région): T. 99-89-73-98. Im Innern einer renovierten Kirche. Für alle, die sich einen Überblick über Geschichte und Geographie, bedeutende Persönlichkeiten aus der Region usw. verschaffen möchten.
– *Austernmuseum:* in den Saint-Kerber-Austernparks, Aurore. T. 99-89-65-29. Eine nette Art, sich mit diesen Muscheltierchen zu befassen: Diavorführungen (die verschiedenen Entwicklungsphasen der Muscheln sind dokumentiert), geleitete Rundgänge durch die Anlage und ein anschließendes Probieren (mit einem Glas Weißwein) geben eine gewisse Vorstellung von der beliebten Spezialität. Ständige Ausstellungen von noch lebenden und auch fossilen Austernmustern sowie dem zur Zucht benötigten spezifischen Werkzeug. An einem Besuch Interessierte können sich auch im Fremdenverkehrsbüro melden.

DOL-DE-BRETAGNE (35120)

Für Reisende aus der Normandie beginnt hier die Bretagne. Das friedliche Städtchen ist eine willkommene Reiseetappe. Moor, Wald und historische Orte ringsum laden zu Streifzügen ein. Dol-de-Bretagne ist besonders stolz auf seine gotische Kathedrale, eine der schönsten in der Provinz.
– *Fremdenverkehrsamt:* 3, Grande-Rue. T. 99-48-15-37.

Unterkunft und Verpflegung

– *Hôtel de Bretagne:* 17, place Chateaubriand. T. 99-48-02-03. Im Oktober Pause Das Restaurant bleibt sogar in der Zeit von Oktober bis März geschlossen. Gepflegtes Hotel in der Innenstadt, freundliche Aufnahme und familiäre Atmosphäre – eher gedämpft außerhalb der Saison. Zimmer für 90-210 F. Im Restaurant, preiswerte Gerichte ohne Raffinesse.
– *Gästezimmer:* bei Michel Lebret, *la Crochardière*. T. 99-48-00-66. Das ganze Jahr hindurch aufnahmebereit. Gastliches Bauernhaus in 1 km Entfernung von Dol, an der Straße nach Dinan. Ländlich und still, abends warme Küche. Übernachtung mit Frühstück 150-180 F.
– *Grand Hôtel de la Gare:* 21, av. Aristide-Briand. T. 99-48-00-44. Zimmer ab 140-200 F. Im Speisesaal – wie in der guten alten Zeit, altrosa und so – werden Menüs von 62-185 F gereicht.
– *Campingplatz Tendières:* in der Stadt, Route de Dinan. T. 99-48-14-68.
– *Übernachten auf dem Bauernhof:*
bei Alain Roncier, l'Aunay-Bégane. T. 99-48-16-93.

● *Etwas edler*

– *Hôtel-Restaurant La Bresche Arthur:* 36, bd Demillac. Am Ortsausgang in Richtung Pontorson. T. 99-48-01-44. Nur an Montagen »außer Betrieb«. 24 Doppelzimmer mit Zwei-Sterne-Niveau sind zu 240 F zu vermieten. Obwohl die Küche von großer Schlichtheit geprägt ist, entstehen hervorragende Speisen. Mittags ist ein Menü mit drei Gängen zu 75 F zu bekommen, welches abends 115 F kostet.

Der Koch versucht, den natürlichen Geschmack der Nahrung zu unterstreichen. Der Umweg lohnt sich.

● *In der Umgebung*

– *Gästezimmer im Herrenhaus von Halouze:* in Halouze. T. 99-48-17-16 oder 07-46. Drei Kilometer von Dol-de-Bretagne aus. Das Ehepaar Mathias liebt es, Gäste zu empfangen. In diesem alten Prachtbau aus dem 17. Jh. befinden sich fünf Zimmer mit Dusche und WC, außerdem noch eine Unterbringungsmöglichkeit für vier bis fünf Personen. Für 155 F ist die Übernachtung zweier Personen gesichert (das Frühstück auch!). Das Abendessen wird in einem kaminbeheizten Speisesaal eingenommen.

– *Weitere Gästezimmer:* auf dem Bauernhof *de la Planche* in Rez Landrieux. T. 99-48-00-56. Der Weg zu dieser Bleibe führt über die N176 in Richtung Dinan. Drei Kilometer vor Dol steht der Hof, in dem das Doppelzimmer einen mehr als annehmbaren Preis hat: 140 F mit Frühstück.

– *Gästetisch und -zimmer:* bei Jean und Marie-Madeleine Glémot, *la Hamelinais*, bei Cherrueix. T. 99-48-95-26. Etwa 10 km nordöstlich von Dol. Unmißverständlich ausgeschildert: man folgt der D 80 in Richtung Saint-Broladre und biegt dann ab auf die D 85 in Richtung Cherrueix ab. Den Reisenden erwartet ein reizender Bauernhof im Grünen. Wirklich goldig, diese Wirtin mit ihrer ungekünstelten Gastfreundlichkeit. Zimmer zum Wohlfühlen, hell und munter mit Blümchentapeten, die meisten mit Bad. Andere besitzen einen Zwischenstock für die Kinder. Üppig blühender Garten. Die Gäste können am Abendessen teilnehmen. Alles läuft ruhig und erholsam. Man sollte sich vom Arzt mindestens zehn Tage »Kuraufenthalt« in *la Hamelinais* verordnen lassen, was garantiert gegen jede Art von Streß hilft. Kostenpunkt für ein Doppelzimmer mit Frühstück: 185-240 F. Das Menü zu 75 F besteht aus Vor- und Hauptspeise, Salat, Käse und Nachtisch – dagegen ist wirklich nichts zu sagen.

– *Castel und Camping des Ormes:* 6 km südlich von Dol, Richtung Combourg (N 795). T. 99-48-10-19. Wahrscheinlich der luxuriöseste Zeltplatz in der Bretagne, in einem ausgedehnten Park, rund um ein prächtiges Schloß aus dem 16. Jh., von Mai bis Mitte September herrscht Betrieb. Hervorragend ausgestattet, auch mit allen möglichen Sport- und Freizeitangeboten, z.B. Angeln im Teich, kostenloses Schwimmbad, Golf, Reitstunden für 60 F, Tennis, Rudern, Tretboot u.a. Vergnügungen. Obendrein gibt's ein Restaurant, eine Bar und eine Discothek. Massenhaft Platz zum Zelten. Pro Person berappt man 22 F, Kinder unter sieben Jahren 11 F, ein mit aufs Gelände genommener Pkw schlägt mit 45 F zu Buche.

Unterkunft und Musikkneipen zwischen Dinan, Dol und Combourg

– *Le Bar'Roc:* in Lanhélin, 13 km von Dol entfernt, auf halber Strecke zwischen Dinan bzw. Dol und Combourg, östlich von Saint-Pierre-de-Plesguen, an der Kreuzung der D 10, D 73 und D 78. T. 99-73-70-48. Das Café-Cabaret befindet sich mitten im Dorf und ist bis 4h morgens geöffnet, mit Ausnahme von Montag. Stilmäßig hoffnungslos altmodisch: altersschwache Möbel, Marionetten, Spiele von früher, ein Kamin, der sogar heizt. Halb Kneipe und halb gute Stube. Vermietet Zimmer mit und ohne Bad, einfach und sauber, für 110 F pro Person und 120 F für zwei. Gemeinschaftssaal mit Bibliothek und regelmäßigen Veranstaltungen. Alle Arten von Musik und Café-Theater. Donnerstagabends erklingt ab 21h Akkordeonmusik. Konzerte freitags und samstags. Das Programm sollte man telefonisch erfragen. Die Kneipe ist völlig in das Dorfleben integriert und auswärtige Besucher haben die größten Chancen, hier nette Bekanntschaften zu schließen.

Sehenswertes

– *Die Kathedrale Saint-Samson* (13. Jh.) mit zahlreichen baulichen Veränderungen während der folgenden drei Jahrhunderte. An dem Gebäude ist die Bedeutung des Bistums von Dol bis zum Ende des 18. Jh. abzulesen. Äußerlich überrascht sie durch ihren hybriden Stil. Die Westfassade mit zwei Türmen und einem Giebeldach ist recht schmucklos und weist ein paar Erinnerungen an die romanische Kathedrale auf. Der linke Turm wurde mangels Geldes niemals fertiggestellt.

Die Nordfassade macht den strengen Eindruck einer Festung. Im Gegensatz dazu ist die Südfassade mit einem großartigen *Portalvorbau* geschmückt sowie einer Fülle von Zinnen, Balustraden, spätgotischen Fensteröffnungen, Reliefs usw. Auf der Seite, ein kleinerer Portalvorbau mit doppelten Spitzbogenarkaden.

Der Innenraum besticht durch seine architektonische Einheit. Das Schiff erscheint ewig lang: an die hundert Meter! Es ist in drei Etagen untergliedert, mit ausladenden Bogenwölbungen, Triforium und hohen Fenstern, welche die Höhe des Bauwerks betonen. Das Spitzbogengewölbe ist von großer Reinheit und Schlichtheit. Bemerkenswert, daß das Gewölbe auf Säulen neben den Stützpfeilern zu ruhen scheint. Auch Mobiliar und Statuen verdienen unsere Aufmerksamkeit: links ein ausdrucksvoller *Christus mit Dornenkrone.* Der gemeisselte Grabstein eines Bischofs aus dem 15. Jh. gilt als das erste Renaissancekunstwerk in der Bretagne. Die von antiken Vorbildern inspirierte Skulptur beeindruckt trotz einiger in Revolutionsjahren erlittener Beschädigungen noch immer. Das große Chorfenster ist das älteste in der Bretagne (Ende 13. Jh.). Superb, der Chorstuhl aus Eichenholz (14. Jh.) und der zierlich geschnitzte Bischofsthron (16. Jh.).

– *Historisches Museum (Trésorerie):* place de la Cathédrale, Ecke Rue des Ecoles. Von Ostern bis September ist es von 9.30-18h zu besuchen. Es handelt sich um ein ehemaliges Stiftswohnhaus des 15. Jhs mit Volkskunst, Waffen, Skulpturen, Steingut usw.

– *Grand-Rue und Rue Lejamptel:* Einkaufszone der Stadt. Einige ausgesuchte Beispiele mittelalterlicher Architektur, vor allem das *Palets*-Haus aus dem zwölften Jahrhundert mit gemeißelten, romanischen Arkaden und der *Chartier*-Hof mit einer hübsch geschwungenen Türe und gemeißelten Granitsäulen. Mehrere Fachwerkhäuser mit massiven Stützpfeilern, vergleichbar jenen in Dinan.

– Auf dem Weg zur Place de Chateaubriand erreichen wir die *Douves*-Promenade mit Ausblick auf das Moor von Dol.

Sehenswertes in der näheren Umgebung

● **Der Mont-Dol:** an der Straße von Vivier-sur-Mer. Eigentümliches Granitmassiv, das sich einsame fünfundsechzig Meter über das Moor erhebt. Früher war es eine Insel und wurde lange Zeit für den Druiden-Kult genutzt. Fußlahme gelangen mit dem Auto hin. Von oben bietet sich ein einmaliges Panorama der Polder-Ebene. Eine kleine Kapelle und Überreste einer Windmühle sind zu sehen. Eine Bar und Crêperie dienen der Stärkung.

● **Der Menhir von Champ-Dolent:** 2 km weiter über die Straße von Combourg (D 795). Die Anfahrt ist gut ausgeschildert. Ein beeindruckender Druidenstein von imposanten 9,50 m Höhe ragt inmitten der Felder auf.

● **Bauernmuseum** (Musée de la Paysannerie): les Cours-Paris, Baguer-Morvan. Wenige Kilometer südlich von Dol an der Straße von Combourg. Auskunft T. 99-48-04-04. Öffnungszeiten täglich zwischen dem 1. Mai und dem 30. September. Lehrreiche Ausstellung von Ackergerät und Werkzeugen in einem Bauernhof von anno dazumal.

RECHTS UND LINKS AM WEG ZUM MONT-SAINT-MICHEL

● **Le Vivier-sur-Mer:** einstiger Fischerhafen, der sich inzwischen wieder der Miesmuschelzucht widmet. Hier legt die *Sirène de la Baie* ab, ein kurioser Raddampfer mit einem Fassungsvermögen von 150 Personen. Nach anderthalb Stunden herrlicher Fahrt erreicht er den Mont-Saint-Michel. Mitfahrgelegenheit von April bis Ende September, möglichst im voraus buchen. Abfahrt jeweils 9.45h, 12.30h, 15.30h, 17.30h und 20.30h. Da sich ein Restaurant an Bord befindet, entscheiden sich die Bessergestellten unter uns vielleicht für ein Menü an Bord um 12.30h oder 20.30h, zu Preisen zwischen 185 und 215 F. Auskunft T. 99-48-82-30.

– *Hôtel-restaurant Beau Rivage:* 21, rue de la Mairie. T. 99-48-90-65. Mittags und abends offen. Mittwoch Ruhetag, außer in den Monaten Juli/August. Ordentliche Zimmer von 160-219 F und ausgezeichnete Gerichte. Menüs werden zu 75 F (mit acht Austern) und 98 F angeboten (12 Austern, Seeteufel mit grünem Pfeffer,

Rochen mit Kapern). Üppige Meeresfrüchteplatte für 135 F, dazu ein süffiger kühler Cidre.

- *Gemeindecampingplatz:* T. 99-48-91-57.

● **Cherrueix:** niedrige Dorfhäuser folgen dem Verlauf des Strandes. Europas »Hauptstadt« des Windgleiters, einem Surfbrett auf vier Rädern, bis zu 200 km/h schnell. Nach Le Vivier-sur-Mer hin stößt man allenthalben auf alte Windmühlen. Laufen wir vor bis zu der bewunderungswürdigen Kapelle Sainte-Anne aus dem 17. Jh., die ihr Dasein mitten in der Wildnis auf einem Erdhügel fristet. Dahinter die Silhouette des Mont-Saint-Michel.

- *Für Übernachtung und Abendessen:* die überaus sympathische Herberge *la Hamelinais* (s. Kapitel »Unterkunft in der Nähe von Dol«).

- *Manoir de l'Aumône:* 300 m vom Ortskern Cherrueix'gelegen. T. 99-48-97-28. Von Ostern bis an Allerheiligen stellt der Besitzer des ehemaligen Herrenhauses aus dem 15. Jh. zwei möblierte Räume und eine Unterkunft für Wanderer zur Verfügung seiner Gäste. Ein siebzig Stellplätze zählendes Campinggelände liegt hinter dem Haus.

● **Wanderung über die Polder:** so nennt man das fruchtbare Land, das dem Meer im Laufe der Jahrhunderte abgerungen und trokkengelegt wurde, durch langgezogene Erddämme mit Baumbewuchs befestigt. Ab Cherrueix schlagen wir einen der zum GR 34 gehörenden Wanderpfade ein, welcher an einer ausgedehnten Marschwiese am Meeresstrand entlangführt. Hier grasen die als »Salzweiden«-Schafe gerühmten Herden. Im Meer vor Cherrueix haben sich »Riff-Plattformen« gebildet, indem Sandwürmer u.ä.in der nahen Umgebung schon vorhandener Muschelbänke Sand aufschütteten. Diese *»hermelles«* haben sich wegen der mächtigen Meeresströme in der Bucht zu den größten lebendigen Riffen Europas entwickelt.

Außerhalb der Saison wird man angesichts dieser wilden Landschaft von dem starken Gefühl ergriffen, etwas Außergewöhnliches zu erleben: eine unendliche Einsamkeit, von zarter Poesie gefärbt. Ein Autosträßchen führt über les Quatre-Salines zurück zur Bucht, auf der Höhe von Roz-sur-Couesnon.

- *Au Bon Gîte:* in Roz-sur-Couesnon, 35610 Pleine-Fougères. T. 99-80-21-73. Sympathisches Landgasthaus im Dorf, himmlisch ruhig. Schlichte, helle und preiswerte Zimmer mit Waschbecken, die aber für mindestens zwei Nächte gemietet werden müssen; und ohne Halbpension läuft gar nichts.

- *Campingplatz les Couesnons:* T. 99-80-26-86.

- *Les Quatre Salines:* 200 m neben der Küstenstraße von Saint-Malo nach Pontorson, am Weg zu den Salzwiesen. T. 99-80-23-80. Modernes Hotel ohne besonderen Reiz; Personal auch nicht gerade herzlich. Die Wirtin sieht es nicht gern, wenn die Mahlzeiten außer Haus eingenommen werden. Dennoch ein geeigneter Stützpunkt, um von hier aus Streifzüge durch die Polder zu unternehmen. Die Zimmer für 135-210 F sind tadellos, auch die Küche tut ihr Bestes. Menüs für 57 und 105 F. Heiße, gefüllte Meeresfrüchte, überbackener Lieu mit Sauerampfer, Barbe in Estragon.

- *Jugendherberge Mont-Saint-Michel:* in 35610 Pleine-Fougères, rue de la Normandie, südlich von Roz-sur-Couesnon und Sains. T. 99-48-75-69. Pro Bett und Nacht erfreut einen hier der zivile Preis von 36 F. Es besteht die Möglichkeit, selbst zu kochen, insgesamt recht moderne Einrichtung.

DER MONT-SAINT-MICHEL (50116)

Wie bei Legenden üblich, beginnt auch die Geschichte des Mont-Saint-Michel mit einer wunderbaren Erscheinung: der des Erzengels Michael, welcher dem Bischof Aubert von Avranches den Bau einer Gebetsstätte auf dem Berg *Tombe* befahl, damals mitten in einem Wald gelegen. Ein geologisches Phänomen bewirkte, daß die Gegend im Meer versank und der Berg fortan isoliert in den Fluten stand. Wie auch immer ... Die Pilgerfahrten zu der bescheidenen Kapelle rissen nicht ab, so daß diese nach dem Hundertjährigen Krieg zu einer prächtigen Abtei ausgebaut werden konnte. Die Arbeit besorgten ein paar Benediktinermönche, die aus dem

normannischen Saint-Wandrille angereist waren und sich als erstaunlich handfer-
tige Maurer und Ingenieure entpuppten. Die Granitblöcke zum Bau des Klosters
wurden per Schiff von den 40 km entfernten Inseln Chausey herantransportiert
und dann auf den Berg hochgeschleppt.
Fast wäre die ganze Herrlichkeit im vergangenen Jahrhundert verschwunden,
hätte sich nicht Viollet-le-Duc mit voller Kraft für ihre Wiederherstellung eingesetzt.
Er restaurierte übrigens auch Notre-Dame in Paris und das Schloß von Pierrefonds. Der von Bretonen und Normannen gleichermaßen für sich beanspruchte
Felsen zählt mit über anderthalb Millionen Touristen jährlich zu den meistbe-

suchten Plätzen in Frankreich. Rein verwaltungstechnisch gehört die Gemeinde Mont-Saint-Michel zum Ärmelkanal, also zur Normandie. Ursprünglich war der Berg aber bretonisch. Er wurde erst im Jahre 933 an die nördlichen Nachbarn abgetreten. Die Grenze zwischen den beiden Provinzen bildet das launische Flüßchen Couesnon, das heute kanalisiert am Fuße des Felsens verläuft. Die Bucht reicht 23 m weit ins Land hinein. Man sagt, das Meer sei hier so schnell wie ein galoppierendes Pferd. Deshalb sollte man sich immer des Gezeitenstandes vergewissern, bevor man sich zu Fuß in die Bucht hineinwagt. Zwei Stunden vor der Flut muß der Rückweg angetreten werden. Gefährlich sind auch Sandverwehungen und plötzlich auftauchende Nebelbänke.
Heute droht dem Berg bzw. seiner reizvollen Lage nicht mehr so sehr Gefahr vom Meer, als vielmehr von der zunehmenden Versandung der Bucht. Fängt erst das Gras an, auf dem Sand zu wachsen, dann verweht dieser nicht mehr und man muß fürchten, daß der Mont-Saint-Michel in ein paar Jahren mitten auf der Wiese stehen wird; wie schon einmal, vor über tausend Jahren.

Anreise

– *Per Landstraße:* 330 km von Paris entfernt, 66 km von Rennes, 50 km von Saint-Malo und 22 km von Avranches. Kostenpflichtiger Parkplatz auf dem Deich während der Saison.
– *Per Zug:* 7 km entfernt vom Bahnhof Pontorson, der an der Bahnlinie nach Rennes liegt oder vom Bahnhof Villedieu-les-Poêles, Strecke nach Granville,.zu erreichen.
– *Per Zug und Bus:* Paris-Rennes im T.G.V. (zwei Fahrtstunden), dann weiter mit dem Busunternehmen *Courriers Bretons*, das seinen Sitz in Saint-Malo: 9, rue d'Alsace, hat. T. 99-56-79-09. Die Abfahrt des Busses ist auf den Zugfahrplan abgestimmt. Bis zum Mont-St.-Michel sind es nochmal eine Stunde und 10 Minuten.
– *Zu Fuß:* über Les Genêts, wie einst die »Michelots« genannten Barfußpil singend über die Bucht zogen. Vom Bec d'Andaine bei Genêts genießt man die beste Aussicht auf den Klosterberg.

Nützliche Adressen und Feiertage

– *Fremdenverkehrsamt:* im »Corps de garde (Wachlokal) des Bourgeois«, am Eingang von *Le Mont*, links hinter dem ersten Tor. Hier werden Prospekte in allen Sprachen verteilt sowie Listen der Hotels und Restaurants. T. 33-60-14-30. Vom 1. November bis zum 1. März geschlossen.
– *Flüge über den Berg:* eine originelle, aber kostspielige Art, die Bucht zu erkunden. Ganzjährig möglich.
– *Musikveranstaltungen:* Auskunft in Avranches, T. 33-58-00-22 oder beim Fremdenverkehrsamt von Le Mont. Konzerte in der Abtei im Juli und August.
– *Frühlingsfest* im Mai und *Herbstfest* im September.
– *Pilgerzug* über das Sandufer im Juli.

Schlemmen und Schlummern

Zwei Möglichkeiten: entweder auf dem Berg oder außerhalb, am Anfang des Deiches. Die erste Lösung ist verlockender, doch sind die Gästebetriebe in Le Mont oft ausgebucht und die Zimmer miserabel. Hinzu kommt stets eine gesalzene Rechnung. Außerhalb hat man mehr Auswahl.

● *In Pontorson*

Mehrere einfache Hotels in Bahnhofsnähe:
– *Hôtel de l'Arrivée:* T. 33-60-01-57. Doppelzimmer ab 87 F. Während der Wintermonate an Montagen geschlossen.
– *Hôtel du Chalet:* T. 33-60-00-16. Zimmer zwischen 270 und 350 F mit unvermeidbarer Halbpension. Außerhalb der Saison montags und im März zu.
– *Jugendherberge:* rue Patton. Im Du-Guesclin-Zentrum. Ausgesprochen netter Empfang.

● *Eine Note schicker*

– *Montgomery:* 13, rue Couesnon. T. 33-60-00-09. Insgesamt 32 Zimmer, außergewöhnlich möbliert, im Haus der Grafen von Montgomery aus dem 16. Jh. Halbpension wird verlangt. Qualitätsessen, wo natürlich eine Lammschulter von den *Salzwiesen* nicht fehlen darf und als weitere Spezialität das *Fischer-Sauerkraut* nicht fehlen darf. Dienstag mittags und montags außerhalb der Saison geschlossen

● *Am Anfang der Mole, zwei Kilometer vom Berg entfernt*

– *Hôtel Saint-Aubert:* T. 33-60-08-74. Modernes Gebäude mit 27 Zimmern zu 300 F, ausgezeichneter Komfort, mit Garten und Schwimmbad. Geschlossen von Mitte November bis Mitte März. Menüs ab 65 F.
– *Altea K-Motel:* T. 33-60-14-18. Zimmer von 65-300 F. Geschlossen vom 15. November bis zum 15. März.
– *Motel Vert:* B.P. (Postf.) 8, T. 33-60-09-33. Zimmer ab 180-200 F. Geschlossen vom 1. November bis zum 1. Februar. Menüs ab 65 F.
– *Relais du Roy:* T. 33-60-14-25. Zimmer ab 280 F. Geschlossen vom 15. November bis zum 20. März. Menüs ab 60 F.
– *Hôtel de la Digue:* T. 33-60-14-02. Zimmerpreise von 180-250 F. Garten mit Blick auf Le Mont. Breit gefächerte Menüauswahl.
– *Campingplatz du Mont:*
am vorderen Deich. T. 33-60-09-33. Von April bis Ende September in Betrieb. Verfügt über dreihundert Stellplätze.
– *Campingplatz Gué du Beauvoir:* 4 km von Beauvoir entfernt. T. 33-60-09-23. Mit 30 Stellplätzen.

● *Auf dem Mont-Saint-Michel*

Ein Dutzend Hotels mit insgesamt rund hundert Zimmern entlang der Hauptstraße, der Grande-Rue.
– *Mouton-Blanc:* T. 33-60-14-08. Die Zimmer sind auf mehrere Häuser aufgeteilt, Preisspanne: 110 und 350 F. Einfach, aber sauber. Erfreuliches Preis-/Leistungsverhältnis. Zum Hotel gehören zwei Restaurants, wovon eines sich im Erdgeschoß eines historischen Wohnhauses aus dem 16. Jh. befindet. Das zweite bietet vom ersten Stock aus eine Aussicht auf die Stadtmauer. Zum Menü für 79 F zählen Muscheln, Hammelkeule und Dessert. Der Preis erlaubt keine gastronomischen Höhenflüge, doch wird man aufmerksam und flink bedient.
– *Hôtel de la Croix Blanche:* T. 33-60-14-04. Zimmer für 193 F pro Person, Halbpension ist Bedingung. Darüber ein lautes Café. Zwei Menüs, zu 53 und zu 78 F, sind feste Bestandteile des Angebots.
– *Hôtel Du Guesclin:* T. 33-60-14-10. Zimmer für 85-157 F. Ein Teil davon besitzt Fenster zur Straße hin, andere zum Meer oder zur Abtei. In der ersten Etage befindet sich ein Restaurant.
– *La Vieille Auberge:* T. 33-60-14-34. Auf mehrere Gebäude verteilte einfache Zimmer. Menüs ab 50 F.

● *Etwas edler*

– *Hôtel Saint-Pierre:* T. 33-60-14-03. Doppelzimmer für 380 F, Vier-Bett-Zimmer für 410 F. Pro Frühstück 25 F. Menüs ab 75 F. Vom 15. November bis Ende März Betriebsruhe.

● *Erheblich schicker*

– *Terrasses Poulard:* T. 33-60-14-09. Das erste Hotel auf dem Berg. Frisch renovierte Zimmer, geschmackvoll und komfortabel, allerdings eng und wahnsinnig teuer. Wer 600 F pro Nacht anlegen kann, hat die Wahl zwischen den Zimmern *Victor Hugo*, *Belle Hélène*, *Terence Stamp*, *Surcouf* oder *Duc de Bedford*. Halbwegs erschwinglich (160-250 F) sind lediglich die winzigen Zimmer *Guy de Maupassant*, *Tiphaine* und *Du Guesclin*. Im Salon *Artichaut* über der Grande-Rue wird ein leckeres Frühstück gereicht. Ganzjährig geöffnet. Achtung: möglichst keine Halbpension buchen, denn das Restaurant stellt wirklich nichts Berühmtes

dar. Das großspurig als »renommiert« angekündigte Essen wäre einer Bahnhofskneipe angemessener.

– *La Mère Poulard:* T. 33-60-14-01. Im selben Haus wie die *Terrasses Poulard.* Die Zimmer verteilen sich auf zwei Gebäude. Jene über dem Restaurant haben schon lange keinen neuen Anstrich mehr erhalten und wirken unendlich traurig. Im Nebenbau sieht's dann besser aus. Preise ab 180 F mit Waschraum, 250 F mit Dusche. Für drei Betten sind bis zu 600 F hinzublättern. Frühstück gibt's für 50 F. Halbpension wird verlangt und kostet die Reisekasse zwischen 340-550 F pro Person. Dafür darf man dann das *Pilgermenü* für 250 F verzehren.

Der Gästetisch bei *Mère Poulard* ist übrigens eine echte Institution. Seit 1875 lassen sich die Feinschmecker mit Begeisterung vor dem Kamin nieder, wo erst Annette Poulard und später ihre Nachfolger(innen?) köstliche Omeletts brieten und heute noch braten. Macht Spaß, dem Treiben in der Küche zuzusehen, wo die Köchinnen in weißen Schürzen herumwirbeln. Auf dem schweren Eichentisch türmen sich die Eier- und Butterberge. Schneebesenbewehrte Küchenjungen arbeiten im Takt an den Kupferschüsseln, was keinen schlechten Radau erzeugt. Die Köchinnen halten die duftenden Pfannen über den rauchenden Kamin. Über die Omeletts von Annette Poulard (1851-1931) ist schon viel geschrieben worden. Clemenceau, Pagnol, der belgische König, Maurice Chevalier und Rita Hayworth haben sie probiert und gerühmt. Die Gästebücher strotzen von prominenten Namen und Unterschriften, wovon die interessantesten zum Dekor des Treppenhauses verwendet wurden.

Für die Hobbyköche unter unseren Lesern konnten wir sogar das Rezept ergattern: Man nehme zwei Eier pro Person, die zwei Stunden vor der eigentlichen Zubereitung geöffnet und vier Minuten lang in einem Kupferschüsselchen zu Eischnee geschlagen werden, bis die Mischung ungefähr die Konsistenz der zur Herstellung von *Crêpes* benötigten Masse ähnelt; nun erhitzt man drei Suppenlöffel Butter in einer Pfanne und gibt den Eierschaum dazu. Viel Glück und guten Appetit!

Die Eingangshalle ist neu und in eleganten Grautönen gehalten. Ein gotischer Spitzbogen sticht vom Hintergrund eines beleuchteten Felsens ab. Einwandfreie Bedienung und angemessene Preise. Das billigste Menü »Autour de l'Omelette« für 120 F besteht aus einem Scheibchen Entenleberpastete, hübsch angerichtet auf grünen Blättern und Kammuscheln, dem traditionellen Omelett und einer hervorragenden Süßspeise mit Äpfeln. Leisten kann man sich zumindest auch die Loire-Weine. Einen schlechten Nachgeschmack hinterläßt lediglich der Kaffee, ein ungenießbares Gebräu für 20 F.

Ein kulinarisches Schlüsselerlebnis, das Pilgermenü zu 250 F mit einem flambierten Omelett zum Nachtisch. Weiteres Menü für die Kleinigkeit von 300 F, Kindermenü zu 60 F. Auf der Speisekarte stehen ferner Petersfisch im grünen Kittel mit Cidre und heiße Entenleber mit Äpfeln. Bon appétit!

Sightseeing auf dem Mont-Saint-Michel

Der zwei Kilometer lange Deich, der den Berg seit 1877 mit dem Festland verbindet, endet vor dem zugemauerten Königstor. Ein Holzsteg führt uns zur *Porte de l'Avancée,* heute der einzige Einlaß in der Mauer. Die einst von den Pilgern bevölkerte *Grande-Rue* klettert den Felsen zwischen zwei dichten Reihen von Souvenirläden hinauf. Man muß sich das alles wegdenken, um etwas von der früheren Andacht zu verspüren. Einige historische Häuser aus dem Mittelalter erinnern daran, wie es hier einmal ausgesehen hat. Dazu gehören das Haus *Artichaut,* dessen schuppige Fassade eine Brücke über die Straße schlägt, die Häuser der *Sirène* und des *Mouton Blanc,* das heute ein Restaurant beherbergt.

Die Gemeindekirche Saint-Pierre und ihr Friedhof mit dem Grab von Saint-Aubert, dem Gründer der Felsenabtei, verdient ein kurzes Verweilen, bevor wir die Treppe zur Schießscharte und zum Eingang der Abtei hochsteigen. Der Mont-Saint-Michel ist eben ein Treppenlabyrinth. Diejenige mit dem Namen *le Gouffre* (Schlund) endet vor dem Wachlokal. Dann heißt es wieder Treppensteigen, diesmal zwischen Stützmauern und Klosterzellen, um die Westterrasse zu erreichen.

Bei klaren Wetter sind von hier aus die Chausey-Inseln in 40 km Entfernung zu erkennen.

Die Abtei

Einstündige Führungen jeweils 10-12h und 14-16.30h zwischen dem 1. Januar und Palmsonntag. Danach bis zum 15. Juni: täglich 9.30-12h und 14-17h. Vom 16. Juni bis zum 10. September lauten die Besichtigungszeiten 9.30-17.30h, vom 1. Oktober bis Jahresende 10-12h und 14-16.30h. Die Abtei wirkt nachts ganz anders und vervielfacht ihre Pracht. Während der Saison kann man sich an einer Inszenierung mit Musik und Fackelschein ergötzen. Die Kombination der Schattenspiele mit den Tönen ist geeignet, das Erhabene ahnen zu lassen. Jeweils zwischen 21 und 24h, bis zum 10. September.

Zugänglich ist nur ein Teil des Klosters. Nach dem kommentierten Rundgang verstehen wir seine Geschichte und Bedeutung besser. Wer bekommt im Kirchenschiff keine Gänsehaut, das wie ein Gebet mit seinen lichtumfluteten steinernen Bögen nach oben strebt. Der Chor bietet ein einzigartiges Schauspiel gotischer Steinmetzkunst. Hier haben Menschen nach jahrhundertelangem Experimentieren das Gewicht des Deckengewölbes scheinbar aufgehoben und dem Sonnenlicht durch Mauerdurchbrüche Einlaß gewährt.

Die gesamte Konstruktion grenzt an Tollkühnheit, denn sie ruht weitgehend auf einer künstlichen Plattform – dem Felsgipfel. Aus ästhetischen Gründen wollten die damaligen Baumeister eine Kirche errichten, die so lang sein sollte, wie der Felsen hoch war, nämlich 80 m. Dazu war eine komplexe Struktur notwendig, welche die vorromanische Kirche aus dem 10. Jh. miteinbezog.

Beim Eintritt in den Kreuzgang dringt der Besucher in die *Merveille* (Herrlichkeit) ein, womit sechs Säle auf drei Etagen gemeint sind, deren Fertigstellung immerhin siebzehn Jahre lang währte. Zwischen Himmel und Meer aufgehängt, erscheint der Kreuzgang wie ein Balkon zur Unendlichkeit. Weil alle Mauern über den Felsen hinausragen, mußten sie möglichst leicht hochgezogen werden. Dies erklärt die schachbrettförmige Anordnung von 227 Säulchen aus Caen-Stein. An diesem Ort des Gebets und der Meditation sind die Dimensionen kleiner, menschlicher als im übrigen Kloster.

Das *Refektorium* überrascht durch seine Übergröße und gleicht mit seinen Gewölbebogen eher einer Kirche denn einem Speisesaal. Hier nahmen die Mönche schweigend ihre kargen Mahlzeiten ein, während ihnen erbauliche religiöse Texte vorgelesen wurden. Wir ziehen dagegen üppige Mahlzeiten ohne Texte vor.

Unser Rundgang führt weiter durch die strenge Wandelhalle und ein Gewirr langer Gänge, vorbei an Kapellen, von denen die Krypta die interessanteste ist. Ihre Stützpfeiler mit einem Durchmesser von 6 m tragen den Chor der Abtei.

Der originelle Lastenaufzug, bewegt von einem Holzrad – ähnlich wie in unseren Hamsterkäfigen – durch die Körperkraft von Gefangenen, bietet sechs Männern Platz. Der Mont-Saint-Michel diente nämlich auch als Kerker. Ludwig XI., der angeblich dreimal zum Berg pilgerte, ließ hier einen eisernen Käfig aufstellen. Im 18. Jh. lernten politische Häftlinge den Berg als Verließ kennen. Später wurde hier eine Strafanstalt mit zeitweise bis zu fünfhundert Insassen eingerichtet. Nach der Revolution von 1848 internierte man die Sozialisten Blanqui, Barbès und Raspail, um nur einige Namen zu nennen, im Klosterknast. Victor Hugo war über das Gefängnis empört, und Napoleon III schaffte es im Jahr 1863 ab.

Der *Gästesaal* für die vornehmen Pilger von anno dazumal hat seinen Glanz inzwischen eingebüßt. Übriggeblieben sind aber zwei gewaltige Kamine, in denen gleich mehrere »Salzweiden-Lämmer« auf einmal geröstet werden konnten. Hier dürfte es recht quirlig und laut zugegangen sein. Anders dagegen im *Scriptorium*, das wir als nächstes besichtigen. In dieser sogenannten *Salle des Chevaliers* (Rittersaal) kopierten und verzierten die gelehrten Mönche wertvolle Manuskripte.

Die beiden großen Kamine des adligen Gästesaals verbergen die außerhalb gelegenen Latrinen. Mönche sind auch nur Menschen. Der Rundgang schließt ab mit dem *Weinkeller* und jenem Raum, in dem die armen Pilger Obdach fanden. Hier breiten sich heute die Regale und Ladentische einer Buchhandlung aus.

Ein Rundgang über die Festungsmauern ermöglicht weite Ausblicke über die

Bucht, bis hin zum 3 km entfernten *Tombelaine*-Felsen, dem Zwillingsbruder des Mont-Saint-Michel, den die Engländer während des Hundertjährigen Krieges besetzt hielten. Dagegen blieb der *Mont* immer französisch, dank Erzengel Michael, der sich – um das Königreich zu retten – schließlich in Domrémy um eine kleine Schäferin bemühte, die dann auf dem Scheiterhaufen endete: auf dem Marktplatz in Rouen. Wir haben es ja immer schon gesagt: die kleinen Leute sollen unter ihresgleichen bleiben.

Drei zum Preis von einem: das sind die drei Privatmuseen *Musée-historial, Musée historique* (Wachsfiguren, Sehrohre, Dioramas) und *Logis de Tiphaine Raguenel*; so hieß die Frau von Bertrand du Guesclin.

Ein Erlebnis besonderer Art ist es, abends auf den Berg zu steigen, wenn die Mauern verlassen sind und die Tempelhändler den Eisenvorhang über ihren Plunder heruntergelassen haben. Dann ragen die angestrahlten Klostermauern in den Sternenhimmel: zuoberst der Erzengel mit den vergoldeten Flügeln. Er wurde aufgearbeitet und im November 1987 per Hubschrauber wieder auf seinen angestammten Posten gehievt.

IM SÜDEN VON DOL-DE-BRETAGNE

● **Château de Landal:** genau unterhalb von Epiniac. Zufahrt über die D 85 oder die D 285. Eher noch unbekanntes Schloß in herrlicher Umgebung. Frei zugänglich, jedoch keine Führungen. Von majestätischem Aussehen, mit den vier runden Spitztürmen – zwei davon aus dem 14. Jh. – und den Mauerzinnen. Rundherum ist es wundervoll friedlich. Ein faszinierender, von Bäumen gesäumter Boulevard zieht sich über mehr als einen Kilometer vor dem Schloß hin.

● **Die Kirche von Broualan:** 2,5 km vom Schloß entfernt. Sehenswerte Kirche aus dem 15. Jh., harmonisch aus Granitblöcken zusammengefügt. Innen Altarblätter aus dem 16. Jh., ebenfalls aus Granit. Die Pietà in einer Nische, ein Werk der Spätgotik. Auf dem Kirchplatz, eine steinalte Passionsdarstellung mit gotischer Inschrift.

● **Combourg:** geschichtsloses Städtchen, allenfalls wegen seines Schlosses sehenswert. Chateaubriand verlebte hier seine Kindheit zwischen Tristesse und Begeisterung – verständlich vielleicht angesichts der unerbittlich wirkenden Fassade der mittelalterlichen Festung. Der Dichter gedenkt Combourgs übrigens auf den romantischsten Seiten seiner *Mémoires d'outre-tombe*. Das Schloß hält seine Pforten von März bis November geöffnet, von 9-12h nur den Park, 14-18h Park und Schloß. Dienstags ist alles dicht. In den Innenräumen prächtige Möbel aus dem 16. und 19. Jh. In einem der Säle sind der Arbeitstisch, der Sessel und das Totenbett Chateaubriands zu besichtigen.

– *Hôtel du Château:* 1, place Chateaubriand, zwischen Teich und Schloß. T. 99-73-00-38. Restaurant in der Zeit von Dezember bis Februar Montag mittags und Sonntag abends geschlossen. Nobel, mit Zimmern von 230-400 F (mit Badewanne). Luxuriöser Speiseraum, wo exzellente Menüs auf die Tafel kommen: für 78 und 110 F (Rinderfilet mit Chateaubriand-Soße, gegarter Hummer, etc.).

– *Hôtel du Lac:* 2, place Chateaubriand. T. 99-73-05-65. Einwandfreie Zimmer für 92-260 F. Im Restaurant zwei Menüs für 60 und 90 F.

– *Ferme-auberge le Mouton Blanc:* 2 km südlich von Guguen, an der Kreuzung der Straße Combourg-Bazouges, 6 km hinter Combourg. T. 99-73-14-35. 1812 erbaut. Rustikaler Speisesaal und schmackhaftes ländliches Essen. Als Spezialität des Hauses gelten Hähnchen aus dem Brotbackofen. Werktags werden für das Menü 45 F, sonntags 65 oder 75 F berechnet. Camping- und Einkaufmöglichkeit.

● **Cobac-Park:** in Canhelin. Ein in erster Linie für Kinder angelegter Freizeitpark mit einer kleinen Eisenbahn, einem Miniatur-Dorf, Vogelkäfigen und Rutschen in allen nur denkbaren Ausführungen.

● **Tinténiac:** einen Besuch lohnt das anschauliches Werkzeug- und Handwerkermuseum, das *Magasin à grain*, 5, quai de la Donac, am Ufer des Kanals Ille-et-Rance. T. 99-68-02-03.

● **Hédé:** von der Brücke auf der D 795 (Straße nach Combourg) aus, herrlicher Blick über die Schleusen. Die Kanäle dienen nur noch den Vergnügungsausflügen kleinerer Motorboote. Alle Schleusen werden manuell betrieben. *Balade des*

Onze Ecluses (Wanderung zu den elf Schleusen) entlang der Uferböschung. Ein ruhiges und idyllisches Sträßchen führt durch die Hügellandschaft von Hédé nach Iffs, über Saint-Symphorien und Saint-Brieuc-des-Iffs.

– *Hostellerie du Vieux Moulin:* an der Straße nach Saint-Malo. T. 99-45-45-70. Ziemlich schnieke und reputiert. Doppelzimmer zwischen 130 und 175 F, Menüs ab 130-220 F. Sonntag abends und montags sowie zwischen dem 20. Dezember und dem 1. Februar zu.

● **Les Iffs:** am Ortseingang rechts, der niedliche Brunnen Saint-Fiacre. Wir kommen wegen der Dorfkirche, die zu den faszinierendsten der Region zählt und erstaunlich unbekannt geblieben ist. Im 15. Jh. im spätgotischen Stil errichtet mit einem gedrungenen, elefantenfußartigen Portalvorbau. Die Turmspitze wurde im 19. Jh. angefügt. Für unseren Geschmack fallen die Skulpturen fast zu üppig aus für das schlichte Dorf. Die Kirche enthält interessantes Mobiliar, darunter zwei bemalte Holzpaneelen mit den Aposteln. Den Blick ziehen vor allem die wunderschönen Fenster aus dem 16. Jh. an. Zwanzig sublime Szenen im *Passionsfenster* mit intensiven Blautönen. Weitere Fenster schmücken die Kapellchen links und rechts vom Altar.

● **Das Schloß von Montmuran:** ebenfalls ein bukolisches Plätzchen. Das Schloß liegt in der Nähe von Les Iffs, an der Straße nach Tinténiac. Zum Eingang führt eine Prachtallee. Öffnungszeiten zwischen Ostern und Allerheiligen 14-19h, im Winter und am Wochenende 14-18h. Aus dem zwölften Jahrhundert sind noch zwei Türme erhalten, aus dem 14. Jh. das elegante Schlößchen am Eingang, mit Zinnenturm und funktionstüchtiger(!) Zugbrücke. In der Schloßkapelle wurde Du Guesclin im Jahr 1354 zum Ritter geschlagen.

– *Ferme-Auberge de la Boulais:* in la Boulais, Les Iffs. T. 99-45-85-62. An der D 81, nur einen Katzensprung hinter dem Schloß, liegt die Herberge verführerisch unten im Tal, mit Blick zum Schloß. An sonnigen Tagen ein wunderbar heiteres und poetisches Plätzchen inmitten von Wäldern und Pferdeweiden. Das reizvolle Landgasthaus verwöhnt seine Gäste mit köstlichen Gerichten in einem Speisesaal voller Reiz. Vom 1. Juni bis zum 1. Oktober geöffnet, aber unbedingt einen Tisch bestellen! Zu den Spezialitäten zählen gespicktes Huhn oder Hähnchen in Cidre, Coq au Citron, Ente mit Orangen und leckere Nachspeisen.

● **Bécherel:** ehemaliges Festungsstädtchen an der Straße nach Dinan (D 27, dann D 68), von dessen Reichtum durch den Tuchhandel im 17. und 18. Jh. nichts übriggeblieb. Heute ist es ein typisches Opfer der Landflucht in der Bretagne; viele Läden sind lange oder für immer geschlossen. Architektonisch gesehen bilden die Bürgerhäuser aus Granit ein harmonisches, einheitliches Ensemble. Liebenswert die *Place de l'Ancien Marché,* die Straßen, mit mittelalterlichem Gepräge: Rue de la Beurrerie, Rue de la Filanderie, Rue de la Chanvrerie. Hinter der Kirche finden wir einen Lederhändler nach altherkömmlicher Art. Man sollte sich auch nicht den kleinen Spaziergang zum Presbyterium ersparen mit einer Créperie nebenan. Über den »Rocquet de la Couaille« geht's zum alten Waschhaus hinunter. Von dort aus den Blick auf die Stadt und die Mauerreste genießen. Davon ganz abgesehen ist Bécherel seit 1985 in den Rang einer »sehr buchfreundlichen« Stadt (*cité du livre*) aufgerückt und organisiert nun allerlei Werbeveranstaltungen, um mehr Leute zum Lesen zu animieren. Die nationalen »Buch-Tage« im Oktober, in deren Rahmen das Lesefestival »La Fureur de lire«, etwa »Leselust« ablief, ein monatlich stattfindender Buchmarkt (jeweils am ersten Sonntag des Monats) und das famose Bücherfest am Osterwochenende wurden in und von diesem Städtchen angeregt.

– *Fremdenverkehrsamt:* vom 15. Juni-15. September, Auskunft T. 99-66-80-55. Gleich hinter Bécherel, wenn man die Straße nach Médréac weiterfährt, ist der Schloßpark von Caradeuc zu besichtigen, als »bretonisches Versailles« gerühmt. T. 99-66-77-76. Ganzjährig zu besichtigen von Sonnenaufgang bis Sonnenuntergang. Einen Orientierungsplan zur Parkanlage bekommt jeder Besucher zusammen mit der Eintrittskarte in die Hand gedrückt.

– *Übernachtungsmöglichkeit auf dem Zeltplatz* gegenüber vom Park.

– *Hôtel le Commerce* (bei Mado und Alain): rue principale du Bourg. T. 99-66-81-26. Mustergültig geführt mit einem Schuß Provinzatmosphäre. Vorzügliche Zimmer für 90 F. Das Menü kostet 47 F, außer sonntags.

IM OSTEN VON ILLE-ET-VILAINE

FOUGERES (35300)

Die Festung im Grenzbereich der Bretagne erhebt sich über einer grünen Talland-
schaft. Einst von herausragender strategischer Bedeutung für die Feindesabwehr.
Das imposante Schloß legt davon noch Zeugnis ab. Zahlreiche Schriftsteller
schwärmten von Fougères und seinem lasziven Charme: Flaubert, Chateaubriand, Alfred de Musset, Julien Gracq, Balzac und Victor Hugo. Letztere
schöpften hier ihre Inspirationen für *Quatre-vingt-treize* (als Easy Reader bei Klett)
bzw. *Les Chouans*. Juliette Drouet, Hugos Muse, war übrigens aus Fougères
gebürtig. Die Region galt tatsächlich als Hochburg der nach ihrem Anführer *Jean
Chouan* benannten Revolutionsgegner. Wirtschaftlich war Fougères lange Zeit
abhängig von der Schuhindustrie, die in der ersten Hälfte des 20. Jhs bis zu
zehntausend Arbeiter beschäftigte. Heute sind's kaum noch tausend.

Nützliche Adressen

– *Fremdenverkehrsamt:* 1, place Aristide-Briand. T. 99-94-12-20 oder 99-99-79-
59. Hält brauchbare Unterlagen bereit, neigt jedoch etwas zur Routineabfertigung.
– *Bahnhof SNCF:* für die Verbindung nach Vitré und Paris. T. 99-65-50-50.
– *Busbahnhof:* T. 99-56-79-09 oder 99-99-02-37.

Quartiersuche

– *Hôtel Balzac:* 15, rue Nationale. T. 99-99-42-46. Charmantes Gästehaus in der
Fußgängerzone. Zimmer ab 149-189 F. Ganzjährig geöffnet.
– *Grand Hôtel des Voyageurs:* 10, place Gambetta. T. 99-99-08-20. Freundlicher
Empfang, behagliche Zimmer für 165-185 F. Im Erdgeschoß befindet sich das
beste Restaurant am Ort.
– *Gästezimmer:* 5, chemin du Pâtis. T. 99-99-00-52 oder 99-99-02-70. An der
route de Fiers (ehemalige Route de Caen). Mme Juban, die früher Schallplatten
verkauft hat, vermietet nun drei Doppelzimmer in ihrem Haus. Ein Pärchen zahlt
bei ihr für die Übernachtung mit einem schön reichhaltigen Frühstück 170 F. Das
ist genau das richtige für Waldläufer oder naturliebende Spaziergänger, denn
diese Pension liegt direkt am Rande eines Waldstücks.
– *Jugendherberge:* 11, rue Beaumanoir. Nur einen Kilometer vom Bahnhof.
– Gemeindeeigener *Zeltplatz:* in Paron. T. 99-99-40-81. Trotz seines Komforts
sehr budgetfreundlich.

Restaurants

● Preiswert und Mittelklasse

– *Le Buffet:* 53 bis, rue Nationale. T. 99-94-35-76. Geöffnet mittags und abends
bis 21h. Sonntags und im August bleibt die Küche kalt. Frisch und sauber, Foto-
ausstellung im Speisesaal. Menü für 49 F einschließlich Service und Wein und
Menü für 72 F mit Vorspeise und reichlich Rotwein.
– Köstliche Crêpes und Galettes zum Mitnehmen gibt's im Haus Nr. 41, rue Nationale. Alles hausgemacht, versteht sich.

● Etwas nobler

– *Les Voyageurs:* 10, place Gambetta. T. 99-99-14-17. Samstags und in der
zweiten Augusthälfte geschlossen. Wir raten zu einer Tischvorbestellung. Im
komfortablen Speisesaal in Zartrosa, bei aufmerksamer Bedienung und raffinierten Speisen läßt man sich gern verwöhnen. Man staunt! Hier munden die bekannten Gerichte immer wieder anders und besonders, als würde sie ein fantasievoller
Küchenchef stets neu kreieren. Auf der Speisekarte locken Gerichte wie teller-
große Scheiben Gänseleberpastete, zarte Kalbsschnitzel mit Sahnesoße usw.

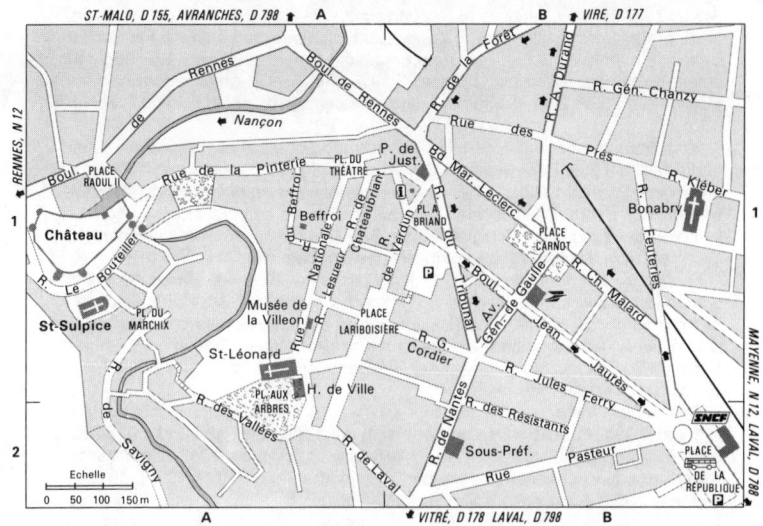

Fougères

Hervorragendes Preis-/Leistungsverhältnis. Ganz zu schweigen von den herrlichen Kalbsrouladen – prämienverdächtig! – dem Rinderfilet mit Trüffeln, der Entenbrust à la bordelaise usw. Die preiswerteren Menüs zu 90 und 120 F sind ebenfalls verführerisch, aber in diesem Fall lohnt es sich, mal wirklich ungehemmt zu schlemmen. Mittags wird ein Menü für 65 F angeboten, mit Vorspeisen-Buffet. *Les Voyageurs* sind wirklich eine Reise wert.

Unterkunft und Verpflegung in der Umgebung

– *Ferme-auberge de Mésauboin:* in Billé, 8 km südlich von Fougères (D 178). T. 99-97-61-57. Ganzjährig bewirtet, bloß machen die Besitzer sowohl im Februar als auch im Oktober eine Woche selber Ferien. Im Dorf folgt man den Straßenschildern nach Saint-Georges-de-Chesné (D 23). Wiederum ein ideales Plätzchen mitten in der Natur. Charaktervolles Bauernhaus mit Zimmern zum Wohlfühlen. Die Küche der Patronne lockt Gäste aus einem Umkreis von 30 Kilometern an. Für 68 F sind alle diese Köstlichkeiten fast geschenkt: Hähnchen in Cidre, Gemüseeintopf, Hähnchen »à la casse«; außerdem die Crêpes, Galettes und Obstkuchen, gekrönt von einem fruchtigen Cidre. Unbedingt Tisch vorbestellen. Doppelzimmer mit Frühstück für 160 F einschließlich Frühstück.

Sehenswürdigkeiten

– Von der Place Aristide-Briand, wo auch das Fremdenverkehrsamt untergebracht ist, schlendern wir in der Rue Nationale vorbei an noblen Gebäuden des 18. Jhs. Unterwegs fällt ein Belfried aus dem 15. Jh. auf, der über die Dächer hinausragt. Das letzte Haus mit Portalvorbau verbirgt das *Museum Emmanuel de La Villéon.* Öffnungszeiten täglich 14-19h, vom 1. Juli bis 15. September. Von April bis Juni und ab Ende September ist am Wochenende geschlossen. Etwa zwanzig Gemälde von La Villéon, einem der späten impressionistischen Maler, aus Fougères stammend. Ihm gelang es, die bretonische Landschaft naturgetreu, bewegt und bewegend, wiederzugeben.

– Nun zum *Rathaus* aus dem 16. Jh. und zur Kirche *Saint-Léonard*, die im 19. Jh. baulich stark umgestaltet wurde. Innen sind moderne, farbenfrohe Fenster zu bewundern. Im öffentlichen Park rund um Saint-Léonard sollte man den Sonnenaufgang über der Talebene und dem Schloß erleben. Fougères erscheint dann fast wie ein großes Dorf, das mit dem letzten Haus unmittelbar in Feld und Wiesen übergeht.

– Vom Park aus bewegen wir uns in Talrichtung auf die Altstadt zu. Hier lebten und arbeiteten jene Handwerker, z.B. Gerber und Färber, die auf das Flußwasser angewiesen waren. Niedliche Häuser mit Holzfassaden an der Place du Marchix. Im Eckhaus der Rue de Lusignan zur Rue Providence befindet sich wahrscheinlich eine der schönsten Metzgereien der Bretagne. In der Rue de Lusignan Nr. sechs ein mittelalterlicher Ladenraum aus geschnitztem Holz.

– *Die Kirche Saint-Sulpice* geht zurück auf das 15. Jh. Bemerkenswert die reiche spätgotische Verzierung, hierzulande treffend als »Choux frisés« (krauser Kohl) bezeichnet. In der Kirche, eine Holzdecke und ein ausladendes barockes Altarblatt. Zwei weitere Altarblätter aus Stein im Kirchenschiff, eins davon mit einer farbigen Pietà. Das rechte wurde von der Gerberinnung gestiftet. Hochbetagte Marienfigur Notre-Dame-des-Marais.

– *Das Schloß:* zwischen dem 15. Juni und dem 15. September Besuchszeit täglich von 9-19h. Im April, Mai und der ersten Junihälfte: 9.30-12h und 14-17.30h. Das restliche Jahr über 10-12h und 14-16.30h. Es zählt zu den besterhaltenen mittelalterlichen Schlössern im Land und stammt aus dem 12. und 15. Jh., mit einem Dutzend Türmen, vom Sonnenlicht vergoldet, die sich narzißtisch über ihre Spiegelbilder im Schloßgraben beugen. Lawrence von Arabien, der ja etliche Schlösser in seinem Leben gesehen hat, war von diesem Anblick hingerissen: »Es gibt nichts Schöneres, soviel ist sicher!« Der Schloßturm ist der älteste Teil, mit fünf Meter dicken Mauerfundamenten. Richtung Kirche Saint-Sulpice liegt das eindrucksvolle *Notre-Dame-Portal*. Das Schloß ist teilweise dem Publikum zugänglich und enthält auch ein *Schuhmuseum*.

– Statt durch die Rue de la Pinterie – 1944 schwer bombardiert und völlig neu aufgebaut – in die Stadt zurückzukehren, wählt man besser die *Ruelle des Vaux*, die an der Außenseite der ehemaligen Stadtmauern verläuft.

– *Der Rindermarkt von Aurnaillerie:* an der Straße nach Alençon. Er zählt zu den größten in Frankreich. Hier werden bis zu zehntausend Wiederkäuer aufgetrieben. Freitag morgens zu besichtigen.

Verkehrsverbindungen

● *Per Bus*

– *Nach Saint-Malo:* über Pontorson, Roz-sur-Couesnon (Polder), Le Vivier-sur-Mer. In Pontorson Anschluß zum Mont-Saint-Michel, mit *les Courriers Bretons*. Auskunft T. 33-60-11-43 und 99-56-79-09.

– *Nach Rennes:* mit der *Cie Transports d'Ille-et-Vilaine*. T. 99-99-02-37 und 99-79-23-44. Sechs bis sieben Busse täglich. Verbindungen auch nach *Vitré*.

● *Per Bahn*

– *Nach Vitré und Paris:* Auskunft beim SNCF, T. 99-65-50-50.

VITRE (35500) _____

Bedeutende Stadt im Mittelalter, die bis zum Ende des 17. Jh. ihren Reichtum aus dem Tuch- und Textilienhandel zog. Als Grenzstadt oblag ihr auch die Pflicht, über die bretonische Unabhängigkeit zu wachen. Aus dieser Epoche stammen ein prächtiges Schloß und die mittelalterlichen Gassen, die außergewöhnlich malerisch und baulich homogen sind (vergleichbar mit Dinan, fast besser als Quimper).

– *Fremdenverkehrsamt:* promenade Saint-Yves. T. 99-75-04-46.

Sich erbauen

– *Schloß und Schloßmuseum:* täglich 10-12h und 13.30-18h zu besuchen, in den Monaten Juli/August/September. Vom 1. April bis zum 30. Juni ist dienstags dicht. Der Schloßbau ist dreieckig – wie der Felsen, auf dem er gründet – und von kraftvoller, militärischer Gestalt. Eine Fülle von Türmen mit Spitzdächern und Pecherkern wehrte Angreifer ab. Im 13. und 15. Jh. wurde es auf älterer Bausubstanz errichtet. Vor dem Eingang schreitet man über einen herrlichen Platz. Lehrreiches Museum.

Der erste Saal glänzt mit Holzschnitzereien aus dem 16. Jh., u.a. einem gotischen Treppenfragment und einem Türflügel. Im zweiten Stock ein entzückender Renaissancekamin, Wandteppiche aus Flandern, eine Ledertruhe aus dem 17. Jh. Auf der nächsten Etage sind Wandteppiche von Aubusson ausgestellt. Ganz oben Pläne und Fotos über die Architekturgeschichte der Stadt. Ein Treppchen führt zur Abteilung für Naturkunde und zum Oratorium, wo 32 Emailleschilder aus Limoges (16. Jh.) zu bewundern sind. Auf der anderen Hofseite gibt es immer wieder spannende Wanderausstellungen zu sehen.

– *Die Kapelle Saint-Nicolas* erreichen wir, wenn wir die Rue de Brest zurücklaufen und uns dann in die Rue Pasteur begeben. Krankenhauskapelle aus dem 15. Jh. Im Innenraum ein gotisches Grabmal, ein kunstvoller Hochaltar und einige Fresken. Hier gilt die Eintrittskarte für das Schloßmuseum bei gleichbleibenden Öffnungszeiten.

– *Die Kirche Notre-Dame:* im 15. Jh. errichtet, spätgotisch. Äußerlich fasziniert sie am meisten, vor allem durch die Giebelfassade zur Straße hin, die eine gewisse Ähnlichkeit mit einem Sägeblatt aufweist. Draußen steht eine recht ungewöhnliche Kanzel. Zur Place Notre-Dame hinaus führt ein wunderbares Portal von 1586. Im Innenraum eine gotische Kanzel mit Blumenverzierung und ein großartiges Kirchenfenster des 16. Jhs mit dem *Einzug Christi nach Jerusalem* in der dritten Kapelle rechts vom Eingang auf der Place Notre-Dame.

– *Die Altstadt von Vitré:* wohl das fantastischste mittelalterliche Ensemble in der Bretagne, allerdings ohne vorragende Etagen wie in Dinan. Wie durch ein Wunder wurde dieses kostbare bauliche Erbe bis ins späte zwanzigste Jahrhundert erhalten. Sei es die Rue d'Embas, Baudrairie, Saint-Louis oder Notre-Dame – jede von ihnen stellt ein Sammelsurium von Wohnhäusern aller Epochen dar, jede ist auf ihre Art ungewöhnlich und einzigartig. In der Rue d'Embas sei vor allem auf die Nr. 30 hingewiesen, mit der Treppe im Hof und den Galerien. Die Nr. 20 präsentiert einen herrlichen Giebel, die Nr. 10 ist Attraktion für Maler und Fotografen. Rue Baudrairie Nr. 30, ein gotisches Patrizierhaus, zu dem sich neuerdings ein modernes Gebäude gesellt hat, ohne allzusehr zu stören. In derselben Straße, Nr. 25, ist ein geschnitztes Holzpaneel im Renaissancestil zu bewundern. Das einzige Bauwerk aus dem 18. Jh. stellt die Nr. 18 dar, mit für die damalige Zeit typischem, schmiedeeisernem Balkongeländer. Und überall Skulpturen, mit Köpfen geschmückte Pilaster. Das *Hôtel Ringues* in der Rue Notre-Dame, vis-à-vis der Kirche, stammt aus dem 16. Jh.

Smutje und Koje

– *Hôtel du Château:* 5, rue Rallon. T. 99-74-58-59. In einer ruhigen Altstadtstraße. Nette Aufnahme, gepflegte Zimmer von 120-190 F. Ab dem zweiten Stock eröffnet sich ein Blick aufs Schloß. Sonntags außerhalb der Saison geschlossen.

– Haufenweise Restaurants im alten Vitré. Hoch angesehen und ziemlich schick ist *La Taverne de l'Ecu*, 12, rue Baudrairie. T. 99-75-11-09. Sonntag abends und montags geschlossen, ansonsten werden Menüs in einer Preislage zwischen 70 und 120 F angeboten.

– Ausflugreisende nach Champeaux sollten die Tour unbedingt mit einer Rast im Restaurant *La Fontaine aux Perles* verbinden (s. weiter unten).

Restaurants in der Umgebung

– *Bar-Tabac-Grill Le Haut Landais:* auf der sogenannten *Haut-de-la-Lande*, 3 km vor La Bouexière an der D 106, hinter Champeaux. T. 99-62-63-37. Eine abgelegene Dorfkneipe, die aber einiges zu bieten haben muß, nach der Zahl der Berufskraftfahrer zu urteilen, die dort regelmäßig einkehren. Außerdem nicht teuer und jeden Mittag geöffnet.

● *Etwas anspruchsvoller*

– *La Fontaine des Perles:* 6, rue Jean-Marie-Pavy, in La Bouexière. 16 km bis Vitré und ebensoviel bis Rennes. T. 99-00-91-50. Sonntag abends und montags geschlossen, desgleichen während der Schulferien im Februar. Sonst mittags und abends bis 21.30h auf. Keine Chance ohne Tischvorbestellung, da am Wochenende viel Betrieb herrscht, häufig auch an Werktagen. Nun ist wohl schon jedem klar, daß es sich hier wieder um eine Spitzenadresse handeln muß. Die geschmackvolle Einrichtung und der liebenswürdige Empfang stimmen auf ein raffiniertes Essen ein, reichlich und bekömmlich. Die Menüs bieten für ihren Preis ein Höchstmaß an Qualität. Während unserer letzten Reise in die Bretagne wurde uns hier die Henkersmahlzeit gereicht; ein toller Abschluß. Montags bis freitags hängt ein Mittagsmenü zu 65 F aus. Außerdem gibt's Menüs zu 80 F (außer sonntags und samstags), zu 130 F (Entenleberpastete, Rinderfilet mit Ziegenkäse usw.) und zu 148 F (mit Kalbsbries und Spinat).

– *Ar Milin* (»die Mühle« auf bretonisch): in einem fünf Hektar großen Park am Ufer eines Flüßchens. 30, rue de Paris, in Châteaubourg. T. 99-00-30-91. Der Preis eines Doppelzimmers mit Dusche beläuft sich auf 268 F. Für nur 38 F kann man sich am Frühstücksbuffet (Gebäckstückchen, Käse, Joghurt, Obst,etc.) satt essen. Auch das, was sonst auf den Tisch kommt (das Menü zu 90 F zum Beispiel), erfreut den Gast. Der ländliche Rahmen ebenso wie die Einrichtungen – Tennis, Sauna – tun ihr übriges, den Aufenthalt so angenehm wie nur irgend möglich zu gestalten. Von der Freundlichkeit des Hausherren mal ganz abgesehen!

Sehenswürdigkeiten in der Umgebung

● **Das Schloß Rochers-Sévigné:** 6 km südöstlich von Vitré an der D 88. Öffnungszeiten 10-12h und 13.30-18h, am Wochenende 14-18h. Elegante, ausgesuchte Architektur mit einer Symphonie malerischer Dächlein. Auffällig die achteckige Kapelle und ihr Dach in Form eines Schiffskiels, obendrauf ein Glockentürmchen. Im 15. Jh. errichtet und im 17. Jh. verändert. Tief geprägt von der Erinnerung an Marie de Rabutin-Chantal, der Gemahlin von Sévigné. Die Dame ist dafür berühmt, der damaligen Post viel Arbeit beschert zu haben. Sie kam oft ins Schloß, um sich auszuruhen. Hier fand sie die Muße, insgesamt fast zweihundertsiebzig Briefe an ihre Tochter, die Gräfin von Grignan, zu schreiben. In einem bemerkte sie:»Es fließt soviel Wein durch den Körper eines Bretonen, wie Wasser unter den Brücken«. Dekor und Möbel stammen aus dem 17. und 19. Jh., im erlesen eingerichteten *Großen Salon* sind Mobiliar und Gemälde aus den Lebzeiten der Marquise zu sehen. Der *französische Garten* wurde getreu der Pläne ihres Sohnes Charles angelegt.

CHAMPEAUX (35500)

Es sei jedem nachdrücklich empfohlen, diesem, etwa acht Kilometer westlich von Vitré gelegenen, gottverlassenen Dörfchen einen Besuch abzustatten. Entdecken wird man dort eine der faszinierendsten Kirchen des wieder zum Leben erweckten Landes, deren Pracht und Erscheinung einmal mehr in keinem Verhältnis zur Größe des Dorfes stehen. Sie wurde im 15. Jh. errichtet und der Kirchturm im 18. Jh. Die vornehme Familie d'Espinay, die damals in Champeaux lebte, war reich und mächtig genug, um außerdem ein Domherrenstift zu unterhalten. Sie residierte in den harmonischen, um den Dorfplatz und den Glockenturm-Brunnen (1601) angeordneten Gebäuden. Verblüffend aufwendig ist die Innenausstattung der Kirche: etwa fünfzig geschnitzte Chorstühle aus der Renaissance, mit ziselierten Baldachinen. Links vom Altar das maßlos protzige Grabmal von Guy III. d'Espinay. Daneben das Grab seiner Tochter, zurückhaltender und feiner. Die Kanzel stammt aus dem frühen 18. Jh. Verweilen wir einen Augenblick in der südlichen Kapelle vor dem hinreißenden, fünfteiligen Altarblatt mit der Darstellung der Leidensgeschichte Christi.
Das Meisterwerk von Champeaux sind jedoch die Kirchenfenster aus dem 16. Jh.; sie gehören, natürlich zusammen mit Moncontour, Iffs und noch ein paar anderen, zu unseren unvergeßlichsten Eindrücken der Bretagne. Tiefleuchtende, außergewöhnliche Blautöne, besonders in dem Fenster der *Kreuzigung* und in jenem des *Märtyriums der Heiligen Barbara*. Herausragend auch *Abrahams Opfer* und das *Pfingstfenster* mit dem himmlischen Feuerregen. Doch nun wollen wir andachtsvoll schweigen.
Nicht auslassen sollte man das *Schloß Espinay*, zwei Kilometer weiter in Richtung Süden. Die Innenräume bleiben den Schaulustigen allerdings verschlossen und so kann man lediglich das Äußere dieses reizenden Renaissancegebäudes bewundern; aber das ist ja auch nicht schlecht.

DER FEEN-FELSEN (Roche-aux-Fées)

Eines der beeindruckendsten megalithischen Monumente Frankreichs. Es besteht aus einer zwanzig Meter langen und sechs Meter breiten »*allée couverte*«, mit Schieferplatten bedeckt, wovon jede über vierzig Tonnen wiegt. Zu besichtigen ist die Anlage westlich von La Guerche-de-Bretagne, auf der Strecke von Châteaubourg. Nächstgelegener Marktflecken ist *Retiers*. Der Legende zufolge haben die – offenbar unsagbar kräftigen – Feen die Steinchen in ihren sicherlich aus Jeansstoff gefertigten Schleiern transportiert. Früher fanden sich die Verlobten hier ein, um bei Vollmond die Steine zu zählen. Kamen sie nicht zum gleichen Ergebnis, galt das als schlechtes Vorzeichen. Wer nicht mal Wackersteine zählen kann, dürfte sich später auch bei der Anzahl seiner Frauen bzw. Männer vertun.

DER MORBIHAN

»Der Morbihan ist kein Landstrich, den man im Postwagen besichtigen kann. Man muß sich Zeit lassen, niemals den großen, befahrenen Straßen, sondern immerzu den kleinen Wegen folgen, um tausend Dinge zu entdecken, die man nie vermutet hätte.« Guy de Maupassant, 1884.

Der Name bedeutet »kleines Meer«. Der Morbihan ist das einzige Departement mit einem bretonischen Namen. Für den Fremdenverkehr bedeutsam ist seine Küste. Mit 331.000 Einwohnern ist sie deutlich dichter besiedelt als die Kantone im Hinterland des Departements, wo nur 260.000 Menschen leben. Der Argaot – das Waldland – kontrastiert also mit dem Armor – dem Land am Meer.

Dennoch fehlt es dem waldreichen Binnenland nicht an archäologischen Schätzen und Freizeitmöglichkeiten. Man kann dort überraschende Entdeckungen machen und angenehme, sportliche – und ökologische – Ferien verbringen, wie übrigens in der ganzen Zentral-Bretagne.

Angeln im Morbihan

Erstaunlicherweise verläuft die Wasserscheide im Morbihan ziemlich genau parallel zu der bretonisch-gallischen Sprachgrenze, von Rohan nach Auray. Östlich dieser Linie wälzen sich die Flüsse eher langsam und faul dahin und führen kaum Salmoniden – Lachse, Forellen, Saiblinge und Blaufelchen – mit sich. Im Westen hingegen fließen sie wegen der gebirgigeren Landschaft, den Montagnes Noires (Schwarze Berge) schneller und lebhafter. Hier finden Angler sowohl Forellen als auch Lachse. Die ergiebigsten Plätzchen entdeckt man in Remungol und in Guénin an der Evel. Auch der Scorff hat, nach Ausbesserungsarbeiten, seine frühere Form und »Jugend« wiedererhalten und damit auch seinen Fischreichtum. Ein wundervolles Fleckchen Erde ist der Pont-Calleck in der Nähe von Plouay. In Loge-Coucou bei Faouët und Priziac erfreut die Ellé alle Petrijünger mit ihren Sand- und Kieselsteinbänken.

Man soll nicht glauben, daß es sich in der Bretagne nur auf dem Meer zu fischen lohnt. Im Gegenteil. Lieber den Ozean den Profis überlassen – die müssen ja immerhin ihren Lebensunterhalt damit verdienen. Dies empfiehlt zumindest der *Fischer- und Fischzuchtverein* (Association agréée de pêche et de pisciculture), der seine »Übungsufer« in Tréaury in der Nähe von Auray hat und dort Amateurfischern Angelkurse anbietet. Auskunft bei der *Fédération de Pêche La Gouarnais*, 56000 Saint-Avé, oder im Faltprospekt *Pêche*, herausgegeben vom *Comité départemental du Tourisme*, Hôtel du département, rue de Saint-Tropez, 56000 Vannes – siehe unter »nützliche Adressen« im Kapitel »Blavet-Scorff«.

LORIENT UND DIE REEDE VON BLAVET UND SCORFF

LORIENT (56100)

Da ist sie, die Stadt Lorient, zum Meer hingekehrt. Vom Finanzexperten Colbert im Jahre 1666 gegründet, entwickelte sie sich zunächst im Schutz der Festung von Port-Louis. Gleichzeitig blieb sie ein Vorort der Gemeinde Ploëmeur. Zur selbständigen Stadt wurde Lorient erst 1735, als erstmals ein Magistrat gewählt wurde. Das nach Gewürzen duftende Handels- und Hafenzentrum überlebte die aufeinanderfolgenden Pleiten der Indien-Handelsgesellschaften und – nach zahllosen Schicksalsschlägen – schließlich auch die schrecklichen Bombardierungen von 1944-45. So sucht man am Schwimmdock oder auf dem Platz Alsace-Lorraine vergebens nach alten Steinen. Lorient ist modern, links, und bildet einen Gegenpol zum mittelalterlichen und bourgeoisen Vannes, die andere Präfektur im Morbihan.

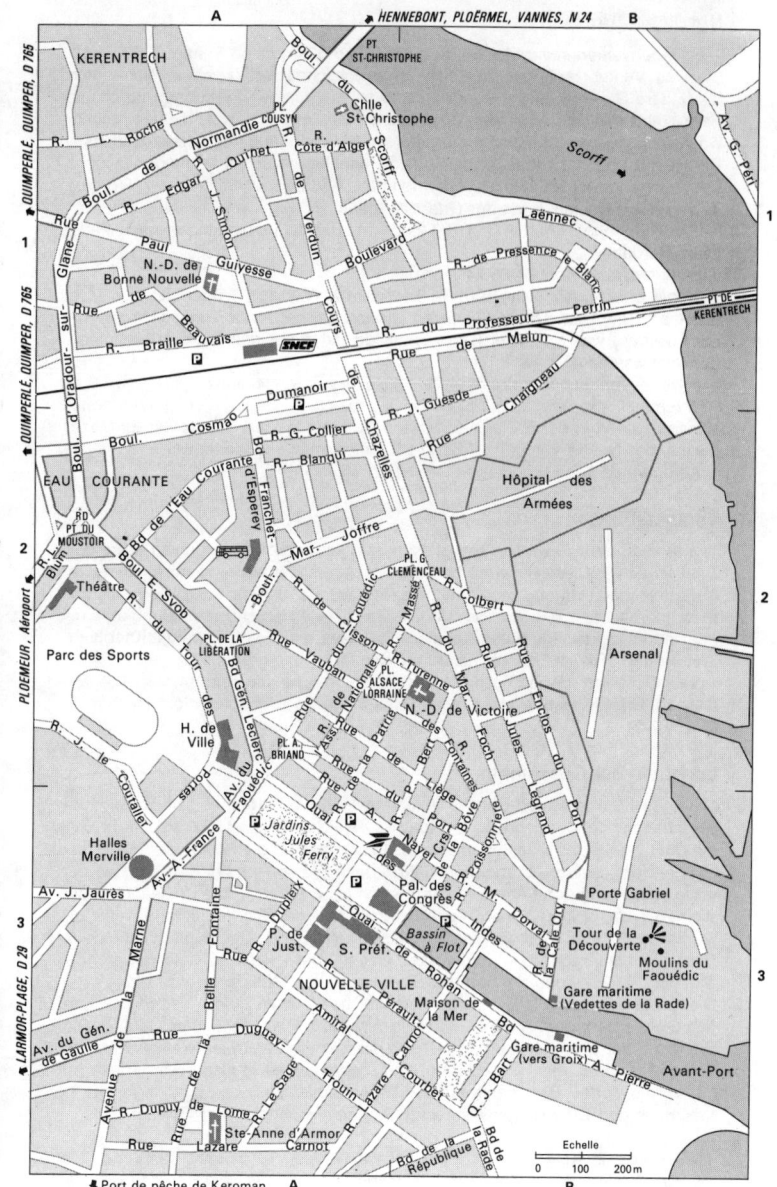

Lorient

Nützliche Adressen

– *Fremdenverkehrsamt:* Maison de la Mer (Plan B3), quai de Rohan. T. 97-21-07-84. Das Verkehrsamt befindet sich im Erdgeschoß und zeichnet sich durch besondere Dynamik und Freundlichkeit aus. Hier werden Führungen durch die Reede und den Fischereihafen organisiert: Treffpunkt montags, dienstags, mittwochs und donnerstags um 8h morgens am Haupteingang des Fischereihafens. Die Reede und das Museum der Indien-Handelsgesellschaft können mittwochs und freitags besichtigt werden. Aufbruch um 14.30h am *Landesteg der Vedettes Jaunes, Cale Ory,* am Ende des *Quai des Indes.*

– *SNCF-Bahnhof:* (Plan A1). T. 97-21-21-04. Direkte Verbindungen nach Paris, Lyon, Bordeaux.

– *Wetteransage:* T. 97-84-83-44.

– *Schiffsanlegeplatz* (Plan B3): T. 97-21-03-97. Hier schifft man sich zur Insel Groix ein. Die Abfahrtszeiten variieren je nach Saison. Autos können mitgenommen werden, was sich aber kaum lohnt, da Fahrräder und Pkws auf der Insel gemietet werden können.

– *Jugendinformationszentrum:* place Jules-Ferry. T. 97-84-84-57.

– *S.E.P.N.B. (Sociéte pour l'étude et la protection de la nature de Bretagne; Naturschutzverein der Bretagne):* Maison du Moustoir, rue du Professeur-Mazé, plateau des Quatre-Vents. T. 97-83-17-29. Unternimmt ungeheuer viel.

– *Aérogare de Lann-Bihoué en Ploëmeur (Flughafen):* T. 97-82-32-93.

Veranstaltungen

– *Interkeltisches Festival* (Festival interceltique): Informationen und Programm: T. 97-21-24-29. Diese erstaunliche Veranstaltung findet während der ersten zwei Augustwochen statt und mobilisiert »Kelten« aus Irland, Schottland, Cornwall, der Bretagne, Galizien und Asturien. Musik, Tanz, folkloristische Darbietungen, Crêpes und »cotriade«, die bretonische Bouillabaisse, eine Fischsuppe mit Kartoffeln, in Hülle und Fülle im Fischereihafen. Für Stimmung wird garantiert.

– *Les Océanes:* dieses Festival bietet in der Woche vor dem 14. Juli Theater, Gesang, Erzählungen, alles mit einer Prise Meersalz vermischt. Informationen: T. 97-65-63-01.

Lorient in der Geschichte

Mitte des 17. Jhs betrieb Charles de La Meilleraye in Port-Louis eine Handelsgesellschaft mit der Bezeichnung *Compagnie de Madagascar.* 1664 rief Ludwig XIV. die *Compagnie des Indes orientales* ins Leben, welche die Rechte der Madagaskar-Handelsgesellschaft übernahm. Weil der Platz in Port-Louis knapp wurde, sollte es auf königliche Anordnung nur noch als Warenlager dienen, während die Werften in das spätere Lorient, auf das rechte Ufer der Scorff-Mündung, verlagert wurden. 1732 zog auch die Handelsgesellschaft dorthin. Der Name für die neue Stadt war naheliegend: *»l'Orient«* (der Orient). Die kostbaren Kolonialwaren – Stoffe, Porzellan, Teppiche und Gewürze – mehrten rasch den Wohlstand.

Die Kriege der Revolution und des Kaiserreichs machten dem künstlich geschaffenen Staatsmonopol für internationale Handelsbeziehungen den Garaus. Die Erfindung der Ölkonserve im Jahre 1804 gab der Fischerei wieder etwas Auftrieb. Entscheidend für das Fortbestehen einer bedeutenden Industrie war jedoch im 19. Jh. die Marine. Die Kriegswerften erlebten dank Dupuy de Lôme, Ingenieur in Ploëmeur und Erfinder der Panzerschiffe, ihren Höhepunkt im Zweiten Kaiserreich.

1927 wurde in Kéroman ein Industriefischereihafen eingeweiht. Während des Zweiten Weltkrieges zerstörten die deutschen Besatzer und die Bomben der Alliierten die gesamte Altstadt und einen Teil der neuen Vororte. Erhalten blieben nur fünftausend Häuser aus der Vorkriegszeit, von denen zweihundertfünfzig prächtige Beispiele für den Art-Deco-Stil sind.

Zimmersuche

● *Recht preiswert*

– *Zeltplatz le Phare*: in Larmor-Plage, mit hundert Stellplätzen am Straßenrand. Wirklich scheußlich.

– *Jugendherberge*: an den Ufern des Etang von Ter, an der Straße nach Larmor-Plage. T. 97-37-11-65. Vom 20. Dezember bis zum 31. Januar geschlossen. Eine ziemlich neue und komfortable Herberge. 40 F pro Nacht. Im Sommer sollte man sein Bett – in Zwei- bis Fünfbettzimmern – vorausbuchen. Ebenfalls im Sommer besteht die Möglichkeit, sein Zelt aufzuschlagen.

● *Günstig*

Am bd Franchet-d'Esperey – auf der anderen Seite des Bahnhofs, wo sich das Verwaltungs- und Handelszentrum *Lorients*, erhebt – konzentrieren sich mehrere Hotels ohne Restaurant, in denen man angenehm leben kann. Nachfolgend noch einige Hotels, die sich anderswo befinden:

– *Hôtel-restaurant Gabriel*: 45, av. de la Perrière, die Hauptverkehrsader des Fischereihafens. T. 97-37-60-76. Das ganze Jahr über geöffnet. Die Nacht in diesem, vollständig renovierten, Hotel kostet 260 F pro Person. Menüs ab 65 F – mittags – bis 160 F. Das neue Reise-Quartier in Lorient.

– *Hôtel d'Arvor*: 104, rue Lazare-Carnot. T. 97-21-07-55. Ordentliches, kleines Ein-Stern-Hotel mit ausnehmend sauberen Zimmern zwischen 100 und 170 F. Das Restaurant wartet mit drei Menüs zwischen 75 und 110 F auf, ist aber Ende Dezember und außerhalb der Saison auch sonntags geschlossen. Bretonisches Dekor.

● *Etwas edler*

– *Victor Hugo Hôtel*: 36, rue Lazare-Carnot. T. 97-21-16-24. Ganzjährig geöffnet. Die lächelnde Inhaberin sorgt für ein herzliches Willkommen. Die Zimmer sind einwandfrei sauber und mit jeglichem Komfort ausgestattet. In der Nähe des Fährhafens zur Insel Groix, der Stadtmitte und des »Maison de la mer«. Zimmer von 140-240 F. Die Bleibe ist zu empfehlen.

Wohin mit knurrendem Magen?

In Angriff nehmen sollte man die ausladende Meeresfrüchteplatte und die erlesenen Fischgerichte. Diese sind zwar durchweg teuer, dafür aber auch von bester Qualität. Das Angebot hängt davon ab, was das Meer gerade bietet. Im Sommer bieten die Restaurants Spezialitäten wie Langustinen, Krevetten, Krabben, Sardinen und Thunfisch, im Winter Kohlfisch, Rochen, Seezunge, Kabeljau und anderes Getier.

Unbedingt mal ein mit *Kari gosse* gewürztes Gericht probieren. Nicht zu verwechseln mit Curry, auch wenn dieses Gewürz ebenfalls eine Mischung aus exotischen Pflanzen ist. Sein vom Zimt dominierter Geschmack ist äußerst originell. Verwendet wird es vornehmlich für Soßen, die zum Fisch gereicht werden. Das Herstellungsrezept ist Eigentum der Apotheke Pinson in Lorient, 20, rue Ducouëdic, die auch die Großhandelsrechte für dieses Gewürz hat.

● *Preiswert*

– *Crêperie Sainte-Hélène*: 34, rue du Docteur-Villers. T. 97-21-33-81. Außer im Juli und August sonntags und Mittwoch abends sowie zwei Wochen an Allerheiligen und im Februar geschlossen. Stets blumengeschmückte Fassade, die Innenausstattung wurde renoviert. Für 50 F bekommt man drei bis vier Crêpes und einen Krug Cidre, also eine ausgezeichnete Mahlzeit.

– *Bar-restaurant de la Liberté*: 26, rue Poissonnière. T. 97-21-07-05. Sonntags und im August geschlossen. Mittags trampelt man sich hier wegen des einmaligen Preis-Leistungsverhältnisses auf die Füße. Die Eleganz der Wirtin, welche hier die Kochlöffel schwingt, paßt zu dem liebenswürdigen Empfang ihres Mannes, der hinter der Bar die Cocktails zusammenbraut. Das Menü für 55 F – Bedienung

inbegriffen – setzt sich zusammen aus Gemüse in Blätterteig oder »moules marinière« – in Weinsud mit Schalotten gedünstete Muscheln – oder einer Wurstplatte, danach stehen Roastbeef, *Gratin dauphinois* – die Spezialität – im
Schmortopf zubereitete Schweinefleischnüßchen, gegrillte *Andouillette* (Kuttel-
bratwürste) oder Fischfilet mit holländischer Soße zur Auswahl. Zum Nachtisch
folgt Schokoladenkuchen, gestürzter Apfelauflauf oder gemischtes Eis. Wegen
seiner Gastlichkeit, seines Geschmackes, seines Dekors und natürlich seines
Menüs für 95 F unser hervorragendes Beispiel für ein Lokal in Lorient.
– *Le Kiosque:* am Eingang des Fischereihafens. An Auktionstagen täglich ab 2h
geöffnet. Nachtschwärmer können sich dort mit warmen und kalten Getränken,
Croque-Monsieur – überbackener Schinkentoast – Kuchen, Fleischpasteten etc.
zum Mitnehmen eindecken.

● *Etwas schicker*

– *Au Poisson d'Or:* rue Maître-Esvelin. T. 97-21-57-06. Die *Cotriade* – eine lokale
Fischsuppe – entpuppt sich hier als wahre Gaumenfreude. Menüs für 100 und
140 F. Das Ganze wird in einem überaus schicken, im Jahre 1990 renovierten
Rahmen aufgetischt und vom Lächeln des Wirtes gekrönt.
– *Le Pic:* 2, bd du Maréchal-Franchet-d'Esperey. T. 97-21-18-29. Samstags und
sonntags geschlossen. »Erzählen Sie Gutes über uns, erzählen Sie Schlechtes
über uns! Hauptsache Sie erzählen von uns!« Das ist die Devise dieses Lokals.
Die Menüs für 95 und 160 F bieten unter anderem Gemüsepastete mit Tomaten-
und Basilikumsoße, Rindfleischkompott mit frischen Teigwaren, Scholle mit Tarta-
rensoße, Schokoladenkuchen etc. Der Schmaus erweist sich als exquisit und
erfinderisch, die Portionen fallen jedoch nicht gerade üppig aus. Der Wirt ist ein
Weinexperte und wurde 1986 zum besten Kellermeister der Bretagne gekürt. Es
lohnt sich also, einen Blick in seinen Weinkeller zu werfen.
– *Le Bistrot du Yachtman:* 14, rue Poissonnière. T. 97-21-31-91. Sonntags, Montag abends und die letzten beiden Wochen im August geschlossen. Außer
Samstag abends Menü für 65 F: Langustinenpastete mit Brunnenkressesoße,
Goldbrassenfilet mit Lauch, Käse, »Oeuf à la neige« – Schnee-Eier mit Vanille-
soße – und Karamelpudding. Die Einrichtung ist so nüchtern und elegant wie der
Inhaber, ein ehemaliger Kellermeister aus Bordeaux, der für eine überaus ordent-
liche Weinkarte garantiert.

● *Verdammt vornehm*

– *L'Amphitryon:* 127, rue du Colonel-Muller, am Ortsausgang in Richtung Quimperlé. T. 97-83-34-04. Samstag mittags und sonntags geschlossen. Wenn man
nicht auf vertraulichem Fuße mit der Zeitschrifte »Relais et châteaux« – siehe
»Hennebont« – steht, sollte man einen Tisch ordern, da dies das beste und luxuriöseste Restaurant der Gegend ist. Das Amphitryon mit seinen Menüs für 150, 210
und 310 F wird eine Gaumen- und Augenfreude darstellen.

Wo einen trinken?

– *Entrac't Bar, la Rotonde-Chambord,* etc. an der Place Aristide-Briand. Zahlreiche Kneipen rund um das Kino *Royal.* Sie teilen sich die Klientel junger Matrosen.
– Die Zivilisten halten sich in den Lokalen der Einkaufspassage um das *Maison
de la mer* auf, gegenüber vom Jachthafen.
– *Pub Gallery:* 3, rue Olivier-de-Clisson und *Pub Glen:* 25, rue Jean-Jaurès. Bieten einen gehobenen Komfort für eine erlesene Kundschaft.

Discos

– *Le Rive Gauche:* unter den Arkaden, Place Jules-Ferry Nr. 5. T. 97-84-90-00.
Dieser alte Gewölbekeller empfängt eine schmucke Klientel von Nachtschwär-
mern im Stil B.C.B.G. – bon chic, bon genre oder auch beau cul, belle gueule –
schöner Hintern, schöne Schnauze.

– *Le Pacifique:* in der Nr. 4 des gleichen Platzes, auf der anderen Seite. T. 97-21-30-90. Auch dieses Etablissement liegt im Untergeschoß und ist genauso luxuriös, zeigt sich aber in einem durch und durch modernen Stil. Hier wird's einem sicher heiß.

Sehenswürdigkeiten

Lorient ist zuallererst der zweitwichtigste französische Hafen, was die Tonnage, den Wert und die Vielfalt der gelöschten Fische betrifft. Die Kais dehnen sich über insgesamt zwei Kilometer aus. Die Fische werden jeden Morgen auf einem zwei Hektar großen Platz versteigert. Mehrere tausend Einwohner leben vom und für den Fischfang. Obwohl für den Netzfang vorwiegend Fischdampfer eingesetzt werden, benutzt man auch Reusen und andere Fangtechniken. An die sechzig verschiedene Fischsorten werden jeden Vormittag in den Markthallen von Merville in der Nähe des Rathauses feilgeboten.

– *Der Militärhafen* umfaßt unter anderem die U-Boot-Basis und den berühmten Seeflughafen von Lann-Bihoué. Die Marine ist tatsächlich der wichtigste Arbeitgeber der Region und beschäftigt rund vierzigtausend Menschen. Inhaber eines französischen Personalausweises dürfen das Arsenal und die in der Nähe des Fischereihafens liegende U-Boot-Basis besichtigen – Eingang porte Gabriel: Plan B3. Macht nix. Die werden vielleicht dafür ja auch da eingezogen.

– *Der Jachthafen* empfängt regelmäßig die Wettbewerbsteilnehmer der Atlantiküberquerung Lorient – Nordamerika oder Antillen – Lorient sowie die der Tour de France des Segelsports und der »Course de l'Europe«. Das Schwimmdock wird vom *Maison de la mer* beherrscht, dessen Aufgabe es ist, der Öffentlichkeit den Hafenbetrieb sowie die neuen Meerestechnologien näherzubringen. Jacques Rougerie ist der Architekt dieses Gebäudes, dessen Wahrzeichen das segelförmige Dach ist.

– Folgt man dem *Quai des Indes* (Plan B3), so erreicht man die ständig ungemein belebte Fußgängerzone rund um die Place Aristide-Briand (Plan A2). Auf der Place Alsace-Lorraine (Plan B2) erhebt sich die Kirche *Notre-Dame-des-Victoires:* mit quadratischem Grundriß, aus Eisenbeton und von einer abgeflachten Kuppel bedeckt. Innen erblickt man gelbe und weiße Fenster sowie eine Freske von Untersteller: *Das Jüngste Gericht.* Ansonsten sind die Hochhäuser nicht dazu angetan, Begeisterungsstürme zu entfachen, oder allenfalls bei den Liebhabern des *modern style* vom Anfang des zwanzigsten Jahrhunderts, denen hiermit die Rue Madame-de-Sévigné und die Rue Carnot ans Herz gelegt seien. Am Ende des Quai des Indes erwarten einen mehrere ansprechende, klassische Fassaden. Im Vorbeigehen fällt das Gebälk des Marinearchivs im Dècouverte-Turm ins Auge. Auch zu entdecken gilt es die »gewagten« Wasserspeier an der Kirche Notre-Dame-de-Kerentrech, nördlich vom Bahnhof, die Kapelle, welche die Brücke Saint-Christophe überragt, einst das Haus des Scorff-Fährmanns, den Waldpark am Ufer von Lanester und den Schiffsfriedhof an der Mündung des Blavet, oberhalb von Lorient auf dem Gebiet der Gemeinde Lanester.

LARMOR-PLAGE (56260)

Ein vor allem bei den Einwohnern von Lorient beliebter Bade- und Touristenort. Wenn ein Kriegsschiff ausläuft, grüßt es Notre-Dame-de-Larmor mit drei Kanonenschüssen, worauf die Kirchenglocke antwortet und der Pfarrer die französische Flagge hißt. Alljährlich wird die Fahrrinne zwischen Groix und der Küste gesegnet. Die Kirche, die noch auf Stützpfeilern des zwölften Jahrhunderts ruhen soll, zeigt einen spätgotischen Eingang, der sich ausnahmsweise nach Norden hin öffnet, wo es weniger stürmt. Der Festungsturm wurde 1666 fertiggestellt. Ein ausschließlich Fußgängern vorbehaltener Platz umgibt die Kirche. Im linken Seitenschiff finden wir ein vom flämischen Stil inspiriertes, die Kreuzigung darstellendes Altarblatt, die Darstelungen sind ungeheuer ausdrucksvoll. Auf dem Weg zum Friedhof passiert man den Brunnen Notre-Dame aus dem 18. Jh. Am Sonntag, der dem 24. Juni am nächsten ist, wird der Segen über das Meer gesprochen.

Von den zwei der Gemeinde gehörenden Stränden dient einer als Reede, der andere führt aufs Meer. Wir empfehlen natürlich letzteren, warum, ist ja wohl klar! Ein Jachthafen wurde im März 1987 in der kleinen Bucht von Kernével eingeweiht, die im Schutze einer 1746 angelegten Vauban-Festung liegt. Das Gebäude wird heute vom Marine-Wassersportclub genutzt, einem überaus aktiven Verein, der auch mit Surfchampions glänzt. Kein Wunder, die Jungs langweilen sich auf ihren Pötten.

Nützliche Adressen

- *Fremdenverkehrsamt:* place Notre-Dame. T. 97-33-70-02.
- *Wassersportbasis der Bucht von Kerguelen:* T. 97-65-40-75.
- *Jachthafen von Kenevel:* Clubhaus und Kapitänsbüro. T. 97-65-48-25.
- *Tauchclub Homard:* in Ploëmeur. T. 97-82-21-80.

Schlafen und tafeln

● *Für schmale Geldbeutel*

- *Zeltplätze:* Näheres im Rathaus von Ploëmeur. T. 97-82-32-14. Die Gemeinde betreibt mehrere ordentliche Plätze entlang der Küste, einer davon nahe des FKK-Strandes Kaolins.
- *Gästezimmer:* 9, rue des Roseaux. T. 97-65-50-67. Drei Zimmer für ungefähr 200 F bei *Jean Allano*.

● *Recht preiswert*

- *Hôtel-restaurant Confortel-Louisiane:* 2, av. de Kerhoas. T. 97-83-58-28. Zwischen Lorient und Larmor, rechterhand, gegenüber vom *Hypermarché Leclerc*. Einunddreißig nagelneue Zimmer für 270 F. Ruhig, tadellose Parkmöglichkeiten. Menüs für 60 und 100 F. Der Rahmen hebt sich von der banalen Küche ab.

● *Etwas edler*

- *Hôtel-restaurant Les Mouettes:* T. 97-65-50-30. Ganzjährig geöffnet. Einundzwanzig Zimmer mit Bad, W.C. und Blick aufs Meer für durchschnittlich 310 F. Zwei-Sterne-Komfort. Speisesaal mit Panoramablick. Die Menüs kosten zwischen 89 und 310 F. Ruhe und eine sympathischer Empfang sind hier sicher.

PLOEMEUR (56270)

Ab Larmor-Plage folgen wir der Küstenstraße durch den hübschen Hafenort *Lomener*, wo man sich auf der *Dorn Doué* für eine Angelpartie rund um die Insel Groix einschiffen kann. Angler in spe reservieren einen Platz im Café *Le Moulin Vert*, T. 97-82-94-92. Der Schiffsinhaber stellt Angelgerät und Köder zur Verfügung. Wem diese »Kreuzfahrt« nicht zusagt, kann sich um den Hafen von Kerroch herum ins Tauchvergnügen stürzen und auf Fischjagd gehen.
Weiter nach Guidel und zum Strand von *Fort-Bloqué* – ein nur bei Ebbe zugängliches Privatgrundstück – wo sich allerhand Wassersportler tummeln. Dahinter beginnt der *FKK-Strand von Kaolins*, an den sich die Dünen von *Guidel-Plage* und der schwer zugängliche Jachthafen an der Laïtamündung anschließen. Ein neun Kilometer langer, einladender Weg führt über die Brücke Saint-Maurice zum anderen Ufer, falls man nicht die Fähre benutzen will.

Nützliche Adressen

- *Fremdenverkehrsamt:* im Rathaus. T. 97-65-37-11.
- *Ponyclub Cinq Chemins:* in Kerleho. T. 97-65-33-31.
- *Golfplatz Ploëmeur-Océan:* 18-Loch am Meer. T. 97-32-81-82.

Unterkunft und Verpflegung

- *Gästezimmer:* in Keryvelen. T. 97-65-31-95. Vier Zimmer bei Simone Le Caignec.
- *Zeltplatz von Penermalo:* T. 97-05-99-86. Am Meer, ganzjährig geöffnet.
- *FKK-Zeltplatz von Keranstumeau:* in Cléguer. T. 97-32-57-91.

● *Etwas gehobener*

- *Hôtel la Châtaigneraie:* in Guidel, an der Straße nach Clohars. T. 97-65-99-93. Zimmer für 400 F. In einem wundervollen bretonischen Landsitz untergebracht.
- *Restaurant Vent de Soleil:* am Hafen von Lomener. T. 97-82-83-58. Ganzjährig geöffnet. Speisesaal mit Blick aufs Meer. Die Wirtin bietet eine einfallsreiche Küche. Menü für 95 F.
- *Bar-restaurant le Vieux Fort:* vor dem Strand Fort-Bloqué in Ploëmeur. Von Mai bis Oktober mittags und abends geöffnet. Menüs für 75, 100 und 130 F. Der Wirt persönlich kümmert sich um das Essen, das reichlich und schmackhaft ausfällt und auf der zum Meer gehenden Terrasse gereicht wird – wenn es das Wetter erlaubt.

Sehenswert

- Die *Manufaktur der Bonneterie lorientaise (Trikotageherstellung von Lorient):* im Industriegebiet Cinq Chemins in Guidel. T. 97-65-97-67. Von 9-12h und 14-18h geöffnet. Von Guidel aus fährt man auf der Schnellstraße in Richtung Lorient. Ergattern kann man dort zauberhafte, 30% billigere Pullover. Im Juli und August sind die Preise während des Ausverkaufs um bis zu 50% reduziert.
- *Le Val Queven:* 18-Loch-Golfplatz im Grünen. T. 97-57-18-96. Nahe des Zoos von Pont-Scorff.

PORT-LOUIS (56290)

Ehemals Hafen von Blavet genannt, behauptet die frühere Festung, hinter der Halbinsel Gâvres, den Zugang zur Reede von Lorient. Abgesehen von ihrer, sie stets beschützenden, Stadtmauer hat die Stadt noch einige andere Andenken an ihre ruhmreiche Vergangenheit zu Zeiten der Indien-Handelsgesellschaft bewahrt und beherbergt heute dessen Museum.

Ein wenig Geschichte

Der äußerst günstig gelegene Hafen kannte bereits im Mittelalter eine beträchtliche Geschäftstätigkeit. Die Soldaten des Spaniers Don Juan del Aguila konstruierten zur Zeit der Liga – 1576 schlossen sich die Katholiken im Kampf gegen die Hugenotten zu einer Heiligen Liga zusammen und bekämpften offen Henri III und mit spanischer Hilfe auch Henri IV - die Zitadelle, nachdem sie dem Gouverneur der Bretagne, dem Herzog von Mercoeur, geholfen hatten, die in Port-Louis verschanzten Protestanten zu vertreiben. Die Spanier blieben bis zum Jahr 1598.
1618, nach dem Ende der Befestigungsarbeiten, gab Ludwig XIII. der Stadt den Namen Port-Louis. Während der Regentschaft von Ludwig XIV. entwickelte sie sich zu einem wichtigen Handelshafen, konnte sich aber nicht gegen die Übermacht von Lorient behaupten und war Ende des Jahrhunderts im Untergehen begriffen.

Wichtige Anschriften

- *Fremdenverkehrsamt:* Grande-Rue. T. 97-82-52-93.
- *Jachthafen in der Driasker-Bucht:* T. 97-82-46-16. 169 Plätze.
- *Wassersportclub:* T. 97-82-18-60.

Tisch und Bett

– *Hôtel du Commerce:* 1, place du Marché. T. 97-82-46-05. Sonntagabends und montags außerhalb der Saison geschlossen. Banal, aber komfortabel. Zimmer für 185-286 F. Ordentliche Menüs für 70 und 100 F ... halt nichts Ausgefallenes.

● *Eine Spur feiner*

– *Restaurant Avel-Vor:* 25, rue Locmalo. T. 97-82-47-59. Unterhält keinen Hotelbetrieb mehr. Schade, den der Blick auf das »kleine Meer« von Gâvres ist einmalig. Ansprechendes Menü zu 100 F mit Fischsalat oder neun Austern, danach Merlanfilet oder Lammkotelett, Käse oder Süßspeise.

Sehenswertes

Im Zweiten Weltkrieg wurde Port-Louis durch die Bombardements stark in Mitleidenschaft gezogen. Dennoch blieben etliche Zeugnisse seiner vergangenen Pracht erhalten.

Der Bau der *Zitadelle* wurde 1590, zur Zeit des Liga-Krieges, von den Spaniern begonnen und im Jahre 1620 unter Ludwig XIII. fertiggestellt. Sie nimmt die Spitze der Halbinsel ein, welche im Süd-Osten die Reede von Lorient zuschließt. Der große Pavillon der Porte Royale und seine zwei seitlichen Bastione sind das Werk von Cristobal de Rojas; die übrigen Türme wurden von Jacques Corbinau, dem Architekten des Marschalls de Brissac, errichtet. Die Zitadelle diente früher als Gefängnis für aufsässige Priester, die sich weigerten, einen Eid auf die 1790 proklamierte Zivilverfassung des Klerus zu leisten, für widerspenstige Rekruten im Kaiserreich, 1836 für Louis-Napoléon Bonaparte, für Anhänger der Pariser Kommune – Volksaufstand gegen die konservative Regierung Thiers 1871, aus Furcht vor einer Wiederherstellung der Monarchie – und für sonstige Widerstandskämpfer ... Das sich im Inneren befindliche *Museum der Compagnie des Indes* hat seine Pforten von Juni bis September 10-19h und von Oktober bis Mai 10-12h und 14-17h geöffnet. Dienstags sowie im November ist geschlossen. Das Museum, in den Kasernen der Zitadelle, vergegenwärtigt die Schiffahrts- und Handelstätigkeiten der Kompanien. Ausgestellt sind Muster von exotischen Waren – Gewürze, Stoffe, Porzellan – sowie zahlreiche Gedenkstücke der königlichen Marine.

– Auf der *Esplanade des Pâtis* führt ein Tor in der Stadtmauer zum Strand *Grands Sables*, der auf das weite Meer hinausblickt. In der Ferne erkennt man die Insel Groix. Die Stadtmauern bilden einen prachtvollen, steinernen Deich, von dem aus sich ein fabelhafter Blick auf die Reede eröffnet.

– Die *Altstadt* von Port-Louis gleicht einem dichtgedrängten Häusermeer; besonders bemerkenswert Nr. 13 und 36 in der Rue des Dames und Nr. 36 in der Rue de la Pointe.

GAVRES (56290)

An der Spitze einer drei Kilometer langen, west-östlich ausgerichteten Sandzunge – ein Militärgelände – gelangen wir nach Gâvres; entweder über Plouhinec oder per Boot über das »kleine Meer«, was rund fünf Minuten dauert. Bei Ebbe stochern hier die Fischer in den sandigen Ufern herum, um Muscheln, Krevetten, Krabben etc. zu erwischen.

Gâvres wird dem neugierigen und nicht snobistischen Reisenden gefallen, lebt man hier doch Seite an Seite mit den – echten! – Fischern am Meer.

Zur Gemeinde gehören unberührte, nur am Wochenende zugängliche Strände; dies deshalb, weil die französische Marine hier Schießübungen veranstaltet und eine pyrotechnische Versuchsanlage betreibt. Davon geht theoretisch (!) keine Gefahr für uns aus ... Wild campieren ist also nicht angesagt und so begebe man sich auf den komfortablen *Gemeindezeltplatz des Joncs*, rue du Polygone, T. 97-82-46-88.

– *Wassersportclub U.C.P.A.:* T. 97-82-13-33.

Hotel Fehlanzeige, dafür aber eine Crêperie:

- *Crêperie du Mengwen:* 13, place du Général-de-Gaulle. T. 97-82-52-76. Täglich mittags und abends vom 15. Juni bis zum 15. September geöffnet. Vortrefflich und preiswert.
- *Zimmer zu mieten* bei Noël Guennec in Kervassal-en-Riantec.

LOCMIQUELIC (56570)

Im Volksmund heißt das linke Ufer der Blavetmündung »Terre sainte« – Heiliges Land – und die Einwohner von Locmiquélic »Minaouets« nach dem Werkzeug, mit dem der Hanf für die Splissung der Taue bearbeitet wurde. Die Bezeichnung *Terre sainte* geht vermutlich auf die Existenz zweier, von Riantec abgelösten Klöster aus grauer Vorzeit zurück: das 1447 von Franziskanern auf einem winzigen »Inselchen« nahe des heutigen Dorfes gegründete Sainte-Catherine und das 1040 von den Benediktinermönchen von Sainte-Croix de Quimperlé auf der in der Mitte der Reede liegenden Insel Tanguethen erbaute Saint-Michel. Heute ist von beiden nichts mehr zu sehen, aber nach wie vor reden die Leute vom heiligen Land. Die meisten »minaouets« wissen gar nicht, warum. Fragen wir sie doch mal, vielleicht während des Langustinenfestes im Juli. Der diesem Landstrich eigene Akzent klingt äußerst charmant ... Mitteilsam sind die Einwohner von Locmiquélic vor allem, wenn von ihrem Projekt die Rede ist: ein Film-Pfahldorf in Sterbouest wiederzuerrichten.
- *Zimmervermietung:*
Eugène Frapper, La Villeneuve-en-Kervignac, T. 97-65-74-60.
- *Auberge de Kernours:* nahe dem rond-point Hennebont, Port-Louis und Lorient Belz. T. 97-81-26-09. Ausgezeichnetes, nagelneues und belebtes Lokal. Ganzjährig geöffnet. Viel Platz. Einmaliges Preis-Leistungsverhältnis. Menüs zu 50 und 150 F.

HENNEBONT (56700)

Seit jeher von strategischer Bedeutung, See- und am Blavet gelegener Flußhafen zugleich. Im Mittelalter mußte die Stadt denkwürdige Belagerungen über sich ergehen lassen. Jehanne la Flamme gelangte dadurch 1342 zu Ruhm. Im Zweiten Weltkrieg nahmen deutsche Soldaten die Stadt mit Brandbomben von Lorient aus unter Beschuß. Zum Glück blieben der durch die Bombardements arg ramponierten Stadt wenigstens die wundervolle Basilika und die den Blavet überragenden Stadtmauern erhalten.

Brauchbare Adressen

- *Fremdenverkehrsamt:* place du Maréchal-Foch. T. 97-36-24-52.
- *SNCF-Bahnhof:* T. 97-36-20-08.
- *Pferde- und Gestütsverein (Société hippique des haras):* T. 97-36-16-34.

Unterkunft und Verpflegung

- *Jugendherberge:* Bauernhof Gorée in Inzinzac-Lochrist. T. 97-36-08-08. Von November bis Februar geschlossen. Hübsch ausstaffiert in einem aufpolierten Bauernhaus mit Kamin und Brotbackofen. Kochgelegenheit. 40 F pro Nacht. Anfahrt mit Bus Nr. 35.
- *Auberge de Toul Douar:* an der ehemaligen Straße nach Lorient. T. 97-36-24-04. Montags, Sonntag abends und im Feburar geschlossen. Zimmer für 120-230 F. Im Restaurant beläuft sich das preisgünstigste Menü auf 65 F. Auch hier gibt's einen Festsaal für besondere Gelegenheiten. Der Wirt zieht seine eigenen Hühner und bestellt seinen Garten. Er beherrscht das Konditorhandwerk ausgezeichnet und ist, genauso wie seine charmante Gattin, von äußerster Liebenswürdigkeit. Die beiden empfangen jeden überaus herzlich.

Sehenswürdigkeiten

– *Die Basilika Notre-Dame-du-Paradis:* das prächtige Bauwerk im gotischen Stil blieb während des Krieges verschont. Lädiert wurde nur die zweiundsiebzig Meter hohe Turmspitze, die inzwischen wiederhergestellt ist. Unter dem enormen viereckigen Turm befindet sich ein mit Arkaden verziertes Portal. Auf dem Platz erblickt man einen eisenbeschlagenen Brunnen von 1623 und mehrere ehrwürdige Häuserfassaden aus dem 17. Jh.

– *Das Broërec-Tor* (13. Jh.): diente früher als Gefängnis. *Marion du Faouet,* eine Super-Frau, wurde hier 1746 gefangengehalten. Man sollte sich unbedingt ihre Lebensgeschichte zu Gemüte führen! Hinter dem Tor steigen wir links die Treppe hoch zum Rundgang auf der Mauer, die einen schwindelerregenden Blick auf die französischen Gärten und den Fluß Blavet beschert.

– *Nationalgestüt:* während der Saison Führungen. Für Liebhaber der Reiterei. Die Pferdestallungen sind in dem vierundzwanzig Hektar großen Park des ehemaligen Zisterzienserklosters *Joie-Notre-Dame* untergebracht. Der Bestand beschränkt sich heute auf achtzig Zuchthengste, von denen dreißig zur bretonischen Rasse gehören. Man besichtigt die Ställe, die Sattlerei, die Reithalle und die Schmiede. Das Gestüt wartet außerdem mit einer eindrucksvollen Sammlung von Kutschen auf.

– *Die Schmieden von Hennebont* in Inzinzac wurden 1860 ihrer Bestimmung übergeben und hundert Jahre später wieder geschlossen. Das *Ecomusée* der Schmieden hat während der Saison 14-18h Publikumsverkehr, sonst von 9-12h und 14-16h. Samstags, sonntags und montags vormittags bleiben die Museumspforten geschlossen. In der kaputten Landschaft werden wir mit den Erinnerungen an eine Technologie und eine Lebensform konfrontiert, die zu den wichtigsten Erwerbszweigen der Bretagne zählte.

– Von Hennebont aus bieten sich ausgezeichnete Wanderungen entlang des Blavet an. Trimm-Dich-Pfad für die Sportler. Kanu- und Kajakbasis in Lochrist.

DIE INSEL GROIX (56590)

»Wer Groix erblickt, der ist beglückt«.
Die Insel ist sechs Kilometer oder eine Dreiviertelstunde mit dem Schiff von Lorient entfernt und bietet somit eine echte Rückzugsmöglichkeit für Stadtmüde. Es wird schnell verständlich, warum die Einwohner von Lorient darauf erpicht sind, dort einen Ferienbungalow zu besitzen. Der Kontrast zwischen der windgeschützten Ostküste, wo zahlreiche Häuser angesiedelt sind, und der Westküste, wo das Meer stürmisch ist, wirkt frappierend.
Die Insel Groix mißt acht Kilometer in der Länge, drei Kilometer in der Breite und erreicht an ihrer höchsten Stelle zweiundfünfzig Meter. Ein mineralogisches Schutzgebiet zieht Geologen aus der ganzen Welt an. Sie pilgern hierher, um die Gesteinsmetamorphosen unter Druck und Hitze zu studieren. Die packendste Gegend ist zwischen der *Pointe des Chats* und der Festung *Nosterven* zu finden.

Anreise

– *Per Schiff:* mit der *Compagnie morbihannaise et nantaise de navigation*, bd Adolphe-Pierre, Lorient. T. 97-21-03-97. Vier bis acht Verladungen am Tag, je nach Saison. Die Überfahrt dauert fünfundvierzig Minuten. Autos müssen während der Saison vorangemeldet werden.
– Die Insel besitzt einen kleinen *Flughafen* in der Nähe des Forts Crognon.

Nützliche Adressen

– *Fremdenverkehrsverein:* am Hafen. Während der Saison geöffnet, T. 97-86-53-08. Erteilt auch Auskunft über die Vermietung von Ferienhäusern, Wohnungen und Zimmer.
– *Fahrradvermietung:* am Hafen. Ideal für Entdeckungsfahrten. Karte wird gestellt.

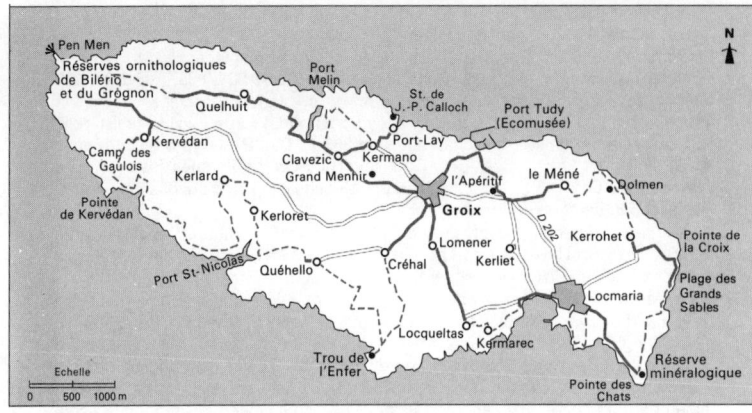

- *Autovermietung:* T. 97-86-81-57. Ein Pkw kostet rund 200 F Miete pro Tag und 2 F für jeden gefahrenen Kilometer.
- *Tauchclub Subagrec:* an der Straße nach Cremal. T. 97-86-22-23. Um die Insel herum gibt es anziehende Tauchreviere zu entdecken.

Aus der Geschichte

Groix war lange Zeit von den Kelten besiedelt. Vermutlich stammt der Inselname von gälisch »groulh«, was *Fee* bedeutet und wohl im Zusammenhang mit einem früheren Versammlungsort weiblicher Druiden an dieser Stelle zu sehen ist. Zahlreiche megalithische Monumente sind noch zu begutachten: Dolmen und Tumuli in Moustero sowie die Überreste eines römischen Lagers in Kervedan, das etwa fünfzig Jahre vor unserer Zeitrechnung errichtet wurde. Die Inselbewohner werden als *Grecs* bezeichnet, weil jede Hausfrau stets heißen Kaffee für die heimkehrenden Fischer bereithält. Er wird in der Kaffeekanne aufbewahrt, die auf bretonisch *grek* heißt, was den Spitznamen erklärt. *Grecs* bedeutet aber auch »Griechen«, und dies stimmt wiederum mit den *GR* gekennzeichneten Bootsschildern der Fischer überein. So paßt alles wunderbar zusammen!
Während der Christianisierung der Bretagne im fünften Jahrhundert flüchteten viele Bretonen vor den Angelsachsen auf die Insel Groix. Die Normannen ließen sich im zehnten Jahrhundert nieder. Ein einzigartiges Ereignis: In Locmaria wurde ein Wikingergrab mit einem eingeäscherten und mit einer Jahreszahl versehenen Schiff gefunden. Groix lag an der Route der skandinavischen Eroberer. Im 16. Jh. geriet die Insel unter die Herrschaft der Rohan-Dynastie. Der Prinz von Rohan verpachtete die Ländereien und setzte lehnsherrliche Abgaben fest. Die Feudalherrschaft währte bis 1830.
Merkwürdigerweise erhielt die Insel erst Ende des 19. Jhs einen Hafen: Port-Tudy. Bis 1940 blieb Groix der französische Hafen Nummer eins für Thunfischfang. Die Konkurrenz des Hafens von Lorient und das Aussterben des Fischfangs per Segelboot zwangen die Inselbewohner schließlich, sich zunehmend dem Fremdenverkehr zu widmen. In guten, aber auch in schlechten Zeiten.

Unterkunft und Verpflegung

- *Jugendherberge Fort de Méné:* T. 97-86-81-38. Ab dem 7. Oktober geschlossen. Erreichbar über den Küstenweg zur *Pointe de la Croix.* Diese in landschaftlich reizvoller Lage am Meer gelegene Herberge verfügt über sechsundsechzig Betten. Am Fuße des Felsküste dehnt sich der Strand aus. In der Nähe liegen ein Zeltplatz und eine Zeltvermietung. 35 F pro Nacht. Ab 18h geöffnet.

– *Herberge (Gîte d'étape)* in Port-Tudy; in einem hübschen Gebäude mit großer Terrasse, der Blick geht auf den Hafen.
– *Gemeindezeltplatz:* Fort Méné. T. 97-86-80-15. Komfortabler Platz.
– *Hôtel de la Marine:* 7, rue du Général-de-Gaulle. T. 97-86-80-05. Außerhalb der Saison sonntags abends und montags sowie im Januar geschlossen. Im Ort rechts, oberhalb der Küste, von Port-Tudy kommend. Wurde kürzlich vollständig erneuert. Doppelzimmer zwischen 200 und 358 F. Das Restaurant bietet Menüs zu 72 F – mit Fischsuppe, dem Tagesgericht oder gebratenes Fischfilet und Nachtisch – und 105 F – mit Fischsuppe, Muscheln in Knoblauchsahne, Petersfischfilet mit Estragon und einem Sorbet.
– Mehrere Crêperien und zahlreiche Cafés, darunter *Ty Beudeff*, rechts an der Straße, die vom Hafen in den Ort führt. T. 97-86-80-73. Eine für die Insel Groix typische Kneipe: witzig und frohgemut.
Langweilen wird man sich ebenfalls nicht in der von Serge Bihan geführten *Taverne Celtique* in Kerampoulo, an der Straße nach Locmaria. T. 97-86-89-34. Ganzjährig geöffnet. Gilles Servant gibt dort oft sein Seemannsliederrepertoire zum Besten. Fröhliche Stimmung kommt auch mit Lucien Gourong auf, einem weiteren Kind des Landes und ein urwüchsiger Erzähler:»Hier ist es, wo man einen hebt und nirgendwo anders.« Seine Geschichten lösen anstrengende Lachkrämpfe aus ...

Sehenswürdigkeiten

● **Le Méné:** traditionelles Fischer- und Bauerndorf, dessen niedrige Schieferhäuser mit Holzgesimsen sich um die Kapelle Notre-Dame-du-Calme drängen.
● **Der Strand Grands Sables:** östlich von Groix, einer der seltenen konvexen Strände in Europa, ideal für Wassersportler. Leider stört ein oberhalb des Strandes angesiedeltes Feriendorf den reizvollen Eindruck nachhaltig. Nach Süden hin setzt sich der Strand in lauschigen Buchten fort. Das Wasser bleibt hier auch bei prütender Hitze kalt und eignet sich wunderbar zum Tauchen und für die Unterwasserjagd.
● **Locmaria:** an der Südküste; ein äußerst hübsches Dorf mit engen Gäßchen, Waschplätzen, Brunnen und weißen, dicht einandergeschmiegten Häusern. Man muß sich eben gegen den Wind schützen. In der Kirche hängen Weihbilder. Die Küste von Locmaria beim *Trou d'Enfer* (Höllenloch) enthüllt sich als fantastisches Fleckchen Erde.
● **Le Bourg:** größter Ort auf der Insel. Auf dem Hauptplatz erhebt sich die Kirche *Saint-Tudy*, deren Kirchturm ein Thunfisch anstelle des üblicherweise an dieser Stelle angebrachten Hahns schmückt. Die Strandstraße führt am Friedhof mit dem Denkmal für die Schiffbrüchigen und Ertrunkenen vorbei.
● **Port-Tudy:** Handels-, Fischer- und Jachthafen. Kapitänsbüro T. 97-86-54-62. Schwimmdock mit Brückenbooten. Insgesamt einhundertfünf Liegeplätze. Die Boote können auch im großen Becken festgemacht werden, wo's freilich nicht so ruhig zugeht. Groix ist ein ungemein geschätzter Anlegehafen. *Wassersportclub*: T. 97-86-82-84.
– *Das Heimatmuseum (Ecomusée) von Groix:* in Port-Tudy. T. 97-86-84-60. Täglich vom 9. September bis Ende Juni außer montags 10-12.30h und 14-17h, von Ende Juni bis zum 8. September täglich von 9.30-12.30h und 15-19h geöffnet.
● **Pen Men:** Nordwestspitze der Insel, untersteht als Naturschutzgebiet dem Naturschutzbund *(Société d'étude et de protection de la nature en Bretagne)*, der es hervorragend verwaltet. Führungen lassen sich im Ecomusée buchen. Der Naturschutzbund versucht, die wilde Landschaft zu schützen, indem er Wege anlegt und die Öffentlichkeit informiert. Man begegnet dort allerlei Meeresvögeln und seltenen Pflanzen aus dem Mittelmeerraum. Außerdem findet man hier ein bläuliches Mineral, den Glaucophane bleu, wofür die Insel weltweit berühmt ist. Von Port Tudy aus, wo man mit dem Schiff von Lorient ankommt, besteht die Möglichkeit, auf einem zauberhaften und bestens ausgezeichneten Fußweg – etwa 7,5 Kilometer lang – an der Küste entlang zum Pen Men zu wandern.

● **Port-Saint-Nicolas:** zauberhafte Bucht zwischen den Felsen mit ein paar Fischerbarken sowie kristallklarem Wasser – trotz des Strandgutes, das dort herumliegt. Auf dem Rückweg von Port-Saint-Nicolas auf die für den Westen der Insel besonders charakteristischen Häuser im Dorf *Kerlard* achten.

Soweit die wichtigsten Stationen auf der Insel. Aber der Leser wird noch etliche andere, reizende Plätzchen entlang der Küste entdecken. Immer nur den markierten Küstenpfaden folgen. Wir wünschen eine angenehme Promenade!

RUND UM DEN FLUSS ETEL

Wie wär's mit einer Entdeckungsreise abseits vom Massentourismus? Wer dafür zu begeistern ist, sollte wissen, daß in nächster Nähe zu den übervölkerten Touristenorten ein Fluß zwischen Himmel und Erde seine Bahnen zieht, dessen friedliche, sonnige Heiterkeit und Schönheit keinen Vergleich mit der stolzen Nachbarschaft zu scheuen braucht. Der *Etel* überrascht neugierige Besucher mit einer Fülle entzückender Plätzchen, von denen wir hier nur einige nennen.

Unseren pfiffigen Lesern wird auch sofort die originelle Vegetation auffallen. Im Winter kann das Wasser auf dem undurchlässigen Granitboden nicht abfließen. Hier gedeihen der Stechginster mit zwei Blütezeiten und die sonnengelben Ginsterbüsche, auf den niedrigen Mauern gedeiht Heidekraut, der Fingerhut erstrahlt in Purpur, und die Ulmen und Eichen halten der Ausbreitung der Kiefer stand. Der Naturschutzbund hat hier auch die besonders seltene Pflanze *eryngium viviparum* ausgemacht, die nur auf küstennahen Kuhweiden gedeiht. Inzwischen laufen Bemühungen, den Lebensraum der kostbaren Pflanze unter Schutz zu stellen. Wir haben es ja schon angekündigt, der Etel steckt voller Reichtümer ... wozu nicht nur die Austernbänke gehören.

ETEL (56410)

Die Ria des Etel ist ein wunderbares Beispiel für eine Ria in Flaschenform. Sie verengt sich an der Mündung – hier, wo Süß- und Salzwasser aufeinanderprallen, bildete sich eine gefährliche Sandbank – wird stromabwärts breiter und verzweigt sich in zahlreiche Meeresarme, wo sich die Austern einnisten. Majestätisch überquert die Brücke Lorois den Fluß Sach, der, je nach Gezeiten, Himmel und Jahreszeit, ein ständig wechelndes Schauspiel bietet. Wir befinden uns hier an einem der herrlichsten Plätze der bretonischen Küste.

– *Le Trianon:* 14, rue du Général-Leclerc. T. 97-55-32-41. Mit fünfzehn komfortablen und gepflegten Zimmern für 290 F pro Tag und Person mit Halbpension.

DIE INSEL SAINT-CADO

Eine seltene Perle, die bei Sonnenuntergang besonders prächtig schimmert. Ein Muß für Romantiker und Verliebte. Eine Brücke verbindet die Flußinsel mit dem Festland. Im 17. Jh. befand sich hier ein Hafen für die Sardinenverarbeitung, die seither von der Austernzucht verdrängt ist. Die Austernzüchter verkaufen ihre »Beute« auch an Touristen bei der Kapelle aus dem 16. Jh. mit ihrem riesigen Kalvarienberg und dem Wasserreservoir, aus dem die Fischer ihr Süßwasser bezogen. Der Hafen von Etel erweist sich als ziemlich langweilig. Dagegen lohnt ein Blick auf die Sandbank am Fuße der Signalstation auf dem rechten Flußufer. Josiane René ist die einzige Frau in Europa, die als Zivilistin den Beruf der Signalwärterin ausübt. Außer dem Seerecht hat sie auch noch einen ganzen Sack voller Geschichten auf Lager.

– *Zeltplatz Moulin des Oies:* in Belz, T. 97-55-31-89, am Ufer des Etel-Flusses. Optimale Stellen für Angler und Ruhesuchende.

– *Hôtel-restaurant le Relais de Kergou:* in Belz. T. 97-55-35-61. Hotel der Kette »Logis de France« mit zwölf Zimmern, die auf einen Garten gehen. Man rechne mit 170-270 F. Der Speisesaal wartet mit alten Balken und einem Kamin auf. Der junge Wirt bietet eine sorgfältig zubereitete Küche. Menü für 100 F. Ein wirklich angenehmer Aufenthaltsort etwas abseits von den großen Badeorten.

ERDEVEN (56410)

Der Name leitet sich von *Ar deuen* her, was auf bretonisch soviel wie »auf der Düne« heißt. Hier ist das weitläufigste »touristenfreie« und am Meer liegende Gelände der gesamten bretonischen Südküste anzufinden, weil es für militärische Zwecke beschlagnahmt wurde. Das alte Schloß von *Keraveon* dient heute als Luxushotel. In der Nähe befindet sich ein Freizeitpark. Die Gemeinde besitzt mehrere megalithische Denkmäler wie den Dolmen von *Crucuno*. FKK-Strand in *Kerminihy*. Strandsegeln, Reiten, Golfspielen, Angeln, Ausflugsfahrten auf dem Fluß Etel – alles ist möglich. Auskünfte beim Fremdenverkehrsamt von Erdeven, das unter dem Motto »Das neue Feriendorf in der Natur« wirbt, B.P. 26. T. 97-55-64-60.

Unterkunft und Verpflegung

– *Chez Maurice Hubert:* unweit der Kirche. T. 97-55-64-50. Montags und im Oktober geschlossen. Die achtzehn Zimmer wurden kürzlich modernisiert. Sympathische Stimmung, schmackhafte und klassische Speisen, gemäßigte Preise.
– *Zeltplatz Sept-Saints:* T. 97-55-52-65. Ab 15. September geschlossen. Insgesamt zweihundert Stellplätze, ein Geschäft, ein Gemeinschaftsraum, Schwimmbad und Spiele. Nach Möglichkeit vorausbuchen.
– *Manoir de Kercadio, La Grignotière:* an der Straße von Auray nach Erdeven. T. 97-55-64-69. Von Juni bis September täglich und von März bis Juni an Wochenenden geöffnet. Bietet verschiedene Arten der Kochkunst in einem mittelalterlichen Dekor oder auf der Terrasse der Crêperie.
– *Hôtel-restaurant des Voyageurs:* T. 97-55-64-47. Das preisgünstigste Menü ist mit 60 F veranschlagt.

PLOEMEL (56400)

Bekannt für seinen herrlichen Golfplatz mit drei mal neun Loch. Vergnügungspark und Wohngebiet. Mitte Juli steigt ein romantisches Folklorefest: das *Fest ar Blead* (Weizenfest), bei dem die *Danserion Bro Plenner* für Stimmung sorgen. Handwerks- und Antiquitätenausstellung, fröhliche Atmosphäre, ländlich deftige Gerichte. Jede Menge vorzügliche Folklore ...
– *Gästezimmer:* an der Straße von Erdeven. T. 97-56-84-50. Vier Zimmer bei Joseph Marpaud. 180 F mit Frühstück.

LOCOAL-MENDON (56550)

Zum Gemeindegebiet gehören vierzig Kilometer des Etel-Ufers. Dort nisten Enten, Reiher und Kormorane. Obendrein sind die drei Kreuze des Dorfes Moustoir, das Kreuz von *Pen er Pont* auf der Landenge von Locoal, der Portalvorbau sowie die Chorhaube der Gemeindekirche von Mendon zu entdecken. Der »Schlupfwinkel« von Cadoudal, in die Böschung der Insel Forest eingegraben, ist nicht mehr zugänglich, da nun in Privatbesitz. Auf dem Friedhof von Locoal finden wir ergreifende Andenken an den Krieg der Royalisten unter Jean Chouan, etwa das Grab der Kurierboten von Cadoudal, die zweimal vergeblich versuchten, Napoleon Bonaparte in die Luft zu sprengen.
– *Manoir de Porh Kerio:* T. 97-24-67-57. Dienstag abends, mittwochs und einen Monat im Winter geschlossen. Ein Herrensitz aus dem 15. Jh. mitten auf dem Lande, mit einem Kamin. Wie schade, daß dort keine Übernachtungsmöglichkeiten vorhanden sind! Menüs für 86, 145 und 225 F. Einige Gerichte: mit Kohl pochierte Austern, Schweinefilet an Cidre, Pétoncles – eine Muschelart – in Essigkräutersoße aus Pampelmusen.
– *Crêperie de Ty Baron:* am Ortsausgang von Belz, Richtung Auray. T. 97-55-46-39. Ein niedliches, blumengeschmücktes und ansprechend eingerichtetes bretonisches Bauernhaus mit einem großen Kamin und einem authentisch ländlichen

Dekor. Mama Collet und ihre beiden Töchter tischen köstliche Crêpes auf und sorgen für Stimmung. Es empfiehlt sich, für abends seinen Tisch vorzubestellen.
– *Ferme-auberge du Moustoir (Bauernhof-Herberge):* T. 97-24-64-59. Herberge und Verköstigung, von Anne-Marie und Gilbert Guellec geführt.

LANDEVANT (56690)

Ein strahlendes Kirchenfenster erleuchtet die Chorhaube der Kapelle *Locmaria.* Bemerkenswert auch die kleine Säule mit dorischem Kapitell und der Kapitell-deckplatte mit skulptierten Masken aus dem 15. Jh., sowie die antiken Statuen in der Galerie. An der Mündung des Kergroix-Flusses in die Etel-Ria steht eine Gezeitenmühle, deren gigantisches Rad mit sechs Metern Durchmesser noch unentwegt seine Schaufeln in den Mühlbach taucht.

Wo absteigen, wo einkehren?

– *Le Pélican:* im Dorf. T. 97-56-93-12. Seit dieses Restaurant das Ehrendiplom der Raststätten erhalten hat, ist es wohlbekannt. Die Nationalstraße 165 führt jedoch nicht mehr daran vorbei. Für 82 F schmaust man Krevetten, Melone, Langustinen – zum Aussuchen – danach Forelle Müllerinart und Hähnchen mit Pommes Frites, Mokkatörtchen oder gefrorene Schokolade! Ein wirklich hervorragendes und preiswertes Lokal, das seit dreißig Jahren in keinster Weise irgendwie negativ aufgefallen ist.
– *Le Vieux Chêne:* in Richtung Süden auf der Nationalstraße 165. T. 97-56-90-01. Ein ehemaliger Landwirt hat mit Erfolg auf Hotelier-Gastwirt umgestellt und liegt bei diesem Metier auf einem guten Niveau. Gelungenes Menü für 95 F. Niedliche Zimmer für 200 F.

NOSTANG (56690)

Bedeutet auf bretonisch soviel wie »Ende des Weihers«. Hier haben mehrere meisterliche Kapellen die Zeit überdauert: *Saint-Cado-du-Kergo* aus dem 17.-18. Jh.; *Notre-Dame-de-Grâce* scheint von den barmherzigen Schwestern gegründet worden zu sein. Ihre beiden Teile verbindet ein Steinbogen. *Notre-Dame-de-Joie-de-Legevin* wurde im Renaissancestil errichtet. Sein achteckiger Kirchturm ist an ein Treppentürmchen angebaut, der viereckige Sockel ragt in die Fassade hinein.

MERLEVENEZ (56700)

Wundervolle Kirche mit romanischem Portalvorbau aus dem 12./13. Jh. Dieser öffnet sich nach Süden hin mit einem Rundbogen und zeigt zwei Säulenwulste. Die Kirche wurde nach dem Krieg vortrefflich renoviert. Im Ort findet sich ein großartiger Waschbrunnen aus behauenem Granit.

PLOUHINEC (56680)

»Die kleine Ebene«, ein fruchtbarer Flecken mit Frühgemüse-Anbau. An der wilden Küste erstrecken sich weite, unberührte Strände. Als sehenswert erweist sich auch der Fischerhafen *Magouer* gegenüber vom Hafen in Etel.
– *Chez Marie-Annick:* Grande-Rue. T. 97-36-76-23. Im Oktober und außerhalb der Saison montags geschlossen. Für 45 F bringt die Wirtin Rohkost und Wurstwaren, ein mit Liebe zubereitetes Tagesessen, sowie Käse und Nachtisch auf den Tisch. Fast ein Willkommen wie im Familienkreis.
– *Georges Le Baron:* Sackgasse Kercam. T. 97-36-76-60. Vermietet drei Zimmer.

PLOUHARNEL (56720)

An der »Wurzel« der Halbinsel Quiberon, wo die *Korkenzieher*-Eisenbahn (Train »tire-bouchon«) – nur im Juli und August – in Richtung Quiberon abdampft, locken nochmals wilde Strände. Zu besichtigen sind die Kapelle *Notre-Dame-des-Fleurs* (Unsere liebe Frau von den Blumen), die auch *des-Pleurs* (von den Tränen) genannt wird, weil sie einst die Gemeindekirche ersetzte, die während der Pestepidemie von 1599 geschlossen war. Das rechteckige Gebäude wird von Zinnenpfeilern gehalten. Sprossenfenster erhellen die naiven Fresken und die zahlreichen Weihbilder, die Schiffe in Seenot zeigen. Die Präsenz des Heiligen Johannes des Täufers läßt vermuten, daß die Kapelle von den Tempelrittern gestiftet wurde oder zumindest unter dem Einfluß des Malteser Ritterordens stand.

Das Dorf und die Kapelle Sainte-Barbe liegen unweit der Dünen zwischen einigen Menhiren. Von einem kleinen, viereckigen Turm mit vorspringender Fassade aus beobachtete Hoche 1795 die Niederlage der »royalistischen« Emigranten, die dort von der englischen Flotte ausgesetzt worden waren.

Auf dem Weg nach Carnac kommen wir an der *Abtei de Sainte-Anne-et-de-Saint-Michel de Kergonan* vorbei. Hier werden Schallplatten mit gregorianischem Gesang sowie Keramik, Zinngegenstände, Obst und Gemüse aus biologischem Anbau verkauft.

– *Zeltplatz des Landes:* am Ortsausgang von Plouharnel in Richtung Quiberon. T. 97-52-31-48. Einladend und respektabel instand gehalten.

DIE BUCHT VON QUIBERON UND AURAY

DIE HALBINSEL QUIBERON

Über zweitausend Stunden Sonne im Jahr und der warme Golfstrom sorgen für ein denkbar mildes Klima, das den touristischen Erfolg von Quiberon erklärt. Die Eleven der Nationalen Segelschule tummeln sich das ganze Jahr über in der achtzehn mal zwanzig Kilometer großen Bucht von Quiberon. In den vergangenen zwanzig Jahren hat sich die Zahl der Ferienwohnungen hier verdreifacht. Die Hotels verfügen über eintausendzweihundert registrierte Zimmer und das berühmte »Institut für Meeresheilkunde (Thalassotherapie) von Louison Bobet zieht jedes Jahr durchschnittlich sechzehntausend Kurgäste an. Außerhalb der Feriensaison karren die Busse eher betagteres Publikum an. Im Winter zählt die Bevölkerung nur viertausendsechshundert Personen! Im Sommer dagegen trampeln sich die Leute ziemlich auf die Füße.

Die Geschichte der Halbinsel

Die zahlreichen Megalithen zeugen von der weit in die Geschichte zurückreichenden keltischen Zivilisation. Sie wurde erst von den Römern überlagert und dann im fünften Jahrhundert von den Bretonen, die von den britischen Inseln her anrückten. Im Mittelalter betrachteten die Herzöge der Bretagne die Halbinsel, da sie ausgedehnte Wälder besaß, als ihr Jagdgebiet. Diese wurden ab dem 13. Jh. in starkem Maße abgeholzt. An der Küste bewahren noch vereinzelte Piniengehölze die Sanddünen vor dem Abdriften. Holzzäune schützten heute die neuen Pflanzungen.

Im Juni 1795 ging auf der Halbinsel ein englisches Geschwader mit einer mehrere Tausend Mann starken Emigrantenarmee an Land. Sie wurde von General Hoche – zur »Befriedung« des Westens aus der Pfalz in die Bretagne versetzt – vernichtend geschlagen. Das Ergebnis: eintausendfünfhundert Tote und dreitausend Gefangene, was ihm die Royalisten nie verziehen haben. Auf sein Denkmal in Port-Maria wurden daher mehrere Sprengstoffanschläge verübt. Man achte vor allem auf seinen demolierten Gehrock und Säbel.

Im Jahre 1882 erhielt Quiberon eine Eisenbahnlinie, die den Sardinentransport erleichterte und vor allem viele Touristen mitbrachte. Seit dem frühen zwanzigsten Jahrhundert ist Quiberon ein Badeort, dem 1924 das Prädikat »Luftkurort« verliehen wurde.

Quiberon, eine Schatzinsel?

Jedes Kind in Frankreich weiß, daß die Inseln und auch die Halbinseln vergrabene Schätze bergen. Angesichts der bewegten Geschichte von Quiberon wäre es nicht weiter verwunderlich, auch dort einige zu entdecken. Und die glücklichen Finder wären vielleicht klug genug, ihren Erfolg nicht an die große Glocke zu hängen. Immerhin wurde im April 1975 bei der Instandsetzung eines Hauses in Kerhostin, Saint-Pierre-Quiberon, eine Barschaft von 624 Silbermünzen ans Tageslicht gefördert. Sie stammen aus der Zeit der spanischen Regenten Ferdinand und Isabelle, Karl V. und Philipp II., also etwa aus dem Jahr 1590. Das erinnert uns daran, daß spanische Truppen den Herzog von Mercoeur, Gouverneur der Bretagne und Chef der Liga, bei der Vertreibung der Protestanten unterstützten. In zeitgenössischen Chroniken sind Klagen darüber nachzulesen, daß »die Häuser, Obstbäume, Einrichtungsgegenstände usw. abgerissen, abgeschnitten und verwüstet werden.« Da die spanischen Soldaten nicht die ganze Beute mitschleppen konnten, wurde sie vergraben – und ging verloren.

Man hat längst nicht alles wiedergefunden. Deshalb durchschreiten heutzutage immer noch Touristen die Landschaft mit Metalldetektoren, um irgendeinen Schatz zu heben. Na dann viel Glück und bis irgendwann einmal!

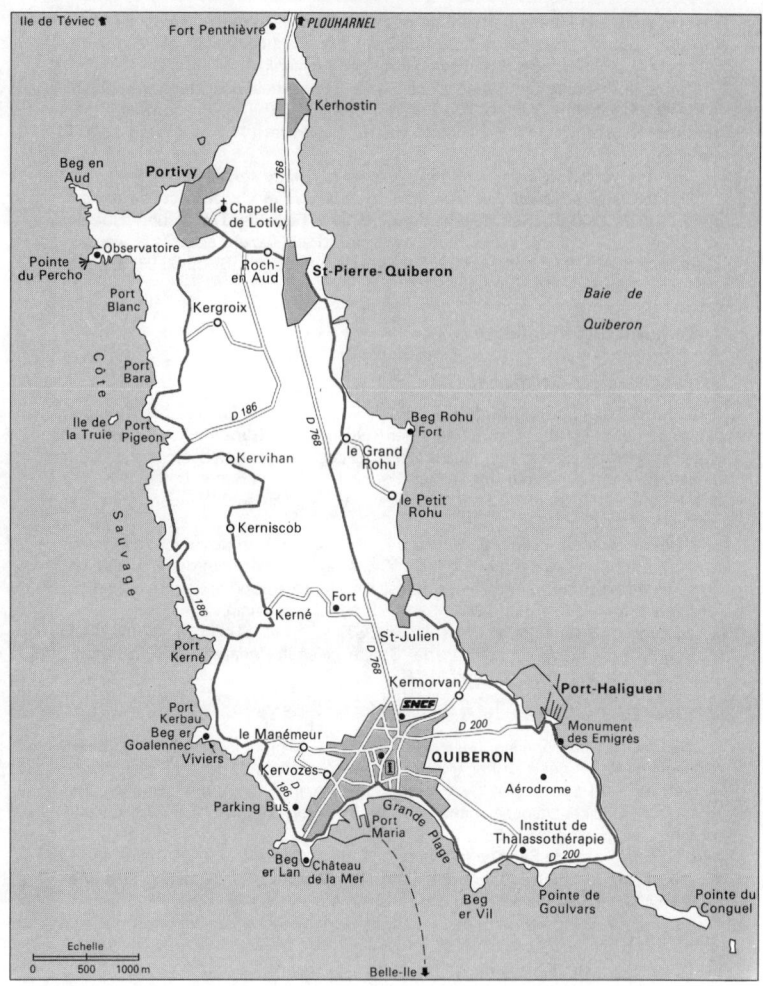

Halbinsel Quiberon

Nützliche Adressen

– *Fremdenverkehrsamt:* 7, rue de Verdun, in Quiberon. T. 97-50-07-84. Öffnungszeiten 9-12.30h und 14-18.30h. Sonntags ist außerhalb der Saison geschlossen;
im Juli/August hält das Büro durchgehend von 9-20h seine Pforten geöffnet.
Endlich ein effektiver Fremdenverkehrsverein mit brauchbaren Informationen.
Davon sollte man profitieren! Noch ein Tip: mit dem Ende der Ferinzeit, so um
den 9./10. September, verkehren nach Quiberon keine Züge der SNCF mehr. Ab

diesem Zeitpunkt kann Quiberon nur noch mit dem Bus erreicht werden; Abfahrt in Auray, über Carnac, bis auf die Halbinsel. Das Fremdenverkehrsamt in Auray gibt sehr ausführlich über die Busverbindungen Auskunft.

– *Fahrradvermietung Cycl'omar:* place Hoche, in unmittelbarer Strandnähe. T. 97-50-26-00. Ganzjährig Betrieb. Pro Fahrrad werden 30 F Tagesmiete genommen und eine Kaution von 150 F, bei Motorrollern mit 50 ccm 144 F Miete und 1.000 F Kaution.

– *Strandseglerclub (Club des chars à voile de la presqu'île):* T. 97-54-28-63.

– *Schiffahrtsgesellschaft von Morbihan (Compagnie morbihannaise de navigation):* T. 97-50-06-90. Schiffsverbindungen nach Belle-Ille, Houat und Hoëdic. Autos sollten vorsichtshalber auf bewachten Parkplätzen abgestellt werden. *Garage Sizorn,* T. 97-50-06-71; *la Sirène,* rue de Kervores, T. 97-50-03-97; *les Iles,* bd de la Côte-Sauvage, T. 97-50-08-34.

Unterkunft und Verpflegung

● *Für gebeutelte Geldbeutel*

– *Jugendherberge:* 45, rue de Roch-Priol. T. 97-50-15-54. Ein Teil der Herberge wurde abgerissen, aber vorertst geht der Betrieb weiter. Ganzjähriger Betrieb. Für Gäste jeden Alters, aber man muß einen Mitgliedsausweis vorweisen können oder erwerben. Achtzig Zimmer und Schlafsäle mit vier bis acht Betten und eine Küche stehen zur Verfügung; wer Lust hat, nimmt an Segelkursen, Wanderungen und anderen Aktivitäten teil.

– *Hôtel de l'Océan:* 7, quai de l'Océan. T. 97-50-07-58. Von November bis Ostern dicht. Fünfunddreißig Zimmer für 140-200 F. Hübscher Blick auf den Fischereihafen. Die wohlschmeckende Küche preist ein »Meeres-Fondue« an – unbedingt probieren! Menüs für 75 und 88 F. Sympathische junge Wirtin.

– *Auberge du Petit Matelot:* in Penthièvre, Saint-Pierre-Quiberon. T. 97-52-31-21. Ein neues bretonisches Haus, an der Straße gelegen. Menüs zwischen 80 und 150 F. Zimmer zwischen 190 und 315 F.

● *Einen Deut schicker*

– *Ibis:* av. des Marronniers, auf der Landzunge Goulphar. T. 97-30-47-72. Zwanzig Duplex-Wohnungen für Familien in insgesamt sechsundneunzig Zimmern zwischen 200 und 300 F. Am Swimmingpool kann man die Ruhe genießen. Die Küche ist wirklich ausgezeichnet und der Empfang freundlich. Ein durch und durch zu empfehlendes Hotel.

– *L'Ile verte:* quai de Belle-Ile, am Strand. T. 97-50-08-39. Peppiges Dekor; Menü für 109 F mit frischem, mariniertem Lachsfilet, Muscheln in Blätterteig und Seeteufel mit feinem Gemüse – köstlich! – reiche Auswahl an Desserts.

● *Zeltplätze*

– *Do-Mi-Si-La-Mi:* Fünzig Meter zum Meer, in Saint-Julien. T. 97-50-22-52. Ab Ostern bis zum 1. November geöffnet. Duschen und Kinderspielplatz.

– *Les Joncs du Roc'h:* Fünfhundert Meter vom Meer entfernt. T. 97-50-24-37. Fabelhaft gelegen, fast am äußersten Zipfel der Halbinsel, unweit der *Pointe du Conguel.* Von Ostern bis zum 30. September in Betrieb.

– *Gemeindezeltplatz les Sables Blancs:* in Plouharnel. T. 97-52-33-86. Riesengroß und am Strand, in der Bucht Pô, angesiedelt. Bietet sich hervorragend für Angler und Surfer an.

Sehenswürdigkeiten

– *Die Galeone von Plouharnel:* Nachbildung eines Schiffes aus dem 17. Jh., in dem ein Museum nebst Bar und Boutique untergebracht sind. In der Nähe, auf der anderen Seite der Bahngeleise, befindet sich das *Musée de la Chouannerie,* das vom 25. März bis 15. September besucht werden kann. T. 97-52-31-31. Der »Tombolo«, eine Sandbank, die Quiberon mit dem Festland verbindet, fasziniert besonders aus der Vogelperspektive. Kein Problem! Der *Aéroclub de Quibe-*

ron startet Rundflüge auf Wunsch, T. 97-50-11-05. Auf der einen Seite erblickt man die weite, ruhige Bucht und auf der anderen Seite den oft stürmischen Ozean.

– Das *Penthièvre*-Fort beherrscht den Zugang zur Insel Quiberon. Mitte des 19. Jhs wurde es auf den Fundamenten einer Holzfestung erbaut, die der Herzog von Penthièvre und Großadmiral von Ludwig XV. hier im 18. Jh. errichtet hatte. Heute beherbergt es ein Militärlager. Bis zum 10. Mai 1945 verschanzte sich hier eine deutsche Garnison. War ja auch nicht die schlechteste Ecke.

– Die *wilde Küste:* Spalten und drohende Felsnadeln, Geröll, Grotten und natürliche Bögen, durch die der Wind pfeift, folgen aufeinander. Baden ist hier wegen der Grundsee und der starken, durch die gegen die unterirdische Böschung prallende Dünung hervorgerufenen Brandung gefährlich.

● **Quiberon** (56170): der Bade- und Luftkurort wurde zu Beginn dieses Jahrhunderts zum Teil von Seidenfabrikanten aus Lyon in Schwung gebracht. Kaum Hochhäuser, dafür ansprechende Familienhäuschen am Strand zwischen der Place Hoche und den Felsen von *Beger Vil.* Etwas weiter hinten erstreckt sich die Küstenstraße bis zum Institut für Meeresheilkunde. Von hier aus führt ein Weg zur Landzunge von Conguel mit schönem Blick auf Belle-Ile.

● **Port-Maria**, wo die Schiffe nach Belle-Ile, Houat und Hoëdic ablegen, war früher der wichtigste Sardinenhafen in Frankreich.

– Die »grande Plage« (großer Strand) zieht sich von Port-Maria bis zur Pointe de Vaudré Heul mit seinem Spielkasino und einem Kongreßzentrum. Ein belebter Strand mit mondänem Anstrich, an dem Bd Chanard entlangführt: hier sieht und begegnet man recht interessanten Leuten. Wir empfehlen den auserlesenen und ruhigeren Strand Goviro, der etwas weiter in Richtung Pointe du Conguel liegt, den wilden Strand in der Conguel-Bucht oder den Strand vor dem Bd des Emigrés unweit des Jachtclubs von Port-Haliguen für Familien und Wassersportler. Eine beachtliche Auswahl also.

● **Port-Haliguen:** der große Jachthafen setzt sich aus drei Binnenhäfen zusammen: dem alten Becken des Fischerhafens, dem Pontonhafen mit vierhundert Plätzen und dem Bassin mit sechshundert Plätzen an Bojen. Ein reizend gelegener, sympathischer, kompetenter und dynamischer Wassersportclub.

– Maison du port (Hafenhaus): T. 97-50-20-56.

– Wassersportclub Port Haliguen: T. 97-56-21-52.

Tauchsport, Unterwasserjagd, Fischen und Strandsegeln – Fahrzeuge mit Rädern und Segel. Auskünfte beim Fremdenverkehrsamt. Es gibt Tag und Nacht enorm viel zu tun in Quiberon!

Der Strand von *Castero* soll der wärmste in der Bucht von Quiberon sein. In Port-Haliguen ging übrigens Kapitän Dreyfus an Land, als er von der Teufelsinsel in Guyana im Jahre 1899 zurückkehrte.

BELLE-ILE-EN-MER (56360) _____

Der Inselaufenthalt ist erst einmal zu verdienen: das heißt die Schiffsüberfahrt ertragen, in der Hochsaison seinen Platz vorbuchen und lange im voraus ein Ferienhäuschen anmieten. Aber welche Freude ergreift einen, wenn man schließlich das Eiland erreicht! Hier ist die Landschaft noch nicht verschandelt, sondern wirkt richtig naturbelassen. Freilich wurden hie und da in der Nähe der Weiler neue Häuser hochgezogen, aber kein Vergleich mit dem, was sich sonst nur allzu oft an den Küsten abspielt. Noch gibt es ausgedehnte Gelände, die ausschließlich den Seemöwen und dem Stechginster vorbehalten scheinen.

Die Künstler mochten Belle-Ile schon seit eh und je, ob Sarah Bernhardt, Prévert oder Monet. Heutzutage sind es u.a. Alain Souchon und Lauren Voulzy, die das Lob der Insel singen. Und der sympathische Präsident des Fremdenverkehrsamtes, Monsieur Collas, stimmt ebenso mit ein wie seine freundliche Mitarbeiterin Marie-Aude: »Belle-Ile? Das ist die Marie-Galante, eine Insel der kleinen Antillen, der Bretagne.«

Belle-Ile, ist ein Kanton mit vier, als Badeorte klassifizierten, Gemeinden. Das Eiland mißt siebzehn Kilometer in der Länge und fünf bis neun Kilometer in der Breite. Auf den vierundachtzig Quadratmetern leben rund viertausendfünfhundert

Einwohner und im Sommer natürlich fünfmal so viel – davon allein zweitausendvierhundert in Palais. An ihrer höchsten Stelle erreicht die größte der bretonischen Inseln dreiundsechzig Meter über dem Meeresspiegel.

Aus der Geschichte

Als die normannischen Eindringlinge wieder abgezogen waren, eignete sich Geoffroy I., Herzog der Bretagne, die Güter von Alain Canhiart, Graf von Cornwall, an. Unter anderem auch Belle-Ile. Später trat er die Insel den Mönchen von Redon ab. Aber Alain Canhiart pochte auf sein Recht, holte seinen Besitz zurück und vermachte ihn der Abtei Sainte-Croix de Quimperlé. Die hochwürdigen Patres der beiden beschenkten Klöster prozessierten 143 Jahre lang um die Insel. Schließlich nahmen sie jene von Quimperlé kurzerhand für die französische Krone in Besitz.

Im Jahre 1573 legte Karl IX. die Geschicke von Belle-Ile in die Hände der Gondi, Herzöge von Retz. Albert von Gondi errichtete in *Le Palais* eine Festung, die von den Engländern eingenommen und dann wieder verlassen wurde, was die Besitzer dazu veranlaßte, das Verteidigungssystem zu verbessern. Die Herzöge von Retz kamen oft auf die Insel und luden auch ihre Freunde ein. Bekanntestes Familienmitglied war der Kardinal von Retz. Das schöne Leben fand jedoch ein Ende, als die verschuldeten Gondi die Insel notgedrungen an Fouquet verscherbeln mußten, dem berühmten Superintendanten von Ludwig XIV. Der König sah sich durch die befestigte Insel bedroht, was sicherlich zu seinem späteren Entschluß beitrug, den Minister verhaften zu lassen. Vauban besserte die Festung 1683 nach.

1704 kaufte der König die ganze Insel, um sie der Indien-Handelsgesellschaft als Warenlager zu verpachten. 1722 ging sie an die Steuereintreiber über. Damals zählte Belle-Ile fünftausend Einwohner. Überaus wohlhabend, stellte sie eine Verlockung für die Engländer dar, die sie 1761 an sich rissen. Zwei Jahre später war sie wieder französisch kraft des Vertrags von 1763, der einen Austausch gegen Menorca vorsah.

Da der Vertrag auch Kanada endgültig vom französischen Königreich löste, sahen sich die »acadiens« – die Franzosen-Kanadier aus Akadien, einer ehemaligen östlichen Region des französischen Kanadas – gezwungen, Kanada zu verlassen ... So kamen 1765 insgesamt 78 Familien aus Nordamerika zurück nach Frankreich und ließen sich auf Belle-Ile nieder. Bekannt als »die große Störung« (le Grand Dérangement). Im 19. Jh. erlebte die Insel durch die prosperierende Fischerei einigen Wohlstand.
Während des Ersten Weltkrieges wurden zahlreiche deutsche Gefangene nach Belle-Ile verfrachtet. Später nutzte man die Zitadelle als Aufnahmelager für die Flüchtlinge des Bürgerkrieges in Spanien. Vom Juli 1940 bis zur Kapitulation litt die Inselbevölkerung unter dem Joch der deutschen Besatzung – »gewaltig sogar«, sagt die Aufsichtsdame in der Zitadelle.

Wichtige Adressen

– *Fremdenverkehrsamt:* neben dem Schiffshafen, 56360 Le Palais. T. 97-31-81-93. Ganzjährig und täglich besetzt. In dem wirksam arbeitenden Touristenbüro ist gegen einen frankierten Rückumschlag eine Liste der Ferienwohnungen erhältlich, mit attraktiven Preisen außerhalb der Saison.
– *Schiffshafen:* die Verwaltung hat kürzlich ein neues Gebäude am Ende des Quai *Macé* bezogen. T. 97-31-80-01. Die Überfahrt dauert vierzig Minuten. Im Sommer Verbindung nach Vannes mit der *Vedettes Vertes*, nach Quiberon-Sauzon auf der *Gavrinis* und nach Le Palais-La Turballe, Le Palais-Pornichet. Wer sein Fahrzeug mitnehmen will, muß frühzeitig buchen. Wichtig für Tagesausflügler: das erste Schiff vom Festland und das letzte, welches zurückfährt, sind stets gestopft voll. Manch einer hatte schon das Nachsehen. In solchen Fällen bleiben nur noch der *Aeroclub* von Quiberon oder *Finist'air* in Bangor, um sich im Flugzeug auf die Reise zu begeben. T. 97-31-41-14.

Unterkunft

● Preiswert

– *Jugendherberge:* in Haute-Boulogne, Le Palais. T. 97-31-81-33. Hinter der Zitadelle von *Palais*. Hundert Betten, unterkommen kann man während des ganzen Jahres. Lese- und Fernsehraum, Cafeteria, Kochmöglichkeiten und Gemeinschaftsverpflegung. Tennis-, Tauch- und Reitkurse. Eine glänzende Gelegenheit! 50 F pro Nacht, Frühstück inbegriffen, Mahlzeiten 38-60h F.
– *Hôtel du Phare:* in Sauzon. T. 97-31-60-36. Einfach, aber toll gelegen ... Garten und Terrasse gehen aufs Meer. Fünfzehn Doppelzimmer für 195-220 F. Während der Hauptsaison ist Halbpension unumgänglich. Der Fisch ist immer ganz frisch.
– *Hôtel la Frégate:* gegenüber dem Hafen. T. 97-31-54-16. Ein kleines Hotel, mit einfachen, preiswerten Zimmern. 155 F pro Doppelzimmer.
– *Hôtel Les Tamaris:* allée des Peupliers, in Sauzon. T. 97-31-65-09. Ganzjährig geöffnet. Oben im Dorf. Ein adrettes, neues Haus mit fünfzehn höchst komfortablen Zimmern von 225-275 F für zwei Personen. Kein Restaurant.
– *Hôtel Bel-Islois:* 36, rue Joseph-Le-Bris, Le Palais. T. 97-31-84-86. Die billigsten Zimmer auf der Insel – 120 F pro Doppelzimmer außerhalb der Saison! Luxus darf man für diesen Preis natürlich nicht erwarten, aber die Zimmer sind korrekt. Außerhalb der Saison ist die Halbpension nicht zwingend. Menü für 70 F.

● Etwas edler

– *Hôtel-restaurant le Grand Large:* in Bangor, nach der kleinen Bucht Goulphar, an der Straße, die zu den Aiguilles (Felsnadeln) von Port Coton führt. T. 97-31-80-92. Wundervolle Sicht. Zehn modernisierte Zimmer mit Fernseher und Telefon. Angemessene Küche.
– *Hôtel-restaurant de Bretagne:* quai Macé, Le Palais. T. 97-31-80-14. Ganzjährig geöffnet. Völlig neu hergerichtet. Die neunundzwanzig Zimmer für 140-190 F haben Blick aufs Meer. Bei Vollpension zahlen zwei Personen 450 F. Im behaglichen Speisesaal genießt man Meeresfrüchte oder für 60 F einen Vorspeisenteller nach Gärtnerinart, ein Steak mit Schalotten, geröstete Äpfel, Obst oder Kuchen.

– *Hôtel Atlantique:* quai de l'Acadie. T. 97-31-80-11. Wurde kürzlich vollständig renoviert. Bei den Zimmern mit Blick auf den Hafen ist man mit 320-480 F mit von der Partie. Im Januar geschlossen.

– *Hôtel-motel la Désirade:* Petit Cosquet, an der Straße von Bangor, nach dem Flughafen. T. 97-31-70-70. Kleine, niedliche und neue Häuser, die ganz ruhig liegen und ungeheuer komfortabel ausgestattet sind. 330-530 F für eine Familie. Profitieren kann man ebenfalls vom Swimmingpool und dem Garten.

● *Zeltplätze*

Paradoxerweise sind sie auch in der Hochsaison nicht andauernd vollbelegt.

– *Gemeindezeltplatz Bangor:* im Ort. T. 97-31-89-75 – im Juli/August – und 97-31-84-06 das ganze Jahr über. Mit fünfundsechzig Stellplätzen. Herrliche Ruhe, viel Wiese, Duschen. Möglichst vorausbuchen. Unser Lieblingsort.

– *Zeltplatz Port-Andro:* in Locmaria, etwa drei Kilometer in nordöstlicher Richtung. T. 97-31-70-92. Herrlich und vollkommen ruhig gelegen. Zwischen dem 1. Juni und dem 15. September geöffnet.

– *Zeltplatz Borcénéo:* in Le Palais. T. 97-31-88-96. Mit Abstand am komfortabelsten. Fünfundsechzig Stellplätze im Grünen und ausgezeichnete Einkaufsmöglichkeiten werden geboten.

Verpflegung

● *In Le Palais*

– *Crêperie-snack la Chaloupe:* 8, av. Carnot. T. 97-31-88-27. Der recht anziehende Rahmen macht diese Crêperie zu einem erholsamen Ort: Lampenschirme aus Perlen, Aquarelle, Spitzenvorhänge, gemütliche Sitzbänke, flotte Musik, bretonische Kupfer- und Steingutgeschirr an den Wänden, Trockenblumen ... Gäste werden mit einer Vielfalt von Galettes und einem charmanten Empfang verwöhnt. Und alles zusammen wird lächelnd und fix auf den Tisch gebracht und übersteigt auf keinen Fall 70 F.

– *Crêperie Traou-Mad:* rue Willaumez, die Straße, in der sich das Kino befindet. T. 97-31-84-84. Die schmackhaften Crêpes werden zu gemäßigten Preisen auf der Terrasse gereicht.

● *In Sauzon*

– *Crêperie les Embruns:* bei der Kirche. Ein Lokal, in dem sich lohnt, einzukehren, da die Crêpes munden und die Preise vertretbar sind.

– *Le Contre-Quai:* T. 97-31-60-60. Direkter Zugang vom Hafen von Sauzon aus. Hier entfalten Arlette und Bill, zwei Profis der Gastronomie, ihr Talent zu zivilen Preisen. Unser bester Tisch in Belle-Ile, natürlich abgesehen von dem »sterngekürten« im *Castel Clara* in Bangor, der mittlerweile über ein superbes, kleines Institut für Thalassotherapie verfügt.

– *Crêperie le Tilleul:* auf dem Kai. T. 97-31-63-79. Erstklassige Crêpes und hausgemachtes Eis. Von 8-1h morgens geöffnet. Vom 30. September bis zum 1. April hält es seine Pforten geschlossen.

– *Le Roz-Avel:* T. 97-31-61-48. Von Eva und Christophe Didoune wird man wie ein alter Freund empfangen. Die beiden tischen eine ausgefeilte und vorzüglich angerichtete Küche auf. Das preiswerteste Menü kommt auf 95 F.

● *In Bangor*

– *Crêperie Chez Renée:* T. 97-31-52-87. In einem restaurierten Bauernhof, wo die Tische noch wie in alten Zeiten gedeckt sind. Verschiedenartig garnierte Crêpes. Menü für 47 F. Montags und im Januar ist geschlossen.

Bars und Discos

– Eine Reihe von Bars auf dem Quai Vauban in Le Palais haben nur während der Sommersaison Betrieb: *Le Goéland*, schicke und teure Piano-Bar, die Konzerte bietet, bis 2h morgens und ganzjährig geöffnet, oder *L'Etoile du Port*, mehr im klassischen, bretonischen Stil.

– In Belle-Ile kommen und gehen die Discos mit der Saison. Sie wechseln oft die Namen und sind mehr als anderswo vorübergehenden Modetrends unterworfen. Wir schlagen *Quai Ouest* – auf die französische Art geschrieben – vor: 45, rue J.-Le Bris, in Le Palais. T. 97-31-41-26.

– *Chez Popeye:* am Strand Grands Sables. Die Zigeunernacht Ende August ist ein umwerfendes Spektakel.

Freizeitmöglichkeiten

– *Tiefseetauchen mit dem VVF* (Villages-Vacances-Familles = Dörfer-Ferien-Familien). Buchung T. 64-59-78-18 oder 97-31-64-69. Mit Sauerstoffflaschen – ja, ja, drei efffs sind schon richtig, weil ein Konsonant folgt – ausgerüstetes Boot in Alt-Sauzon.

– *Öffentlicher Golfplatz Sauzon:* mit achtzehn Loch und einem neuen Klubhaus. T. 97-31-64-65.

– *Tennis du Guerc'h:* in Le Palais. T. 97-31-83-87. Drei Hallenplätze und fünf im Freien.

– *Flughafen:* T. 97-31-83-09. Der *Aéroclub* fliegt nach Quiberon, *Finist'air* nach Lann-Bihoué in Lorient. T. 97-31-41-14 und 97-31-83-09.

– *Reitsportzentrum Bois du Semis:* in Sauzon. T. 97-31-73-64. Ausritte unter Aufsicht eines Reitlehrers.

– Für Ausflüge auf dem Meer wende man sich an die Kreuzfahrschule oder miete eine zwölf Meter lange Hochseeschaluppe mit Bootsführer bei *Guidelvoile*, T. 97-31-52-06.

– *Meereskajaks und Mountainbikes:* bei Vitamin Oxygène in Locmaria.

– *Auto- und Busvermietung bei Locatourisle:* quai Bonnelle. T. 97-31-83-56. Der aktivste Autovermieter, am besten ausgestattet, am kompetentesten, der eine ganze Armada von Fahrzeugen mit herunterklappbarem Verdeck besitzt. Klasse!

– *Reitzentrum:* Domaine des Chevaliers de Bangor, vor dem Flughafen. T. 97-31-52-28. Ein siebenundzwanzig Hektar großes, mitten auf der Insel gelegenes Gut. Hat seine Pforten vom 1. Juli bis zum 31. August geöffnet. Möglichkeit, Reitkurse zu absolvieren. Vorausbuchung angeraten.

Wanderungen

Eigentlich ist es nicht ratsam, von den bekannten Wegen abzuweichen. Das Fremdenverkehrsamt vertreibt für 5 F eine aufschlußreiche Karte, auf der sechzehn Rund-Wanderwege zwischen sechs und sechzehn Kilometer Länge eingezeichnet sind.

Ausgerüstet mit einer topographischen Karte wandert man in sechs Tagen auf markierten Wegen um die Insel und legt zweiundachtzig Kilometer zurück. Übernachtungsmöglichkeiten bestehen in Rasthäusern, den Gîtes d'étape. Ein traumhafter Ausflug: rundum nur Meer, Hasen und Vögel als einzige Gesellschaft, der Wind pfeift uns was vor und wir atmen mit vollen Zügen die frische, jodhaltige Luft ein. Auf diese Art läßt sich die Insel am vortrefflichsten erkunden. Die Karte gibt's im Büro von *Abri*, 9, rue des Portes-Mordelaises, 35200 Rennes, T. 99-31-59-44, oder beim Fremdenverkehrsamt.

LE PALAIS

Die Stadt liegt reizvoll in einem kleinen Tal, unter schattenspendenden Bäumen, umgeben von der Stadtmauer, überragt von der Zitadelle. Der Hafen reicht in die begrünte Fluß-Ria hinein, hier zum Schwimmdock für überwinternde Segelschiffe umgemodelt.

Nützliche Anschriften

– *Segelschule:* T. 97-31-86-15.
– *Fahrradvermietung:* in einer kleinen Werkstatt vor der Kirche. 35 F am Tag. Das Fahrrad ist übrigens auf Belle-Ile das ideale Fortbewegungsmittel.

Sehenswert

– *Die Zitadelle:* ihr Bau wurde 1549 in Angriff genommen. Bis auf den heutigen Tag zeigt sie eindrucksvolle Burggräben. Seit 1961 ist sie in Privatbesitz, vom Staat für 270.000 F verkauft. In der Vergangenheit diente sie lange Zeit als Gefängnis. Besondere »Gäste« waren Cadoudal, ein Verschwörer, der bei den royalistischen »Chouans« mitfocht, und die Republik-Anhänger Blanqui und Barbès, die an mehreren Verschwörungen gegen Louis-Philippe teilnahmen. Ein Museum informiert über die Geschichte der Insel und ihre Gastgeber. T. 97-31-84-17. Der Besuch lohnt sich schon allein wegen der Aufseherin Nanie, welche diese würdige Position von ihrem Vater übernahm. Ewig in einen schwarzen Umhang gehüllt, auf dem Kopf eine Baskenmütze, weiß sie unablässig Bescheid, erklärt alles – in ihrer eigenen, unverwechselbaren Art: ein Naturtalent. Dabei hat sie nicht die Ecole du Louvre – die berühmte Schule für Kunstgeschichte – absolviert.

SAUZON

Am Westzipfel der Insel, unser Lieblingsort. Wunderbar ausgeglichen, voller ursprünglicher Natur und einfach zauberhaft. Einige pastellfarbene Häuser entlang des Hafens blicken zum anderen Ufer der 2,2 km langen Ria auf die ginster- und heidekrautbewachsenen Abhänge. Die Reusen warten auf die nächste Flut, während die Fischer über das Wetter debattieren. Der Schriftsteller Jacques Prévert und auch der im KZ umgekommene Dichter Robert Desnos waren hier zu Gast. In der Kirche sind ein ansehnliches Gesangspult, alte Chorstühle und von der Inbrunst der Seemänner zeugende Weihbilder zu bewundern.

In der Umgebung

● **Die Pointe des Poulains:** die nordöstliche Inselspitze, 3,5 km von Sauzon. Auf dem Weg dorthin passiert man das einstige Refugium von Sarah Bernhardt. Das Schlößchen im Belle Epoque-Stil wurde von deutschen Truppen im Zweiten Weltkrieg zerstört. Ein Teil des Grundstücks dient heutzutage als Golfplatz. Dies ist schon eine andere Sache als Saint-Nom-la-Bretèche, der mondäne Golfplatz südöstlich von Paris. Die *Pointe des Poulains* hieß einst *Beg er Pollen*, was soviel bedeutet wie »die Spitze der spitzen Felsen«. Allerdings nutzen sich diese immer mehr ab.
● **Die Apothekengrotte** (Grotte de l'Apothicairerie): am Ende der D 30. Wir erreichen den Rand einer Felsküste, unter der sich ein weiträumiges unterirdisches Gewölbe öffnet. Auf einem schlüpfrigen Pfad gelangen wir zur Grotte, wo die Meeresvögel in den Klüften der Felswand nisten. Dies läßt an eine Apotheke denken, weil die Nester ähnlich wie die Arzneigläser in den Regalen eines Apothekers aufgereiht sind. Die Grotte ist eigentlich ein natürlicher Brückenbogen, unter dem das Meer mit ohrenbetäubendem Lärm durchbraust. Sobald sich der Himmel bedeckt, wird es hier gespenstisch. Ein absolut beeindruckender, aber auch äußerst gefährlicher Ort.

BANGOR

Zeichnet sich durch seine wilde Küste und seine Kirche aus, die halb romanisch – das Schiff – und halb gotisch – der Chor – gehalten ist. Die zerklüftete Küste zieht besonders die »Schlickrutscher«-Fischer (»pousse-pieds«) an: eine akrobatische und streng reglementierte Art zu fischen.
● **Donnant:** der im Süden des Tales gelegene Strand ist oft von Nacktbadenden beschlagnahmt. *Achtung*, bei stürmischem Wetter ist das Baden hier gefährlich. Hierher kam die in Belle-Ile verliebte Schauspielerin Arletty,um zu meditieren.

● **Der Leuchtturm** (Grand Phare): Führungen 10-12h und 14-16h in der Hochsaison. Hinter dem Flughafen von Bangor entdecken wir diesen letzten bewohnten Leuchtturm der Insel. Der im Jahre 1835 zweiundneunzig Meter hochgezogene Signalturm hat eine Sichtweite von zweiunddreißig Meilen. Wer die 256 Stufen erklimmt, genießt ein herrliches Panorama von Lorient bis Croisic. Vom Leuchtturm geht's weiter in Richtung *Port-Goulphar*. In der tiefen, geschützten Bucht erfreuen sich die Gäste der beiden Luxushotels an der herrlichen Ruhe und dem unverbaubaren Blick aufs Meer.

● **Port-Coton:** am Ende der Straße ragen die Felsnadeln von Port-Coton aus der Brandung. Der Platz ist nach den Schaumkronen der Wellen benannt, die der Wind wie Wattebäusche hochwirbelt. Der Maler Monet, welcher zwei Schritte von hier, in Kervilahouen, wohnte, bannte dieses Schauspiel mehr als einmal auf die Leinwand.

LOCMARIA

1070 gegründete Gemeinde im Südosten der Insel. Auch heute noch zeigt sie uns ganz besondere Eigentümlichkeiten. Vor der weißen Kirche mit dem runden Spitzturm erstreckt sich ein hübscher kleiner Platz mit einem ansehnlichen Brunnen. Rechts von der Kirche führt ein Weg nach *Port-Maria* hinab in eine schmale, Y-förmige Bucht mit kristallklarem Wasser.

Die Küste zwischen Locmaria und Le Palais wirkt nirgends eintönig, sondern stets überwältigend. An unserem Weg liegen *Port-Andro* und sein Strand, die Landzunge von *Kerdonis;* dahinter der Strand *Grands-Sables,* der größte der Insel, der so ideal für Schiffslandungen erschien, daß Vauban hier Festungsanlagen errichten ließ, deren Ruinen noch überall zu erblicken sind. Die Lieblichkeit dieses Küstenabschnitts – »du dedans«, von innen, genannt – kontrastiert auffallend mit der allen Winden ausgesetzten, zerklüfteten, wilden Küste. In *Grands-Sables* ist Baden völlig ungefährlich und man ist außerdem vor den Westwinden geschützt. Stark frequentiert wird auch der Strand von *Bordardoué* bei Le Palais.

DIE INSEL HOEDIC (56170) _____

Bretonisch für »kleine Ente«. Ihr Schicksal verlief ähnlich wie das der Insel Houat. Das Regiment führte hier der Pfarrer, der zugleich Bürgermeister, Richter, Arzt, Notar und Präfekt war. Eine waschechte Theokratie also, in der aber alles recht zufriedenstellend ablief.

Die 138, bei der letzten Volkszählung registrierten, Einwohner der 2,5 km langen und ein Kilometer breiten Insel leben ausschließlich vom Fischfang und Fremdenverkehr. Die Fischfangflotte zählt ungefähr fünfzehn Boote, darunter die *Coh-Karek,* dasjenige des Bürgermeisters. Vierzig Personen sind auf den Fischfang angewiesen. Zehn Gästehäuser, die ganzjährig geöffnet sind, wurden auf der Insel errichtet. Es wird behauptet, daß kaputte Partnerschaften hier unter der Obhut des Herrn Pfarrer wieder gekittet würden. Buchung T. 97-56-52-60. Wie Houat auch ist diese Insel flach und spärlich bewaldet. Die Küste setzt sich hauptsächlich aus felsigen Buchten und Klippen zusammen. Sie weist keine größeren Strände, dafür aber kaltes Wasser auf.

Die Erkundung der bretonischen Inseln erfordert Geduld und Sorgfalt. Das unbeschreiblich friedfertige Lebensgefühl dieser Inseln dringt allmählich wie ein wunderbarer Traumzustand in die Touristenseele ein, wenn er ihre Küste gemächlich »erwandert«, die Buchten entdeckt, sich der leicht mißtrauischen Bevölkerung annähert, mit vollen Zügen die würzige Luft und den Duft der Sandlilien oder wilden Nelken genießt. Eine Reise für Ästheten! Wer sie antreten will, siehe »Houat«.

– *Fremdenverkehrsamt:* im Rathaus. T. 97-30-63-32.

– *Wanderungen:* der Verein *L'Abri* vertreibt eine topographische Wanderkarte. Anschrift: 9, rue des Portes-Mordelaises, 35200 Rennes. T. 99-31-59-44.

– *Hôtel les Cardinaux:* das einzige Hotel. T. 97-30-68-31. Vollpension wird für 320 F geboten. Zehn Zimmer mit Dusche und WC. Ein weiteres Restaurant ist *Chez Jean-Paul.*

– *Der Gemeindezeltplatz* bietet reichlich Platz für hundert Personen und bietet, dank der Sanitäranlagen, mehr Komfort als auf Houat.

Die Insel weist zwei Häfen auf: *La Croix*, unweit der Sümpfe, an der südöstlichen Küste, wo man bei Ebbe auf Grund läuft. Und *Argol* an der Nordostküste, größer und fast bei jedem Wetter zugänglich. Auf beiden Inseln ist es günstiger, sich eine natürliche, sich den Bedingungen des Wetters angepaßte, Landebucht zu suchen.

Im 1874 fertiggestellten und noch fabelhaft erhaltenen Fort Vauban inmitten der Insel sind heute ein Wassersportzentrum, ein Heimatmuseum und eine Begegnunsstätte untergebracht. Es gehört dem »Conservatoire du littoral«.

DIE INSEL HOUAT (56170)

Die 7,5 km lange und vier Quadratkilometer große Insel liegt fünfzehn Kilometer vom Ufer entfernt, als natürliche Verlängerung der parallel zur bretonischen Südküste verlaufenden Antiklinale – auf einer Linie mit Quiberon. Wer einen Abstecher auf das – im Winter – 386 Einwohner zählende Eiland machen will, muß sich im Hafen Port-Maria auf Quiberon einschiffen. Im Sommer ist die Aufnahmekapazität auf rund tausend Personen beschränkt. Auch wenn die Gefahr von Wassermangel heutzutage ausgeschaltet ist, so sind die Unterbringungskapazitäten der Insel doch beschränkt. Houat besitzt einen wundervoll ruhigen und wilden Strand. Das Wasser bleibt aber bis August kalt.

Damit ist wohl deutlich geworden, daß wir uns hier nicht auf einem Eiland in Größe einer Balearen-Insel befinden. Die Inselwirtschaft beruht hauptsächlich auf der Landwirtschaft und dem Krebsfang. 1990 schaffte eine Flotte von fünfundvierzig Booten, die von fünfundachtzig Seeleuten verstärkt wurde, sechstausend Tonnen Fisch heran. Da die Hummerbrutanstalt nicht mehr gewinnbringend war, wurde sie zu einem Phytoplankton produzierenden Laboratorium umfunktioniert. Die Einwohner tragen nur allzu deutlich ihren Willen zur Schau, in Ruhe gelassen zu werden. Houat ist mit einem Ei vergleichbar: von außen glatt und bezaubernd, das Innere jedoch bleibt verborgen und es ist ein zerbrechlicher Gegenstand.

Wichtige Adressen

– Die *Schiffahrtsgesellschaft des Morbihan (Compagnie morbihannaise de navigation)* hält die Verbindung nach Houat aufrecht. Fahrzeuge werden nicht mitgeführt; sie sind auf der Insel überflüssig. T. 97-50-06-90. Die Häufigkeit der Überfahrten hängt von der Jahreszeit ab. Mit dem neuen Katamaran *Dravente* dauert die Fahrt nach Quiberon nur noch vierzig Minuten und von Houat nach Hoëdic noch einmal fünfzehn Minuten länger.

– *Les Vedettes Vertes (Motorboote):* Abfahrt von Vannes. T. 97-63-79-99. Die Überfahrt dauert doppelt so lang, etwa zweieinhalb Stunden. Dafür genießt man den Blick auf den Golf von Morbihan.

– *Wanderungen:* eine topographische Karte ist beim Verein *Abri* erhältlich, 9, rue des Portes-Mordelaises, 35200 Rennes. T. 99-31-59-44.

– *Fahrradvermietung:* am Hafen. Buchung: T. 97-30-68-74.

Kost & Logis

Offiziel ist Campen auf der Insel nicht gestattet. »Wildes Zelten« hinter dem Strand *Treach-er-goured*, ein Naturschutzgebiet, wird aber geduldet, sofern man sich unauffällig und umweltverträglich verhält. Dort gibt es sogar ein paar sanitäre Anlagen.

– *Hôtel-restaurant des Iles:* T. 97-30-68-02. Über dem Hafen, von Ostern bis Ende September geöffnet. Sieben Zimmer mit Waschgelegenheit. Äußerst ordentlich, von 255-275 F mit Halbpension. Menüs zu 110 und 190 F.

– *Eine andere Lösung:* ein Fischerhäuschen, *»penty«,* mieten. Vermittlung über das Rathaus T. 97-30-68-04.

– Zwei *Crêperies-restaurants* auf der Insel ersparen es dem Touristen, auch noch sein Vesper nach Houat mitbringen zu müssen.

CARNAC (56340)

Schicker Badeort mit besonders mildem Klima und etlichen touristischen Sehenswürdigkeiten und Aktivitäten. Die Gemeinde hält einen schmucken Wassersporthafen und eine hochqualifizierte Segelschule für Surfer und Segler bereit. Tausende von Feriengästen tummeln sich im Sommer an den fünf großen Stränden. Landratten haben die Wahl zwischen Golfspielen in Saint-Laurent – fünf Kilometer weiter in Ploëmel – Reiten in Kermario, Tennis und Streifzügen zu Fuß; beispielsweise, um die Menhire der »alignements« (Steinalleen) zwischen Kerlescan im Osten – 240 Steine – Kermario – 982 Steine – und Le Menec im Westen – 1099 Steine – zu zählen. Möglicherweise haben wir beim Zählen ein paar vergessen, wir bitten um Entschuldigung. Sie wurden in den Jahren 4500-4000 vor Chr. errichtet – zu welchem Zweck genau, weiß eigentlich keiner mehr. Inzwischen bietet der von Touristen zertrampelte Boden den Steinen schon gar keinen richtigen Halt mehr. Derzeit schüttet man das Gelände frisch auf und legt widerstandsfähigere Pflanzungen an. Das Menhirfeld in Le Menec wurde aus Forschungs- und Erhaltungsgründen eingezäunt und darf nicht mehr betreten werden
– *Fremdenverkehrsamt:* av. des Druides. T. 97-52-13-52. Eine Leserzuschrift lautete: Carnac Stadt hat jetzt ein eigenes Fremdenverkehrsamt, Place de l'Eglise. (Komisch, da schon ein Fremdenverkehrsamt angegeben war?!)

Unterkunft und Restaurants

In der Hauptsaison kann es kritisch werden. Am besten wendet man sich an das Fremdenverkehrsamt oder an eine der Immobilienagenturen, die per elektronischer Datenverarbeitung auf bemerkenstwerte Weise die vier- bis fünftausend Ferienwohnungen und Ferienhäuser in der Bucht von Quiberon verwalten.

● *Zeltplätze*

– *Les Menhirs:* beim Einkaufszentrum am Hauptstrand. T. 97-52-94-67. Angenehmer Rahmen und Ausstattung: Kinderbetreuung, Schwimmbad mit Rutschbahn, Sauna und Spielsalon. Wohnwagenvermietung für 2.450 F pro Woche für vier Personen und für 2.800 F für sechs Personen, alles inbegriffen. Voranmeldung empfohlen.
– *Le Moulin de Kermaux:* man nehme die Schnellstraße der Südbretagne und fahre bei Auray raus. T. 97-52-15-90. Gleich neben den Menhiren. Familiäre Atmosphäre, zahlreiche Unterhaltungsmöglichkeiten – Fernseher, Video.

● *Hotels*

– *Hôtel Chez Nous:* 5, place de la Chapelle, Carnac-Ville. T. 97-52-07-28. Übernachtung für 170-300 F, Frühstück 30 F.

● *Hotel-Restaurants*

– *Restaurant-crêperie-grill la Côte de Boeuf:* unweit der Menhire von Kermario. T. 97-52-02-80. Hier wird man von einem Landwirt zum Schmaus empfangen. Sein berühmtes Rinderrippenstück, für zwei oder drei Personen, mit Salat und Pommes Frites ist die 170 F voll und ganz wert. Auch der hausgemachte trockene und süße Cidre wird das Herz erfreuen.
– *Le Râtelier:* 4, chemin Douët. T. 97-52-05-04. In Carnac-Ville. Dienstags und im Oktober geschlossen. Sympathische, kleine Herberge mit zehn Zimmern sowie schmackhafter Küche. Man rechne mit 170-220 F.
– Haufenweise Crêperies, Grillrestaurants und Eisstände haben in Carnac-Plage während der Saison ihre Pforten geöffnet. Wer Qualität, einen angenehmen Rahmen und Atmosphäre zugleich sucht, muß sorgfältig auswählen. Um die Pô-Bucht herum, Richtung Plouharnel, werden Austern unmittelbar bei den Austernbänken zum Verzehr angeboten.

● *Etwas nobler*

– *Hôtel-restaurant Lann Roz:* bei der Post, in Carnac-Ville. T. 97-52-10-48. In der Hochsaison möglichst vorausbuchen. Reicher Blumenschmuck, Menüs ab 130 F. Eine wirklich exzellente Küche. Die kleinen, renovierten Zimmer werden für 290 F angeboten. Die Übernachtungen sind hier zumindest mit Halbpension gekoppelt. Im Nebengebäude im hinteren Teil des Gartens kann man ein für sechs Personen eingerichtetes Appartment mieten.

– *Le Bateau Ivre:* 71, bd de la Plage. T. 97-52-19-55. Hotel-Residenz mit Blick aufs Meer, Garten und Swimmingpool. Halbpension wird ausschließlich während der Saison offeriert. Die Zimmer sind mit komplett eingerichteten Küchen ausgestattet. Ein wirklich wundervoller Ort für einen Sommeraufenthalt, wo man für zwei Personen 630 F pro Tag auf den Tisch legen muß.

– *Le Plancton:* 12, bd de la Plage. T. 97-52-13-65. Dreißig moderne Zimmer. Vollpension zwischen 450 und 485 F. Der Blick aufs Meer und der Komfort kosten eben eine »Kleinigkeit«.

Nachtlokale

– *Le Stirwen* (der Stern): für ausgeflippte, durchtanzte Nächte. Nachtclub in einem neoromantischen, bretonischen, im waldreichen Hinterland verborgenen Gebäude.

– *Les Chandelles:* vis-à-vis der *Salines du Novotel*, in der Nähe des Hauptstrandes. Eine »angesagte« Disco mit jungem Publikum.

Sehenswertes

– *Prähistorisches Museum:* in Carnac-Ville. In der Hauptsaison täglich 10-12h und 14-18.30h Besucherverkehr. Carnac steht zwar für Menhire, diese gibt es jedoch nicht nur an diesem Ort, sondern auch in der übrigen Bretagne, in der Auvergne, auf Korsika, in Afrika und sogar in Korea. Hier muß sich einfinden, wer alles über Menhire – aufgerichtete Steine – Dolmen – Steintische – Cromlec'hs – kreisförmig aufgestellte Steine – und Tumuli – Hügelgräber – erfahren möchte. Das im ehemaligen Presbyterium eingerichtete Museum begeistert jeden Besucher, ob jung oder alt, mit Vorkenntnissen oder nicht, archäologisch interessiert oder nicht. Es umfaßt sechstausendsechshundert Exponate über Fauna und Flora sowie Werkzeuge vom Paläolithikum bis ins Mittelalter.

– *Die Kirche Saint-Cornély:* in Carnac-Ville. Der Portalvorbau mit den dorischen Säulen trägt einen fein ziselierten Granitbaldachin. An der großen westlichen Eingangspforte finden wir zwei Motive aus bemaltem Holz, daran erinnernd, daß die Kirche dem Heiligen gewidmet ist, der dafür berühmt war, Hornvieh zu kurieren.

– *Kapelle und Brunnen Saint-Colomban:* in einem Dörfchen, wo der letzte wirkliche Bauer kürzlich seinen Hof aufgeben mußte. Übrig bleibt die Kapelle im spätgotischen Stil, eingepfercht zwischen ansehnlichen, restaurierten Häusern. Innen vom Meer inspirierte naive Freskenmalerei und mehrere bemalte Holzstatuen. Im Sommer finden hier Gottesdienste statt.
An der alten Straße zwischen dem Dorf und Carnac ein Brunnen mit zwei Becken aus dem 16. Jh.: das eine ist für die Waschfrauen bestimmt, das andere für das Vieh. Angeblich wurden hier auch die Einfältigen getunkt, damit sie ein bißchen gesunden Menschenverstand und Intelligenz schöpfen. In Carnac ist Asterix nicht weit!

– *Der Tumulus Saint-Michel:* zugegeben, er ist eindrucksvoller als die Menhire. Hier wurden Erde und Steine fünfzehn Meter hoch aufgetürmt. Das Ganze wird von einer Kapelle und einer Orientierungstafel gekrönt. Die Gänge und Gräber im Inneren sind auf allen Vieren zu besichtigen. Die Anlage entstand vor rund sechstausend Jahren.

– Die fünf von einem wunderbaren Zollweg gesäumten *Strände von Carnac* breiten sich von der Pô-Bucht an der Grenze von Plouharnel bis zur Beaumer-Bucht bei La Trinité-sur-Mer aus. Wie eine Girlande reihen sich Kaps und feinsandige Buchten aneinander. Die Strände sind beaufsichtigt und vortrefflich ausgestattet und werden deshalb vor allem von Familien frequentiert. Am Strand von *Lege-*

nèse landeten am 27. Juni 1795 fünftausend Royalisten, um gegen die Revolution anzukämpfen. Sie stießen auf General Hoche ... Das Weitere ist bekannt! Surfer sind hier zu jeder Jahreszeit, auch bei stürmischem Wetter, unterwegs, da hoher Wellengang in der Bucht von Quiberon selten ist.

LA TRINITE-SUR-MER (56470)

Bis 1860 war dieses Dorf der Hafen von Carnac. Das Zusammenleben von Bauern und Seeleuten funktionierte nicht immer reibungslos. Heute lebt La Trinité in erster Linie vom Wassersport-Tourismus. Genießt nicht sein Jachthafen einen internationalen Ruf? Tabarly, de Kersauzon, Riguidel, Caradec, Facque usw., allesamt Landeskinder, sind mit allen Wassern gewaschene Seefahrer. Vergessen wir fix wieder, daß auch Jean-Marie Le Pen, der Chef der rechtsextremen Partei »Front National«, aus dieser Gegend stammt!
– *Fremdenverkehrsamt:* cours des Quais. T. 97-55-72-21.

Ins Land der Träume

● *Zeltplätze*

In der Nähe des Strandes von Kervillen buhlen zwei prächtige, hervorragend ausgestattete Zeltplätze um Kundschaft. Unbedingt im voraus anmelden.
– *La Baie:* T. 97-55-73-42. Insgesamt einhundertsiebzig Stellplätze.
– *La Plage:* T. 97-55-73-28. Mit zweihundert Plätzen.
– *Camping de Kervilor:* T. 97-55-76-75. Auch dies ein Drei-Sterne-Zeltplatz, nur liegt er im Grünen und ist mit einem Swimmingpool ausgestattet. Geschäfte, viele ausländische Gäste. Ausgezeichneter Komfort, viel Ruhe und Schatten.

● *Hotels*

– *Gîte de Kerguille:* 21, rue Er-Vammen, bei Claudine Brien. T. 97-55-75-26. Zimmer mit Frühstück.
– *Hôtel-restaurant Ostréa:* T. 97-55-73-23. Von Ostern bis Ende September geöffnet, dienstags geschlossen. Sagenhafter Blick auf den Hafen. Niedliche, erst kürzlich auf Vordermann gebrachte, Zimmerchen für 170-360 F. Zum Menü gehört stets eine Platte mit Meeresfrüchten, weil der Hausherr Sohn eines Austernzüchters ist. Im Untergeschoß ein Matrosen-Pub, in dem bis spätnachts etwas los ist.
– *Hôtel Le Rouzic:* an den Kais. T. 97-55-72-06. Ein Traditionshaus. Die zweiunddreißig klassischen Zimmer liegen preislich bei 320 F, Blick aufs Meer inklusive. Möglichkeit, zu essen; Menüs von 85-110 F.

Verköstigung

– *Les Hortensias:* oberhalb des Rathausplatzes, gegenüber vom Jachtclub. T. 97-55-73-69. In der Hauptsaison unbedingt vorbestellen. Ein stattliches Bügerhaus mit Terrasse und Wintergarten. Hier kann man, inmitten von Hortensienbeeten, ein Feinschmeckermahl zu sich nehmen, das vom Blick über den Hafen gekrönt wird. Dafür muß man natürlich schon tief in die Tasche langen: die Rechnung beläuft sich auf etwa 250 F.
– *L'Azimut:* rue du Menhir. T. 97-55-71-88. Oberhalb des Jachtclubs. Dieses ansehnlich Haus wurde gerade erst vom jungen Wirt erstanden. Er bringt Hummer zu Preisen auf den Tisch, die jeglichem Vergleich standhalten. Eine Auswahl an hervorragenden Weinen wird geboten. Dekor mit Holzverkleidung, maritime Zierfiguren, Kamin. Für 210 F speist man lecker.
– *La Teignousse:* 13, cours des Quais. Hier sollte man auf jeden Fall vorbeischauen, um sich an den Süßspeisen, Pralinen, Bonbons usw. gütlich zu tun, denn der Chef ist ein meisterhafter Konditor ...

Sehenswert

– In der *neuen Fischhalle* (Nouvelle halle aux poissons), in der auch das Hafenbüro und das Fremdenverkehrsamt untergebracht sind, sollte man unbedingt seine Einkäufe tätigen. Sie liegt äußerst günstig zwischen dem Jachthafen und dem Fischereibecken. Die umstrittene neobretonische Architektur des Gebäudes findet übrigens unsere volle Zustimmung.

– *Die Brücke von Kerispert:* exponierter Aussichtspunkt auf den Fluß, an der Grenze zwischen Austernbänken und Jachthafen, wo etwa tausend Schiffe vor Anker liegen. Auf den Kais ist auch außerhalb der Saison jederzeit etwas los.

– Wir raten zu einem fünf Kilometer langen Spaziergang vom Jachtclub auf dem Zollweg bis zum Strand von Beaumer in Richtung Carnac.

– Um La Trinité-sur-Mer herum laden mehrere gekennzeichnete Rundwege zu Wanderungen zwischen einer und drei Stunden ein. Eine Geländekarte ist beim Fremdenverkehrsamt erhältlich.

– *Schiffsausflug aufs Meer:* mit den *Vedettes Vertes*, T. 97-55-81-00. Überfahrten nach Belle-Ile von Ostern bis September, Rundfahrten auf dem Golf und Ausflüge zu den Inseln Houat und Hoëdic vom 1. Juli bis zum 31. August.

– *Fischen auf dem Meer:* den ganzen oder halben Tag oder nachts. Informationen beim *Club Acti Nautic*. T. 97-55-80-85.

LOCMARIAQUER (56740)

Reizvoller, kleiner Badeort am Eingang des Golfs von Morbihan, dessen Bevölkerung sich im Sommer verzehnfacht. Der Fremdenverkehr stellt also für dieses Dorf von Austernzüchtern einen überaus wichtigen Erwerbszweig dar.

Nützliche Adressen

– *Fremdenverkehrsamt:* place de la Mairie. T. 97-57-33-05. Während der Saison besetzt.

– *Vedettes Vertes* (Motorboote): place E.-Frick. T. 97-57-36-78. Ausflüge nach Belle-Ile, Houat und Hoëdic und kommentierte Golfrundfahrten.

– *Kajakschule* (Ecole départementale de kayak en mer): T. 97-39-85-32.

Unterkunft und Verpflegung

– *Le Lautram:* place de l'Eglise. T. 97-57-31-32. Ende September bis Anfang April geschlossen. Bescheidenes, adrettes Hotel gleich neben der Kirche. Die besten Zimmer findet man im Nebengebäude; sie verfügen über ein Bad und führen auf den Garten – zwischen 170 und 270 F. Zum Hauptstrand sind es nur anderthalb Kilometer. Am Restaurant fanden wir weidlich Gefallen, und wenn man nicht das Beßürfnis verspürt, sich aufs Menü zu stürzen, so begnügt man sich mit dem Tagesgericht und seinen ausnehmend üppigen Portionen ... Meeresfrüchtespezialitäten. Menüs für 65 und 105 F.

– *L'Escale:* am Hafen. T. 97-57-32-51. Reizvoller als *Le Lautram*, da es mehr Komfort und Aussicht aufs Meer bietet; dafür fällt die Rechnung aber auch saftiger aus: für Vollpension zu zweit blättert man 540-640 F hin.

– *Zeltplatz la Ferme Fleurie:* etwa ein Kilometer entfernt auf der Straße nach Kerinis. T. 97-57-34-06. Ruhiges, kleines Plätzchen, ganzjähriger Betrieb. Im Sommer sollte man im voraus gebucht haben.

– *Zeltplatz Lann Brick:* nach zweieinhalb Kilometern an der Straße nach Kerinis. T. 97-57-32-79. Nur im Sommer geöffnet. In Meeresnähe und komfortabler ausgestattet als der erste Zeltplatz. Auch hier für Juli und August besser voranmelden.

– *Gîte d'étape de Keraric:* in Crac'h. T. 97-56-31-26. Bei Mme Dréan, bei der man sich am Kaminfeuer aufwärmen kann.

Sehenswürdigkeiten

– *Die Pointe de Kerpenhir:* gegenüber von Port-Navalo, das auf der anderen Seite des Golfes liegt, das heißt siebzig Kilometer auf dem Landweg entfernt. Es handelt sich um ein Vogelschutzgebiet mit herrlichem Blick auf die Insel Meaban.

– *Die Kirche Notre-Dame-de-Kerdro* hat sich seit ihrer Erbauung gesenkt, was man an den Weihwasserkesseln und den Bodenfliesen erkennt, die recht häufig erhöht sind. Querschiff und Apsis sind im romanischen Stil gehalten. Auffallen werden einem die Taufbecken aus dem 15. Jh. und die mit Laubwerk und Widderköpfen geschmückten Kapitelle. Vom Platz neben der Kirche, der auf den Hafen blickt, sind bei Ebbe die in sechshundert Meter Entfernung vom Ufer liegenden Austernbänke auszumachen.

– *Der Große Menhir und der »Tisch der Kaufleute« (Table des Marchands):* den Schildern rechts am Ortseingang folgen. Die Sehenswürdigkeit wird heute kommerziell ausgeschlachtet und ist geschützt. Man fragt sich immer wieder, ob dieser Koloß von einem Menhir – zwanzig Meter lang, ungefähr dreihundertfünfzig Tonnen schwer – wirklich einmal gen Himmel ragte. Manche Spezialisten behaupten, er sei schon beim Versuch, ihn aufzustellen, wieder umgekippt. Oder hat ihn ein Blitz getroffen? Diente er nur als Hinweis für den benachbarten Dolmen, genannt Table des Marchands? Besucher gelangen durch einen Gang unter den großen »Tisch«. Im hinteren Teil des Grabraumes ist ein faszinierendes Beil in den Stein geritzt, das unter dem Namen »Spitzbogenschild« bekannt ist.

– *Der Dolmen von Mané-Lud:* folgen wir dem Weg hinter der Table des Marchands zum Tumulus von Mané-Lud. In den Erdhügel sind zwei Reihen von Menhiren eingelassen, die, als man sie entdeckte, von Pferdeschädeln gekrönt waren. Der Hügel soll viertausend Jahre auf dem Buckel haben ... In Locmariaquer kann man noch zahlreiche andere sehenswerte Megalithen bewundern. Einige Überreste stammen aus der Jungsteinzeit. Römische und keltische Fundstücke werden im Schloßmuseum Gaillard in Vannes ausgestellt.

Aber Locmariaquer ist auch ein Familienferienort, berühmt für seine feinsandigen, großen Strände zwischen der Pointe von Kerpenhir und der Mündung des »Flusses« von La Trinité-sur-Mer.

– In der Kapelle *Saint-André de Lomarec* in Crach ruht ein Sarkophag, in dem Waroch, der dem Bro-Erec seinen Namen gab und einer der ersten Könige der Region von Vannes war, bestattet sein soll.

– *Ausflüge im Golf* werden ab Guilven angeboten.

– *La Trinitaine:* diesen Kuchen-Supermarkt an der Straße nach Auray sollte man auf keinen Fall verfehlen. Die Fabrik produziert vor Ort Tonnen von Törtchen, Vierviertelkuchen – ein leichter Sandkuchen – und anderes Gebäck. Der Erfolg hat das seinige getan: mittlerweile trifft man hier sämtliche Bretagne-Spezialisten, welche die exquisiten Sachen kosten oder mitnehmen wollen,

AURAY (56400)

Behäbiges Hafenstädtchen mit zehntausenddreihundert Einwohnern an der Mündung des gleichnamigen Flusses, der über das Flüßchen Loch ins Hinterland eindringt. Seinen Reiz verdankt die Stadt den historischen Vierteln, vor allem Saint-Goustan, ganz hinten im Golf von Morbihan. Unbedingt zu besichtigen sind die Kirche *Saint-Gildas* im Renaissance- und Barockstil sowie der Rathausplatz mit seinen holzgetäfelten Häusern, die ehemalige Kommandantur Saint-Esprit mit den riesigen Spitzbögen aus dem 13. Jh., das Gefängnis-Museum in der Rue du Jeu-de-Paume und das Mausoleum von Cadoudal an der Straße nach Quiberon. Hier verübten die *Chouans* ihre Heldentaten. Nennen wir auch Georges Cadoudal und – wieso nicht – Gérard d'Aboville, den einsamen Ruderer, der Ende 1991 seine Atlantiküberquerung beendete: lauter Gebürtige aus *Bro an Alré*.

Nützliche Adressen

- *Fremdenverkehrsamt:* im Erdgeschoß des Rathauses. T. 97-24-09-75.
- *Jachthafen Saint-Gousban:* T. 97-47-48-49.
- *Tauchclub:* T. 97-24-02-22.
- *Reitverein Boisguy:* in Plumergat. T. 97-56-11-95.
- *Heimatmuseum:* in Saint-Degan-en-Brech. T. 97-57-66-00. Volkstümliche Kunst und Traditionen. Jeden Nachmittag zu besichtigen.
- *Relais départemental des gîtes ruraux (Unterkunft auf dem Bauernhof):* 2, rue du Château. T. 97-56-48-12.

Wo logieren?

- *Hôtel de la Mairie:* 26, place de la Mairie. T. 97-24-04-65. Während der ersten drei Oktoberwochen und der ersten beiden Januarwochen geschlossen, außerdem Samstag abends und sonntags außerhalb der Saison. Absolut korrektes Hotel mit Zimmern für 130-240 F, Menü für 70 F. Neuankömmlinge werden herzlichst aufgenommen.
- *Iff-Hôtel:* T. 97-56-44-56. Unweit des Verkehrsknotenpunkts RN 165/route de Quiberon. Ebenso wie das *Inter-Hôtel Toul Garros* – T. 97-56-22-22 – ein ganz neues Motel-Grillrestaurant. Die beiden Häuser sind gleichwertig: moderne Zimmer zwischen 250 und 310 F. Menüs ab 75 F.
- *Hôtel Branhoc:* an der Straße nach Le Bono. T. 97-56-41-55. Neue Zimmer für 250 und 280 F. Auch das kleine Restaurant nebenan ist zu empfehlen: *Le Chaudron*, T. 97-56-39-74. Der Wirt bereitet die Speisen noch auf dem Holzkohlengrill zu. Für 110 F bekommt man ein komplettes Mahl gereicht.
- *Zeltplatz les Pommiers:* an der Kreuzung der Straße nach Le Bono. T. 97-24-01-48. Erstklassiges Schwimmbad, Nachtclub und 135 Stellplätze. Im Sommer ist es ratsam, ... na, unsere aufmerksamen Leser werden es sich schon denken.
- *Zeltplatz Fort Espagnol:* in Creac'h. T. 97-55-14-88. Sehr bewaldet und ruhig. Schwimmbad, Spiele. Vermietung von großen Wohnwagen: für vier Personen 120 F pro Nacht. Außerhalb der Saison 30% Preisermäßigung.

Hunger und Durst

- *L'Ocarina:* 6, rue Saint-Sauveur. T. 97-56-64-20. In der alten, engen Straße gegenüber der Brücke des Hafens Saint-Goustan. Von Ostern bis Ende September geöffnet. Die jungen Köche verstecken ihre Arbeitswerkzeuge nicht. Sie zaubern originelle, preiswerte Salate und verschiedene Omeletts für 35-45 F auf den Tisch. »Galette frisson-folk« und Cidre in Flaschen.
- *Restaurant l'Armoric:* am Hafen Saint-Goustan. T. 97-24-10-36. Mehrere große Speisesäle und eine Terrasse. Schmackhafe Gerichte, die Küche läßt sich jedoch auf keinerlei Experimente ein. Für 65 F: »Moules marinière« – in Weinsud mit Schalotten gedünstet – Hähnchen mit grünem Pfeffer und zum Abschluß eine große Auswahl an Eisgerichten.
- *L'Eglantine:* auch am Hafen Saint-Goustan. T. 97-56-46-55. Außerhalb der Saison mittwochs geschlossen. Ausgefeilte, traditionelle Küche. Probieren sollte man das Fisch-Sauerkraut oder den Eintopf aus Meeresfrüchten. Sympathischer Empfang durch die Wirtin.

Wo einen heben?

An den Hafenkais von Saint-Goustan, wo Benjamin Franklin 1776 landete, um den französischen König um Hilfe zu bitten, sind zahlreiche Bars auf Kundschaft aus. Das Viertel ist abends belebt, die Atmosphäre eignet sich zum Träumen, umso mehr als daß nun am Quai Martin das *goélette-musée* (Schoner-Museum) *Saint-Sauveur* vor Anker gegangen ist. Es ist eine genaue Nachbildung der Küstenfahrzeuge, die im letzten Jahrhundert im Dienst waren: zu begutachten sind ein Diaporama und ein Modell des Hafens. Reservation: T. 97-24-07-78.
Am Ende des Kais überquert die neue Brücke der Nationalstraße 165 ganz majestätisch den Fluß.

● *Freizeit*

– *Le Rêve irlandais:* 8, rue Clemenceau. T. 97-56-68-75. Für Liebhaber keltischer Literatur, aber auch von Kleidung und aller Art von Leckerbissen, die von den irischen Vettern hergestellt wurden.

Kost & Logis in der Umgebung

– *Manoir de Porh Kerio:* zwischen Locoal-Mendon und Auray. T. 97-24-67-57. Ein Herrenhaus aus dem 15. Jh., wo heute ein talentierter Koch das Regiment führt. Wer es erst einmal gefunden hat, wird nicht enttäuscht sein.
– *L'auberge de Kerrean:* zwischen Malachappe-en-Pluvigner und Baud, an der D 24. T. 97-24-74-64. Es handelt sich um einen ehemaligen Bauernhof mit fünf Zimmern und einem urigen Speiseraum. Menü für 90 F und komfortable Doppelzimmer à 120 F.

SAINTE-ANNE-D'AURAY (56400)

Das Dorf ist alljährlich am 25. und 26. Juli Schauplatz der größten Wallfahrt in der Bretagne, also so etwas wie ein bretonisches Lourdes. Pro Jahr strömen an die zwanzigtausend Pilger und achthunderttausend Besucher hierher. Sie legen oft weite Strecken zurück, um die Heilige Anna anzuflehen, die 1623 an dieser Stelle Yves Nicolazic erschien. Die Mutter der Jungfrau Maria befahl ihm, ihr zu Ehren eine Kapelle zu errichten. Als der rechtschaffene Nicolazic die Schaufel am bezeichneten Ort ansetzte, grub er eine Statue der Heiligen aus. Vor nicht allzu langer Zeit fand man unter dem Kirchplatz sechsundfünfzig Silber- und drei Goldmünzen. Die heutige Basilika wurde Ende des 19. Jhs erbaut, um die aus dem 17. Jh. stammende Kapelle zu ersetzen. Im Innern der Kirche wird im Sockel der neuen Statue der Heiligen Anna ein Bruchstück der alten Figur aufbewahrt, die dem Volkszorn während der Revolution nicht standhielt.
Die Heilige Anna gilt als Schutzherrin der Bretonen. Die Legende will, daß auch sie in der Bretagne geboren wurde und erst später, als Witwe, nach Palästina ging, wo sie Maria, die Mutter des Jesuskindes gebar. Möglicherweise haben sich hier zwei religiöse Kulte vermischt: der von Ana, Mutter der keltischen Götter, und jener von der Heiligen Anna, den die Kreuzritter aus dem Orient mitbrachten.
In der Nähe der Basilika ein Ehrenmal für die Toten, von einer Mauer umgeben, auf der die Namen der achttausend bretonischen Soldaten verewigt sind, die zu den zweihundertvierzigtausend Opfern des Ersten Weltkrieges zählten.

Unterkunft und Verpflegung

– *Hôtel-restaurant le Moderne:* gegenüber der Basilika. T. 97-57-66-55. Eine klassische Etappe in einem geräumigen, neuen Haus. Zimmer mit Dusche und WC. für 180 F. Menü für 85 F: Entenpastete, Blätterteigpastete mit Meeresfrüchten, gegrilltes Hähnchen mit pikanter Teufelssoße, Käse, Nachtisch ...
– *L'Auberge:* 56, rue de Vannes. T. 97-57-61-55. Dienstagabends, mittwochs, fünfzehn Tage im Oktober und im Januar ist geschlossen. Unterkommen kann man in einfachen, aber adretten Zimmern für 105-160 F; im Restaurant läßt es sich fürstlich schlemmen; Menüs ab 75 F.
– *Hôtel de la Croix Blanche:* 25, rue de Vannes. T. 97-57-64-44. Behagliche Zimmer ab 110-225 F. Außerhalb der Saison sonntags abends, montags sowie von Oktober bis April geschlossen. Komfortable Zimmer für 150-290 F. Garten zum Flanieren und Telefon im Zimmer. Absolut korrekt. Menüs gibt's ab 65 F.
– *Les Rahed Koët:* in Plougoumelen, zwischen Vannes und Auray, Zufahrt über den Verteiler des Einkaufszentrums von Kenyah (RN 165). T. 97-56-34-96. In dem strohgedeckten Bauernhaus überbieten sich die Familienmitglieder, um den Gast zu verwöhnen. Menüs für 55, 65 und 85 F. Verschiedene Crêpes und traditionelle Gerichte aus der Gegend.

– *Crêperie Er Velin:* in Treuroux-en-Brech. T. 97-57-71-63. Hier wurde eine Mühle zu einer Herberge umfunktioniert, in einem ländlichen Rahmen mit absoluter Ruhe, die vor allem Anglern gefallen wird. Ungemein schmackhaftes Menü für 110 F. Vier Zimmer für 150 und 180 F.

Unternehmungen in der Umgebung

● **Pluneret:** der von einer Nachbildung der Statue der Basilika gekrönte Bahnhof von Sainte-Anne-d'Auray zeigt einen durch und durch altmodischen Stil. Er genoß seine Sternstunden, als Unmengen von Pilgern aus den Zügen stiegen. Da der T.G.V. (Train à grand vitesse = Hochgeschwindigkeitszug) nicht in Pluneret hält, haben die Hotels rund um den Bahnhof dichtgemacht und die Kutscher machen sich nicht mehr den Transport der Pilger streitig. Der Bahnhof konnte seine Haut retten, er wird nicht abgerissen werden – also sollte man ihm einen Besuch abstatten, denn er langweilt sich fürchterlich.

● **Ecomusée** (Heimatmuseum) **von Saint-Degan-en-Brech:** T. 97-57-66-00. Während der Saison jeden Tag nachmittags geöffnet. Eine gelungene Nachbildung eines bretonischen Dorfes aus dem letzten Jahrhundert.

● **Reitverein Boisguy:** in Plumergat. T. 97-56-11-95.

VANNES UND DER GOLF VON MORBIHAN

VANNES (56000)

Vannes zählt zu jenen Provinzstädten, denen ein wenig der BCBG-Stil anhaftet, und die man wegen ihrer reichen Geschichte sowie der ästhetischen Entdeckungen und Gefühle, die einen dort umranken, aufsucht. Der arglose Tourist stellt sich unter dieser alten Stadt mit ihren 45.700 Einwohnern ein bürgerlich-biederes Nest vor, das sein Jesuitenkolleg und seine Matrosengarnison in Ehren hält. Sicher: Armee und Kirche haben der Stadt lange ihre Gesetze aufgezwungen, aber heutzutage sind die Einwohner von Vannes emanzipierte und bemerkenswert dynamische Leute.

Nützliche Adressen

- *Fremdenverkehrsamt:* 1, rue Thiers. T. 97-47-24-34. In einem herrschaftlichen Stadthaus des 17. Jhs an den alten Hafenkais. Sachkundige und freundliche Angestellte schlagen begleitete Marschrouten vor – als ob unsere Leser das nötig hätten! – und vermieten Walkmans mit besprochenen Kassetten, die dem Touristen problemlos den Weg durch die Stadt weisen.
- *Bahnhof:* renoviert, im Norden der Stadt. T. 97-42-50-50.
- *Bureau information jeunesse (Auskunftsbüro für junge Leute):* im Rathaus, rue Hoche. T. 97-54-13-72.
- *Jachthafen:* Schwimmdock mit Pontons mitten in der Stadt. Vorhafen, Kielbank, Möglichkeit, sich mit Lebensmitteln, Wasser, Brennstoff, Material zu versorgen, Liegeplätze, daneben ein Meerwasserfreibad. Auskunft bei der Capitainerie, T. 97-54-16-08.
- *Navix Tourisme, Schiffshafen:* Parc du Golf. T. 97-63-59-48. Schiffsverbindungen zu den Inseln.

Kleiner Geschichtsunterricht

Die Halbinsel Men-Gweur (»Ziegenfelsen«) reicht bis zur Furt von Saint-Patern und ermöglicht somit die mühelose Überwindung der bei Niedrigwasser oft völlig trokken fallenden Salzsümpfe am innersten Punkt des Golfs von Morbihan. Hier also legten die Veneter ihre Hauptstadt Darioritum an. Hundert Jahre später, im Jahr 56 v. Chr., wurden sie von Julius Cäsar geschlagen. Die Römer ließen sich auf der Hochebene nieder und trassierten Straßen.

Das Bistum Vannes wurde vermutlich im fünften Jahrhundert gegründet. Immer wieder mußten die bretonischen Prinzen und Herzöge ihren Besitz gegen die habgierigen, merowingischen Herrscher verteidigen. Im zehnten Jahrhundert wurde Vannes von den Normannen in Brand gesteckt. Die Stadt entwickelte sich aber bald wieder zu einer großen Handelsstadt, die auch während des bretonischen Erbfolgekrieges mehrmals belagert war. Anne de Bretagne unterzeichnete in Vannes die Angliederung ihres Herzogtums an das Königreich Frankreich – Gedenktafel in der Passage de la Cohue. Im 16. und 17. Jh. erlebte die Stadt eine Periode großen Wohlstandes, vor allem, als hier vorübergehend das bretonische Parlament residierte.

Während der Revolution blieb die Region von Vannes entschieden königstreu und christlich. Die Bevölkerung bereitete General Hoche einen schlechten Empfang, als er 1795 zum Kampf gegen die von England unterstützten königstreuen Emigranten in Quiberon anrückte; sein Haus befindet sich in der Rue Saint-Vincent. Weder das erste noch das zweite Kaiserreich hinterließen in der Stadt Spuren – trotz des Schüleraufstandes im Collège Jules-Simon während der Hundert-Tage-Herrschaft Napoleons. Dieser Zeitraum war der letzte Abschnitt der Herrschaft Napoleons und sollte nur vom 1. März 1815 – dem Tag seiner Landung in Frankreich nach seiner Verbannung auf Elba – bis zum 18. Juni 1815 dauern. An diesem denkwürdigen Datum erlitt er in der Schlacht von Waterloo eine schmähliche Niederlage und dankte gleich darauf zugunsten seines Sohnes ab. Der Besu

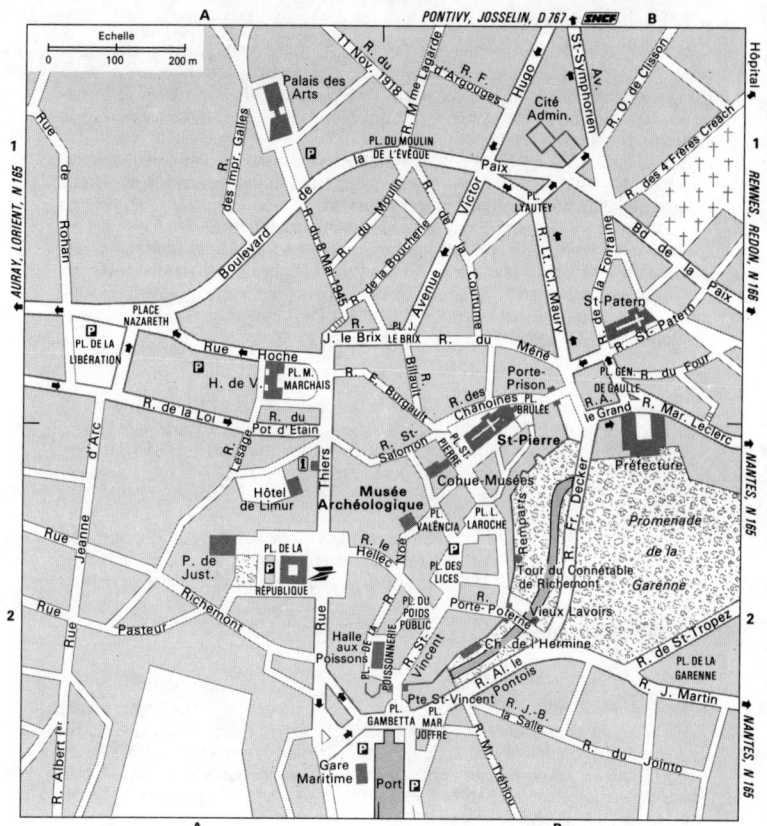

Vannes

cher Vannes wird von den belebten alten Wohnviertel innerhalb der Stadtmauer entzückt sein. Einen Spaziergang stellen wir weiter hinten vor.

Ausruhen

● *Preiswert*

– *Hôtel Moderne:* in der Stadtmitte, 2, rue de la Boucherie. T. 97-47-40-78. Bescheiden, aber korrekt und unlängst renoviert. Zimmer für 155-220 F, die meisten mit Dusche. Kein Restaurant. Überdachter Parkplatz.

– *Confortel-Louisiane:* unweit des Verkehrsknotenpunktes Richtung Vannes-Centre, an der vierspurigen RN 165, av. Georges-Pompidou. T. 97-40-92-61. Zwei-Sterne-Hotel mit ungefähr dreißig sauberen, modernen und preiswerten Zimmern. Optimale Parkmöglichkeiten. Die Küche zeigt sich arg einfach. Wegen der RN 165 lärmerfüllt.

● *Etwas ansprechender*

– *Hôtel l'Oasis:* an der Straße nach Conleau. T. 97-40-82-05. Auf der Höhe des *Pont Vert.* Neues Gebäude mit 37 Zimmern, das ein ausgezeichnetes Preis-Leistungsverhältnis bietet, aber sonst etwas traurig wirkt. Zimmer mit Bad gibt's zwischen 180 und 300 F; einige haben ein Eckchen Meerblick abbekommen. Zufriedenstellende Menüs ab 75 F.

– *Hôtel Mascotte:* am Rond-Point, vor dem Kongreßzentrum und dem Polizeigebäude. T. 97-47-59-60. Ein geräumiges, neues Haus in der Innenstadt am Bd de la Paix. Schalldichte Zimmer mit all dem Komfort, den man für 300-370 F erwarten kann. Verhältnismäßig einfaches Restaurant. Mittagsmenü für 65 F.

– *Hôtel des Remparts:* 4, rue des Vierges. T. 97-54-11-90. Für all diejenigen, welche von diesem Schild und dieser Adresse nicht abgeschreckt werden ... Attraktive, in einem historischen Gebäude innerhalb der Stadtmauern, untergebrachte Zimmer mit Blick auf den Garten. Vernünftige Preise zwischen 200 und 260 F. Unmöglich ist es jedoch, direkt vor dem Haus zu parken.

● *Zeltplätze*

– *Zeltplatz Vannes-Conleau:* 188, av. du Maréchal-Juin. T. 97-63-13-88. Vom 30. September bis zum 1. April geschlossen. Überaus komfortabel, großartige Lage.

– *Zeltplatz Pen-Boch:* vierhundert Meter vom Strand entfernt, 56610 Arradon. Etwa zwei Kilometer auf der Straße nach Roguedas. T. 97-44-71-29. Vom 30. September bis zum 30. April dicht. Unglaublich ruhig. Schwimmbad und 125 Stellplätze.

– *Camping de l'Allée:* nach 1,5 Kilometern an der Straße nach Moustoir, Arradon. T. 97-44-01-98. Betrieb vom 15. April bis zum 15. Oktober. Fünfundsechzig ruhige, schattige Stellplätze. Für Ruhe wird garantiert. Im Sommer vorausbuchen.

Zu Kräften kommen

● *Für arme Schlucker wie uns*

– *La Tour Trompette:* ein Turm der Stadtmauern, unweit der Porte Saint-Vincent. T. 97-47-58-40. Drei Ebenen mit originellem Rahmen, Atmosphäre à la Jachtsport im Mittelalter und Funk-Musik. Junge und mordsmäßig entspannte, lässige Bedienung. Ansprechende Küche. Meeresfrüchte-Cassoulet für 45 F, Fisch- oder Fleischspießchen vom Holzkohlengrill zwischen 58 und 75 F. Torte nach Art des Hauses für 23 F und Muscadet zu 53 F.

– *Le Pavé des Halles:* 17, rue des Halles, mitten in der Fußgängerzone. T. 97-47-15-96. Außerhalb der Saison sonntags und montags geschlossen. Geboten werden mehrere Menüs mit Vorspeisenbuffet und breiter Auswahl an Desserts, außerdem eine vielversprechende Weinkarte. Zuvorkommende Bedienung, originelle Einrichtung, sympathisches Ambiente.

– *Crêperie Saint-Gwenhael:* 23, rue Saint-Gwenael, zur rechten Hand der Kathedrale Saint-Pierre (Plan B2). Mittelalterliches Dekor im Untergeschoß mit einem Brunnen aus dem 13. Jh. Ansprechende Auswahl an Crêpes, 10 bis 35 F.

● *Etwas führnehmer*

– *La Varende:* 22, rue de la Fontaine. T. 97-47-57-52. Eine waschechte Küche nach Großmutterart ab 78 F; auch die anregende Karte ist dazu angetan, einen zu verführen. Reizender Rahmen, netter Empfang durch die junge Wirtin, im Hintergrund klassische Musik.

– *La Marée Bleue:* 8, place Bir-Hakeim. T. 97-47-24-29. Für das Hotel *La Marébaudière* T. 97-47-34-29. Außerhalb der Saison sonntags abends geschlossen. Das günstigste Menü beläuft sich auf 75 F. Einfach, aber schon äußerst zufriedenstellend und reichlich zu nennen. Für 155 F tun sich die Feinschmecker an Räucherlachs, Rotbarbe Müllerinart und weiteren lokalen Spezialitäten gütlich, die fix und auf liebenswürdige Weise kredenzt werden. Das Haus vermietet auch sechzehn schlichte Zimmer. Das bevorzugte Absteigequartier der Geschäftsreisenden und Handelsvertreter.

- *Rive Gauche:* 5, place Gambetta, am Hafen. T. 97-47-02-40. Kleines Restaurant mit gemütlicher Atmosphäre und freundlicher Bedienung. Menüs für 65 und 95 F.

In der Umgebung

- *Hôtel-restaurant la Voltige:* in Locqueltas, an der Straße zum Flugplatz von Meucon. T. 97-60-72-06. Montags, Allerheiligen und im Februar schließt dieses Haus seine Pforten. Ein Dutzend adretter und preiswerter Zimmer für 190 F, darüber ein kleiner Speisesaal, in dem sich die Anhänger des Fallschirmclubs treffen. Für eine ordentliche Mahlzeit berappt man um die 160 F.
- *Hôtel und Crêperie du Moulin de Lesnevé:* in Saint-Avé. T. 97-60-77-77. Echte Wassermühle, die noch immer ihre Maschinerie besitzt und in ein höchst angenehmes und durch seine Schlichtheit bestechendes Hotel umfunktioniert wurde. Es verfügt über zehn Zimmer ab 190-210 F je nach Größe und Komfort. Grabesruhe, obwohl man sich nur eine halbe Stunde von den Häfen Crouesty in Arzon und La Trinité-sur-Mer befindet.
- *Restaurant Le Pressoir:* 7, rue de l'Hôpital, 56890 Saint-Avé. T. 97-60-87-63. Fünf Kilometer von Vannes auf der Straße nach Pontivy. Es handelt sich um das beste Speiselokal in dieser Gegend. Schon das preisgünstigste Menü für 155 F ist einen Besuch wert. Komfort, Einrichtung, Küche und Bedienung beweisen Klasse. Sonntags abends und montags sowie in der ersten Oktoberhälfte und in der ersten Märzhälfte sind die Pforten dicht.
- *Hôtel-restaurant le Stivel:* rue Plessis-Arradon. T. 97-44-03-15. Anziehendes, modernes Haus, unweit der Tennisplätze und des Strandes am Hafen. Zimmer zwischen 245 und 285 F. Die Menüs belaufen sich auf 80-230 F.
- *L'Auberge du Petit Verger:* in Monterblanc. T. 97-45-95-57. Montags geschlossen. Ein Bauernhof mitten auf dem Lande, an der Straße von Vannes nach Plumelec, im Norden der Stadt; die D 126 ist tadellos ausgeschildert. Er gehört einem jungen Paar, das seinen Beruf mit Leidenschaft ausübt und den Gästen die landwirtschaftlichen Erzugnisse der Region vorsetzt, oft nach Art des Périgord zubereitet, wo auch der Chef herstammen muß. Das preiswerteste Menü kommt auf 80 F. Begießen sollte man das Ganze mit ein paar Flaschen Wein der besten Sorte ...

Discos und Nachtlokale

- *L'Atlantide* (Nachtclub): am Ortsausgang in Richtung Baud-Sainte-Anne-d'Auray. Ein weitläufiger Saal für die Jugend mit Discomusik und Laser, zwei weitere Tanz-Salons für Gäste, die's ruhiger und intimer mögen.
- *Le Ginn-Fizz:* 20, rue Saint-Patern. T. 97-42-57-63. In einem alten Viertel, das gerade architektonisch auf Vordermann gebracht wird. Wohlschmeckende, riesige und farbenfrohe Cocktails. Interessante Klientel.
- *Tartine et Framboise:* 78, bd de la Paix. T. 97-54-37-33. Höchst charmante Gastgeberinnen. Eine klitzekleine und niedliche Bar, in der es einem garantiert nicht zum Gähnen zumute ist.
- *Le Moulin du Roy* und all die anderen Bars mit Terrasse an der Place Gambetta, vor dem Hafen, die an Sommerabenden aus allen Nähten platzen. Hier sollte man unbedingt vorbeischauen, um ein bißchen Seeluft zu tanken.

Freizeit und Ausflüge

- *Ausflüge im Golf und bis zur Belle-Ile* mit den *Vedettes Vertes.* Gelegenheit zur Teilnahme an einer Kreuzfahrt mit Mittagessen an Bord, was gruppenweise zu buchen ist. Verschiedene Strecken und Zwischenlandungen, umfassende Dienstleistungen. Auskunft beim Schiffshafen, Parc du Golfe, Pont Vert, an der Straße nach Conleau. T. 97-63-79-99.
- *Tennis-Club Vannes:* allée du Clos-Vert. T. 97-63-14-66.
- *Reitsportclub und regionales Zentrum für Fallschirmspringen in Meucon (Internat):* T. 97-60-78-69.
- *Segelschule:* in Arradon. Kapitänsbüro des Jachthafens. T. 97-54-16-08.

– *Tauchschule les Vénètes:* für Tauchausflüge, Unterwasserjagden und höchst brauchbare Ratschläge. T. 97-42-47-00.

Sehenswert

Als erstes stellt sich die Frage, wie und wo man das Auto – ordentlich und kostenlos – stehen läßt. Wir empfehlen den Parkplatz *de la Rabine* am Hafen, neben dem Fremdenverkehrsamt; dort findet man es leicht wieder. Das alte Vannes blieb unbeschädigt: die einzige Bombe, die hier im Zweiten Weltkrieg abgeworfen wurde, besaß das Feingefühl, nicht zu explodieren. Und nun auf zur Stadtbesichtigung! Unsere Leserinnen und Leser erwartet etwa ein Stündchen Fußweg.

– *Die Stadt intra-muros (Plan B2):* wir schlendern durch das von einer Statue gekrönte Tor Saint-Vincent in die Altstadt. Die Rue Saint-Vincent folgt dem ehemaligen Deich. Hier fallen ansehnliche Herrschaftshäuser aus dem 17. Jh. auf, die Wohnhäuser der Mitglieder des bretonischen Parlaments, das Ludwig XIV. nach Vannes verbannt hatte.

Am Ende der Rue Saint-Vincent und am unteren Teil der Place des Lices, wo mittwochs und samstags der Markt abgehalten wird, schlagen wir die Rue René-Rogue in Richtung Place Valencia ein. Dort befinden sich das Haus des heiligen *Vincent Ferrier* und das *Schloß Gaillard* mit einem fesselnden archäologischen Museum. Von hier marschieren wir die Rue des Halles – einstige Rue Latine, wo die Seminaristen wohnten – hoch und biegen rechts in die Rue Saint-Salomon mit ihren wunderbaren Fachwerkhäusern ein, um an der *Place Henri-IV* herauszukommen, dem Ruhepunkt unseres Stadtrundgangs.

– *Die Kathedrale Saint-Pierre (Plan B2):* sie hat nicht das Aussehen der Kathedrale von Quimper. Ein massives und »buntscheckiges« Bauwerk, das alle Stile vereint: vom romanischen Turm aus dem 13. Jh. bis zur Kirchturmspitze aus dem 19. Jh. Die Nordfassade öffnet sich auf die *Rue des Chanoines* in Gestalt einer spätgotischen Pforte mit zwölf Apostelnischen. Hier fällt uns die kuriose, runde Kapelle im Stil der italienischen Renaissance auf, was in der Bretagne Seltenheitswert besitzt. Der Schatz der Kathedrale ist im Kapitelsaal des Chorumgangs untergebracht und vom 1. Juli bis zum 15. September 10-12h und 15-18h zu besichtigen.

– *Die Cohue-Passage (Plan B2):* damit ist das Viertel rund um die Kathedrale gemeint, das seine alten Häuser erhalten hat, vor allem die *Cohue*: die einstigen Markthallen, in deren Erdgeschoß im Mittelalter die Händler ihre Waren ausbreiteten. Einen Stock höher residierte der Gerichtshof des bretonischen Parlaments. Der Seitenflügel wird heute für temporäre Ausstellungen genutzt, während im Hauptgebäude die Sammlungen des *Musée des Beaux-Arts* – Museum der schönen Künste – ausgestellt sind. Zugänglich 10-12h und 14-18h, außer an Feiertagen. Das berühmteste Werk ist die *Kreuzigung* von Eugène Delacroix. Zahlreiche Gemälde befassen sich mit verschiedenen Aspekten der Bretagne: *Der Bettler* von Flavier Peslin, *die Prozession* von Raoul Le Carà, *les Bigoudens* – Frauen, welche die gleichnamige hohe und zylindrische Haube tragen – von Bouchor. Zwei weitere Räume sind der Geschichte und Völkerkunde des Golfs von Morbihan gewidmet. Modelle und Fotos veranschaulichen die Welt der Austernzucht. Auf das Modell des *»sinagot«*, ein Fischerboot in Form eines Holzpantoffels mit viereckigen Segeln, achten.

– *Die Porte Prison (Plan B2):* rechts vom Kathedraleneingang schlendern wir die Rue Saint-Gwenaël hinab, vorbei an eleganten Häusern mit hölzernem Fachwerk. Spezialisten werden anhand der Fenster das Alter der Gebäude ablesen, die fast alle restauriert wurden. Im Parterre verlocken überall schicke und geschmackvolle Boutiquen zum Geldausgeben. Die Porte Prison (Gefängnistor) führt wieder aus der Altstadt intra-muros heraus. Sie stellt ein hervorragendes Beispiel für die mittelalterliche Kriegsbaukunst dar, entging jedoch Anfang des Jahrhunderts nur knapp dem Abbruch. Die *Compagnons du Tour de France*, wandernde Handwerksgesellen, richteten 1975 das Dach und das Tragwerk wieder her. Rechts tut sich ein atemberaubendes Panorama auf die Stadtmauern auf.

– Die Stadtmauer (Plan B2): die großartigen Befestigungsmauern mit den Wassergräben und den französischen Gärten ergeben ein einzigartiges Bild. Wir bewundern das Schloß *L'Hermine,* um 1800 wiederaufgebaut, und die Waschhäuser aus dem 18. Jh. vor dem Tor Poterne. Bis zum Zweiten Weltkrieg fanden sich die Frauen von Vannes hier zum Wäschewaschen und Plaudern ein. Der höchste Turm ist nach dem Konnetabel de Clisson benannt – Mitkämpfer gegen die Engländer und Nachfolger Du Guesclins als Oberbefehlshaber der königlichen Truppen – welcher dereinst dort eingekerkert war. Auf der anderen Seite der Stadtmauer beginnt die *Promenade de la Garenne,* die im 18. Jh. im Park des alten herzoglichen Schlosses angelegt wurde. Es braucht eigentlich nicht mehr erwähnt zu werden, daß dieses Eckchen den Fotografierfreudigen Freudenjauchzer entlocken wird. Sie mündet auf den Hafen, via Place Gambetta.

– Der Hafen (Plan B2): wurde in ein Schwimmdock umgewandelt und beherbergt nur noch Jachten. Gesäumt wird er am rechten Ufer von alten Häusern, die François Coppée als »Bühnenbild der Comédie Française« erschienen. Etwas weiter unten führt der bewaldete Spazierweg zum Pont Vert, Handelshafen und Anlegeplatz für die Vedettes, die von hier aus zu Ausflügen auf dem Golf auslaufen.

– Das Aquarium: T. 97-40-67-40. Täglich, in der Saison durchgehend und das ganze Jahr über geöffnet. Ein Vannesbesuch wäre nicht vollständig ohne die Halbinsel Conleau, zugänglich über den Landesteg Pont Vert, wo die Pyramide des Aquariums in den Himmel ragt. Sie versetzt den Besucher in die lautlose, zauberhafte und bunte Welt der Fische, die hier in rund fünfzig Becken herumpaddeln. Einige Seltenheiten: Riffhaie mit schwarzer Flosse, ein Kopfsauger, Saugfische und Perlboote, auch Nautilus genannt, Angehörige einer Gattung der Kopffüßer mit spiraliger, in Kammern unterteilter Schale, die gewöhnlich fast achthundert Meter tief auf dem Meeresboden leben.

– Das Automatenmuseum: parc du Golfe, in Richtung Conleau, hinter der Pont Vert. Auch das Treibhaus mit seinen tropischen Schmetterlingen lohnt einen Abstecher.

– Meerwasser-Freibad: in Conleau. Freier Eintritt und herrliche Aussicht über den Golf. Ablegehafen zur Insel Arz.

In der Umgebung

● **Jachthafen und Strand von Arradon:** man durchquere den Ort Arradon, um dann zu Fuß die Landzunge zu erkunden und den Blick über die vor Anker liegenden Segelboote sowie den Strand und die *Ile aux Moines* (Mönchsinsel) zu genießen. Aufpassen: die Ebbe legt eine reichlich schlammige Sandbank frei.

● **Schloß Plessis-Josso:** in Theix, Besuchszeiten nachmittags vom 14. Juli bis zum 1. September. Von den übrigen Wohnhäusern der Gemeinde Theix unterscheidet sich das prächtige bretonische Herrenhaus, das nach wie vor in Privatbesitz ist, nur durch ein Türmchen, die Verzierungen von Türen und Fenstern, die als Taubenschläge dienenden Löcher und einen geringfügigen Höhenunterschied. Die zinnenbewehrten Mauern und die Ecktürme zum Schutz der Festung aus dem 13. Jh. sind noch erhalten. Ein polygonales Treppentürmchen lockert die Fassade mit den steinernen Fensterkreuzen auf.

● **Die Kapelle Notre-Dame-la-Blanche:** in Theix. Im Innenraum finden wir verzierte, das Tragwerk begrenzende Querbalken mit Tier- und Menschenköpfen, dazwischen Inschriften, Wappen und vier Rosetten. Besondere Aufmerksamkeit verdient die Porträtgalerie. Hier hatten die Künstler die Möglichkeit, sich mal richtig auszutoben. Man erkennt ein betrunkenes Schwein, ein Judenhaupt, einen fratzenschneidenden Teufel, eine garnspinnende Sau, eine hellebardenbewehrte Ziege ... Das Altarblatt hinter dem Hauptaltar umrahmt die Krönungsszene der Jungfrau Maria.

● **Die Festung Largoët:** in Elven, an der RN 166 in Richtung Ploërmel, etwa vierzehn Kilometer entfernt. Heute sind nur noch die imposanten Ruinen der Festung vorhanden, in der Henri Tudor im 15. Jh. gefangengehalten wurde, bevor er unter dem Namen Heinrich VII. König von England wurde. Der befestigte Hauptturm ist mit vierundvierzig Metern der höchste in Frankreich. Ideal für die Dreharbeiten von Filmen!

Am Parkeingang fällt das Wachhaus mit den riesigen Hasen aus Granit auf. Von Mitte Juli bis Ende August finden freitags und samstags um 22h »son et lumière« – mit Licht- und Toneffekten untermalte Darstellung der Geschichte eines Bauwerks – statt, welche sich um die Legende von Tristan und Isolde drehen. Aufgeführt werden diese lyrischen, lebendigen, farbenfrohen und literarisch wertvollen Inszenierungen von ungefähr einhundertfünfzig unentgeltlich spielenden Schauspielern. Ein unvergeßlicher Abend, vor allem wenn die Luft angenehm warm ist – an kühleren Abenden Decke nicht vergessen!
– *Association pour la renaissance du château de Largoët:* 56250 Elven. T. 97-53-52-79 für Buchungen.

● **Das Schloß Trédion:** am Ortsausgang von Elven in Richtung Ploërmel. Ein stolzes Gebäude aus dem 19. Jh., heute ein Hotel-Restaurant, inmitten eines wunderbaren Parks.

Wer seinen Weg weiter nach Callac fortsetzt, findet hier einen Kreuzweg mit lebensgroßen, zutiefst beeindruckenden Figuren aus Granit.
– *Auberge du Moulin de Callac:* zwei Schritte entfernt. T. 97-67-12-83. Für eine seelische und körperliche Ruhepause! Bestens versorgt wird man von der Gattin des Bügermeisters der Gemeinde. Das Frühstück kommt noch in großen Schalen von einst auf den Tisch. Das Haus verfügt über acht Zimmer mit Bad und WC für 180 F. Für Vollpension wird 300 F berechnet.

● **Guéhenno:** der schönste Kalvarienberg im Morbihan. Vor dem 1550 errichteten *calvaire* steht eine mit den Instrumenten der Passion geschmückte und von einem Hahn gekrönte Säule – in Erinnerung an die Verleugnung des Apostels Petrus. Dahinter erspäht man ein von einer Wiederauferstehungsstatue überragtes Beinhaus. Ebenfalls sehenswert ist die Kapelle du Mont, das Herrenhaus des Großen Lemay, welches kürzlich von der Gemeinde erworben wurde und das Dorf Roch, wo elf von zwölf prächtigen Bauernhöfen aufgegeben wurden.

DER GOLF VON MORBIHAN

Mor bihan bedeutet »kleines Meer«. Die Landschaft wandelt ihr Gesicht im Rhythmus der Gezeiten, der Jahreszeiten und mit dem Wetter. Ein Gewirr unzähliger Meeresarme umschlingt die Inseln, deren es nach der Legende so viele gibt wie das Jahr Tage hat. »Die Inseln sollte man im Morgendunst betrachten, wenn sie wie die Gipfel einer Gebirgskette aussehen, deren Täler vom Wasser überflutet sind.« Dichter aller Jahrhunderte waren begeistert – zu Recht.

Entdeckungsfahrten im Golf

Die Fremdenführer sind sich einig darüber, daß die beste Art und Weise, den Golf zu besichtigen, darin besteht, in Vannes ein Schiff zu besteigen. Man hat jedoch auch die Möglichkeit, den Golf auf weniger klassischere, Arten zu entdecken:
● An der Pointe d'Arradon ein Motorboot mieten – mit oder ohne Bootsführerschein. Zu mehreren Personen ist das gar nicht teuer; man kann seinem eigenen Rhythmus folgen, von Insel zu Insel schippern und an Land gehen, wo es einem gerade gefällt.
– *Motorbootvermietung: Le Blan Marine*, im Hafen von Arradon. T. 97-44-06-90. Am Vortag buchen. Der Inhaber ist ungemein liebenswert und erklärt Neulingen, wie sie mit dem Boot umgehen müssen. Bei Ebbe sollte man sich vor allem von den Austernbänken fernhalten und sich – dies gilt sowohl bei Ebbe als auch bei Flut – vor der Strömung in Acht nehmen, die in Port-Blanc 21 km/h erreicht.
– *»Le Golfe en liberté« (der Golf in Freiheit):* hier besteht die Möglichkeit, dank eines Systems von Navettes ganz nach seinem eigenen Rhythmus von Insel zu Insel zu schippern. *Navix Vannes*, T. 97-63-79-99.
● Eine weitere unkonventionelle Art, den Golf zu erkunden, wäre eine Tagesfahrt auf einem *»sinagot«*, einem alten Fischersegelboot, das unter Denkmalschutz steht. Für sechs bis acht Personen kostet dieser Spaß 50 F. Jeder bringt seine Vesper mit. Abfahrt in Séné. Rechtzeitig buchen.

Golf von Morbihan

– Auskunft über die Termine erteilt das *Fremdenverkehrsamt in Vannes:* 1, rue Thiers. T. 97-47-24-34.

● *Ein Flug* über den Golf kommt zwar teurer, aber was soll's, wir leben nur einmal, und zudem macht's Riesenspaß. Man miete sich einen Vogel samt Steuermann im *Aéroclub von Vannes-Meucon*, T. 97-60-73-08, oder in Quiberon, T. 97-50-11-05. Sobald man den Golf aus der Luft erblickt hat, wird man sich einige Fragen über die Entstehung dieser Landschaft stellen.

Die Entstehung des Golfs

Im Quartär drang der Ozean in das Innere des von den Flüssen ausgehöhlten Beckens ein, wo er seither geblieben ist. Der Meeresspiegel indes veränderte sich seit der Errichtung einiger prähistorischer Monumente mehrmals und liegt heute vier bis fünf Meter höher als früher. Dies führte dazu, daß etliche Monumente überflutet wurden; die bekanntesten Beispiele sind die beiden Dolmen von Kervoyal im Bono-Fluß. Der Golf von Morbihan bedeckt, je nach den Gezeiten, zwischen 47 und 132 Quadratkilometer. Er ist von vierzig Inseln und Inselchen übersät, die, außer den beiden weiter unten vorgestellten Gemeinden, alle in Privatbesitz stehen. Die enge Hafenzufahrt von Port-Navalo mißt in der Breite neunhundert, in der Tiefe jedoch nur fünfunddreißig Meter – man kann sich leicht vorstellen, wie stark die Strömung hier ist. Ab und zu ist der Golf, beim Wechsel der Gezeiten, noch nicht voll oder leer. 1990 wurde der Landstrich als Naturerbe von internationalem Wert unter Schutz gestellt. Puh, vielen Dank! Dies verstärkt und bestätigt die Maßnahmen, die schon um das zu Ifremer gehörende *Vogelschutzgebiet der Ile de Bailleron* herum getroffen wurden – siehe weiter unten.

DIE INSEL ARZ

Per Schiff zu erreichen ab Vannes-Conleau. Überfahrten jede Stunde, Dauer fünf-zehn Minuten. Auskunft über die Abfahrtszeiten: T. 97-66-92-06 oder 97-66-94-38.

Von weitem erkennen wir den zierlichen Kirchturm, die verwitterten malvenfarbe-nen Schieferdächer, die Taubenschläge in den Häusern mit ihren runden, gedrückten Eingängstüren, bei denen sich die Einflüsse der Renaissance bemerk-bar machen. Die Insel weist eine Länge von drei Kilometern auf, und ihre ausge-franste Form hat zur Folge, daß man nirgends mehr als vierhundert Meter vom Meer entfernt ist.

Das Eiland stellt ein Paradies für Surfer und Segler dar. Darauf weisen auch die insgesamt vier Wassersportclubs auf der Insel hin, von denen einer ein Ableger der bekannten Segelschule des Glénans ist. Während des ganzen Jahres Betrieb, T. 97-44-31-16.

Das Querschiff – nebst Arkaden und skulptierten Kapitellen mit grotesken Tier-motiven – der Pfarrkirche stammt zum Teil aus dem zwölften Jahrhundert. Das Tragwerk wurde im 15. Jh. teilweise erneuert. Die Kapelle in einer Ecke zwischem dem Kirchenschiff und dem nördlichen Querschiff kam im 17. Jh. dazu. Das har-monisch proportionierte Haus des Priors hinter der Kirche geht aufs 18. Jh. zurück. An der Ecke der Rue Joubioux und des Pfarrhauses: prächtiges Gebäude mit einer doppelläufigen Granittreppe.

Wie wär's nach soviel Kultur und Gäßchen mit einem anziehenden Rundgang per pedes über die Insel? Die steckt nämlich voller Überraschungen: der Strand von Brouel im Südwesten, ein dreihundert Jahre altes Herrenhaus in Pénéro usw.

Wissenswerte Adressen

– *Fahrradvermietung:* J.-R. Guillot. T. 97-44-31-83.
– *Rathaus:* verwaltet den *Gemeindezeltplatz les Tamaris.* Vorausbuchung T. 97-44-31-14.

Unterkunft und leibliches Wohl

– *Hôtel de l'Escale:* gegenüber vom Anlegesteg. T. 97-44-32-15. Von April bis Oktober geöffnet. Vergleichsweise schlichtes, aber ordentliches Hotel, gleich am Wasser mit Panoramasicht über den Golf von Morbihan. Die Preise der Dop-pelzimmer rangieren zwischen 220 und 270 F. Halbpension ist Pflicht. Menüs von 75-102 F.
– *Gîtes (Unterkunft) von Kervio et Le Lann:* Robert Tanguy. T. 97-44-33-84.

DIE ILE AUX MOINES (Mönchsinsel)

Hier vermischen sich Tanggeruch und Piniendunft. Das außerordentlich milde Klima läßt Kamelien, Palmen und Orangenbäume gedeihen. Drei Olivenbäume sind der ganze Stolz der Inselbewohner. Die Mönchsinsel, das größte Eiland im Golf von Morbihan, mißt sechs Kilometer in der Länge und hat die Form eines Kreuzes. Benannt wurde sie nach den Mönchen von Redon, die sie einst vom König Erispoë geschenkt bekamen. Die Insel ist noch immer außerordentlich bewaldet: die bois d'amour (Liebeswald), bois des Soupirs (Wald der Seufzer), bois des regrets (Wald des Bedauerns) verleihen ihr einen unvergleichlichen Reiz. Man erreicht sie ab Port-Blanc in Baden, vierzehn Kilometer von Vannes entfernt. Der kostenpflichtige Parkplatz ist im Sommer natürlich rappelvoll, aber man kann auch auf andere ausweichen.

– *Fremdenverkehrsamt:* am Hafen. T. 97-26-32-45.
– *Wassersportbasis Drehen:* Jugend und Marine. T. 97-26-31-57.

Unterkunft und Verpflegung

Abgesehen von den üblichen Kneipen und Crêperien darf man keine kulinarischen Hochburgen erwarten. Aufmerksam machen wollen wir aber auf:
- *Le Café de Jeannette:* gegenüber dem Anlegeplatz. Fröhlicher und warmherziger Empfang durch die redselige Wirtin, die gleich zum Du übergeht, wenn sie einem alles, was sie über die Insel und ihre Bewohner weiß, anvertraut.
- *La Désirade:* in Bindo. T. 97-26-36-81. Von Ostern bis Oktober und an Wochenenden außerhalb der Saison auf. Kleines, schickes Restaurant. Menü für 148 F.

Zum Nächtigen mietet man sich in der *Bar des Iles* ein, die über sechs Zimmer verfügt. T. 97-26-32-50. Die Übernachtung für zwei Personen 300 F.

Camping und Zelten sind strengen Bestimmungen unterworfen. Pro Grundstück dürfen mit Genehmigung des Eigentümers, höchstens drei Zelte oder Wohnwagen aufgestellt werden, mit dem Ziel wildes Campieren zu vermeiden. Aber auch ein Gemeindezeltplatz mit Duschen und Sanitäranlagen ist vorhanden. Man wende sich ans Verkehrsamt.

Sehenswürdigkeiten

Im Süden die Dolmen von Boglieux und Penhap, im Norden ein erstaunlicher Kalvarienberg auf einem Treppensockel auf der Landzunge von Trech, die eine wunderbare Aussicht auf Arradon und den Golf beschert. Um die Insel kennenzulernen, mietet man am besten ein Fahrrad im Hafen. Unsere Leser werden entzückt sein von den niedrigen Fischerhäusern, den Steinmäuerchen und den Villen mit ihren grünenden Gärten. Man stößt auf einen einladenden Strand, einen lobenswert ausgeschilderten Küstenweg und einige sichere Ankerplätze, wenn man z.B. in der Bucht von Loriot anlegt.

DIE INSEL GAVRINIS

Zwischen 9.30-11.30h und 13.30-17h tuckert alle halbe Stunde ein Boot von Larmor-Baden aus auf die Insel.
Dreißigminütige Führung durch den *cairn* vom 1. Mai bis zum 30. September von 9-12h und 14-18h; Preis: 30 F. Buchung für Gruppen: T. 97-57-19-38.
Beim *cairn* (Erhebung, Hügelchen) von Gavrinis handelt es sich um eine aus dem Jahre 3000 v. Chr. stammende neolithische Grabstätte, die als eines der wichtigsten megalithischen Monumente angesehen wird. Der Steinhügel weist eine beeindruckende Höhe von sechs Metern und einen Durchmesser von fünfzig Metern auf. Ein vierzehn Meter langer Gang führt zu einem unterirdischen Dolmen, der von einer vier Meter langen und an die vierhundert Tonnen schweren Steinplatte bedeckt ist. Die aufgerichteten Steine sind mit einfachen Gravierungen versehen, darunter Spiralen, konzentrische Kreise und Halbkreise und sowas wie Steinbeile. Den Archäologen ist es bisher nicht gelungen, das Geheimnis dieser seltenen Zeichen zu lüften.
Zugleich verbleicht dieses Geheimnis zunehmend, denn die Gravuren verwischen sich unter den neugierigen Händen der Touristen immer mehr. Das Amt für Denkmalschutz ergriff bereits drakonische Maßnahmen, um das Monument, ein Eigentum des Departements, zu retten. Manche denken sogar an einen Nachbau – Faksimile – des *Cairn*, wie dies ja auch mit den Grotten von Lascaux geschehen ist. Der Abguß aus Elastomere-Kunststoff soll, so sagt man, schöner sein als das Original.

DIE INSEL BERDER

Ein dreiundzwanzig Hektar großer Privatbesitz, davon drei Kilometer Strand, der mit Larmor-Baden über einen bei Flut überschwemmten Damm verbunden ist. Graf Arthur Dillon erwarb die Insel 1880 und ließ einige Gebäude errichten, darunter einen sechseckigen, fünf Stockwerke hohen Turm und die Kapelle Sainte-Anne, die anläßlich der Hochzeit seines Sohnes errichtet wurde. Außerdem wurde ein zehn Hektar umfassender Lustgarten angelegt, von dem seine früheren Besitzerinnen – eine Nonnengemeinschaft – lange Zeit profitierten. Diese würde die

Insel gerne verscherbeln, nur ist sie seit 1986 an die *Association Loisirs Vacances Tourisme* verpachtet, die nicht die Absicht hat, von dannen zu ziehen. Sie bietet zweihundert Feriengästen Platz. Buchung T. 97-57-03-74.

DIE RESTLICHEN INSELN

Ein Wanderer im Golf von Morbihan wird auf seinem Weg von Insel zu Insel nasse Füße davontragen und sich – wie wir auch – in dem Gewirr der Wege entlang der zerklüfteten Küste verlieren. Am besten nimmt man einen Rucksack mit oder lädt sein Gepäck auf ein Boot. Dann nimmt das Abenteuer seinen Lauf. Auf manche Eilande gelangt man bei Ebbe zu Fuß, doch bedeutet das noch lange nicht, daß man sich hier auch niederlassen dürfte, außer natürlich man ist von von Danielle Darrieux auf ihre Insel Stibiren oder von Monsieur X auf seine Insel Goevan eingeladen. Als privat gilt alles, was bei Flut nicht unter Wasser steht. Der Unterschied zwischen Ebbe und Flut erreicht im Golf bis zu vier Metern. Die bei Ebbe freiliegenden Sandbänke dürfen also ungestraft betreten werden.

In einem zweitausend Hektar großen Vogelschutzgebiet im Osten des Golfs, rund um die *Insel Bailleron*, finden ab September Zugvögel – hauptsächlich Enten und Wildgänse – Unterschlupf.

Nicht versäumen, zwischen Baden und Auray den künftigen »Golfplatz im Golf« in Kernic anzuschauen sowie auch das Wäldchen der *Moulin de la Jalousie* (die Mühle der Eifersucht) in Larmor-Baden, die megalithischen Monumente und den hübschen Fischereihafen von *Bono* mit Blick auf die Brücke.

Vor Auray ist die Kapelle *Saint-Avoye* in einem Dörfchen mit mehreren strohgedeckten Häusern eingenistet. Ihr Gebälk ähnelt einem umgekippten Schiffskiel. Der Lettner aus Eichenholz zwischen Kirchenschiff und Chor stellt die zwölf Apostel dar. Nahe des Chors stehen seit je ein herrschaftliches Betpult und der Stuhl des Zelebranten, auf die niemand mehr Anspruch zu erheben scheint. Leider wird diese herrliche Kapelle das ganze Jahr über nicht genutzt, außer für die *Pardons* – ein kirchliches Fest mit Prozession und Ablaßerteilung – im Mai und September. Auch den hübschen Brunnen in der Nähe sollte man eines Blickes würdigen.

– *Tauchclub Larmor-Baden:* bei der Kai-Laderampe. Ansehnliche Bootsflotte. T. 97-57-16-03.

Unterkunft und Verpflegung rund um den Golf von Morbihan

● **In Arradon** (56610)

– *Les Vénètes:* Hotel-restaurant am Wasser auf der Landzunge, gegenüber vom Jachthafen. T. 97-44-03-11. Dienstags, von Januar bis März und von Ende September bis Ende Dezember geschlossen. Ein wundervolles Fleckchen Erde. Die zwölf Zimmer belasten das Reisebudget mit 290 und 440 F. Menüs zu 95 und 150 F. Eine ideale Zwischenstation für Sportsegler. Wunderbare Spaziermöglichkeiten auf dem Zollweg. Die Parkplatzsuche wird im Sommer wegen des benachbarten Strandes und der Tauchbasis zum Problem.

● **In Larmor-Baden** (56790)

– *Hôtel du Centre:* bei der Kirche. T. 97-57-04-68. Für seine sechzehn frisch renovierten Zimmer wurden ihm jetzt zwei Sterne verliehen. Von 165-230 F. Menüs zwischen 65 und 165 F. Ansprechende Speisekarte, mit Hühnerflügelsalat mit Ingwer für 50 F, gefüllten Kammuscheln für 55 F und Blätterteiggebäck mit Birnen und Karamel für 30 F.

– *Larmor Hôtel:* T. 97-57-04-72. Zehn Zimmer für akzeptable 125-210 F, kein Restaurant.

– *Gîte rural le Diben (Unterkunft auf dem Bauernhof):* auf dem Bauernhof von Louis Le Pelve. Unweit der Strände. T. 97-57-05-36.

● **In Baden** (56870)

– *Hôtel-restaurant le Gavrinis:* in Toul Broch. T. 97-57-00-82. Gastronomisch erst-klassig, ganzjährig geöffnet, außerhalb der Saison montags geschlossen. Verführerische Weinkarte und Menüs in der Kategorie 136-210 F, die voll und ganz gerechtfertigt sind. Neunzehn komfortable und ruhige Zimmer für 310-400 F.
– *Restaurant Pilitrinic:* in Penmern. T. 97-57-06-85. Im Wald an den Ufern des Golfs gelegen, zwischen Arradon und Larmor-Baden. Der Rahmen ist ebenso fabelhaft wie die Küche. Menüs von 130-190 F, mittags auch auf der Terrasse oder der Pergola. Das Mittagsmenü für 82 F wird lediglich unter der Woche gereicht. Einige Aufschläge können die Rechnung noch einmal gewaltig erhöhen!

● **In Le Bono** (56400)

– *Snack-bar du Vieux Port:* 23, rue Pasteur, im unteren Teil des Dorfes. T. 97-57-87-71. Von den Fischern des nahegelegenen Hafens besuchte Bar. Das Essen und die Zimmer – zwischen 145 und 170 F – sind ungemein preiswert.
– *Le Forban:* unweit des neuen Hafens, am Ufer des Bono-Flusses. T. 97-57-88-65. Ein nagelneues, kleines Hotel-Restaurant mit einundzwanzig hervorragend gelegenen Zimmern. Es wird von Profis betrieben, die man schon woanders kennenlernen und schätzen durfte. Auch dieses Unternehmen dürfte ein Erfolg werden.

● *Zeltplätze*

– *In Baden:* Mané Guernehue. T. 97-57-02-06. Ansprechender Drei-Sterne-Campingplatz in Strandnähe mit neunzig Stellplätzen, Tennis, Schwimmbad und geheizten Planschbecken. Lebensmittelgeschäft mit allem, was das Herz begehrt und nette Atmosphäre. Zur Küste ist's nicht weit.
– *In Larmor-Baden:* T. 97-57-05-23. Etwa hundert Stellplätze in Ker Eden; angenehm, aber leicht snobistisch angehaucht. Am besten, man macht sich selber ein Bild davon.
– *In Séné:* Mühle Cantizac, am Golfufer, ganz nahe bei Vannes. Für hundert Stellplätze vorgesehen.

DIE HALBINSEL RHUYS UND DIE VILAINE MARITIME

Gewiß weniger bekannt als die Halbinsel von Quiberon ... im Jahre 2000 wird Rhuys jedoch sicherlich die Riviera der Bretagne sein. Der *conseil général* – Generalrat – des Morbihan baute die Landspitze im Süden des Golfs von Morbihan, d.h. die gesamte Bucht von Crouesty mit der Gemeinde Arzon, für den Fremdenverkehr aus. Kaum vorstellbar, daß im Morbihan, vor allem auf der Halbinsel Rhuys, im vergangenen Jahrhundert noch auf zweitausend Hektar Wein angebaut worden ist: ein dem Muscadet ähnlicher Weißwein und ein dem Gamay aus der Tourraine gleichartiger. Die Morbihan-Weine waren renommiert. Im Gegensatz dazu spielten sich die Geschäfte von Fort-Navalo möglichst abseits der öffentlichen Aufmerksamkeit ab: hier blühte der Schmuggel, im Halbschatten des sich in Nantes und Lorient konzentrierenden offiziellen Handels.

SARZEAU (56370)

Hauptstadt des Kantons, den die Halbinsel Rhuys bildet. Im Sommer verzehnfacht sich die Einwohnerzahl dieser kleinen Gemeinde. Die Gemarkung Sarzeau erstreckt sich von der Atlantikküste bis hinüber zum Golf von Morbihan. Dies ist die Heimat des Schriftstellers Alain-René Lesage, der im 18. Jh. *Turcaret*, den Roman *Gil Blas* und *Le Diable boiteux* (Der hinkende Teufel) verfaßte. Sehenswert im Ort sind mehrere ehrwürdige Wohnhäuser und vor allem das Schloß *Suscinio*. Die berühmte Badewanne von Marat – in welcher der fanatische Revolutionär angeblich von Charlotte Corday ermordet worden sein soll, vgl. das Gemälde von Louis David im *Musée Lambinet* in Versailles – landete allerdings nicht im Schloß, sondern im Presbyterium von Sarzeau; wie und warum weiß man nicht so recht. Mit Sicherheit können wir aber sagen, daß ein Sammler sie Anfang dieses Jahrhunderts kaufte und dem *Musée Grévin* in Paris zum Präsent machte. Der Gemeindepfarrer von Sarzeau war froh über den Erlös, den er nunmehr in den Bau einer Schule steckte. Eine erstaunliche Geschichte, die wohl der Seele des alten Revolutionärs Marat nicht gerade gefallen wird.
– *Fremdenverkehrsamt:* im Rathaus. T. 97-41-82-37.

Schlafen

● *Zeltplätze*

– *La Côte d'Amour:* 56750 Damgan. T. 97-41-11-39. Mit hundert Stellplätzen, beste Ausstattung in der Gegend.
– *Le Tindio:* Gemeindezeltplatz, 56640 Arzon. 240 Stellplätze nahe am Meer. Empfehlenswert.
– *Bédume:* in Ambon, 56190 Muzillac. T. 97-41-68-13. Mit zweihundert Stellplätzen eine anziehende Rückzugsmöglichkeit, wenn am Meer alles überfüllt ist.
– *Gemeindezeltplatz von Penvins:* Penvins, 56370 Sarzeau. T. 97-67-33-96. Rund 150 Stellplätze bei der Düne hinter dem Strand. Ein viel besuchtes Eckchen.

● *Etwas anspruchsvoller*

– *Hôtel Alain-René Lesage:* 3, place de la Duchesse-Anne, in Sarzeau. T. 97-41-85-85. Insgesamt sechzig komfortable Zimmer mit Bad für 230-335 F, jedes in einem anderen Stil eingerichtet. Das Restaurant ist zu empfehlen, Menüs 75-95h F. Ganzjährig geöffnet.
– *La Chaumière de la Mer:* in Penvins. T. 97-67-35-75. Kleines Hotel in Strandnähe; nur während der Saison in Betrieb. Siebzehn Zimmer und Vollpension für 280-340 F. Menüs zu 69 und 110 F.

Restaurants

– *Le Moulin de Pen Castel:* an der Uferstraße am Golf, zwölf Kilometer von Sarzeau. Es handelt sich um eine authentische, ehemalige Gezeitenmühle aus dem 17. Jh., deren technische Einrichtungen noch immer zu besichtigen sind. Menü ab 110 F.

– *Bretagne Douce:* am Jachthafen von Crouesty-en-Arzon. Nagelneue Snack-Bar, ganz im Seefahrerstil. Die Speisekarte wirkt eher einfallslos, die Preise halten sich mit rund 100 F für ein komplettes Essen im Rahmen.

– *Le Tournepierre:* in Saint-Colombier, dem Dorf der Antiquitätenhändler am Golfufer. T. 97-26-42-19. Von November bis Ostern geschlossen. Durch Kunstwerke aufgelockerte, urtümliche Einrichtung. Junge und zuvorkommende Bedienung. Man rechne mit ungefähr 140 F.

● **Edler**

– *Le Grand Largue:* 56640, Port-Navalo. T. 97-53-71-58. Montags und dienstags außerhalb der Saison, sowie von Mitte November bis Mitte Dezember geschlossen. Wie geschaffen für Leckermäuler und Feinschmecker. Zwei Speisesäle im Stil Louis XV, die den Eingang des Golfs überblicken. Die Preise rechtfertigen sich durch die hohe Qualität der Küche. Der Chef kocht persönlich, seine junge Frau verwöhnt die Gäste mit ihrer Zuvorkommenheit. Das preisgünstigste Menü kommt auf 135 F, das »Entdeckungs«-Menü auf 280 F. Köstliche Palette an Desserts.

Sehenswert

● **Burgruine Suscinio**

Aufsicht T. 97-41-91-91. Täglich außer mittwochmorgens von April bis September geöffnet. Öffnungszeiten von 9.30-12h und 14-18.30h. Zwischen dem 5. und dem 20. August finden in den Burggräben nächtliche Veranstaltungen statt: literarische Abende, Konzerte ... Auskunft erteilt das Fremdenverkehrsamt in Sarzeau.

Die eindrucksvolle Festung diente einst den Herzögen der Bretagne als Jagdresidenz. Ein wunderbares Fleckchen Erde! Im Süden schimmert der Ozean mit dem weiten und ewig wechselnden Horizont und der Küstenlinie, die nach Guérande läuft, im Hinterland verläuft der herzogliche Forst. Jenseits der Wassergräben glitzern Teiche und duften Gärten.

Die Geschichte von Suscinio ist eine einzige lange Folge von Belagerungen. Die Burg ging durch die Hände aller mächtigen Familien der Bretagne. Irrtümlicherweise wurde es zum Emigrantenbesitz erklärt, fiel also an einen Revolutionsflüchtling und wurde am 4. Juli 1796 an einen Jahrmarktshändler aus Lorient veräußert, der die behauenen Steine, die Fenster und die Pachtgüter verschleuderte.

1966 kaufte das Département Morbihan das Schloß zurück, um es sorgfältig zu erneuern. Bei Grabungen in den Ruinen der ehemaligen Kapelle im Südflügel des Schlosses wurde eine Pflasterung von 1330 zutage gefördert, die nun in den der Bretagne gewidmeten Sälen ausgestellt wird. Vom Zeremoniensaal aus gelangt man in die kleine Kapelle, die mit zwei privaten Oratorien nebst Kamin ausgestattet ist – wie man sieht: Frömmigkeit hindert nicht daran, Komfort zu genießen. Von der westlichen Kurtine herunter schweift der Blick ungehindert über die Halbinsel Rhuys. Die massive, strenge Architektur beeindruckt vor allem Kinder, die sich schnell für den berühmten Kämpfer Du Guesclin halten. Tatsächlich bemächtigte sich der bretonische Held im Jahre 1373 der Burg, welche die Engländer damals besetzt hielten. Der gut einstündige Besuch lohnt sich auf alle Fälle.

ARZON, KERJOUANNO UND HAFEN VON CROUESTY (56640) _____

Arzon hat sich dank des talentierten Architekten Bezançon zu einem neuen touristischen Ferienort in der Bretagne gemausert. Der weitläufige Jachthafen in einer natürlichen Bucht bietet eintausendzweihundert Booten Platz, vor allem Segelschiffen. Mehrere Dörfer rund um die Hafenbecken versuchen nach Leibeskräften, sich den Anstrich von alten »Seebären« zu verleihen. In zwanzig Jahren wird man ihnen das ohne weiteres abnehmen. Gebaut wurde wirklich überall, wobei man ganz kräftig vom – in der Normandie gelegenen – Hafen von Honfleur abgeguckt hat! Man errichtete selbst ein Ebendbild des gigantischen Gebäudes des *Hôtel Thalasso Miramar*. Wie auch immer, im Großen und Ganzen wirkt alles wunderschön, vorbildlich organisiert, sympathisch, sportlich und unendlich viel besser als in anderen künstlichen Küstenorten, die hie und da an der Küste aus dem Boden gestampft wurden.

Der Strand von Kerjouanno öffnet sich weit aufs Meer und vervollständigt die Palette der Freizeitmöglichkeiten dieses aufstrebenden Ferienortes.

Verlassen wir Arzon-Le Crouesty nicht, ohne den *Petit Mont* – den kleinen Berg – seinen Tumulus, ein 41 Meter über dem Hafen emporragendes Hügelgrab, zu besuchen. Das kleine Fort nebenan ist zur Auskunftsbörse über die Megalithen von Rhuys geworden. Rechts von der Straße am Eingang von Arzon erspäht man das Hügelgrab von Tumiac. Es soll Julius Cäsar während der berühmten Seeschlacht gegen die Veneter im Jahre 56 vor Chr. als Beobachtungsposten gedient haben.

● *Port-Navalo* an der Spitze der Halbinsel Rhuys: äußerst sympathischer Fischerei- und Jachthafen mit herrlicher Aussicht auf die Einfahrt in den Golf und die Insel Meaban. Auch der Strand wirkt einladend. Wir empfehlen einen Rundgang zu Fuß, am Leuchtturm vorbei.

Auch von Port-Navalo aus besteht die Möglichkeit, Rundfahrten durch den Golf mit einem Zwischenstop auf der Ile aux Moines zu unternehmen. Angeboten werden diese z.B. von *Thierry Calage, Vedettes Panoramiques*, 3, rue du Phare, 56640 Port-Navalo, T. 97-53-70-25. Dieser organisiert auch Ausflüge auf die Ile de Houat. *Navix Atlantique* veranstaltet ebenfalls Touren durch den Golf – mit »Insel-Hüpfen« – oder auf die Belle-Ile. Auskunft T. 97-53-74-12.

Nützliche Adressen

– *Fremdenverkehrsamt von Arzon-Le-Crouesty:* T. 97-41-31-63.
– *Segelschule:* T. 97-53-78-07.

SAINT-GILDAS-DE-RHUYS (56730)

Der Namenspatron der Gemeinde gründete diese im Jahr 530. Berühmt wurde sie durch die hiesige Abtei, die bis 1772 eine weitreichende religiöse, geistige und wirtschaftliche Ausstrahlung besaß. Der Philosoph und Theologe Abélard hatte hier mehrere Jahre lang das Amt des Priors inne. Mit seinem Namen verbindet sich eine berühmte mittelalterliche Liebesgeschichte, hatten unser Kanonikus und seine junge Schülerin Heloïse sich doch ineinander verliebt und heimlich geheiratet; später zog er sich schließlich vor allen Querelen nach Saint-Gildas zurück. Nase voll, war ja auch zur Strafe von einem Onkel der Schönen entmannt worden. Die Überreste des romanischen Klosters gehören heute zu einem Ferienzentrum mit Familienpension. Der Pfarrkirche mit ihrem romanischen Chor und Querschiff sollte man jedoch einen Besuch abstatten. Ihre Sakristei birgt einen wertvollen Kunstschatz: Kelch, Kreuz, Reliquienschrein usw. Die Gemeinde verfügt über den Strand *Govelins* und einen reizenden Jachthafen in *Saint-Jacques*. In Kerner erstreckt sich zwischen der Straße und der Küste ein 18-Loch-Golfplatz. Ein ungemein angenehmer Ferienort also. Frankreichs früherer Ministerpräsident Pierre Messmer besitzt in Saint-Gildas-de-Rhuys ein Haus und setzt sich – warum wohl? – für die Erhaltung der Küste ein.

– *FKK-Strand* – wird lediglich toleriert – in Kerners.

LE TOUR-DU-PARC

Folgt man der Küste bis zur Mündung der Vilaine, so entdeckt man Austernbänke und kleine Küstenkanäle mit Fisch- und Muschelzucht. Auf den lehmigen Böden, die das Meer regelmäßig überschwemmt, gedeiht der wild wachsende Strandfenchel, auch *salicorne* genannt. Zwischen Guérande und Carnac werden jährlich zwischen fünfundzwanzig und dreißig Tonnen von dem köstlichen, der grünen Bohne ähnlichen Gemüse geerntet. Darüberhinaus ist die Halbinsel Guérande Schwerpunkt des traditionellen Salzerwerbs mit Hilfe von Salinen. In 5 cm hohen Becken (oeillets) verdunstet Meerwasser, die Salzkonzentration der Sole steigt, bis die Salinenarbeiter endlich das grobkristalline Salz mit einem Holzrechen zusammenschaben können.

– *Hôtel-restaurant la Croix du Sud:* an der Straße nach Pen-Cadenic. T. 97-67-30-20. Sonntags abends, montags sowie von November bis Ostern geschlossen. Der Hausherr züchtet Krevetten, Seemuscheln und Steinbutte. Nicht nur zum Anschauen, versteht sich. Menüs für 130-210 F. Für eine Person legt man mit Halbpension etwa 320 F auf den Tisch.

DAMGAN (56750)

Im Sommer ist dieser Badeort hoffnungslos überfüllt und beherbergt sicherlich vierzig Mal mehr Menschen als außerhalb der Saison. Die Zahl der Ferienwohnungen und -häuser ist im Verhältnis zur Zahl der »echten« Einheimischen die höchste im Morbihan. Hinzu kommen etliche Campingareale mit über tausend Stellplätzen. Diese preiswerte Sommerfrische scheint dem Menschen schon gefallen zu haben, seit er aufrecht gehen kann. Zwischen Kervoyal und Cromenach fand man in der Tat Schabewerkzeuge aus Feuerstein, die älter als sechshunderttausend Jahre sein sollen.

Nützliche Adressen

– *Fremdenverkehrsamt:* place du Presbytère. T. 97-41-11-32.
– *Segelschule:* T. 97-41-12-49.
– *Reitsportverein Billiers:* T. 97-41-51-00.

Unterkunft

– Bei manchen Bauernhöfen gibt es kleinere, natürliche und empfehlenswerte Zeltplätze für höchstens fünfundzwanzig Zelte oder Wohnwagen sowie einfache, aber vollständige Sanitäranlagen. Da diese Plätzchen höchst beliebt bei Naturfreunden sind, sollte man nach Möglichkeit vorausbuchen. *Camping de la Côte d'Amour.* T. 97-41-11-39.
– *Ferme de l'île:* ganzjährig geöffnet. T. 97-41-15-33.
– *Hôtel l'Albatros:* zwischen dem großen Strand und Kervoyal. T. 97-41-16-85. Zwischen Oktober und April dicht. Vermietet vierundzwanzig neue, ruhige Zimmer für 170-290 F mit Meerblick. Menüs zwischen 80 und 158 F.
● **In Penerf:** hübscher Anlegeplatz für Jachten. Im 17. Jh. erwog man sogar, hier den Hafen der Indien-Handelsgesellschaft anzulegen. Heute werden erneut Pläne geschmiedet – für eine Ferienanlage, was jede Menge Stoff für heftige Polemik bietet. Die Geschichte besteht eben aus ständigen Wiederholungen.

AMBON (56190)

Ländliche Gemeinde mit ausgedehnten Sümpfen und endlosen Dünen, die zum Teil von einem mehr oder weniger »anarchischen« Zeltplatz mit Beschlag belegt werden. Früher war die Bevölkerung in den Salzgärten in Brouel beschäftigt.
In der Pfarrkirche wurden gerade archäologische Funde in drei übereinanderliegenden Schichten freigelegt. Zuoberst Skulpturen aus dem 17. und 18. Jh., darunter der romanische Chorraum einer Kapelle über einer viereckigen Konstruk-

tion. Daneben, in der Tiefe, entdeckte man Sarkophage und in den Felsen gehauene Gruben, die darauf hindeuten, daß hier vor über tausend Jahren eine christliche Gemeinschaft lebte. Die Grabungen sind noch nicht beendet und versprechen spannend zu werden. Für all diejenigen, die einmal aus der Nähe ihre Nase in die Archäologie stecken wollen.
– Segelschule: T. 97-41-53-38.
– Zeltplatz les Peupliers: T. 97-41-12-51.

MUZILLAC (56190)

Die, auf der Achse Nantes-Quimper gelegene, Kantonshauptstadt Muzillac ist auf alle Fälle einen Zwischenstop wert. Das Dorf zeigt uns einige prächtige alte Häuser und die Kappelle de Penesclus. Um sich die Beine zu vertreten, sollte man einmal um den Etang de Pen-Mur herumwandern, ein göttliches Plätzchen.
– Fremdenverkehrsamt: T. 97-41-53-04.

Unterkunft und Verpflegung

– Hôtel-restaurant les Genêts d'Or: 5, rue du Couvent, hinter dem Rathaus. T. 97-41-68-49. Ein einfacher Familienbetrieb. Menüs für 65, 90 und 150 F. Für Zimmer mit Waschbecken werden 125 und für Zimmer mit Bad 170 F berechnet.
– Auberge de Pen-Mur: an der Straße nach Vannes, am Ortseingang. T. 97-41-67-58. Ansprechend ausgestattete Zimmer mit jeglichem Komfort und Fernseher für 180-320 F. Aparter Salon im Stil eines Passagierdampfers aus den dreißiger Jahren, Speisesaal mit Blumen in Hülle und Fülle. Menüs von 80-160 F.

● *Entsetzlich vornehm*

– Domaine de Rochevilaine: an der Landzunge von Pen-Lan, Billiers. T. 97-41-69-27. Wirklich superb, dieses am Meer gelegene Herrenhaus, wo sich die hohe Gastronomie mit Luxus vereint. Die Preise sind natürlich recht happig; im Restaurant geht's bei 220 F und bei den Zimmern bei 430 F los.

Sehenswürdigkeiten

– Die Mühle Pen-Mur: T. 97-41-43-79. Hier wird Papier noch nach Altvätersitte aus alten Lappen hergestellt – jawohl, die Altvordern waren bereits versierte Recyclingspezialisten! Die Tradition der Papierherstellung in der Bretagne geht bis ins 14. Jh. zurück. Die Mühle gehörte François II, dem Vater von Anne de Bretagne. Zeitweise diente sie als Kloster, dann als Kornmühle, als Speicher usw. Jetzt stellt ein junger, hochspezialisierter Handwerker Luxuspapiere mit der Technik des 14. Jh. her ... und es läuft. Bravo! Ausstellung und Verkauf.
– Der Park von Branféré;: 56190, Le Guerno. T. 97-42-94-66. Das ganze Jahr über von 9-12h und 14-18.30h – im Winter bis 17.30h – geöffnet. Zwischen Auray und La Roche-Bernard gelegen. Unter der Schirmherrschaft der »Fondation (Stiftung) de France«. Auf fünfzig Hektar leben etwa zweitausend Tiere, hundert verschiedene Arten von Vögeln und Säugetieren, darunter einige, die vom Aussterben bedroht sind: große Maras, Ibisse, seltene Gänse. Ungemein reizvoll. All die Tierchen können sich frei in dem im 18. Jh. angelegten botanischen Garten bewegen.
– Le Guerno: Besichtigung der über einem Grundriß in Form des lateinischen Kreuzes errichteten Kirche *Notre-Dame*, mit runder Apsis, verblüffender Außenkanzel und Fenstern aus dem 16. Jh. Der von den Tempelrittern im Jahre 1590 hochgezogene Kirchturm zeigt sich als ein zylindrischer Turm mit einem kegelförmigen Dach mit Oberlicht, unter dem sich ein Stückchen des »Echten« Kreuzes befinden soll – siehe hierzu auch die Gemeinde La Vraie-Croix, unweit von Questembert.

LA ROCHE-BERNARD UND DIE VILAINE-REGION

LA ROCHE-BERNARD (56130)

Was hat die Aufteilung in Departements im Jahre 1790 nicht an Streit und Ärger bei den republikanischen Abgeordneten hervorgerufen! Während manche ein sechstes Departement rund um Saint-Malo einrichten wollten, kam man schließlich überein, Redon gegen La Roche-Bernard zwischen L'Ille-et-Vilaine und dem Morbihan einzutauschen. Aus strategischen Gründen, so sagt man, sollten beide Mündungsufer zum selben Verwaltungsbezirk gehören. Siehe auch »Saint-Malo-Dinard«. Deshalb zählt La Roche-Bernard zum Morbihan, obwohl es offensichtlich dem Einfluß von Nantes unterliegt. Sei's drum. Die kleine Gemeinde strahlt nun ihre Wirkung auf die Vilaine-Region aus und stellt sich als Vorposten des Morbihan dar. Ihren Namen verdankt sie dem Wikingerchef Bernhardt, der als erster den Wert dieses die Vilaine überragenden Vorgebirges erkannte. Im Laufe der Jahrhunderte war es erst eine Hochburg der Protestanten, dann der Republik-Anhänger. In der geschützten Bucht entstanden Schiffswerften. Heute befindet sich hier ein reizvoller Jachthafen.

Das heutige Stadtbild

Das Rathaus hat seinen Sitz im *Maison du Canon*, einem herrschaftlichen Stadthaus von 1599 im Renaissancestil. Rundherum erinnern Residenzen aus dem 18. Jh. an die einstige Bedeutung und den Ruhm der Hafenstadt, wo innerhalb von vier Jahren auf Anweisung Richelieus das erste Dreideckschiff gebaut wurde: *La Couronne*, 1635 vom Stapel gelassen.
Die *Auberge des Deux Magots*, jetzt ein Hotel, besitzt ein Fundament aus Granit und eine bemerkenswerte Fassade mit Fenstern in Form von Korbhenkeln. Sehenswert sind auch die Place du Bouffay und die Rue du Ruicard.
– *Fremdenverkehrsamt:* place du Bouffay. T. 99-90-67-98 im Sommer und 99-90-60-51 im Winter.

Unterkunft in La Roche-Bernard

– *Hôtel-restaurant les Deux Magots:* 3, place du Bouffay. T. 99-90-60-75. Ein Bürgerhaus mit fünfzehn hübsch möblierten Zimmern zwischen 170 und 310 F. Menüs ab 95 F. Die Bar wartet mit einer beeindruckenden Aperitif-Flaschenbatterie auf: Cognac, Whisky etc.
– *Gästezimmer:* Moulin Bernard in Béganne. T. 99-91-81-37. Fünf Zimmer mit Bad. Wasserratten können sich ins kühle Naß des Schwimmbads stürzen.
– *Zeltplatz Le Patis:* T. 99-90-60-13. Ganzjährig geöffnet. Hervorragend ausgestattet.
– *Ferme-auberge (Bauernhof) du Portal:* in Nivillac. T. 99-90-64-79. Joseph Savourel verdingt sich zugleich als Koch, Bastler und Orgelbauer.

Standesgemäß tafeln

● *Unschlagbar*

– *Auberge Bretonne:* place Du-Guesclin. T. 99-90-60-28. Donnerstags und freitags bis 16h und vom 15. November bis zum 15. Dezember geschlossen. Eines der erlesensten Restaurants in der Bretagne. Das Menü für 115 F – nur unter der Woche erhältlich – ist ein wahrer Genuß. Wer richtig schlemmen möchte, sollte es hier tun: vom gefüllten Kohl auf Großmutterart bis zum geräucherten Seeteufel nach Art des Hauses schmeckt alles wunderbar; auch die Weinkarte zeigt Klasse. Unser zweitbester Mittags- oder Abendtisch im Morbihan, weder snobistisch noch unverschämt teuer. Außerdem stehen dreizehn Gästezimmer – darunter sechs in der Luxusausführung – zwischen 280 und 700 F zur Verfügung.

Sehenswürdigkeiten

– *Das Museum:* im Schloß Basses-Fosses. T. 99-90-83-47. Öffnet während der Saison seine Pforten täglich. Lehrreich für Touristen, die etwas über das Leben der Matrosen erfahren wollen, welche früher auf der Vilaine bis zum Hafen Redon unterwegs waren. Das Schloß ist auf dem felsigen rechten Ufer der Vilaine errichtet, wie die übrige Stadt auch. Die Südseite weist fünf Etagen auf, die Nordseite zwei. Der Trakt aus dem 16. Jh. wurde später an der Stelle, wo sich einst eine Holztreppe mit Zentralpfeiler befand, durch einen viereckigen Turm ergänzt. Die Eichentür beachten, deren Graniteinfassung aus zwei Zierpfosten besteht, die unter einem Giebeldreieck bogenförmig zusammenlaufen. Im Museum finden wir ein Modell des alten Hafens und zahlreiche die Schiffahrtstechnologie des 17. bis 19. Jh. veranschaulichende Exponate.

Unternehmungen in der Umgebung

● **Nivillac:** *Alfreds Automuseum* in der Stadt Marguerite, ganzjährig geöffnet. T. 99-90-79-79. Alfred Le Moine sammelt alles, was rollt, sogar Tretautos.
● **Ausflüge auf der Vilaine auf Panoramabooten:** das ganze Jahr über ab Arzal. T. 97-45-02-81. An Bord der Motorboote *Vedettes Jaunes*, auf Wunsch mit Verköstigung.
● **Béganne:** Schloß Lehellec. T. 99-91-81-14. Klassisches Wohnhaus des 18. Jhs aus rotem Schiefer. Besichtigungen in der Hauptsaison nachmittags.
● **Férel:** die Kirche besitzt ein Kirchenfenster mit dem Motiv des Baumes von Jessé aus dem 16. Jh. und flötet uns eine gute Nachricht zu ... seit dem 15. August 1990 glänzt auf der Kirchturmspitze ein funkelnagelneuer Wetterhahn. Sein Vorgänger hatte während eines verheerenden Sturmes seinen Schwanz verloren und war somit zu nichts mehr nutze.

DER STAUDAMM VON ARZAL (56190)

Stromabwärts von La Roche-Bernard reguliert der 1970 vollendete, 380 Meter lange Staudamm den Wasserlauf der Vilaine und verhindert die Überschwemmung der Moore von Redon, was in Frankreich immer noch als Fortschritt gilt. Außerdem versorgt er Nantes, Saint-Nazaire und Vannes mit Süßwasser. Der neue Jachthafen lockt verstärkt Touristen an.
Zwischen November und Februar werden rund um den Damm die jungen Aale gefangen. Die Angelzone ist streng begrenzt. Die Aale wandern bekanntlich jedes Jahr zum Laichen in die Sargassosee nordöstlich der Antillen. Mit dem Golfstrom erreichen die inzwischen sechs bis acht Zentimeter großen Aale nach etwa drei Jahren die Vilaine. Sie werden nachts mit feinmaschigen, trichterförmigen Sieben in sechs bis sieben Meter Tiefe gefangen, drei Stunden vor und eine Stunde nach der Flut. Ein Leckerbissen für Feinschmecker – frz. *civelle* oder *pibale*.
– *Hôtel-restaurant la Vilaine:* in Camoël. T. 99-90-01-55. Dienstags und im Februar geschlossen. Hübsche und schmucke Zimmer mit Bad und WC für 250 F. Elegantes Restaurant, aufmerksame Bedienung. Mit einer Flasche Cidre auf dem Tisch labten wir uns für 110 F an schmackhaften Muscheln, Kutteln und Apfelkuchen.

PENESTIN (56760)

Der Name des auf dem rechten Ufer der Vilaine-Mündung liegenden Städtchens stammt wahrscheinlich vom Zinn-Seehandel, der von den Phöniziern angekurbelt wurde. So beweist die Ortsnamenslehre die touristische Bestimmung dieser Gemeinde, in der man intensiv Muschelzucht betreibt. Der Ort birgt tausend Schätze. Wurde nicht kürzlich am Felsenhang ein beidseitig bearbeiteter Quarzitblock gefunden – wohlgemerkt von der Hand eines Affenmenschen (Pithekanthropus) vor mindestens dreihunderttausend Jahren! Die Vorfahren des Homo

sapiens bevölkerten diesen Teil der Bretagne ohne Zweifel schon vor neunhun-
derttausend Jahren.

Nützliche Anschriften

- *Fremdenverkehrsamt:* im Rathaus. T. 99-90-37-74 im Sommer und 99-90-30-02
im Winter.
- *Wassersportclub Pénestin:* am Strand von Pondrantais. T. 99-90-32-50. Segel-
schule für Anfänger und Fortgeschrittene, Fünf-Tages-Kurse. Unterkunft in der
Jugendherberge, in Mobile-homes für sechs Personen oder in dem angeschlos-
senen Internat. Von März bis Oktober geöffnet.
- *Jachthafen von Tréhiguier:* T. 99-71-10-66.
- *Jugendfreizeitclub am Strand Mine d'Or:* T. 99-90-30-22.

Unterkunft

- *Hôtel le Cynthia:* in der Nähe des Strandes *Mine d'Or.* T. 99-90-30-23. Kleiner,
preiswerter Familienbetrieb. Zimmer von 110-270 F, Menüs von 79-160 F.
- *Hôtel-restaurant de Loscolo:* vis-à-vis vom gleichnamigen Strand. T. 99-90-31-
90. Bezauberndes, neues, einsames und komfortables Haus; nur während der
Saison geöffnet. Zimmer für 330 F. Vorzügliches Restaurant, die Preise bewegen
sich zwischen 130 und 310 F.
- *Zeltplatz Inly:* T. 99-90-35-09. Schwimmbad, Restaurant, Spiele. Vergleichsweise luxuriös.
- *Zeltplatz les Pins:* T. 99-90-33-13. Macht seinem Namen alle Ehre: von Pinien
umgeben.

KANAL VON NANTES NACH BREST – OUST UND BLAVET _____

Eine mögliche Verbindung, um über Dinan, Rennes, Redon, La Roche-Bernard
und die Schleuse des Staudamms von Arzal vom Ärmelkanal zum Atlantik zu
gelangen. Was uns am aufregendsten erscheint, ist eine Süß- und Salzwasser-
Rallye zwischen La Roche-Bernard, Josselin, Pontivy, Hennebont, der Insel Groix,
Belle-Ile und zurück nach La Roche-Bernard. Wer ein Boot besitzt, natürlich mit
Motor und unter 1,15 Meter Tiefgang, sollte sich sofort auf den Weg machen. Reisenden auf dieser Strecke steht die *Location de coches d'eau* (Vermietung von
Wasserfahrzeugen) an mehreren Orten dieser Route zur Verfügung, u.a. auch in
Aulne/Finistère. Auskunft beim *Comité des canaux bretons et voies navigables
de l'Ouest*, 9, rue des Portes-Mordelaises, 35000 Rennes. T. 99-31-59-44. Auch
schriftlich.

QUESTEMBERT (56230) _____

Diese Kantonshauptstadt ist nach den Eßkastanien benannt, die auf bretonisch
kistin heißen und damit phonetisch gar nicht so weit entfernt von einigen deutschen Dialektbezeichnungen liegen. Im Jahre 888 war Questembert Schauplatz
einer blutigen Schlacht zwischen Normannen und Armorikanern, den Ureinwoh-
nern der Bretagne, angeführt vom Herzog Alain Le Grand. Das Dörfchen besitzt
prächtige Markthallen, 1552 von Jérôme de Carné, dem Schöpfer des Jahrmark-
tes von Questembert, errichtet und 1675 von Estienne Charpentier (charpentier =
Zimmermann) restauriert. Bei diesem Namen war er ja schon für solch einen Job
prädestiniert! Es lohnt sich, auch ein Auge auf die im gleichen Stil gehaltenen
Markthallen von Farouët und Plouescat zu werfen. Es sind die letzten drei, die
noch stehen. In der Nähe der Hallen stößt man auf das *Hôtel Belmont* mit den
Büsten von Questembert und Gemahlin, freizügiger dargestellt als in Vannes oder
in Malestroit. Auf seinem Spaziergang sollte man nicht das aus dem 15. Jh.
stammende Haus mit den fein gearbeiteten und mit Karyatiden aus geschnitztem
Holz verzierten Dachfenstern verpassen.

Sehenswert sind auch die Kapelle *Saint-Michel* aus dem 16. Jh. und das erstklassige Hotel von Jehan Le Guenedo, Rue des Halles neben dem Fremdenverkehrsamt. Es hat sich in dem ältesten Haus von Questembert aus dem Jahre 1450 eingenistet. Weiter geht's am Hôtel Carné aus dem 16. Jh. vorbei, bevor man in die Straßen mit so sprechenden Namen wie du Pilori (Pranger, Schandpfahl) oder de la Tannerie (Gerberei) einbiegt und dann auf die Place du Marché gelangt.

Nützliche Adressen

– *Fremdenverkehrsamt:* T. 97-26-11-38.
– *Wassersportclub:* T. 97-26-18-71.
– *Touristische Interessensgemeinschaft (Groupement d'intérêt touristique) von Brocéliande:* place du Général-de-Gaulle. T. 97-26-60-10. Fabienne gibt kompetent und freundlich über alles Auskunft, was Questembert, Malestroit und Ploërmel betrifft.

Unterkunft und Verpflegung

– *Auberge bretonne:* 6, place du 8-mai. T. 97-26-60-76. Für etwa 100 F bekommt man hier ein einfaches, schmackhaftes und reichhaltiges Mahl aufgetischt. Zimmer mit Waschgelegenheit kosten 115 F, für Halbpension blättert man 200 F hin.
– *Hôtel-restaurant Armor Vilaine:* in Péaule. T. 97-42-91-03. Eine tadellose Herberge mit gepflegten Gästezimmern. Die Preise sind um einiges happiger als beim vorigen. Man rechne mit 390-450 F pro Zimmer mit Halbpension. Die Menüs hingegen sind mit 70-200 F preiswerter.
– *Gemeindezeltplatz Calac:* reizvoll unter Bäumen am Wasser. T. 97-26-11-24.

● *Mächtig schick*

– *Au Bretagne:* 13, rue Saint-Michel in Questembert. T. 97-26-11-12. Eines der besten Restaurants in Frankreich! Exzellente Menüs ab 165 F. Man findet in der Bretagne nichts Vortrefflicheres. Wer nächtigen möchte, kann es sich in einem der sechs luxuriösen Zimmer bequem machen, die von dem Koch, Maler, Poet und Unternehmer Georges Paineau mit viel Geschmack und Talent eingerichtet wurden. Bravo!

Sehenswertes in der Umgebung

● **Berric:** bietet uns die wundervolle, kleine Kapelle Notre-Dame-des-Vertus aus dem 15. Jh.
● **Château de Tremohar:** Gemäuer aus dem 18. Jh. Besichtung während der Saison.

LA VRAIE-CROIX (56250)

Zu Zeiten der Hospitaliter-Ritter hieß dieses blumengeschmückte, 1870 von Sulniac abgetrennte Dorf noch Bourg-de-l'Hôpital. Die 1611 wiedererbaute Kapelle der Tempelritter bewahrt einen Splitter des »echten« Kreuzes in einem vergoldeten Kupferkreuz auf, das eine eingravierte Eichenblattgirlande verziert. Eine doppelt geschwungene Treppe führt zum Kapelleneingang. Unter dem Gewölbe öffnet sich ein Tor mit fünf Spitzbögen, deren letzter auf Kapitell-Säulen ruht.

ROCHEFORT-EN-TERRE (56220)

Das Dorf kauert in einer bewaldeten, fast gebirgig anmutenden Landschaft und ist für seine blumengeschmückten, alten Wohnhäuschen bekannt. So, wie jemand schrieb: »Der Glanz der Blume entspricht dem Rost des Alters«, findet man hier eine etwas künstliche Seite und die üppige Geranienpracht an den Granitfassaden wirkt manchmal schon fast museal. Gleichwohl ist Rochefort ein Touristenort und erfreut sich allgemeiner Beliebtheit.

Nützliche Adresse

– *Fremdenverkehrsamt:* place des Halles. T. 97-43-33-57 im Sommer und 97-43-32-81 im Winter.

Rochefort in der Geschichte

Die strategische Bedeutung dieses Platzes wurde früh erkannt. Schon die Römer schlugen hier ein Lager auf und begründeten damit den »starken Felsen« *(Roche forte)*. Im Mittelalter wurde der hochgelegene Marktflecken von einer Festung beschützt. Die Herren von Rochefort erlangten zunehmend Macht im Herzogtum, was ihrer Festung feindliche Angriffe und zweimalige Zerstörung eintrug. Schließlich verwüsteten nach etlichen Schicksalsschlägen die Republik-Anhänger das Schloß. Das Dorf ging deshalb noch lange nicht unter, sondern klammerte sich wacker an seine bescheidene, aber einträgliche Textil- und Schieferindustrie. Anfang des zwanzigsten Jahrhunderts erstand der amerikanische Maler Klots die Schloßruine und ließ sich dort nieder. Er war es auch, der 1911 den ersten Blumenschmuckwettbewerb in Frankreich ausrief. Sein Sohn Trafford tat es ihm gleich und so verdankt das Dorf den beiden sein werbewirksames Erscheinungsbild. Es kennt seitdem eine beachtliche touristische Entwicklung und profitierte vom Kennzeichen »blumiges Dorf«. Mit der Zeit wurde jeder Brunnen zum Blumenbukett, jede Viehtränke zur Blumenvase – fehlen nur noch die mit Stiefmütterchen bepflanzten Kloschüsseln, wie sie manche »Unser Dorf soll schöner werden«-Aktion bereits kennt.

Rochefort heute

... ist ein Touristenort par excellence und eines der bekanntesten Ausflugsziele in der Bretagne. Am See *Moulin Neuf* in Malansac wurde ein Feriendorf mit *gîtes communaux* aus dem Boden gestampft. Buchung T. 97-43-35-13. Allerdings ist der Arbeitsmarkt in Rochefort angesichts der Konkurrenz von Malansac, Questembert und vor allem Pleucadeur – welches 1990 die Auszeichnung »Marianne d'or du dynamisme« erhielt – in Bedrängnis geraten: hier entwickelten sich durch Initiative des Bürgermeisters blühende Industrien auf der Basis eines volkstümlichen Kapitalismus, vor allem auf dem Agrar- und Lebensmittelsektor. So ist der Morbihan Europas bedeutendster Truthahnerzeuger. In Berric stößt man auf eine Ionisierungswerkstatt, die das Fleisch zu Puder verarbeitet.

Unterkunft

– *Ty-Kendalc'h:* in Saint-Vincent-sur-Oust. T. 99-91-28-55. Im Januar geschlossen. Bretonisches Kulturzentrum, das sich die Pflege und Weitergabe der Traditionen zur Aufgabe gemacht hat. Tanz- und Musiklehrgänge. Zusammenarbeit mit den Jugendherbergen, für jedermann zugänglich. Dreißig Betten in Zweier- und Viererzimmern oder Schlafsälen. Pro Nacht berappt man zwischen 26 und 45 F, je nach Kategorie, Mahlzeiten erhält man für 45 F. Einnehmende, ländliche Umgebung und familiäre Atmosphäre.
– *Hôtel le Gaudence:* in Allaire, an der Straße nach Redon. T. 99-71-93-64 und 99-71-91-12. Zimmer ab 80-190 F. Ganzjährig geöffnet, Privatparkplatz.
– *Gemeindezeltplatz von Bogeais:* etwa ein Kilometer auf der D 774 nach Südwesten, dann nach rechts abbiegen. T. 97-43-32-81. Betrieb von April bis September: ruhig, erholsam und preiswert.
– *Gästezimmer:* in der Nähe von Rochefort-en-Terre, bei Joël Mounier. T. 97-43-33-16. Sechs herrliche Zimmer mit Bad in einem Prior-Haus aus dem 18. Jh.
– *Château de Talhouët:* in Pluherlin. T. 97-43-34-72. Acht Gästezimmer in einem Schloß aus dem 16. und 17. Jh.

Wenn der Magen tobt

● *Schonend für den Geldbeutel*

– *Crêperie Sarrasine:* rue Candré, gegenüber dem Rathaus. Rahmen und Gastronomie spiegeln eine Harmonie aus alten Zeiten wieder. Die Preise hingegen sind ganz »zeitgenössisch«!
– *Hôtel-restaurant la Bonne Table:* in Molac, acht Kilometer entfernt. T. 97-45-71-88. Ein hochbetagtes Haus an der *Place de l'église.* Die Zimmer sind mit 100-160 F veranschlagt, die Menüs mit 50 und 168 F – wir dachten erst, der Aushang kann nicht stimmen!
– In Rochefort selber schlagen Crêperies und Restaurants aus ihrer bevorzugten Lage teilweise ungerechtfertigten Profit, ähnlich wie auf dem Mont-Saint-Michel. Wer unerträglichen Durst verspürt, sollte sich trotzdem einen Schluck Cidre im *Café Breton* gönnen, in der Nähe der Markthallen. Das Lokal ist sehenswert.

● *'ne Note besser*

– Mittagessen am Ufer vom *Moulin Neuf,* unterhalb von Rochefort-en-Terre, an der Straße nach Limerzel. Köstliche Menüs ab 70-160 F und herzlicher Empfang.
– *Restaurant le Vieux Logis:* rue Saint-Michel. T. 97-43-31-71. Ziemlich luxuriös, in einem ansehnlichen Gebäude aus dem 16. Jh. Hervorragende Menüs zwischen 110 und 280 F.
– *Restaurant Le Lion d'Or:* rue Candré. T. 97-43-32-80. Dieses Haus ist noch empfehlenswerter, sowohl was Architektur und Einrichtung als auch was die gastronomischen Qualitäten betrifft. Pro Mahlzeit mit etwa 190 F rechnen.

Sehenswertes

– *Die alten Markthallen:* in Hufeisenform. Heute sind dort das Rathaus und eine Gemäldeausstellung untergebracht.
– *Die alten Wohnhäuser:* großenteils handelt es sich um ehemalige Residenzen der herrschaftlichen Verwaltungsangestellten – Seneschalle, Gerichtsschreiber, Notare etc. – eindrucksvolle Granitfassaden mit Ecktürmchen und Blumenskulpturen. Eine Waage an der Place du Puits macht auf den Eingang des ehemaligen Gerichtshofes aufmerksam.
– *Das Schloß:* Einlaß 10-12h und 14-18h während der Saison. T. 97-43-41-39. Heute besteht es aus den ehemaligen Gesinde- und Wirtschaftsgebäuden des 17. Jhs, die dank zahlreicher vom Schloß Keraliv bei Muzillac herstammender, architektonischer Teile in ein Herrenhaus umgestaltet wurden. Im Eingangsturm hat man ein kleines Regionalmuseum eingerichtet. Die vom früheren Besitzer, dem Amerikaner Klots, prachtvoll möblierten Appartements stehen zur Besichtigung offen. Wunderschöne Aussicht über die Grée vom hinteren Teil des Schlosses aus.
– *Die Kirche Notre-Dame-de-La-Tronchaye:* von der Grande-Rue führt eine Gasse zur an der Flanke des sanften Hügels gelegenen Kirche, deren viereckiger Turm achthundert Jahre alt sein soll, die als Ganzes aber erst im 16. oder 17. Jh. errichtet wurde. In die Giebelfassade sind Fenster im Flamboyantstil eingelassen. Vier Ochsen schmücken die Ecken des Kirchturms. Die Querbalken im Innenraum zeigen geschnitzte Fratzen. Im Hintergrund erblickt man eine zierlich geschnitzte Holzempore, Teil des früheren Lettners und im Chor massive Eichenholzstelen aus dem 16. Jh. Am auffallendsten ist eine makabre Skulptur aus Holz, die aus zwei Schädeln und Knochenteilen besteht – ein *memento mori* zur Abschreckung des einfachen Volkes und zur Erinnerung, daß der Tod gewiß kommt.
– Auf dem Kirchplatz erhebt sich ein wunderbarer, für diese Region typischer Kalvarienberg, ein Exemplar der sog. »Kreuz-Tafeln«, die in dieser Region häufiger anzutreffen sind. Dreistufige Darstellung der Passionsszenen.

Für Hinweise, die wir in späteren Auflagen verwerten,
bedanken wir uns mit einem Buch aus unserem Programm

Sehenswürdigkeiten in der Umgebung

● **Der Prähistorische Park** in **Malansac:** T. 97-43-34-17. Vom 15. Oktober bis zum 11. November 14-18h zu besichtigen, vom Palmsonntag bis zum 1. Oktober 10-19h. In den Schieferbrüchen wird der Lebensraum des Menschen von Cro-Magnon nachgestellt. Dieser wurde in einer Halbhöhle im Vézèretal bei Les Eyzies im Département Dordogne im Jahre 1868 zusammen mit vier weiteren Skeletten und altsteinzeitlichen Siedlungsresten aufgedeckt. Der »Alte« von Cro-Magnon wurde zum Prototyp der *Cro-Magnon-Rasse* des oberen Eiszeitalters. Erinnert alles ein wenig an den urzeitlichen Abenteuerstreifen »Am Anfang war das Feuer« (La Guerre du Feu, 1981).

● **Peillac** und **Saint-Martin-sur-Oust:** zwei grüne Ferienorte, die wirklich ungemein viel unternommen haben, um Touristen einen angenehmen Empfang, Unterhaltung und Abwechslung zu bieten. Fremdenverkehrsamt Portes-de-Lanvaux in Peillac, T. 99-91-26-76.

MALESTROIT (56140)

Fluß und Brücken verleihen der Kleinstadt ihren unverwechselbaren Reiz. 1987 feierte sie prunkvoll ihr tausendjähriges Bestehen. Ihr stolzer Wahlspruch heißt noch immer »Quae numerat nummos non est male stricta domus«, was soviel heißt wie: »ein ordentlich geführtes Haus leidet niemals Not«, womit unsere Bildung wieder allen demonstriert sei.

Beim Bummel durch die Stadt offenbart sich ihr einstiger Reichtum an den stolzen Wohnhäusern im Gotik- oder Renaissancestil, die einen aus Holz mit Giebeln und Erkern, die anderen aus Stein mit skulptierten Dachluken und Wasserspeiern. Also allezeit den Blick nach oben richten, denn die Geschäftsauslagen ähneln sich überall, die höheren Stockwerke sind's, die uns anziehen, da sie sich häufig in ihrer Architektur voneinander unterscheiden. Somit laden wir zu einer Promenade durch die Straßen von *Maltreu* – um's auf gallisch auszudrücken – ein.

– *Fremdenverkehrsamt:* im ehemaligen Busbahnhof. T. 97-75-14-57 im Sommer und 97-75-20-22 im Winter.

Kost & Logis

– *Au Vieux Lierre:* in Reminiac. T. 97-93-22-51. Reizende Herberge am Rande der Straße in Richtung Guer. Menüs von 52-113 F, ausgezeichnete Küche.

– *Le Canotier:* place du Docteur-Queinnec. T. 97-75-08-69. Zweistöckiges Restaurant mit vortrefflichem Preis-/Leistungsverhältnis bei Menüs zwischen 80 und 160 F: Lachs auf heißem Toast, Seeteufel, Ente usw. Täglich geöffnet, optimale Parkmöglichkeiten auf dem Marktplatz.

– *Le Petit Keriquel:* in la Chapelle-Caro, an der Kreuzung der von Malestroit nach Ploërmel führenden Straße. T. 97-74-82-44. Sonntags abends und montags geschlossen. Reizendes, umgebautes Haus mit acht preisgünstigen Zimmern. Ein sympathisches Hotel der Kette »Logis de France«, das Essen mundete uns vorzüglich. Man rechne mit 165-215 F fürs Zimmer, Menüs rund 90-190 F.

– *Chez Antoine:* in Peillac, Richtung Redon, zwei Schritte vom Oust-Ufer entfernt. Montags und im Februar geschlossen. Genießt seit geraumer Zeit einen unverändert guten Ruf. Die siebzehn einfachen Zimmer und der geräumige Speisesaal gereichen bestimmt jedem Gast zur Zufriedenheit.

– *Ferme-auberge du Domaine de Castellan:* in Saint-Martin-sur-Oust. T. 99-91-51-69. Von November bis März dicht. Sechs Zimmer und eine Gemeinschaftsunterkunft. Zimmer für 160 F, Menüs von 75-105 F.

– *Zeltplatz la Dufresne:* am Oust-Ufer. T. 97-75-13-33. Unweit des öffentlichen Schwimmbads, gegenüber vom Kai, wo die Boote vor sich hin schaukeln und das Segelschiff von Roger Plisson dümpelt, ein Landeskind und unerschrockener, einsamer Segler. Man lasse sich von einem Einheimischen von seinen Weltreisen berichten ...

– *Chez Grand-Mère:* in Carentoir, unweit des Etang de Beauché. T. 99-08-93-69. In einem vier Hektar großen, mit hundert verschiedenen Busch- und Baumarten bepflanzten Park. Zu mieten sind achtzehn Chalets für zwei bis vier Personen: mit 230 F pro Nacht und 2200 F pro Woche ist man mit von der Partie.

Sehenswürdigkeiten

– *Rue de la Madeleine:* mit einer Skulptur von Malestroit und seiner Frau, die sich gegenseitig anblicken. In der *Rue du Froment* und der *Rue des Anglais* erspäht man alte Häuser des 16. Jhs, an der *Place du Bouffay* weitere Gebäude von 1640 und 1646. Bemerkenswert auch ein Holzhaus aus dem 15. Jh. mit erstaunlichen Schnitzereien: eine garnspinnende Sau; ein Hase, der den Dudelsack bläst; ein Mann, der sein Weib prügelt. Auf einer Fassade in der *Rue Huberdière* steht folgendes zu lesen: »Ich habe auf die Gnade Jehovas vertraut« auf Hebräisch, »Lerne dich selbst kennen« – Sokrates – auf Griechisch und »Unser Erdendasein ist nur von kurzer Dauer, den Himmel hat Gott uns zur wahren Heimat bestimmt« auf Latein.

Woher wohl so viel Weisheit und Wissenschaft? Vermutlich wohnte hier ein Professor, der am Noviziat der Priesterkongregation in Saint-Méen lehrte, die der Abt Jean-Marie de la Mennais 1828 im vormaligen Ursulinenkloster einquartiert hatte. Tatsächlich schwimmt diese Stadt sozusagen in Spiritualität. Sie beherbergte einst die Verfechter eines liberalen Katholizismus Montalembert und Lacordaire. Zeitweise gab es hier drei Klöster: Ursulinen, Augustiner und Sagesse-Orden. Das erstere wurde seither zur Klinik umgebaut und diente der ehrwürdigen Mutter Yvonne Aimée de Jésus während des Krieges als Stätte ihres segensreichen Wirkens. Am 22. Juli 1945 verlieh ihr General de Gaulle die höchste französische Auszeichnung: den Orden der Légion d'honneur – Ehrenlegion – für ihre Verdienste um den Widerstand.

– *Die Kirche Saint-Gilles:* im frühen zwölften Jahrhundert über einem heiligen Brunnen errichtet, der bis heute existiert. Nach einem von Anhängern der Liga verübten Brandanschlag 1592 blieben nur das südliche Querschiff und die flache Chorapsis übrig, welche an die Stelle einer Apsis mit Halbkuppel gesetzt worden war, die den Brunnen bedecken sollte. Beim Wiederaufbau errichtete man ein zweites Kirchenschiff. Im linken finden wir eine im Renaissance-Stil geschnitzte und von zwei griechischen Sirenen flankierte Kanzel. Die Kirchenfenster enthalten Teile der Fenster aus dem 16. Jh. Eines davon erzählt die Legende vom Heiligen Ägidius und vom Fehltritt Karls des Großen. Das Nordportal an der westlichen Fassade weist üppige spätgotische Verzierungen auf. Das Südportal ist mit symbolischen und höchst ausdrucksvollen Skulpturen geschmückt. Nicht mehr im Original erhalten sind die geschnitzten Holzfelder in den Türen aus dem 15. Jh. sowie der Portalvorbau. Übrigens: der Schatten, den der skulptierte Ochse nachmittags gegen 15h auf die Südpforte wirft, ähnelt dem Profil von Voltaire.

Sehenswertes in der Umgebung

– *Résistancemuseum der Bretagne:* ein ultramodernes Gebäude in Saint-Marcel. Täglich Einlaß von Juni bis Ende September, sonst für Gruppen nach Voranmeldung. Bietet eine ausgezeichnete Retrospektive des bretonischen Widerstandes – der bretonischen Maquis. Die Ausstellung der Modelle, Fahrzeuge und Waffen ist didaktisch vorbildlich aufbereitet, dazu gehört auch ein Filmsaal. Spezialisten können ihr geschichtliches Wissen über *Plumelec* nördlich von Vannes ergänzen, indem sie die Mühle besichtigen, die den Widerstandskämpfern als Beobachtungsturm diente. *Museum der Fallschirmspringer SAS* mit der Devise Who dares, wins – wer wagt, gewinnt! So einfach ist das.

PLOËRMEL (56800) _____

Bis 1926 Unter-Präfektur, der ebenfalls eine Losung zueigen ist: »Tenax in Fide« (Standhaft im Glauben). Ploërmel entwickelte sich an der Kreuzung der Straßen, die Saint-Malo mit Vannes und Rennes mit Lorient verbinden. Sein Name rührt von Plouarthmel her, »die Gemeinde von Armel«, ein englischer Mönch, der im sechsten Jahrhundert hierher wanderte. Von den einstigen Bauwerken sind nur

noch wenige Ruinen übrig: ein Teil der Stadtmauer aus dem zwölften Jahrhundert, das Haus *Marmousets* von 1585 und die Residenz der bretonischen Herzöge. Im Jahre 1273 gründete der Graf von Richemont das *Couvent des Carmes* (Karmeliterkloster) in der Rue du Val, das heute zwar als Verwaltungsgebäude genutzt wird, jedoch trotzdem zu besichtigen ist. Hier rief Jean-Marie de Lamennais 1824 die *Congrégation des Frères de l'Instruction chrétienne* (die Kongregation der Brüder der christlichen Lehre) ins Leben, die mit Cobh in Irland durch eine Partnerschaft verbunden ist.
– *Fremdenverkehrsamt:* T. 97-74-02-70.

Unterkunft und Verpflegung

– *Hôtel Le Cobh:* 10, rue des Forges. T. 97-74-00-49. Dienstags abends und vom 10. bis zum 30. Januar geschlossen. Dieses ansehnliche an der Straße nach Rennes gelegene Hotel bietet zwölf nagelneue Zimmer für 170-300 F. Der Pavillon im Park kann sechs Leute beherbergen. Dem Besitzer fehlt es bei seinen kulinarischen Kompositionen wirklich nicht an Fantasie und Erfolg. Für die Menüs legt man 105-160 F hin. A la carte stehen Kalbsnieren mit Langustinen, Geflügel, Entenfilets in Himbeeressig etc. auf dem Programm.
– *L'Yvel:* in Loyat, unweit des *Etang au Duc.* Zeltplatz mit zwanzig bestens ausgestatteten Stellplätzen; eine empfohlene Zwischenstation an der N 166 in Richtung Dinan.
– *Internationaler FKK-Campingplatz Bois de la Roche:* in Néant-sur-Yvel. T. 97-74-42-11 und 97-74-42-12.
– *L'Orée de la Forêt:* place de l'église in Campénéac. T. 97-93-40-27. Mit fünfzehn tadellos renovierten Zimmern und ländlicher, angemessener Küche; Gerichte in der Preisspanne 56-160 F.
– *Relais du Porhoët:* in Guilliers. T. 97-74-40-17. Die hübsche Herberge der Kette *Logis de France* vermietet fünfzehn Zimmer am Kirchplatz in einem lieblichen, bretonischen Dorf. Hier findet man endlich seine Ruhe, und außerdem wird anständig gekocht. Menüs zwischen 88 und 178 F.
– *Gästezimmer:* bei Michel Jan, in le Bouix-en-Guilliers. T. 97-74-41-56. Nur ein einziges Zimmer.
– *Chez Maxime:* in Concoret. T. 97-22-63-04. Bezaubernde Herberge mit neun urigen Zimmern, in einem ehemaligen, tadellos erhaltenen Fort untergebracht. Hier riecht's nach Bienenwachs und dem vor sich hinbrutzelnden Rinderschmorbraten. Für Halbpension werden 230-263 F verlangt, Übernachtung ohne Essen kostet 110-150 F.
– *Restaurant Saint-Pierre:* im Dorfkern von Sérent, an der Straße nach Vannes. T. 97-75-94-69. Die Schwestern Le Brun bereiten das Lammfrikassee mit Bohnen noch auf Großmutterart zu. Mit einer großzügig aufgetischten Karamelcreme und Brot mit Butter nach Herzenslust läßt man nicht mehr als 57 F springen. Obendrein betören einen die Düfte der Gegend und bretonische Musik. Klingt verlockend, nicht wahr?
– *Hôtel-restaurant Saint-Marc:* T. 97-74-00-01. In der Nähe des Bahnhofs. Keine Angst, hier verkehren nicht mehr arg viel Züge. Zimmer mit Dusche und WC kosten 185 F. Das Menü für 95 F wartet mit Muschel-Flan in zerlassener Butter, Merlu-Filet mit Sauerampfersoße und einem Wagen voll Desserts auf. »Smarte« Bedienung, der Kellner trägt ein weißes Jacket.
– *Gemeindezeltplatz von Concoret:* am Seeufer und ganz einladend.

Sehenswert

– *Die Saint-Armel-Kirche:* der Name dieses Heiligen leitet sich vom keltischen Wort Arthos ab, das zu Arz – was »Bär« bedeutet – und maglos (groß) verschmolz. Die Kirche wurde von 1511-1602 wiederaufgebaut. Das Nordportal (1530) wird aus zwei Bogen in Korbhenkelform und einem Kielbogen gebildet. Das Ganze trennt ein Mittelpfosten, den reiche Szenen aus dem Evangelium und burleske Darstellungen schmücken: man sieht z.B., wie ein Schuster den Mund seiner Frau zunäht. Von den Kirchenfenstern überstand lediglich das 1552 von Jehan le Flamand geschaffene und den Stammbaum Jesu Christi darstellende die Bombardierungen des 12. und 13. Juni 1944. Im nördlichen Querschiff wurden die hübschen Grabstatuen der Herzöge Jean II und Jean III aufgestellt. Im Südteil ist das prächtige Granitgrab Philippe de Montaubans zu sehen, des Kanzlers von Anne de Bretagne und von Anne du Chastellier.

– *Die astronomische Uhr*, 1852-1855 durch die Hand eines gewissen Frère Bernardin geschaffen, befindet sich im Innenhof des 1824 gegründeten Collège de La Mennais in der Rue du Général-Dubreton. Jedes der zehn Zifferblätter erteilt eine exakte zeitliche Auskunft über unser Sonnensystem.

– *Das Maison des Marmousets* mit seiner Holzfassade im Renaissance-Stil in der rue Beaumanoir und das *Hôtel des Ducs de Bretagne* (die Residenz der Herzöge der Bretagne) an der Straße nach Dinan sind zwei unter Denkmalschutz gestellte und hervorragend zur Geltung gebrachte Gebäude.

Sehenswertes im Umkreis

● **Etang au Duc:** an der Straße nach Dinan. T. 97-74-29-37. Freizeitgelände Belles-Rives. Zeltplätze und Gemeinschaftsherbergen sind vorhanden. Angenehme Anlage.

● **Musée du Souvenir des écoles militaires de Saint-Cyr de Coëtquidan** (Museum zum Andenken an die Militärschulen): an der Straße nach Rennes. Kostenloser Eintritt, während des ganzen Jahres zu besuchen.

● **Oratoire de la Madone des motards** (Gebetsstätte der Motorradfahrer): in Porcaro. Nationale Wallfahrt am 15. August mit einem Massenauflauf schwerer Maschinen. Toller Zeltplatz *Priaudais*, gleich am Wasser gelegen.

● **Flugplatz Loyat:** Schulungsgelände des Flugclubs ULM.

● **Schloß Crévy:** in Chapelle-Caro, T. 97-74-91-95, zwischen Vannes und Ploërmel. Das geschichtsträchtige Schloß steht als historisches Denkmal unter besonderem Schutz und beherbergt ein Museum für Kleidermode der Jahre 1730-1930, darunter ein Unterrock von Marie-Antoinette. Wow! Publikumsverkehr im Juni jeden Nachmittag und in der Hauptsaison ganztägig, sonst mittwoch-, samstag- und sonntagnachmittags.

DER WALD VON PAIMPONT

Der uralte Wald von *Brocéliande* steckt voller Märchen und Sagen und dient als Kulisse für die wunderbaren Abenteuer der *Table ronde* (Tafelrunde) aus zwölf Rittern und König Artus, des Zauberers Merlin und der Fee Viviane. In diesem ausgedehntesten, nicht faßbaren und schillernden Waldgebiet der Bretagne sollte mann sich einmal verlaufen und sich völlig von dessen geheimnisvollem Zauber einfangen lassen: wundervolle Teiche, modrige Gerüche, aufgeweichte Böden ... Ach, wie schön! Leider befindet sich der Wald überwiegend in Privatbesitz, der natürlich nicht betreten werden darf. Zu entdecken ist also nur ein Teil, dies auch deshalb, weil der Wald während des Sommers 1990 teilweise abbrannte. Großzügige Mäzene und bretonische Industrielle entschlossen sich, die Kosten für die Wiederaufforstung zu übernehmen. Sie verdienen es, genannt zu werden: der Holzhändler François Pinault, der Kosmetikhersteller Yves Rocher, der Düngemittelvertreiber Daniel Roullier und Jean-Pierre Le Roch von den Einkaufszentren Intermarché. Bravo meine Herren und danke!

Wichtige Anschrift

– *Fremdenverkehrsamt von Brocéliande*: im Rathaus von Plélan-le-Grand. T. 99-06-86-07. Im Sommer werden Touristen in der *Abtei von Paimpont* empfangen. T. 99-07-84-23.

Unterkunft und Verpflegung in der Region

– *Jugendherberge le Choucan-en-Brocéliande:* T. 97-22-76-75. Eine der am reiz-vollsten gelegenen in der Bretagne, schön abgeschieden am Rande des Waldes von Paimpont, inmitten wilder, rauher Heiden (*Landes de Lambrun*) und in der Nachbarschaft einiger alter Bauernhöfe, welche der Herberge einen ländlichen Anstrich geben. Wir folgen der D 773 ab Paimpont, dann der Waldstraße in Rich-tung Concoret, immer den zahlreichen Wegweisern nach. Auch ab Concoret ist der Weg ausgeschildert. Rundum gibt es herrliche Wanderungen in der Heide und im Wald zu unternehmen; ideal für Romantiker/innen. Eine Campinggele-genheit besteht ebenfalls.

– *Ferme-Auberge:* bei Familie Grosset in Trudeau, 35380 Plélan-le-Grand. T. 99-07-81-40. Das winzige Dörfchen liegt an der idyllischen D 40, südlich vom Schloß Brocéliande. Ein friedliches efeubewachenes Landhaus mit Zimmern für 190-210 F und Campingmöglichkeit. Alle Gerichte werden mit Holzkohle im Brotbackofen zubereitet. Fahrradvermietung und Verkauf von in Flaschen abgefülltem Cidre. Es braucht wohl nicht noch einmal betont zu werden, daß dies eine überaus sympa-thische Adresse ist!

– *Relais de Brocéliande:* in einem traumhaften Steinhaus in Paimpont. T. 99-07-81-07. Zimmer von 170-270 F, Menüs für 65 und 102 F. Angenehm ausruhen läßt es sich in dem erholsamen, weitläufigen Garten.

– *Gemeindezeltplatz:* am Ortsausgang, an der Straße nach Gaël (D 773).

● **Einen Deut schicker**

– *L'auberge du Presbytère:* 35380 Treffendel. T. 99-07-93-93. An der N 24, kurz vor Plélan-le-Grand, wenn man von Mordelles anrauscht. Mittags und abends bis 20.30h geöffnet; für abends raten wir zu Tischvorbestellung! Montags abends und dienstags zu. Ansehnliches efeubedecktes Sandsteingebäude mitten auf dem Lande. Bei Sonnenschein speist man draußen in einer beschaulichen Umgebung. Menüs zu 110 F, 150 F und 235 F: Täubchen vom Holzkohlengrill, Lachs-Raviolis, Schneckenfrikassee und Champignons, frischer Kabeljau und Lauchauflauf.

Sehenswürdigkeiten

● **Les Forges-de-Paimpont:** der Weiler zwischen den beiden Teichen (Etangs) mit ihren hundertjährigen Bäumen besteht aus ehemaligen Schmieden, wo seit der Renaissance das Eisen von Brocéliande verarbeitet wurde. Da diese Betriebe einen enormen Holzverbrauch hatten und somit zu Tausenden die Bäume des Waldes verschlangen, darf man von Glück reden, daß sie irgendwann ihre Tätig-keit einstellen mußten.

● **Paimpont:** vier Kilometer weiter, mitten im Wald und damit idealer Ausgangs-punkt für Wanderungen und Ausflüge zu Pferd. Ein Gewölbebogen führt in das Dorf, das sich ursprünglich um eine Abtei herum entwickelte. Von dieser existiert heute noch ein Gebäude aus dem 17. Jh., in dem das Bürgermeisteramt unterge-bracht ist.

Sämtliche Häuser entlang der Hauptstraße sind aus Granit und verfügen über Hintergärtchen. Eine Gedenktafel an einem der Häuser erinnert daran, daß just hier die Mutter von General de Gaulle im Jahre 1940 den berühmten »Appel des 18. Juni« ihres Sohnes empfing, in dem dieser von London aus zur Fortführung des Krieges gegen die Achsenmächte auf der Seite Englands aufrief.

Die ehemalige Abteikirche aus dem 13. Jh. bezeugt den einstigen Reichtum des Klosters, das Holz, Wasser und Eisenerz sein eigen nannte. Auch die anderen Gebäude der Abtei sind nicht weniger prächtig. In der Sakristei wird der Kirch-schatz gehütet, der aus religiösem Zierrat und einem wunderschönen Christus aus Elfenbein besteht. Die hölzerne Einrichtung, Kanzel und Chorstühle stammen aus dem 17. Jh. Die Einwohner von Paimpont genossen übrigens das Privileg, bis zur Revolution keine Steuern zahlen zu müssen. Die Wallfahrt (Pardon) von Paim-pol geht am Pfingstsonntag über die Bühne.

Weitere Attraktionen in der Umgebung

● **Der See und das Schloß von Comper:** vom Feudalsitz, den einst die Fee Viviane bewohnt haben soll, sind nur noch vier Türme und deren Verbindungsmauern übrig. Weil sie das Schloß an dieser Stelle errichtete, wurde die Fee als *Dame vom See* bezeichnet. Hier fand und erzog sie Lancelot.
Von Comper aus folgen wir der Straße nach Concoret und dann hinab in Richtung Tréhorenteuc. Auf jeden Fall eine Rast in dem Weiler *La Folle-Pensée*, »das wirre Denken«, einlegen.

● **Der Brunnen von Barenton:** von Folle-Pensée aus marschieren wir schnurstracks in den Wald zum Zauberbrunnen von Barenton. Nur wenige Tropfen seines Wassers, auf der Haustreppe des Zauberers Merlin verschüttet, bewirkten unglaubliche Phänomene. Das bekannteste ist die Entfachung schrecklicher Unwetter über dem Wald. Dieser Ort ist Zeuge mannigfacher Wunder und Geheimnisse geworden: hier traf Merlin Viviane, hier übten die Druiden ihre Macht über die Geisteskranken (das wirre Denken!) aus und der Pfarrer von Concordet unternahm hierher im 19. Jh. mit den Gläubigen in Trockenzeiten Prozessionen, um das Kreuz in den See zu tauchen und den ersehnten Regen zu erflehen. Heutigen Touristen raten wir daher zu einem vorsichtigen Umgang mit dem Brunnenwasser: sonst fällt die schönste Zeit des Jahres womöglich noch ins Wasser!

● **Tréhorenteuc:** das fünf Kilometer von Barenton entfernte Dorf ist berühmt für seine Kirche, in der christliche und heidnische Symbole lustig durcheinandergerieten. So erkennt man an der neunten Station des Kreuzweges Morgane, die Schwester von König Artus. Ein Mosaik hinten in der Kirche zeigt eine Episode des Table-Ronde-Romans. *Fremdenverkehrsamt:* Le Borug, T. 97-93-05-12.

● **Val Sans Retour** (das Tal ohne Rückkehr) oder **Val des Faux Amants** (Tal der falschen Liebenden): ein Kilometer südlich von Tréhorenteuc. Hierher verbannte die Fee Morgane mit List und Zauber alle treulosen Ritter. An diesem geheimnisumwitterten Ort kann die Fantasie schon mal mit einem durchgehen!

● **Schloß Trécesson:** nach dem *Val Sans Retour* erreichen wir Campénéac, dann Trécesson. Fremde dürfen das Privatgrundstück nicht betreten. Das prächtige, sechshundertjährige Schloß aus rotem Schiefer, das sich im Teich spiegelt, darf man aber getrost von außen betrachten.

JOSSELIN (56120)

Ein nobler Ort mit prachtvollem Schloß, dem inzwischen das Prädikat »petite cité de caractère« (Kleinstadt mit Charakter) verliehen wurde, auch wenn er insgesamt eher wie ein großes Dorf wirkt. Es wäre schade, die Basilika Notre-Dame-du-Roncier auszulassen und nicht einen Blick auf die Häuser mit den nach vorne geneigten Giebeln zu werfen, die so aussehen, als würden sie jederzeit abstürzen.
Ein guter Rat: Autos am Oust-Ufer bei der Schleuse stehenlassen!

Josselin und seine Geschichte

Seit jeher war Josselin vom Unglück seiner Schloßherren verfolgt. Ein gewisser Guethenol, Vicomte von Porhoët, erbaute das Schloß im frühen elften Jahrhundert. Sein Sohn Josselin stand dem Ortsnamen Pate. 1168 wurden Schloß und Stadt von Plantagenêt zerstört, der in Fehde mit dem Herzog der Bretagne lebte. Eudes II errichtete 1173 ein neues Schloß, das dann 1370 von Pierre de Valois an den Konnetabel Olivier de Clisson verkauft wurde. Dieser krempelte es vollständig um, machte daraus eine der stärksten »französischen« Festungen im Herzogtum und heiratete Marguerite de Rohan, so daß das Schloß durch ihre gemeinsame Tochter in den Besitz der Rohans überging. Ende des 15. Jhs ließ der Herzog der Bretagne, François II, die Festung schleifen, um die Unterstützung Jean II de Rohan für die französische Sache zu beenden. Josselin wurde erneut aufgebaut und wiederum zerstört, diesmal auf Anordnung von Richelieu, denn damals befehligte Henri de Rohan die Hugenotten. Richelieu schmetterte ihm entgegen: »Ich habe soeben, mein Herr, eine Kugel in Ihr Kegelspiel geschmissen.« Nun verging jede Menge Zeit, bis die Rohan-Dynastie die Burg Mitte des 19. Jhs noch einmal erneuerte. Ihr heutiger Besitzer, Josselin de Rohan-Chabot, Senator und Bürgermeister von Josselin, pflegt die Devise: »König kann ich nicht, Prinz mag ich nicht, Rohan bleib' ich.«

Wichtige Adressen

– *Fremdenverkehrsamt:* place de la Congrégation. T. 97-22-36-43. In einem wundervollen, mit Blumen geschmückten Haus aus dem Mittelalter untergebracht.

– *Association régionale de tourisme équestre (Regionaler Verein des Reitsports):* 8, rue de la Carrière. Wer weiß die neue Telefonnummer? Vermietet Pferdewagen und organisiert Reitwochen durch die Bretagne.

Unterkunft und Verpflegung

– *Gîte d'étape de l'Ecluse:* am Kanal. T. 97-22-21-69. Empfängt alle Wanderer, die auf Schusters Rappen, hoch zu Roß, im Kanu oder auf dem Drahtesel eintrudeln. Verfügt über zwanzig Betten.

– *Relais du Bardeff:* in Moréac, an der Nationalstraße RN 124, zwischen Josselin und Locminé. T. 97-60-18-60. Menü für Reisende zu 51 F, das auch auf englisch, deutsch und italienisch angeschlagen ist. Die Zimmer für zwei bis vier Personen im Motel werden mit 200-345 F veranschlagt.

– *Gästezimmer:* in Josselin. T. 97-22-22-62. Fünf komfortable Doppelzimmer für 220-300 F, Frühstück inbegriffen, bei Alain Bignon in der Altstadt.

– *Restaurant Ty Mad:* in Naizan, an der Straße nach Locminé. T. 97-27-43-32. Eine liebliche, preiswerte Herberge auf dem Lande.

● **Gehobener**

– *Hôtel du château:* optimale Lage, gegenüber dem Schloß, an den Ufern des Oust. T. 97-22-20-11. Mittelalterlicher Speisesaal, klassische Küche, Menüs ab 75 F, Zimmer zu 155 F. Eine ausgezeichnete »historische« Zwischenstation.

– *Restaurant des Frères Blot:* 9, rue Glatinier. T. 97-22-22-08. Während des ganzen Jahres mittwochs und außerhalb der Saison auch dienstags geschlossen. Die beiden Brüder bereiten ein tolles Essen zu, für 70-190 F. Zum Menü gehören Seeteufel-Pastete mit Krebssuppe und in Butter gebratenes Lachssteak. Wirklich einmalig, wie auch der Blick über das Oust-Tal und die Vergnügungsboote.

– *Hôtel-restaurant le Relais de l'Oust:* zwei Kilometer von Josselin, am Ufer des Oust, in Richtung Pontivy. T. 97-75-63-06. Das Hotel verfügt über fünfundzwanzig neue Zimmer und ein preiswertes, nettes Restaurant mit Menüs zu 65-160 F.

Sehenswertes

– *Das Schloß:* T. 97-22-22-50. Öffnungszeiten vom 31. März bis zum 1. Juni und vom 30. September bis zum 15. November: mittwochs, sonn- und feiertags 14-18h. Im Juni und vom 1. bis zum 20. September täglich 14-18h. Im Juli und August täglich 10-12h und 14-18h. Ab 15. November bis zum 1. Februar geschlossen. Von außen erscheint das Schloß als mittelalterliche Festung, während die Innenhofseite reich verziert ist. Um einen Gesamteindruck zu gewinnen, läuft man zur Oust hinunter. Die Fundamente der Außenfassade standen früher im Wasser. Heute verläuft zwischen Schloß und Fluß die Straße. Die Kurtine und die drei runden Türme mit Kegeldächern stammen noch aus der Zeit von Olivier de Clisson (14. Jh.). Die *portes hautes* über der Kurtine aus dem 14. Jh. wurden vor fünfhundert Jahren erneuert. Die Innenhofseite öffnet sich auf einen Ehrenhof mit dem traditionellen Brunnen. Die zehn doppelstöckigen Dachfenster beachten – sie wirken wie Spitzenklöppelei in Stein. Auf der Galerie dazwischen erkennen wir die Lilien Frankreichs und das bretonische Hermelin. Die gekrönten A's erinnern an Anne de Bretagne und die Kordeln symbolisieren den Orden der *Cordelière*, den sie ins Leben rief. Das Hauptmotiv illustriert unter einer Reihe von Kronen die Devise der Rohans, »A plus«. Die besondere Schlangenform des S am Schluß ist ein Hinweis auf das Familienwappen der Visconti von Mailand. Ludwig XII. war, als Enkel von Valentine Visconti, ein Sproß dieser Dynastie. Erstaunlich, diese alten familiären Bande der Bretagne mit Italien.

– *Das Puppenmusem:* 3, rue des Trente. T. 97-22-22-50. Öffnungszeiten: 14-18h mittwochs, samstags, sonn- und feiertags im März, April, Mai sowie von Oktober bis zum 15. November. Von Juni bis September: 10-12h und 14-18h. Die Herzogin von Rohan trug in den ehemaligen Pferdeställen des Schlosses fünfhundert Puppen aus dem 17. und 18. Jh. zusammen.

– *Die Basilika Notre-Dame-du-Roncier:* es heißt, ein Bauer habe im neunten Jahrhundert eine Marienfigur unter Brombeersträuchern (frz. »ronce«) entdeckt, die – oh Wunder – niemals ihre Blätter abwarfen. Er nahm sie mit nach Hause, doch lag sie am nächsten Tagen wieder unter dem Brombeerstrauch. Dieses Spiel wiederholte sich mehrmals, bis der Bauer den Wunsch der Muttergottes begriff, daß an diesem Ort eine Kapelle errichtet werden sollte. Dieses Legendenschema ist übrigens weitverbreitet in bretonischen Wallfahrtsorten. Die wundersame Statue, die allerhand Aberglauben hervorrief, wurde 1789 verbrannt und die Kirche zum *Tempel der Göttin Vernunft* umgewandelt. Immerhin gelang es trotzdem frommen Leuten, einige Überreste der heiligen Figur aus der Asche zu retten, die seither als Reliquien verehrt werden. Links des Chors steht heute eine moderne Maria. Die Basilika wurde mehrmals umgestaltet. Im Chor sind noch romanische Bauelemente aus dem späten zwölften Jahrhundert zu finden, so z.B. ein seltsamer Fries aus Menschen, Tieren und Laub, der die Kapitelle schmückt. Insgesamt handelt es sich um eine spätgotische Architektur, mit einer erstaunlichen Reihe von Giebeln nebst mächtigen Fenstern, dazwischen Wasserspeier. Vom Kirchturm aus schweift der Blick über das Oust-Tal.

– *Sehenswert* auch die *alten Gebäude* rund um die Basilika, in der Rue des Vierges – Holzkonstruktionen – Rue des Devins, Rue Olivier-de-Clisson – Haus Morice – Rue des Trente – hölzernes Fachwerk.

– *Der Jachthafen am Oust:* vor dem Schloß. Stellt oft die letzte Anlaufstelle für die Sportkapitäne dar. Ab hier wird die Schiffahrt auf der Oust bis Pontivy schwieriger. In Josselin vermietet *Le Ray Loisirs*, rue Caradec, T. 97-75-60-98, Hausboote für unvergeßliche Kreuzfahrten.

Die Prozession (Pardon) von Josselin

Ein stets überaus populäres Fest religiöser Inbrunst am 8. September. Es wird auch »Pardon der Aboyeuses (der Bellenden)« genannt – wieder aufgrund einer dieser eigentümlichen Legenden: eine Bettlerin bat eines Tages die Wäscherinnen am Brunnen um Wasser. Diese verhöhnten sie und ließen ihre Hunde auf sie los ... Da verdammte die Landstreicherin, die in Wahrheit die Muttergottes auf Reisen war, die Frauen dazu, jedes Jahr um Pfingsten wie Hündinnen zu jaulen. Seither brachte man Epileptiker in die Basilika von Josselin, und die Prozession wurde zur Attraktion für die Stadtbewohner, die sich hier an den Anfällen der bemitleidenswerten Kranken ergötzten.

In der Umgebung

● **Manoir de Guermahia:** in Saint-Servant-sur-Oust, zwischen Josselin und Lizio. Man koste das Bier des ökologischen Imkers Bernard Lancelot, der sagt, ein Abkömmling der Ritter der Tafelrunde zu sein. Er braut aufs Neue das Lieblinggetränk der Kelten und Gallier.

● **Radenac:** vierzehn Kilometer westlich. In Richtung Lorient fahren und nach sechs Kilometern rechts abbiegen. Die Ortsbezeichnung ist aus dem bretonischen *radénnec* abgeleitet, womit Plätze gemeint sind, an denen Farnkraut wächst. Das Altarblatt in der Kirche schmücken die Wahrzeichen der Familien Rohan und Lantivy. Folgen wir nun der Straße nach Réguiny bis zur Kapelle *Saint-Fiacre*, auf deren Fenstern das Wappen der Rohans dargestellt ist.

● Sieben Kilometer von Josselin entfernt, in Richtung Ploërmel, gelangt man zum **Lieu de combat** (Schlachtfeld) **des Trente**, auf dem 1351 Engländer und Bretonen einander die Köpfe einschlugen. Dabei soll Geoffroy du Boys seinem Widersacher Beaumanoir zugerufen haben: »Sauf' dein Blut, Beaumanoir, dann vergeht dir der Durst!« Eine Gedenksäule erinnert an diese Episode des bretonischen Erbfolgekrieges.

● **Die Abtei Notre-Dame-de-Timadeuc in Bréhan:** am Ufer des Oust. T. 97-51-50-29. Trappistenmönche des Zisterzienserordens bewirtschaften hier einen Bauernhof und verkaufen Käse und Geleefrüchte. Sie bieten auch vierzig Zimmer für Exerzitien an.

● **Rohan:** vom Schloß, das Alain de Porhoët 1104 erbauen ließ, stehen nur noch die Ruinen und die Kapelle der Bonne-Encontre; eine eigenartige Inschrift in Versform gibt ihr Entstehungsjahr mit 1510 an. Ein Weihbild im Inneren stellt die Mitglieder der Familie Rohan dar.

– *Restaurant l'Eau d'Oust:* T. 97-38-91-86. In Saint-Sanson, an der Straße Rohan-Loudéac, nahe beim Kanal. Reizender, ländlicher Rahmen. Auch Spiele werden angeboten. Gepflegte Küche mit Menüs für 95-190 F.

– *Zeltplatz Val d'Oust:* T. 97-51-30-33. Ebenfalls am Kanal gelegen, unweit des Dorfes. Schattiger, vorzüglich ausgestatteter Platz mit reichlich Unterhaltung.

● **Lizio:** kleines Charakterdorf, insbesondere wegen seines architektonischen Erbes und der typischen *Gîtes ruraux* bekannt. Die kunsthandwerkliche Tradition am Ort geht möglicherweise auf die Tempelritter zurück. Jedes Jahr am zweiten Sonntag im August wird eine höchst originelle Verkaufs- und Ausstellungsmesse abgehalten.

– *Zimmerbestellung für die Gîtes:* T. 97-74-83-03.

– *Auberge rurale:* T. 97-74-89-15.

– *Reitverein Sainte-Catherine:* T. 97-74-80-21.

– *Heimatmuseum:* T. 97-74-93-01. Rekonstruktion eines ehemaligen Bauernhofes und alter Werkstätten, die einen in die Vergangenheit eintauchen lassen.

PONTIVY UND DAS BLAVET-TAL

Der Fluß, nein, der »Strom« – denn schließlich mündet der Blavet nach etwa 140 Kilometern unmittelbar in den Atlantik – soll unser Wegweiser sein. Vom Argoat aus reisen wir ins Armor, in die Unterpräfektur Napoléon-Ville, heute Pontivy und, und weiter nach Baud, mitten im Wald von Camors, und nach Lochrist, wo der Blavet erstmals Salzwasser mit sich führt. Die Route ist ebenso schöne zu Fuß, zu Pferd, mit der Kutsche, per Schiff, per Kanu oder per Fahrrad; und warum nicht auch mit dem Flugclub ULM? Fluß und Treidelpfade bieten eine ganze Palette von Möglichkeiten. Man muß sich nur für eine entscheiden!

Nützliche Adressen

Für ungewöhnliche Abenteuer entlang des Blavet ...
- *Flüge:* Flugplatz Noyal-Pontivy. T. 97-25-03-90.
- *Aéroclub:* Segelflug. T. 97-25-57-79.
- *Kutschfahrten:* Buchung beim Relais de l'histoire, T. 97-65-22-27.
- *Kahnfahrten:* in Languidic. T. 97-27-88-05.
- *Wanderführer (Topoguide):* bei der Organisation *Abri*. T. 99-31-59-44.
- *Maison de la Ligue de canoë-kayak* (Kanu- und Kajakfahrten): in Kernascléden. T. 97-51-61-51. Zwanzig Betten in Kerchopine.
- *Club canoë de Lochrist* (Kanuclub): T. 97-36-98-47.
- *Club kayak de Saint-Nicolas-des-Eaux* (Kajakclub): T. 97-51-02-70.
- *Reitclub L'Ecurie des Ajoncs:* in Pontivy. T. 97-25-21-72.

PONTIVY (56300)

Schon merkwürdig, das Geschick von *Pondi* – auf bretonisch – das zuerst Hochburg der Rohan-Dynastie war und dann zum Zentrum der grimmigsten Kämpfer gegen die Feinde der Revolution wurde. Aus dieser Zeit stammt die Kaserne der *Gardes mobiles* im Viertel Clisson am Blavet-Ufer, die gerade im Stil des 18. Jhs wiederaufgebaut worden ist. Die zentrale Lage von Pondi inmitten der aufständischen Gebiete veranlaßte Napoléon I zwecks Einschüchterung der bretonischen Bauern, hier per Dekret vom 10. Mai 1805 eine neue Stadt mit dem klangvollen Namen Napoléon-Ville zu gründen, deren Name bis zum 14. April 1814 beibehalten wurde.

Wichtige Anschriften

- *Fremdenverkehrsamt*: am Fuße des Feudalschlosses. T. 97-25-04-10. In der Malpandrie, einem ehemaligen Lepraheim, untergebracht.
- *Fischerverband Pontivy:* M. Connan. T. 97-25-00-33.
- *Wassersportbasis Pontivy:* île des Récollets. T. 97-25-09-51.
- Für vergnügliche Stunden: *Diskothek La Rascasse,* an der Straße nach Baud, im alten Rimaison in Pluméliau. Nur am Wochenende Betrieb. T. 97-51-93-38.
- Genüßliche Augenblicke erlebt man mit den Schokoladen-»Croquines« von *M. Geflaut*, ein Experte für Leckereien und Naschwerk an der Place Leperdit.

Unterkunft und Verpflegung

Pontivy wartet mit mehreren ansprechenden, komfortablen Hotels auf. Die Preise sind in etwa gleich. Zwei davon sind neueren Datums, also moderner, beide in der Rue Nationale.
- *Hôtel le Rohan:* T. 97-25-02-01. Der Inhaber ist auch Eigentümer der Brasserie *La Locomotive* nebenan – natürlich gegenüber dem Bahnhof.
- *Hôtel de l'Europe:*
T. 97-25-11-14. Menüs für 75, 90, 140 und 170 F; Quartier für 270 F.
- *Jugendherberge:* île des Récollets. T. 97-25-58-27. In der Nähe vom Schwimmbad und dem Wassermühlen-Museum. Eine Bleibe zu jeder Zeit des Jahres.

– *Hôtel-restaurant Robic:* 2, rue Jean-Jaurès. T. 97-25-11-80. Einfach und sympathisch, mit vorzüglichem Essen und ebensolchem Weinkeller. Menüs zwischen 50 und 110 F, Cidre im Krug zu 10 F, Wurstteller zu 25 F. Kalbskotelett an Pineau – ein Likörwein – für 50 F, bretonischen Mürbekuchen für 13 F. Das Doppelzimmer zwischen 130 und 230 F. Die regionalen Erzeugnisse werden auch verkauft. Tabak- und Zeitungsladen.

Sehenswürdigkeiten

– *Die Burg:* 1485 von Jean II de Rohan über der Blavet errichtet. Breite, tiefe Gräben umzingeln die eindrucksvolle Festung mit den zwei wehrhaften Türmen und den hohen Mauern. Eines der schönsten Beispiele für die militärische Architektur des 15. Jhs. 1572 fungierte sie als Gastgeberin für die protestantische Synode. Die Burg war eine der ersten protestantischen Kirchen in der Bretagne. In einem Saal im West-Turm ist ein 4,30 Meter hoher Kamin mit steinernen Wappen und Schildern aufgestellt worden. Er stammt aus dem Herrenhaus Coët-Candec in Grandchamp. Außerdem sind noch zahlreiche weitere Sehenswürdigkeiten zu beschauen und im Sommer auch Ausstellungen.

– *Die Altstadt:* Häuser mit hölzernem Fachwerk säumen die Gassen um die *Place du Martray*. Die *Rue du Fil* erinnert an die Leinenfabrikation, der Pontivy seinen Wohlstand verdankte. Die Stadt hat sie freundlicherweise zur Fußgängerzone erklärt, wie auch die *Rue du Pont*.

– *Die Kirche Notre-Dame-de-la-Joie:* ursprünglich im Flamboyant-Stil, doch seither oft geflickt. Die Rohan-Wappen am Eingangsportal – Silberrauten auf Purpurgrund – sind kaum noch zu erkennen. Als Vorbild dienten jene Steine (macles), die man an den Ufern des Salles-Teichs im Forst Quénécan findet.

– *Napoléon-Ville:* die Straßen der neuen Stadt bilden ein schachbrettartiges Muster rund um die Magistratur. Den Plan dafür entwarf der Unterpräfekt Gilbert de Chabrol. Rathaus und Unterpräfektur im Empire-Stil befinden sich gegenüber von *der Caisse d'Epargne* (Sparkasse) und dem Gerichtshof, links und rechts auf dem viereckigen Platz *Champ-de-Manoeuvre*, auch die »Ebene« genannt.

In der Umgebung von Pontivy

● **Der Guerlédan-See:** zum Morbihan zählt nur das Südufer dieses künstlich angelegten Sees. In der *Sordan-Bucht* wurde ein herrlicher Zeltplatz angelegt. T. 97-39-69-46. Ruhiges Freizeitgelände mit Bar-Crêperie, Kanus und Tretbooten und Wasserski. Bietet also eine Menge Badevergnügen.

● **Der Wald von Quénécan:** an der äußersten nord-östlichen Ecke der »Montagnes Noires«, der »Schwarzen Berge« gelegen. Ihr höchster Gipfel, »la petite Suisse bretonne« (die kleine bretonische Schweiz) genannt, erreicht 287 Meter. Im Wald verteilen sich drei Etangs (Seen): der Etang des Salles, wo man »macles« (Steine) aufsammelt, der Etang des Fourneaux, wo bis 1860 eine Schmiede stand, und der Etang du Moulin-Neuf, wo die Ledergerber die notwendige Gerbrinde fanden.

Freunde des Geheimnisvollen und Rätselhaften sollten die *grotte Magique* (die magische Grotte) des dem fantastischen Stils verhafteten Malers Réon besichtigen. Sie liegt mitten im Wald, bei der Mühle Corbeau. Zugang über Sainte-Brigitte. Wer mehr darüber erfahren möchte, lese den exzellenten »Guide de la France insolite« (den Führer des ungewöhnlichen Frankreichs) von Claude Arz.

● **Die Kirche von Stival:** drei Kilometer nordwestlich von Pontivy. Gleich am Ortseingang steht ein Brunnen aus dem 16. Jh. zu Ehren des Heiligen Mériadec. Im hintersten Winkel einer Brunnennische befindet sich die Statue des Heiligen. Diesem ist auch die Kapelle geweiht, welche außer den Renaissance-Kirchenfenstern und wundervollen Wandmalereien aus dem 16. Jh. keine Besonderheiten birgt. Das Fenster in der Apsis stellt den Stammbaum Christi dar. Der heilige Mériadec aus königlichem Geblüt zog sich im sechsten Jahrhundert hierher zurück, um allen weltlichen Genüssen zu entsagen, wurde jedoch später Bischof in Vannes. Er vermachte der Kapelle eine kupferne Glocke, die – so sagt man – zur Heilung von Schwerhörigen bestimmt war.

● **Cléguérec:** ein siebenundzwanzig Meter langer Dolmen-Gang, die *Allée couverte de Bot-er-Mohed*, ähnlich wie in Saint-Nizon en Malguénac.
– *Gästezimmer:* in Saint-Aignan, bei Micheline Herio. T. 97-39-62-77.
– *Hôtel-restaurant Christian:* in Saint-Aignan, gegenüber der Kirche.T. 97-27-50-12. Bietet auch Fleisch- und Wurstwaren zum Verkauf. Pension mit acht Zimmern zu 110 F. Für 45 F wird das Menü – Geflügelbrühe, Curry-Muscheln, Schweinekotelett, Käse und Früchte – aufgetischt. Wo findet man sonst noch so etwas Preiswertes?!

● **Die Kapelle Notre-Dame-de-la-Houssaye** thront drei Kilometer südöstlich von Pontivy etwas streng und traurig unter Bäumen auf einem Hügel. In dem vergleichsweise unbekannten Meisterwerk aus dem 15. Jh. befindet sich ein bemerkenswertes Altarblatt aus buntem Stein, dessen künstlerische Gestaltung einmalig in der Bretagne ist. Im Mittelteil Figuren von verblüffender Lebendigkeit. Weitere Sehenswürdigkeiten, im Sommer finden Wechselausstellungen statt.

● **Noyal-Pontivy:** nach sechs Kilometern im Nordosten. Die Sakralbauten in diesem Weiler sind der heiligen Noyale geweiht, die im sechsten Jahrhundert in England geboren ist und sich in der Bretagne niederließ. Nachdem sie von einem bretonischen Häuptling, den sie abgewiesen hatte, enthauptet worden war, wanderte sie mit dem Kopf unter dem Arm umher. Erst etliche Meilen weiter legte sie sich dann doch erschöpft zum Sterben hin. Fürwahr eine bemerkenswerte Leistung. Irgendwie muß die Dame mit St. Denis verwandt sein, der ja dasselbe Kunststück vollbrachte. Wer's glaubt, wird selig. A propos: schon gewußt, daß selig ethymologisch das englische »silly« ist? Die Kirche aus dem 15. Jh. ist im spätgotischen Stil gestaltet.
– *La Ville Neuve:* an der Straße Pontivy-Vannes. T. 97-39-83-10. Ein ehemaliger Kraftfahrer sattelte auf Hotelier um und hat sich in diesem Beruf ganz hervorragend zurechtgefunden. Für die Menüs werden 75 und 160 F, für Halbpension 210 F und für die umwerfenden Zimmer 200-240 F veranschlagt.

● **Réguiny:** erstes »Ferien-in-der-Natur«-Zentrum der Bretagne. Das Dorf tut alles, um Urlauber anzulocken und bei Laune zu halten: Bademöglichkeiten, Festhalle, Schwimmbad, Zeltplatz. Buchung im Rathaus, T. 97-38-66-11.
Die Kirche ist Saint Clair gewidmet, einem päpstlichen Gesandten, der als Beweis für seine Mission einen Nagel vom Kreuze Christi bei sich trug. Deshalb hält auch die Statue des Heiligen am Kircheneingang einen Nagel. Weitere Nägel stecken in den eisernen Krummstäben an der Südpforte.
– *Hôtel-restaurant de Bretagne:* T. 97-38-66-07. Verdient, was das Preis-Leistungsverhältnis angeht, ein dickes Lob. Hat für viele Gäste Platz. Das Restaurant bietet Menüs für 70-160 F. Halbpension kostet 230 F. Auf dem Tennisplatz kann man sich das Essen wieder abtrainieren.
– *Bar-night-club l'Ecurie:* in Locmalo, zwischen Réguiny und Rohan. Bestens geeignet für eine soziologische Studie über das Freizeitverhalten auf dem Land ...

● **Guern:** das Dorf selber bietet keinerlei Attraktionen. In einem seiner Ortsteile, *Quelven*, sollte man jedoch die eindrucksvolle Kapelle aus dem 15. Jh. näher in Augenschein nehmen, deren Turm siebzig Meter hoch in den Himmel ragt. Im Innern eine mit aufklappbaren Flügeltüren versehene Statue der Notre-Dame de Quelven und Fenster aus dem 16. Jh. Am 15. August strömen die Gläubigen zur Prozession hierher. Am Dorfausgang eine Brunnen aus dem 16. Jh.
Die durch Guern plätschernde Sarre ist für ihren Reichtum an Forellen bekannt.
– *Auberge de Kerlen:* in Corn-er-Pont en Guern. T. 97-27-70-93. Bungalows und Restaurant sind in einem Park an der Sarre angelegt, mit Schwimmbad und Kinderspielplatz. Menüs in der Preisspanne 85-170 F. Eine Unterkunft für fünf Personen wird mit 230 F pro Nacht berechnet.
– *La Taverne de Kurn Er Pont:* bretonisches »Cabaret«, Philippe und Jean-Marie fungieren als Conférenciers. Wer etwas über das Programm wissen möchte, erkundigt sich unter T. 97-27-71-17.

● **Melrand** hat nicht weniger als vier Kalvarienberge! Den – unserer Meinung nach – prächtigsten entdeckten wir an der Straße nach Guéméné. Den Kreuzschaft schmücken die Apostelhäupter, welche von der Heiligen Dreifaltigkeit gekrönt werden.

An der Straße nach Budry sollte man sich den *archäologischen Bauernhof von Lann-Gouh* anschauen, wo ein Dorf aus dem Jahre 1000, das einst an diesem Ort existierte, und dessen Überreste nach und nach ans Tageslicht gebracht werden, originalgetreu nachgestaltet wurde. Der Besucher erfährt, welche Ackerfrüchte damals angebaut und welche Tiere gehalten wurden. Das ist alles recht lehrreich und während der Saison täglich zu besichtigen. T. 97-51-09-37.

– *La Mijotière:* an der Straße nach Pontivy, in Quenetevec. T. 97-27-72-82. Ehemaliger Bauernhof, heute Gaststätte, wo Menüs zwischen 105 und 210 F aufgetischt werden.

● **Bieuzy-les-Eaux:** am Dorfeingang, im rückwärtigen Bereich eines eingezäunten Grundstücks, reckt ein Brunnen seinen dreieckigen Giebel mit Häkchenverzierung empor. Sein Wasser hat der Legende zufolge die Eigenschaft, tollwütige Hunde zu vergiften und jene Menschen zu heilen, die von ihnen gebissen wurden. Der Wanderweg *Circuit de Castennec* lädt zu einem Spaziergang ein. Die Kirche aus dem 16. Jh. überragt ihre Umgebung und bietet im Innenraum einen Reigen holzgeschnitzter Monster, Drachen und grimmiger Mähnenlöwen. Im Dorf mehrere alte, denkmalgeschützte Gebäude und ein Granitbrunnen.

Auf dem Weg hinab zum Blavet passieren wir die Halbinsel Couarde, auch »Montagne de Castennec« genannt. Zur Zeit der alten Römer beherrschte hier, wo sich die Verbindungswege von Vannes nach Carhaix und von Rennes nach Quimper kreuzten, eine befestigte Stadt den Flußmäander.

– *Zeltplatz de la Couarde:* in Bieuzy. Mit unvergleichlichem Talblick.

● **Saint-Nicolas-des-Eaux:** hier, am linken Flußufer, gilt der Kai von Saint-Nicolas-des-Eaux als traumhaftes Anglerparadies. Wer nichts für Fische übrig hat, kann im Tretboot seine Runden drehen oder einen Schiffsausflug unternehmen. Die Turmspitze der Kapelle Saint-Nicodème sprießt 46 Meter hoch am Horizont aus den Kornfeldern hervor: das Bauwerk im Flamboyant-Stil wurde 1537 errichtet – in aupergewöhnlicher Lage und mit ungewöhnlicher Ausstattung. Daneben ein treiteiliger Brunnen mit Ziergiebeln.

– *Freizeitpark des Pays de Baud:* T. 97-25-47-55. Einfach an der Schleuse von Gamblen, drei Kilometer hinter Saint-Nicolas, auf dem linken Ufer den Wegweisern zu diesem acht Hektar großen Gelände – davon zwei Hektar Wasserfläche – folgen. Ein Teich ist ferngesteuerten Schiffsmodellen vorbehalten. Angler und *Boules*-Spieler kommen ebenfalls auf ihre Kosten, eine Crêperie und reizende Gartenlokale sorgen für das leibliche Wohl.

– *Hôtel-restaurant du Vieux Moulin:* am Blavet-Ufer in Saint-Nicolas-des-Eaux. T. 97-51-81-09. Vier der insgesamt zehn Zimmer wurden kürzlich aufwendig renoviert und belasten die Reisekasse mit 270 F. Ein ausgezeichnetes Hotel für Angler und Radtouristen.

● **Saint-Barthélemy:** Magenkranke erhoffen sich Heilung von einer Quelle bei der Kapelle Saint-Adrien (15. Jh.). Das idyllische, strohgedeckte Dorf besitzt zwei weitere Wasserbrunnen.

BAUD (56150)

Die RN 24 führt nicht mehr durch diesen Marktflecken, den nichts auszeichnet außer seiner *Vénus de Quinipily*, bei der Flaubert »eine zugleich barbarische und raffinierte Sinnlichkeit« wahrnahm. Ganze Legenden ranken sich um diese Statue, der doch wirklich nichts Erotisches anhaftet ... aber über Geschmack läßt sich bekanntlich streiten. Trotzdem sollte man der Statue auf alle Fälle einen Besuch abstatte.

– *Fremdenverkehrsamt:* im Rathaus. T. 97-51-02-29.

Der Wald von Camors

Der 570 Hektar große Baumbestand ist Teil des bewaldeten Massivs, das die mickrigen Erhebungen des Morbihan im Anschluß an die *Montagnes Noires* des Finistère krönt. Der Staatsforst von Camors, Florange und Lanvaux »klettert« von West nach Ost bis auf eine Höhe von 150 Metern und zeigt die Grenze zum

Argoat an. Der Wald war jahrhundertelang die Wirkungsstätte der Holzfäller, Zimmerleute, Köhler, Holzschuhmacher und anderer Schnittholzsäger. Im Volksgeist lebt die Legende dieser rauhen Männer weiter, die den Winter im Wald verbrachten und deren Mentalität sich grundlegend von der bäuerlichen unterschied. Lange Zeit wurden sie als »Waldmenschen« verunglimpft. Heute sieht man keine mehr ... die Motorsäge hat alles verändert. Gott sei Dank hat sie sich noch nicht am *Baumpatriarchen* der Bretagne vergriffen: einer zweitausendjährigen Eiche von elf Meter Umfang und zwanzig Meter Höhe, die man schon von weitem an der Straße von Guéhenno nach Saint-Jean-Brévelay erkennt.

Eine Neuigkeit: eine unserer Leserinnen teilte uns mit, daß höchstens noch die Hälfte des ursprünglichen Waldes vorhanden sei, da er wohl schwere Schäden durch den Sturm erlitt.

Unterkunft und Verpflegung

– *Le Relais de la Forêt:* vis-à-vis des Rathauses von Baud. T. 97-51-01-77. Recht ruhig, tadellose Parkmöglichkeiten, obwohl mitten im Ort. Die dreiundzwanzig Zimmer schlagen mit 100-230 F zu Buche. Außer donnerstags im Winter ganzjähriger Betrieb. Menüs ab 65 F. Die Spezialitäten: Langustinen, Lachs mit Sauerampfer, gefrorener Nougat. Hübscher, uriger Speisesaal, fixe und freundliche Bedienung. Es lohnt sich wirklich, von der RN 24 herunterzufahren, um hier Quartier zu beziehen.

– *Hôtel-restaurant Ar Brug:* in Camors. T. 97-39-20-10. Gleich gegenüber der Kirche; mit zwanzig Zimmern und reichhaltigen, preiswerten Gerichten. Außergewöhnliches Preis-/Leistungsverhältnis.

– *Hôtel Les Bruyères:* in Camors. T. 97-39-29-99. Neu möblierte Zimmer für etwa 250 F und klassischer Komfort. Kein Restaurant.

– *Gemeindezeltplatz:* mitten im Wald von Camors. T. 97-39-22-06. Siebzig Stellplätze.

● *In der Umgebung*

– *Le relais de Floranges:* in Bieuzy-Lanvaux, zwischen Baud und Vannes. T. 97-56-00-14. Eine funkelnagelneue Herberge am Waldessaum, dreißig Kilometer von den Stränden. Komfortable Zimmer ab 190 F, exzellentes Menü für 100 F. Für all diejenigen, welche sich nach vollkommener Stille sehnen!

Rund um Baud

● **Locminé:** kommt von »Loc-ménéc'h«, was *Ort der Mönche* bedeutet. Tatsächlich soll hier der heilige Kolumban (Colomban) ein Kloster gegründet haben, das 1606 wiederaufgebaut wurde. Verblüffend wirkt auf den Touristen die moderne Kirche hinter den Fassaden des geschichtsträchtigen Heiligtums aus dem 16. Jh. und der Kapelle Saint-Colomban. Die zumindest ungewöhnliche Mischung ist dem Bürgermeister und Abgeordneten von Locminé zu verdanken, der gleichzeitig auch das Amt des Pfarrers ausübt. Besagter Abbé Laudrin ließ 1971 die beiden verfallenen Gebäude abreißen und an ihrer Stelle diesen stinkehäßlichen Betontempel setzen. *»Is fecit cui prodest«* sagt ein Sprichwort, was soviel heißt wie »Jeder handelt in seinem eigenen Interesse«. Der Ruf Locminés rührt jedoch auch von einem Lied her ... das von den Dorfburschen erzählt, die unter ihren Schuhsohlen »de la maillette« tragen. Wir haben nie rausgekriegt, was das genau ist. Gibt es bei den Schuhmachern anscheinend kaum mehr ... dafür haben jetzt die Konditoren ihre Nachfolge angetreten, denn »une mailette« ist auch ein Kuchen.

– *Auberge de la Ville au Vent:* 9, rue de Clisson. T. 97-60-08-40. Täglich geöffnet. Dieses schicke Traditionshaus nistete sich eben erst in einem ehemaligen Bauernhof ein. Sämtlich Menüs sind Spitzenklasse. Ab 70, 85 , 105 F angefangen, geht's bis in höhere Sphären hinauf!

– *Hôtel-restaurant de Bretagne:* rue Max-Jacob. T. 97-60-00-44. Wahrhaft einfach. Menü für 54 F, Zimmer mit Waschgelegenheit kosten 140 F, mit Bad und WC für zwei Personen 200 F. Man buche die »soirée-étape« für 250 F: himmlisch!

● **Bignan:** Besitzung des Schlosses von Kerguehennec. Im baumschulartigen Park sind Werke moderner Bildhauer ausgestellt. Entstehen sollte hier ein Schaffens- und Begegnungsstätte mit der zeitgenössischen Kunst. Man wird auf siebzehn moderne ? Skulpturen ? stoßen, die auf jeden Fall alle zwerchfellerschütternd sind. Schweizer Bankiers ließen das Schloß während der Glanzzeit der Indien-Handelsgesellschaft von dem Architekten Olivier Delourme errichten; Bühler gestaltete den englischen Garten. Seither wechselten die Besitzer mehrmals, bis der Generalrat von Morbihan das Schloß 1972 erwarb. Vom 1. Mai bis zum 30. Oktober ist es täglich ab 10-18h zu besichtigen. Das Eintrittsgeld beträgt 10 F. T. 97-60-21-19 für die Buchung von Führungen.

● **Moustoir-Ac:** kündigt sich wegen des Sendemastes der Fernsehstation von Vannes schon von weitem an. Außerdem finden wir hier im Wald mit über sieben Meter Höhe den höchsten aufrechtstehenden Menhir der Bretagne. Reizvoll auch das Angeln in der Tarun.

– *Gästezimmer:* bei Marie-Ange Demais in Kerdréan-La-Grand-Ville, Brandivy. T. 97-56-12-50.

● **Pluvigner:** die Kirche Saint-Guigner (1546) und die Kapelle Notre-Dame-des-Orties (1426) sind durch das Presbyterium wie zwei siamesische Schwestern verbunden. Zu den Sehenswürdigkeiten zählt auch eine archäologische Ausgrabungsstätte, wo Ruinen eines gallischen Dorfes – eine Gruppe eingefriedeter Steinhäuser – aus der Zeit 300-150 v. Chr. freigelegt wurden.

– *Reitclub La Crinière de Kerlihuen:* in Pluvigner. T. 97-24-97-76.

– *Gästezimmer:*
im Schloß von Kerangat in Plumelec, bei Madame Hunt. T. 97-42-24-25.

– *L'auberge de Kerreau:* Kerreau-Malachappe, 56330 Pluvigner. T. 97-24-74-64. Man nehme ab Baud die D24 in Richtung Malachappe und biege nach etwa acht Kilometern nach rechts gen Kerreau ab. Der Umweg lohnt sich wirklich: die kleine Herberge wird einen mit ihren Reizen einfangen. Das typisch bretonische, strohgedeckte Häuschen aus dem 15. Jh. ist ganz im ehemaligen, regionalen Stil eingerichtet. Die originelle Küche ist zwischen der Nouvelle Cuisine und der regionalen Küche einzuordnen und bietet reichhaltige Menüs für 95, 145 und 170 F. Einige Gerichte müssen vorbestellt werden. Zucchinipüree mit Muscheln, Seezungenfilet an Pfirsichwein, Entenbrustfilets mit kandierten Johannisbeeren. Die Herberge verfügt auch über vier Doppelzimmer für 210 F.

ZWISCHEN BLAVET UND SCORFF

Nützliche Adressen

– *Association pour la protection des salmonidés en Bretagne* (Verein zum Schutz der Lachse): T. 97-87-92-45.

– *Fédération des associations de pêche en Morbihan* (Fischerdachverband Morbihan): T. 97-42-52-06.

GUENIN (56150)

Über dem Dörfchen erhebt sich ein Hügel, der immerhin die beachtliche und für bretonische Verhältnisse fast schwindelerregende geodätische Marke von 155 Metern Höhe über dem Meeresspiegel erreicht. Dieser heilige »weiße« Berg *Mané Guen* lockt haufenweise Neugierige an: von seinem Gipfel kommen rundum insgesamt fünfzehn Kirchtürme ins Blickfeld. Die erste Kapelle wurde dank der Großzügigkeit von Aline Olivro de Guénen im Jahre 1300 errichtet. Sie wurde im 16. Jh. restauriert; das Kirchenschiff entstand im Jahre 1511, die Apsis 1751. In der Nähe fristen ein dreißig Meter tiefer Schöpfbrunnen und ein Brunnen aus dem Jahre 1610 ihr Dasein. Der »Berg« eignet sich wunderbar als Ausflugsziel zu Fuß oder mit dem Motorrad. Auf der Straße, die auf der einen Seite des Berges hochführt und auf der anderen wieder runter, werden Motorradrennen organisiert. Toll, was? Auch dabei wird man in Frankreich auf wenig Sensibilität stoßen. Absolute

Renner auf allen Bergen, auf allen Gipfeln in den Alpen sind z.Zt. beispielseise vierradgetriebene Wagen vom Typ Landrover u.a.

QUISTINIC (56310)

Wirklich schade, daß das Schloß *Villeneuve-Jacquelot* der Familie Boisrouvray – auch heutzutage noch Besitzer des Gemäuers – 1897 zum Teil einstürzte. Erhalten sind heute noch zwei Holztüren aus dem 16. Jh., der Kamin im Ehrensaal und die Kapelle im Park. Ungewöhnlich auch die südländische Fassade aus dem 17. Jh. und die Holzverkleidungen des Turms und des Westflügels. Führungen nur auf Anfrage.

Die *Kapelle von Locmaria* verdient ebenfalls unsere Aufmerksamkeit, und sei es nur wegen ihrer erstaunlichen Ausmaße von 32 x 6 Metern. Ihr zur Seite stehen Kreuz und Brunnen. Am 15. August steigt eine große Prozession. Das beachtliche Bauwerk läßt auf seine religiöse Bedeutung, aber auch auf den verflossenen Reichtum dieser Gegend schließen.

Das Dorf Poul-Fétan

Der ganze Stolz derjenigen, die den *grünen* – bei uns würde man sagen »sanften« – *Tourismus* in der Bretagne propagieren. Man sollte schon eine kleine Anstrengung auf sich nehmen, um diesen Weiler mit den restaurierten Strohhäuschen zu erreichen; nämlich auf dem markierten Wanderweg, der den Berg hochführt. Es gibt zwar auch eine Autostraße, aber es ist nur von Vorteil, seinen fahrbaren Untersatz unten abzustellen – beim Hochfahren fühlt man sich nämlich so eingequetscht wie in einem überfüllten Fahrstuhl. So nähern wir uns langsam den Strohdächern mit den gemeißelten Schornsteinen, dann erscheinen die wohlproportionierten Häuserfassaden. Linker Hand erspäht man eine Einzäunung, hinter der Hirschkühe und ein paar andere halbwilde Tiere grasen. Nun erreichen wir das Dorf, ein Dutzend strohgedeckter Häuser und einige Ruinen, die gerade – nach alter Art – wiederhergestellt werden. Handwerker produzieren und verkaufen hier Gegenstände aus Leder, Holz, Wolle usw. Außerdem steht ein *Gîte d'étape* mit zwölf Betten zur Verfügung.
- *Für Buchungen und Führungen:* T. 97-39-71-08.
- *Dorfcrêperie:* T. 97-39-73-33.

PLOUAY (56240)

Obwohl die Verstädterung des Ballungsgebietes von Lorient die beachtlich angewachsene Ortschaft langsam einholt, lebt Plouay noch weitgehend von der Landwirtschaft. Neben der Kirche erhebt sich ein Denkmal für die Kriegsopfer von 1914-18 mit vier Soldaten in Stein, davon ein Pilot, was eher die Ausnahme ist.

Unterkunft und Verpflegung

- *Le Relais du Marquis:* in Plouay. T. 97-33-25-00. Montags geschlossen. In einem anziehenden Patrizierhaus aus dem 17. Jh., das früher einmal als Gerichtsgebäude gedient haben soll. Fabienne und Martine sind für die ländliche Küche zuständig und brutzeln noch viel über dem Holzfeuer im Kamin des Speisesaals. Eine üppige Mahlzeit beläuft sich auf rund 170 F.

INGUINIEL (56240)

Die Kapelle Saint-Cornély stammt zweifellos aus dem Mittelalter. Sie steht in dem letzten und einzigen Enclos paroissial (umfriedeter Pfarrbezirk) des Morbihan, wozu bis 1947 noch ein Friedhof gehörte. Übriggeblieben ist nur das Beinhaus neben der Sakristei. Nach dreihundert Metern gen Süden gelangt man zu dem dem Heiligen Kornelius geweihten Kalvarienberg aus dem Jahre 1611. Innerhalb der Pfarreieinfriedung erhebt sich ein klassischer Kalvarienberg von 1813 mit dem gekreuzigten Jesus, daneben die beiden Schächer und zu ihren Füßen die Klageweiber. Ein lokales Freiwilligen-Komitee hat sich daran gemacht, die massive Kapelle sorgfältig wiederherzustellen. Im Sommer steigen hier auch Konzerte.

Eine völlig andere Seite von Inguiniel ist seine Nerzzucht, die zu den umfangreichsten in der Bretagne zählt: zwanzigtausend Weibchen, die mit Abfällen aus Geflügelschlachthöfen und mit Fischen gefüttert werden. Der Morbihan ist der wichtigste Fellieferant in Frankreich – achthunderttausend Stücke jährlich. Das geht natürlich nicht ohne Nachteile für die Umwelt ab. Man besichtigt die Zuchtanlage nicht, sondern riecht sie von weitem. Das reicht.

● *Pont-Augan*

Reizvolle Wassersportbasis für Kanu- und Kajakfahrer sowie naturverbundene Campingfreunde an der Stelle, wo Evel und Blavet zusammenfließen. Das Ufer liegt gegenüber einer ehemaligen Fabrik, die eigentlich nur restauriert werden müßte, um künftig Urlauber an diesem idyllischen Örtchen zu beherbergen. Der Wanderweg GR 38 verläuft hier in der Nähe zwischen den Strohhäuschen von Kerdrono, Bourron und Coët-Pouron.
– *Wassersportbasis Evel-Blavet:* T. 97-51-11-82.
– *Campingplatz:* T. 97-51-04-74. Mit zweiunddreißig Stellpätzen am Wasser überaus sympathisch.

KERNASCLEDEN (56540)

Die Kirche ist Unserer Lieben Frau geweiht und trägt einen Stolz und einen Reichtum zur Schau, die so gar nicht ins bescheidene Dorfbild passen. Die Totentanz-Freske – insgesamt sind nur vier davon in Frankreich bekannt: Kermaria-an-Lokuit en Plouha, Ploudivy, La Martyre und La Roche-Maurice – ist ein Meisterwerk bretonischer Kunst des 15. Jhs. Erschreckend realistisch gemalte Monster lassen den Betrachter erschauern. Im linken Seitenschiff – Achtung Stufen! – wird das Auge von einem verlassenen Stein angezogen, der so aussieht, als sei er einst fassoniert worden, um das Blut von Opfertieren aufzufangen. Da rieselt's einem kalt den Rücken runter ...

CORNOUAILLE MORBIHANNAISE UND DAS PAYS POURLET

Vor der Verwaltungsgliederung in Départements im Jahre 1790 gehörten die Kantone Guémené-sur-Scorff, Le Faouët und Gourin zu zwei verschiedenen Territorien links und rechts des Ellé-Stroms. Die Region Pourlet, im Osten, war mit dem Bistum Vannes verbunden, während der westliche Teil vom Bistum Quimper abhing. Die ländlich strukturierte Region verlor in der letzen Zeit ihre Einwohner wegen des EG-Milchsees, der allerdings heute wieder fast trockengelegt wurde. Dennoch kann man hier wunderbare Ferien verbringen und wahre Entdeckungen machen. Die Straße von Roscoff nach Lorient führt durch eine waldige, hügelige Landschaft, die mit Flüßchen und Teichen durchsetzt ist. Die Fülle von Denkmälern, Kapellen und Herrenhäusern, denen wir unterwegs begegnen, zeugen vom Reichtum der Bretagne im 16. und 17. Jh. Nachfolgend einige Kostproben.
Weitere Auskünfte erteilt die außerordentlich kompetente Sekretärin des *Comité d'accueil du pays Pourlet* im Rathaus von Plouray (56770). T. 97-23-83-97.

BERNE (56240)

Beginnen wir mit der Kirche aus dem 17. Jh. in einer erhöhten Einfriedung: Schutzpatron ist der heilige Brévin, Erzbischof von Canterbury. In den Kirchenfenstern sind die in der Umgebung verstreuten Kapellen dargestellt. Vom Schloß des Clément-Chrysogone de Guer, Marquis von Pontkallek, das einst am Scorff-Ufer stand und von 550 Hektar Wald umgeben war, ist so gut wie nichts mehr vorhan den. Aber der herrliche Spaziergang entlang des Wanderweges GR 34 oder durch die Talebene lohnt sich auf jeden Fall.

LE FAOUET (56320)

Le Faouët war dereinst Kulisse für die Heldentaten von »La marion«, einem Räuberhauptmann im Morbihan um 1750. Das Dorf ist voller Geschichte(n) und Baudenkmäler, denen man unbedingt seine Aufwartung machen muß.
– *Fremdenverkehrsamt:* rue du Soleil. T. 97-23-08-37.
– *Das Ursulinerinnenmuseum:* im Dorf. T. 97-23-23-23. Hat von Juni bis September seine Pforten geöffnet. Gemäldeausstellungen der »Schule von Le Faouët«.

Unterkunft

– *La Croix d'Or:* vor den Markthallen von Le Faouët. T. 97-23-07-33. Vom 15. Dezember bis zum 15. Januar und samstags außerhalb der Saison geschlossen. Mit fünfzehn Zimmern zu ungefähr 250 F. Das Essen schmeckt überaus ordentlich. Menüs für 68-105 F.

● *Spürbar vornehmer*

– *Le Cheval Blanc:* in Priziac. T. 97-34-61-15. Ultramodern eingerichtete und ausnehmend komfortable Zimmer, für die man zwischen 230 und 260 F auf den Tisch legen muß. Der junge, stets lächelnde Chef lädt hierher zu einem kleinen Abstecher ein: es lohnt sich.

● *Zeltplätze*

– *Gemeindezeltplatz Beg-er-Roch:* in Le Faouët. T. 97-23-15-11 oder 97-23-09-19. Etwa hundert, reizvoll gelegene Stellplätze am Ellé-Ufer.

Wo einkehren?

– *Ferme-auberge de Kerizac:* Straße nach Scaer. T. 97-23-14-29. Montags zu.
– *Crêperie sarrasine:* 1, rue du Château in Le Faouët. T. 97-23-67-29. Liebenswert urig, ganzjährig geöffnet.

Sehenswertes

– *Les halles* (die Hallen) datieren aus dem 16. Jh. Das Gebäude mißt 53 x 19 Meter, ist in fünfzehn Felder eingeteilt und trägt einen achteckigen Glockenturm. Holzpfeiler auf Granitsockeln stützen den Dachstuhl, der auch berühmten zeitgenössischen Architekten zur Ehre gereichen würde.

● *Eine unvergleichliche Reihe von Kapellen*

– *Die Kapelle Sainte-Barbe,* 2,5 Kilometer nordöstlich von Le Faouët am Rande einer steil abfallenden Felswand zwischen Kastanienbäumen, ist über eine monumentale doppelläufige Treppe aus dem 18. Jh. zugänglich. Im spätgotischen Stil des 15. Jh. erbaut, beeindruckt sie mit vier Renaissancefenstern, einer geschnitzten Holzkanzel mit einer schalkhafte Engel darstellenden Szene, dazwischen Blumenmotive sowie mehrere bizarre Weihbilder im Kirchenschiff und in der Mitte der Hauptaltar.
Ein Pfad unterhalb der Kapelle führt zum Sainte-Barbe-Brunnen. Junge Mädchen, die möglichst rasch unter die Haube kommen wollten, warfen hier früher Stecknadeln ins Wasser – oder tun sie's etwa heute noch?
– *Die Kapelle Saint-Fiacre:* im Süden. Kirchturm mit Balustrade und Türmchen über einer reichverzierten Fassade, die an Notre-Dame de Kernascléden erinnert. Nicht weiter verwunderlich, denn schließlich wurde sie von Engeln errichtet. Während sich die Bauarbeiter von Kernascléden ausruhten, liehen sie sich mal eben Werkzeug und Baumaterial aus – so die Legende. Die Eleganz von Saint-Fiacre mutet diskreter an. Am sehenswertesten ist der wundervolle Lettner, von Olivier de Loergan zwischen 1480 und 1492 geschnitzt. Der Künstler mischte profane und

heilige Szenen, die sich dem Betrachter nur mit etwas Geduld vollständig erschließen. Einige hundert Meter entfernt liegt ein Brunnen im Wald, dessen Wasser Zauberkräfte besitzen soll.

– Die *Kapelle Saint-Sébastien:* drei Kilometer nach Osten, in Le Drezers, an der Straße nach Rostrennen. Sie wurde 1598-1602 in Form eines lateinischen Kreuzes errichtet und läuft in einer Apsis mit zahlreichen Hohlkehlen aus. Wegen des Rufes der beiden zuvorgenannten wird sie meist verkannt. Durch die Neugestaltung ihrer Umgebung wird sie nun aber hervorragend zur Geltung gebracht; ihr ländlicher Rahmen gefiel uns besonders gut. Fialen geben den Strebepfeilern Halt. Über dem Westgiebel ragt ein viereckiges Glockentürmchen mit einer Außentreppe empor. In der Kapelle reihen sich nochmals allerlei Ungeheuer entlang der Querbalken. Auf einer Konsole glaubt man einen Kranken zu erkennen, der gerade erbricht.

– Die *Kapelle Saint-Nicolas:* rechter Hand, wenn man nach Priziac fährt. Im Vorbeigehen bemerkt man einen reizenden Pfad, der durch das Tal zur Kapelle Sainte-Barbe führt. Auch Saint-Nicolas ist ein Heiligtum im Flamboyant-Stil und besitzt einen Holzlettner mit einem herrlich naiven Relief der Nikolauslegende.

LANGONNET (56630)

Die Kirche *Saint-Pierre-et-Saint-Paul* fügt sich sozusagen – zusammen mit Priziac, Ploërdut und Calan – in eine »romanische Serie« ein. Pfeiler und Kapitele aus dem zwölften Jahrhundert sind noch erhalten. Die Außenarchitektur ist gotisch. 1136 wurde die Zisterzienserabtei am Ellé-Ufer gegründet, neben der alten Römerstraße Vorgium-Blabia. Vom Kloster steht nur noch der gotische Kapitellsaal aus dem Jahre 1250. Die gegenwärtig vorhandenen Gebäude wurden zwischen 1688 und 1736 errichtet und beherbergen bis dato die Patres des Heiligen-Geistes. Ein Missionarsmuseum ist täglich außer dienstags zu besichtigen.

– *Reitverein Keraudrenic:* T. 97-23-92-54. Reitschule mit einem staatlich geprüften Lehrer. Hier werden Anfänger- und Fortgeschrittenenkurse im Reiten und Fahren gegeben. Übernachtungsmöglichkeit mit sechzig Betten. Während des ganzen Jahres herrscht Betrieb.

GOURIN (56110)

Ferienort im Grünen, auf halber Strecke zwischen Morlaix und Lorient. Verkehrsknotenpunkt in enger Berührung mit den drei Départements der *Basse Bretagne.* Zu besichtigen sind die SchieferSteinbrüche mit den tiefen Abbaugruben. Die Landschaft ist wie ausgedörrt. Wir befinden uns hier in der Hauptstadt der *Montagnes Noires* (Schwarze Berge).

Welch Staunen an diesem Ort eine – echte – Freiheitsstatue und einen Frontsoldat des ersten Weltkrieges zu erblicken. Man erholt sich leicht von seiner Überraschung, wenn man erfährt, daß die Leute hier schon seit langer Zeit unter dem zweifachen Schutz, nämlich Frankreichs und des großen Nachbarns über dem Atlantik stehen. Es würde einen nicht mehr wundern, wenn der Frontsoldat, könnte er sprechen, einen amerikanischen Akzent hätte. Ein gewisser Nicolas Le Grand wanderte 1881 als erster in die »Neue Welt« aus. Etwa fünftausend Landeskinder leben näher am Hudson River als an der Aulne. Der Bürgermeister, Louis Le Quintrec, sagt selber, daß sämtliche Familien in den USA oder Kanada Verwandte hätten. Wer hätte das gedacht?

Über der spätgotischen Kirche aus dem 17. Jh. ein Kirchturm mit Balustrade und Glockentürmchen. Innen erwartet uns ein Pietà und eine Kanzel aus dem 18. Jh. Das Herrenhaus *Tronjoly* ist nichts anderes als ein stattliches Gebäude, 1898 teilweise erneuert, mit einem Dach à la Mansart. Der Ort schwirrt vor Geschichten aus revolutionären Zeiten.

– *Fremdenverkehrsamt:* rue de Cornouaille. T. 97-23-66-33.

Unterkunft

– *Ferme-auberge de Quenepevant:* in Langoelan. Pony-Club. T. 97-51-26-52.
– *Gemeindezeltplatz But Min:* in Gourin. T. 97-23-42-74.
– *Hôtel-restaurant la Chaumière:* rue de la Libération. T. 97-23-43-02. Zehn lütte, aber hinlänglich komfortable Zimmer für 170-200 F. Auch das Essen schmeckt anständig.

ROUDOUALLEC (56110)

Die Straße von Saint-Brieuc nach Quimper führt durch diese Hauptstadt des bretonisches Kekses und Kuchens. Davon sieht man zunächst nicht viel, dafür schwebt aber der leckere Gebäckduft über dem Dorf. Die *Keksfabrik Le Guillou* in la Villeneuve – T. 97-34-50-50 – verarbeitet seit 1949 tonnenweise Mehl, Butter, Eier und Zucker, woraus dann Vierviertelkuchen und andere »galettes« werden. Um den Verkauf an Kleinverbraucher kümmert sich der Bäcker Emile Le Goff. Ob man wohl an die rund fünftausend Bretonen denkt, die in die USA emigrierten? Hier befindet man sich auf jeden Fall in der Wiege der »Wanderer«.
Die spätgotische Pfarrkirche aus dem 16. Jh. macht von weitem mit ihrem Kirchturm – 18. Jh. – auf sich aufmerksam, den eine Kuppel mit Oberlicht krönt. In der Nähe von Pananvern sind die Überreste eines römischen Lagers und die *allée couverte* von *Castel-Ruffel* zu besichtigen. Wenige Kilometer nordwestlich dehnt sich der Schloßpark von *Trevarez* in Saint-Goazec en Finistère über 75 Hektar aus. Siehe »in der Umgebung von Spézet«.
– *Flugplatz Guiscriff-Keranna:* T. 97-34-09-80.
– *Aéroclub-club ULM* und *Aéromodélisme de Guiscriff* (Flugzeugmodellbau): T. 97-34-00-55 und 97-34-06-98.

Restaurant

– *Le Bienvenue:* in Roudouallec, am Ortseingang aus Richtung Gourin kommend. T. 97-34-50-01. Ganzjährig geöffnet. Montag- und dienstagabends außerhalb der Saison geschlossen. Nicht nach dem Äußeren gehen: die wahre Qualität dieses Restaurants zeigt sich erst bei Tisch. Menüs in der Preisspanne von 70-150 F. Der junge Hausherr überrascht seine Gäste mit einem Taubenflügel-Frikassee mit Knoblauchsahne, hausgeräucherten Fischen und verführerischen Kuchen, denen keine Schlankheitskur standhält. Wieder ein Lokal, das den Umweg lohnt.

PLOURAY (56770)

Ein Dorf am Fuße der *Montagnes Noires* – und nicht etwa in Tibet, obwohl es an diesem *Bel Avenir* (Schöne Zukunft) genannten Ort ein buddhistisches Kloster der Droukpa-Kagyu-Sekte gibt. Die Klosterpforten stehen Besuchern offen ...
Manch einer begeistert sich wohlmöglich auch für die Dorfkirche aus dem Jahre 1666 im bretonischen Renaissancestil: Apsis und Querschiff mit abgestumpften Winkeln, gezackte Kirchturmspitze, Portalvorbau von 1687 mit Nischen, Beinhaus mit fünf Rundbogenöffnungen. Im Mai 1990 ließ jemand vier Apostel des Lettners mitgehen ... sie tauchten glücklicherweise wieder auf, wurden wieder an ihren Ort gestellt und dieses Mal »diebstahlsicher« befestigt. Man versteht nun, warum so manche Kapellenpforte verschlossen bleibt. Der 297 Meter hohe Berg Saint-Joseph erhebt sich sieben Kilometer westlich.

PLOERDUT (56160) _____

- *Die Kirche Saint-Pierre:* mit romanischem Turm und Kirchenschiff. Unter den Bänken des Portalvorbaues fallen merkwürdige Vertiefungen ins Auge, die Fruchtbechern ähneln. Die Kapitelle sind mit vielfältigen, geometrischen Mustern verziert. Im Südteil, in der Ecke des Kirchturms, wird das Beinhaus von einem Lichtgaden erhellt, der aus einem einzigen Granitblock gefertigt ist (15. oder 16. Jh.).

Verpflegung

- *Chez Marie-Thé:* 5, Grande-Rue. T. 97-39-43-82. Werktags Menü für 50 F, aber sonntags wird festlich gekocht, und man speist ein fürstliches Mahl für 110 F.

Freizeitaktivitäten

- *Reitschule le Joyau d'Or:* in Lannic, an der Straße nach Guéméné. T. 97-39-43-98. Ganzjährig geöffnet, auf Wunsch mit Übernachtung. Familiäre, angenehme und entspannte Atmosphäre, in einer traumhaften, ländlichen Umgebung gelegen, in der Neugierige sich auf die Suche nach prähistorischen Überresten machen können.

GUEMENE-SUR-SCORFF (56160) _____

Der Ort ist nach Kémenet Guégant benannt, einem Grundherrn des elften Jahrhunderts, dessen Lehnsgut die Familie Rohan-Guéméné übernahm – siehe Josselin. *Louis II de Rohan*, Herzog von Montbazon, befahl um 1480 den Bau einer Burg, von der heute noch eine Türe zu sehen ist. Einer seiner Nachkommen, *Louis VII*, ließ – wie in Le Faouët – Markthallen errichten, da die Region in dieser Zeit einen enormen wirtschaftlichen Aufschwung erlebte. Davon ist heute ebensowenig übriggeblieben wie von den 1923 abgerissenen Hallen. Berühmt sind noch die *Andouilles* (Würste aus Darmstücken) von Guéméné, die in Form von konzentrischen Kreisen hergestellt werden. Heutzutage gibt es nur noch zwei Metzger, die sie nach dem Originalrezept herstellen: Laurent Quidu, Place Loth, und Patrick Saille, rue Emile-Mazé.
- *Fremdenverkehrsamt:* im Rathaus. T. 97-51-20-23.

Unterkunft und Verpflegung

- *Hôtel-restaurant de Bretagne:* 18, rue Pérès. T. 97-51-20-08. Mit 27 Zimmern zum Preis von 150-200 F.

Sehenswertes in der Umgebung

● **Die Kapelle Crénénan** mit dem gotischen Kirchturm aus dem 17. Jh., umgeben von halb vergrabenen Schutzhütten aus Felsblöcken in Steinmetzarbeit.

_____

*Für Hinweise, die wir in späteren Auflagen verwerten,
bedanken wir uns mit einem Buch aus unserem Programm*

_____

LOIRE-ATLANTIQUE

Ein erstaunliches Département, dieses Loire-Atlantique, das geographisch und historisch der Bretagne zuzurechnen ist, jedoch zur Region Pays de la Loire gehört. Der nördliche Teil des Départements ist eindeutig bretonisch geprägt, während der Süden mehr der Vendée zuneigt. Die Wahl von Nantes, der ehemaligen Hauptstadt des Herzogtums der Bretagne, als Verwaltungszentrum der Loire-Region verursachte übrigens 1969 viel böses Blut und auch heute ist die Polemik noch nicht vollständig verstummt. Das Hochhaus *Tour Bretagne*, Symbol des Modernismus von Nantes, verdeutlicht zugleich seine Reize und Widersprüche. Welche Gemeinsamkeiten bestehen zwischen den südlichen Weingärten und den nördlichen Granitheiden, zwischen den niedrigen, mit Hohlziegeln gedeckten, typischen Häusern des Südens und den langgestreckten Bauernhäusern mit Schiefer- oder Strohdächern der nördlichen Loire? Weil dieser Reiseführer nun einmal der Bretagne gewidmet ist, wenden wir uns nunmehr Nantes und seiner Umgebung zu und werden uns mit den Vorzügen der südlichen Loire in einem anderen Band dieser Reihe beschäftigen.

NANTES (44000)

»Nantes ist vom architektonischen Standpunkt aus gesehen eine fesselnde Stadt. Das Schauspiel der sich stromauf- und stromabwärts hinziehenden Kais besticht durch jene frische und neutrale Farblichkeit, die man so oft in den französischen Häfen findet, diese grauglänzende Tönung, charakteristisch für die Kunst der französischen Landschaftsmaler.« (nach Henry James, 1877).

Nützliche Adressen

– *Fremdenverkehrsamt:* place du Commerce (Plan B2). T. 40-47-04-51. Montags bis freitags von 9-19h besetzt, samstags 10-18h.
– *SNCF-Bahnhof:* T. 40-08-50-50 (Plan D2).
– *Bus und Straßenbahn:* Auskunft T. 40-29-39-39.
– *CRIDJ:* 28, rue du Calvaire. Erteilt Auskunft über Wanderungen und Ausflüge ab Nantes.
– *Maison du Tourisme en Loire-Atlantique:* place du Commerce. T. 40-89-50-77. Rundum-Service, wirklich überaus nette, kompetente und hifsbereite Mitarbeiter.
– *Flughafen Châbeau-Bougnon:* T. 40-84-80-00. Modernisiert und vergrößert, um auch den internationalen Flugverkehr empfangen zu können.
– *Allo-Stop* (Mitfahrzentrale): 28, rue de Calvaire, T. 40-89-04-85.
– *CROUS* (Centre régional des oeuvres universitaires sociales): Art Studentenwerk; Bd Guy-Mollet. T. 40-74-71-90. Auskünfte über kulturelle Veranstaltungen, Unterkünfte und Jobs.
– *CHU (Centre hospitalier universitaire; Universitätsklinikum):* place Alexis-Ricardeau. T. 40-48-33-33.
– *Mietwagen:* Mattei, 29, chaussée de la Madeleine. T. 40-35-68-22.
– *Honorarkonsulat der BRD:*
49, quai de la Fosse, F-44000 Nantes, T. 40-73-29-46.

Nantes und seine Geschichte

Zur Zeit der Römer hießen die Einwohner Namnètes – daher der Name Nantes – und die Stadt Condivincum. Diese bildete, dank ihrer Lage an den Flüssen Erdre und Loire, bereits einen geschäftigen wirtschaftlichen Mittelpunkt. Das Christentum hielt mit dem Märtyrium der Stadtpatrone von Nantes, Donatianus und Rogatianus, die eingesperrt wurden und unter Höllenqualen starben, nach dem sie sich geweigert hatten, dem Christentum abzuschwören, symbolisch Einzug. Anstelle der heidnischen Tempel wurden Kirchen errichtet. Nach den Einfällen der

Sachsen im fünften Jahrhundert reorganisierte sich die Stadt im Laufe des sechsten Jahrhunderts. Nominoë wurde 842 zum König der Bretonen proklamiert, doch sogleich überfielen Normannen die Stadt Nantes. Alain Barbe-Torte stellte das Herzogtum der Bretagne 936 wieder her. Bei seinem Tode erhoben die Grafen von Nantes und auch die Grafen von Rennes Anspruch auf die Herrschaft über die Bretagne. Pierre de Dreux, Mauclerc geheißen, von Philippe Auguste zum Herzog der Bretagne ernannt, befestigte die Stadt und verlieh ihr den Hauptstadttitel. Nach den Erbfolgekriegen wuchs die Macht des Herzogtums unter der Herrschaft der Montforts, die als Sieger aus dem Konflikt hervorgegangen waren. Nun wurde auch eine Universität gegründet.

Als Ludwig XI. die Bretagne für die französische Krone annektieren wollte, stieß er beim Herzog François II auf Widerstand. Die bretonische Armee wurde 1488 bei Saint-Aubin-du-Cormier – unweit von Saint-Malo – besiegt und die Unabhängigkeit war verloren. Anne de Bretagne brachte ihr Land als Mitgift in die Ehe mit Charles VIII und später mit Louis XII ein, verlangte aber einen autonomen Status als »pays d'états«. Hierbei handelt es sich um Provinzen, die erst spät an die Krone angeschlossen wurden und noch eine Ständeversammlung besaßen. Außer der Bretagne zählten auch die Bourgogne und die Provence zu den »pays d'états«. Während der Religionskriege blieb Nantes nahezu unberührt vom Calvinismus. Die Stadtbewohner schlossen sich im Gegenteil dem Gouverneur der Bretagne, Mercoeur, und der katholischen Liga an. Henri IV erreichte schließlich Mercoeurs Unterwerfung, indem er 1598 persönlich nach Nantes reiste und das berühmte Edikt von Nantes unterzeichnete, das die Religionskriege beenden sollte. Ludwig XIV. hob jedoch das Edikt 1685 wieder auf.

Vom 16. bis zum 18. Jh. verdiente Nantes am Sklavenhandel: die Schiffseigner tauschten in Afrika Schund »made in Nantes« gegen Sklaven ein, brachten diese auf die Antillen, wo sie verkauft wurden, erwarben dort Zuckerrohr für die französischen Raffinerien und kehrten damit in ihren Heimathafen zurück. Durch diesen Dreieckshandel stieg Nantes zum bedeutendsten Hafen Frankreichs auf. La Fosse und die Insel Feydeau erlangten internationalen Ruhm. Die Stadt breitete sich in Richtung Place Viarme, Place Royale, Place Graslin usw. aus. Die herrschaftlichen Stadthäuser im Stil Louis XV und Louis XVI geben Zeugnis von der damaligen reichen, ja sogar verschwenderischen Epoche.

● *Nantes und der Sklavenhandel*

Um besser zu verstehen, wie das »System« funktionierte, welches Nantes zu einer derart wohlhabenden Stadt machte, brauchen wir nur anhand der Archive eines der Schiffe zu begleiten, das an dem *Dreiecksgeschäft* teilhatte.

Beladen wird der Frachter in Paimboeuf, weil er zuviel Tiefgang für Nantes hat. Die Ware besteht u.a. aus Ringen, Kupferhaarspangen, Knöpfen, Schlössern, echten und imitierten Kristallen, Gewehren, Glöckchen, Spiegeln, Pantoffeln, Bändern, Taft, Leinen usw. Alles wird in Päckchen zusammengeschnürt, die für den Tauschhandel in Afrika bestimmt sind. Da die Sklaventransporte besonders begehrt sind, wird das Schiff überdies schwer bewaffnet. Zwei Monate später erreicht der Frachter die afrikanische Küste.

Nach endlosen Verhandlungen werden die erworbenen Sklaven an Bord verschleppt, wo sie auf der Fahrt zu den Antillen unter entsetzlichen Bedingungen dahinvegetieren. Die Schwarzen werden zusammengepfercht und aneinandergekettet. Im besten Fall dürfen sie einmal am Tag an Deck, um frische Luft zu schnappen. Als Folge davon sterben schon eine ganze Reihe unterwegs. Die weißen Händler erklären die hohe Sterblichkeit mit »Trägheit«. Deshalb schlägt der Autor des Büchleins »*Der perfekte Händler*« vor, die »Neger bei Kräften zu halten«, indem etwa »ein Geigen- oder Dudelsackspieler sie während der langen Reise unterhalten und zum Tanzen und Fröhlichsein animieren sollte«. Anfangs werden die meisten Sklaven auf die Antilleninsel Martinique gebracht. Nach 1735 wird Santo Domingo zum wichtigsten Abnehmer.

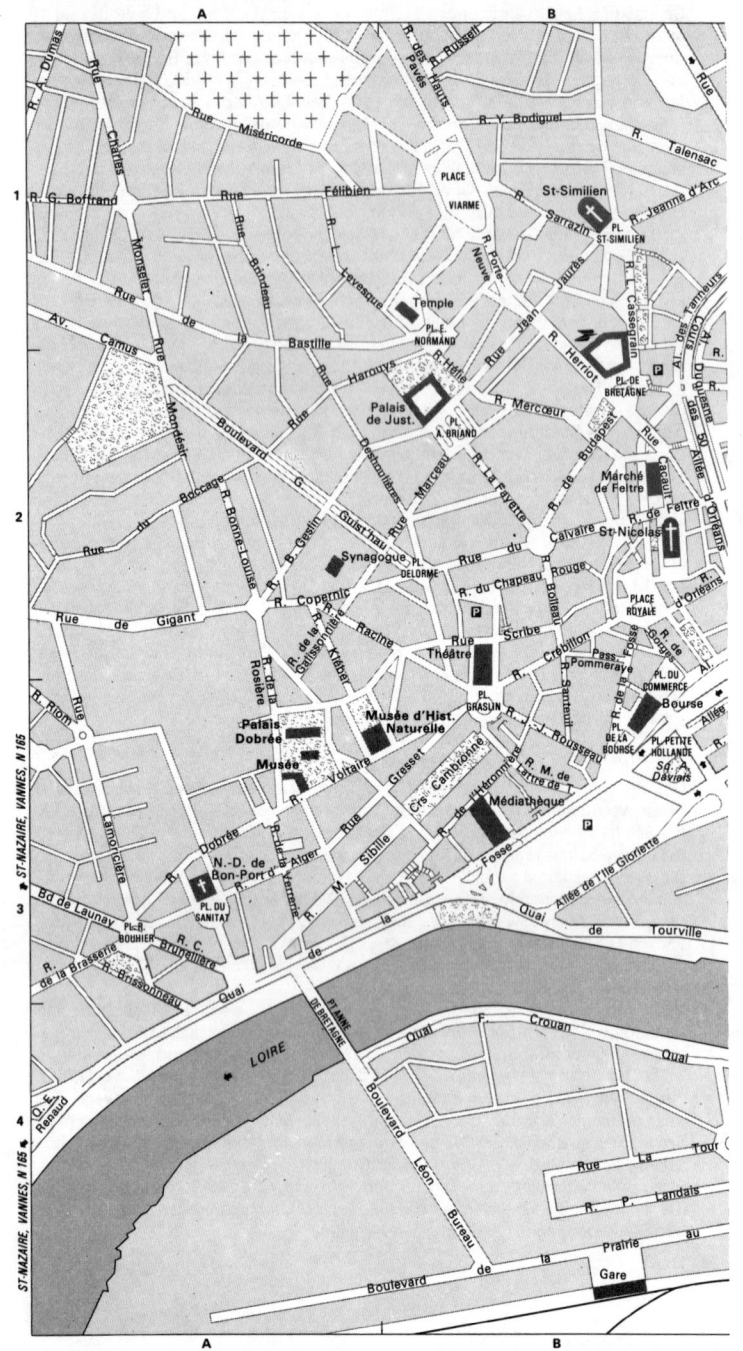

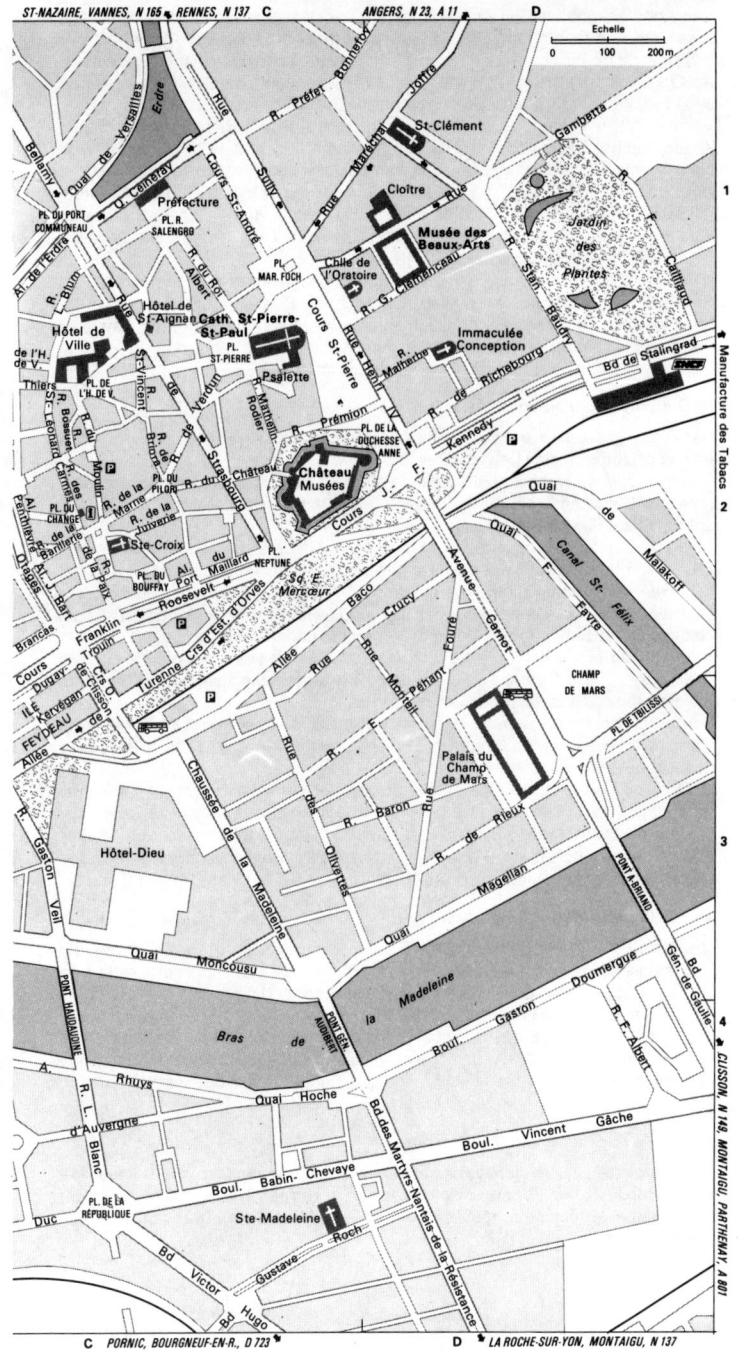

Echelle
0   100   200 m.

Manufacture des Tabacs

CLISSON, N 149, MONTAIGU, PARTHENAY, A 801

Nach der Ankunft werden die Gefangenen auf dem Sklavenmarkt verkauft. Sie sollen auf den Plantagen oder als Hausangestellte arbeiten. Der *Code noir* von 1685 bestimmt ihr Los: beim ersten Fluchtversuch schneidet man dem Sklaven die Ohren ab und brandmarkt ihn mit einem glühenden Eisen, beim zweiten Versuch wird ihm die Kniekehle durchgeschnitten, der dritte kostet das Leben ...

Von den Antillen kehrt das Schiff nach Frankreich zurück, beladen mit Rohzucker, Kaffee, Indigo, Baumwolle und Tabak. Zwischen 1715 und 1775 laufen 787 solcher Schiffe ein, was die Hälfte des französischen Sklavenhandels ausmachte. Der Zucker wurde in Nantes verarbeitet: aus dieser Zeit stammen also die Großraffinerien. Aus der Baumwolle wurden Stoffe gewebt, die anschließend wieder auf den Weg nach Afrika gingen. Der Finanzmann Graslin gründete die erste Baumwollstoffefabrik in Nantes.

Natürlich stiegen die Ansprüche der Bürger von Nantes mit zunehmendem Reichtum. Die Schiffsreeder wollten nun auch die Politik bestimmen, was nicht ohne Widerstand seitens der Adeligen abging. Hinzu kam der Ärger der Kaufleute über die Zollschranken. Diese Widrigkeiten waren Gründe dafür, daß die Revolution zunächst die Zustimmung der Bourgeoisie fand.

● *Die Wirren der Revolution*

Dank der Revolution wurde Nantes zur Hauptstadt der Loire-Inférieure, doch erlebte es zugleich eine bewegte Zeit.

– *Der Angriff auf Nantes:* 1793 griffen die beiden königstreuen Armeen von Charette und Cathelineau die Stadt an. Nach heftigem Widerstand wurde Cathelineau auf der Place Viarme getötet.

– *Die Massenertränkungen des Jean-Baptiste Carrier:* im Oktober 1793 wurde Carrier vom Nationalkonvent nach Nantes geschickt, um »den politischen Apparat von allen schädlichen Einflüssen zu säubern«. Seiner Ansicht nach genügte die Guillotine nicht, um sämtliche Verdächtige und Gefangene umzubringen. Deshalb erstand er ein Schiff, in das er links und rechts Ladeklappen einbauen ließ. Mit etwa hundert Menschen an Bord fuhr das Schiff auf die Loire und öffnete dort die Verschläge. Diese Operation wurde häufig wiederholt. Insgesamt ließ Carrier an die dreizehntausend Personen enthaupten oder ersäufen.

Schließlich beklagten sich die Einwohner von Nantes über dieses Massaker und Carrier wurde seinerseits hingerichtet: die Guillotine beendete 1794 in Paris Carriers Greueltaten.

– *Der Tod von Charette:* zur Unterstützung der gelandeten königstreuen Emigranten auf die Halbinsel Quiberon greift der Royalist Charette – einer der Hauptleute der Vendée-Aufstände – erneut zu den Waffen. Nachdem dieses Abenteuer gescheitert war, wurde er, nach einem letzten verzweifelten Widerstand, gefangengenommen und am 29. März 1795 auf der Place Viarme füsiliert.

● *19. Jh.: Nantes wird Industriestadt*

Die Abschaffung des Sklavenhandels durch die Revolution, die Erfindung der Zuckerherstellung auf der Basis von Zuckerrüben, die Kontinentalblockade und die Versandung der Loire stellten schwerwiegende Hindernisse für das Wirtschaftswachstum von Nantes dar.

Die Stadt verlegte sich deshalb auf die Konservenindustrie, Keksherstellung und Metallverarbeitung. 1856 wurde in Saint-Nazaire ein Vor-Hafen angelegt und Ende des Jahrhunderts die Loire ausgebaggert. Damit geriet der Seehandel erneut in Schwung.

● *Die Veränderungen vor dem Krieg*

Umfangreiche Bauarbeiten veränderten das Erscheinungsbild von Nantes: die Inseln Feydeau und Gloriette wurden mit dem rechten Ufer verbunden, indem man ehemalige Flußarme der Loire aufschüttete. Die Erde leitete man in einen Tunnel um.

● *Der Zweite Weltkrieg*

Nantes erlebte ab September 1943 schreckliche Luftangriffe der Alliierten, die Hunderten von Menschen das Leben kosteten und die Innenstadt in Schutt und Asche legten. Der nantaisische Widerstand von Saffré wird im Wald von Saffré blutig unterbunden. Und die *Cours des Cinquante-Otages* (Straße der fünfzig Geiseln) in Nantes erinnert an die Tragödie nach der Ermordung des deutschen kommandierenden Wehrmachtsoberst Holz.

Sich ausstrecken

● *Für Geizhälse und Abgebrannte*

– *Jugendherberge:* in einer ehemaligen Tabakmanufaktur in Bahnhofsnähe. T. 40-20-57-25. Unterkommen kann man hier nur im Sommer. Den Rest des Jahres wohnen dort Studenten. Sechzig Betten und eine Küche stehen zur Verfügung. Die Zimmer kosten 110 F, die Mahlzeiten rund 45 F. Das Haus zeigt sich in einem Gewand der Industrie-Architektur im Stil des Centre Pompidou in Paris.
– *Foyer des Jeunes Travailleurs (Wohnheim für junge Arbeiter) oder Porte-Neuve:* 1, rue Porte-Neuve, 44042 Nantes Cedex 01. T. 40-20-00-80. Ganzjährig geöffnet, aber wenige Plätze. Pro Nacht werden 50-60 F, pro Mahlzeit 35-40 F verlangt.

● *Ziemlich günstig*

– *Hôtel de l'Océan:* 11, rue du Maréchal-de-Lattre-de-Tassigny. T. 40-69-73-51. Ende Dezember zwei Wochen geschlossen. Günstige Lage in der Nähe der Place Graslin. Helle Zimmer für 115-165 F.
– *Hôtel Fourcroy:* 11, rue Fourcroy. T. 40-44-68-00. Einfach, aber ebenfalls in der Nähe der Place Graslin und des reizenden Cours Cambronne. Zimmer zum Preis von 120-180 F.
– *Le Cordon-Bleu:* in der Umgebung, in Sucé-sur-Erdre, 44240 La Chapelle-sur-Erdre. Sechzehn Kilometer entfernt. T. 40-77-71-34 und 40-77-70-03. In der zweiten Augusthälfte sowie sonntagabends und montags geschlossen. Angenehme, dörfliche Herberge, aber nur wenige Zimmer. Übernachtung 160-210 F. Leckere Menüs zwischen 88 und 178 F.

● *Etwas edler*

– *Hôtel Graslin:* 1, rue Piron. T. 40-69-72-91. Kürzlich renovierte Zimmer mit Farbfernseher, Video und Telefon. In der letzten Dezemberwoche ist geschlossen. Eine Übernachtung für zwei Personen schlägt mit 270 F zu Buche.
– *Hôtel Maeva:* 3, rue du Marais. T. 40-89-60-60. Zwischen Rathaus und *Tour de Bretagne*, ausnehmend ruhig. Zimmer mit Dusche oder Bad, einige auch mit Fernseher, ab 175-210 F.

● *Erheblich schicker*

– *L'Hôtel:* 6, place Henri-IV. T. 40-29-30-31. Neben dem reizvollen Botanischen Garten. Liebevoll eingerichtete Zimmer, besonders nett sind jene mit Terrasse. Für eine Übernachtung werden zwischen 310 und 400 F verlangt. Geboten wird jeglicher Komfort.

● *Zeltplätze*

– *Le Val du Cens:* 21, bd du Petit-Port. T. 40-74-47-94. Hervorragend ausgestattet, überaus komfortabel, schattig und blumengeschmückt. Ganzjährig in Betrieb.

Sich stärken

In Nantes werben zahllose, preiswerte Restaurants mit vorzüglichem Essen, zum größten Teil in der Innenstadt.

● *Preisgünstig*

– *La Mangeoire:* 10, rue des Petites-Ecuries. T. 40-48-70-83. Sonntags und montags geschlossen. Einladender Rahmen mit unverputzten groben Mauersteinen. Die Küche könnte man als *ländlich* bezeichnen. Mittags wird ein erstaunliches Menü für 68 F angeboten mit Pastete, Tagesgericht, einem herrlichen Potau-feu oder Hähnchen im Schmortopf und Nachtisch. Die Weine sind anständig, wie etwa der Côtes-du-Buzet. Auch das Menü für 82 F ist seinen Preis unbestritten wert: Geflügelleberpastete, normannisches Schnitzel und Schokoladenkuchen.

– *Le Sélect:* 14, rue du Château. Ordentliches Menü ohne kulinarischen Ehrgeiz, für das man aber unter 60 F berappt, alles in einem Speiseraum im Stil der sechziger Jahre. Nostalgie ist angesagt.

– *Le Vetury:* 21, rue des Petites-Ecuries. T. 40-89-64-46. Sonntags geschlossen. An der Ecke zur Rue de la Juiverie. Tagesgericht jeden Mittag zum Preis von rund 40 F. Sympathische, herzliche Atmosphäre.

– *Parfum d'Epices:* an der Ecke der Rue de Bois-Tortu zum Platz hinter dem *Cours des Cinquante-Otages*; in Richtung Ile Feydeau biegt man hinter dem Philips-Geschäft rechts ab. Dekor mit frischen Farben – Weiß und Orange – unverputze grobe Mauersteine, freundliche Umgebung. Menü unter 60 F mit Salat Marie-Galante, Spießchen und Karibischer Mousse.

– *L'Entrecôte:* 2, rue du Couëdic. T. 40-48-62-83. Erfrischende Inneneinrichtung, grüne Tischdecken, Wände im Schottenmuster, Bistro-Stühle und Grünpflanzen. Für 77 F bekommt man eine schmackhafte Mahlzeit mit Entrecôte und Pommes Frites aufgetischt. Freundliche Bedienung.

– *La Baguette:*
19, rue Paul-Bellamy. T. 40-48-15-20. Menü mit Crêpes und Galettes.

● *Etwas feiner*

– *La Cigale:* 4, place Graslin. T. 40-69-76-41. Täglich allen knurrenden Mägen zu Diensten. Wer nur einmal in Nantes essen will, sollte es hier tun. Unbedingt! Es handelt sich um eine wunderbare, wieder aufgefrischte Brasserie von 1900 mit bemalten Decken, Keramik und Holzverkleidungen. Man weiß gar nicht, wo man zuerst hinschauen soll. Die Gerichte sind zwar wenig originell, aber ordentlich. Rasche Bedienung. Menü mit Seezungenstreifchen für 87 F. Mehrere Menüs mit Fischspezialitäten für 80-130 F und edle Tropfen, die pro Glas ausgeschenkt werden. Betreibt auch ein Café.

– *Le Méditerranée:* 20, allée d'Orléans. T. 40-48-48-50. Sonntags geschlossen. Zwei Menüs stehen zur Wahl, darunter die »Idée méditerranéenne« für 93 F mit Goldbrassenfilet mit Paprikaschotensoße, Nachtisch etc. Ziemlich neu, angenehmer Speisesaal mit Garten, freundlicher Empfang. Für all diejenigen, welche sich nach dem Midi, der südfranzösischen Region, sehnen.

● *Bedeutend schicker*

– *Le Gavroche:* 139, rue des Hauts-Pavés. T. 40-76-22-49. Sonntagabends, montags und im August geschlossen. Etwas abseits vom Schuß, dafür aber eine hervorragende Adresse. Lachsfarbener Speisesaal, etwas langweilig im Gegensatz zu der einfallsreichen Küche, die dem Gast der Qual der Wahl überläßt. Menüs ab 145 und 185 F aufwärts. Für 185 F werden ein Salat aus eingemachten Entenfiletstückchen mit Ingwer, im Backofen zubereitete Goldbrasse ... gereicht. Die Nachspeisen sind nicht ganz so fantasievoll, aber trotzdem lecker. Der Muscadet ist perfekt gekühlt und bestimmt nicht daran Schuld, wenn die Reisekasse stöhnt.

– *La Cigogne:* 16, rue Jean-Baptiste-Rousseau. T. 44-69-72-65. Am Wochenende geschlossen. Aber nein, dies ist kein elsässisches, sondern ein Lyoner Lokal. Der Wirt zaubert – unter anderem – gepökeltes Schweinefleisch, Winzer-Salat, Pansen und *andouilettes* auf den Tisch. Die Preise sind natürlich gepfeffert – man rechne mit rund 240 F – das Essen ist jedoch eine wahre Gaumenfreude und die Portionen sind großzügig bemessen.

Sehenswertes

● *Die Altstadt*

– *Die Kathedrale Saint-Pierre* (Plan C1-2): sie besticht vor allem durch ihren ein-
heitlichen Stil, obwohl die Bauzeit dieses Gebäudes insgesamt 450 Jahre dauerte.
Die Eingangsportale der Fassade sind mit wundervoll skulptierten Bogenrundungen versehen. 1508 wurden die beiden dreiundsechzig Meter hohen Türme
errichtet. So dreckig uns das Äußere erschien, so reinlich und herrlich wirkt der
Innenraum, den man nach einem Dachstuhlbrand 1972 prächtig wiederhergestellt
hat: die Stützpfeiler im Hauptschiff ragen ohne jedes Kapitell bis zum Deckenge-
wölbe. Die Kirche zeigt sich hell und sauber, insbesondere seit die von Jean Le
Moal in zwölf Jahren geschaffenen fünfhundert Quadratmeter moderner Kirchenfenster den Chor in ein leuchtendes Farbenmeer tauchen.
Im südlichen Kreuzflügel befindet sich das Grabmal von François II und Marguerite de Foix, das ihre Tochter Anne de Bretagne bei Michel Colombe in Auftrag
gab. Es wurde in den Jahren 1502-1507 hergestellt. An den Ecken halten die vier
Kardinaltugenden – Gerechtigkeit, Kraft, Mäßigung und Klugheit – Wacht, letz-
tere durch das Doppelgesicht einer jungen Frau und eines Greises dargestellt.
– *Die Place de la Psallette:* reizendes Gärtchen rechts von der Kathedrale. Wie
geschaffen für all die Verliebten, welche sich hinter der Kirche vermählen wollen!
Der Garten verbindet den Cours Saint-Pierre, wo betagte Boulespieler ihrem Vergnügen frönen, mit der Place Saint-Pierre. Um ihn herum erheben sich, von den
Loire-Schlössern inspirierte, Gebäude im Renaissance-Stil. An Nr. 3 erinnert eine
Gedenktafel an das unglaubliche Abenteuer der Herzogin von Berry, die sich in
einem Kamin versteckte, um den Gendarmen Louis-Philippes zu entgehen, gegen
den sie die Vendée und die Bretagne aufzuwiegeln versuchte. Ihr Versteck wäre
wohl kaum aufgeflogen, wäre sie nicht von jemanden verraten worden. Die Gendarmen stürmten sogleich das Haus – fanden es jedoch leer. Da die kalte Jahreszeit sie nach einer Weile arg frösteln ließ, zündeten sie im Kamin ein Feuerchen
an, das sie wärmen sollte. Um nicht gänzlich zu ersticken, mußten die Herzogin
und ihre Begleiter nun wohl oder übel aus ihrem Versteck hervorkommen ...
– *Die Place Maréchal-Foch* (Plan C1): herrliches architektonisches Ensemble, im
18. Jh. zwischen dem *Cours Saint-Pierre* und dem *Cours Saint-André* angelegt,
über die Uferpromenaden der Loire und der Erdre miteinander verbunden.
Sehenswert das von Ceineray errichtete *Hôtel d'Aux,* wo Napoléon 1808 weilte,
und das *Hôtel Montaudouin* von Crucy.
In der Nähe der Kathedrale ragt das Tor *Saint-Pierre* in die Höhe, ein Überbleibsel
des einstigen Bischofspalastes.
– *Das Schloß der Herzöge der Bretagne* (Plan C2): als Henri IV das Schloß
besuchte, rief er freudig aus: »Potz Blitz, die Herzöge der Bretagne waren keine
unbedeutenden Kameraden!«. In der Tat zeigt es sich als stolze Festung, die
Ende des 15. Jh. errichtet wurde. Das Schloß war Zeuge wichtiger Ereignisse der
bretonischen Geschichte und erlebte die Geburt der Herzogin Anne sowie die
Hochzeit der Erbin mit Frankreichs König Louis XII im Jahre 1499 in der Kapelle.
Im August 1532 verlas hier der nutzungsberechtigte François I, auf Ersuchen der
Ständeversammlung von Vannes, das Edikt über die »ewige Union von Ländern
und Herzogtum der Bretagne mit dem Königreich Frankreich«. Im 17. Jh. diente
die Burg als Staatsgefängnis – dem Kardinal von Retz, der sich für die Pariser
»Fronde« engagiert hatte, und auch sonst eine recht bewegte Lebensgeschichte
aufzuweisen hat, gelang die Flucht – und 1791 als Waffenlager. 1861 wurde sie
restauriert und gehört seit 1915 der Stadt Nantes.
1924 schließlich wurde das Schloß zum städtischen Museum umgewandelt. Die
Renovierung der Festungsmauern erlaubt nun dem Besucher, sie – fast überall –
begehen zu könne.
Bei der Besichtigung des Schloßhofs fallen die Brunnen mit der schmiedeeisernen Herzogskrone auf. Zum du Port-Turm hin befindet sich der große Saal mit
den spätgotischen Lukarnen. Rechts erhebt sich der Turm Couronne d'Or mit
Loggias, von denen aus man an den Hoffesten teilnehmen konnte.

Über dem Eingangsgewölbe befindet sich das Museum für regionale Volkskunst – s. Kapitel »Museen« – im *Grand Gouvernement*. Hinten im Hof erblickt man neben dem Rivière-Turm das *Petit Gouvernement* im Renaissance-Stil, mit den original Ziegel- und Schieferkaminen.

Im Hof deutet eine Pflastersteinreihe den ursprünglichen Grundriß der alten Festung an.

Links neben dem Eingang erhebt sich der mit der Conciergerie verbundene befestigte Hauptturm aus dem 14. Jh. Erinnern wir uns, daß die Loire das Schloß zu seiner Zeit nach Süden und Osten umspülte. Erst die im 19. Jh. nachträglich geschaffenen Kaianlagen veränderten sein äußeres Erscheinungsbild.

– *Rund um das Schloß:* über die alte Rue du Château – Nr. 14 das Goulaine-Haus aus dem 18. Jh. – und die Rue de la Morue mit den Nouvelles Galeries – ehemals das Kaufhaus Decré – gelangen wir auf die Place du Change. Dort steht das wunderbare *Apothekerhaus* aus dem 15./16. Jh., mit hölzernem Fachwerk und Erkern. Jenseits der Kreuzung der Rue de la Barillerie und der Rue de la Marne gelangen wir auf die Place Sainte-Croix.

– *Die Kirche Sainte-Croix* (Plan C2): im Jesuiten-Stil. Fassade und Portal datieren von 1685. Über dem Turm schwebt ein Burgfried mit trompetenblasenden Engeln: hier brachte man die mächtige Glocke des früheren Burgfrieds von Nantes an, genannt *la Bouffay*. Die Kirche besitzt Chorstühle aus dem 17. Jh. und eine Kanzel, von der einst Carrier seine Reden schwang, der, wie bereits erwähnt, traurige Berühmtheit erlangen sollte.

– *Rund um Sainte-Croix* existiert noch ein mittelalterliches Stadtviertel mit engen Gäßchen und Fachwerkhäusern. Es wird *Plateau piéton Sainte-Croix* genannt. An der Rue de la Juiverie Nr. 11 fallen unerklärliche Flachreliefs ins Auge und ab der Nr. 7 Häuser aus dem 15. und 16. Jh. Diese Straße führt auf die Place Bouffay, die auf die ehemaligen Loire-Kais führt. Hier fanden früher zahlreiche Hinrichtungen statt, auch jene des Grafen von Chalais im Jahre 1626. Er hatte mit Gaston d'Orléans, dem Bruder von Ludwig XIII., eine Verschwörung gegen Kardinal Richelieu geschmiedet. Am Hinrichtungstag entführten seine Freunde den Scharfrichter. Dieser wurde jedoch durch einen anderen Gefangenen ersetzt, der, falls er den Grafen enthaupte, einen Straferlaß erhalten sollte. Unerfahren wie er war, zitterte er dermaßen, daß er fünfzehnmal ausholen mußte, bevor sein adliges Opfer endlich das Zeitliche segnete ... Auf der Nordseite des Platzes erhebt sich ein stattliches Gebäude aus dem 17. Jh.

● *Die Stadt des 19. Jhs und das Graslin-Viertel*

– *Die Place Royale* (Plan B2): Stadtarchitekt Crucy legte den Platz Ende des 18. Jhs an. Nach den Bombardierungen im Jahre 1943 wurde er originalgetreu rekonstruiert.

– Auf die Renommiermeile *Rue Crébillon* (Plan B2) – der Faubourg Saint-Honoré von Nantes – zwischen der Place Royale und der Place Graslin sind die Bewohner der Stadt besonders stolz. Samstags herrscht hier Hochbetrieb.

– Die *Place Graslin* (Plan B3) trägt den Namen des für die königlichen Güter zuständigen Steuereinnehmers, der hier riesige Grundstücke erstand und an die Stadt weiterverhökerte. Das *Grand Théâtre* (1783) im korinthischen Stil wird von einer weiter Schar pausbäckiger Cherubinen gehütet.

In Nr. 4 die *Brasserie la Cigale*, ein überwältigendes Jugendstillokal, 1895 eingeweiht: ein wahres Delirium von Spiegeln und Mosaiken. An der Ecke des Lokals beginnt der *Cours Cambronne* – der napoleontreue General starb 1842 in Nantes – von bemerkenswerter architektonischer Einheitlichkeit.

– Die *Passage Pommeraye* (Plan B2): wundervolle, überdachte Passage aus der Zeit des Bürgerkönigs Louis-Philippe, die von Dichtern wie André Pieyre de Mandiargues in *Le Musée noir* und dem Filmemacher Jacques Demy, in *Lola* oder *Ein Zimmer in der Stadt*, gepriesen wurde. Ihre Haupttreppe mit drei Treppenabsätzen, mit Statuen und Medaillons geschmückt, und die verschiedenartigen Geschäfte würden manchen Surrealisten bezaubern. Neben etwas schickeren Läden wie *Art culinaire* bestehen auch noch einige altmodische wie *Gants Guibert*.

– *Die Place du Commerce* (Plan B2-3): am ehemaligen Weinhafen. Mathurin Crucy konzipierte den *Palais de la Bourse* (Börsenpalast) Anfang des 19. Jhs im neoklassischen Stil. Er beherbergt das Fremdenverkehrsamt. Zahlreiche Cafés – *La Coquille, la Bourse, le Commerce* – beleben den Platz. Westlich der Börse, nach der Rue de la Fosse, erstreckt sich der *Quai de la Fosse.* Vornehme Reederhäuser aus dem 18. Jh. erinnern an die Blütezeit des Seehandels in Nantes. Auf die bacchischen oder Seefahrerthemen einiger Maskarone achten. Diese Gegend war das »sündige« Viertel der Stadt, mit etlichen einschlägigen Bars. Durch die Mediathek und die Gebäudesanierung verändert sich das Viertel indes nach und nach und wird respektlicher ...

– *Die Mediathek* (Plan B3): 24, quai de la Fosse, wegen der Matrosenspelunken und der dazugehörigen Strichmädchen und Prostituierten früher auch *Quai de la Fesse* (Hinterbacke, Po) geheißen. Dienstags 13-19h geöffnet, mittwochs von 9.30-19h, donnerstags- und freitags 13-19h – Schallplattenarchiv am Donnerstag geschlossen – samstags 13-17h. Montags ist Ruhetag. Architektonisch gelungen, mit Verglasungen, die sich vortrefflich mit den Residenzen des 18. Jhs am Quai de la Fosse vertragen. Das Medienzentrum umfaßt Bibliothek und Schallplattenarchiv, Ausstellungsräume, das Buchdruckereimuseum und eine Ladenstraße.

– *Tour Bretagne:* das nur nicht der Eindruck entsteht, wir seien verrückt nach Wolkenkratzern. Dieser beherrscht mit seinen vierundzwanzig Etagen, wo unter anderem das »Centre de communication de l'Ouest« (Kommunikationszentrum des Westens) seinen Sitz hat, den Cours des Cinquante-Otages. Das Centre ist eine originelle und wirkungsvoll arbeitende Einrichtung, die sich vor allem um Versammlungen und kulturelle Belange kümmert. Sehenswert ist ebenfalls die moderne Archtitektur des Süd-Bahnhofs, der eigens für den Hochgeschwindigkeitszug TGV angelegt wurde und sich aus Rohren und Kabeln zusammensetzt.

● *Die Insel Feydeau* (Plan B-C2-3)

Obwohl sie seit sechzig Jahren gar keine Insel mehr ist, nennen sie die Einwohner von Nantes noch immer so ... Und wie man heute noch die alten Kais errät, so bleibt das Viertel von der übrigen Stadt isoliert. Es strotzt vor prunkvollen Patrizierhäusern, in denen im 18. Jh. die Kaufleute und Schiffsreeder residierten. Mit ihren vorspringenden Balkonen und den bauchigen, schmiedeeisernen Geländern ähneln diese Häuser »beleibten Bourgeois, den Bauch vollgehängt mit Klunkern«. Jeder Besitzer tat hier seinen Reichtum und seinen persönlichen Geschmack schon an der Fassade kund.

Die *Rue Kervégan* (Plan C3) zählt mit ihren überhängenden Balkonen und ihren Ausläufern nach allen Seiten zu den malerischsten Sträßchen von Nantes. Bei Hausnummer 9 fallen die Piraten- und Tierkopf-Maskarone auf. Vis-à-vis die Nummern 12 und 14: zwei symmetrische Wohnhäuser mit jeweils drei pyramidenförmig angeordneten Balkonen. Nr. 30: drei Pyramiden-Balkone mit vorkragendem Geländer.

An der *Place de la Petite-Hollande* Nr. 3: das *Hôtel de Villestreux*, ein majestätisches Gebäude mit annähernd einhundert Fenstern; Nr. 2 das *Hôtel Jacquier,* dessen Maskarone den Meeresgott Neptun und die vier Elemente Erde, Feuer, Luft und Wasser darstellen.

● *Die Museen*

– *Musée des Beaux-Arts (Museum der schönen Künste):* 10, rue Georges-Clemenceau (Plan D1). Täglich außer dienstags 10-12h und 13-17.45h geöffnet. Freier Eintritt am Wochenende. T. 40-74-53-24. Das Museum ist fast ausschließlich der Malerei vom 18. Jh. bis heute gewidmet. Besonders stark vertreten sind die alten Meister. Hinzu kommen erstklassige Sonderausstellungen.

Unter den berühmtesten Gemälden seien erwähnt: *Die Verleugnung des heiligen Petrus* und *Der Traum des heiligen Josef* von Georges de la Tour, *Diana als Göttin der Jagd* von Orazio Gentileschi, das berühmte *Porträt von Madame de Senonnes* von Ingres, *Die Korndrescherinnen* von Courbet und *Die Seerosen* von Monet.

In der zeitgenössischen Abteilung nimmt die abstrakte Malerei einen breiten Raum ein mit Kandinsky, Sonia Delaunay, Bryen, Vasarely, Poliakoff usw.

– *Musée des Arts décoratifs (Museum der dekorativen Künste):* im »Hufeisenturm« des Schlosses der Herzöge der Bretagne (Plan C2). T. 40-57-18-15. Täglich außer dienstags 10-12h und 14-18h zu besuchen; ebenfalls kostenlos am Wochenende. Zum Museum zählt eine Abteilung für zeitgenössische textile Kunst, in der u.a. Arbeiten von Sheila Hicks (USA), Daniel Graffin und Pierre Daquin (Frankreich) zu sehen sind.

– *Musée d'Art populaire régional (Museum für regionale Volkskunst):* ebenfalls im Schloß (Plan C2), und zwar im Flügel des *Grand Gouvernement.* Die Öffnungszeiten sind dieselben wie im vorhergenannten Museum. Hier finden wir Zeugnisse der Geschichte und Volkskunde der historischen Bretagne. Ein Raum ist als traditionelle Bauernstube des Gemüseanbaugebiets in der Vendée gestaltet. Zwei Räume enthalten Hauben und Trachten der Cornouaille, der Region von Vannes, Nantes usw. Eine weitere Abteilung ist der Region Guérande gewidmet, mit Möbeln – bretonische Schrankbetten – Kleidung und Werkzeug der Arbeiter in den Salzgärten.

– *Musée des Salorges:* Öffnungszeiten wie oben. Lehrreicher Überblick über die Schiffahrts-, Handels- und Industriegeschichte in Nantes seit dem 18. Jh.: Modelle, Pläne, Bordinstrumente und vieles mehr.

– *Musée Thomas Dobrée:* place Jean-V (Plan A3). T. 40-89-34-32. Täglich außer dienstags 10-12h und 14-18h zu besichtigen. Thomas Dobrée plante diesen erstaunlichen Palast im romanischen Stil. Der Sproß einer Reederfamilie erwarb auch das Herrenhaus Jean-V, das der Bischof Jean de Malestroit im 15. Jh. errichtet hatte. Es enthält eine bedeutende Sammlung seltener und kostbarer Kunstschätze sowie eine Waffenkollektion, den goldenen Reliquienschrein für das Herz der Anne de Bretagne, ein Kupferstichkabinett und historische Dokumente über die Vendée-Kriege und die Französische Revolution.

– *Archäologisches Museum:* place Jean-V. (Plan A3). T. 40-89-34-32. Ausgrabungsfunde der Umgebung.

– *Naturkundemuseum:* 12, rue Voltaire (Plan A-B3). T. 40-73-30-00. Öffnungszeiten täglich außer montags, sonntags vormittags und feiertags: 10-12h und 14-18h. Eines der schönsten Naturkundemuseen in Frankreich. Wundervolle Muscheln, ein Vivarium mit Reptilien und lebenden Insekten in der zoologischen Abteilung im ersten Stock. Außerdem Sonderausstellungen.

– *Musée de l'Imprimerie (Buchdruckerei-Museum):* 24, quai de la Fosse (Plan B3). T. 40-74-73-57. In der Mediathek. Dienstags, donnerstags und freitags 14-18h geöffnet, mittwochs 10-12h und 14-18h, samstags 10-12h und 14-17h. Eine Führung findet um 14.30h statt. Ausstellung über die verschiedenen Drucktechniken mit Vorführungen.

– *Musée Jules Verne:* 3, rue de l'Hermitage (Plan A3). T. 40-89-11-88. Öffnungszeiten täglich außer dienstags: 10-12.30h und 14-17h. Am Wochenende freier Eintritt. Briefe, Fotos, Gebrauchsgegenstände und andere Andenken an den 1828 in Nantes geborenen Schriftsteller.

– *Planetarium:* square Moysan (Plan A3). T. 40-73-99-23. Vorstellungen um 10.30h, 14.15 und 15.45h. Montags und sonntags vormittags geschlossen. Auch Kinder haben ihre Freude an diesem Sternentheater vor dem Hintergrund einer hemisphärischen Kuppel, welche die Laufbahn der Planeten nachzeichnet.

– *Musée de la Poupée et des Jouets anciens (Puppen und altes Spielzeug):* 34, bd. Saint-Aignan. T. 40-69-14-41. Hat seine Pforten zwischen dem 15. April und dem 15. September täglich außer montags, dienstags, sonn- und feiertags von 14.30h bis 17.30h geöffnet. Wie sein Name es ankündigt, werden hier Puppen ausgestellt, die das tägliche Leben im 19. Jh. nachzeichnen.

Weitere Sehenswürdigkeiten

– *Die Orientierungstafel auf der Butte Sainte-Anne:* in der Verlängerung des *Quai de la Fosse,* Rue de l'Hermitage. Ideal um einen Gesamteindruck von der Stadt zu erhalten. Die Orientierungstafel benennt die einzelnen Denkmäler und Gebäude. Von hier aus schweift der Blick bis zum Hafen, die Insel Beaulieu und die Südufer der Loire. Eine leise Nostalgie steigt im Betrachter hoch angesichts des äußerst geringen Schiffsverkehrs und der Ladekräne, die gar nicht oder kaum mehr in Betrieb sind.

– *Die Place du Général-Mellinet:* acht vornehme, identische Häuser aus der Zeit der Restauration, der Jahre 1815-1830.

– *Jardin des Plantes (Botanischer Garten):* gegenüber vom Bahnhof (Plan D1). Seit 1829 der Öffentlichkeit zugänglich, bildet er eine grüne, erfrischende Insel mitten in der Stadt. Im Frühjahr besonders reizvoll, wenn die weißen, rosa und purpurfarbenen Kamelien blühen, insgesamt an die dreihundert verschiedene Arten. Eine wahre Wonne.

– *Ile de Versailles:* »eine grüne Lunge im Herzen des Betons« (außerhalb von Plan C1). Wundervoller Park mit Wasserfällen, Wasserbecken, Kiessstränden ... In der Luft vermischen sich tausend Düfte von Azaleen, Rhododendron, Bambus und sogar Mammutbäumen. 1987 weihte man die Anlage ein, welche wie ein regelrechtes orientalisches Märchen inmitten von Nantes anmutet. Hier gibt's auch Spiele für Kinder, Aquarien, einen Moosgarten und das *Maison de l'Erdre* mit Vorstellung des Ökosystems der Erde sowie der ehemaligen Flußschiffahrt.

– *Viaduc de Chevire:* endlich nimmt die westliche Umgehungsstraße von Nantes zur Überquerung der Loire Gestalt an! Dieser Brontosaurus aus Beton führt auf einer Länge von 1,5 Kilometern, einer Höhe von fünfzig Metern und von dreiundzwanzig Brückenpfeilern gestützt, sechsspurig über den Fluß. Das zentrale Brückenjoch aus Metall wiegt zweitausendvierhundert Tonnen und mißt zweihundertvierzig Meter. Wie uns gesagt wurde, stellt dieses Werk eine technische Glanzleistung dar; wir würden sie jedoch eher als äußerst praktisch bezeichnen und enthalten uns weiterer Kommentare.

In der Umgebung von Nantes

– *Die Erdre:* Beförderungsmöglichkeit stromaufwärts mit den *River Palace,* seltsamen, aber tollen, luxuriösen »Kähnen«, auch mit Restaurant: Quai de Versailles, T. 40-20-24-50. Auskunft auch beim *Comité des canaux bretons et des voies navigables de l'Ouest,* 7, rue de la Clavurerie. T. 40-20-20-62. Die Einwohner von Nantes sind überaus stolz auf ihren Fluß, den François I angeblich als den »schönsten Frankreichs« rühmte. Vom Schiff aus passieren zahlreiche Schlösser und herrliche Landschaften Revue. Hinter Sucé verbreitert sich die Erdre zum See *Mazerolles.* Ab hier ließ Napoleon den Kanal Nantes-Brest anlegen.

In Sucé an der Erdre steht das *Familienschloß Descartes (Château de la Jaille)* und weiter im Norden das *Château de Chavagnes,* wo Descartes einst residierte. Während der Religionskriege war Sucé eine protestantische Hochburg. Vornehmlich die Calvinisten aus Nantes schipperten die Erdre hinauf, um sich hier zu versammeln. Vom *Manoir de Montretait,* der Sommerresidenz der Bischöfe über dem Hafen von Sucé, gingen die Angriffe gegen die Protestanten aus. Als das Edikt von Nantes, das Andersgläubigen Religionsfreiheit beschert hatte, widerrufen wurde, bedeutete dies gleichzeitig das Aus für das hiesige protestantische Gotteshaus.

DIE BRIERE

»An der Brière gibt es verborgene Verstecke, die sogar dem Spürsinn der Wildenten entgehen: ausgepolsterte Nester, die der Winter austrocknet, ohne sie zu erhellen, aus lanzettförmigen Binsen und einer Flora, die eigens dafür geschaffen scheint, damit ein Kahn lautlos wie ein Tier des Sumpfes in seine Höhle hineingleiten kann.

Nirgends ist der Mensch weiter entfernt von der Welt mitsamt ihren Inseln und Dörfern als in diesem Dickicht, das sich Zaunkönig, Kröte und Weberknecht teilen.« (Nach Alphonse de Chateaubriand).

Die *Grande Brière mottière* (von motte = Torfziegel) bedeckt 6.700 Hektar – einundzwanzig Gemeinden – des insgesamt vierzigtausend Hektar umfassenden Naturparks der Brière, der 1970 als solcher ausgewiesen wurde. Dieses zweitgrößte Sumpfgebiet Frankreichs nach der Camargue besteht aus einem riesigen

Torfmoor, das der Herbstregen in endlose Seen verwandelt. In dieser Jahreszeit, wenn sich Himmel und Wasser mischen, taucht man hier in eine Welt voller Geheimnisse ein ... Bis zu dem fernen, verschwommenen Horizont breitet sich das, von Schilfrohr durchzogene, silbergraue Wasser wie ein Spiegel aus. Kaum zu glauben, daß wir uns nur etwa zwanzig Kilometer entfernt von La Baule befinden.

Wertvolle Adressen

– *Maison du parc naturel régional de Brière:* 180, Ile de Fédrun, 44720 Saint-Joachim. T. 40-88-42-72.
– *Fremdenverkehrsamt Brière:* Maison du Sabotier, La Chapelle-des-Marais. 44100 Herbignac. T. 40-66-85-01.
– *Schiffsausflüge* sind die ideale Art, die Brière zu erkunden. Abfahrt in La Chaussée-Neuve (Saint-André-des-Eaux), Fédrun (Saint-Joachim), Rosé, Fossés-Blancs, in Bréca und in Le Clos d'Orange.

Anmerkungen zur Geschichte

Es wird vermutet, daß diese einstmals bewaldete Region um 7000 v. Chr. vom Meer und vom Sumpf überflutet wurde. Der Sumpf bildete sich hinter einem Damm, der durch die Anschwemmungen der Loire entstanden war. Die »mortas« genannten fossilen Bäume, die härter und schwärzer als Ebenholz sind, stellen Überreste aus dieser Zeit dar.
Das Moor war bis zur zweiten Hälfte des 19. Jhs die Lebensgrundlage der Flußanwohner und vor allem der Inselbevölkerung. Es wurde zu fast allem genutzt: man holte das Schilfrohr für die Dächer, die Horden (Flechtwerk) und das Viehfutter aus ihm, der Torf wurde zum Heizen benutzt, die Weiden zum Körbeflechten. Fische und Wild gab es reichlich. Außerdem hielt man sich Gänse und Enten. Die Blutegel wurden gesammelt und an die Apotheker verkauft.
Der Torf war Gegenstand eines lebenswichtigen Handels und fand Abnehmer bis zur Insel Ré. Als Verladehafen diente Méan, wo die Brivet mündet.

In der Grande Brière hatte die Lebensweisheit »kein Land ohne Herr« keinerlei Geltung. Die Flußgemeinden behielten sich die ausschließliche Eigenverwaltung ihrer Region vor, die ungeteilter Besitz aller Gemeinden war.
Am Ende des Sommers wurde der Torf gestochen. Acht arbeitsreiche Tage standen bevor, während denen auch nach *mortas* gesucht wurde.
Die Brière lebte völlig auf sich zurückgezogen, ihre Bewohner heirateten untereinander. Wer sich für die Sitten und Bräuche dieser Gegend begeistert, schmökere im Roman »Schwarzes Land« (La Brière) von Alphonse de Chateaubriand.
Nach dem Zweiten Weltkrieg wurde das Torfstechen fast gänzlich aufgegeben. Auch die riesigen Viehherden gehören der Vergangenheit an. Heute bevölkern nur Enten und Gänse die malerische Landschaft. Die von Hand »geerntete« Ausbeute des Schilfrohrs für handwerkliche Zwecke steht in harter Konkurrenz zu dem industriellen Abschlagen in der Camargue. Auch die Wasserflächen (*piardes*) sind wegen der Trockenlegungen und dem wuchernden Röhricht erheblich zusammengeschrumpft.

Das Moor

Es leidet darunter, von keinem unmittelbaren Nutzen mehr zu sein. Wenn nichts unternommen wird, wird die Brière nach und nach austrocknen: das Land wird sich des Wassers bemächtigen, die Weiden- und Birkenwälder werden sich ausbreiten und das Moor zurückdrängen. Die trockenen Sommer, wie die letzten, verdeutlichen die Gefahr, welche ihr droht. Die Vereinigung *Rando-Loisirs en Brière*, T. 40-66-57-32, organisiert Wanderungen, auf denen man den Sumpf entdecken kann. Los geht's auf einem Nockband, der mit Hilfe einer Stange auf den Wasserflächen und Kanälen vorangetrieben wird. Wie Perlmutt glänzende Seerosen, weiße Lotosblumen, gelbe Iris, Seggen und Zweige umfluten einen. Eine – fast – so faszinierende Welt wie der Amazonas oder die Kanäle von Bangkok!

Die Tierwelt der Brière

Vogelkundler dürfen sich freuen. In der Brière hat man Gelegenheit, zahlreiche Vogelarten zu beobachten: Greifvögel wie die Rohrweihe, die Rohrdommel – der schönste Vogel Europas – Sperlingsvögel wie Ammer und Meise sowie Wasservögel wie Lappentaucher, Krickente, Rohrsänger, Reiher und das Bläßhuhn, das sein Nest in der Nähe des Wassers baut, wo die Kinder nach Blutegeln fischen, die für die pharmazeutische Industrie bestimmt sind.
Das Moor ernährt viertausend Rinder; Anfang des Jahrhunderts waren es noch achtzehntausend.

Kleines regionales Vokabular

Teilweise werden in der Brière Wörter gebraucht, die so rätselhaft anmuten wie die Landschaft auch:

Blin	langer, flacher Kahn, der für den Transport von Torf und Schilfrohr genutzt wird
Bosselle	Weidenreuse zum Fischen von Aalen
Curée	Graben/Kanal rund um die Inseln
Fouesne oder fouine	Gabel zum Angeln der Aale
Gagnerie	Äcker im Inselinneren
Marre	Werkzeug zum Stechen des Torfs
Morta	fossiler Baum
Le noir	der Torf
Piarde	Wasserfläche
Pimpeneau	Sumpfaal
Plattière	flache Felder und Äcker
Salais et trusquin	offizielle Maßeinheiten für die Torfbrocken

Die schilfgedeckten Häuser der Brière

Im Unterschied zu den bretonischen und normannischen strohgedeckten Häusern sind diejenigen der Brière wuchtig und flach. Die dicken Wände bestehen aus Stein und Erde, mit drei traditionellen Öffnungen nach Süden hin – nicht dumm. Die niedrige Türe ist in zwei Flügel geteilt. Normalerweise gibt es nur einen Raum aus gestampftem Lehm, in dem Bänke, Tische und Betten aufgestellt sind. Über ein Treppchen gelangt man in den Speicher.

Kost & Logis

– *Auberge du Kerhinet:* 44410 Saint-Lyphard. T. 40-61-91-46. Fünf Kilometer hinter Saint-Lyphard, an der Straße nach Guérande, im Museums-Dorf Kerhinet – hierzu siehe weiter hinten. Außer im Juli und August dienstags abends und mittwochs geschlossen. Netter Empfang, ländliche Einrichtung, regionale Küche, einige Zimmer in einem schilfgedeckten Haus für 225 F mit Bad und WC. Das Menü für 75 F bietet Gänsefleischpastete, geschmorten Schinken mit Pilzen, »Oeufs à la neige«, Schnee-Eier mit Vanillesoße. Weitere, noch feinere Menüs bis 180 F. Gestylte und freundliche Kellner. Schmucke Sammlung alter Fotos. Gute Adresse.

– *Auberge du Parc:* 44720 Saint-Joachim. T. 40-88-53-01. Menüs zwischen 92 und 200 F.

– *Campingplatz les Brières du Bourg:* an der D 47, etwa fünfhundert Meter vom Dorf entfernt in Wassernähe. T. 40-91-43-13. Vom 1. Mai bis zum 30. September in Betrieb. 120 Stellplätze, bewaldet, reizend gelegen.

Sehenswürdigkeiten

Verlassen wir Saint-Nazaire auf der N 171 in Richtung Nantes. In Montoir-de-Bretagne, einem ehemaligen, im 17. Jh. aufgeschütteten Meereshafen, biegen wir nach links ab, um nach Rosé zu gelangen.

● **Das alte Schleusenhaus:** zugänglich 10-12.30h und 15-19h, von Juni bis September. Am Kai ist die Schaluppe *Theotiste* zu bewundern, die den Torf von der Brière nach Nantes transportierte. Sie ähnelt einem Holzschuh mit Deck und zwei Masten. Wenn der Wind auf den Kanälen abflaute, mußten die zwei oder drei Seeleute das Boot mit Stangen vorantreiben.

● **Der Tierpark:** in den Monaten Mai bis Oktober Besuch 10-19h möglich. Ferngläser werden vermietet. Das Eingangsgebäude befindet sich achthundert Meter rechts hinter der Kanalbrücke. Ein gepflegter Weg mit Beobachtungsposten gewährt Einblicke in das Leben der wilden Vögel.

Folgen wir nun der Straße bis kurz vor Saint-Joachim. Hier biegen wir links ab.

● **Die Insel Fédrun:** ungeachtet des uneinheitlichen Siedlungsgebietes das fesselndste Eiland hierzulande, zumindest was die Dächer betrifft: Stroh-, Ziegel- und Schieferdächer folgen in stetem Wechsel aufeinander. Die Häuser wurden ursprünglich rund um die Insel, quasi an die Kanäle angelehnt, angeordnet. Das vor Überschwemmungen sichere Binnenland war dem Ackerbau vorbehalten und wurde *Gagnerie* genannt. Rund um die Insel verläuft ein Kanal, die *Curée*, sozusagen als »Zufahrtsstraße« zu den Anlegeplätzen der Kähne, den *Seuils* oder Gräben. Besichtigen sollte man das *Maison de la Mariée* (Haus der Braut), das eine märchenhafte Brautschmuck-Sammlung mit Orangenblüten unter ihrem Dach beherbergt. Ende des vergangenen Jahrhunderts hatte sich eine Fabrik in Saint-Joachim auf die Herstellung künstlicher Orangenblüten spezialisiert, die Abnehmer in ganz Europa fanden. Die Blumen wurden aus gestärktem Leinen geformt und in Wachs getaucht. Nach der Hochzeit legte man den Blumenschmuck der Braut auf ein Samtkissen und stülpte eine Glasglocke darüber. Das kleine Heimatmuseum *chaumière briéronne* verlebendigt die Atmosphäre der Region und zeigt Werkzeuge vom Torfabbau, alte Möbel und Holzfiguren.

● **Camer:** verlassen wir jetzt die Hauptstraße, um diesem typischen Dorf einen Besuch abzustatten; genaugenommen besteht es aus zwei Inselchen, hinter deren eng aneinandergereihten Häusern der Kanal verläuft.

● **Die Chapelle-des-Marais:** zehn Kilometer nördlich. Am Ortseingang ist das *Maison du Sabotier* (Haus des Holzschuhmachers) vom 1. Juli bis Mitte September sowie mittwochnachmittags außerhalb der Saison zu besichtigen. In der Kirche erspäht man eine bemalte Statue des Heiligen Kornelius, dem Schutzpatron des Viehs. Ein sieben Meter hoher *Morta* (fossiler Baum) reckt sich am Treppenaufgang zum Rathaus in die Höhe, das dem Publikum montags, dienstags und mittwochs von 9-12h und 14-17h offen steht; donnerstags, freitags und samstags von 9-12h. T. 40-53-22-02.

● **Mayun:** hinter La Chapelle-des-Marais setzen wir unseren Weg in Richtung Saint-Lyphard fort. Mayun ist berühmt für seine charakteristische Korbflechterei. Früher war dieses Handwerk unter den Einwohnern weit verbreitet. Heute wird noch die Rinde des Faulbaums verarbeitet.

● **Les Fossés-Blancs:** an diesem Ort führt der *Canal du Nord* ins Herz der Grande Brière. Man zögere nicht, einen Kahnausflug zu unternehmen, um noch tiefer in diese Gegend einzudringen.

● **Saint-Lyphard:** 44410 Herbignac. Unbedingt die 135 Stufen zum Kirchturm hochkraxeln, der einen herrlichen Rundblick über die Brière beschert.

● **Breca:** weiter in Richtung Saint-André-des-Eaux; nach vier Kilometern links ab nach Breca, einem Weiler mit zahlreichen, alten Wohnhäusern. Ausgangspunkt für Ausflüge ins Moor. Geschützter Picknickplatz.

● **Kerhinet:** dieser Weiler mauserte sich zu einem authentischen Freiluftmuseum, von der Verwaltung des *Parc Régional* erworben und restauriert. Autos sind hier unerwünscht. Im *Musée briéron* sind Kleidung und Werkzeuge von einst und ein Schaukasten über das Handwerk zu bewundern. Außerdem kann man der privaten Weberei einen Besuch abstatten oder in dem *gîte d'étape* oder dem angegliederten Hotel-Restaurant, das wir wärmstens empfehlen, nächtigen oder speisen.

● **La Chaussée-Neuve:** in Saint-André-des-Eaux (44117) führt eine Straße ins innerste Moor. Hinter Morland lädt die *Auberge du Haut-Marland* zum Rasten ein. T. 40-01-29-00; sonntags abends und montags geschlossen. Strohdach, Holzbalken, Kamin und Kupfergeschirr erhöhen den Reiz dieses Hauses. Schmackhaftes Menü für 90 F mit Entenpastete nach Art des Hauses, gebratener Aal, Ente an Muscadet, Käse und Nachtisch; Wein inbegriffen.

La Chaussée-Neuve war früher Ausgangspunkt für Zwei-Tages-Reisen nach Trignac oder Saint-Joachim, um dort Salz und Gemüse gegen Sand und Dünger einzutauschen. Der lange Kanal wartet heute nur noch auf Touristen, die sich nach etwas Stimmung und Romantik sehnen ... und nicht enttäuscht sein werden. Am besten mietet man einen Kahn oder ein Pferd für einen Reitausflug.

PIRIAC (44420)

Einer der reizvollsten Orte in der Region. Er wurde schon von den Phöniziern und danach, zur Blütezeit des Königs Warroc'h, von den Bretonen besetzt. Das Kirchlein Saint-Pierre aus Granit scheint den Hafen vor Unwettern schützen zu wollen ... Die engen Straßen drängen sich aneinander, um besser gegen den schneidenden und allgegenwärtigen Wind ankämpfen zu können. Die Place de l'Eglise zeigt uns ehrwürdige Häuser. Keine unpassende Feriensiedlung, keine Hochhäuser stören dieses Hafenörtchen, das seine Ursprünglichkeit völlig bewahrte. Ganz im Stil von »Pauline am Strand« (Pauline à la plage, 1982).
– *Fremdenverkehrsamt:* 7, rue des Cap-Horniers. T. 40-23-51-42. Hat während der Saison täglich 10-13h und 14-19h seine Pforten geöffnet.

Unterkunft und Verpflegung

– *Hôtel-restaurant de la Pointe:* 1, quai de Verdun. T. 40-23-50-04. Von November bis Februar und mittwochs außerhalb der Saison dicht. Am Meer, in Deichnähe. Unsere Lieblingsadresse. Einfache Doppelzimmer ab 150 F. Von einigen Zimmern genießt man den Blick auf den Strand und den niedlichen Hafen und hört das sanfte Rumoren der Takelagen. Freundlicher Hausherr, ordentliches Restaurant, prompte und aufmerksame Bedienung. Der Weg dorthin führt durch die Bar, wo man sich erst mal einen Apéritif genehmigt. Die Ausstattung des großen Saales im Restaurant haut einen zwar nicht gerade vom Hocker, aber man fühlt sich trotzdem pudelwohl. Bestellt man das Menü für 92 F, so werden wahlweise gemischter Salat, sechs Austern, Fischsuppe oder eine Pastete nach Art des Hauses aufgefahren, gefolgt von Ente in Weißwein oder Seehecht in Butter oder gebratenes Hähnchen. Den Abschluß bilden Käse oder eine Süßspeise.
– *Hôtel-restaurant l'Abri Côtier:* 1, rue Neuve. T. 40-23-56-03. Ein einfaches Quartier mit einem großen Kamin. »Soirée-étape« für 230 F pro Person.

● Zeltplätze

In der Umgebung herrscht daran kein Mangel:
– *Parc du Guibel:* 3,5 Kilometer entfernt an der Straße nach Mesquer, links ab in Richtung Kerdrieu. T. 40-23-52-67. Schattig, ruhig und angenehm. Im Sommer sollte man vorausbuchen.
– *Pouldroit:* dreihundert Meter bis zum Strand und ein Kilometer bis Piriac, an der Straße nach Mesquer. T. 40-23-50-91. Beste Ausstattung. Im Sommer ist es ratsam, sich anzumelden.
– *FKK-Campingplatz le Clos Marot:* in Saint-Sébastien. T. 40-23-59-20. Im Juli und August in Betrieb. Dreißig schattige Stellplätze.

Sehenswertes

– *Der Kalvarienberg von Pen Ar Ren:* aus dem zehnten und elften Jahrhundert.
– *Der Druidenstein* des Grabes von Almanzor, auf der Pointe Castelli.
– Man folge dem Küstenpfad, der bis zur Grotte Madame führt, via Pointe Castelli unter den Augen der Sphinx; Semaphor der Marine.
– Den Weinberg von Piriac sucht man vergeblich ... nur die alten Fischer erinnern sich noch an ihn, was jedoch auf das warme Klima der Gegend hindeutet.

LA TURBALLE (44420)

Der im 19. Jh. gegründete Hafen prosperierte mit der einsetzenden Sardinenfischerei. Neuen Auftrieb erhielt der Fischfang 1824 durch die Niederlassung von Konservenfabriken.

Heute ist La Turballe der größte Sardinenhafen der Atlantikküste, ausgerüstet mit einer modernen Fischfangflotte und einem erst kürzlich erweiterten Hafen. Auf dem Dach des Versteigerungsmarktes (*Criée*) befindet sich das *Maison de la Pêche* mit einem Ausstellungssaal und einem Restaurant – mit Meeresspezialitäten natürlich. Außerdem verfügt die Stadt über einen fünf Kilometer langen Strand, la Grande Falaise genannt, der bei Surfern und Freunden des FKK einen internationalen Ruf besitzt. Letztere ziehen sich jedoch eher zur Pointe Pen Bron zurück.

– *Fremdenverkehrsamt:* am Hafen. T. 40-23-32-01. Täglich von 9.30-13h und 14-18.30h geöffnet.

– *Camping du parc Sainte-Brigitte:* nach drei Kilometern in Richtung Guérande, am Ortsausgang von Clis, zur rechten Hand, auf der Gemarkung von Brehet. T. 40-23-30-42 oder 40-24-88-91 während der Saison. Vom 1. April bis zum 1. Oktober Betrieb. Reizvolles, bewaldetes Gelände, Schwimmbad und Spielangebote für Kinder. Im Juli/August seinen Platz vorbestellen.

– *Crêperie Tante Marie:* 7, quai Saint-Pierre. T. 40-23-45-54. Da wir's gerade von Sardinen hatten ... sollte man diese auch unbedingt probieren. In diesem Lokal bekommt man für 30 F sechs Stück aufgetischt. Zur weiteren Auswahl stehen natürlich jede Menge Crêpes. Flotte Bedienung.

Sehenswert

– *Der Aussichts-Kirchturm von Trescalan:* dieser Turm aus dem Jahre 1852 bietet siebzig Meter über dem Meer eine tolle Aussicht. Um diese genießen zu können, müssen jedoch erst einige kleinere Anstrengungen, sprich 990 Stufen und eine Holzleiter, überwunden werden. Montags, mittwochs und freitags 10-11.30h und 16-18h Führungen.

– *Der Kalvarienberg von Fourbihan:* in Trescalan, 16. Jh.

GUERANDE (44350)

Die vor ewig langer Zeit gegründete »Weiße Stadt« (*Gwen-ran*), wird so wegen der Salzgärten genannt, die einst ihren Reichtum bildeten und sie etwas vom Festland »abschneiden«. Die Stadt ist somit auf einer Halbinsel angesiedelt; ihr Hafenstandort rechtfertigte den Bau mächtiger Befestingungsmauern, welche die Kreuzung der Achsen La Roche-Bernard-La Pouliguen und La Turballe-Saint-Lyphard beschützen sollten.

– *Fremdenverkehrsamt:* place du Marhallé. T. 40-24-96-71. Stellt in der Saison eine einstündige Stadtführung auf die Beine.

Ein wenig Geschichte muß sein

Die megalithischen Monumente des Hinterlandes zeugen von einer einstigen Belagerung. Die Römer schlugen an diesem Ort ihre Zelte auf und festigten die Salzgärten. Bei der Gründung des Herzogtums der Bretagne sollte die Festung eine höchst wichtige Rolle spielen. Obwohl die Kirche von Guérande einen Sonderstatus genießt, verschonten die normannischen Invasionen im Jahre 919 die Stadt nicht. Während des bretonischen Erbfolgekrieges ergriff Guérande die Partei von Montfort und wurde deshalb von den Spaniern, den Verbündeten der französischen Königs und Charles de Blois, dem Erdboden gleichgemacht.

Hier in Guérande unterzeichnete Anne de Bretagne ihre ersten Ordonnanzen, als sie 1488 Nachfolgerin ihres Vaters, dem Herzog François II, wird. Zu dieser Zeit zählte die Flotte von Guérande 269 Schiffe. Die Halbinsel produziert Korn, Salz und Wein. Auf den Werften herrscht bis zur Revolution im Jahre 1789 Betrieb. Im Juni 1830 bereist Honoré de Balzac, in Begleitung von Laure de Berny, die Region, welche er in seinem Roman *Béatrix* beschreibt. Heutzutage betreibt

Guérande die Salzgewinnung nach wie vor, lebt jedoch, dank ihrer bevorzugten, Lage zwischen La Baule, la Brière und Le Croisic, hauptsächlich vom Fremdenverkehr.

Unterkunft und Verpflegung

– *Hôtel les Floralies:* chemin de Pradillon. T. 40-24-96-50. Ganzjährig geöffnet. Sieben einwandfreie Zimmer für 123-220 F. Fünzig Meter entfernt bietet das Hotelrestaurant, *Le Dé d'Argent*, ein Menü für 85 F mit drei Gängen, u.a. Krebse mit Mayonnaise, Fisch oder Ente in Weißwein. Gemütlicher Speiseraum mit Kamin. Spezialitäten à la Carte sind die Entenbrustfilets in Schmalz für 85 F und Jakobsmuschel-Spießchen – auf Bestellung. Äußerst zufriedenstellendes Preis-Leistungsverhältnis.

– *Restaurant le Pont Blanc:* 17, faubourg Saint-Michel. T. 40-24-91-91. Wie auch das vorhergenannte Restaurant befindet es sich außerhalb der Stadtmauern, was die zivilen Preise erklärt. Menü für 85 F mit Langustinen und Hähnchen. Familiäre Atmosphäre. Im Angebot wird auch ein einfaches, aber nicht zu beanstandendes, Menü zu 70 F geführt.

– *Roc Maria:* 1, rue des Halles. T. 40-24-90-51. Zwei-Sterne-Hotel in einem alten Gemäuer, ohne Restaurant, mit neun, geschmackvoll eingerichteten, Zimmern zum Preis von 175-220 F.

– *Gästezimmer:* bei M. Gicquiaud, 114, faubourg de Biezienne. T. 40-24-84-91. Vier Zimmer.

– *Zeltplatz Tremondec:* 48, rue du Château-de-Careil. T. 40-60-00-07. Betrieb von April bis Oktober. 1,5 Kilometer außerhalb der Stadt, obwohl kein Schwimmbad vorhanden, hervorragend ausgestattet.

Sehenswert

– *Das Paludier-Haus:* rue du Ber, in Saillé. T. 40-62-21-96. Im Mai, Juni und September nachmittags und im Juli und August ganztägig geöffnet. Hier hat man die Möglichkeit, sich für das ganze Jahr mit Salz einzudecken. Ungemein fesselndes Heimatmuseum.

– *Die Stadtmauern:* eine wundervolle Mauer von 1,4 Kilometern Länge umgürtet die Stadt. Die uralten, von Flechten vergoldeten Steine und die mächtigen Türme stellen ein bewegendes Bild dar. Sie gehen auf das 14. Jh. zurück, wurden aber größtenteils im 15. Jh. unter Jean V und François II wiederaufgebaut. Im 18. Jh. ließ der Herzog von Aiguillon, Gouverneur der Bretagne, einen Teil der Wassergräben aufschütten und Spazierwege anlegen. Insgesamt ein hervorragendes Beispiel mittelalterlicher, bretonischer Architektur.

– *Das Stadttor Saint-Michel:* Haupteingang der Stadt und ehemalige Residenz des Gouverneurs; heute beherbergt es das recht anregende *Regionalmuseum*. Öffnungszeiten: 9-12.30h und 14-19h während des ganzen Jahres. Im ersten Stock sind Möbel aus der Brière-Region und solche der Salinenarbeiter aus rotlackiertem Holz ausgestellt. Der zweite Stock zeigt Steingut aus Le Croisic, Gemälde usw. Ganz oben bewundert man Festgewänder der Salzsieder und Salinenarbeiter.

– *Stiftskirche La Collégiale:* berühmt wegen der Orgelkonzerte, die hier im Sommer stattfinden. Draußen bemerkt man eine Predigtkanzel aus dem 15. Jh., zu der die Wendeltreppe des Kirchturms führt, was in der Bretagne nur höchst selten anzutreffen ist. Innen fallen die wunderbaren Kapitelle mit grotesken Motiven auf, die dem Ganzen eine humorige Note verleihen. Die Steinskulpturen wirken recht unbeholfen; den damaligen bretonischen Künstlern lagen geometrische Figuren mehr als Menschen- oder Tierdarstellungen. Beeindrucken ist der Kopf mit offenem Mund und herausgestreckter Zunge. Weiter zu sehen sind die Geißelung Christi, das Märtyrium des Heiligen Simon – er wurde zersägt – des Heiligen Laurentius – er wurde geröstet – und des Heiligen Stephanus – er wurde gesteinigt; außerdem Landarbeiten, eine Vogel-Sirene, Monster usw. Der Chor beherbergt ein Kirchenfenster aus dem 18. Jh., das die Krönung der Himmelskönigin darstellt. Rechts befindet sich eine Kapelle mit gotischem Gewölbe, in der ein Sarkophag aus dem sechsten Jahrhundert und eine liegende Grabfigur aus dem 16. Jh. zu bestaunen sind.

– *Die Altstadt (ville close):* man lasse sich in den gewundenen Gäßchen treiben, wo sich geschichtsträchtige Gemäuer verbergen wie die *Manoirs du Tricot, de la Gandinais* usw. Die Stadt ist nach antikem Muster, in der traditionellen Kreuzform, angelegt, mit zwei senkrecht aufeinander zustrebenden Hauptstraßen, *cardo* und *decumanus*, die nach den vier Himmelsrichtungen orientiert sind.

Im Mittelalter war ein ganzes Viertel den jüdischen Bankherren und Geldverleihern vorbehalten – *Rue de la Juiverie* – ein anderes dem Bischof von Nantes, der hier alljährlich einen feierlichen Einzug hielt, ein weiteres den Tempelrittern. Die Stadt unterhielt ferner eigene Graveure, Goldschmiede und Steinmetze, die *La Collègiale* ausschmückten.

LE CROISIC (44490)

Im Sommer und an Wochenenden gern besucht. Dennoch besitzt der Hafen noch viel von seiner Ursprünglichkeit. Die stattliche Fischfangflotte fängt nachts teure und seltene Fische. Die Fischer bedienen sich auch noch der Reuse. Krevetten und Schalentiere machen sich jedoch rar! Man bekommt sie noch eher im *Aquarium* zu Gesicht; 6, quai du Port-Cignet, T. 40-23-02-44 oder 02-50, 10-20h geöffnet.

Seine alten Residenzen erinnern an den früheren Reichtum der Kleinstadt, die sich seither auf den Fremdenverkehr verlegt hat, der neue Hoffnung in ihr aufkeimen läßt. Le Croisic wußte den Charakter eines bretonischen Hafens und seinen Reiz als einstiges Reeder- und Seeräubernest zu bewahren. Schade, daß rundum massenhaft Neubauten entstanden sind.

Nützliche Adressen

– *Fremdenverkehrsamt:* place du 18-Juin-1940. T. 40-23-00-70.
– *Bahnhof:* T. 40-23-00-68.

Kost & Logis

– *Zeltplatz de l'Océan:* »les Frauds«. T. 40-23-07-69. Etwa 1,5 Kilometer entlang der malerischen *Route de la Pointe*, in Strandnähe. Ein ausgedehntes, ruhiges Gelände mit allem Komfort und Spielangeboten für Kinder. Im Sommer unbedingt im voraus buchen.
– *Hôtel l'Estacade:* 4, quai Lénigo. Optimal gelegen. T. 40-23-03-77. Im Dezember und März geschlossen. Zimmer ab 220 F.

● *Etwas schicker*

– *Hôtel les Nids:* 15, rue Pasteur in Port-Lin, dem Strand von Le Croisic. T. 40-23-00-63. Von April bis September geöffnet. Das Restaurant bleibt während der ersten zwei Wochen im Mai geschlossen. Gefälliger Blumengarten und Zimmer für 225-300 F. Die Halbpension ist vorgeschrieben.

Sehenswürdigkeiten

– *Der Mont Esprit:* gleich rechts, wenn man ankommt. Der Name des Berges ist eine Verballhornung von lest pris (lest = Ballast). Tatsächlich besteht der Hügel aus dem Ballast jener Schiffe, die hier Salz luden. Als hübscher Park angelegt, wartet er mit einem Panoramablick auf. Unten am Berg folgen wir der kleinen Straße, die nach rechts zu den Austernbänken führt. In dieser menschenleeren Ecke wird man an prächtigen Besitzungen vorbeikommen und kann sich in Ruhe auf einem Felsen niederlassen, um die Salinen und den Glockenturm der Kirche dahinter von Batz zu betrachten.

– *Der Hafen:* mit mehreren Becken und einigen stolzen Segeljachten. Rundherum präsentieren sich attraktive Wohnhäuser aus Granit aus dem 15. und 18.
Jh. sowie Crêperien, Restaurants und Souvenirläden. Über die Esplanade am
Ende des Hafens erhebt sich der Berg *Lénigo,* der ebenfalls mit Ballaststeinen
aufgeschüttet wurde. Im Schilfdickicht des Lénigos errichtete man die neue Ver-
steigerungshalle, deren Besuch wir nur empfehlen können, weil ausgesprochen
malerisch.

– *Die Kirche Notre-Dame-de-la-Pitié:* Bauwerk im Flamboyant-Stil aus Granit
(1494-1507). Den viereckigen Turm, wohl in Konkurrenz zu demjenigen von Batz,
schmückt eine Plattform mit Balustrade und einem achteckigen Türmchen, das
obendrauf noch eine Lichtkuppel trägt. Der Innenraum zeigt Weihbilder.

– *Die alten Gassen:* so belebt die Strandpromenaden am Wochenende und in
den Ferien sind, so verlassen liegen die Straßen der Innenstadt da. Beim Spaziergang durch die Altstadt fallen die niedrigen Türen und die mit der Zeit nachgedun-
kelten Fassaden auf, besonders in der *Rue Saint-Christophe,* Nummer 33 und 35,
und in der *Rue de l'Eglise,* Nummer 28.

– *Der Deich:* er erscheint endlos lang und bei windigem Wetter fühlt man sich
hier wie mitten auf dem Ozean.

– *Das Schiffahrtsmuseum:* im Rathaus, Öffnungszeiten 10-12h und 15-19h an
Ostern und vom 10. Mai bis Mitte September. Dienstags bleiben die Museumspforten geschlossen. Als besondere Sehenswürdigkeit gilt eine im Garten aufgestellte Kanone, die einst auf dem Kriegsschiff *Soleil Royal* stand. Dieses sank 1759
während der Cardinaux-Schlacht vor dem Hafen, als die französische Flotte von
den Engländern vernichtet wurde. Die Kanone trägt das Datum 1670 und ein
Wappen des Grafen von Vermandois, Admiral von Frankreich.

BATZ-SUR-MER (44740)

Marktflecken weitab von La Baule und der Meute der Sommertouristen; so richtig
zum Liebhaben. Im 18. Jh. bedeckte die Gemeinde das gesamte Gebiet der Dörfer Le Croisic und Le Pouliguen. Die Salzgewinnung sowie die Zwiebeln und
Schalotten stellten lange Zeit den Grundstock des Wohlstandes dar. Die Dörfchen
Kervalet und Roffiat wußten den Zauber von einst zu bewahren. Batz hat sich
heutzutage – mit seinem VVF, Villages-Vacances-Familles = Familien-Feriendör-
fer – zu einem Familienferienort gemauert, der ruhige, einladende Strände wie
Saint-Valentin, Saint-Michel und la Govelle zu bieten hat.

– *Maison du Tourisme:* 25, rue de la Plage. T. 40-23-92-36. Während der Saison
täglich von 9.30-12h und 15.30-18.30h auskunftsbereit.

Unterkunft und Verpflegung

– *Zeltplatz la Govelle:* etwa zwei Kilometer entfernt, an der Straße der Côte Sauvage. T. 40-23-91-63. Von April bis Ende September geöffnet; gemütliche, familiäre Anlage in Strandnähe. Fabelhaft ausgestattet.

– *Zeltplatz Saint-Valentin:* unweit des gleichnamigen Strandes. T. 40-23-91-74.
Weiträumiges Terrain in einem ansprechenden Rahmen. Unzureichende sanitäre
Anlagen.

– *Les Marais Salants:* 24, place de la Gare. T. 40-23-92-15. Von April bis Oktober
geöffnet, einfaches, aber sauberes Hotel, moderate Preise.

– *Crêperie du Temps perdu:* 1, place de l'Eglise. T. 40-23-81-64. Beachtliche
Auswahl an leckeren und preiswerten Crêpes. Einer der seltenen Orte, wo man in
der Hochsaison noch nach 20h speisen kann. Auch eine Kinderspielecke wurde
eingerichtet.

Sehenswertes

– *Die Kirche Saint-Guénolé:* ihr sechzig Meter hoher Kirchturm aus Granit (15.
Jh.) ist weithin sichtbar. Wer sich die Mühe macht hinaufzusteigen, genießt ein
traumhaftes Panorama über die Halbinsel von Guérande. Prozession (Pardon) am
12. August.

– *Die Kapelle Notre-Dame-du-Mûrier:* sie soll nach einem Gelübde entstanden sein, das die Dorfbewohner während einer Pestepidemie im 15. Jh. ablegten. Die Granitblöcke sind im Flamboyant-Stil skulptiert. Dach und Gewölbe stürzten vor Zeiten ein – so steht der Betrachter unter freiem Himmel, was aber einen noch bewegenderen Eindruck hinterläßt.

– *Das Salzgärtenmuseum (Musée des Marais salants):* 29 bis, rue Pasteur. T. 40-23-82-79. Von Juni bis September und während der Schulferien 10-19h Einlaß, an Wochenenden außerhalb der Saison 15-19h. Eines der ältesten Museen für regionale Volkskunst und -brauchtum. Im Erdgeschoß sind Mobiliar, Steingut und Kleidungsstücke der Salinenarbeiter aus dem 18. und 19. Jh. ausgestellt. Hier erfahren wir im Detail, wie eine Saline funktioniert.

– *Der Strand Saint-Michel:* eine Oase der Stille, davor ein Deich, der von einem Menhir überragt wird.

Kleiner Wortschatz der Salinenarbeiter

– *Roller:* das Rechen der Salzkristalle, die an den Seiten der flachen, nur fünf Zentimeter hohen Becken der Salinen lagern.

– *Porter:* das Transportieren der Ernte von den Salinenbecken zum Salzspeicher.

– *Trousser:* das Schaufeln der Salzkristalle aus dem Salinenbecken auf Platten am Rande des Beckens, wo sie in kleinen Häufchen trocknen.

– *Fares:* kleines Becken, in dem das Wasser nur leicht gesalzen ist.

LE POULIGUEN (44510)

Der Jachthafen von La Baule auf dem linken Flußufer, aber ebenfalls ein noch höchst aktiver Fischereihafen. Dieses auf dem rechten Flußufer angesiedelte Gewerbe verleiht der Stadt eine »Familien«-Atmosphäre, die man auf der ganzen Länge des Quai Jules-Sandeau deutlich zu spüren bekommt. Die einladenden Geschäfte, die klassischen Fassaden der Hotels, das Kinderkarrussel, die Ladenstraße, die auf der Terrasse des Cafés *la Potinière* ausläuft, dies alles flößt Vertrauen ein und läßt einen an die gute, alte Zeit denken.

– *Fremdenverkehrsamt:* in Port-Sterwitz. T. 40-42-31-05.

Sehenswert

– *Der Strand:* gesäumt von Bretterstrandpromenaden. Bei Ebbe treten die *Impairs-Felsen* zutage. An der Landzunge Pen-Château ist die felsige Küste von stattlichen Villen gekrönt. Der Volksmund sagt, daß die bretonischen *korrigans*, diese kleinen, spaßigen Kobolde, in den Höhlen hausen, die das Meer ausspülte.

– *Die Kapelle Sainte-Anne-et-Saint-Julien:* zur linken Hand an der Straße nach Pen-Château. Reizendes Gebäude, im 16. Jh. errichtet, davor ein Kalvarienberg. Im Innenraum werfen wir ein Auge auf das Taufbecken aus Granit – 16. Jh. – und die Statue der Heiligen Anna mit der Jungfrau Maria und Jesus.

– *Der Ort selbst:* sein Name bedeutet auf bretonisch »kleine, weiße Bucht«. Das Städtchen blickt auf eine lange Tradition als Fischereihafen zurück, der an dem kleinen Kanal angesiedelt wurde, der die Salinen von Guérande mit Wasser versorgt. Außerdem hat der Ort einige anziehende Gebäude zu bieten.

LA BAULE (44500)

Verraten wir gleich, daß es sich um den schönsten Strand Europas handelt! Doch, doch! Jacques Prévert hat's poetischer ausgedrückt: »eine weite Sahara mit einem Briefträger, Fischern und Kuchenverkäufern ...« Finden wir den Strand auch herrlich, so wirkt die Hochhäuserreihe, welche anstelle der früheren Villen hochgezogen wurde, eher abstoßend. Hier nun stellen wir den Badeort der Superlative vor, der sich immer europäischer gibt: er organisiert das Festival des Europäischen Kinos, die Europameisterschaft im Springreiten, einen Wettbewerb der Eleganz des Autos, ein internationales Tanz-Meeting mit Folklore von Bali bis Rio etc. Das Licht der Welt erblickte der Badeort im letzten Jahrhundert dank der Eisenbahn – man werfe ein Auge auf den prächtigen, renovierten und denkmalgeschützten Bahnhof. Heutzutage befördert der TGV die Pariser aus den schicken Vierteln wie Neuilly, Passy und Auteuil in unter drei Stunden bis – fast – vor die Haustür ihrer schmucken, in den Pinienwäldchen eingenisteten Villen, wo sich die Sommerfrische breitmacht. Die Pinien segnen übrigens nach und nach das Zeitliche, teils aus Altersschwäche, teils gezwungenermaßen durch die überhand nehmenden Aktivitäten der Baulöwen. Ein Appartment gleich am Meer kostet 30.000 F pro Quadratmeter – da ist es verständlich, daß die Pinienwälder um ihren Lebensraum fürchten müssen.

La Baule ähnelt diesen betagten, koketten und sich ein wenig aufspielenden Damen, die jedoch tief in ihrem Innersten überaus sittsam, besonnen und ungeheuer sympathisch sind – denn sie sprechen »Verlan« – von »l'envers«, d.h., die Silben der Wörter werden umgedreht; ist im Moment in Frankreich hyper-angesagt, zeigt aber auch schon wieder Erschlaffungserscheinungen – und treiben noch Sport. Natürlich nicht irgendeinen, man achtet ja auf Niveau, so daß hier Tennis, Polo, Golf, Segelsport und Reiten en vogue sind. Dieser wird dann mit der ganzen Familie, ganz bequem in La Baule praktiziert, so wie sich's gehört. Wenn auch das Dekor etwas alterte – man schaue sich den Film *La Baule-les-Pins* von Diane Kurys mit Nathalie Baye und Richard Berry an – so behielt es doch seinen alten BCBG-Zauber; La Baule ist und bleibt der Star unter den Seebädern und Luftkurorten der Bretagne. So sollte man »der Schönen« unbedingt einen Besuch abstatten, genauso wie man sich in Deauville, Cannes oder Biarritz, den anderen En-Vogue-Stränden, sehen lassen muß.

Nützliche Anschriften

– *Fremdenverkehrsamt:* place de la Victoire. T. 40-24-34-44. Telex: 710050. Mintel: 36-15 LA BAULE. Während der Saison täglich geöffnet. Außerordentlich kompetente und hilfsbereite Mitarbeiter, in einem begeisternden und genauso modernen Gebäude wie das Rathaus untergebracht – kein Wunder, hier waren dieselben Architekten und Finanziers am Werk.
– *Bahnhof:* Auskunft: T. 40-66-50-50. Buchung für den TGV: T. 40-60-13-20.
– *Flughafen Nantes:* Buchung bei Air Inter: wer sendet uns die neue Telefonnummer? Acht Flüge nach Paris, drei nach Lyon.
– *Ausflüge mit den Verney-Bussen:* T. 40-60-87-00.
– *Jachthafen:*
La Baule-Le Pouliguen, Erdaufschüttung von Salinières. T. 40-60-37-40.

Eine Bleibe finden

● *Preiswert* (falls das möglich ist)

– In La Baule selber gibt es keine Jugendherberge, die nächstgelegene befindet sich in *Saint-Nazaire: Foyer des jeunes travailleurs*, 30, rue du Soleil-Levant. T. 40-22-51-04.
– *Hôtel Violette:* 44, av. Clemenceau, unweit des Bahnhofs. T. 40-60-32-16. Ganzjährig geöffnet. Zimmer zwischen 130 und 210 F, außerhalb der Saison 10% Preisnachlaß.
– *Hôtel Marini:* 22, av. Clemenceau. T. 40-60-23-29. Nur während der Saison geöffnet. Zwei Freunde betreiben gemeinsam dieses kleine, sympathische Hotel. Für die Zimmer werden zwischen 180 und 230 F veranschlagt.

● *Mondäner*

– *Riviera Hôtel:* 16, av. des Lilas, in Richtung Le Pouliguen. T. 40-60-28-97. Von Ostern bis Oktober Betrieb. Ruhig gelegen. Man rechne mit 180-330 F pro Zimmer und 40 F für's Frühstück. 10% Reduktion außerhalb der Saison.
– *L'hostellerie du Bois:* 65, av. Lajarrige. T. 40-60-24-78. Ein Hotel der Kette »Logis de France«, nur während der Saison geöffnet. Dreihundert Meter zum Strand. Blühender Garten, im Schatten von Pinien gelegen, etwas zurückgesetzt von der weidlich belebten Straße. Fünfzehn Zimmer zwischen 220 und 320 F,

Halbpension zwischen 350 und 530 F. Unsere beste Adresse an der *Côte d'Amour*, da von einer Equipe junger Profis betrieben, die etwas aus ihrem Metier zu machen wissen, so daß wir ihnen Vertrauen schenken.
– *Le Continental:* 236, av. de Lattre-de-Tassigny. T. 40-60-20-81. Während der Saison Betrieb. Mitten in der Stadt, vollständig modernisiert. Für die Zimmer sind zwischen 180 und 330 F auf den Tisch legen.

● *Zeltplätze*

– *La Roseraie:* 20, av. Jean-Sohier, an der Golf-Straße. T. 40-60-46-66. Von Ostern bis Ende September zu benutzen. Einhundertzwanzig Stellplätze mit jeglichem Komfort und nicht allzu weit vom Strand.
– *Caravaning municipal:* av. Rémy-Flandin. T. 40-60-17-40. Vor allem Wohnwagen vorbehalten, achtzig Stellplätze.

Wo einkehren?

Die Snackbars am Strand bieten Hot-Dogs für 17 F und Hähnchenschenkel für 22 F. Man hüte sich vor Imitationen.
– *Crêperie de la Bôle:* 36, av. du Général-de-Gaulle. T. 40-60-19-73. Außer montags hat dieses Lokal ganzjährig seine Pforten geöffnet. Für unter 60 F läßt es sich dort ordentlich speisen.
– *La Tocade (Snackbar):* av. du Général-de-Gaulle. Bietet ein reichhaltiges und schmackhaftes Tagesgericht, beispielsweise Lammfrikassee für 65 F.
– *La Mascotte:* 26, av. Marie-Louise. Restaurant eines nur in der Saison betriebenen Hotels. Pikantes Menü für 95 F.
– *Duo sur Canapé:* av. du Marché. Vielversprechende Auswahl an Toasts mit köstlichen und günstigen Beilagen.
– *Le Ship Inn:* 18, place du Maréchal-Leclerc. Bringt leckere, kleine Gerichte in einem ultramodernen Rahmen auf den Tisch. Menüs zwischen 70 und 130 F.

Discos

Nachts ist die beste Zeit, um die Angeberei und den Snobismus von La Baule so richtig auszukosten!
– *Marigot Bay Piano-Bar:* 10, av. Pavie. T. 40-24-06-10. Spezialist für exotische Cocktails in verschiedensten Geschmäckern auf der Basis von Rhum für 50 F. Gepflegte Einrichtung, sympathische Bedienung.
– *Scotch Club:* gleiche Adresse wie oben. T. 40-60-00-30. Hier macht das Tanzen zwischen Leuten »von Klasse« so richtig Spaß ...

Sehenswert

– Der feinsandige, neun Kilometer lange und – bei Ebbe – unglaublich breite *Strand* bietet ein weitläufiges Gelände für allerlei Strandspiele. Die bloßgelegten Felsen dienen manchen Muscheln und Krebsen als Logis – von deren Verzehr wird allerdings abgeraten. Bei Flut stellt diese Ecke ein großartiges Schwimmstadion dar.
– Zwischen Le Pouliguen und Pornichet wechseln der *Boulevard* und die *Strandpromenade*, je nach Lage, recht häufig ihren Namen. Die Residenzen mit Loggia – man werfe einen Blick auf das Glas- und Aluminiumgebäude des Instituts für Thalassotherapie unweit des Hôtel Royal – haben inzwischen fast überall die Villen der Vorkriegszeit verdrängt. Von diesen gibt es trotz allem noch ein paar ansehnliche, in den Pinienwäldern verstreute, Exemplare, die jedoch seit langem keine Meeresicht mehr genießen, weder in La Baule, noch in Pornichet, noch anderswo.
– Der *Jahrmarkt*, der in der Av. Général-de-Gaulle und den angrenzenden Strassen langsam Formen annimmt, stellt eine liebenswerte Attraktion dar. Diejenigen, welche dem Kaufrausch frönen oder sich einfach nur die Nase an den Auslagen plattpressen wollen, sollten ein bißchen in der Rue Lajarrige – der Planer und Gestalter von La Baule – mit ihren exquisiten Geschäften flanieren.
– Die *Kirche Sainte-Thérèse*, der *Bahnhof* und das *Rathaus* von 1974 repräsentieren die einzigen öffentlichen Gebäude, die es wert sind, in Augenschein

genommen zu werden. Dem Viertel um die Place des Palmiers, zwischen dem Bois d'Escoublac und seiner Versuchsbaumschule Dryades, haftet der architektonische BCBG-Stil an, welcher hervorragend zu La Baule paßt.

PORNICHET (44380)

Obwohl dieser Badeort die Verlängerung von La Baule bildet, stellt er nicht ihr Armenviertel dar – ganz im Gegenteil. Pornichet besitzt ein – renoviertes – Casino, einen Jachthafen, einen Bahnhof und ein Institut für Thalassotherapie. Kurz, alles was man braucht, um erholsame Ferien, weitab von der Hektik von La Baule, zu verbringen.

Wichtige Adressen

– *Fremdenverkehrsamt:* 3, bd de la République, unweit des Marktes. T. 40-61-33-33. Gegenüber dem Bahnhof: saisonelles Büro. Tel: 40-61-08-92. Minitel: 36-15 code ITOUR.
– *Bahnhof:* T. 40-61-08-28. Kapitänsbüro des Jachthafens, T. 40-61-03-20.
– *Vedettes Navijet (Motorboote):* T. 40-61-62-63. Für Schiffsausflüge zur Belle-Ile, zur Ile d'Yeu, nach Noirmoutier, Le Croisic, La Turballe und zu den Inseln Houat und Hoëdic. Auskunft und Buchung: T. 40-61-33-33.

Kost & Logis

– *Normandy Hotel:* 120, av. de Mazy, Fachwerkhaus unmittelbar beim Bahnhof. T. 40-61-03-08. Vierunddreißig Zimmer mit Ein-Sterne-Komfort, Toilette und Bad zwischen 200 und 230 F, Frühstück 23 F. Das nicht zum Hotel gehörende Restaurant reicht fix und aufmerksam Menüs ab 80 F mit Langustinen, Seehecht und Apfelkuchen.
– *Les Charmettes:* 7, av. Flornoy. T. 40-61-04-30. Vom 1. Juni bis zum 15. September geöffnet. Charmante Pension mit gemütlichem, ruhigen Garten, nahe beim Rathaus. Zimmer für 120-340 F, Halbpension für 270-330 F. Für die Menüs werden 105-140 F berechnet.

Wo einen trinken?

– *Le Bidule:* 122, av. de Mazy. Nirgendwo anders an der Côte d'Amour wird man solch eine Atmosphäre antreffen! Von diesem, in den dreißiger Jahren ins Leben gerufenen, Weinkeller bewahrte man die Gärbehälter und die als Tische dienenden Weinfässer. M. Gilles schenkt, genauso wie schon sein Vater, den Wein hinter seinem Holztresen aus, wo sich die Flaschenregale aneinanderreihen. Der Laden läuft das ganze Jahr über hervorragend und bietet eine angenehme Abwechslung zu den Discos von La Baule.
– *Le Lambic Bar:* 134, av. de Mazy. In keltischer Atmosphäre wird eine ansprechende Auswahl an Bieren und Whisky geboten.

Sehenswertes

– *Der Strand und die Strandpromenade:* hier haben die mächtigen Residenzen, im Gegensatz zu La Baule, noch nicht all die alten Villen der Vorkriegszeit verschlungen.
– *Der Jachthafen des Wassersportclubs von Pornichet:* T. 40-61-61-06. Ankerplatz für die kleinen Boote, die anderen würden auf Grund laufen, mit nur 180 Plätzen. Der große Hafen mit seinen eintausendeinhundert Ankerplätzen und seiner Ladenstraße erscheint wie ein Kanal, der mit dem Festland durch eine Brücke verbunden ist, welche eine Verdoppelung der Mole des kleinen, einfachen Fischereihafens darstellt.

SAINT-NAZAIRE (44600)

Vor 1850 war auf der Karte der Loire-Mündung lediglich der kleine Fischereihafen von Mean auszumachen. An dieser Stelle entfaltete sich in der Folgezeit Saint-Nazaire, das heutzutage neunundsechzigtausend Einwohner zählt. Die Schiffs-werften, die zuerst als Konstruktionsstandort und dann als Heimathafen zahlrei-cher Überseedampfer dienten, brachten ebenfalls die Luft- und Raumfahrtindu-strie hervor.

Im Jahre 1918 landeten die dreihunderttausend im Ersten Weltkrieg eingesetzten, amerikanischen Soldaten auf den Kais. 1945 wird die Stadt dem Erdboden gleich-gemacht, ihre U-Boot-Basis bleibt jedoch erhalten. Obwohl die Kriege die Einwoh-ner von Saint-Nazaire ungemein traumatisierten, behalten sie nach wie vor ihre Devise *»Aperit et nemo claudit«* – »sie öffnet und niemand schließt wieder zu«.

Saint-Nazaire in der Geschichte

Die Römer legten im Norden der Flußmündung einen Hafen an, der Corbico genannt wurde und sich unweit einer neolithischen Stätte befand, was durch den Tumulus von Dissignac bezeugt wird, der nach wie vor, über die Straße nach Escoublac, zugänglich ist. Im 14. und 15. Jh. wird der Fischerei- und Handelsha-fen von einer Festung beschützt, die sich im Besitz der Herzöge der Bretagne befindet. Das Dorf erhält den Namen Port-Nazaire, als Ausdruck der Huldigung an den heiligen Märtyrer, der im Jahre 52 in Rom enthauptet wurde. Ende des 18. Jh. erfordert die Entwicklung der Handelsmarine die Schaffung eines Hafens in tiefen Gewässern, um die Schiffe zu entlasten, die in Richtung Nantes unterwegs waren. Die seefahrerische Bestimmung der Stadt festigte sich somit zusehends. Eine große Zahl Emigranten und andere große Seefahrer machten in der »kalifornischen« Stadt Zwischenstation, bevor sie in ferne Kontinente aufbrachen. Die Deutschen richteten hier eine U-Boot-Basis ein, die heftigen Widerstand lei-steten und sich erst am 11. Mai 1945 ergab. Tapfere Recken! Die Atlantik-Werften, welche die *Normandie* vom Stapel ließen, konstruierten den Passagier-dampfer *France* sowie Supertanker mit fünfhunderttausend Tonnen und heutzutage Luxuskreuzschiffe.

Während des Sommers 1952 drehte Jacques Tati am Strand von Saint-Marc den unvergeßlichen Film *Vacances de M. Hulot*, ein Symbol der Freizeit-Epoche die-ser Gegend.

Nützliche Adressen

– *Fremdenverkehrsamt:* place Fraüsnçois-Blancho. T. 40-22-49-58. Während der Saison von 9.30-12.30h und 13.30-18.15h besetzt.
– *Bahnhof:* T. 40-66-50-50. Paris via Nantes.

Unterkunft und Verpflegung

● *Annehmbare Preise*

– Man sollte sich über die Brücke aufs andere Ufer begeben und die zehn Kilo-meter entfernte *Jugendherberge von Saint-Brévin »la Pinède«* aufsuchen: 1, allée de la Jeunesse. T. 40-27-25-27. Verfügt über 64 Betten und eine Kochmöglichkeit. Die Herberge bietet auch Strandsegel-, Katamaran-, Surf- und Reitkurse an.
– *Foyer du jeune travailleur:* 30, rue du Soleil-Levant. T. 40-22-51-04. Ganzjährig geöffnet.
– *Crêperie du Jardin de Bretagne:* bd de l'Hôpital. T. 40-66-81-30. Recht umfang-reiche Speisekarte mit Fischsuppe und diversen Salaten. Origineller Rahmen.
– *Zeltplatz l'Eve:* rue Fort-de-l'Eve, in Saint-Marc-sur-Mer. T. 40-91-60-65. Über-aus attraktive Stellplätze, zahlreiche Dienstleistungen. Während der Saison ist eine Vorausbuchung unerläßlich. Wirklich ein Drei-Sterne-Platz!

● *Einen Hauch vornehmer*

– *Korail Hôtel:* nagelneues Hotel gegenüber dem Bahnhof. T. 40-01-89-89. Barbrasserie, die Rechnung beträgt 80-110 F, die Zimmer kosten 210-255 F.
– *Cosmopolitain:* 15, rue Albert-de-Mun. T. 40-66-31-28. Ebenfalls ganz neu. Das Menü für 95 F bietet Meeresfrüchte, Hähnchen in Rotwein und Pilzen; dazu würde ein süffiger Chambertin überaus hervorragend passen. Eine Reihe leckerer Desserts.
– *La ferme des Tabacs à Saint-Brévin:* mitten auf dem Lande, an einem, la Gillardière genannten, Ort. T. 40-27-07-84. In diesem waschechten Bauernhof aus dem 15. Jh. beherrscht man eine schmackhafte bürgerliche Küche, die genau auf den feinen Unterschied zwischen »beurre nantais« und «beurre blanc« achtet. Menüs zwischen 90 und 190 F. Der Umweg auf dem Weg in die Vendée lohnt sich.

Sehenswürdigkeiten

– *Die neue Stadt, die Av. de la République.* Der Wiederaufbau der Stadt wurde Noël Lemaresquier anvertraut, dem Träger des »Großen Preises von Rom« – wurde bis 1968 jungen Künstlern nach einem Wettbewerb verliehen, um ihnen die Möglichkeit zu geben, ihre Studien in der Einrichtung der Académie de France in Rome weiterzuführen – der eine achteckige Fläche konzipierte, für die rund um den Hafen ausgedehnte Erdaufschüttungen abgetragen wurden. Nachdem man zwei Millionen Kubikmeter Bauschutt beiseitegeschafft hatte, entstand 1960 eine neue Stadt mit ihren »Feldern«, die man Av. de la République taufte und sich von Norden nach Süden auf einer Länge von eintausendzweihundert Metern hinzog. In ihre Mitte, nach der Rue Jean-Jaurès, pflanzte man das »Bateau« (Schiff), eine langezogene Ladenstraße aus Aluminium und Glas: das örtliche Centre Pompidou! Ein weiterer Tip für Liebhaber moderner Architektur: der Parc des Sports, welcher über viertausendfünfhundert Plätze verfügt, die von einem Zeltdach aus Plastik überspannt werden, das von Stahlkabeln abgestützt wird.
In der Rue du Dolmen erhebt sich ein *Trilithen,* eine Art zwei Meter hoher Dolmen, vor dem sich ein Menhir befindet.
– *Der Hafen.* Vom Strand Petit-Traict aus hat man eine wunderbare Sicht auf die Flußmündung. Im Vordergrund fallen Villen aus dem 19. Jh. ins Auge, die von den Bombardierungen verschont blieben, weiter hinten erspäht man die Becken und das Trockendock für den Schiffsbau. Nicht verpassen sollte man die U-Boot-Basis – mit Panoramaterrasse – und das dazugehörige Heimatmuseum, dessen Hauptattraktion das U-Boot *Espadon* darstellt; Buchung: T. 40-22-35-33. Auch die Schiffswerften und der Hafen können besichtigt werden; Führungen organisiert das Fremdenverkehrsamt, was man ausnutzen sollte, da die Anlagen äußerst weitläufig sind.
– *Die Brücke.* Bis zur Eröffnung der zweiten Brücke von Tancarville, stellt diese immer noch die längste Frankreichs dar: 3.356 Meter, davon eine Fahrbahn mit 727 Metern. Sie wurde am 18. Oktober 1975 eingeweiht. Hier haben wir eine Schrägseilbrücke vor uns, die durch unvergleichliche Eleganz besticht: betrachtet man sie im Profil, so erkennt man, daß sie leicht gewölbt ist, sich sechzig Meter über der hohen See erhebt und daß sich ihr Verlauf S-förmig von Mindin nach Saint-Nazaire dahinzieht. Trotz aller Lobeshymnen wollen wir das Nachteilige nicht verschweigen: die Brücke ist mautpflichtig! Der Spaß kostet für ein Auto mit 60 PS 30 F, für ein Motorrad 5 F. Nur wer per pedes über die Brücke stiefelt, kommt um die Gebühr herum.
– *Die Criques (kleine Buchten) von Chemoulin:* schöne Küstenstraße D 292 zwischen Saint-Marc und Sainte-Marguerite. Man hat auch die Möglichkeit, eine Wanderung auf dem Küstenweg, der an der Felsküste entlang- und bis zum Semaphor führt, zu unternehmen. Schaut man in die Tiefe, so erblickt man eine Reihe von kleinen, sandigen Buchten, die ruhig und wohlig anmuten. An dem zweiten Strand, auf der Höhe des Gemeindezeltplatzes Jaunais gelegen, können sich FKK-Freunde breitmachen.

SELTENE FREMDWÖRTER UND AUSDRÜCKE

– *Aber* = breton. Bezeichnung für die tief ausgeschürfte, fjordähnliche Trichtermündung eines Flusses.

– *ABRI* = »Association bretonne des relais et itinéraires«; bretonischer Fremdenverkehrsverband

– *à la bretonne* = nach bretonischer Art: bei Fleischgerichten, Beilage weiße Bohnen, mit Kräutern, Knoblauch, Tomatenmark etc. zubereitet.

– *Alignement* = »Steinallee«; Gruppierung unförmiger Felsblöcke (Menhire) in geradlinig verlaufenden Reihen

– *Allée couverte* = Langgrab oder »Steinkistengrab«; besteht aus einem langgestreckten unterirdischen Raum; Deckplatten von parallel angeordneten Tragsteinen gestützt

– *Altarblatt* = Altaraufsatz, Retabel

– *Ancien Régime* = Zeitalter des absolutistischen Königtums, verkörpert durch den Sonnenkönig Ludwig XIV.

– *Antiklinale* = geologischer Sattel

– *Apsis* = über einem halbkreisförmigen, oft auch vieleckigem Grundriß errichteter, mit einer Halbkuppel überwölbter Raum, der das Kirchenschiff abschließt

– *Ankou* = breton. Gevatter Tod; meist mit Pfeil und Bogen oder Sense dargestellt

– *Artefakt* = vorgeschichtliches Werkzeug

– *Bombarde* = bretonische Oboe

– *BCBG* = Bon chic, bon genre. Ausdruck für Leute in modischer Eleganz

– *BZH* = Plakette, häufig auf Fahrzeugen zu finden; gilt als Symbol des bretonischen Regionalismus (Bretagne erhebe dich!)

– *Cidre* = französischer Apfelwein aus der Normandie oder der Bretagne

– *Dolmen* = Zusammensetzung aus bret. *taol* (Tisch) und *maen* (Stein); prähistorische Grabkammern aus senkrecht aufgestellten Steinen mit einer Deckplatte

– *Castrum* = römische Befestigungsanlage

– *CAT* = »Compagnie armoricaine de transports«; bretonische Busgesellschaft

– *CELIB* = »Comité d'étude et de liaisons des intérêts bretons«; bretonische Autonomiebewegung mit reformistischer Tendenz

– *Cromlech* = im Kreis, halbkreisförmig oder oval angeordnete Steinreihen

– *Départementale* = Departementstraße, Abk. D plus Nummer; niederrangiger als eine Nationalstraße (Route Nationale, N plus Nummer) und die *Autoroute* (Autobahn, meist gebührenpflichtig, A plus Nummer)

– *Enclos paroissial* = umfriedeter Pfarrbezirk in der Bretagne (15.-17. Jh.) mit Friedhof, Pfarrkirche, Beinhaus und Kalvarienberg

– *FLB* = »Front de libération de Bretagne«, breton. Befreiungsfront; Autonomiebewegung

– *Fries* = ornamentaler oder figürlicher Gesimsstreifen, Verzierung

– *GR* = Abk. für »Grande Randonnée« Ausflugsstrecke

– *Kapitell* = plastisch unterschiedlich geformter oberer Teil einer Säule, eines Pfeilers oder Pilasters

– *Kapitelsaal* = Saal, in dem das Kapitel, also die Körperschaft der zu einer Dom- oder Stiftskirche gehörenden Geistlichen bzw. die Versammlung eines geistlichen Ordens, zusammentritt

– *Karyatide* = als tragende Säule dienendes weibliches Standbild

– *Lanternonspitze* = durchbrochene Kirchturmspitze

– *Lettner* = in mittelalterlichen Kirchen Trennwand zwischen Chor und Mittelschiff, meist plastisch ausgestaltet; auch Lesepult im Chor

– *Libération* = bezeichnet die Gesamtheit aller militärischen Operationen zwischen der Landung der Alliierten in der Normandie (6.6.44) und dem endgültigen Abzug der dt. Streitkräfte aus Frankreich 1944 bzw. Anfang 1945

– *Lichtgaden* = Fensterregion im Mittelschiff der Basilika

– *Manoir* = Landsitz, Schloß, Herrensitz

- *Maskaron* = besonders im Barock ornamentale, fratzenhafte Maske
- *Megalith* = von griech. »megas« (groß) und »lithos« (Stein): großer Steinblock, in vorgeschichtlicher Zeit als Monument oder für Grabanlagen verwendet
- *Menhir* = jungsteinzeitlicher hochragender Steinblock; keltische Steinsäule
- *Menu gastronomique* = Menü mit mindestens fünf Gängen
- *Menu touristique* = Menü mit drei bis vier Gängen
- *Nouvelle cuisine* = »Neue französische Küche«, propagiert leicht bekömmliche und kalorienarme Gerichte; Zutaten frisch vom Markt; schonende Zubereitung
- *Oratorium* = zum Beten bestimmter Raum in Klöstern, Schlössern und Privathäusern mit Kruzifix und Altar
- *-ou* = breton. Pluralendung, vgl. »bagad«, »bagadou«; »fest-noz«, »festou-noz«
- *Paläolithikum* = Altsteinzeit
- *Pardon* = traditionelle breton. Wallfahrtsprozession zu Ehren eines Schutzpatrons oder Ortsheiligen
- *Pietà* = Darstellung Marias mit dem Leichnam Christis auf dem Schoß
- *Pilaster* = Wandpfeiler
- *PNRA* = Parc naturel régional d' Armorique (Regionaler armorikanischer Naturpark); in den über zwanzig frz. Naturparks spielen neben dem Naturschutz Freizeit und Erholung eine bedeutende Rolle.
- *Pointe* = Landzunge
- *Polder* = Koog, eingedeichtes Marschland
- *Presbyterium* = von der Gemeinde gewählter Kirchenvorstand; Chorraum der Kirche
- *Priorat* = meist von einer Abtei abhängiges, kleineres Kloster
- *Rayonnantstil* = »strahlenförmiger« Baustil in Frankreich und England; zweite Hälfte des 13. Jh. bis 14. Jh.
- *Refektorium* = Speisesaal der Mönche
- *Restauration* = Zeitraum von 1814/15-1830, während dessen die Monarchie der Bourbonen wiederhergestellt wurde; Verfolgung der Anhänger der Revolution und Napoleons
- *Retabel* = Altaraufsatz
- *Ria* = Haff, Nehrung
- *SEPNB* = »Société pour l'étude et la protection de la nature de Bretagne«; bretonische Naturschutzorganisation
- *SNCF* = »Société Nationale des Chemins de Fer«, franz. Staatsbahnen
- *Stele* = frei stehender Pfeiler als Grab- oder Gedenkstein, oft versehen mit einem Bildnis der Toten
- *Syndicat d'initiative* = Fremdenverkehrsverein, Verkehrsamt
- *TGV* = »Train à grande vitesse«, Hochgeschwindigkeitszug
- *Treidelpfad* = leicht befestigter Weg an Binnenwasserstraßen für das Treideln (also das Ziehen vom Ufer aus) von Binnenschiffen; Leinpfad
- *Triforium* = von lat. »tri« (drei) und »foris« (Öffnung); in roman. und got. Kirchen Laufgang unter den Fenstern von Mittelschiff, Querschiff und Chor, der sich in Bogen zum Innern der Kirche hin öffnet
- *Tumulus* = vorgeschichtliches Hügelgrab
- *Voie Express* = frz. für »Schnellstraße«

Reihe Jobs & Praktika

Susan Griffith

Das Reisejobbuch

INTERCONNECTIONS

Dr. Horst H. Siewert

Euro-Adreßbuch für
Berufswahl, Studium, Weiterbildung

Tausende wichtiger Erfolgsadressen

INTERCONNECTIONS

FERIENJOBS
& PRAKTIKA

Europa u. Übersee
Tausende von
Jobmöglichkeiten

INTERCONNECTIONS

Anette Altenhoff

Arbeiten und
Helfen

INTERCONNECTIONS

USA
Tausende von Jobmöglichkeiten

INTERCONNECTIONS

FERIENJOBS
& PRAKTIKA

Großbritannien
Tausende von
Jobmöglichkeiten

INTERCONNECTIONS

Andrea Fischer

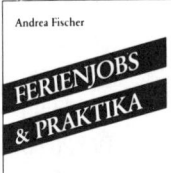

Frankreich
Tausende von Jobmöglichkeiten

INTERCONNECTIONS

Jens Matthiesen / Ari Lipinski

Aufenthalte
für Gast und
Volontär

INTERCONNECTIONS

Kai Matthiesen

inkl. USA + Kanada
für Mädchen, Jungen
und Gastfamilien

INTERCONNECTIONS

Gesamtprogramm

- Reihe „Jobs & Praktika" — Tausende von Arbeitgeber-angeboten:

— Jobben Weltweit	DM 26,80
— Das Au-Pair-Handbuch	DM 24,80
— Kibbuz	DM 24,80
— Ferienjobs und Praktika — USA	DM 34,80
— Ferienjobs und Praktika — Großbritannien	DM 29,80
— Ferienjobs und Praktika — Europa u. Übersee	DM 26,80
— Ferienjobs und Praktika — Frankreich	DM 29,80
— Jobben Unterwegs	DM 26,80
— Bewerben in Europa	DM 26,80

- Reihe „Preiswert":

— Paris Preiswert	DM 26,80
— London Preiswert	DM 26,80
— Rom Preiswert	DM 24,80
— Madrid Preiswert	DM 24,80
— Wien Preiswert	DM 24,80
— Amsterdam Preiswert	DM 24,80
— San Francisco Preiswert	DM 26,80
— Dublin Preiswert	DM 24,80
— Rio Preiswert	DM 26,80
— Übernachten Preiswert — USA	ca. DM 29,80